## Die Bonus-Seite

### Ihr Vorteil als Käufer dieses Buches

Auf der Bonus-Webseite zu diesem Buch finden Sie zusätzliche Informationen und Services. Dazu gehört auch ein kostenloser **Testzugang** zur Online-Fassung Ihres Buches. Und der besondere Vorteil: Wenn Sie Ihr **Online-Buch** auch weiterhin nutzen wollen, erhalten Sie den vollen Zugang zum **Vorzugspreis**.

### So nutzen Sie Ihren Vorteil

Halten Sie den unten abgedruckten Zugangscode bereit und gehen Sie auf **www.galileocomputing.de**. Dort finden Sie den Kasten **Die Bonus-Seite für Buchkäufer**. Klicken Sie auf **Zur Bonus-Seite/Buch registrieren**, und geben Sie Ihren **Zugangscode** ein. Schon stehen Ihnen die Bonus-Angebote zur Verfügung.

Ihr persönlicher
**Zugangscode**

m3th-c4f7-qj6v-8gry

Esther Düweke, Stefan Rabsch

# Erfolgreiche Websites

SEO, SEM, Online-Marketing, Usability

Galileo Press

# Liebe Leserin, lieber Leser,

haben Sie sich auch schon einmal gefragt, weshalb manche Websites erfolgreich sind und andere nicht? Stellen Sie sicher, dass Ihr Auftritt im Web gefunden und wahrgenommen wird und an den richtigen Stellen beworben wird: Suchmaschinen-Optimierung, Usability, Online-Marketing und die Nutzung von Social Media sind die vier großen Themenkomplexe, wenn es darum geht, mehr Besucher auf die eigene Website oder die Firmenpräsenz zu locken und mehr Traffic bzw. Umsatz zu generieren.

Esther Düweke und Stefan Rabsch verfügen über viel Erfahrung in der Planung und der Konzeption von Strategien im Bereich Online-Marketing und im Umgang mit Suchmaschinen. Die beiden Autoren geben Ihnen detailliert Antworten auf die großen Fragen der Verbesserung des eigenen Webauftritts: Wie nutzen Sie alle Marketing-Kanäle? Wie verbessern Sie die Suchmaschinen-Präsenz Ihrer Site? Wie gestalten Sie eine gelungene Benutzerführung? Wie können Sie Affiliate-Programme sinnvoll und erfolgreich einsetzen und wie verdienen Sie mit Ihrer Website Geld? Zahlreiche Praxisbeispiele zeigen Ihnen anschaulich den Weg zu einer besseren Webpräsenz. Inkl. SEO, SEM, Online-Marketing, Affiliate-Programme, Google AdWords, Web Analytics, Social Media Marketing, E-Mail-, Newsletter- und Video-Marketing, Mobiles Marketing u.v.m.

Um die Qualität unserer Bücher zu gewährleisten, stellen wir stets hohe Ansprüche an Autoren und Lektorat. Falls Sie dennoch Anmerkungen und Vorschläge zu diesem Buch formulieren möchten, so freue ich mich über Ihre Rückmeldung.

Viel Erfolg bei Ihren Projekten wünscht Ihnen nun

**Stephan Mattescheck**
Lektorat Galileo Computing

stephan.mattescheck@galileo-press.de
www.galileocomputing.de
Galileo Press · Rheinwerkallee 4 · 53227 Bonn

# Auf einen Blick

1 Basiswissen Online-Marketing ............................................. 23

2 Online-Marketing – Werben im Internet ........................... 63

3 Direkte Ansprache – Wirksames E-Mail-
und Newsletter-Marketing ............................................... 99

4 Social-Media-Marketing und Online-PR ......................... 125

5 Videomarketing ................................................................. 165

6 Mobile Marketing .............................................................. 189

7 Virales Marketing und Guerilla-Marketing im Netz .......... 209

8 Crossmedia-Marketing ...................................................... 225

9 Kompakt: Online-Marketing ............................................. 245

10 Platzgerangel – Warum Suchmaschinen
immer wichtiger werden ................................................... 261

11 Suchmaschinenwerbung (SEM) ....................................... 293

12 Suchmaschinenoptimierung (SEO) .................................. 415

13 Kompakt: Suchmaschinenwissen ..................................... 475

14 Zielgruppen und Targeting ............................................... 489

15 Kundenbindung (CRM) ..................................................... 505

16 Usability – Benutzerfreundliche Websites ......................... 519

17 Aus Besuchern Käufer machen – User konvertieren .......... 599

18 Testverfahren ................................................................... 641

19 Kompakt: Kunden halten und konvertieren ....................... 667

20 Web-Analytics – Websites unter die Lupe genommen ...... 681

21 Wie kann ich mit meiner Website Geld verdienen? .......... 703

22 Kompakt: Website-Maximizer ........................................... 725

23 Meilensteine des Internet-Marketings ............................. 733

24 Ausblick ........................................................................... 741

Der Name Galileo Press geht auf den italienischen Mathematiker und Philosophen Galileo Galilei (1564–1642) zurück. Er gilt als Gründungsfigur der neuzeitlichen Wissenschaft und wurde berühmt als Verfechter des modernen, heliozentrischen Weltbilds. Legendär ist sein Ausspruch *Eppur si muove* (Und sie bewegt sich doch). Das Emblem von Galileo Press ist der Jupiter, umkreist von den vier Galileischen Monden. Galilei entdeckte die nach ihm benannten Monde 1610.

**Lektorat** Stephan Mattescheck
**Korrektorat** Friederike Daenecke
**Einbandgestaltung** Barbara Thoben
**Coverfoto** Esther Düweke, bfl-berlin.de
**Infografiken** Judith Düweke
**Typografie und Layout** Vera Brauner
**Herstellung** Steffi Ehrentraut
**Satz** III-satz, Husby
**Druck und Bindung** Bercker Graphischer Betrieb, Kevelaer

**Gerne stehen wir Ihnen mit Rat und Tat zur Seite:**
stephan.mattescheck@galileo-press.de bei Fragen und Anmerkungen zum Inhalt des Buches
service@galileo-press.de für versandkostenfreie Bestellungen und Reklamationen
britta.behrens@galileo-press.de für Rezensionsexemplare

Dieses Buch wurde gesetzt aus der Linotype Syntax Serif (9,25/13,25 pt) in FrameMaker.
Gedruckt wurde es auf chlorfrei gebleichtem Offsetpapier.

**Bibliografische Information der Deutschen Nationalbibliothek**
Die Deutsche Nationalbibliothek verzeichnet diese Publikation in der Deutschen National-
bibliografie; detaillierte bibliografische Daten sind im Internet über *http://dnb.d-nb.de*
abrufbar.

**ISBN   978-3-8362-1652-4**

© Galileo Press, Bonn 2011
1. Auflage 2011, 2., korrigierter Nachdruck 2012

# Inhalt

Danksagung .................................................................................. 15

Vorwort ...................................................................................... 17

| 1 | Basiswissen Online-Marketing ........................................ | 23 |

1.1 Einführung und Übersicht der Marketingkanäle ..................... 27

1.2 Zehn Dinge, die man grundlegend falsch machen kann –
Grundregeln, um Anfängerfehler zu vermeiden ..................... 30

    1.2.1 Die falsche Domain-Wahl ............................................. 31

    1.2.2 Missglückte Konzeption und Umsetzung
der Website ................................................................. 32

    1.2.3 Die falsche Zielgruppe ................................................. 33

    1.2.4 Website-Steuerung im Blindflug .................................. 33

    1.2.5 Die größten Usability-Fehler –
Benutzerunfreundliche Webseiten ............................. 34

    1.2.6 Suchmaschinenunfreundliche Webseiten .............. 43

    1.2.7 Ineffiziente Suchmaschinenwerbung ...................... 44

    1.2.8 Misslungenes Banner- und E-Mail-Marketing........... 50

    1.2.9 Unentdecktes Potenzial ............................................. 55

    1.2.10 Monetarisierung für die Katz .................................... 59

| 2 | Online-Marketing – Werben im Internet ........................ | 63 |

2.1 Präsenz im Netz – Gelungenes Bannermarketing ................... 63

    2.1.1 Bannerwirkung ........................................................... 64

    2.1.2 Bannerarten – Muss es immer Flash sein? .............. 66

    2.1.3 Bannergrößen – Welches Format verwenden............ 71

    2.1.4 AdServer – Effektives Aussteuern von Bannern ........ 72

    2.1.5 Abrechnungsmodelle .................................................. 78

    2.1.6 AdBlocker .................................................................... 79

    2.1.7 Marktvolumen ............................................................. 80

2.2 Eine Hand wäscht die andere – effektives
Affiliate-Marketing .............................................................. 80

    2.2.1 Funktionsweise – Wer profitiert wie? ..................... 81

    2.2.2 Affiliate-Netzwerke – Die Unparteiischen .............. 84

    2.2.3 Werbemittel – Wie kann geworben werden?........... 88

    2.2.4 Tracking – Wie wird Erfolg gemessen? .................... 89

    2.2.5 Vergütungsmodelle – Ein Geschäft, das sich lohnt .... 93

| | | | |
|---|---|---|---|
| | 2.2.6 | Gefahren (und Verbote) | 95 |
| | 2.2.7 | Marktentwicklung und -ausblick | 97 |

**3 Direkte Ansprache – Wirksames E-Mail- und Newsletter-Marketing ... 99**

| | | | |
|---|---|---|---|
| 3.1 | | E-Mail-Marketing zur direkten Kundenansprache | 99 |
| | 3.1.1 | Arten von E-Mail-Kampagnen | 99 |
| | 3.1.2 | Auf- und Ausbau von E-Mail-Empfängern | 104 |
| | 3.1.3 | Targeting – Die richtige Zielgruppe per E-Mail erreichen | 106 |
| | 3.1.4 | Planung einer E-Mail-Kampagne | 106 |
| 3.2 | | Die richtigen Worte – Der Inhalt des Mailings | 109 |
| 3.3 | | Der richtige Moment – Versandfrequenz | 113 |
| 3.4 | | Technische Aspekte des E-Mail-Marketings | 114 |
| | 3.4.1 | HTML vs. Text | 115 |
| | 3.4.2 | Newsletter-Versand | 117 |
| | 3.4.3 | Erfolgskontrolle und Tracking-Möglichkeiten | 119 |
| 3.5 | | Do's and Don'ts – Juristische Aspekte | 120 |

**4 Social-Media-Marketing und Online-PR ... 125**

| | | | |
|---|---|---|---|
| 4.1 | | Logbücher im Web 2.0 – Blogs | 126 |
| 4.2 | | Erfolgsfaktoren für das Blogmarketing | 128 |
| | 4.2.1 | Kommentare und Feedback | 130 |
| | 4.2.2 | Foren vs. Blogs | 130 |
| 4.3 | | Digitales Gezwitscher – Twitter | 131 |
| | 4.3.1 | Twitter-Nutzung für Unternehmen | 136 |
| | 4.3.2 | Werbung schalten per Twitter – Promoted Products | 140 |
| 4.4 | | Facebook und Co. – Communitys | 142 |
| | 4.4.1 | Facebook | 142 |
| | 4.4.2 | Weitere bekannte Communitys | 145 |
| 4.5 | | Wie können Werbetreibende Communitys nutzen? | 147 |
| 4.6 | | Pressearbeit im Internet | 157 |
| | 4.6.1 | Inhalte zur Verfügung stellen | 160 |
| | 4.6.2 | Mit Interessenten in Kontakt treten | 162 |
| | 4.6.3 | Fließende Übergänge: Social–Media- und Online-PR | 163 |

**5    Videomarketing** .................................................. **165**

5.1    Bewegender Trend – Videomarketing ..................................... 167
5.2    Videos erstellen .................................................... 169
5.3    Videoportale und Hosting-Lösungen ...................................... 173
5.4    SEO und Videomarketing ............................................. 180
5.5    Video-Ads ........................................................ 183

**6    Mobile Marketing** .............................................. **189**

6.1    Einstieg ins Mobile Marketing .......................................... 189
6.2    Mobile Websites und Apps ............................................ 192
      6.2.1    Mobile Websites ............................................ 193
      6.2.2    Mobile Apps ............................................... 196
6.3    Mobile Marketing im Einsatz .......................................... 199
      6.3.1    Mobile Advertising – Anzeigenschaltung
               auf Handys ................................................ 199
      6.3.2    Mobile Commerce – Mobiles Online-Shopping ......... 201
      6.3.3    Mobile und lokale Suche ..................................... 204
      6.3.4    Mobile Analytics – Messen und Analysieren
               des mobilen Internets ...................................... 206

**7    Virales Marketing und Guerilla-Marketing im Netz** ........... **209**

7.1    Vorsicht, Ansteckungsgefahr – Virales Marketing .................... 209
      7.1.1    Virale Marketingkampagnen ................................ 210
      7.1.2    Anreize zur viralen Infektion ................................ 215
7.2    Guerilla-Marketing – Unkonventionell Aufmerksamkeit
      erregen .......................................................... 216
      7.2.1    Guerilla-Marketing-Kampagnen ............................ 216
      7.2.2    Guerilla-Marketing im Netz ................................. 221

**8    Crossmedia-Marketing** ........................................ **225**

8.1    Aufbau einer Crossmedia-Kampagne ................................. 226
8.2    Crossmedial werben – Offline und Online verbinden .............. 228
8.3    Von Profis lernen – Crossmediale Werbekampagnen .............. 233
      8.3.1    Crossmedia-Marketing bei ab-in-den-urlaub.de ........ 233
      8.3.2    Crossmedia-Marketing zur Einführung der
               Marke ERGO .............................................. 236

8.3.3 Crossmedia-Kampagne zum 50-jährigen
Jubiläum von Saturn ................................. 239

8.4 Crossmedia-Publishing ................................. 241

## 9 Kompakt: Online-Marketing ................................. 245

9.1 Veranstaltungstipps zum Online-Marketing ............ 245

9.2 Wissen to go ................................. 246

9.2.1 Online-Marketing (Bannermarketing) to go ........... 246

9.2.2 E-Mail-Marketing to go ................................. 247

9.2.3 Social-Media-Marketing und Online-PR to go ........ 248

9.2.4 Videomarketing to go ................................. 249

9.2.5 Mobile Marketing to go ................................. 250

9.2.6 Virales Marketing und Guerilla-Marketing to go....... 251

9.2.7 Crossmedia-Marketing to go ................................. 252

9.3 Literatur ................................. 253

9.4 Surf-Tipps: Online-Magazine und Blogs ................ 254

9.5 Tools ................................. 255

9.6 Checklisten ................................. 256

9.6.1 Checkliste Online-Marketing (Bannermarketing) ....... 256

9.6.2 Checkliste E-Mail-Marketing ................................. 257

9.6.3 Checkliste Social-Media-Marketing ................. 257

9.6.4 Checkliste Online-PR ................................. 258

9.6.5 Checkliste Videomarketing ................................. 259

9.6.6 Checkliste Mobile Marketing ................................. 259

9.6.7 Checkliste Crossmedia-Marketing ................. 260

## 10 Platzgerangel – Warum Suchmaschinen immer wichtiger werden ................................. 261

10.1 Suchmaschinen, Webkataloge und Metasuchmaschinen ........ 261

10.2 Welche Suchmaschinen gibt es? ................................. 262

10.2.1 Google ................................. 264

10.2.2 Yahoo ................................. 268

10.2.3 Bing ................................. 270

10.3 Wie Suchmaschinen arbeiten ................................. 272

10.3.1 Crawling und Indexierung ................................. 274

10.3.2 Ranking-Kriterien für Suchmaschinen ................. 274

10.4 Wie Menschen suchen ................................. 277

10.4.1 Suchbegriffe eingeben ................................. 277

10.4.2 Die Auswahl des Suchergebnisses ................. 281

10.5 Keyword-Recherche – Die richtigen Suchbegriffe finden ......... 283
10.6 Aufnahme in Suchmaschinen ................................................ 289

## 11 Suchmaschinenwerbung (SEM) ..................................... 293

11.1 Vor- und Nachteile ............................................................. 299
    11.1.1 Die Vorteile ........................................................... 300
    11.1.2 Die Nachteile ......................................................... 302
11.2 Suchmaschinenwerbung mit Google AdWords ...................... 304
    11.2.1 Das AdWords-Konto bei Google ............................. 305
    11.2.2 Die Kontostruktur .................................................. 308
    11.2.3 Die Kampagne ....................................................... 310
    11.2.4 Die Werbenetzwerke .............................................. 314
    11.2.5 Die Keywords ........................................................ 325
    11.2.6 Die Anzeigen ......................................................... 344
    11.2.7 Die richtige Landing Page ....................................... 369
    11.2.8 Die Kosten ............................................................. 373
    11.2.9 Leistungsmessung und Optimierung ........................ 390
    11.2.10 Zehn Optimierungsmaßnahmen ............................. 403
    11.2.11 Bid Management .................................................... 407
    11.2.12 Der AdWords Editor ............................................... 408
    11.2.13 AdWords in 60 Sekunden ....................................... 410
11.3 AdWords vs. AdSense .......................................................... 411
11.4 Empfehlung ....................................................................... 413

## 12 Suchmaschinenoptimierung (SEO) ................................. 415

12.1 Zehn Mythen der Suchmaschinenoptimierung ...................... 416
12.2 Die suchmaschinenfreundliche Website ................................ 419
    12.2.1 Name und Alter der Domain .................................... 419
    12.2.2 Die Website bei Suchmaschinen registrieren ............ 423
    12.2.3 Informationsarchitektur: Strukturen schaffen ........... 428
    12.2.4 Technische Voraussetzungen schaffen ..................... 431
12.3 Einzelne Webseiten optimieren ........................................... 434
    12.3.1 Die Wahl des passenden Suchbegriffs für
           die Webseite ......................................................... 434
    12.3.2 Inhalte optimieren ................................................. 435
    12.3.3 Meta-Angaben optimieren ...................................... 437
    12.3.4 Optimierung der URL - Datei- und
           Verzeichnisbenennung ............................................ 442
12.4 Verlinkungen im Netz ......................................................... 443
    12.4.1 Link-Popularität .................................................... 444

12.4.2 Die natürliche Link-Pyramide ................................... 446

12.4.3 Der Linkaufbau: Wie bekomme ich Links? ............... 448

12.4.4 Gute und schlechte Links ......................................... 454

12.5 Weitere Optimierungsmaßnahmen ........................................... 456

12.5.1 Lokale Suche ............................................................ 456

12.5.2 Bildersuche .............................................................. 458

12.5.3 Produktsuche ........................................................... 459

12.5.4 News und Blogs ....................................................... 461

12.6 Website-Relaunch und Domain-Umzug ..................................... 464

12.6.1 SEO-konformer Website-Relaunch ......................... 464

12.6.2 SEO-konformer Domain-Umzug ............................. 468

12.7 Gebote und Verbote ................................................................. 470

12.7.1 Suchmaschinen-Richtlinien ..................................... 470

12.7.2 Black-Hat vs. White-Hat SEO .................................. 471

12.7.3 Verbote .................................................................... 472

**13 Kompakt: Suchmaschinenwissen .......................................... 475**

13.1 Veranstaltungstipps zu Suchmaschinen ................................... 475

13.2 Wissen to go ........................................................................... 476

13.2.1 Suchmaschinen to go .............................................. 477

13.2.2 Suchmaschinenwerbung (SEM) to go ..................... 477

13.2.3 Suchmaschinenoptimierung (SEO) to go ................. 478

13.3 Literatur .................................................................................. 479

13.4 Surf-Tipps: Online-Magazine, Blogs und Podcasts ................... 482

13.4.1 Blogs und Online-Magazine ................................... 482

13.4.2 Webinare, Video-Tutorials und Podcasts ................. 483

13.5 Tools ....................................................................................... 484

13.6 Checkliste ................................................................................ 486

13.6.1 Checkliste Suchmaschinenoptimierung (SEO) ........... 486

13.6.2 Checkliste SEO-konformer Relaunch ....................... 487

13.6.3 Checkliste Suchmaschinenwerbung (SEM) ............... 487

**14 Zielgruppen und Targeting .......................................... 489**

14.1 Welche Besucher sind auf der Website? ................................... 489

14.1.1 Geografische Herkunft und Sprache der Nutzer ........ 490

14.1.2 Technische Ausstattung ........................................... 491

14.1.3 Nutzerverhalten ....................................................... 492

14.1.4 Soziodemografische Daten ...................................... 494

14.2 Zielgruppen: Typologie der Website-Besucher ......................... 496

14.3 Targeting: Gewünschte Besucher erreichen ............................. 499

14.3.1     Manuelles Targeting ................................ 499

14.3.2     Automatisiertes Targeting .......................... 502

## 15    Kundenbindung (CRM) .......................................... 505

15.1    Kundenorientierte Inhalte und Mehrwerte schaffen ............... 505

15.2    Elektronische Kundenbindung (E-CRM) ......................... 509

15.3    Weitere Instrumente der Kundenbindung ....................... 513

      15.3.1     Blogs, Foren und Social Media ................... 513

      15.3.2     Newsletter und Re-Targeting ................... 514

      15.3.3     Bonusprogramme ................................ 515

## 16    Usability – Benutzerfreundliche Websites ..................... 519

16.1    Benutzerfreundlichkeit (Usability) ........................... 520

16.2    Abgrenzung Barrierefreiheit (Accessibility) ................... 524

      16.2.1     7 Tipps, wie Sie die Barrierefreiheit Ihrer Website verbessern ........................... 525

      16.2.2     Hilfsmittel für Behinderte ...................... 527

      16.2.3     Gesetze ........................................ 528

      16.2.4     Zertifikate ..................................... 530

16.3    Usability – der Benutzer steht im Fokus ...................... 530

      16.3.1     Bestimmte Benutzer ............................ 531

      16.3.2     Bestimmter Nutzungskontext ................... 531

      16.3.3     Bestimmte Ziele effektiv, effizient und zufriedenstellend erreichen ................... 533

16.4    Konventionen ................................................ 535

16.5    Strukturierung der Website ................................... 537

      16.5.1     Website-Struktur ist nicht gleich Navigation ........... 538

      16.5.2     Methoden zur Website-Strukturierung ...................... 539

      16.5.3     Typen von Webseiten ............................ 543

      16.5.4     Was darf nicht fehlen, was sollten Sie vermeiden?..... 547

16.6    Die Navigation .............................................. 549

      16.6.1     Navigationsarten .............................. 550

      16.6.2     Navigationsstile ............................... 558

16.7    Texten für das Netz ......................................... 562

16.8    Buttons und Links .......................................... 566

16.9    Formulare .................................................. 568

16.10 Bilder und Grafiken ......................................... 574

16.11 Multimedia (Audio, Video) .................................. 577

16.12 Technische Aspekte ......................................... 578

16.13 Design-Aspekte ................................................................ 579

    16.13.1 Die Wahrnehmungsgesetze ................................... 580

    16.13.2 Farben ................................................................ 586

    16.13.3 Typografie ........................................................... 587

16.14 Komposition und Positionierung der Elemente ....................... 589

16.15 SEO und Usability .............................................................. 594

16.16 Usability-Gebote ............................................................... 595

## 17 Aus Besuchern Käufer machen – User konvertieren ........... 599

17.1 Begrifflichkeiten .................................................................. 599

17.2 Warum ist die Conversionrate so wichtig? .............................. 604

17.3 Der Prozess der Conversionrate-Optimierung ........................ 606

    17.3.1 Phasen im Conversionrate-Optimierungsprozess ....... 607

    17.3.2 LPO ist nicht gleich CRO ....................................... 609

17.4 Die Landing Page ................................................................ 609

17.5 Elemente einer Landing Page ............................................... 615

    17.5.1 Die 7 Elemente einer Landing Page ......................... 616

    17.5.2 Weitere relevante Aspekte für eine Landing Page...... 626

    17.5.3 Sonderfall: Formulare ............................................ 628

    17.5.4 Selbstkontrolle ..................................................... 629

    17.5.5 Messung von Landing Pages ................................... 629

17.6 Der Entscheidungsprozess der Zielgruppe ............................. 630

    17.6.1 Vertrauen schaffen und glaubwürdig sein ................ 631

    17.6.2 Überzeugung ........................................................ 633

    17.6.3 Neuromarketing .................................................... 634

    17.6.4 Häufige Fehler vermeiden ...................................... 636

17.7 Landing-Page-Optimierung (LPO) ......................................... 638

## 18 Testverfahren ............................................................ 641

18.1 Usability-Tests – Homemade vs. Outsourcing ......................... 643

    18.1.1 Expertentests ....................................................... 643

    18.1.2 Usertests ............................................................. 645

    18.1.3 Eyetracking .......................................................... 650

    18.1.4 Mouse-Tracking und Klicktracking .......................... 651

18.2 A/B-Test ............................................................................ 653

18.3 Multivariate Tests ............................................................... 656

18.4 (Technische) Umsetzung von Tests ........................................ 658

18.5 Die Qual der Wahl .............................................................. 661

18.6 Wann, wenn nicht jetzt? ...................................................... 663

18.7 Weitere Testmöglichkeiten ................................................... 664

**19  Kompakt: Kunden halten und konvertieren** ...................... 667

19.1   Wissen to go ................................................. 668
    19.1.1   Zielgruppen und Targeting to go ........................ 668
    19.1.2   Kundenbindung (CRM) to go ............................. 669
    19.1.3   Usability to go ....................................... 670
    19.1.4   Conversionrate-Optimierung to go ...................... 671
    19.1.5   Testen to go .......................................... 671
19.2   Literatur .................................................... 672
19.3   Surf-Tipps: Websites und Blogs ............................... 674
19.4   Tools ........................................................ 675
19.5   Checklisten .................................................. 676
    19.5.1   Checkliste Zielgruppen und Targeting .................. 676
    19.5.2   Checkliste Kundenbindung (CRM) ........................ 677
    19.5.3   Checkliste Usability .................................. 678
    19.5.4   Checkliste Conversion-Optimierung .................... 679
    19.5.5   Checkliste Testen ..................................... 680

**20  Web-Analytics – Websites unter die Lupe genommen** ...... 681

20.1   Wichtige Kennzahlen für die Web-Analyse ...................... 682
20.2   Web-Analyse-Tools im Einsatz ................................. 683
    20.2.1   Anbieter und Unterschiede ............................. 683
    20.2.2   Web-Analytics einrichten .............................. 685
20.3   Auswertung des Besucherverhaltens ............................ 689
    20.3.1   Wie gelangen die Besucher auf Ihre Website? .......... 690
    20.3.2   Was machen die Besucher auf Ihrer Website? .......... 693
20.4   Wettbewerbsanalyse – Wie gut sind andere? .................... 695
20.5   Web-Analytics für Fortgeschrittene ........................... 700
    20.5.1   Website-Optimierung ................................... 700
    20.5.2   Klickketten-Analysen .................................. 701

**21  Wie kann ich mit meiner Website Geld verdienen?** .......... 703

21.1   Affiliate-Marketing als Publisher ............................ 704
    21.1.1   Die verschiedenen Modelle des
             Affiliate-Marketings ................................. 704
    21.1.2   Ein Praxisbeispiel .................................... 707
21.2   Google AdSense .............................................. 711
    21.2.1   Google AdSense einrichten ............................. 712
    21.2.2   Höhere Einnahmen mit Google AdSense .................. 716
21.3   Der Link-Basar .............................................. 718

21.4   E-Commerce mit Online-Shops .................................................. 721

21.5   Für Fortgeschrittene: Professionelle Vermarktung und
AdServer-Integration ............................................................... 722

     21.5.1   Professionelle Vermarktung ...................................... 723

     21.5.2   Integration eines AdServers ...................................... 724

## 22   Kompakt: Website-Maximizer .................................................. 725

22.1   Wissen to go ........................................................................... 726

     22.1.1   Web-Analytics to go ................................................ 726

     22.1.2   Einnahmen erzielen to go ........................................ 727

22.2   Literatur .................................................................................. 727

22.3   Surf-Tipps: Online-Magazine, Podcasts und Blogs ................... 728

22.4   Tools ....................................................................................... 729

22.5   Checklisten .............................................................................. 730

     22.5.1   Checkliste Web-Analytics ......................................... 730

     22.5.2   Checkliste Geld verdienen ........................................ 731

## 23   Meilensteine des Internet-Marketings ..................................... 733

23.1   Eine Zeitreise .......................................................................... 734

23.2   Aktuelle Situation ................................................................... 739

## 24   Ausblick ................................................................................. 741

Website-Glossar ................................................................................. 747

Index ................................................................................................. 757

# Danksagung

Als wir den Rahmen und den Umfang dieses Buches festlegten, haben wir uns einige Ziele gesetzt: Es soll sowohl für Anfänger wie auch für Fortgeschrittene im Bereich Online-Marketing leicht verständlich sein und fachlich hinreichend tiefgründig Sachverhalte erklären. Es soll einerseits einen guten Überblick über die einzelnen Kanäle im Online-Marketing aufzeigen und andererseits in den verschiedenen Bereichen angemessen in die Tiefe gehen. Theoretische Aspekte sollen mit anschaulichen Praxisbeispielen verknüpft werden. Für uns stellte sich die Frage: Wo ziehen wir Grenzen, und worauf legen wir Schwerpunkte?

Wir hoffen, uns ist eine sowohl leicht verständliche als auch fachlich tiefgründige Lektüre gelungen, und wir freuen uns, dieses Buch heute in den Händen halten zu können. Das wäre uns aber nicht gelungen, wenn wir uns nicht auf zahlreiche Menschen bei dieser Arbeit hätten verlassen können.

Diese Seite ist all jenen gewidmet, die uns bei der Erstellung dieses Buches auf unterschiedlichste Art und Weise unterstützt haben: sei es durch zahlreiche Fachgespräche, einzelne Tipps, Anregungen und Verbesserungsvorschläge oder auch durch die emotionale Unterstützung, die Geduld und offenen Ohren in angespannten Momenten.

Euch möchten wir an dieser Stelle von ganzem Herzen danken!

Dieses Buch wäre wohl nicht annähernd so ansprechend ausgefallen, hätten wir nicht auf die tatkräftige Unterstützung unserer Grafik-Designerin Judith Düweke zählen können. Die Gestaltung der Grafiken entstammt ihrem kreativen Kopf und trägt dazu bei, die Zusammenhänge und Sachverhalte zu veranschaulichen.

Nicht zuletzt möchten wir uns bei Stephan Mattescheck von Galileo Press bedanken, der den Stein für dieses Buch ins Rollen gebracht, die Manuskripterstellung begleitet und dieses Buch überhaupt ermöglicht hat.

Ihnen und Euch ein herzliches Dankeschön!

**Esther Düweke** und **Stefan Rabsch**
Berlin

*»Wenn du laufen willst, lauf eine Meile.*
*Wenn du ein neues Leben kennenlernen willst, dann lauf Marathon.«*
*– Emil Zátopek*

# Vorwort

Was macht eigentlich eine erfolgreiche Website aus? Erfolgreiche Websites sind digitale Orte, an denen sich die Nutzer wohlfühlen, an denen ihre Bedürfnisse bedient werden, Orte, zu denen sie gerne zurückkehren und die sie ohne zu zögern weiterempfehlen. Auf der anderen Seite freuen sich auch Website-Betreiber. Zum einen, weil sie gute Arbeit geleistet haben, auf die sie stolz sein können, zum anderen weil sie vermutlich auch monetär profitieren. Wie aber werden erfolgreiche Websites geschaffen? Sie sollten nicht auf eine gute Fee hoffen, die Ihnen diesen Wunsch erfüllt. Um eine Website erfolgreich zu machen, bedarf es mancher Anstrengung – so ist das nun einmal mit dem Erfolg.

Stellen Sie sich vor, Sie sind Trainer eines Marathonläufers. So sind verschiedene Trainingseinheiten und Durchhaltevermögen erforderlich, bis Ihr Schützling schließlich über die Ziellinie läuft. Ähnlich ist es auch mit Ihrer Website. Wir möchten Ihnen mit diesem Buch Wege aufzeigen, um Ihre Website Schritt für Schritt dem Ziel näher zu bringen und sie bestmöglich für den digitalen Marathonlauf zu rüsten. Dabei gibt es sicherlich kein Patentrezept. Die Grundvoraussetzungen können gänzlich unterschiedlich sein, und die Rahmenbedingungen können sich ständig ändern. Auch in der Realität bereiten sich die Sportler auf verschiedenste Arten auf die 42,195 km vor.

Aus unserer Sicht macht aber gerade das die Faszination der Arbeit im Internet aus. Wir bewegen uns nicht in einem starren Rahmen, sondern auf einem sehr dynamischen Feld. Wir begegnen Websites, die nach vorn preschen und die Spitzenpositionen einnehmen, aber auch Seiten, die es nicht über die Ziellinie schaffen. Es gibt »Läufer«, die anderen dicht auf den Fersen sind, andere hingegen können sich mit Leichtigkeit absetzen.

Machen Sie sich aber bewusst, dass Sie nicht alle (Trainings-)Maßnahmen ad hoc umsetzen können und sollten. In der Regel ist eine durchdachte Strategie gefragt, und es werden Ressourcen benötigt, die Sie möglicherweise nicht aufbringen können. Auch ein Läufer sollte sich idealerweise an einen individuellen Trainingsplan halten, denn jeder bringt unterschiedliche Grundvoraussetzungen mit.

Suchen Sie sich daher aus den beschriebenen Maßnahmen die für Sie passendsten heraus.

Das Internet wird zunehmend unsere Zukunft beeinflussen. Und wir haben die Möglichkeit, diese mitzugestalten. Schicken wir also durchtrainierte Läufer an den Start.

**Für wen ist dieses Buch gedacht?**

Dieses Buch richtet sich im Allgemeinen an Betreiber der unterschiedlichsten Arten von Websites. Dies können z. B. redaktionelle Websites, Online-Shops, Vereinsseiten, Blogs oder Communitys sein. Wenn wir von Unternehmen oder Unternehmens-Websites sprechen, sollten sich alle angesprochen fühlen. Aber auch wenn Sie noch keine Internetpräsenz besitzen, kann es nicht schaden, sich schon im Vorfeld einen Überblick über geeignete Marketing-Maßnahmen zu verschaffen, um diese bei dem Aufbau einer Website zu berücksichtigen. An dieser Stelle sei aber darauf hingewiesen, dass wir keine Anleitung geben, wie Sie eine Website komplett neu aufsetzen. Darüber hinaus richten wir uns an alle Personen, die sich mit dem Thema Online-Marketing beschäftigen, sei es aus beruflichen oder privaten Gründen.

### 10 Gründe, warum Sie dieses Buch lesen sollten

▶ Sie haben schon von Online-Marketing gehört, möchten sich aber einen umfassenden **Überblick über die einzelnen Marketingkanäle** verschaffen? Dann haben Sie mit »Erfolgreiche Websites« zum richtigen Buch gegriffen.

▶ Sie möchten nicht nur die reine Theorie lernen, sondern auch anhand von **praktischen Tipps** einen guten Leitfaden bekommen, wie Sie selbst Online-Marketingkampagnen umsetzen? Unsere einzelnen Kapitel beinhalten sowohl theoretische Ansätze als auch eine Vielzahl an Praxisbeispielen und hilfreichen Tipps.

▶ Sie haben eine eigene Website, aber nur sehr wenige Besucher? Hier erfahren Sie, wie Sie Ihre **Website bekannt machen** und wie diese von Benutzern z. B. über **Suchmaschinenoptimierung** optimal gefunden wird.

▶ Sie verzeichnen mit Ihren bisherigen Werbemaßnahmen hohe Streuverluste und geringe Erfolge? Wir zeigen Ihnen, wie Sie **Online-Werbeanzeigen** sowohl innerhalb von Suchergebnissen (z. B. per Google AdWords) als auch auf anderen Websites (Banner-Marketing) schalten können.

▶ Sie haben Besucher auf Ihrer Website, aber kaum jemand kauft Ihre Produkte? Mit diesem Buch erfahren Sie, wie Sie Ihre Website überzeugend gestalten und **aus Besuchern Käufer machen**.

▶ Sie haben sehr viel Zeit und Mühe in Ihre Website investiert, aber nicht die gewünschten finanziellen Ergebnisse erzielt? In einem speziellen Kapitel dieses Buches erfahren Sie, auf welche verschiedenen Arten Sie **mit Ihrer Website Geld verdienen** können.

▶ Sie möchten an der **Benutzerfreundlichkeit Ihrer Seite** arbeiten? Im Kapitel **Usability** zeigen wir Ihnen wichtige Aspekte, die Sie dabei berücksichtigen sollten.

▶ Von Facebook, Twitter und Co. haben Sie schon einmal gehört, Sie wissen aber nicht, wie Sie **soziale Netzwerke** für sich nutzen können? Wir zeigen Ihnen verschiedene Möglichkeiten, wie Sie mit Ihren (potenziellen) Kunden in direkten Kontakt treten können.

▶ Sie geben sich Ihrem Bauchgefühl hin, wenn Sie Entscheidungen zu Ihrer Website fällen, anstatt die Nutzer selbst entscheiden zu lassen, was sie möchten? Lesen Sie unser Kapitel zu verschiedenen **Testmöglichkeiten**, und Sie erfahren, wie nützlich die Ergebnisse für Ihren Website-Erfolg sein können.

▶ Sie möchten Ihre Entscheidungen mit Zahlen untermauern, wissen aber nicht, wie Sie das Besucherverhalten Ihrer Website messen? Mit unserem Kapitel **Web-Analytics** zeigen wir Ihnen, worauf es ankommt.

**Wie ist dieses Buch gegliedert?**

Der Trainingsplan, den dieses Buch darstellt, gliedert sich in sechs Teile:

Im ersten Kapitel beschäftigen wir uns zunächst mit den »Must haves« für eine erfolgreiche Website. Wir zeigen Ihnen zudem grundlegende Fehler auf, die es zu vermeiden gilt.

Im zweiten Teil steht die Aufmerksamkeit und Anziehungskraft Ihrer Website im Mittelpunkt. Nach einem Überblick über das Online-Marketing im Allgemeinen stellen wir Ihnen einzelne Marketingkanäle detailliert vor.

Auf dem dritten Buchteil, der Gebrauchsanweisung für Suchmaschinen, liegt der Schwerpunkt dieses Buches. Die zwei effektiven Werkzeuge Suchmaschinenoptimierung und Suchmaschinenwerbung werden hier ausführlich behandelt.

»Stand by me« lautet das Motto des vierten Teils, in dem wir uns der Zielgruppe widmen. Die Ausrichtung auf die Zielgruppe, Kundenbindung, Usability und Testverfahren werden um das Thema Nutzerkonvertierung ergänzt.

Wie Sie Ihr Website-Potenzial ausschöpfen und mit Ihrem Internetauftritt Geld verdienen, erfahren Sie in Buchteil Nummer fünf.

Mit dem sechsten und letzten Teil finden Sie abschließend die wichtigsten Meilensteine des Internet-Marketings als Hintergrundinformation, und wir wagen einen Blick in die Zukunft.

Uns ist bewusst, dass wir ein großes Themengebiet behandeln. Daher können wir leider nicht an jeder Stelle bis ins kleinste Detail gehen, und wir möchten uns schon hier dafür entschuldigen. Da wir Ihnen aber ungern eine Antwort schuldig bleiben, haben wir jeden Buchteil um ein Kompakt-Kapitel ergänzt. In diesen

Kapiteln (9, 13, 19 und 22) finden Sie eine Kurzzusammenfassung »to go« zu den einzelnen Themengebieten. Zudem haben wir Ihnen wichtige Messen und Veranstaltungen zusammengestellt, ebenso wie empfehlenswerte Fachliteratur, Websites und hilfreiche Tools zu den einzelnen Bereichen.

Wie schon erwähnt, haben wir uns bemüht, viele praxisnahe Beispiele zur Veranschaulichung zu integrieren. Dabei haben wir Wert darauf gelegt, besonders Positivbeispiele (Best Practices) anzuführen. Wir möchten keine Website an den Pranger stellen, denn wir wissen (und Sie werden es erfahren), dass es sehr viel Mühe kostet, in dem dynamischen Umfeld gute Websites anzubieten. Zudem sollten Sie sich eher an guten Umsetzungen orientieren, als Fehlgriffe zu belächeln.

Einige Hinweise vorab: Wir haben uns bemüht, in diesem Buch Fachbegriffe weitestgehend zu erklären und so verständlich wie möglich zu beschreiben. Fachtermini können Sie auch am Ende dieses Buches in unserem Glossar noch einmal nachschlagen. Als Leser müssen Sie dieses Buch nicht von vorne bis hinten durchlesen. Wir haben die einzelnen Kapitel so aufgebaut, dass auch ein Direkteinstieg möglich ist und Sie in bestimmte Themenbereiche eintauchen können. Unser Stichwortverzeichnis am Ende des Buches bietet darüber hinaus eine Möglichkeit, diese Lektüre auch als Nachschlagewerk zu benutzen.

### Was sollten Sie sonst noch wissen?

Synonym verwendet haben wir die Begriffe *Website* und *Internetauftritt*. *Website* und *Webseite* sind jedoch nicht gleichzusetzen. Während die Website einen gesamten Internetauftritt beschreibt, wird mit einer Webseite eine einzelne Seite Ihrer Website bezeichnet. Meist verwenden wir die männliche Form der Begriffe, wie z. B. »der Nutzer«, möchten damit aber die Leserinnen unter Ihnen keinesfalls ausgrenzen. Wir haben uns allein der besseren Lesbarkeit wegen für die konventionelle Form entschieden.

### Informationen über das Buch hinaus: Website und DVD

Durch die dynamischen Veränderungen im Online Bereich kann es sein, dass einige in diesem Buch angegebene Links und Sachverhalte bereits veraltet sind oder nicht mehr existieren, wenn Sie diesen Text lesen. Um Sie aber regelmäßig über Neuerungen zu informieren und Sie auf dem aktuellsten Stand zu halten, haben wir eine Website erstellt, die dieses Buch begleitet. Sie finden sie unter der URL *www.website-guide.de*. Selbstverständlich freuen wir uns über Anregungen, Fragen und Hinweise zu Buch und Website unter *info@website-guide.de*.

Zudem finden Sie diesem Buch beigefügt eine DVD, die Ihnen hilfreiche Inhalte für die Arbeit mit Ihrer Website zur Verfügung stellt. Wir möchten uns an dieser

Stelle bei den Partnern bedanken, die uns Ihre Informationen und Werkzeuge zu diesem Zweck zur Verfügung gestellt haben.

Ganz nach dem Motto »Ja, jetzt wird wieder in die Hände gespuckt« wünschen wir Ihnen nun viel Erfolg mit Ihrer Website und hoffen, Ihnen mit diesem Buch einen guten Trainer und Begleiter an die Hand geben zu können, damit Ihre Website eine **erfolgreiche Website** wird und ihre persönliche Bestzeit erreicht.

Auf die Plätze, fertig, LOS!

**Esther Düweke** und **Stefan Rabsch**,
Berlin

*»Wer aufhört zu werben, um so Geld zu sparen,*
*kann ebenso seine Uhr anhalten, um Zeit zu sparen.«*
*– Henry Ford*

# 1    Basiswissen Online-Marketing

Sie haben eine eigene Website? Gratulation! Die Saat ist gelegt. Bestimmt haben Sie sehr viel Zeit und Energie in den Aufbau investiert, um Ihre Produkte, Dienstleistungen oder Informationen zu präsentieren. Aber was nun? Wie wird aus Ihrem Pflänzchen eine Pflanze, die Früchte trägt? Wie erfahren die Menschen von Ihrer Website, wie wird sie optimal gefunden, wie spricht sie potenzielle Käufer an, wie bewerben Sie Ihre Angebote, und wie können Sie Geld mit Ihrer Website verdienen? Die Kernfrage lautet: Wie wird aus Ihrer Website eine erfolgreiche Website? All diese Fragen sind dem Online-Marketing zuzuordnen und werden in diesem Buch behandelt. Helfen wir also Ihrem Pflänzchen zu wachsen.

Das Internet ist dasjenige Medium, das sich vergleichsweise am schnellsten entwickelt. Wie Sie in Abbildung 1.1 sehen können, benötigte das Internet nur wenige Jahre, um in den USA über 50 Millionen Nutzer zu erreichen, und schlägt damit inzwischen das Radio.

Hierzulande benutzen nahezu 49 Millionen Menschen (Stand Frühjahr 2010) laut einer ARD/ZDF-Onlinestudie das Internet und kommen unweigerlich mit verschiedenen Marketingmaßnahmen in Berührung – sei es bewusst oder unbewusst. So hat fast jeder schon einmal ein Banner auf einer Website gesehen, einen Newsletter erhalten, ein Produkt gekauft, nach Informationen gesucht usw. Bei den täglichen Aktivitäten im virtuellen Raum ist Online-Marketing kaum wegzudenken. Für viele Unternehmen in unterschiedlichen Größenordnungen ist das Internet zu einem rentablen oder sogar dem einzigen Standbein geworden. Denken Sie einmal an Google, ein Unternehmen, das ohne Internet gar nicht existieren würde. Im dritten Quartal 2010 konnte das Suchmaschinenunternehmen nach Medienberichten einen Nettogewinn von 2,17 Milliarden Dollar verzeichnen.

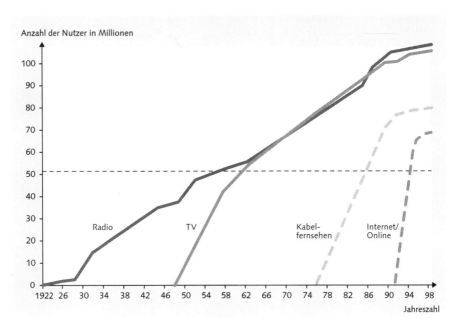

**Abbildung 1.1** Internetwachstum im Vergleich zu anderen Medien
(eigene Grafik in Anlehnung an Morgan Stanley Dean Witter 1997 S. 14; Zerdick, Picot,
Schrape (1999), S. 143)

Aber warum nicht bei Altbewährtem bleiben, fragen Sie sich? Die IVW, Informationsgemeinschaft zur Feststellung der Verbreitung von Werbeträgern e.V. (*www.ivw.de*), ermittelte beispielsweise die in Abbildung 1.2 und Abbildung 1.3 gezeigten Trends für Tageszeitungen und Online-Nutzung.

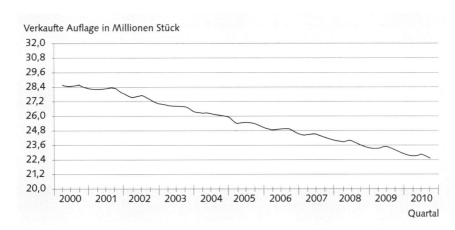

**Abbildung 1.2** Entwicklung der Tageszeitungen

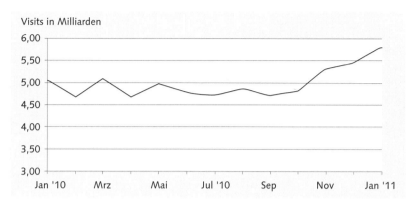

**Abbildung 1.3** Entwicklung der Nutzung der IVW-geprüften Online-Medien

Diese Trends müssen nicht groß erklärt werden. Klar ist, dass Online-Medien auf dem Vormarsch sind, wohingegen die Nutzung von klassischen Medien wie Tageszeitungen drastisch abfällt. Fachzeitschriften müssen übrigens einen noch steileren Abfall hinnehmen. Innerhalb der geschichtlichen Entwicklung des Internets haben sich einige wichtige Meilensteine des Online-Marketings herausgebildet, die Sie in Kapitel 23, »Meilensteine des Internet-Marketings«, nachlesen können. Heute bauen immer mehr Unternehmen und Kleinunternehmer ihr Standbein im Online-Marketing auf oder aus.

Für den Begriff *Online-Marketing* bestehen verschiedene Bezeichnungen, wie *Internetmarketing*, *Web-Marketing* oder *E-Marketing*. Alle meinen jedoch das Gleiche, nämlich Marketingmaßnahmen im Internet. Eine einheitliche Definition des Begriffs existiert jedoch nicht. Darüber hinaus kann eine Unterscheidung in Push- und Pull-Maßnahmen erfolgen. Im Vergleich zu klassischen Marketingmaßnahmen, die darauf ausgelegt sind, die Aufmerksamkeit des potenziellen Kunden zu erhaschen, zielt das Online-Marketing darauf ab, den aktiven Surfer anzusprechen. Hier spricht man von Push- und Pull-Marketing: Kurz gesagt geht die Aktivität beim Push-Marketing vom Werbetreibenden aus. Er versucht, mit verschiedenen Maßnahmen eine Zielgruppe zu erreichen. Auf diese Menschen strömen die Werbemaßnahmen ein, ohne dass sie sich dagegen wehren können bzw. so, dass sie sich nur schwer abwenden können. Streuverluste sind hier an der Tagesordnung. Beim Pull-Marketing ist der Ablauf prinzipiell umgekehrt. Hier macht der Benutzer den ersten Schritt, indem er beispielsweise aktiv eine Suchanfrage im Internet stellt. Macht für Sie nun die Bezeichnung Sinn? Beim Push-Marketing (»push«, engl. für »Anstoß, Druck, Schub«) schiebt der Werbetreibende seine Maßnahmen an, während beim Pull-Marketing (»to pull« engl. »holen«) der Interessent aktiv nach Informationen oder Produkten sucht (siehe Abbildung 1.4).

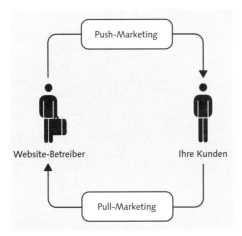

**Abbildung 1.4** Prinzip von Push- und Pull-Marketing

Für Sie als Website-Betreiber sind die Möglichkeiten, die das Internet mit sich bringt, sowohl Chance als auch Herausforderung zugleich. Denn wenn Sie einem Suchenden nicht das bieten, wonach er sucht, kann er mit einem Klick zum Wettbewerber wechseln. So spielen Mehrwert, Relevanz und Vertrauen eine besondere Rolle im Internet. Zudem ist das Internet trotz seiner direkten Kommunikationsmöglichkeiten in gewisser Weise anonym. Stellen Sie sich vor, Sie entdecken beim Surfen eine Website mit interessanten Produkten, die Sie bisher noch nicht kannten. In der Offline-Welt machen Sie sich einen ersten Eindruck von der Aufmachung des Geschäfts, können die Produkte anfassen und mit den Verkäufern sprechen. Das alles muss das Internet auch leisten. Der erste Eindruck, der Service und die Nähe zum Kunden sind hier für Ihren Erfolg entscheidend.

In diesem ersten Kapitel möchten wir Ihnen das Gebiet des Online-Marketings im Allgemeinen vorstellen. Neben einem Gesamtüberblick stellen wir Ihnen auch die einzelnen Teilbereiche kurz vor. Ausführlichere Erklärungen zu den Bereichen finden Sie anschließend in den jeweiligen Kapiteln zum Thema. Gerade wenn Sie mit Ihrer Website und den Werbemaßnahmen für Ihren Online-Auftritt noch am Anfang stehen, können sich schnell Fehler einschleichen. Wir gehen auf die grundlegenden Probleme in verschiedenen Online-Marketing-Bereichen ein und zeigen Ihnen Wege auf, wie Sie diese vermeiden können. Dabei schauen wir uns den gesamten Prozess der Website-Erstellung an und decken häufige Fehlerquellen der einzelnen Stationen auf. Angefangen von der Domainwahl, der Konzeption und Umsetzung, über die Ausrichtung auf die anvisierte Zielgruppe, Messverfahren und Benutzerfreundlichkeit, bis hin zu Suchmaschinenmarketing, klassischen Online-Marketing-Maßnahmen, Optimierungspotenzial und schließlich der Möglichkeit, Geld zu verdienen.

## 1.1    Einführung und Übersicht der Marketingkanäle

Im Unterschied zu den klassischen Medien birgt das Internet besonders für Unternehmer viele Vorteile. Neben einer sogenannten *Twenty-four-seven*-Erreichbarkeit (d.h. 24 Stunden, 7 Tage die Woche) sind Sie nicht nur zeitlich rund um die Uhr für Ihre Kunden verfügbar. Sie sind auch rund um den Globus für Ihre Kunden da. Das Internet ermöglicht enorm schnelle Reaktionszeiten. So können Sie ad hoc Informationen ändern oder aktualisieren und sind für Ihre Kunden immer »*up to date*«. Veraltete Flyer und Werbeanzeigen gehören somit der Vergangenheit an. Vielmehr können Sie nun mit Maßnahmen auftreten, die Text, Bild, Audio und Video miteinander vereinen – Stichwort: Multimedia. Darüber hinaus können Sie eine direkte Bindung zu Ihren Kunden aufbauen und einen unmittelbaren Unternehmenskontakt herstellen. Welches andere Medium kann bei diesen Kriterien noch mithalten? Hat man früher »über« Ihre Angebote gesprochen, kann man beispielsweise dank Social Media inzwischen »mit Ihnen direkt« über Angebote sprechen. Sie können Ihre Interessenten individuell ansprechen, und diese können entsprechend interagieren. Damit haben Sie im Internet die Möglichkeit, einen kompletten Prozess von Aufmerksamkeit, Information, Kauf, Transaktion und in einigen Fällen auch die Distribution abzubilden.

Ein weiteres bedeutendes Merkmal im Zusammenhang mit Online-Marketing ist die genaue Messbarkeit Ihrer Maßnahmen. So können Sie zielgenau ermitteln, wie wirkungsvoll die einzelnen Aktionen waren, und können im Vergleich zu anderen Medien Ihre Bemühungen schnell optimieren.

Wie Sie aus der Begriffsdefinition erfahren haben, beschreibt das Online-Marketing prinzipiell Marketing-Maßnahmen im Internet. Das klingt sehr allgemein und ist es auch, weshalb sich einzelne Teilbereiche etabliert haben. Dazu zählt der Bereich des Suchmaschinenmarketing (SEM, Search Engine Marketing), aber auch das Affiliate- und E-Mail-Marketing, Banner- Video- und Mobile Marketing und seit der Etablierung von sozialen Netzwerken auch das Social-Media-Marketing. Abbildung 1.5 gibt dies im Überblick wieder.

Wie Sie sehen können, betreffen die Bereiche Usability, Testen und Optimieren alle Teilbereiche des Online-Marketings. Ebenso sollten Sie als Werbetreibender alle Marketingaktivitäten ausreichend messen und analysieren. Mit derartigen Auswertungen können Sie Ihre Website wieder ein Stückchen näher zum Erfolg führen.

Ein großer Bereich im Online-Marketing ist das Suchmaschinenmarketing (SEM). Dass wir den Schwerpunkt dieses Buches auf SEM gelegt haben, sehen Sie schon an den Kapitelumfängen. Da insbesondere das Unternehmen Google in vielen Internetbereichen aktiv ist, lohnt sich ein detaillierter Blick auf diesen Suchmaschinengiganten. Das Suchmaschinenmarketing umfasst die beiden Bereiche

Suchmaschinenoptimierung oder auch *SEO* für *Search Engine Optimization* genannt (mehr dazu lesen Sie in Kapitel 12, »Suchmaschinenoptimierung (SEO)« und Suchmaschinenwerbung, auch *SEA* für *Search Engine Advertising* (auf diesen Bereich gehen wir in Kapitel 11, »Suchmaschinenwerbung (SEM)«, näher ein).

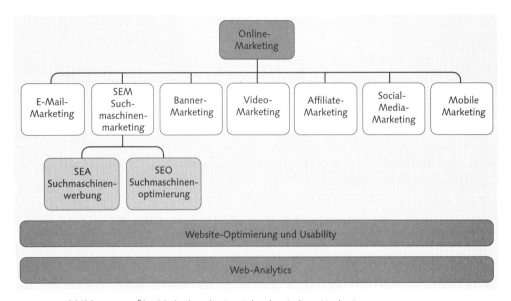

**Abbildung 1.5** Überblick über die Bereiche des Online-Marketings

Einen weiteren Bereich stellt das Affiliate-Marketing dar (Details entnehmen Sie Kapitel 2, »Online-Marketing – Werben im Internet«). Die Kooperationen und partnerschaftlichen Werbemaßnahmen können sich mit anderen Bereichen des Online-Marketings überschneiden. So kann beispielsweise das Affiliate-Marketing auch im Bereich der klassischen Bannerwerbung stattfinden. Hier bestehen also fließende Übergänge.

Das E-Mail-Marketing kennen Sie wahrscheinlich aus Ihrem Alltag. Da flattern in mehr oder weniger regelmäßigen Abständen Newsletter in das E-Mail-Postfach. Laut dem »*European E-Mail-Marketing Consumer Report 2010*« von ContactLab werden in Deutschland durchschnittlich 6,3 Newsletter pro Nutzer abonniert. Einige sind eher lästig, bieten wenig Neues und landen oftmals ungelesen im virtuellen Papierkorb oder werden schnell wieder abbestellt. Andere hingegen sind informativ und zählen somit zur regelmäßigen Lektüre. Wie Sie mit Ihrem Newsletter zur letzteren Gruppe gehören, erfahren Sie in Kapitel 3, »Direkte Ansprache – Wirksames E-Mail- und Newsletter-Marketing«.

Smartphones und das populäre iPhone sind inzwischen zu einer Art Statussymbol herangewachsen. Immer mehr Menschen nutzen Handys mit Internetzugang.

Daher ist es leicht nachvollziehbar, dass sich Werbetreibende auch diesen Kanal zunutze machen (mehr dazu finden Sie in Kapitel 6, »Mobile Marketing«). Werbe-SMS oder die Gewinnspielteilnahme per Handy sind nur einige Beispiele für Maßnahmen, die sich an Nutzer mobiler Endgeräte richten.

Kinokassen klingeln durch den Film *The Social Network*, Menschen twittern, was sie zu Mittag essen, und Kontakte werden nicht mehr per Handschlag, sondern per XING vorgestellt. Menschen unterhalten sich online über verschiedenste Anknüpfungspunkte. Das kann z. B. sowohl die gleiche Lieblings-TV-Serie sein, der gleiche Freundeskreis, aber auch Ihr Produkt. So gewinnen soziale Netzwerke zunehmend an Bedeutung – auch für Unternehmen und Werbetreibende. Wir gehen in Kapitel 4, »Social-Media-Marketing und Online-PR«, näher auf diesen Teilbereich des Online-Marketings ein.

Ein Tag hat 24 Stunden, nicht einmal ausreichend, um das Videomaterial anzusehen, das bei YouTube nach dessen eigenen Aussagen pro Minute hochgeladen wird. Hier handelt es sich nämlich um 35 Stunden. Diese Zahlen verdeutlichen den Aufwärtstrend, was den Bereich Video betrifft. So gibt es zunehmend Menschen, die Videos sowohl produzieren als auch konsumieren. Und auch dies ist ein weiterer Anknüpfungspunkt für werbende Unternehmen. Welche Möglichkeiten es genau gibt, lesen Sie in Kapitel 5, »Videomarketing«.

Doch die beste Website bringt Ihnen nichts, wenn Besucher sie nicht nutzen. Der englische Begriff *Usability* bedeutet sinngemäß so viel wie »Benutzbarkeit«; und damit ist gemeint, dass es elementar ist, eine Website so zu gestalten, dass Besucher sie problemlos verwenden können. Sie haben in der Regel keine Zeit und keine Lust, sich durch eine Seite zu klicken, bis sie das gefunden haben, wonach sie suchen. Warum auch, wenn der Konkurrent hier eine bessere Lösung bietet? Wie Sie Ihre Website *usable* gestalten, lesen Sie in Kapitel 16, »Usability – Benutzerfreundliche Websites«.

Wie erfolgreich sind aber nun die einzelnen Maßnahmen, und wo liegen die Schwachstellen Ihrer Website? Das Thema Web-Analytics steht hier im Mittelpunkt, und wie Sie in Abbildung 1.5 sehen können, bezieht sich das Messen und Analysieren von wichtigen Kennzahlen auf alle Bereiche des Online-Marketings. Damit Sie Ihre Website nicht aus dem Bauch heraus steuern müssen, treffen Sie Entscheidungen, die auf fundierten und messbaren Kennzahlen basieren. Welche Kennzahlen relevant sind, wie Sie messen und welche Zusammenhänge Sie beachten sollten, erfahren Sie in Kapitel 20, »Web-Analytics – Websites unter die Lupe genommen«.

Die Ergebnisse Ihrer Analyse können zugleich als Grundlage für zwei weitere wichtige Bereiche dienen: für das Testen und für das Optimieren. Niemand weiß besser, was die Kunden wirklich wollen, als die Kunden selbst. Daher sollten Sie ihnen mit Ihrer Website entsprechende Lösungsvorschläge bieten. Jedoch können sich Rahmenbedingungen und äußere Gegebenheiten und somit das Nutzerverhalten ständig ändern. Daher ist eine Website nie im Stillstand. Sowohl das Testen als auch das Optimieren sind kreisläufige Prozesse, die sich durch alle Teilbereiche des Online-Marketings ziehen.

Sie sehen, es gibt viele Möglichkeiten und gute Gründe, Ihre Angebote bzw. Ihre Website im Internet zu bewerben. Denn was nützt Ihnen eine Seite, die Sie möglicherweise mit geringen Kosten aufgebaut haben, von deren Existenz aber niemand weiß? Machen Sie sich schon zu Beginn einige Dinge bewusst: Klar, Marketing ist nicht umsonst, und es werden Investitionen und Folgekosten auf Sie zukommen, um Ihre Website zu bewerben. Jedoch werden Sie mit genauen Testverfahren und preistransparenten Maßnahmen diese Kosten im Griff haben. Wir warnen ausdrücklich davor, nur im Netz zu agieren, weil »es ja alle so machen«. Das ist keine Strategie, die zum Erfolg führt. Vielmehr sollten Ihre Handlungen und Maßnahmen auf den Nutzer und potenziellen Kunden ausgerichtet sein. Bieten Sie ihm mit Ihrem Angebot einen Mehrwert. Nutzen Sie die Möglichkeit einer ehrlichen und direkten Kundenkommunikation. Dazu zählt auch eine aktuelle Website. Es ist ein Irrglaube, eine Website einmal zu erstellen und sie als Selbstläufer anzusehen oder als »Gelddruckmaschine« zu nutzen. Denken Sie an unser Eingangsbeispiel mit dem Pflänzchen. Es will gehegt und gepflegt werden, damit es gedeiht – und dasselbe gilt für Ihre Website.

Da Sie nun eine Vorstellung davon haben, wie umfangreich die Maßnahmen im Bereich Online-Marketing sein können, ist es leicht nachvollziehbar, dass auch eine Menge Fehler passieren können. Das bekannte Sprichwort »*Wo gehobelt wird, da fallen Späne*« ist hier aber fehl am Platz. Viele Fehler lassen sich recht einfach vermeiden – und das ist eine der Aufgaben, die dieses Buch hat. Aus diesem Grund möchten wir Ihnen auf den folgenden Seiten einige grundlegende Fehler aus den verschiedenen Bereichen des Online-Marketings vorstellen und Ihnen Wege aufzeigen, wie Sie diese vermeiden können. Machen wir also den Fehlerteufel unschädlich.

## 1.2 Zehn Dinge, die man grundlegend falsch machen kann – Grundregeln, um Anfängerfehler zu vermeiden

Ein Hinweis vorab: Auf den folgenden Seiten möchten wir Ihnen grundlegende Fehler vorstellen, die in den verschiedensten Bereichen im Online-Marketing auftreten können. Es mag darüber hinaus weitere Fehler geben, die wir in diesem

Rahmen aber nicht näher besprechen können. Wir beziehen uns daher auf häufige Probleme, ohne den Anspruch auf Vollständigkeit zu erheben. Darüber hinaus möchten wir keine Websites an den Pranger stellen, denn hinter jeder Website stehen Menschen, und Fehler sind menschlich. Es ist zudem nicht leicht, wirklich gute Websites zu erstellen, daher haben alle Menschen, die es probieren, unsere Hochachtung. Vielmehr möchten wir Ihnen Probleme aufzeigen und Ihnen anschließend *Best-Practice*-Beispiele (Erfolgsbeispiele) vorstellen, die mit der entsprechenden Thematik vorbildlich umgehen.

### 1.2.1 Die falsche Domain-Wahl

Der Domain-Name ist das Aushängeschild für Ihre Website und daher enorm wichtig. Wir wollen Ihnen hier die häufigsten Fehler vorstellen, die bei der Wahl des Domain-Namens gemacht werden.

#### Fehler 1: Falsche Domain-Endung (Top Level Domain)

Der Domain-Name besteht aus einer *Top Level Domain*, z. B. »de«, und der *Second Level Domain*, z. B. »spiegel«. Damit ergibt sich der Domain-Name »spiegel.de«. Häufig sieht man hier Websites, die Experimente mit der Top Level Domain wagen. So wird z. B. die Domain-Endung ».com« häufig auch für deutsche Websites genutzt, oder man hat aus lauter Verzweiflung auf die Endungen ».info« oder ».org« zurückgegriffen, weil andere Domain-Namen schon belegt waren. Wir empfehlen als Top Level Domain für Ihre deutsche Website die ».de«-Endung. Deutsche Nutzer können sich diese Website-Adressen besser merken und fühlen sich besser aufgehoben. Zudem haben Sie einen Bonus für die Auffindbarkeit in deutschen Suchmaschinen.

Auch wenn schon über 14 Millionen Adressen vergeben sind: Werden Sie kreativ, und suchen Sie nach einem guten Domain-Namen mit dieser Endung. Notfalls lassen einige Website-Betreiber auch mit sich über den Domain-Verkauf verhandeln.

#### Fehler 2: Schwierige Schreibweise der Domain

Verzichten Sie beim Domain-Namen auf schwierige Schreibweisen. Denken Sie daran, dass Websites auch über Mundpropaganda weiterempfohlen werden. Ist Ihre Website-Adresse dann sehr lang oder unaussprechlich, wird sich keiner länger als ein paar Minuten daran erinnern. Zudem kann das Eintippen des Domain-Namens zur Hürde werden.

Ein Beispiel gefällig?
*www.dieseverdammtlangeurlkannsichjasowiesokeinschweinmerken.de*

Diese Domain gibt es tatsächlich, und sie verdeutlicht sehr anschaulich das Problem mit schwierigen und langen Domain-Namen.

### Fehler 3: SEO- und Keyword-Domains

Domain-Namen werden häufig aus Gründen der Suchmaschinenoptimierung (SEO) registriert. Diese Domain-Namen enthalten meist häufig gesuchte Begriffe wie z. B. »Geschenke« und werden als Keyword-Domains bezeichnet. Suchen Sie nach diesem Begriff in Google, werden Sie viele solcher Domains auf den ersten Positionen entdecken. Wir empfehlen Ihnen aber nicht, für Ihr Unternehmen auf solche Domains zu wechseln, da auch diese Benennungen für Kunden und wiederkehrende Besucher nur schwer zu merken sind. Behalten Sie also den bestehenden Domain-Namen ruhig weiter bei, und konzentrieren Sie sich auf wichtigere Dinge.

### 1.2.2  Missglückte Konzeption und Umsetzung der Website

Die Website stellt ein Grundgerüst für Ihre zukünftigen Aktivitäten im Online-Marketing dar. Sie muss also grundlegenden Anforderungen entsprechen. Aber auch hier geschehen Fehler, die sich vermeiden lassen.

### Fehler 1: Ungeschicktes Navigationskonzept

Jede Website besitzt eine bestimmte Struktur, was auch als Navigationskonzept bezeichnet wird. Sie ermöglicht dem Nutzer das Auffinden von Informationen. Sicher kennen Sie auch Websites, auf denen Sie sich überhaupt nicht zurechtfinden. Machen Sie dies für Ihre Website besser. Lassen Sie sich auch von anderen Personen Feedback (Rückmeldung) zu Seiten geben, und beobachten Sie Menschen beim Besuch der Website. Sie werden dann schnell Defizite feststellen und können diese beheben.

### Fehler 2: Schlechte Website-Umsetzung

Was uns leider öfter auffällt, sind schlecht umgesetzte Websites. Hier fehlt es häufig an Know-how oder an der Technik. Wählen Sie also Agenturen und Webdesigner für Ihre Website sehr genau aus, und lassen Sie sich Referenzprojekte zeigen. Bezüglich technischer Fehler sollten Sie auf ein ausgereiftes Content-Management-System (CMS) zurückgreifen, bei dem Sie Inhalte ändern können, ohne Gefahr zu laufen, unabsichtlich das Layout zu ändern.

### Fehler 3: Hohe Ladezeiten und schlechte Erreichbarkeit

Ein weiterer Fehler in der Website-Erstellung und ein großes Ärgernis für Nutzer sind hohe Ladezeiten für die Benutzer. Testen Sie daher ständig die Erreichbarkeit

Ihrer Website, und sparen Sie nicht an der Webserver-Kapazität. Viele wiederkehrende Nutzer werden Ihnen schnelle Ladegeschwindigkeiten danken.

### 1.2.3 Die falsche Zielgruppe

Die Besucher Ihrer Website lassen sich in Zielgruppen einteilen. Jede Zielgruppe hat spezielle Erwartungen an Ihre Website. Versuchen Sie diese Erwartungen weitestgehend zu erfüllen, und verlieren Sie die Zielgruppen nicht aus den Augen.

**Fehler 1: Fehlende Kenntnis der Zielgruppe**

Fragen Sie einmal einen Website-Betreiber nach den Zielgruppen auf seiner Website. Nur wenige werden eine Antwort darauf geben können. Hier fehlt einfach das Wissen über die Besucher auf einer Website. Begehen Sie also nicht den gleichen Fehler, sondern analysieren Sie die Nutzer eingehend. Sie werden dann feststellen, welche Bedürfnisse die unterschiedlichen Besucher haben, und können sie daraufhin entsprechend bedienen.

**Fehler 2: Falsche Zielgruppen auf der Website**

Leider kommt es vor, dass sich auf Ihrer Website nicht nur gewünschte Kunden befinden. Dies ist wie in einem normalen Geschäft. Es tummeln sich sehr viele Besucher in Ihrem Laden in der Haupteinkaufsstraße, aber nur wenige kaufen Ihre Produkte. Sorgen Sie also dafür, dass Sie mehr von den wertvollen Kunden auf Ihre Website bekommen. Diese Kunden können Sie durch Analysen selektieren und durch auf sie zugeschnittene Werbemaßnahmen ansprechen. Damit erhöht sich der Anteil der gewünschten Kunden.

**Fehler 3: Falsches Aufspüren der wertvollen Kunden**

Vielfach sieht man falsch ausgerichtete Werbung im Internet, z. B. wenn Frauen Anzeigen für Bohrmaschinen eingeblendet bekommen, wobei in der Regel eher Männer die Zielgruppe der Bohrmaschinen darstellen. Achten Sie daher für Ihre Online-Marketingkampagnen darauf, wo und wie Sie für sich werben. Nutzen Sie z. B. eine geschickte Kampagnenplanung oder neue Targeting-Technologien, um genau Ihre Zielgruppen zu erreichen, die Sie auf der Website haben möchten.

### 1.2.4 Website-Steuerung im Blindflug

Die Steuerung der Website nehmen Sie anhand von Kennzahlen vor. Dazu dienen Ihnen Web-Analytics-Tools, die diese Kennzahlen erheben. Zu oft wird leider aus reinem Bauchgefühl die Steuerung der Website vorgenommen. Dies ist keine gute Vorgehensweise in der Online-Welt. Verlassen Sie sich besser auf die Daten, und treffen Sie auf dieser Basis Entscheidungen.

**Fehler 1: Falsche Annahmen über das Nutzerverhalten**

Wie nutzen Kunden Ihre Website? Häufig werden hier nur grobe Annahmen aus der eigenen Perspektive getroffen. Versuchen Sie davon Abstand zu nehmen, und analysieren Sie das Nutzerverhalten konkret anhand vorhandener Daten. Sobald Sie einige Hundert Benutzer regelmäßig auf Ihrer Website haben, entstehen schnell statistisch valide Aussagen. Das Nutzerverhalten können Sie dann über ein Web-Analytics-System abfragen und konkrete Rückschlüsse für Ihre Website ziehen.

**Fehler 2: Falsche Annahmen über wichtige Inhalte**

Oft liegen Website-Betreiber auch falsch in der Bewertung der wichtigsten Inhalte auf Ihrer Website. Gehen Sie daher nicht von Ihren eigenen Annahmen aus, sondern schauen Sie wiederum in die Daten. Welches sind tatsächlich die meistaufgerufenen Seiten, und welche Seiten werden von den Nutzern ignoriert? Erst daraus können Sie Schlüsse darüber ziehen, welche Inhalte Nutzer besonders ansprechen, und können diese weiter in den Vordergrund stellen.

**Fehler 3: Falsche Annahmen über die technische Ausstattung der Nutzer**

Wahrscheinlich haben Sie als professioneller Website-Nutzer immer die neuste technische Ausstattung mit großem Monitor und der aktuellsten Software. Schließen Sie aber nicht von sich auf die Gesamtheit Ihrer Website-Besucher. Testen Sie daher mit verschiedenen Computersystemen Ihre Website. Welche Webbrowser, Betriebssysteme und Monitorauflösungen genutzt werden, können Sie mit Ihrem Tracking-Tool leicht herausfinden. Die meistgenutzten Systeme sollten fehlerfrei Ihre Website anzeigen, sonst laufen Sie Gefahr, Nutzer zu verlieren. Wir empfehlen Ihnen alle drei bis sechs Monate auf diese Zahlen zu schauen, damit Sie immer sicherstellen können, dass Ihre Website von der Mehrheit der Nutzer fehlerfrei angezeigt werden kann.

### 1.2.5 Die größten Usability-Fehler – Benutzerunfreundliche Webseiten

Haben Sie schon einmal eine CD gekauft und mussten minutenlang die Folie abknibbeln? Oder schwappt Ihnen beim Öffnen einer Tetrapack-Tüte auch regelmäßig der Inhalt über die Hand? In unserem Alltag haben wir mit vielen Dingen zu tun, die mehr oder weniger gut nutzbar sind. Auch Websites sollten für deren Besucher nutzbar gestaltet sein. Das bedeutet zum einen, dass ein Besucher sich schnell orientieren kann und weiß, wo auf der Seite er sich befindet bzw. das findet, was er sucht. Das bedeutet zum anderen aber auch, dass er den Kern der Seite auf Anhieb versteht und die Funktionen ohne langes Nachdenken benutzen kann. Dennoch gibt es viele Websites, die grundlegende Usability-Fehler aufweisen.

**Fehler 1: Keine Orientierung**

Kennen Sie das Kinderspiel »Topfschlagen«? Dabei werden einem Kind die Augen verbunden, und es wird im Kreis gedreht, damit es die Orientierung verliert. Danach wird es mit einem Kochlöffel ausgestattet, mit dem es einen Kochtopf suchen muss, unter dem sich ein Geschenk befindet. Auf allen Vieren versucht nun das »blinde« Kind, den Topf zu suchen. Die anderen Kinder helfen mit den Ausrufen »warm« und »kalt«, je nachdem, ob die richtige oder falsche Richtung eingeschlagen wird.

Blenden Sie jetzt einmal die helfenden Rufe der anderen Kinder aus. So ähnlich muss sich ein Benutzer fühlen, wenn er auf einer unbekannten Website (wohlmöglich auf einer Unterseite dieser Website) einsteigt. Er hat keine Orientierung in einem unbekannten Raum, weiß nicht, wo er ist und wohin er gehen bzw. klicken muss, um zu seinem Ziel zu gelangen. Es weiß nicht, in welcher Ebene der Website er sich befindet, kann über die vorhandene Navigation nicht ableiten, wie weit er von seinem Ziel entfernt ist, und tappt sprichwörtlich im Dunkeln. Erschreckend, oder? Wenn Sie Ihrem Benutzer keine Orientierungshilfen bieten, wird er – bildlich gesprochen – recht schnell die Freunde an dem Spiel verlieren. Auf Ihre Website bezogen, wird er Ihre Seite schnell wieder verlassen und sich womöglich Ihrer Konkurrenz zuwenden.

In Abbildung 1.6 sehen Sie eine klare Navigationsstruktur am Beispiel der Website von germanwings.de. Steigt ein Nutzer direkt auf der Unterseite *Blind Booking* ein, so kann er sich durch die Tab-Navigation problemlos orientieren.

**Abbildung 1.6** Navigationsstruktur auf www.germanwings.de

### Fehler 2: Konventionen werden missachtet

Viele Menschen haben bei der Nutzung von Websites Dinge gelernt und erwarten diese auch beim Aufrufen weiterer Websites. So wird ein Logo in der linken oberen Ecke erwartet und kann bei anderen Platzierungen Verwirrung stiften. Was tun Sie, wenn Sie auf einer Webseite landen, die blauen, unterstrichenen Text beinhaltet? Richtig, Sie klicken darauf, weil Sie gelernt haben, dass Links blau und unterstrichen dargestellt werden. Wahrscheinlich werden Sie irritiert sein, wenn nach einem Klick auf diesen Text aber rein gar nichts passiert. Es kann nicht sein, dass Benutzer erst über die veränderte Mausdarstellung (von einem Pfeil in eine Hand mit ausgestrecktem Zeigefinger) erkennen, welche Elemente klickbar sind. Zudem wurde erlernt, das bereits angeklickte Links ihre Farbe ändern. Auch Buttons sollten wie Buttons aussehen, also als Bedienelemente dargestellt sein und keine anderen exotischen Formen aufweisen. Deutlich erkennbar sind klickbare Elemente auf der Website von flickr.com.

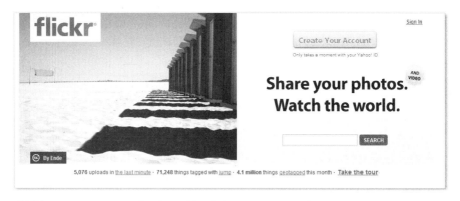

**Abbildung 1.7**   Buttons und Links sind bei flickr.com gut als solche erkennbar.

### Fehler 3: Unstrukturierte Websites

Insbesondere wenn Sie ein großes Informations- oder Produktangebot haben, ist es wichtig, dass Sie eine klare Website-Struktur präsentieren. Nichts ist schlimmer als ein bunter Mix aus dem kompletten Angebot, bei dem für den Nutzer nicht ersichtlich wird, was er auf der Seite überhaupt tun kann. Stellen Sie sich ein großes Kaufhaus vor, das alle Produkte durcheinander auf einen Haufen wirft: ein heilloses Chaos. Ähnlich verhält es sich im Internet: Strukturieren Sie Ihre Website nach Kategorien und Unterkategorien, ähnlich den Abteilungen in einem Kaufhaus. Wie eine Strukturierung oder bestimmte Hierarchien am sinnvollsten sind, muss jedoch individuell entschieden werden. Ein häufiger Fehler liegt dabei auch in der Benennung der einzelnen Kategorien. Exotische Wortkreationen sind hier fehl am Platz. Benutzer, die nach einer Möglichkeit zur Kontaktaufnahme suchen, halten Ausschau nach dem Wort *Kontakt*. Besonders wenn der Nutzer nach Hilfe Ausschau hält und diese nicht findet, ist das eine Problemquelle. Kontakt- und Hilfsmöglichkeiten, wie beispielsweise die Nummer einer Service-Hotline, sollten präsent dargestellt werden und leicht zu finden sein. Eine gute Lösung bietet die Deutsche Bahn. Auf ihrer Startseite befindet sich ein prominenter Hinweis zum Thema Wintereinbruch. Mit dem Klick auf den Link »Jetzt informieren« landen Sie auf einer Seite, die in Abbildung 1.8 zu sehen ist.

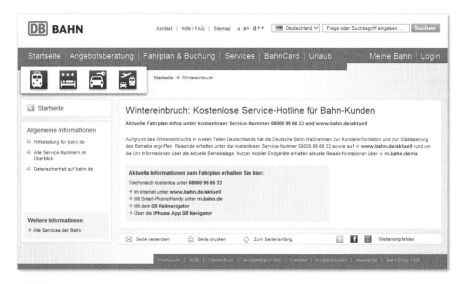

**Abbildung 1.8** Mit einem Link von der Startseite zu erreichen: die Service-Hotline der Deutschen Bahn für den Wintereinbruch

### Fehler 4: Unstrukturierter Inhalt ohne Mehrwert

In Alltagsgesprächen wird es deutlich: Small Talk ist meistens uninteressant. Viele Menschen winken ab oder versuchen, das Gespräch auf andere Themen zu lenken. Inspirierend sind vielmehr Gespräche, die informativ oder unterhaltsam sind – unter Umständen können Sie sich dann auch besser an den Gesprächspartner erinnern. So empfinden auch viele Besucher einer Website. Überflüssige Einleitungssätze oder sogar Flash-Intros (die man nicht überspringen kann) stiften keinen Mehrwert. Verschonen Sie Ihre Besucher damit, denn sie sind meistens in Eile. Ebenso ist eine reine Textseite eine Bleiwüste, die nicht viel ansprechender wäre. Heben Sie daher Kernaussagen hervor. Arbeiten Sie mit Aufzählungslisten, und lockern Sie Ihre Texte mit passenden Bildern auf. Seien Sie Ihren Besuchern gegenüber transparent, und verstecken Sie keine Informationen, die von Wichtigkeit sind, wie beispielsweise den Preis oder die Lieferkosten.

In Abbildung 1.9 sehen Sie eine Webseite der Techniker Krankenkasse, die ihre Informationen gut aufbereitet darstellt. So wird mit Überschriften und Zwischenüberschriften gearbeitet, Bereiche werden fett hervorgehoben und Informationen tabellarisch dargestellt.

**Abbildung 1.9**  Strukturierte Inhalte der Techniker Krankenkasse

### Fehler 5: Schlechte Suchfunktion

Eine Vielzahl an Websites bietet mittlerweile eine interne Suchfunktion an. Schlechte Suchen verstehen jedoch die Suchanfragen der Benutzer nicht, haben einen missverständlich benannten Suchbefehl, liefern keine Suchergebnisse oder strukturieren diese nicht. Zudem bieten sie keine Hilfe, wenn für die Suchanfrage keine Ergebnisse gefunden werden können.

Ein gutes Beispiel für eine Suchfunktion bietet die Website frontlineshop.de, die ihren Nutzern sowohl die Möglichkeit bietet, eine neue Suche zu starten, als auch Hinweise auf Produktkategorien gibt.

**Abbildung 1.10**  Hilfestellungen bei der Frontlineshop-Suche

### Fehler 6: Visuelles Rauschen

Waren Sie schon einmal auf einem orientalischen Basar? Manche Websites lassen schnell Analogien zu, da sie völlig überladen sind und jedes Element der Website versucht, mit aller Macht die Aufmerksamkeit des Besuchers auf sich zu ziehen. Blinkende Elemente und ein Layout, das den Benutzer quasi durch ein Megaphon »anschreit«, können zu Reizüberflutung und Verärgerung führen.

Beschränken Sie sich daher auf das Wesentliche, verwenden Sie ein klares, seriöses Layout, und lassen Sie *Whitespace* zu. Das Unternehmen Apple ist bekannt für seinen klaren, wenig überladenen Online-Auftritt. Machen Sie sich selbst ein Bild davon.

**Abbildung 1.11**  Apple hat einen klaren Internetauftritt und arbeitet mit Whitespace.

### Fehler 7: Lange und unverständliche Formulare

Formulare auszufüllen ist für viele Menschen – auch offline – ein rotes Tuch. Lange Formulare sind daher ein schwerer Fehler, den es zu vermeiden gilt. Bei schlecht gestalteten Formularen werden über mehrere Seiten die verschiedensten Daten abgefragt, über Kontaktinformationen, Kundennummern (die viele Nutzer nicht zur Hand haben) und persönliche Angaben. Im schlimmsten Fall sind derartige Eingabefelder zum Großteil als Pflichtfeld markiert, und es gibt genaue Vorgaben, ob die Angaben mit Bindestrichen, Leerzeichen oder Klammern anzugeben sind. Hier ist es kein Wunder, dass viele Nutzer das Ausfüllen des Formulars abbrechen oder bei dessen Anblick gleich die Website verlassen. Kurze Formulare mit wenigen und nachvollziehbaren Abfragen und das Einhalten des Datenschutzes sind hier elementar. Abbildung 1.12 zeigt ein einfaches und überschaubares Anmeldeformular.

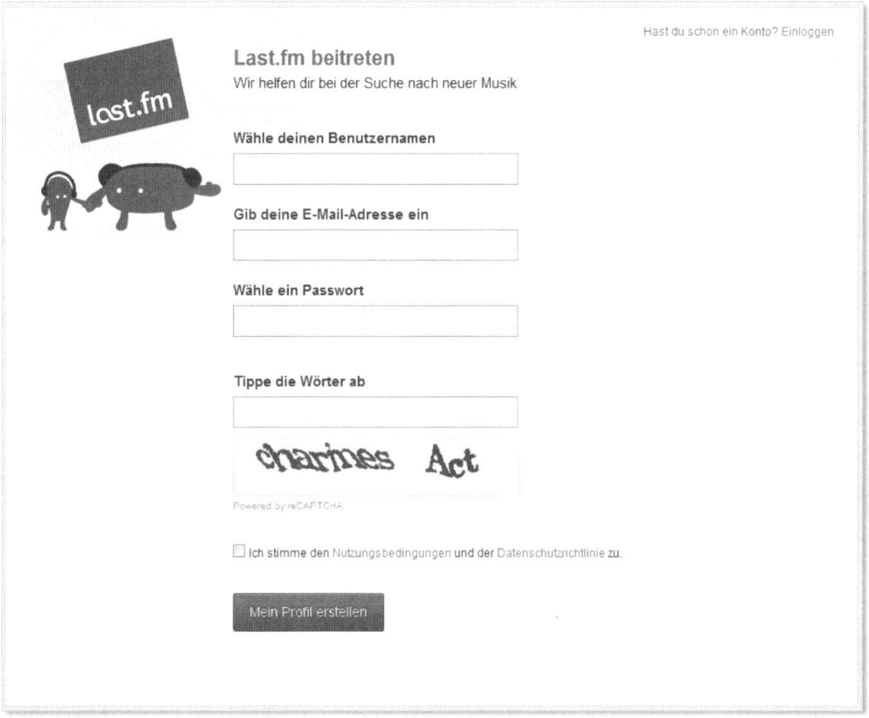

**Abbildung 1.12** Überschaubares Anmeldeformular von last.fm

### Fehler 8: Fehlerseiten ohne weitere Hilfe

*»Dieses Angebot steht zurzeit nicht zur Verfügung.«* Das ist ärgerlich (insbesondere dann, wenn Sie gerade Werbung auf dieser Seite schalten), aber nicht gänzlich auszuschließen. Doch so eine Fehlermeldung hilft dem Nutzer nicht weiter. Bieten Sie ihm hier Hilfestellungen und Alternativen – zum Beispiel per Links. In Abbildung 1.13 sehen Sie die gelungene Lösung für eine Fehlerseite von *Klickfreundlich* (*www.klickfreundlich.de*).

**Abbildung 1.13**  404-Fehlerseite von Klickfreundlich

### Fehler 9: Accessibility

Accessibility ist auch unter dem Begriff *Barrierefreiheit* bekannt und meint die Benutzbarkeit von Websites, ohne Menschen auszugrenzen, z. B. behinderte Nutzer. Sehbehinderte haben Probleme, wenn Websites schwer lesbar sind, weil es beispielsweise keine ausreichenden Kontraste gibt oder die Schrift zu klein ist. Blinde Menschen verwenden zum Teil sogenannte *Screenreader*, die die Inhalte der Seite vorlesen. Die Möglichkeit, Inhalte abzuhören, bietet die Website des Bundesministeriums für Familie, Senioren, Frauen und Jugend, wie Sie in Abbildung 1.14 sehen können.

**Abbildung 1.14**  Die Website des Bundesministeriums für Familie, Senioren, Frauen und Jugend (www.bmfsfj.de)

**Fehler 10: Schlechte Browser-Kompatibilität**

Verabschieden Sie sich von der Annahme, dass Ihre Website in allen Browsern gleich dargestellt wird. Hier ist Vertrauen nicht gut, sondern Kontrolle notwendig. Denn Elemente und Seitenbereiche können in den unterschiedlichen Browsern anders oder fehlerhaft dargestellt werden. Optimieren Sie daher Ihre Website für verschiedene gängige Browser.

Geben Sie den gerade beschriebenen Usability-Sünden keine Chance, und orientieren Sie sich vielmehr an den aufgezeigten Positiv-Beispielen. Wenn Ihre Website in dieser Hinsicht Nachholbedarf hat, dann steigen Sie zur Vertiefung direkt in Kapitel 16, »Usability – Benutzerfreundliche Websites«, ein.

## 1.2.6 Suchmaschinenunfreundliche Webseiten

Peinliche Fehler in der Suchmaschinenoptimierung sieht man immer wieder. Schauen wir uns die wichtigsten Fehler genauer an, damit Sie diese nicht begehen.

**Fehler 1: Websites mittels Flash und Frames erstellen**

Viele Websites wollen Besucher über Suchmaschinen bekommen, aber in der Erstellung wird nicht auf eine suchmaschinenfreundliche Programmierung geachtet. Immer noch sieht man rein Flash-basierte Websites oder den Einsatz der veralteten HTML-Frames. Dies sind quasi Ausschlusskriterien für eine gute Positionierung in Suchmaschinen. Achten Sie daher bei der Website-Erstellung darauf, dass Sie diese Elemente nicht nutzen, sondern auf eine komplett in HTML und CSS programmierte Website setzen. Damit legen Sie den Grundstein für eine gute Auffindbarkeit in Suchmaschinen.

**Fehler 2: Fehlende Informationsarchitektur**

Gibt es ein Navigationskonzept für Ihre Website? Begehen Sie nicht den Fehler vieler Anbieter, die ohne Konzept die Website wuchern lassen. Suchmaschinen, die Ihre Website durchsuchen, wie auch Nutzer, die Ihre Website besuchen, müssen eine klare Struktur erkennen und wichtige Elemente schnell erreichen. Setzen Sie also ein Konzept für die Strukturierung der vorhandenen Informationen auf, und erleichtern Sie den Zugriff auf diese Daten.

**Fehler 3: Website-Relaunch ohne SEO-Beratung**

Websites werden in unregelmäßigen Abständen erneuert, sei es aufgrund von technischer oder grafischer Überarbeitung. Diese Relaunches stellen für Suchmaschinen eine große Herausforderung dar. Inhalte ziehen auf neue Adressen um, die Navigation ändert sich, oder es wird ein neuer Domain-Name eingeführt. Nehmen Sie bei all diesen Änderungen vorher eine SEO-Beratung in Anspruch. Ansonsten werden Sie Gefahr laufen, dass Sie nicht mehr so gut wie vorher in Suchmaschinen gefunden werden.

### Fehler 4: Content is King

Viele Websites setzen in der Suchmaschinenoptimierung einzig auf die Optimierung der Inhalte der Website. Dies reicht leider nicht für gute Platzierungen. Denken Sie auch an gute Verlinkungen und wie schon erwähnt an ein durchdachtes technisches Konzept für die Website. Nur mit der Kombination aller SEO-Aspekte werden Sie erfolgreich sein.

### Fehler 5: Links für bessere Rankings kaufen

In diversen Foren kann man nachlesen, dass Sie für bessere Rankings Links kaufen sollten. Zwar sind die Backlinks wichtig für Ihre Suchmaschinenpositionen, sich aber auf das Kaufen von Linkpaketen zu verlassen, kann Sie schnell ins Abseits bringen. Suchmaschinen verurteilen diese Art der Manipulation der Suchergebnisse. Überlegen Sie sich daher besser andere Wege, wie Sie im Netz auf sich aufmerksam machen können und somit Backlinks als Empfehlung sammeln.

## 1.2.7　Ineffiziente Suchmaschinenwerbung

*Google AdWords* ist das viel genutzte Werbeprogramm von Google. Hier haben Werbetreibende die Möglichkeit, Anzeigen auf Suchergebnisseiten oder auf anderen Websites zu schalten. Gezielte Ausrichtungsmöglichkeiten der Werbemaßnahmen und eine genaue Kostenkontrolle machen das Programm besonders attraktiv. Das Aufsetzen einer Werbekampagne ist recht schnell und einfach möglich. Doch damit ist es nicht getan. Machen Sie sich bewusst, dass das regelmäßige Analysieren und Anpassen der Kampagnen ständige Arbeit bedeutet. Wir möchten Sie gleich zu Beginn auf wichtige Fehler hinweisen, die Sie unbedingt vermeiden sollten, damit Ihre Werbemaßnahmen erfolgreich sind und Sie Ihr Budget nicht sinnlos verbrennen.

### Fehler 1: Unzureichende Kontostruktur

Sie eröffnen ein AdWords-Konto mit einer Kampagne, in der Sie alle Werbeanzeigen (zu verschiedenen Produkten und Angeboten) anlegen. Sie haben zudem eine Keyword-Liste, die ebenfalls alle Suchbegriffe enthält und nicht weiter unterteilt ist. Sie möchten einfach mal ausprobieren, was passiert und wie Ihre Anzeigen ankommen. Nach einer Weile haben Sie komplett den Überblick verloren und können Ihre Kampagne nicht mehr zielgerichtet steuern.

Strukturieren Sie daher Ihr Konto von Beginn an nach Themenbereichen mit verschiedenen Kampagnen und Anzeigengruppen. Überlegen Sie sich im Vorfeld eine sinnvolle Struktur, bevor Sie Ihre Kampagnen anlegen, und machen Sie sich mit grundlegenden Begriffen und Funktionen vertraut. Machen Sie sich klar, was Sie mit Ihrer Kampagne erreichen möchten. Möchten Sie beispielsweise Produkte verkaufen oder Ihr Markenimage verbessern? Richten Sie die Kampagne entsprechend Ihrem Ziel aus. Eine gute Werbekampagne lässt sich nicht mal eben nebenbei anlegen.

### Fehler 2: Keine Ausrichtung auf die Zielgruppe

Sie übernehmen alle Voreinstellungen von Google und richten Ihre Anzeigen nicht weiter nach Zielregionen aus. So bewerben Sie beispielsweise Ihren Wein, den Sie nur im Raum München ausliefern, im ganzen Land. Dann wundern Sie sich über hohe Streuverluste und teure Klicks, die nicht zum Ziel führen.

Besser wäre es, wenn Sie Ihre Kampagne nur dort schalten, wo Sie Ihre Zielgruppe erreichen. Dafür bietet AdWords einige Optionen, um die Werbeanzeigen in Ländern, Städten und Regionen zu schalten, die für Sie infrage kommen. In Ihrem AdWords-Konto klicken Sie dazu bei der entsprechenden Kampagne auf EINSTELLUNGEN und dann bei dem Abschnitt STANDORTE UND SPRACHEN auf BEARBEITEN. Wie Sie in Abbildung 1.15 sehen können, haben Sie die Möglichkeit, auch benutzerdefinierte Regionen anzugeben. In diesem Fall wurde ein Umkreis von 100 km um München gewählt.

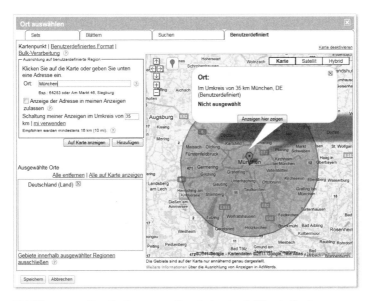

**Abbildung 1.15**  Das Festlegen von Standorten im AdWords-Konto

Zudem sollten Sie die möglichen Spracheinstellungen verwenden, um Ihre Werbekampagne ideal auf Ihre Zielgruppe auszurichten.

### Fehler 3: Unzulängliche Keywords

Sie wählen extrem viele oder sehr wenige Keywords aus, die sehr weit gefasst sind und nicht direkt zu Ihrem Angebot passen. So besteht Ihre Keywordliste beispielsweise aus Schlüsselbegriffen wie »Auto, Winter, Schnee, Glätte, Reifen«, obwohl Sie eigentlich Winterreifen verkaufen. Zudem verwenden Sie keine Wortgruppen, in denen Sie Ihre Begriffe wie z. B. »Winterreifen kaufen« kombinieren könnten. Darüber hinaus ignorieren Sie die Keyword-Optionen »weitgehend passend«, »passend«, »genau passend« und »ausschließend« und übernehmen stattdessen Googles voreingestellte »weitgehend passend«-Option. Ihre Werbeanzeige wird also auch ausgeliefert, wenn die Suchanfrage »Auto mieten« lautet, da Sie »Auto« als weitgehendes Keyword verwenden. Ist der Benutzer auf der Suche nach einem Mietwagen mit Winterreifen und klickt er mit diesem Gedanken auf Ihre Anzeige, so bezahlen Sie für den Klick. Zudem nutzen Sie nicht die Möglichkeit, bestimmte Begriffe auszuschließen. Lautet die Suchanfrage beispielsweise »Winterreifen Forum« oder »Winterreifen gewinnen« erscheint Ihre Werbeanzeige – auch wenn Sie weder ein Forum anbieten noch ein Gewinnspiel zu Winterreifen betreiben. Wundern Sie sich wirklich, warum Sie keine Winterreifen verkaufen?

Im Bereich Keywords verbergen sich also einige Fehlerquellen. Gehen Sie Ihre Keyword-Liste noch einmal genau durch. Streichen Sie diejenigen Begriffe, die nicht zu Ihrem Angebot passen, und verwenden Sie zudem sinnvolle Kombinationen. Zu weit gefasste Keywords sollten entfernt werden. Überlegen Sie sich darüber hinaus, bei welchen Begriffen Sie wirklich gefunden werden möchten. Muss der Begriff genau passen, oder reicht es auch, wenn die Suchanfrage ungefähr passt? Denken Sie auch aus der anderen Perspektive: Bei welchen Begriffen möchten Sie auf keinen Fall Ihre Anzeige ausliefern? Legen Sie hier ausschließende Begriffe fest.

### Fehler 4: Dürftiger Anzeigentext

Ihre Anzeigen sind wenig attraktiv formuliert und bewerben Angebote, die nicht Teil Ihres Portfolios sind. Es gibt keine aufgegriffenen Suchbegriffe, keine Angebotsinformationen und keine Handlungsaufforderung. Die Zielseite ist Ihre Startseite, und die Google-Richtlinien sind Ihnen gleichgültig.

Wenn Sie dagegen eine klare Kontostruktur mit zielgerichteten Anzeigengruppen haben, können Sie Ihre Werbeanzeigen entsprechend an die Suchanfrage anpassen. Verwenden Sie Platzhalter, um den Suchbegriff in Ihre Anzeige zu integrieren. Bieten Sie wichtige Angebotsinformationen im Anzeigentext, die den

Betrachter zum Klicken anregen. Formulieren Sie eine klare Handlungsaufforderung, und wählen Sie eine passende *Landing Page* (Zielseite).

In Abbildung 1.16 sehen Sie die Anzeigen zur Suchanfrage »Navigationsgerät kaufen«. Während Amazon mit einer kostenlosen Lieferung im Anzeigentext aufwartet, hat Billiger.de eine abgestimmte Anzeigen-URL. Die Werbeanzeige von Conrad hingegen beinhaltet die komplette Suchanfrage. Zu Recht sind diese Anzeigen von Google auf den Top-Positionen platziert worden.

**Abbildung 1.16**   Passende Anzeigen zur Suchanfrage »Navigationsgerät kaufen«

### Fehler 5: Zu wenige Anzeigen

Sie erstellen einen Anzeigentext und verwenden diesen für Ihre gesamte Anzeigengruppe. Empfehlenswert ist jedoch die Formulierung von mindestens zwei Anzeigen pro Anzeigengruppe. Mit entsprechenden Einstellungen haben Sie so eine Vergleichsmöglichkeit und können die Anzeige mit der besseren Leistung regelmäßig verbessern und austesten, indem Sie die schlechtere Anzeige stoppen und eine neue Anzeige erstellen.

### Fehler 6: Kein roter Faden und eine unpassende Landing Page

Ihre Anzeige greift den Suchbegriff nicht auf und führt zu keiner passenden Zielseite. Sie haben keinen roten Faden zwischen der Suchanfrage des Benutzers, Ihrer Werbeanzeige und Ihrer definierten Landing Page. Klickt ein Benutzer auf Ihre Werbeanzeige, wird er zu Ihrer Startseite geleitet. Dort findet er noch immer nicht, was er sucht, und so verlässt er die Website wieder.

Stellen Sie sicher, dass Ihre Anzeige auf den Suchbegriff und Ihr Angebot abgestimmt ist. Haben Sie mit Ihrer Werbeanzeige das Interesse des Besuchers gewinnen können, so leiten Sie ihn auf eine entsprechende Landing Page, die auf das spezielle Suchbedürfnis abgestimmt ist. Nehmen wir beispielsweise die Suchanfrage »Kreuzfahrt Nil«, die Sie in Abbildung 1.17 und Abbildung 1.18 sehen. Klickt ein Interessent auf die Werbeanzeige der »Aegypten-Spezialisten«, so gelangt er auf eine Landing Page, die einen Überblick über angebotene Nilkreuzfahren präsentiert.

**Abbildung 1.17** Die Werbeanzeige von aegypten-spezialisten.de

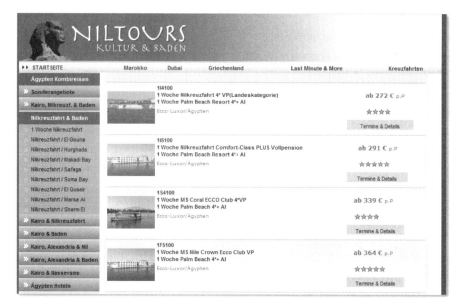

**Abbildung 1.18** Eine zielgerichtete Landing Page zur Suchanfrage »Kreuzfahrt Nil«

### Fehler 7: Fehlendes Conversion-Tracking

Sie haben Ihre Kampagne erstellt und gestartet. Der Rest läuft von allein, so denken Sie. Sie werten keine Zahlen aus und analysieren keine Leistungsberichte. Ab und zu einen Blick auf die Click-Through-Rate zu werfen reicht Ihnen völlig aus. Sie haben zudem kein Conversion-Tracking eingerichtet, um die Leistung Ihrer Kampagne, der Anzeigengruppe und der einzelnen Keywords besser beurteilen zu können.

Wir empfehlen Ihnen dringend, Ihre Kampagnenleistungen regelmäßig zu überprüfen. Im Google AdWords-Konto stehen Ihnen diverse Berichte zur Verfügung. Nutzen Sie die Möglichkeit des Conversion-Tracking und bauen Sie ein entsprechendes Pixel auf der Zielseite Ihrer Kampagne ein (z. B. die Seite, auf der Sie sich beim Kunden für eine abgeschlossene Bestellung bedanken). So können Sie Ihre Kampagne optimieren, indem Sie sich besonders auf die conversion-starken Keywords und Anzeigen konzentrieren.

### Fehler 8: Mangelhafte Budgeteinstellungen

Sie haben sich keine Gedanken zu Ihrem AdWords-Werbebudget gemacht und eine Kampagne ins Blaue hinein aufgesetzt. Das Tagesbudget haben Sie Pi mal Daumen abgeschätzt, und dann haben Sie es unverändert dabei belassen. Ihr Gesamtbudget ist ziemlich hoch, denn Sie möchten das Potenzial von Suchmaschinenwerbung einmal austesten.

Wie bei jeder Marketingkampagne sollten Sie sich im Vorfeld über Ihr Werbebudget Gedanken machen und dieses entsprechend planen. Testen Sie zunächst ein kleineres Budget, und drehen Sie an den verschiedenen Stellschrauben Ihrer Kampagne, bevor Sie das Budget erhöhen. Beachten Sie aber, dass Ihr Tagesbudget so angelegt ist, dass es ausreicht, um Ihre Anzeigen auszuliefern.

### Fehler 9: Keine Optimierungsmaßnahmen

Da Sie keine Zahlen auswerten, nehmen Sie auch keine Veränderungen an Ihrer AdWords-Kampagne vor. Sie sind der Meinung, die Anzeigenschaltung laufe von alleine, denn Sie erreichen eine gewisse Anzahl an Klicks und einen entsprechenden Umsatz. Wenn Sie mit Ihrer Anzeigenplatzierung unzufrieden sind, dann muss mehr Budget her, und Sie erhöhen den CPC (Cost-Per-Click) und zwar gleich für alle Keywords.

Wir empfehlen: Analysieren Sie dringend die Leistung Ihrer Kampagnen (siehe Fehler 7), und optimieren Sie an den entsprechenden Schwachstellen. Betrachten Sie Optimierungsmaßnahmen als Sparmaßnahmen, denn mit zielgerichteten Kampagnen erreichen Sie oft mehr für weniger Geld. Je besser Sie Ihre Kampagne ausrichten und je relevanter Google sie in Bezug auf die Suchanfrage einstuft, desto besser werden Ihre Ergebnisse sein. Google legt sehr viel Wert auf qualitative Anzeigen. Das reine Hochsetzen des CPCs bringt langfristig keinen Mehrwert. Zudem sollten Sie in Erwägung ziehen, unterschiedliche Klickpreise bei verschiedenen Keywords zu verwenden.

### Fehler 10: Sinnvolle Verwendung der verschiedenen Werbenetzwerke

Sie kennen die verschiedenen Werbenetzwerke nicht, und Sie vertrauen auf die Voreinstellungen von Google. Ihnen ist wichtig, dass Ihre Werbeanzeigen ausgeliefert werden. Wo genau, ist Ihnen nicht wichtig, denn Sie bezahlen ja sowieso nur, wenn ein Benutzer darauf klickt.

Google bietet die Möglichkeit, Anzeigen innerhalb des Suchwerbenetzwerkes als auch im Display-Werbenetzwerk zu schalten. Letzeres sorgt für die Auslieferung der Werbeanzeigen auf themenrelevanten Websites. Hier können zudem Image-, Video- und Rich-Media-Anzeigen ausgeliefert werden. Falls Sie auch die Schaltung Ihrer Anzeigen im Display-Netzwerk in Erwägung ziehen, dann sollten Sie getrennte Anzeigen für das Such- und Display-Netzwerk anlegen, um hier eine genaue Aussteuerung vornehmen zu können.

## 1.2.8 Misslungenes Banner- und E-Mail-Marketing

Banner- und E-Mail-Marketing sind Werbemaßnahmen der frühen Stunde im Internet. Sie sind den Werbekampagnen aus dem klassischen Marketing am ähnlichsten, da Mailings, Printanzeigen und Plakatwerbung quasi in das Internet übertragen wurden. Auch in diesen Bereichen können sich schnell ärgerliche Fehler einschleichen. Einige davon möchten wir Ihnen hier vorstellen.

### Fehler 1: Keine Ausrichtung auf die Zielgruppe

Bei der Wahl von Websites, auf denen Ihre Werbeanzeigen geschaltet werden sollen, zählt für Sie ausschließlich eine hohe Reichweite. Dabei nehmen Sie auch hohe Streuverluste in Kauf.

Legen Sie stattdessen Wert auf eine inhaltlich relevante Aussteuerung Ihrer Werbemittel, damit Ihre Bannerkampagne gute Leistungen erzielt. Wie Sie in Abbildung 1.19 sehen, wirbt HP auf der Website *http://www.chip.de/*, die eine technikaffine Zielgruppe anspricht. Die Ausrichtung auf Zielgruppen lässt sich inzwischen recht genau steuern.

**Abbildung 1.19**  Bannerschaltung von HP auf der Website www.chip.de

### Fehler 2: Nervende Formate

Sie lieben die blinkenden und aufpoppenden Banner und setzen diese wenn möglich uneingeschränkt ein. Auf welchen Websites die Banner ausgeliefert werden, kümmert Sie wenig, solange sie nur aggressiv genug die Aufmerksamkeit der Benutzer erlangen. Dafür sind Ihnen nahezu jegliche Mittel recht: Banner, die sich nicht schließen lassen, Banner, die beim Scrollen mitwandern, oder Banner, die sich nach dem Schließen nach kurzer Zeit wieder öffnen.

Schonen Sie die Nerven Ihrer potenziellen Kunden! Die Verärgerung der Benutzer, die von den Bannern terrorisiert werden, kann auch auf Ihre Marke abfärben. Setzen Sie daher Bannerformate ein, die den Besucher einer Website nicht stören, und steuern Sie die Werbemittel möglichst kontextsensitiv aus. Damit erhöhen Sie die Chance, echte Interessenten zu erreichen, die Ihr Werbemittel anklicken.

### Fehler 4: Schlechte Bannerwahl

Sie verwenden ausschließlich statische Banner, da sie schnell und einfach zu erstellen sind. Diese bewerben das komplette Produktangebot mit demselben eintönigen Text.

Erstellen Sie stattdessen Bannersets (das heißt Banner in verschiedenen geläufigen Formaten) passend zu Ihrem Produktangebot. Betreiben Sie beispielsweise einen Online-Shop, so können Sie für die unterschiedlichen Kategorien jeweils eigenständige, inhaltlich abgestimmte Banner erstellen (siehe Abbildung 1.20).

Damit sprechen Sie Ihre Zielgruppe genauer an. Ziehen Sie auch animierte Banner in Betracht, da hier der Gestaltungsspielraum wesentlich größer ist.

**Abbildung 1.20** Animierte Aktions-Banner in verschiedenen Formaten von Musicload

### Fehler 3: Veraltete Werbemittel und schlechte Landing Page

Sie haben für die Erstellung eines Bannersets bereits Budget investiert und sind erst bereit, Ihre Banner zu aktualisieren, wenn das Budget wieder eingenommen wurde. Sicherheitshalber haben Sie Ihre Startseite als Landing Page hinterlegt, da sie Ihrer Meinung nach für alle Klickenden das Richtige bereit hält.

Das ist Sparen am falschen Ende. Halten Sie Ihre Werbemittel aktuell, und stimmen Sie diese auf Kampagnen und Aktionen hin ab. Leiten Sie dann die klickenden Interessenten auf eine Webseite, die konkret das beworbene Angebot präsentiert. So spielen Sie auch schneller die Investition für die Banner-Erstellung wieder ein.

### Fehler 5: Keine Wahl, ob Text- oder HTML-Newsletter

Sie möchten einen hübschen, aufwendig designten Newsletter versenden und tun dies auch, ungeachtet der verschiedenen E-Mail-Programme Ihrer Empfänger.

Beachten Sie bei Ihrem Newsletter, dass nicht alle E-Mail-Programme Ihre HTML-Newsletter fehlerfrei darstellen können. Fragen Sie Ihre Nutzer am besten schon bei der Newsletter-Anmeldung, in welchem Format sie die regelmäßigen Neuigkeiten erhalten möchten, und bieten Sie sowohl eine HTML- als auch eine reine

Textversion an. BMW setzt diese Auswahlmöglichkeit vorbildlich um (siehe Abbildung 1.21).

**Abbildung 1.21**   Newsletter-Anmeldung bei BMW

### Fehler 6: Fehlende Angaben und Funktionen

Sie vergessen oder ignorieren die Angabe eines Impressums. Zudem möchten Sie die gerade gewonnenen Leser halten und bieten absichtlich keine Möglichkeit, den Newsletter abzubestellen.

Newsletter ohne Impressum gelten als unseriös. Kommen Sie der gesetzlichen Forderung nach, und geben Sie in Ihrem Newsletter Ihr Impressum an. Zudem ist gesetzlich festgelegt, dass es eine Möglichkeit für den Empfänger geben muss, sich von dem entsprechenden Newsletter wieder abzumelden. Stellen Sie diese Option möglichst einfach, zum Beispiel mit einem Klick auf einen Abmelden-Link zur Verfügung.

### Fehler 7: Kein eindeutiger Absender und kein ansprechender Betreff

Ihnen ist der Inhalt des Newsletters wichtig, alles andere ist notwendiges technisches Detail. Daher besteht die Betreffzeile Ihrer Newsletter aus einer fortlaufenden Nummerierung.

Absender und Betreff sind entscheidende Kriterien dafür, ob ein Newsletter geöffnet wird oder direkt in den Papierkorb wandert. Investieren Sie also ausreichend Energie in deren Formulierung. Der Absender sollte klar erkennbar sein. Der Betreff sollte konkret benennen, was der Empfänger verpasst, wenn er die E-Mail ignoriert, und dadurch neugierig auf den Inhalt machen.

**Fehler 8: Kein Mehrwert**

Sie versenden ausnahmslos zu jeder Unternehmensneuigkeit einen Newsletter – und sei sie noch so irrelevant für den Nutzer. Zum Teil kopieren Sie auch mehrseitige Texte unüberarbeitet in Ihre Newsletter-Vorlage, da Sie sich sicher sind, dass diese schon irgendjemanden interessieren werden.

Wenn Sie einen festen Leserstamm für Ihren Newsletter aufbauen möchten, dann versorgen Sie Ihre Empfänger mit echten Informationen, sonst werden sie schnell Ihren Newsletter abbestellen. Marketing-Texte sind weitaus weniger interessant als Testergebnisse oder Hinweise auf Aktionen und konkrete Produktinformationen. Halten Sie möglichst fest, welche Themen bei der Leserschaft gut angekommen sind; die verschiedenen Versandsoftwares bieten hier oftmals entsprechende Möglichkeiten. Zudem sollten Sie auf ein strukturiertes Erscheinungsbild achten. Gliedern Sie die Inhalte, heben Sie Wichtiges hervor, oder stellen Sie es an den Anfang. Viele Leser überfliegen Newsletter lediglich und bleiben an den für sie interessanten Stellen hängen. Ihr Newsletter sollte zudem einen überschaubaren Umfang haben.

**Fehler 9: Keine Personalisierung**

»Einer für alle« lautet Ihr Newsletter-Motto. So versenden Sie auch denselben Newsletter an all Ihre Empfänger, ohne jegliche Personalisierung.

Sprechen Sie Ihre Empfänger und potenziellen Kunden möglichst direkt und persönlich an, je nachdem, welche Daten Ihnen vorliegen. Gehen Sie mit diesen Daten jedoch äußerst sensibel um. Wir können aus eigener Erfahrung sprechen, wie ärgerlich es ist, wenn die erste Zeile eines Newsletters »Hallo, Herr Esther Düweke« oder »Hallo, Frau Stefan Rabsch lautet«.

**Fehler 10: Unpassende Versandfrequenz**

Sie verschicken Ihren Newsletter in extrem unterschiedlichen Frequenzen oder sogar mehrmals täglich? Stellen Sie sich vor, Ihr Newsletter ist ein Telefon. Rufen Sie Menschen an, wenn Sie nichts zu sagen haben, oder machen Sie leidenschaftlich Telefonterror?

Verschaffen Sie sich nur Gehör, wenn Sie auch tatsächlich etwas zu sagen haben. Es gibt verschiedene Studien über den besten Wochentag zum Newsletter-Versand. Testen Sie verschiedene Versandzeiten, und analysieren Sie die entsprechenden Leistungen.

Wenn Sie mehr zu den Themen E-Mail-Marketing und Banner-Marketing wissen möchten, dann legen wir Ihnen Kapitel 2, »Online-Marketing – Werben im Internet«, und Kapitel 3, » Direkte Ansprache – Wirksames E-Mail- und Newsletter-Marketing«, ans Herz.

### 1.2.9 Unentdecktes Potenzial

Ihre Website erzielt nicht die Leistung, die Sie sich wünschen? In der Praxis sind regelmäßige Tests und Maßnahmen zur Conversion-Optimierung noch wenig etabliert. Dabei bergen Sie enormes Potenzial, denn niemand kann besser sagen, was die Kunden wollen, als die Kunden selbst. Der erste Schritt ist also schon getan, wenn Sie Tests und Optimierungsmaßnahmen fest in Ihre Abläufe einplanen. Jedoch können dabei verschiedenste Fehler passieren. Vor einigen möchten wir Sie auf den folgenden Seiten warnen.

**Fehler 1: Gar nicht testen**

Sie lieben die Diskussionen mit Ihren Kollegen und Fachleuten, wenn es darum geht, Ihre Website zu verbessern. Sie sind der Meinung, Ihre Kunden genau zu kennen, und wissen, wie sie reagieren und was sie wollen. Also kommen Sie mit Ihren Beratern zu einer Übereinkunft und verändern die Website dementsprechend. Komisch nur, dass Sie die Leistungen nicht verbessern, oder?

Nicht Sie, sondern Ihre Kunden entscheiden, was sie wollen. Warum also nicht die Entscheidung den Kunden überlassen? Es gibt verschiedene Möglichkeiten, eine Website zu testen. Fragen Sie Ihre Zielgruppe, was ihr fehlt oder was missverständlich ist. Kundenorientierung lautet hier das Motto. Integrieren Sie Tests in den Prozess Ihrer Website-Erstellung. In jeder Phase, von der Konzeption über das Online-Stellen bis zur regelmäßigen Optimierung, bieten sich Tests an. Sie werden stauen, welche Ergebnisse ans Tageslicht kommen. Darauf wären Sie in den Diskussionen möglicherweise nicht gekommen.

**Fehler 2: Unklares Testziel**

Gesagt, getan: Sie testen von nun an. Schnell ist beispielsweise eine zweite Variante für einen A/B-Test erstellt, und Sie schauen mal, was passiert.

Testen Sie nicht um des Testens willen. Analysieren Sie Schwachstellen Ihrer Website, und überlegen Sie sich genau, welche Elemente und Bereiche Sie austesten möchten. Ihnen sollte das Ziel des Tests unbedingt klar vor Augen sein. Überlegen Sie sich daher im Vorfeld genau, was Sie mit einem Test erreichen möchten.

**Fehler 3: Keine Relation zwischen Testaufwand und -ergebnis**

Jetzt wollen Sie es wirklich wissen. Sie bereiten Ihren Test bis in kleinste Detail vor. Sie suchen akribisch eine Vielzahl an Probanden, die exakt zu Ihrer Zielgruppe passen. Sie ziehen Experten zurate und mieten Testlabore. Der Test wird extrem zeit- und kostenintensiv – aber Sie möchten ja ein gutes Ergebnis, was die Usability Ihrer Website anbelangt.

Ihr Engagement und das der Experten und Laborbetreiber in allen Ehren. Jedoch können Sie schon mit sehr wenig Aufwand zu guten Testergebnissen kommen. Häufig identifizieren schon wenige Testpersonen die schwerwiegendsten Fehler, und selbst kleine Tests sind besser als keine Tests. Versuchen Sie zunächst einmal, einen überschaubaren Test in den eigenen vier Wänden durchzuführen. Lassen Sie Personen (aber keine, die mit Ihrer Website in direkter Verbindung stehen) die Website bzw. bestimmte Bereiche benutzen oder definierte Aufgaben lösen. Sie werden sehen, meistens sind die Ergebnisse erstaunlich.

### Fehler 4: Veränderungen innerhalb der Testlaufzeit

Angenommen, Sie haben einen aktiven Landing-Page-Test, bei dem Sie beispielsweise zwei unterschiedliche Handlungsaufforderungen testen. Nun möchten Sie weitere Veränderungen an Ihrer Website vornehmen und ändern auf allen Seiten die Buttonfarbe und tauschen auch auf den Testseiten Bilder aus.

Um aussagekräftige Ergebnisse zu erzielen, sollten Sie Ihre Varianten während des Testzeitraums nicht verändern, auch wenn sie nicht unmittelbar das Testelement (in diesem Fall die Handlungsaufforderung) betreffen. Sie verändern jedoch das Zusammenspiel der Elemente auf der Website, und das kann unterschiedliche Auswirkungen haben. Vermeiden Sie es daher unbedingt, einen aktiven Test zu verändern.

### Fehler 5: Zu kurz testen

Es ist schon eine leichte Tendenz innerhalb der Testergebnisse zu erkennen, welche Variante eine bessere Leistung erzielt. Das reicht Ihnen, schließlich warten die nächsten Projekte. Schnell wird der Test beendet und die tendenziell bessere Variante verwendet.

Hier ist Geduld angebracht. Warten Sie, bis Ihr Test statistisch relevante Ergebnisse liefert. Leichte Schwankungen, insbesondere wenn Sie Details auf Ihrer Website testen, sind normal. Gerade wenn Sie Websites testen, deren Traffic sich in Grenzen hält, müssen Sie mit einer längeren Testphase rechnen.

### Fehler 6: Falsche Fragen im Interview

Sie haben einen Nutzertest vorbereitet, Probanden akquiriert und sind nun dabei, der Testperson verschiedenste Aufgaben zu stellen. Diese ist jedoch völlig unbeholfen, klickt nicht die gewünschten Links an und kann die Aufgabe nicht lösen, obwohl es doch so offensichtlich ist. Mit Hilfestellungen und entsprechenden Hinweisen versorgen Sie den Testnutzer mit Tipps, bis er schließlich die Aufgabe lösen kann.

Bei Interviews und Usertests ist es besonders wichtig, dass Sie keine Suggestivfragen stellen oder Hilfestellungen geben. Genau so können Sie Problemstellen Ihrer Website identifizieren. Es geht in diesem Fall nicht um das Erfolgserlebnis der Testperson, eine Aufgabe gelöst zu haben, sondern um Ihre Testergebnisse. Tipps und Hinweise sind nicht zielführend und verwischen Ihre Resultate.

### Fehler 7: Ihre Website oder Landing Page ist nicht vertrauenswürdig

Ihr Internetauftritt ist Ihrer Meinung nach seriös und informativ. Warum sollten Sie sich und Ihre Referenzen detaillierter vorstellen? Sie haben doch schließlich alle wichtigen Angaben im Impressum gemacht.

Im Internet haben Sie nur einen Bruchteil einer Sekunde Zeit, Vertrauen zu wecken. Unseriöse und suspekte Websites werden schnell wieder verlassen. Arbeiten Sie daher mit vertrauensbildenden Elementen, wie beispielsweise Siegeln, Auszeichnungen, Referenzen und Kundenstimmen. Stellen Sie sich die Frage, was Kunden möglicherweise von einem Kauf abhält, und eliminieren Sie diese Aspekte. Toptarif präsentiert sowohl Medienpartner als auch Siegel auf der Startseite (siehe Abbildung 1.22).

**Abbildung 1.22**  Vertrauensbildende Elemente bei Toptarif

### Fehler 8: Der Mehrwert ist unklar

Ihnen sind die Vorteile Ihres Produktes völlig ersichtlich. Sie sind der Auffassung, dass auch Ihren Besuchern die Vorteile klar werden, stellen Sie doch alle wichtigen Informationen auf Ihrer Website zur Verfügung – die Besucher müssen sie nur lesen.

Arbeiten Sie den Mehrwert Ihres Produktes klar und kompakt heraus, und verdeutlichen Sie die Vorteile, die ein Kunde genießt, wenn er sich für dieses Angebot entscheidet. Überzeugen Sie mit schlagkräftigen Argumenten. Wie Sie in Abbildung 1.23 am Beispiel von Webmiles sehen, werden schon auf der Startseite sehr prominent die Vorteile einer Anmeldung herausgestellt.

**Abbildung 1.23** Der weihnachtliche Auftritt von webmiles

### Fehler 9: Zu viel Ablenkung

Haben Sie schon einmal Mütter mit Kleinkindern beim Einkaufen beobachtet? Erst möchten die Kleinen Süßigkeiten, dann wiederum Spielzeug, und schließlich weinen sie bitterlich an der Kasse, als ob ein Kaugummi die Welt bedeutet. Diese Kinder sind so abgelenkt und vom Angebot überwältigt, dass sie sich gar nicht auf eine Sache fixieren können.

Ähnlich sieht es mit Websites aus, die den Besuchern eine Vielzahl an Möglichkeiten offerieren. Machen Sie sich bewusst, dass jede Ablenkung und jede Option den Besucher vom eigentlichen Ziel ablenken kann und dass er sich letztendlich auch nicht mehr entscheiden kann, was er eigentlich möchte. Eliminieren Sie daher alle ablenkenden Elemente, und leiten Sie den Nutzer ausschließlich zu einer gewünschten Handlung.

### Fehler 10: Unklare oder fehlende Handlungsaufforderung

Die Handlungsaufforderung Ihrer Website geht im Gesamtkontext unter. Zudem ist sie erst sichtbar, wenn Nutzer scrollen. Die Formulierung »Hier klicken« animiert die Besucher nicht, der Aufforderung zu folgen.

Fordern Sie Ihre Nutzer zu einer konkreten Aktion auf. Die Handlungsaufforderung sollte Ihrem Website-Ziel entsprechen und das wichtigste Element Ihrer

Webseite sein. Alle anderen Elemente sollten diese Aufforderung möglichst unterstützen. Testen Sie unterschiedliche Formulierungen, und stellen Sie Ihren sogenannten *Call-To-Action* im sichtbaren Seitenbereich dar, sodass der Nutzer ihn ohne zu scrollen sehen kann. Mühelos erkennbar ist der Call-To-Action-Button auf der Website wer-kennt-wen.de, wie Sie in Abbildung 1.24 sehen können.

**Abbildung 1.24** Der Call-to-Action steht bei wer-kennt-wen.de im Fokus der Startseite.

Detailliertere Informationen zur Conversion-Optimierung und zu Testverfahren finden Sie in Kapitel 17, »Aus Besuchern Käufer machen – User konvertieren«, und in Kapitel 18, »Testverfahren«.

### 1.2.10 Monetarisierung für die Katz

Wenn Sie eine Website betreiben, möchten Sie möglichst viele Besucher haben. Ein Ziel kann aber auch sein, über die Website möglichst viel Geld zu verdienen. Oftmals werden jedoch Webseiten aufgesetzt, die keine Einnahmen erzielen. Schauen wir also häufige Fehler an. Wenn Sie ein unkommerzieller Website-Betreiber sind, können Sie diese Punkte überspringen. Sie können sich glücklich schätzen, keine Einnahmen erzielen zu müssen, da hierbei viele Fehler auftreten können.

#### Fehler 1: Fehlendes Ziel und Geschäftsmodell für die Website

Häufig werden Websites ohne ein konkretes Ziel oder Geschäftsmodell im Hintergrund aufgesetzt. Diese Websites verfolgen dann ein eher diffuses Konzept der Einnahmengenerierung und probieren alle verschiedenen Methoden aus, um Einnahmen zu erzielen. Begehen Sie daher nicht den Fehler, kopfüber loszustürzen und auf das schnelle Geld zu hoffen. Überlegen Sie sich besser vorher ein gutes Konzept, und schauen Sie, wie erfolgreich ähnliche Konzepte bereits umgesetzt wurden.

### Fehler 2: Fehlender Überblick über die Einnahmequellen und den Markt

Kennen Sie bereits alle Möglichkeiten, um Geld im Internet zu verdienen? Sie sollten sich informieren, wenn Sie im Internet aktiv werden wollen. Dies ist ein sehr spezieller und schneller Markt, der ständig neuen Entwicklungen unterliegt. Daher raten wir allen Neueinsteigern, sich ausführlich über die Möglichkeiten des Internets und die Methoden zu informieren, wie Geld eingenommen werden kann. In Kapitel 21, »Wie kann ich mit meiner Website Geld verdienen?«, geben wir Ihnen einen Überblick der wichtigsten Einnahmequellen.

### Fehler 3: Falsche Affiliate-Programme

Es kommt häufiger vor, dass Website-Betreiber Affiliate-Programme einbinden, ohne dass Einnahmen erzielt werden. Dies kann daran liegen, dass nur selten auf die Zahlen geschaut wird und die Affiliate-Banner nur nebenbei in die Website integriert wurden. Häufiger ist es der Fall, dass einfach die falschen Affiliate-Programme eingebunden werden, die die Website-Nutzer nicht ansprechen und damit nicht angeklickt werden. Wir empfehlen Ihnen hier: Ganz oder gar nicht! Wenn Sie sich für das Affiliate-Marketing entscheiden, dann ziehen Sie dieses konsequent durch. Schauen Sie regelmäßig auf Klickraten, und testen Sie verschiedene Programme gegeneinander, um die größtmögliche Effizienz Ihrer Anzeigenflächen zu bekommen.

### Fehler 4: Anzeigen werden manuell platziert

Bei kleineren Website-Betreibern sieht man häufig, dass Werbeflächen manuell platziert und in den Quellcode integriert werden. Bedenken Sie, dass jede Änderung der Anzeigen Aufwand bedeutet. Nutzen Sie daher besser automatische Werbeprogramme, die die Banner anhand von Algorithmen ausliefern. Dies leistet z. B. Google AdSense mit thematisch auf Ihre Website abgestimmten Anzeigen. Ziehen Sie auch den Einsatz eines AdServer in Erwägung, mit dem Sie zentral alle Werbeflächen steuern können.

### Fehler 5: Anzeigen werden ineffizient platziert

Häufig sieht man Werbeanzeigen, die an unmöglichen Stellen platziert sind, die mit hoher Wahrscheinlichkeit niemand anklicken wird. Überdenken Sie daher genau das Konzept für die Platzierung von Werbung auf Ihrer Website. Eventuell fahren Sie sogar besser, wenn Sie irrelevante Werbeflächen einfach weglassen.

Sie belästigen damit Ihre Besucher weniger, und Ladezeiten können auch davon profitieren. Eventuell erreichen Sie also durch das Weglassen von Anzeigen mittelfristig höhere Einnahmen, da Nutzer Ihre Website gerne wiederholt aufrufen. Messen Sie zudem die Performance jeder einzelnen Anzeigenfläche.

Sie kennen jetzt viele Fehlerquellen, die auf einer Website auftauchen können. Mit den nächsten Kapiteln wollen wir Sie in die Welt des Online-Marketings mitnehmen und Ihnen zeigen, wie Sie Werbemaßnahmen optimal und fehlerfrei für Ihre Website umsetzen können.

*»Viele kleine Dinge wurden durch die richtige Art*
*von Werbung groß gemacht.«*
*– Mark Twain*

# 2 Online-Marketing – Werben im Internet

Wenn Sie Tageszeitungen, Magazine und Zeitschriften durchblättern, werden Sie immer wieder über diverse Werbeanzeigen stolpern. Mal erscheinen Ihnen diese interessant, ein anderes Mal blättern Sie schnell weiter zur nächsten Seite. Auch im Internet haben Werbetreibende die Möglichkeit, Anzeigen auf unzähligen Websites zu veröffentlichen, um eine möglichst hohe Online-Präsenz zu erreichen. Die Rede ist von Bannermarketing.

## 2.1 Präsenz im Netz – Gelungenes Bannermarketing

Trotz dieses Zusammenhangs aus der Offline-Welt gibt es bedeutende Unterschiede: So sind die Preisstrukturen im Online-Bereich wesentlich günstiger. Je nach Medium, Auflage und Reichweite kann die Anzeigenschaltung im Printbereich schon kostspielig sein. Eine Anzeigen-Seite im wöchentlich erscheinenden Magazin *Spiegel* kann beispielsweise je nach Jahreszeit über 50.000 Euro kosten. Hinzu kommt eine genaue Messbarkeit der Sichtkontakte und Klicks von Werbebannern. Darüber hinaus können im Online-Umfeld zeitnah Verbesserungen vorgenommen werden, und Sie können auf das Nutzerverhalten reagieren, was bei einer Printanzeige nicht denkbar ist.

Einige Websites beruhen rein auf einem werbefinanzierten Geschäftsmodell. Sie binden Werbung (z. B. Banner) auf ihrer Internetpräsenz ein. Klickt ein Benutzer auf ein Werbebanner und wird er auf die verlinkte Website des Anbieters geleitet, bezahlt dieser Anbieter dafür. In einigen Fällen ist dies so lukrativ, dass Websites allein dadurch bestehen können. Dennoch sind die Streuverluste, die diese Form des Marketings mit sich bringt, nicht zu vernachlässigen. Denn Sie müssen berücksichtigen, dass Betrachter einer Website etwas ganz anderes tun möchten, als sich gezielt Ihre Werbung anzusehen – sie sehen Ihre Banner zufällig. Dabei ist es ausschlaggebend, ob ein Werbemittel für einen Nutzer von Interesse ist, ansonsten wird er nicht darauf klicken. Neben der Relevanz gilt es also, eine hohe

Reichweite (viele Nutzer) zu erreichen, damit die Klick-Wahrscheinlichkeit größer ist. Sie merken es selbst: Streuverluste sind im Bannermarketing unbedingt zu berücksichtigen. Es gibt zwar bereits einige Möglichkeiten, Banner bestimmten Nutzern auszuliefern, jedoch sind diese nicht so genau, wie beispielsweise bei der Suchmaschinenwerbung (siehe Kapitel 11, »Suchmaschinenwerbung (SEM)«).

Im Zusammenhang mit Anzeigenschaltung im Internet werden unterschiedliche Begriffe verwendet: So haben Sie vielleicht schon einmal von Bannerwerbung, Bannermarketing, Display-Marketing und Online-Werbung gehört. Gemeint ist dabei die Platzierung von Werbemitteln insbesondere Werbebannern, um bestimmte Werbe- und Kommunikationsziele zu erreichen. Wir verwenden in diesem Kapitel einheitlich die Bezeichnung *Bannerwerbung*. Auch der Artikel des Begriffs »Banner« wird unterschiedlich verwendet (es heißt also »das Banner«, auch wenn in der Praxis oftmals »der Banner« verwendet wird). Mit dem Begriff Banner sind Werbeflächen gemeint, die auf anderen Websites (vorzugsweise mit hohem Traffic-Aufkommen) gebucht werden können und den Benutzer, sofern dieser auf das Werbemittel klickt, auf die Website des Werbetreibenden leiten. In Abbildung 2.1 sehen Sie verschiedene Bannerintegrationen auf der Website *www.kicker.de*.

Wir stellen Ihnen in diesem Kapitel das Bannermarketing detailliert vor. Wir beginnen mit der Bannerwirkung, widmen uns danach unterschiedlichen Bannerarten und -formen, wenden uns anschließend der Banneraussteuerung sowie der Mediaplanung zu und schließen mit weiteren Möglichkeiten und AdBlockern die Thematik. So liefern wir Ihnen eine Entscheidungsgrundlage, ob Bannerwerbung auch für Ihren Internetauftritt infrage kommt.

### 2.1.1 Bannerwirkung

Welches Banner wird am liebsten angeklickt? Möchte man diese Frage beantwortet wissen, lohnt sich zunächst ein Blick auf die allgemeinen Ziele von Bannerwerbung. Grundsätzlich verweisen Banner auf eine verlinkte Website des Werbetreibenden. Das bedeutet, sobald ein Nutzer auf das Werbemittel klickt, wird er zu einer Zielseite (einer sogenannten *Landing Page*) weitergeleitet, um dort in der Regel eine bestimmte Handlung auszuführen. Damit hat ein Banner unter anderem die Aufgabe, potenzielle Kunden auf eine Website zu leiten.

Darüber hinaus spielen aber noch andere Aspekte eine Rolle: So kann mit Bannerwerbung auch *Brand Awareness* erzielt werden. Hier geht es um die Bekanntheit einer Marke und deren Image. Verschiedene Studien belegen die Wirkweise von Bannern in dieser Hinsicht.

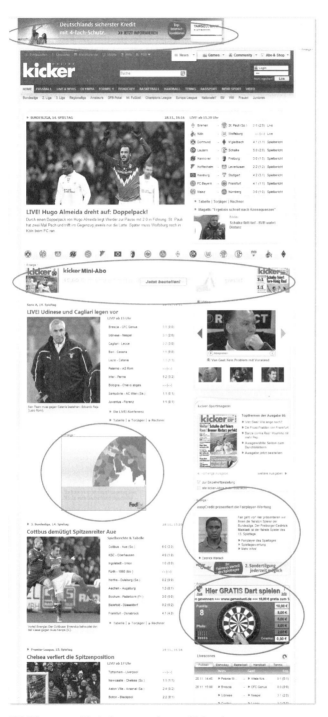

**Abbildung 2.1** Werbebanner auf www.kicker.de

Die Wirkung von Bannern wird viel diskutiert und untersucht. Neben der sogenannten *Bannerblindness* stehen auch die Seriosität und die Streuverluste in der
Diskussion.

---

**Bannerblindness**

Der Begriff *Bannerblindness* oder auch *Bannerblindheit* ist nicht einheitlich definiert. Im
Prinzip geht es darum, dass Benutzer Werbebanner oder werbeähnliche Elemente aus-
blenden und ihnen keine Beachtung schenken, sie also ignorieren. Denn Banner können
den Betrachter von seiner eigentlichen Intention des Website-Besuchs ablenken und in
einigen Fällen verärgern. Studien belegen, dass Bannerinformationen zum Teil weder
wahrgenommen noch verarbeitet werden. Nicht verwunderlich ist daher, dass sich der
Effekt von Bannerblindness in sinkenden Klickraten äußert. Jemand, der etwas nicht
beachtet, wird auch nicht damit interagieren. Mit Rotationen von Werbemitteln und der
Aufforderung zur Interaktion wird versucht, der Bannerblindness entgegenzuwirken.

---

Welches Banner ist aber nun am effektivsten? Diese Frage lässt sich leider nicht
pauschal beantworten. Wichtige Kennzahlen für die Erfolgsmessung von Bannern sind zum einen die Klickrate, auch *Click-Through-Rate (CTR)* genannt. Sie gibt
das Verhältnis von Werbeeinblendungen zu den Klicks an. Wurde ein Banner beispielsweise 5000-mal ausgeliefert und 20-mal angeklickt, dann liegt die CTR bei
0,4 Prozent. Die entsprechende Formel lautet:

*CTR = Klicks / Impressions × 100*

Die Klickrate gibt Auskunft darüber, wie interessant bzw. relevant das Banner für
die Betrachter ist und wie viel Aufmerksamkeit erzeugt werden konnte. Dabei
spielen sowohl die Gestaltung des Werbemittels als auch dessen Platzierung eine
wichtige Rolle. In welchem Umfeld wird das Banner zu sehen sein, und passt es
zu den Ansprüchen der Zielgruppe? So vielfältig wie die Bedürfnisse Ihrer potenziellen Kunden sein können, so verschieden kann auch die Ausgestaltung der
Werbemittel sein. Wir empfehlen Ihnen daher, diverse Gestaltungsmöglichkeiten, Werbebotschaften und Werbeplatzierungen regelmäßig zu testen. Legen Sie
besonderen Schwerpunkt auf die Relevanz zu Ihrer Zielgruppe.

Zum anderen ist auch die *Conversionrate* ausschlaggebend. Sie gibt an, wie viele
der Nutzer, die auf das Banner geklickt haben, auch eine gewünschte Handlung
durchführen. (Mehr dazu lesen Sie in Kapitel 17, »Aus Besuchern Käufer machen
– User konvertieren«). Damit ist die Conversionrate ein wichtiges Kriterium, um
den Erfolg einer Bannerkampagne zu bewerten. Zu guter Letzt spielt natürlich
auch das Image des zu bewerbenden Produkts bzw. Anbieters eine Rolle.

### 2.1.2 Bannerarten – Muss es immer Flash sein?

Bestimmt haben Sie selbst schon unterschiedliche Arten von Bannern wahrgenommen. So unterscheidet man grob zwischen statischen und dynamischen (animierten) Bannern.

**Statische Banner**

Ein statisches Banner ist im Grunde genommen ein unverändertes Bild. Das erste Banner wurde im Herbst 1994 auf der Website hotwired.com veröffentlicht (siehe Kapitel 23, »Meilensteine des Internet-Marketings«). Da die damalige Technologie noch nicht so weit ausgereift war wie heute, konnten vorerst nur fixe Grafiken verwendet werden. Bei fixen Grafiken ist jedoch der Rahmen für die Werbebotschaft je nach Bannerformat sehr begrenzt. Die Kunst liegt darin, dennoch die Aufmerksamkeit des Betrachters zu gewinnen, ihn zum Klick zu bewegen und ihn damit auf die verlinkte Website des Werbetreibenden zu leiten. Relevanz und Werbeumfeld spielen daher die Hauptrolle. Das Banner muss für den Betrachter interessant und ansprechend sein. Außerdem sollte es in einem passenden Umfeld angezeigt werden, um hier die richtige Zielgruppe anzusprechen. Heutzutage kommen tendenziell mehr animierte Werbebanner zum Einsatz.

**Abbildung 2.2**  Statisches Banner des ADAC

**Animierte Banner**

Animierte Banner hingegen sind, wie der Name vermuten lässt, dynamisch. So können komplexe Bewegungen dargestellt werden, und für die Werbebotschaft ist deutlich mehr Gestaltungsspielraum vorhanden als bei den statischen Bannern. Durch die Bewegungen haben animierte Banner das Potenzial, die Aufmerksamkeit der Betrachter auf sich zu lenken. Oftmals weisen sie gegenüber statischen Bannern eine höhere Klickrate auf und kommen demzufolge häufig zum Einsatz. Durch die technische Brille betrachtet, bestehen animierte Banner aus sogenannten animierten GIFs, also aus diversen hintereinander ablaufenden Einzelbildern. Auch hier zielt man darauf ab, den Betrachter zum Klick auf das Werbemittel zu bewegen.

In Abbildung 2.3 sehen Sie ein animiertes adidas-Banner. Hier fallen zunächst Schuhkartons auf den Boden, anschließend (siehe Abbildung 2.4) folgt die Handlungsaufforderung »Shop Now«.

Eine Stolperfalle sollten Sie im Zusammenhang mit Flash-Bannern berücksichtigen: Legen Sie bei der Erstellung der Werbemittel Wert darauf, dass die verwendete Flash-Version eine weit verbreitete und gegebenenfalls nicht unbedingt die neuste Version ist, die sich ein Nutzer erst herunterladen muss.

**Abbildung 2.3**   Animiertes adidas-Banner

**Abbildung 2.4**   Handlungsaufforderung eines adidas-Banners

Darüber hinaus gibt es noch eine Vielzahl weiterer Bannerarten. Einige davon möchten wir Ihnen im Folgenden in aller Kürze vorstellen. Viele davon können in die Gruppierungen statische und dynamische oder auch Rich-Media-Banner einsortiert werden. Allen ist gemeinsam, dass sie jeweils versuchen, die Aufmerksamkeit des Betrachters zu gewinnen und Klickraten zu steigern.

**Rich-Media-Banner**

Bei dieser Art des Werbemittels werden Bild, Ton und Interaktivität miteinander kombiniert, was oftmals eine hohe Aufmerksamkeit erreicht. Nachteilig kann hingegen eine große Datenmenge sein. Eine besondere Form sind dabei sogenannte *transaktive Banner*, die Interaktionen innerhalb der eigentlichen Werbefläche ermöglichen, wie beispielsweise das Anfordern von Informationen, in Abbildung 2.5 zu sehen beim Banner von Immobilien Scout.

**Abbildung 2.5**   Transaktives Banner von Immobilien Scout

Das Gameduell-Banner in Abbildung 2.6 ist so animiert, dass sich die Hand mit dem Dartpfeil über die im Hintergrund zu sehende Dartscheibe bewegt. Fährt der Betrachter mit der Maus über die Hand, kann er die Bewegung steuern. Mit einem Klick wird der Dartpfeil auf die Zielscheibe geworfen, und eine entsprechend erreichte Punktzahl erscheint im oberen linken Bannerbereich, genau wie die noch verbleibenden Dartpfeile, also Wurfversuche. Ebenso wird der entsprechende Gewinn im unteren Bannerbereich ausgewiesen. Dieser Betrag kann zum Spielen auf der Website *www.gameduell.de* eingesetzt werden. Über die Schaltfläche »Info« kann sich der Benutzer eine entsprechende Beschreibung anzeigen lassen. Eine passende Geräuschkulisse lässt sich über das Lautsprechersymbol an- oder ausschalten. Hat der Benutzer seine Wurfchancen verbraucht, erscheinen nochmals der erreichte Spielbetrag und die Aufforderung »Jetzt gratis Ihren Gewinn abholen«. Klickt der Benutzer auf ein Element mit der Bezeichnung »Go«, wird er auf die Gameduell-Website geleitet.

**Abbildung 2.6** Animiertes Banner im Skyscraper-Format von Gameduell

Dieses Banner ist ein rundum geglücktes Werbemittel: Es ist extrem aufmerksamkeitsstark, es regt den Betrachter zum Spielen an, und es erzeugt schließlich das Bedürfnis, den gewonnenen Betrag auf der Website einzulösen. Zusätzlich transportiert es die Unternehmensbotschaft als Online-Spiele-Website.

### Pop-Up-Banner und Pop-Under-Banner

Wie der Name vermuten lässt, »poppt« ein sogenanntes Pop-Up-Banner in einem neuen Fenster über dem geöffneten Browserfenster auf. Die Größe ist dabei nicht definiert und kann variieren. Obwohl einige Werbetreibende die Aufmerksamkeitsstärke des Pop-Up-Banners befürworten, ist nicht zu vernachlässigen, dass dieses Format eine Vielzahl an Betrachtern verärgert und verunsichert. Vielleicht ist es Ihnen auch schon einmal so ergangen, dass Sie eine Website besuchten und unverhofft ein Werbemittel auftauchte (womöglich noch mit einem recht versteckten »Schließen«-Symbol)? Stellen Sie sich daher bei der Verwendung von Pop-Up-Bannern immer die Frage, ob Sie dies in Kauf nehmen möchten. In diesem Zusammenhang haben sich auch Pop-Up-Blocker (siehe auch Abschnitt 2.1.6) etabliert, die verhindern, dass derartige Werbemittel geöffnet werden.

Im Gegensatz zu den Pop-Up-Bannern werden die Pop-Under-Banner hinter dem geöffneten Browserfenster geladen. Sie sind also zunächst nicht sichtbar; der Betrachter bemerkt sie oftmals erst, wenn er das eigentliche Browserfenster schließt. Auch diese Gattung kann von Pop-Up-Blockern verhindert werden.

### Sticky Ad

Eine Analogie soll dieses Werbemittel veranschaulichen: Stellen Sie sich vor, Sie treten auf der Straße in Kaugummi. Dies bleibt unter der Schuhsohle kleben, auch wenn Sie weitergehen. StickyAds haben einen ähnlichen Effekt. Sie kleben quasi an der geöffneten Website und sind auch beim Scrollen weiterhin an der gleichen Stelle sichtbar. So unangenehm wie das Kaugummi unter der Schuhsohle kann auch ein StickyAd empfunden werden, da es den eigentlichen Seiteninhalt überlagert.

### Videobanner

Klickt man auf das VideoAd des Online-Shops Otto aus Abbildung 2.7, läuft ein kurzer Werbefilm ab, der mit einer Klickaufforderung endet. Ähnlich wie bei TV-Spots kann so eine audio-visuelle Werbebotschaft transportiert werden.

In Kapitel 5, »Videomarketing«, erfahren Sie weitere Details zu der Werbung mithilfe von Videos und innerhalb von Videoportalen.

**Abbildung 2.7**   Beispiel für ein VideoAd, hier von Otto

**Fakebanner**

Unter dem Begriff *Fakebanner* versteht man Werbebanner, die dem Betrachter einen bestimmten Sachverhalt suggerieren, um ihn zum Klicken zu bewegen. Diese Werbemittel sind beispielsweise wie Systemmeldungen des Computers gestaltet, sodass Nutzer eine Interaktion weniger infrage stellen und das Banner nicht als Werbung wahrnehmen. Auch angedeutete Schaltflächen und Scrollbalken können dem Nutzer Funktionen vortäuschen und führen oftmals zur Verärgerung. In der Praxis kommen Fakebanner zum Glück inzwischen seltener vor.

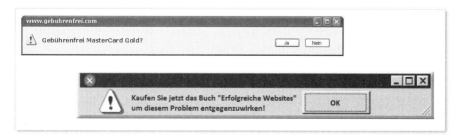

**Abbildung 2.8**   Ein realer und ein exemplarischer Fakebanner

Darüber hinaus existieren weitere Bannerarten, die sich aber in der Regel in die Kategorien statische, dynamische oder Rich-Media-Banner einordnen lassen. Wir werden im Rahmen dieses Buches nicht näher auf spezielle Bannerarten eingehen können.

### 2.1.3   Bannergrößen – Welches Format verwenden

Neben den zuvor beschriebenen Bannerarten unterscheidet man zudem auch diverse Bannergrößen bzw. Bannerformate. Der Online-Vermarkterkreis OVK (*http://www.ovk.de*) hat einige Werbeformen als Standard definiert. Diese Standards tragen maßgeblich zur Vereinfachung und Transparenz von Online-Werbekampagnen bei. Zuvor waren Werbeplatzierungen auf Websites individuell und vom Design und Aufbau der Website abhängig. Dies brachte nicht nur hohe Kosten bei der Werbemittelerstellung mit sich, auch die Vergleichbarkeit von Kampagnen war nicht möglich.

Aus diesem Grund wurden – ähnlich wie bei den Kleidergrößen XS, S, M, L, XL – einheitliche Formate festgelegt, die Sie in Tabelle 2.1 sehen.

| Bannerformat | Größe in Pixel |
|---|---|
| Full Banner | 468 × 60 |
| Super Banner* | 728 × 90 |
| Expandable Super Banner | 728 × 300 (90) |
| Rectangle* | 180 × 50 |
| Medium Rectangle* | 300 × 250 |
| Standard Skyscraper | 120 × 600 |
| Wide Skyscraper* | 160 × 600 |
| Expandable Skyscraper | 420 (160) × 600 |
| Universal Flash Layer | 400 × 400 |
| Flash Layer | individuell |

**Tabelle 2.1** Standardwerbeformen des OVK

Neben diesem deutschen Standard zählen die vier Werbeformate Super Banner, Rectangle, Medium Rectangle und Wide Skyscraper (siehe die Sternchen in Tabelle 2.1) zum sogenannten *Universal Ad Package*. Dies ist ein Standard des amerikanischen Interactive Advertising Bureau (IAB US; *http://www.iab.net/*), der als weltweiter Standard gilt. Um sich die Ausmaße der einzelnen Bannerformate besser vorstellen zu können, blättern Sie bitte zum Abschnitt »Anzeigenformate« innerhalb von Abschnitt 11.2.6, »Die Anzeigen«, vor. Dort sind einige Formate in einer Übersicht dargestellt. Besonders häufig wird das Full Banner mit den Maßen 486 × 60 Pixel verwendet.

### 2.1.4 AdServer – Effektives Aussteuern von Bannern

Im World Wide Web gibt es eine riesige Anzahl an Websites, auf denen Sie grundsätzlich Werbung in Form von Bannern schalten können. Wie aber können Sie hohe Streuverluste vermeiden, und wie wird eine genaue Aussteuerung der

Banner zu der potenziellen Zielgruppe gewährleistet? Bei Ihrer Bannermarketing-Strategie stehen insbesondere zwei Aspekte im Mittelpunkt: Wie machen Sie genug Websites ausfindig, um eine gewisse Reichweite zu erlangen? Wie finden Sie für Ihre Zielgruppe relevante Websites, bzw. wo tummelt sich Ihre Zielgruppe?

Viele Website-Betreiber ziehen hier professionelle Online-Media-Agenturen zurate. Diese Agenturen übernehmen die Auswahl der Websites, managen die Bannererstellung und -schaltung sowie das Monitoring.

**Bannerschaltung mit Google AdWords**

Das Werbeprogramm Google AdWords ist eine Möglichkeit, wie Sie Ihre Werbemittel auf anderen Websites veröffentlichen können. Mehr dazu lesen Sie in Kapitel 11, »Suchmaschinenwerbung (SEM)«.

Bevor wir uns den technischen Ablauf genauer ansehen, widmen wir uns zunächst den Beteiligten an einer Bannerkampagne: Angenommen, Sie möchten ein Banner für Ihr Angebot auf anderen Websites schalten. Dann sind Sie in diesem Szenario der *Werbetreibende*. Websites, die Ihr Banner einbinden, werden *Publisher* oder in diesem Zusammenhang auch *Online-Werbeträger* genannt. Sie binden das Werbemittel auf ihrer Website ein und veröffentlichen dieses.

Die größten Online-Werbeträger in Deutschland sehen Sie in Abbildung 2.9 nach einer Erhebung der AGOF internet facts 2010-II (Angaben in Mio. Unique User für einen durchschnittlichen Monat im Untersuchungszeitraum April bis Juni 2010).

Technisch läuft die Aussteuerung der Werbemittel in der Regel über einen sogenannten *AdServer* ab. Damit ist eine Software gemeint, die auf einer Datenbank basiert und die Organisation von Werbeflächen ermöglicht. Auf diese Weise kann die Auslieferung der Banner genau gesteuert und auch gemessen werden. In diesem Zusammenhang sind insbesondere *AdClicks* und *AdImpressions* wichtig, auf die wir im Folgenden noch näher eingehen werden. Zum Teil wird auch der Server selbst, auf dem die AdServer-Software installiert ist, als AdServer bezeichnet.

In der Vorbereitung für eine Banner-Kampagne wird ein sogenanntes *Tag* benötigt. Damit ist ein JavaScript-Code gemeint, der in die Website des *Publishers* eingebunden wird. Stellen Sie sich dieses Tag wie einen Platzhalter vor, der an der Stelle, wo das Banner später erscheinen soll, in den Code integriert wird. Publisher haben daher bestimmte Bereiche Ihrer Website als Werbeplatz definiert.

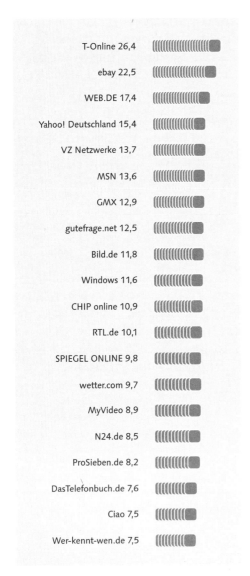

**Abbildung 2.9** Top-Werbeträger laut AGOF internetfacts 2010-II. Angaben in Millionen Unique User für einen durchschnittlichen Monat im Untersuchungszeitraum April bis Juni 2010.

Ein User, der nun die Website des Publishers aufruft, schickt automatisch eine Banner-Anfrage (einen sogenannten *AdRequest*) an den AdServer. Aus einem Pool an verschiedenen Werbemitteln und den entsprechenden Einstellungen sucht der AdServer das passende Werbemittel aus und schickt es an den Browser des Surfers. Der sieht dann die Website inklusive des entsprechend eingeblendeten Banners und bekommt von dem Umweg über den AdServer in der Regel nichts mit. Auf diese Weise ist es möglich, dass Banner auf der gleichen Website-position rotieren. Der AdServer zählt die *AdImpressions*, also die Werbemitteleinblendungen. Abbildung 2.10 stellt diesen Ablauf schematisch dar.

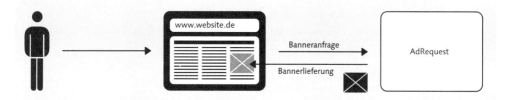

**Abbildung 2.10**  Funktionsprinzip eines AdServers

Wenn der Nutzer das Werbemittel auf der Website des Publishers sieht, interessant findet und darauf klickt, wird er mit einem Umweg über den AdServer, der diesen Klick als *AdClick* zählt, an die entsprechende Website des Werbetreibenden geleitet. Auf diese Weise ist eine recht genaue Erfolgsmessung der Werbebanner möglich. Von diesem »Umweg« bekommt der Nutzer wie bereits erwähnt in der Regel nichts mit. Wenn Sie auf ein Banner klicken, dann achten Sie einfach mal darauf, was Ihnen die Ladezeile Ihres Browsers angibt (im Mozilla Firefox ist das beispielsweise die unterste Zeile des Browsers). Oftmals können Sie hier den Namen eines AdServers sehen, bevor die eigentliche Ziel-Website des Werbemittels aufgerufen wird.

Per AdServer besteht die Möglichkeit der genauen Aussteuerung von Werbemitteln. In diesem Zusammenhang fällt oftmals das Stichwort *Targeting*. Das bedeutet, dass Werbeeinblendungen in Abhängigkeit von bestimmten Kriterien an den Benutzer ausgeliefert werden. Geo-Targeting bezieht sich dabei insbesondere auf den Standort des Nutzers, während sich *Behavioural Targeting* auf das Verhalten des Benutzers bezieht. Da Streuverluste auf diese Weise minimiert werden können, kann dies die Klickrate unter Umständen positiv beeinflussen. Mehr zum Thema Targeting lesen Sie in Kapitel 14, »Zielgruppen und Targeting«. Hat sich ein Benutzer beispielsweise auf einer Website registriert, kann ihm personalisierte Werbung angezeigt werden.

Beim Bannermarketing kommt häufig eine sogenannte *Umfeldbuchung* zum Einsatz. Das bedeutet, dass Werbemittel beispielsweise in der Kategorie Sport oder Wirtschaft ausgeliefert werden, da sie in den Rubriken thematisch relevant sind. In Abbildung 2.11 sehen Sie, wie wichtig es ist, Werbemittel im richtigen Umfeld auszuliefern. Sonst können Ihnen ungewollt unglückliche Werbeplatzierungen unterlaufen. Werbetreibende können derartige Auslieferungen jedoch nicht ausschließen.

**Abbildung 2.11**    Ungewollt unglückliche Platzierung eines Werbebanners

Dass derartig unpassende Werbeauslieferung leider häufig vorkommt, können Sie bei Internet Word Business sehen, die unter *http://www.internetworld.de/ Bildergalerien/Schlechte-Nachbarschaft-Bad-Ads* eine extra Kategorie zur schlechten Nachbarschaft von Bannerwerbung eingerichtet hat.

Neben den Themenbereichen können noch diverse Einstellungen zur Bannerauslieferung je nach AdServer vorgenommen werden. Diese können sehr vielfältig sein, beispielsweise Zeitangaben, geografische Gesichtspunkte, technische Aspekte wie die verwendeten Betriebssysteme, Höchst- und Mindestwerte, Rotationen etc. Sie können also beispielsweise Länderspezifikationen in Ihrem AdServer-System hinterlegen. Dann bekommen nur diejenigen Nutzer ein Werbemittel zu sehen, die aus einem bestimmten Land kommen, das Sie festgelegt haben.

Dies kann in der Regel auf Länder, Bundesländer und Städte spezifiziert werden. Darüber hinaus sind auch Zeitspezifikationen und je nach AdServer-System eine Reihe weiterer Parameter einstellbar. Insbesondere Zeitspezifikationen können hilfreich und sinnvoll sein. Analog zu Filmen im Fernsehen, die zu bestimmten Zeiten ausgestrahlt werden, kann es auch bei Bannern Sinn machen, diese zu bestimmten Tageszeiten auszuliefern.

### Frequency Capping

*Frequency Capping* meint die Häufigkeit, wie oft einem einzelnen Nutzer ein Werbemittel angezeigt werden soll. So können Sie beispielsweise festlegen, dass ein Nutzer ein Werbemittel dreimal pro Stunde, Websitebesuch oder Tag angezeigt bekommen soll. Technisch werden die Nutzer durch die Verwendung von Cookies identifiziert und unterschieden. Diese Maximalangabe kann in den Einstellungen der meisten AdServer angegeben werden. Verwendet wird diese Aussteuerung insbesondere dann, wenn eine genaue Werbekontaktzahl erreicht werden soll und ein Sättigungseffekt bzw. sinkende Akzeptanz vermieden werden soll. Darüber hinaus erweitern Sie mit Frequency Capping die Netto-Reichweite Ihres Werbemittels, da mehr Unique Visitors Ihr Banner sehen. Wir empfehlen Ihnen, mit einer strengen Einstellung zu beginnen. Sobald Sie alle weiteren Aussteuerungsfaktoren justiert haben, können Sie die Frequenz der Werbeeinblendungen wieder erhöhen.

Darüber hinaus können auch Optimierungsmaßnahmen über den AdServer vorgenommen werden. Diese sind von einer gewissen Zahlengrundlage abhängig, bieten aber doch einige Stellschrauben, um Kampagnen zu verbessern. So können beispielsweise diejenigen Werbemittel häufiger ausgeliefert werden, die eine bessere Klickrate haben, oder es werden bestimmte Zeiten forciert, in denen die Werbemittel besonders häufig angeklickt werden. Auch in diesem Zusammenhang gibt es eine Vielzahl an Möglichkeiten, die jeweils individuell zu beurteilen sind. Einige AdServer können eine derartige Optimierung automatisch aussteuern. Dennoch sollten Sie sich regelmäßig ein Bild davon verschaffen, wie Ihre Banner-Kampagne angenommen wird. Wichtige Kennzahlen beim Monitoring sind die *AdImpressions* (Werbeeinblendungen), die *AdClicks* (Bannerklicks), deren Verhältnis, ausgedrückt in Form der *Click-Through-Rate* (CTR), und die *Conversionrate*.

Wenn Sie sich für Bannerwerbung entscheiden, empfehlen wir Ihnen, mit einer kleineren Test-Kampagne zu starten, die Sie regelmäßig messen, und an den entsprechenden Stellschrauben zu drehen. So können Sie im Vorfeld wichtige Einstellungen ausfindig machen, ohne ein hohes Budgetrisiko einzugehen.

Die drei größten Player auf dem deutschen AdServer-Markt sind Double Click von Google (*http://www.google.de/doubleclick/*), Adition (*http://de.adition.com/*) und Adtech (*http://www.adtech.de/Home/*).

Mehr zum Thema Bannerwerbung und wie Sie damit Geld verdienen, lesen Sie in Kapitel 21, »Wie kann ich mit meiner Website Geld verdienen?«.

### 2.1.5 Abrechnungsmodelle

Häufig wird beim Bannerwerbung der aus dem Offline-Bereich bekannte *Tausender-Kontakt-Preis* (TKP) angesetzt. Dieses Modell ist auch unter der Bezeichnung *Cost-Per-Mille (CPM)* oder *Thousand Ad Impressions (TAI)* geläufig. Dabei wird ein Preis festgelegt, der für 1000 Sichtkontakte eines Werbemittels bezahlt werden muss. Diese Sichtkontakte werden im Fachjargon als *AdImpressions* bezeichnet.

Die Formel für die Berechnung des TKP lautet also:

*TKP = (Preis der Bannerschaltung / Bruttoreichweite) × 1000*

Ein TKP von 30 Euro bedeutet also, dass Sie 30 Euro bezahlen müssen, damit 1000 Benutzer Ihre Werbeeinblendung sehen.

Machen wir dies an folgendem Beispiel deutlich: Eine Website wird 1,3 Millionen Male im Monat aufgerufen. Der Werbetreibende, der sein Banner auf dieser Website platziert hat, bezahlt an den Website-Betreiber 15.000 Euro im Monat. Daraus ergibt sich mit folgender Rechnung ein TKP von 11,54 Euro.

*TKP = (15.000 / 1.300.000) × 1000 = 11,54 Euro*

Die TKP-Preise können also je nach Website stark variieren. Viele Website-Betreiber stellen Ihre Mediadaten, die auch die Preise für Bannerwerbung beinhalten, im Internet zur Verfügung. Andere Websites überlassen das Bannerwerbung professionellen Online-Vermarktern.

Darüber hinaus gibt es weitere Bezahlmodelle im Bereich Bannerwerbung. So kann beispielsweise ein Festpreis angesetzt werden, der für die Bannerschaltung auf einer bestimmten Position während eines definierten Zeitraums veranschlagt wird.

Darüber hinaus gibt es leistungsabhängigere Abrechnungsmodelle, wie *Cost-Per-Click*, *Cost-Per-Lead (CPL*, auch *AdLeads)* oder *Cost-Per-Sale* (auch *AdSales*). Hier wird jeweils pro Klick, Anfrage oder Kauf ein definierter Preis fällig. Da ein Kauf eine größere Hürde für den Nutzer darstellt als ein Klick, wird ein Sale auch mit einem höheren Preis vergütet.

### 2.1.6    AdBlocker

AdBlocker sind spezielle Programme, die Werbeeinblendungen blockieren. Sie versuchen, Werbemittel vom restlichen Website-Inhalt zu unterscheiden, und blenden diese dann aus. Dazu eine Randbemerkung: Werbung innerhalb von Videos kann aktuell noch nicht geblockt werden. Erinnern Sie sich an das Eingangsbeispiel der Website *kicker.de*? Bei Verwendung eines AdBlockers sieht die Website so aus wie in Abbildung 2.12.

**Abbildung 2.12**    Ansicht von kicker.de mit einem AdBlocker

Einige Browser haben AdBlocker bereits integriert, im Internet gibt es aber auch viele Programme zum kostenlosen Download. Ein prominentes Beispiel ist Adblock Plus (*http://adblockplus.org/de/*), das laut der Mozilla-Addons-Statistik durchschnittlich über 80.000-mal pro Tag heruntergeladen wird.

**Abbildung 2.13**  Beispiel für die Verwendung von Adblock Plus (Quelle: http://adblockplus.de)

Diese Zahlen sprechen für eine steigende Tendenz zur Verwendung von AdBlockern – zum Leidwesen der Werbetreibenden: Diese sind selbstverständlich weniger erfreut über derartige Software, gerade dann, wenn Bannerwerbung eine oder die einzige Finanzierungsweise einer Internetpräsenz darstellt. Für Sie als Website-Betreiber bedeutet das: Überprüfen Sie Ihre eigenen Seiteninhalte auch bei Verwendung von AdBlockern. Möglicherweise werden Bereiche, die keine Werbung darstellen, ebenfalls nicht angezeigt.

### 2.1.7   Marktvolumen

Wie eingangs beschrieben, gibt es Werbealternativen mit geringeren Streuverlusten als das Bannermarketing. Diese Display-Werbung tritt in den letzten Jahren zunehmend in den Schatten von Videowerbung und weiteren Werbeformen. Dennoch beliefen sich laut dem vom Online Vermarkterkreis OVK und Nielsen Media Research regelmäßig veröffentlichten *OVK Online-Report* die Bruttowerbeinvestitionen der klassischen Online-Werbung im Dezember 2009 auf 253,4 Millionen Euro. Das waren 40,2 Millionen Euro mehr als im Vorjahr.

## 2.2   Eine Hand wäscht die andere – effektives Affiliate-Marketing

Auf die richtigen Fragen kommt es an. Das könnte sich auch Jeff Bezos, der Gründer des Online-Shops *amazon.com*, gedacht haben, als er auf einer Coktail-Party 1997 mit einer Frau sprach. Diese stellte ihm die aus heutiger Sicht wichtige

Kernfrage: ob es nicht möglich sei, Bücher, die zu ihren Website-Inhalten thematisch passen, direkt dort zu verkaufen.

Nur ein Jahr später war aus der einstigen Frage ein Geschäftsmodell gewachsen, und Amazon konnte mit 60.000 Partnern aufwarten, die auf ihren Websites Bücher bewarben. Dieses Online-Vermarktungsnetzwerk ist einer der Gründe für die Bekanntheit und auch den Erfolg des Online-Shops.

Inzwischen ist das sogenannte *Affiliate-Marketing* weiter ausgefeilt und ist ein durchdachtes Prinzip der Vermarktung im Netz. Der Begriff *Affiliate* kommt aus dem Englischen (»to affiliate«) und steht für »sich angliedern« bzw. »sich anschließen«. Affiliate-Marketing ist auch unter der Bezeichnung *Performance Based Marketing* bekannt.

Auf den folgenden Seiten möchten wir Ihnen die Funktionsweise und Vergütungsmodelle näherbringen, Skalierungs- und Tracking-Möglichkeiten vorstellen und abschließend einen Blick auf die Marktentwicklung werfen.

### 2.2.1  Funktionsweise – Wer profitiert wie?

Wir steigen anschaulich in die Thematik ein und nehmen einmal an, der fiktive Klaus betreibt einen Online-Shop und verkauft Autoreifen. Sein Bekannter Hans besitzt ebenfalls eine Website, nämlich einen gut besuchten Blog für Autofans. Nun fragt Klaus seinen Freund Hans, ob er nicht auf dem Blog Werbung für seine Autoreifen integrieren könne. Hans willigt ein und erhält von Klaus eine Vermittlungsprovision, sobald dieser Autoreifen verkauft. Hinzu kommt Peter, der sich bereiterklärt, die Organisation dafür in die Hand zu nehmen.

Dieses beispielhafte Szenario ist in aller Einfachheit das Prinzip von Affiliate-Marketing. Im Fachjargon nimmt Klaus die Position des Werbetreibenden (*Merchant* bzw. *Advertiser*) ein, während Hans ein Affiliate, also ein Partner ist und auch als *Publisher* bezeichnet wird, da er die Werbung von Klaus veröffentlicht. Er hat über seine Website den direkten Kontakt zu den (potenziellen) Endkunden. Der Merchant wählt in der Regel thematisch passende kommerzielle und private Websites aus, um dort Werbung zu veröffentlichen. Die Affiliates übernehmen quasi den Vertrieb für den Merchant, der dafür entsprechende Werbemittel zur Verfügung stellt.

Peter steht zwischen Klaus und Hans und regelt beispielsweise den Werbemittelaustausch und die Vergütung. In der Praxis wird dieser Part von sogenannten Affiliate-Netzwerken übernommen, die wir in Abschnitt 2.2.2 detaillierter beschreiben.

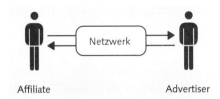

**Abbildung 2.14** Funktionsweise des Affiliate-Marketings

Klickt nun ein Besucher auf der Website eines Affiliates (in unserem Beispiel auf Hans' Auto-Blog) auf ein Werbemittel (z. B. ein Autoreifenbanner von Klaus), dann wird er zur Seite des Merchants weitergeleitet (zu Klaus' Website). Wenn der Interessent nun ein Produkt kauft bzw. auf dieser Website eine gewünschte Aktion durchführt, wird der Affiliate dafür mit einer Provision belohnt (Klaus gibt Hans einen Anteil seines erwirtschafteten Umsatzes).

Um diese Provisionszahlung sauber abzuwickeln, wird ein sogenannter *Affiliate-Link* mit individuellen und eindeutigen Parametern eingesetzt, der mit dem Werbemittel verknüpft ist. Somit kann genau zugeordnet werden, dass der Besucher bzw. Käufer über die Seite des Affiliates eingestiegen ist. (Dieser Link hat jedoch keinerlei Wirkung für den Affiliate, was das Thema Suchmaschinenoptimierung betrifft.) Diese Organisation läuft in der Regel über ein sogenanntes Affiliate-Netzwerk (in unserem Beispiel ist das Peter). In Abbildung 2.15 wird der Ablauf noch einmal exemplarisch dargestellt.

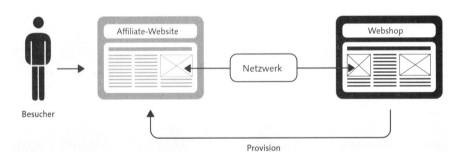

**Abbildung 2.15** Ablauf im Affiliate-Marketing

Wer profitiert also wie?

▸ Der Merchant hat die Möglichkeit, seine Produkte und Dienstleistungen auf vielen anderen thematisch passenden Websites zu veröffentlichen. Er muss nur dann eine Provision bezahlen, wenn auch Besucher über ein Werbemittel auf seine Website gelangen, und trägt damit wenig Risiko (mehr zu Vergütungsmodellen lesen Sie in Abschnitt 2.2.5). Durch eine zielgenaue Auswahl der Affiliates können Streuverluste reduziert und potenzielle Interessenten angesprochen werden. Ein Merchant kann mehrere Partnerprogramme führen, beispielsweise wenn ein Reiseanbieter verschiedene Angebote (z. B. Flug-, Schiffs- und Autoreisen) bewerben möchte.

▶ Der Affiliate veröffentlicht Werbemittel auf seiner Website. Er bietet damit seinen Besuchern einen Mehrwert (sofern die Werbemittel thematisch zum Inhalt der Website passen) und erhält eine Provision, wenn die Benutzer auf der Merchant-Website eine gewünschte Aktion durchführen. Dies kann eine nicht zu vernachlässigende Einnahmequelle für Website-Betreiber darstellen. Auch ist das Risiko für den Affiliate gering, da er weder eine Investition zu Beginn leisten muss, noch für die Teilnahme an Partnerprogrammen bezahlen muss. Der Affiliate muss allerdings, auch wenn er kein Geld mit der Einblendung von Merchant-Werbemitteln verdient, dieses beim Finanzamt anmelden, da er potenziell Gewinn erzielen kann. Mehr zum Thema Geld verdienen mittels Affiliate-Marketing lesen Sie in unserem 21, »Wie kann ich mit meiner Website Geld verdienen?«.

### Es muss nicht immer die Website sein

Klassischerweise werden die Werbemittel des Merchants auf der Website des Affiliates integriert. Es besteht darüber hinaus auch die Möglichkeit, Werbemittel in Newslettern oder über andere Kanäle zu integrieren. Gerade im E-Mail-Marketing kann ein Newsletter an eine passende Zielgruppe ausgesendet werden und hat das Potenzial für einen Affiliate, gute Erfolge zu erzielen.

Auch innerhalb der Suchmaschinenwerbung können Affiliates aktiv werden, sofern dieser Kanal nicht vom Merchant ausgeschlossen oder nur eingeschränkt erlaubt ist. (In der Regel wird ausgeschlossen, den Markennamen als Keyword zu verwenden.) Der Affiliate darf Anzeigen für eigene Websites schalten, auf denen die Merchant-Produkte beworben werden und einen Besucher per Klick zur Seite des Anbieters führen. Eine Direktverlinkung von Anzeigen zur Merchant-Website ist in den meisten Fällen untersagt.

▶ Das Affiliate-Netzwerk übernimmt die Organisation zwischen Merchant und Affiliate. Dies betrifft zum Beispiel die Werbemittel, das Tracking und die Abwicklung der Provisionsvergütung. Für diese Leistungen zahlt der Merchant neben einer Einrichtungsgebühr in der Regel eine umsatzgebundene Provision.

▶ Der Benutzer merkt von diesem ganzen Ablauf im Normalfall nichts. Er besucht Websites und klickt bei Interesse auf Werbemittel. Er profitiert dann, wenn Werbemittel und Content optimal aufeinander abgestimmt sind und seinen Bedürfnissen entsprechen.

### 2.2.2 Affiliate-Netzwerke – Die Unparteiischen

Kommen wir nun in unserem Eingangsbeispiel zu Peter bzw. zu den Affiliate-Netzwerken (die auch als *Affiliate Service Provider*, kurz ASP, bezeichnet werden). Man kann Affiliate-Marketing prinzipiell auch ohne ein zwischengeschaltetes Affiliate-Netzwerk betreiben, in der Praxis greifen viele Merchants aber darauf zurück. Einer der Hauptgründe liegt darin, dass es eine Vielzahl an möglichen Affiliates gibt, die es vermeiden, an diversen einzelnen Partnerprogrammen teilzunehmen, da dies einen enormen Abwicklungsaufwand darstellen würde. Die Netzwerke hingegen fassen die Programme zusammen und ermöglichen die Abwicklung aus einer Hand. Sie vermitteln Affiliates und bewerben die einzelnen Programme innerhalb ihres Netzwerkes. Vorteilhaft für die Affiliates ist also nicht nur eine Vielzahl an Partnerprogrammen, sondern auch der Service und ein zentraler Ansprechpartner für verschiedene Partnerprogramme.

Die andere Seite der Medaille sind allerdings die Kosten: Für die Infrastruktur, den Werbemittelaustausch, das Tracking und die Provisionsausschüttung haben die Affiliate-Netzwerke ihren Preis. Der liegt aktuell etwa zwischen 1000 und 500 Euro für die Einrichtungsgebühr und gelegentlich sind auch monatliche Fixgebühren fällig, die die Merchants aufbringen müssen. Weiterhin nehmen die Netzwerke üblicherweise eine umsatzabhängige Provision, die etwa 30 % der Affiliate-Provision ausmacht. Für Affiliates ist die Teilnahme in der Regel kostenlos.

Inzwischen haben sich größere Netzwerke, wie beispielsweise affilinet (*http://www.affili.net*) und zanox (*http://www.zanox.com/de/*) aus einer Vielzahl an Netzwerken etabliert. Es gibt aber auch Spezialnetzwerke, die sich speziell mit einem bestimmten Thema befassen. Während die größeren Netzwerke eine breite Masse an Partnerwebsites bündeln, visieren die Spezialnetzwerke eine bestimmte Zielgruppe zu einem speziellen Thema an. Bei der Wahl eines Affiliate-Netzwerkes sollten Sie unbedingt darauf achten, dass es zu Ihrem Thema passende Programme gibt, und genügend Zeit in die Auswahl investieren. Mit einer Vielzahl an passenden Affiliates erzielen Sie eine gewisse Reichweite. Jedoch sind einige Netzwerke inzwischen sehr wählerisch, was neue Anbieter betrifft.

Haben Sie ein Netzwerk ausgewählt, müssen Sie sich bei diesem anmelden bzw. bewerben, egal ob Sie als Merchant oder als Affiliate auftreten. Sobald Sie zugelassen wurden, heißt es als Affiliate, das entsprechende Partnerprogramm mit den passenden Werbemitteln auszuwählen und sich zu bewerben. Werden Sie für das Partnerprogramm freigeschaltet, müssen Sie den Werbemittel-Code in die Website implementieren. Damit ist die Vorbereitung abgeschlossen. Affiliates haben die Möglichkeit, sich bei verschiedenen Partnerprogrammen zu bewerben.

Wir raten Ihnen dringend dazu, die Erfolgsstatistiken zu analysieren, Optimierungsmaßnahmen vorzunehmen (z. B. Werbemittel auszutauschen) und die Provisionsvergütung zu überprüfen.

---

**Die Auszahlungsgrenze**

Ein Großteil der Affiliate-Netzwerke arbeitet mit einer sogenannten Auszahlungsgrenze. Damit ist ein Betrag von beispielsweise 20 oder 50 Euro gemeint, der zunächst per Provision von einem Affiliate erzielt werden muss, bevor die Provision dann ausgezahlt wird. Provisionen aus verschiedenen Partnerprogrammen werden dabei zusammengezählt.

---

In Tabelle 2.2 sehen Sie die Top-Affiliate-Netzwerke 2010, die bei der jährlichen Umfrage von 100partnerprogramme.de ermittelt wurde.

| Platz | Name |
|-------|------|
| 1. | ZANOX.de AG® |
| 2. | Afflinet GmbH® |
| 3. | SuperClix (DMK Internet e.K.)® |
| 4. | TradeDoubler GmbH® |
| 5. | Belboon-adbutler GmbH® |
| 6. | ADCELL (Firstlead GmbH)® |
| 7. | Webgains (ad pepper media GmbH)® |
| 8. | AdCocktail (SX-WebSolutions & Marketing GmbH)® |
| 9. | Vitrado (new directions GmbH)® |
| 10. | 24 interactive GmbH® |

**Tabelle 2.2** Top-Affiliate-Netzwerke

Ja nachdem, welches Affiliate-Netzwerk zum Einsatz kommt, können Merchants ihr Partnerprogramm genau beschreiben und interessierten Affiliates wichtige Informationen mitteilen. Eine beispielhafte Programmbeschreibung sehen Sie in Abbildung 2.16. So können Merchants die Vorteile ihres Angebots herausstellen, die Vergütungsweise erläutern, Informationen zu Trackingmethode und Cookie-Laufzeit liefern, Werbemittel darstellen und gegebenenfalls Aktionen ankündigen. Wie Sie in Abbildung 2.16 sehen, wird in diesem Beispiel eine Weihnachtsaktion angekündigt. Ebenso wird eine Staffelung der Provision erläutert. Darüber hinaus hat der Werbetreibende Einschränkungen definiert, also Kriterien, die einige Websites von der Teilnahme am Partnerprogramm ausschließen.

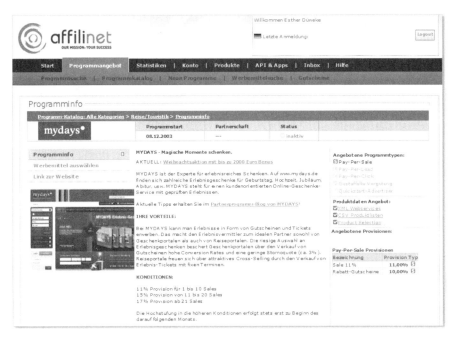

**Abbildung 2.16**  Beispiel für eine Partnerprogrammbeschreibung von mydays bei affilinet

**Verzeichnisse von Partnerprogrammen**

Neben den Affiliate-Netzwerken schlagen auch sogenannte Partnerprogramm-Verzeichnisse eine Brücke zwischen Affiliates und Merchants. Sie werden jedoch nicht operativ aktiv, sondern listen nur einzelne Programme auf, wie beispielsweise *www.100partnerprogramme.de* oder *www.affiliate.de*.

Das älteste Partner-Programm ist das von Amazon. Sie finden es über den Link Partnerprogramm am Ende der Amazon-Startseite oder können es über die URL *https://partnernet.amazon.de/* aufrufen (siehe Abbildung 2.17).

Nach der kostenlosen Anmeldung können Sie sehr einfach Trackinglinks erzeugen und auf Ihrer Website integrieren. Amazon bietet diverse Werbemittel und auch die Möglichkeit, einen Shop mit ausgewählten Produkten zu integrieren, dessen Layout anpassbar ist. Sofern Benutzer einen Kauf bei Amazon tätigen, erhalten Sie eine Provision.

Auch der Suchmaschinenriese Google ist auf diesem Gebiet nicht untätig. Wenn Sie sich für das Werbeprogramm AdWords angemeldet haben und somit als Merchant auftreten, können Sie über das sogenannte Display-Netzwerk Anzeigen auf anderen Websites buchen. Die Affiliates, die an diesem Programm teilnehmen möchten, verwenden dafür Google AdSense (*www.google.com/adsense*). Dafür registriert der Affiliate seine Website und legt Werbemittel fest, die auf seiner Internetpräsenz geschaltet werden können. Der Affiliate kann die Werbeeinblendungen bis zu einem gewissen Grad am Layout seiner Seite anpassen. Technisch muss der Publisher ein Code-Schnipsel auf seiner Website integrieren, über den Google dann passende Werbung ausliefert. Möglich ist auch die Implementierung der Google-Suche auf der Affiliate-Website. Die Suchergebnisse erhalten auch dort Anzeigen, von denen der Publisher profitiert, sobald sie von Besuchern angeklickt werden. Klicken Sie jedoch nie selbst auf derartige Anzeigen, da dies den Ausschluss aus dem Werbeprogramm zur Folge haben kann.

**Abbildung 2.17** Das Partnerprogramm von amazon.de

Juristisch betrachtet gibt es in der Dreieckskonstellation zwischen Merchant, Affiliate und Netzwerk ein vertragliches Übereinkommen zwischen Advertiser und Netzwerk und eines zwischen Publisher und Netzwerk.

### 2.2.3    Werbemittel – Wie kann geworben werden?

Wie schon beschrieben, stellt der Merchant dem Affiliate Werbemittel zur Verfügung. Diese können ganz unterschiedlicher Art sein. Generell lässt sich sagen, dass ein großer Pool an Werbemitteln für Affiliates attraktiver ist und sie das passendste Werbemittel auswählen können.

Besonders geläufige Werbemittel sind die im Folgenden beschriebenen. Diese Liste ist jedoch nicht vollständig, da es noch eine Vielzahl an Sonderformaten und speziellen Werbemitteln gibt.

▸ **Banner**: Ein klassisches Werbemittel ist das Banner. Merchants können Banner in verschiedenen Varianten zur Verfügung stellen. Details zu Bannergrößen, -arten und -funktionen konnten Sie auf den vorangegangenen Seiten lesen. Neben den Standardformaten können auch Sonderformate zum Einsatz kommen.

▸ **HTML-Textlinks**: Diese Textlinks sind vorformulierte Phrasen, die das beworbene Angebot beschreiben. Sie sind im Content der Affiliate-Website integriert und leiten den klickenden Besucher per Affiliate-Link auf die Merchant-Website.

▸ **Videos**: Auch Video-Ads können als Werbemittel innerhalb eines Affiliate-Programms verwendet werden.

▸ **Widgets**: Diese Applikationen bieten die Möglichkeit, vor der Weiterleitung zur Merchant-Website eine Interaktion vom Benutzer zu verlangen, beispielsweise eine Produktauswahl, wenn es sich um einen Online-Shop handelt.

Jedoch ist kein Partnerprogramm ein Selbstläufer, das – einmal aufgesetzt – nur Profit abwirft. Partnerprogramme und die Teilnahme an ihnen erfordern sowohl auf der Merchant- als auch auf der Affiliate-Seite unbedingt Betreuungs- und Controlling-Aufwand. Gerade werbetreibende Unternehmen sollten einen Mitarbeiter mit der Betreuung des Affiliate-Programms beauftragen.

**Agenturen**

Einige Unternehmen und Website-Betreiber übergeben das Affiliate-Marketing an spezielle Affiliate-Marketing-Agenturen. Denn allein mit der Anmeldung bei einem Affiliate-Netzwerk und dem Einstellen eines Partnerprogramms (als Merchant) ist es nicht getan. Agenturen entwickeln beispielsweise ein Partnerprogramm, pflegen und optimieren dieses, halten die Werbemittel auf dem aktuellen Stand und überprüfen die Einhaltung der Vereinbarungen durch die Affiliates. Sie pflegen den Kontakt zu den Publishern und werben neue, thematisch passende Affiliates. Darüber hinaus geben sie nach Überprüfung Provisionen frei, gleichen mögliche Doubletten ab und kontrollieren, ob möglicherweise Betrugsversuche vorliegen.

Sollten Sie keine Agentur für Ihr Affiliate-Marketing beschäftigen, legen wir Ihnen folgende Tipps ans Herz, die Sie bei der Betreuung berücksichtigen sollten:

▶ Werben Sie für Ihr Partner-Programm beispielsweise über Pressemeldungen, Foren und Blogs.

▶ Sprechen Sie potenzielle Affiliates aktiv direkt an, und pflegen Sie den regelmäßigen und wenn möglich persönlichen Kontakt zu Ihren Partnern.

▶ Bieten Sie attraktive und transparente Vergütungsmodelle und einen professionellen und vielfältigen Pool an Werbemitteln, den Sie regelmäßig aktualisieren.

▶ Unterbreiten Sie gerade Ihren Top-Affiliates (in der Regel machen nur einige wenige Affiliates annähernd 90 % des Umsatzes aus) individuelle Konditionen.

▶ Kommunizieren Sie Ihren Partnern, welche Werbemittel besonders gut funktionieren.

▶ Beobachten Sie sowohl Ihre Wettbewerber als auch Ihre Statistiken regelmäßig, um eventuelle Betrugsversuche schnell aufzuspüren und gegen sie einzuschreiten.

### 2.2.4 Tracking – Wie wird Erfolg gemessen?

Mithilfe von genauem Tracking kann der Erfolg eines Partnerprogramms gemessen werden. Das Ziel ist, Affiliates und Merchant sowie die Handlungen des Besuchers (bei Shops auch die Transaktion) exakt einander zuordnen zu können. Diese Erfolgsmessung ist also für alle Parteien des Affiliate-Marketings von Bedeutung, da daran auch die Provisionsvergütung geknüpft ist. In der Praxis existieren diverse Trackingmethoden, die wir nun genauer unter die Lupe nehmen.

#### Das Cookie-Tracking

Das Cookie-Tracking ist ein sehr prominentes und häufig verwendetes Trackingverfahren. Das Cookie wird beim Besuch einer Website auf dem Rechner des Besuchers gespeichert (man spricht hier von »clientseitiger Speicherung«).

Die Textdatei (das Cookie) beinhaltet Informationen über den Besucher und dessen Verhalten. Hier werden im Affiliate-Marketing auch Informationen des Affiliates, z. B. die Affiliate-ID, gespeichert. Kauft der Besucher nun etwas auf der Merchant-Website oder führt er eine gewünschte Handlung aus, kann dies dem Affiliate zugeordnet werden. Ruft der Benutzer die Website zu einem späteren Zeitpunkt erneut auf, kann er mithilfe des gespeicherten Cookies identifiziert werden. Auf diese Weise können auch Käufe provisioniert werden, die zu einem späteren Zeitpunkt durchgeführt werden. Für Affiliates ist das ein klarer Pluspunkt, da viele Benutzer keine Spontankäufer sind und sich oftmals zunächst über diverse Quellen informieren, bevor sie ein Produkt kaufen.

**Cookies**

Mit Cookies sind keine Kekse gemeint, sondern vielmehr eine Information, die bei einem Website-Besuch im Browser des Nutzers gespeichert wird. Man unterscheidet dabei Cookies, die für einen definierten Zeitraum (oftmals werden hier 30 Tage definiert) gespeichert werden, oder Cookies, die permanent gespeichert werden (was seltener der Fall ist, aber bei einer Lifetime-Provisionierung zur Anwendung kommt).

Cookies sind eine viel diskutierte Thematik, was beispielsweise den Datenschutz und den gläsernen Kunden betrifft. Sie können die Verwendung von Cookies an Ihrem Rechner überprüfen und ändern. In Mozilla Firefox gehen Sie dazu auf EXTRAS • EINSTELLUNGEN • DATENSCHUTZ. In anderen Browsern funktioniert dies ähnlich. Dort können Sie beispielsweise den Speicherzeitraum ändern, Cookies akzeptieren oder ablehnen und Cookies löschen.

Die Möglichkeit für Benutzer, Cookies zu löschen, kann als nachteilig für das Tracking angesehen werden. Denn wenn Cookies gelöscht oder nicht akzeptiert werden, funktioniert das Tracking nicht. Jedoch akzeptiert ein Großteil der Internetnutzer in der Zwischenzeit Cookies.

**Abbildung 2.18**   Cookie-Einstellungen in Mozilla Firefox

> **Flash-Cookies**
>
> Flash-Cookies oder auch Local Shared Objects (LSO) funktionieren browserunabhängig, werden per Adobe Flash Player auf dem Benutzer-Rechner gesetzt und speichern entsprechende Informationen. Bisher ließen sich die Flash-Cookies nur sehr umständlich durch den Benutzer entfernen. Das soll sich im Zusammenhang mit dem Thema Datenschutz aber zukünftig ändern. Dann sollen auch Flash-Cookies über die Cookie-Einstellungen im Browser verwaltet werden können.

Einige weitere Tracking-Methoden, die u.a. Dr. Erwin Lammenett auf der Seite *www.typo3-macher.de* beschreibt, sind die folgenden:

### Das URL-Tracking

Diese Tracking-Vorgehensweise ist recht simpel. Die Affiliate-ID und gegebenenfalls weitere Parameter werden im HTML-Code hinterlegt. Beim Aufrufen der Website wird die ID (und weitere Parameter) Teil der URL, was wie folgt aussehen kann: *http://www.merchant-website.de?affiliate-ID=12345*.

Damit ist der erste Teil der URL die Zielseite des Merchants und der zweite Teil (ab dem Fragezeichen) die Zuweisung des Affiliates. Durch &-Zeichen können auch weitere Variablen übermittelt und ein Affiliate genau identifiziert werden. Während dieses Verfahren unabhängig von individuellen Browsereinstellungen ist, kann jedoch keine Aktion vergütet werden, die zu einem späteren Zeitpunkt durchgeführt wird.

### Das Datenbank-Tracking

Bei dieser Tracking-Methode werden die einzelnen Parameter wie die Affiliate-ID und die Kunden-ID in einer Datenbank gespeichert. Weitere Käufe oder gewünschte Handlungen des Benutzers zu späteren Zeitpunkten können somit direkt zugeordnet und vergütet werden. Dieses Verfahren bietet sich also dann an, wenn absehbar ist, dass Benutzer ein Produkt oder Angebot nicht direkt beziehen oder wenn Lifetime-Provisionen angedacht sind. Für neue Affiliates, die an einem Partnerprogramm teilnehmen, kann dieses jedoch nachteilig sein, wenn Benutzer schon mit einer ID einem anderen Affiliate zugeordnet sind.

### Das Session-Tracking

Besucht ein Nutzer eine Merchant-Website, wird bei diesem Verfahren automatisch eine *Session* (Sitzung) eröffnet und eine *Session-ID* angelegt.

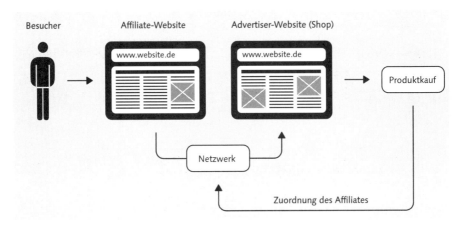

**Abbildung 2.19**  Session-Tracking bei einem Pay-Per-Sale-Partnerprogramm

Technisch gesehen kann diese Session-ID per GET-Methode über die URL oder POST-Methode über versteckte Formularfelder (*hidden-fields*) übermittelt werden. Transaktionen oder gewünschte Benutzerhandlungen werden dieser Session zugewiesen, ebenso wie der entsprechende Affiliate. Führt nun der Benutzer eine gewünschte Handlung durch (wie beispielsweise einen Produktkauf), kann dies dem entsprechenden Affiliate zugeordnet und vergütet werden.

Die Session ist in der Regel so lange aktiv, bis der Browser neu gestartet wird. Das bedeutet im Umkehrschluss aber auch, dass nur Aktionen vergütet werden, die direkt und innerhalb der Session getätigt werden. Dieses Tracking-Verfahren ist jedoch auch bei deaktivierten Cookies möglich.

### Das Pixel-Tracking

Pixel-Tracking ist eine häufig von Affiliate-Netzwerken eingesetzte Tracking-Methode. Sie erfolgt über ein Pixel, das in den HTML-Code einer Website integriert wird und auch ohne JavaScript funktioniert. Dieser Code ist auch unter der Bezeichnung *Transaction-Tracking-Code* geläufig und wird üblicherweise auf der Danke-Seite nach einer Bestellung integriert (sofern es sich um einen Online-Shop handelt). Der Benutzer wird von dem Link auf der Affiliate-Website erst über einen Umweg über das Affiliate-Netzwerk zur Merchant-Website geleitet. Wenn er dort eine gewünschte Handlung (wie beispielsweise einen Produktkauf) ausführt, wird ein Cookie gesetzt, das entsprechende Informationen beinhaltet, die für die Provisionsvergütung notwendig sind. Die Umsetzung ist vergleichsweise simpel, da der Affiliate nur ein HTML-Schnipsel integrieren muss.

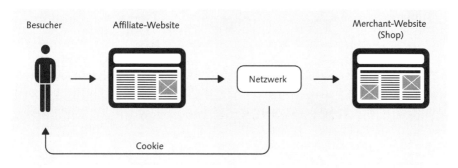

**Abbildung 2.20** Funktionsweise von Pixel-Tracking

## 2.2.5 Vergütungsmodelle – Ein Geschäft, das sich lohnt

Nachdem Sie nun wissen, wie das Tracking aussehen kann, widmen wir uns nun den verschiedenen Vergütungsmodellen. Wie Sie bereits wissen, wird der Affiliate mit einer Provision belohnt, wenn ein Besucher eine bestimmte Handlung ausführt. Diese Provision wird in der Regel erst nach dieser Besucheraktion ausgeschüttet. Wie das Ganze im Detail aussehen kann, möchten wir Ihnen auf den folgenden Seiten vorstellen.

In der Praxis haben sich verschiedene Modelle herausgebildet, die sich mehr oder auch weniger bewährt haben und unterschiedlich häufig verwendet werden.

Da wäre zunächst das *Pay-Per-Lead-(PPL-)*Modell zu nennen, das recht häufig zum Einsatz kommt. Die gewünschte Benutzeraktion (aus diesem Grund wird zum Teil auch von *Pay-Per-Action* gesprochen) kann hier beispielsweise eine Kontaktanfrage oder eine Newsletter-Registrierung sein. Das bedeutet, es wird jeweils eine Provision fällig, wenn ein Besucher auf einer Merchant-Seite Kontakt aufnimmt. Individuelle Details können Affiliates in den einzelnen Beschreibungen der jeweiligen Partnerprogramme lesen. Dieses Vergütungsmodell kommt oft dann zum Einsatz, wenn der Merchant ein Produkt mit hohem Beratungsbedarf (z. B. Versicherungen) oder ein Produkt im sehr hohen Preissegment anbietet.

*Pay-Per-Sale* (PPS) oder auch *Pay-Per-Order* (PPO) ist ein weiteres Vergütungsmodell, bei dem eine Provisionszahlung mit jedem Kauf anfällt, den ein Benutzer auf der Merchant-Website tätigt. Je nach Programm kann dabei eine feste Summe, ein variabler Anteil (z. B. eine prozentuale Vergütung des Warenkorbwertes) oder eine Mischung aus diesen Varianten infrage kommen. Per Cookie kann sichergestellt werden, dass auch Käufe, die zu einem späteren Zeitpunkt vom Benutzer getätigt werden, noch vergütet werden. Hier kommen häufig Cookie-Laufzeiten von 30 Tagen zum Einsatz. Für den Merchant ist dieses Modell besonders interessant, da er nur dann den Affiliate vergüten muss, wenn er selbst etwas verkauft und damit auch Einnahmen generiert hat. So kann auch das *Pay-Per-Period*, eine spezielle Vergütungsart, bestehen, die dem Affiliate alle Sales in einem definierten Zeitraum vergütet.

Ist eine Anmeldung der Besucher das Ziel des Merchants, so bietet sich *Pay-Per-Sign-Up* an. Hier zielt der Werbetreibende darauf ab, dass sich Besucher beispielsweise zu einem Newsletter anmelden, sich für eine Community oder einen Online-Shop registrieren. Da die Hürde, die es für den Besucher zu überwinden gilt, deutlich geringer ist als beim Produktkauf, fallen hier die Provisionen auch vergleichsweise geringer aus.

Zu den weniger prominenten Vergütungsmodellen zählt das *Pay-Per-Lifetime*. Ein besonderes Merkmal ist hier, dass es sich nicht um eine einmalige Provision handelt, sondern es können erneute Provisionen in einem bestimmten Zeitraum anfallen. Als Beispiel wäre hier ein Abo-Verkauf zu nennen, wo ein Affiliate so lange von der Provisionszahlung profitiert, wie das Abo des Kunden anhält. Für neue Affiliates ist so ein Vergütungsmodell dann weniger lohnenswert.

Einen Begriff, den Sie möglicherweise schon im Zusammenhang mit Suchmaschinenwerbung gehört haben, ist das *Pay-Per-Click-(PPC-)*Modell. Hier fällt eine Vergütung an, wenn ein Besucher auf ein Werbemittel klickt und auf die Merchant-Website geleitet wird. Die reine Einblendung und der mögliche Image-Effekt müssen bei diesem Modell nicht bezahlt werden. Im Bereich Affiliate-Marketing kommt es heutzutage weniger zum Einsatz. Der Hauptgrund ist häufig der, dass Klickbetrug ausgeschlossen werden soll.

Neben den genannten Vergütungsmodellen existieren noch weitere, weniger etablierte Methoden, die wir im Rahmen dieses Buches jedoch nicht vollständig auflisten können. Dazu zählen die *Pay-Per-View*-Methode (Bezahlung per 1000 Einblendungen des Werbemittels). Diese wird insbesondere zur Stärkung der Markenbekanntheit und zu Imagezwecken eingesetzt. Jedoch ist der Sichtkontakt zwischen Benutzer und Werbemittel nicht nachweisbar. Sowohl das Pay-Per-Click als auch das Pay-Per-View sind vergleichsweise anfällig für Betrugsversuche. Legen Sie daher ein besonderes Augenmerk auf die Reportings dieser Vergütungsmodelle.

In der Praxis werden häufig mehrere Vergütungsmodelle in einem Partnerprogramm angeboten, wie z.B. Pay-Per-Lead und Pay-Per-Sale. Somit hat der Affiliate die Chance, zweimal eine Provision zu erhalten, nämlich dann, wenn ein Benutzer sich beispielsweise zunächst für einen Newsletter registriert und zudem einen Kauf tätigt. Merchants können ihre Affiliates motivieren, indem sie eine höhere Provisionssumme anbieten, wenn eine bestimmte Anzahl an Leads oder Sales erreicht wird.

Überlegen Sie sich als Merchant die Provisionshöhe sehr genau. Eine Reduzierung der Provision ist zwar jederzeit durch den Merchant möglich, jedoch kann dies die bestehenden Affiliates enorm verärgern, sodass sie aus dem Partnerprogramm aussteigen.

### 2.2.6 Gefahren (und Verbote)

Im Zusammenhang mit dem Affiliate-Marketing gibt es auch verschiedene Gefahren, derer Sie sich bewusst sein sollten. Zudem sind alle Teilnehmer an bestehende gesetzliche Vorschriften gebunden. Beide Bereiche möchten wir im Folgenden kurz anreißen:

Durch die einzelnen Vergütungsmodelle, die wir Ihnen in Abschnitt 2.2.5 vorgestellt haben, besteht zwar für die Affiliates die Möglichkeit, durch eine entsprechende Veröffentlichung von Werbemitteln Geld einzunehmen – ein Garant ist dies jedoch nicht.

Die Auswahl von unpassenden Affiliates und ein Umfeld, das thematisch nicht auf das Angebot abgestimmt ist, können wahre Conversion-Killer sein und damit nicht zu einer Win-Win-Situation führen, sondern möglicherweise sogar zu einem Image-Schaden für den Merchant. Leider ist in der Realität nicht immer genau nachvollziehbar, auf welchen Seiten ein Angebot beworben wird. Legen Sie daher von Beginn an besonderen Wert auf die Überprüfung von Affiliates bzw. deren Veröffentlichung von Ihren Werbemitteln. Kommen die Besucher tatsächlich von dieser oder womöglich einer anderen Website? Diese Kontrolle ist zugegebenermaßen nur schwer möglich, sodass die Gefahr besteht, dass die Herkunft des Traffics und die Werbemittelplatzierung nicht mehr nachvollziehbar sind.

Affiliates hingegen sind darauf angewiesen, dass die Merchant-Seite gute Leistungen erzielt, insbesondere wenn das Partnerprogramm auf Pay-Per-Sale ausgelegt ist. Eine Weiterleitung von Traffic ist nur dann sinnvoll, wenn die Merchant-Seite sowohl conversion-optimiert (siehe dazu auch Kapitel 17, »Aus Besuchern Käufer machen – User konvertieren«) als auch nutzerfreundlich (siehe Kapitel 16, »Usability – Benutzerfreundliche Websites«) ist.

Darüber hinaus arbeiten Affiliate-Netzwerke zwar an einer transparenten Abwicklung der Vergütung und Ausschüttung der Provisionen, jedoch ist dies kaum überprüfbar. Es können sowohl auf Merchant- als auch auf Affiliate-Seite Schwachstellen genannt werden. Kontrollieren Sie regelmäßig Ihre Statistiken zu Ihrem Partnerprogramm und insbesondere die Übereinstimmung im Warenwirtschaftssystem, sofern Sie einen Online-Shop betreiben. Zielt Ihr Affiliate-Marketing auf die Generierung von Leads ab, überprüfen Sie, ob es sich um Fake- oder reale Kontakte handelt.

Zu den möglichen Gefahrenquellen zählt beispielsweise das sogenannte *Cookie Spreading* (auch als *Cookie Dropping, Cookie Spamming* und *Cookie Stuffing* bekannt). Damit sind Cookies gemeint, die von Affiliates gesetzt werden, ohne dass Nutzer die Merchant-Angebote sehen (siehe Abbildung 2.21). Technisch ist dies mithilfe eines unsichtbaren IFrames möglich, das das Cookie enthält und dieses beim Besucher setzt. Häufig haben diese Cookies eine lange Lebensdauer. Sollte der Besucher zu einem späteren Zeitpunkt das Merchant-Produkt beziehen, wird dies möglicherweise dem Affiliate zugeschrieben, obwohl hier keine Vermittlung stattfand. Nachteilig ist dies insbesondere für die Merchants, da sie Käufe vergüten, die ohnehin getätigt worden wären.

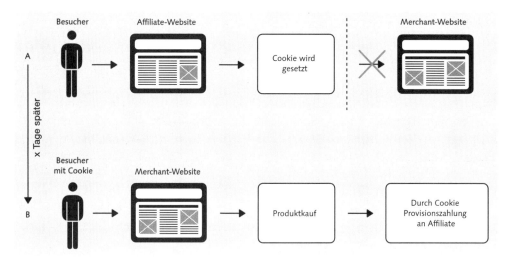

**Abbildung 2.21** Cookie-Spreading

Doppelte Cookies bzw. Doubletten sind ein weiteres Problem: Hier kann es passieren, dass ein Besucher verschiedene Cookies von einem Partnerprogramm, aber verschiedenen Affiliates gespeichert hat. Der Grund dafür kann sein, dass das Programm bei mehreren Netzwerken eingestellt wurde. Dann wird eine Provisionsvergütung für die gleiche Handlung in den unterschiedlichen Netzwerken fällig. Üblicherweise erhält der Affiliate die Provision, dessen Cookie zuletzt gesetzt wurde (*last cookie wins*). Steuern Sie als Affiliate daher sehr genau ihre Partnerprogramme, und vermeiden Sie derartige Doubletten.

Affiliate-Marketing hat auch einen Einfluss auf die Suchmaschinenergebnisse. Google beispielsweise ist für viele Websites eine Haupt-Traffic-Quelle, und viele Affiliates kämpfen um die besten Platzierungen innerhalb der Ergebnisse. Sie spekulieren dabei auf hohe Provisionen und bieten zum Teil weniger informative

Websites. Nutzer leiden darunter, da ihnen unter Umständen weniger relevante Seiten angezeigt werden.

Aus juristischer Perspektive ist ein Gesetzesentwurf der EU zu erwähnen, der die Zustimmung des Nutzers zum Einsatz von Cookies vorsieht und auch Diskussionen zum Datenschutz entfacht bzw. fortsetzt. Ohne Cookies ist das Tracking schwer möglich, was das Affiliate-Marketing ins Wanken bringen könnte.

### 2.2.7 Marktentwicklung und -ausblick

Laut des OVK Online Report 2010/02 entfallen in der Prognose für das Jahr 2010 auf das Affiliate-Marketing 339 Millionen Euro, was einem Zuwachs von 10 Prozent entspricht. Dennoch ist der Anteil aber im Vergleich zum klassischen Online-Marketing und der Suchwortvermarktung nur ein geringer. Auf Basis dieser Zahlen kann aber von einer steigenden Tendenz ausgegangen werden.

Das Affiliate-Marketing stellt eine effektive Möglichkeit der Vermarktung dar, das recht risikoarm ist, da anfallende Kosten im direkten Zusammenhang mit den Erlösen stehen. Die Vorteile liegen auf der Hand: Die Vielzahl an Partnerprogrammen aus verschiedensten Themenbereichen stellt eine gute Möglichkeit der Marktdurchdringung dar und ermöglicht eine recht zielgruppengenaue Ansprache potenzieller Kunden. Zudem ist die technische Implementierung relativ simpel. Wie schon kurz angerissen wurde, kann man davon ausgehen, dass sich das Affiliate-Marketing auch auf weitere Kanäle, wie zum Beispiel das Social-Media-Marketing wie Twitter und Facebook ausweiten wird. Hier können Affiliates neue Wege beschreiten und Angebote veröffentlichen.

*»Enten legen ihre Eier in aller Stille. Hühner gackern dabei wie verrückt. Was ist die Folge? Alle Welt isst Hühnereier.«*
*– Henry Ford*

# 3   Direkte Ansprache – Wirksames E-Mail- und Newsletter-Marketing

Online-Marketing mit E-Mails und Newslettern ist eine häufig genutzte Werbeform im Internet und gehört zu den Maßnahmen, die schon am längsten genutzt werden. Denken Sie z. B. an die Newsletter, die Sie regelmäßig bekommen, oder aber auch an die sogenannten *Spam-Mails*. Diese unerwünschte elektronische Post ist ebenfalls eine Form des E-Mail-Marketings, die leider für eine negative Wahrnehmung von E-Mails gesorgt hat. Trotzdem können Sie mit gut aufgesetzten Mail-Kampagnen und regelmäßigen Newslettern kostengünstig eine große und zielgerichtete Kundengruppe erreichen. Wir zeigen Ihnen in diesem Kapitel, wie Sie E-Mail-Marketing erfolgreich für Ihre eigene Website einsetzen können und welche Aspekte Sie besonders beachten müssen.

## 3.1   E-Mail-Marketing zur direkten Kundenansprache

Das E-Mail-Marketing ist eine Form des *Direktmarketings*, weil Kunden direkt und persönlich angesprochen werden können. Dies geht z. B. nicht mit Bannern, Suchmaschinenmarketing oder Fernsehwerbung. Zudem können Sie E-Mails individualisieren und an speziellen Empfängergruppen ausrichten. Hierbei spricht man vom *Targeting*. E-Mails können also zielgerichtet an unterschiedliche Kundensegmente gesendet werden. Denken Sie z. B. an eine Mail-Kampagne, die sich nur an Frauen richtet, oder an ein Mailing für Personen im Alter von 30 bis 50 Jahren.

### 3.1.1   Arten von E-Mail-Kampagnen

Bevor Sie mit dem E-Mail-Marketing starten, möchten wir Ihnen einen Überblick geben, welche verschiedenen Möglichkeiten es gibt, um mit E-Mails auf sich aufmerksam zu machen. Die bekannteste Form sind sicher regelmäßige Newsletter.

Bestimmt bekommen Sie auch täglich oder wöchentlich E-Mails von demselben Anbieter, z. B. Newsletter mit aktuellen Nachrichten oder Produktempfehlungen. Diese Art des E-Mail-Marketings wird von sehr vielen Website-Betreibern eingesetzt, da es ein guter Weg ist, um Besucher länger an ein Internetangebot zu binden und viele regelmäßig wiederkehrende Besucher zu bekommen. E-Mail-Marketing ist hier ein Werkzeug zur Kundenbindung. Zudem ist es eine recht kostengünstige Methode, immer wieder auf sich aufmerksam zu machen.

Ein andere Möglichkeit sind direkte Mailings an Ihre Bestandskunden. Oft haben diese eingewilligt, von Ihnen mit Informationen versorgt zu werden. Ein Beispiel sind regelmäßig per Mail versendete Rechnungen. Sie können diese Mails dazu nutzen, um weitere Angebote anzupreisen. In Abbildung 3.1 sehen Sie eine E-Mail des Mobilfunkanbieters O2 mit einer Produktempfehlung für das Apple iPhone. Sie können Ihre Bestandskunden auch mit einer Geburtstagsmail überraschen. Wenn Sie das Geburtsdatum in der Datenbank gespeichert haben, können Sie so eine individuelle Mail erstellen und z. B. dem Kunden ein besonderes Angebot unterbreiten oder einen Rabattgutschein erstellen.

**Abbildung 3.1** Rechnungs-Mailing von O2 mit Produktempfehlung

Eine weitere Art von E-Mail-Kampagnen sind sogenannte *Stand-Alone Mailings*. Hierbei werden Sie mit Ihrem Angebot in einen bestehenden fremden E-Mail-Verteiler aufgenommen. In einer einmaligen Aktion bekommen die Empfänger ein Mailing allein zu Ihrem Angebot. In Abbildung 3.2 sehen Sie ein Stand-Alone-Mailing im Newsletter des Affiliate-Netzwerks affilinet. Hier wird allein die Aktion des Partners Swarovski beworben. Solche Stand-Alone Mailings werden üblicherweise einmalig bezahlt oder ausgehandelt. Der Preis richtet sich dabei meist nach der Anzahl der Mail-Empfänger und dem Wert der Empfängerziel-gruppe für die Kampagne.

**Abbildung 3.2**  Stand-Alone-Newsletter an affilinet-Kunden

Besonders bei Jobbörsen hat sich das E-Mail-Marketing als wichtiges Instrument zur Kundenbindung entwickelt. Hier können Jobsuchende individuelle Erinnerungsmails einrichten. Suchen Sie z. B. bei *StepStone.de* eine Stelle im Marketing in München, bekommen Sie ein Fenster eingeblendet, um sich für den JobAgenten anzumelden. In Abbildung 3.3 sehen Sie, dass der Benutzer nur noch die E-Mail-Adresse eingeben muss, und schon kann das E-Mail-Marketing beginnen. Aus rechtlichen Gründen muss der Benutzer anschließend noch seine Mail-Adresse bestätigen. Die JobAgent-Funktion schickt automatisch passende neue Jobangebote per E-Mail an den Benutzer. Dies ist für Jobsuchende ein sehr komfortabler Weg, um über neue Stellenangebote auf dem Laufenden gehalten zu werden, und für den Website-Betreiber eine gute Möglichkeit, immer wieder aktive Nutzer auf die Website zu lenken.

**Abbildung 3.3**  StepStone JobAgent

E-Mail-Marketing hat sich darüber hinaus besonders bei den neuen Shopping-Club-Konzepten und Gutscheinportalen als wirksames Online-Marketing-Instrument etabliert. Shopping-Clubs wie *brands4friends.de* (siehe Abbildung 3.4) setzen auf regelmäßige, meist sogar tägliche Mailings an ihre Nutzer, um auf laufende Aktionen hinzuweisen. Ähnlich nutzen auch die Gutscheinportale wie

*Groupon.de* das E-Mail-Marketing. Beide Konzepte stellen kurzfristige Angebote für ihre Nutzer bereit. Da viele Internetnutzer meist täglich ihre E-Mails lesen, können mithilfe von Mailings hierbei schnell positive Effekte erzielt werden.

**Abbildung 3.4** Kampagnenmail von Brands4Friends

Das Marktvolumen für E-Mail-Marketing lässt sich nur schwer bestimmen, da viele Mailings über eigene technische Lösungen abgewickelt werden. Wenn Sie aber in Ihre eigene Mailbox schauen, werden Sie sicher eine Vielzahl an E-Mails entdecken, die nicht nur von Ihren Freunden und Bekannten bzw. Kollegen und Geschäftspartnern stammen. Daran erkennen Sie, dass das Versenden von E-Mails ein weit verbreitetes Mittel ist, um neue Kunden zu gewinnen oder bestehende zu reaktivieren. Wir möchten Ihnen in den folgenden Schritten zeigen, wie Sie eine E-Mail-Kampagne für Ihre Website aufbauen. Wie Sie gesehen haben, gibt es viele verschiedene Möglichkeiten, das E-Mail-Marketing zu nutzen. Daher sollten Sie sich vorher genau überlegen, auf welche Weise Sie dieses Online-Marketing-Instrument gezielt einsetzen möchten.

### 3.1.2    Auf- und Ausbau von E-Mail-Empfängern

Grundvoraussetzung für eine E-Mail-Kampagne ist eine möglichst vollständige Adressdatenbank mit E-Mail-Empfängern und zusätzlichen Informationen, wie z. B. über Alter und Geschlecht. Diese Informationen haben Sie eventuell schon in Ihrer Kundendatenbank. Falls die Zusatzinformationen nicht zur Verfügung stehen, können Sie nur unpersönliche Mailings verschicken. Sie können aber die Möglichkeit nutzen, die Daten später direkt vom Kunden abzufragen, beispielsweise durch ein Kundenprofil auf Ihrer Website, das der Nutzer selbst ändern kann.

Wenn Sie einen Newsletter anbieten, empfiehlt es sich, schon auf der Startseite einen Link zur Newsletter-Anmeldung zu setzen. Dieser Link sollte aber auch von anderen Unterseiten leicht erreichbar sein. Damit erhöhen Sie die Aufmerksamkeit für den Newsletter und können die Zahl der Abonnenten steigern. Wichtig ist hierbei die Gestaltung des Anmeldeformulars. Viele Nutzer fürchten sich inzwischen, persönliche Daten im Internet anzugeben. Daher sollten Sie ihnen diese Ängste nehmen. Dies geschieht durch vertrauensbildende Maßnahmen. Dies können positiv wirkende Abbildungen sein, wie strahlende Menschen oder Prüfsiegel. Informieren Sie den Nutzer zudem, was ihn erwartet. Das Selektieren, welche Formularfelder wirklich gebraucht werden, hilft beim Abbau des Misstrauens der Nutzer. Wir raten Ihnen an dieser Stelle von Datensammelwut ab. Sicher ist es gut, viel von neuen Interessenten zu wissen und die Datenbank zu füllen. Wichtiger ist aber, dass Sie überhaupt an eine erste Kontaktinformation des potenziellen Kunden gelangen. In Kapitel 16, »Usability – Benutzerfreundliche Websites«, erfahren Sie mehr zur optimalen Gestaltung von Formularen.

Das wichtigste Feld für die Newsletter-Anmeldung ist also die E-Mail-Adresse. Eigentlich reicht schon diese Information. Weitere Daten sind sekundär, und Sie sollten genau überlegen, welche Angaben Sie zusätzlich abfragen wollen. Durch optionale Felder können Sie die Entscheidung über die Datenweitergabe dem Nutzer überlassen. Die Anrede und somit das Geschlecht ist eine wichtige zusätzliche Information, die Sie abfragen können. Insbesondere im Mode-Shopping ist dies wichtig, damit Sie spezielle Newsletter für Frauen und Männer erstellen können. Zusätzlich ist für eine persönliche Ansprache auch der Vor- und Nachname erforderlich. Weitere Felder sollten Sie aber vermeiden. Sollten Sie einen ausschließlich informativen Newsletter anbieten, reicht vielleicht auch schon allein die Mail-Adresse. In Abbildung 3.5 sehen Sie ein gut umgesetztes Anmeldeformular bei *otto.de*, bei dem nur die E-Mail-Adresse eine Pflichtangabe ist. Das Formular ist kurz, und es werden nur die nötigsten Informationen abgefragt. OTTO fragt hier zusätzlich ab, ob der Kunde schon bestellt hat. Eventuell kann man diese Information auch schon mit einem Adressenabgleich aus der Kundendatenbank beziehen.

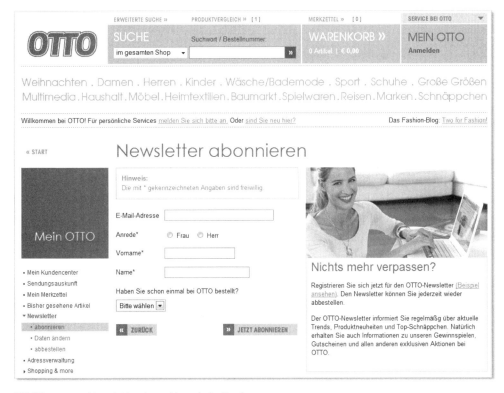

**Abbildung 3.5**   Newsletter-Anmeldung bei otto.de

Die vertrauensbildenden Maßnahmen verstecken sich im Bild der lächelnden Frau (»*Heroshot*«), die eine positive Stimmung vermittelt. Sicherheit wird auch mit dem Hinweis geboten, dass man sich jederzeit wieder abmelden kann. Wichtig ist eine Vorschaufunktion des Newsletters, damit der Interessent einen Einblick bekommt und somit nicht die Katze im Sack kaufen bzw. bestellen muss. Weiterhin ist es sinnvoll, den Newsletter in ein paar kurzen Sätzen zu beschreiben, damit der Nutzer erfährt, was ihn erwartet. Dort können Sie auch erwähnen, wie häufig der Newsletter verschickt wird.

Sie können die Anmeldequote erhöhen, indem Sie Anreize (»*Incentives*«) vergeben, also z. B. Gutscheine für jede Neuanmeldung anbieten. Trotzdem sollten Sie aber dann die Qualität des Newsletters bieten, die der Kunde wünscht. Ansonsten müssen Sie voraussichtlich mit hohen Abmelderaten rechnen.

### 3.1.3 Targeting – Die richtige Zielgruppe per E-Mail erreichen

Wie bei anderen Marketingmaßnahmen ist die Zielgruppenfokussierung auch im E-Mail-Marketing von entscheidender Bedeutung. Sie sollten sich bei einer E-Mail-Kampagne also Gedanken über die Empfänger machen und E-Mails entsprechend anpassen. So ist es z. B. relativ leicht, unterschiedliche Newsletter für Frauen und Männer zu gestalten. Durch dieses sogenannte *Targeting* vermeiden Sie Streuverluste Ihrer Werbekampagne. Das heißt, dass Werbung nur an die Personen ausgeliefert wird, die sich auch potenziell dafür interessieren. Es ist wenig zielgerichtet, wenn Sie beispielsweise die neueste Kleiderkollektion an Männer versenden oder die besten Bohrmaschinen bei Frauen anpreisen – wobei Ausnahmen hier natürlich möglich sind. Diese E-Mails gehen an der Zielgruppe vorbei und sorgen für hohe Streuverluste. Außerdem gehen Sie potenziellen Kunden mit irrelevanten Angeboten auf die Nerven, sodass die Gefahr besteht, dass sich Interessenten aus dem Mailverteiler austragen.

Selektieren Sie also Ihren Mailverteiler nach bestimmten Zielgruppen, und erstellen Sie angepasste Mailings. Kriterien für die Segmentierung der E-Mail-Empfänger sind z. B. Geschlecht, Alter, Neukunde vs. Bestandskunde oder die regionale Herkunft. Entscheiden Sie selbst, welche Kriterien am besten für Ihre Kampagne zutreffen.

### 3.1.4 Planung einer E-Mail-Kampagne

An dieser Stelle möchten wir Ihnen Tipps für die Planung einer E-Mail-Kampagne geben. Eine gute Vorbereitung ist entscheidend für den Erfolg eines Mailings. Daher ist es am Anfang wichtig, die Ziele festzulegen, die erreicht werden sollen. Diese Ziele können Sie am Ende kontrollieren, um den Erfolg oder Misserfolg festzustellen. Nach der Zielfestlegung können Sie einen Ablaufplan erstellen, der möglichst vollständig umfasst, wie Sie die Kampagne umsetzen werden.

#### 1. Zielfestlegung und Budgetplanung

Im ersten Schritt einer Kampagnenplanung steht die Zielfestlegung an. Die wichtigste Frage dabei ist, was mit der E-Mail-Kampagne erreicht werden soll. Sind es mehr Verkäufe, mehr Klicks auf die Website oder z. B. mehr Teilnehmer an einem Gewinnspiel? Wichtig ist hierbei, den aktuellen Ist-Zustand zu dokumentieren und quantitative Ziele festzulegen. Ein Ziel könnte beispielsweise sein, mit dem E-Mail-Newsletter die Seitenaufrufe um 10 % zu steigern. Zur Zielfestlegung gehört auch, welche Zielgruppe erreicht werden soll. Überlegen Sie sich also, wer mit der Kampagne angesprochen werden soll. Dies könnten z. B. alle E-Mail-Empfänger sein, die bisher noch nicht bei Ihnen bestellt haben, oder alle Geburtstagskinder eines Monats. Weiterhin sollten Sie festlegen, auf welchem Markt Sie aktiv werden möchten. Dies können regionale Märkte sein oder bestimmte Sortimente aus Ihrem Katalog. Die Zielfestlegung hilft Ihnen am Ende der Kampagne die Zielerreichung festzustellen und den Erfolg zu beurteilen.

Wichtig ist weiterhin, in welchem Zeitraum die Kampagne stattfinden soll. Planen Sie z. B. eine saisonale Kampagne oder ein regelmäßiges Mailing? Diese Frage ist vor allem für die spätere Umsetzung der Kampagne wichtig.

Für den Start einer E-Mail-Kampagne benötigen Sie einen Budgetplan, der sich natürlich nach Ihren Zielvorgaben richtet. Fragen Sie sich selbst, welches Budget Sie zur Verfügung stellen möchten, um Ihre Ziele zu erreichen. Entscheidend ist auch, wofür die Ressourcen eingesetzt werden. Machen Sie also eine Kostenaufstellung für die E-Mail-Kampagne. Rechnen Sie auch die Zeit für die Kampagnen- und Mail-Erstellung mit ein. Ein individuell gestalteter Newsletter kann mitunter viel Zeit in Anspruch nehmen. Denken Sie z. B. an die inhaltliche, grafische und technische Konzeption einer E-Mail. Auch bei E-Mail-Kampagnen stellt sich die sogenannte *Make-or-Buy*-Frage: Möchten Sie die Kampagne selbst aufsetzen und durchführen oder dies einem spezialisierten Dienstleister überlassen? Da E-Mail-Marketing sehr individuell ist und von Website zu Website unterschiedlich sein kann, ist es schwer, eine Empfehlung auszusprechen. Prinzipiell kennen Sie sich sicher am besten mit Ihrem eigenen Produkt oder Angebot aus und können daher die inhaltliche Komponente übernehmen. Wenn Sie sich nicht um die technische Abwicklung kümmern möchten, können Sie einen Dienstleister in Anspruch nehmen, der den Versand des Mailings übernimmt.

### 2. Kampagnenplan

Wenn Sie die Ziele der Kampagne festgelegt und einen Budgetplan aufgestellt haben, können Sie sich den Kampagnenplan überlegen. Wichtig ist hierbei, wie die Kampagne ablaufen soll. Gibt es einen bestimmten Zeitraum, in dem die Kampagne gestartet werden soll? Dann sollten Sie genug Vorlaufzeit einplanen, um die Kampagne vorzubereiten. Eventuell möchten Sie auch eine mehrstufige Kampagne aufsetzen, in der Sie E-Mail-Empfänger mehrmals aufeinander aufbauend ansprechen. Die geschieht z. B. bei E-Mail-Kursen, die aus mehreren Teilen oder Lektionen bestehen. So könnten Sie als Werbeagentur beispielsweise einen

E-Mail-Kurs zum Thema Online-Marketing anbieten, in dem Sie indirekt auf Ihre Dienstleistungen hinweisen. Dieser wird dann z. B. in zehn Lektionen einmal pro Woche an Interessenten verschickt.

Sobald Sie also den Ablaufplan festgelegt haben, können Sie auch die Vorbereitungszeit einkalkulieren. Erstellen Sie erstmalig eine E-Mail-Kampagne, ist sicher mit einem hohen Anfangsaufwand zu rechnen. Sobald Sie aber diese Vorbereitungen vorgenommen haben, geht jede Kampagne einfacher von der Hand, da Sie nur noch Anpassungen vornehmen müssen. Aber auch hier kosten das inhaltliche Zusammenstellen und die grafische Gestaltung Zeit, die Sie einplanen sollten. Denken Sie auch an Ihr Zeitbudget für das Testen der E-Mail-Kampagne. Nichts ist ärgerlicher als eine fehlerhaft versendete Mail – sowohl für den Sender als auch für den Empfänger. Anders als bei anderen Online-Marketing-Maßnahmen können Sie den Fehler nicht mehr rückgängig machen. Eine einmal versendete Mail können Sie nicht mehr zurückziehen.

Planen Sie zudem die technische Umsetzung der Kampagne. Können Sie das Mailing eventuell selbst umsetzen, oder möchten Sie einen Dienstleister in Anspruch nehmen? Für eine einfache E-Mail-Kampagne oder einen regelmäßigen Newsletter benötigen Sie gar nicht so viel technisches Know-how, da es gute Software-Lösungen gibt. In Abschnitt 3.4, »Technische Aspekte des E-Mail-Marketings«, gehen wir genauer auf die technischen Aspekte ein und erklären, wie Sie eine Kampagne aufsetzen können. Wenn Sie die E-Mail-Kampagne lieber abgeben möchten, planen Sie die Einholung von Angeboten der Dienstleister und den Entscheidungsprozess in Ihren Zeitplan ein.

Die Basis der Kampagne sind die E-Mail-Empfänger. Kommen die Adressen alle aus Ihrer eigenen Datenbank, oder müssen Sie auf fremde Mailverteiler zurückgreifen? Ziehen Sie alternativ auch einen Adresskauf in Betracht, wenn keine andere Möglichkeit besteht. Achten Sie hierbei aber auf die Seriosität der Anbieter. Für ein besseres Targeting der Zielgruppe sollten Sie die Adressdatenbank selektieren.

Sind Sie mit den grundlegenden Planungen weitestgehend vorangeschritten, können Sie sich an eine genaue Terminplanung machen. Legen Sie einen Ablaufplan fest, und terminieren Sie die einzelnen Schritte bis hin zu Versanddatum und -uhrzeit der Kampagne. Der richtige Zeitpunkt ist entscheidend für den Erfolg einer E-Mail-Kampagne. Daher gehen wir in Abschnitt 3.3, »Der richtige Moment – Versandfrequenz«, noch genauer darauf ein.

### 3. Erfolgskontrolle

Nehmen Sie sich Zeit für die Erfolgskontrolle der Kampagne. Damit können Sie abschließend bewerten, ob Sie Ihre Ziele erreicht haben und die Kampagne damit als Erfolg verbuchen können. Zudem können Sie mittels der Auswertungen sehen, was Sie zukünftig verbessern sollten. Wichtige Kennzahlen sind dabei die Öffnungsrate der E-Mails und die Response-Quote, die angibt, wie viele Reaktionen es pro versendete Mail gab. Insbesondere als Betreiber eines Online-Shops ist der Wert *Cost-Per-Order* (CPO) wichtig, also wie viel Kosten eine Bestellung verursacht hat. Sie können dafür die Gesamtkosten der Kampagne durch die Gesamtzahl an Bestellungen dividieren. Durch die hohen Initialkosten rentiert sich daher eine E-Mail-Kampagne meist erst, wenn mehrere E-Mail-Kampagnen durchgeführt werden. Dadurch, dass aber das Versenden von E-Mails grundsätzlich kostenfrei ist, ist E-Mail-Marketing ein sehr günstiger Kanal, um Kunden zu erreichen. Sie sollten darum Zeit und Energie in eine gute Vorbereitung und Planung der Kampagnen investieren, um möglichst viel aus den E-Mails herauszubekommen. Die einzelnen Punkte der Umsetzung einer Mail-Kampagne möchten wir als Nächstes betrachten. Bestimmt das wichtigste Merkmal einer E-Mail ist der Inhalt. Mit den richtigen Worten und Bildern können Sie hierbei das Maximum aus den Mailings herausholen.

## 3.2 Die richtigen Worte – Der Inhalt des Mailings

E-Mail-Kampagnen leben von dem Inhalt, den Sie dem Kunden präsentieren. Daher empfehlen wir, hier die nötige Energie aufzubringen. Abonnieren Sie andere Newsletter auch von themenfremden Websites. Vorbilder sind dabei sicher Seiten, die E-Mails als Marketinginstrument stark nutzen.

Der Inhalt einer E-Mail fängt schon mit dem Absender und der Betreffzeile an. Achten Sie bei der Absender-Adresse auf eine seriöse Bezeichnung, z. B. Ihren Firmennamen (*newsletter@ihrshop.de*). Dies schafft Vertrauen bei den Nutzern, aber auch bei den Mail-Anbietern, die Ihre Mail als vertrauenswürdig oder Spam einstufen. Vermeiden Sie eine »noreply«-Adresse. Die Betreffzeile sollte so gestaltet sein, dass sie zum Öffnen der Mail anregt. In Abbildung 3.6 sehen Sie eine Mailbox mit verschiedenen Newslettern, die an verschiedenen Tagen empfangen wurden. Hier sehen Sie, wie mit der Bezeichnung des Absenders und der Betreffzeile umgegangen wird.

Sie sehen in der Mailbox verschieden formulierte Betreffzeilen. Achten Sie bei Ihrer Mail-Kampagne auf aussagekräftige und nicht zu lange Betreffzeilen. Ihre E-Mail wird eine Mail von vielen im Posteingang sein und sollte dementsprechend attraktiv formuliert sein. Den Absendernamen brauchen Sie nicht noch einmal in der Betreffzeile zu wiederholen, da dieser schon im Absenderfeld enthalten ist.

| ! ☼ □ 0 Von | Betreff | Erhalten ▼ | Größe |
|---|---|---|---|
| **Datum: Heute** | | | |
| Amazon.de | Bis -50%: Fernseher Highlights bei amazon.de | Sa 11.12.2010 08:13 | 60 KB |
| Deutsche Bank Information | Deutsche Bank: 2% fest für 12 Monate - mehr Zinsen für Ihr Geld, Riester-Tipps … | Sa 11.12.2010 03:31 | 550 KB |
| Groupon - CityDeal | 51% auf Weihnachtsessen fuer Zwei / Massagekurs fuer 49 Euro | Sa 11.12.2010 03:28 | 47 KB |
| Groupon - CityDeal | 50% auf Kutschfahrt / Weihnachtsgans für 6 / Gesichtsbehandlung | Sa 11.12.2010 00:56 | 50 KB |
| **Datum: Gestern** | | | |
| BUND Newsletter | BUND-Newsletter 6/2010: A100 - BUND muss klagen - Weihnachts-Carrotmob … | Fr 10.12.2010 16:03 | 35 KB |
| Amazon.de | 10. Dezember: Adventskalender-Angebote nur heute günstig | Fr 10.12.2010 13:27 | 131 KB |
| ADZINE Redaktion | Adzine Nr. 47 / Media Auditing & Branding | Fr 10.12.2010 11:39 | 95 KB |
| dress-for-less | 12% RABATT extra bis zum 12.12. - Exklusiv für Sie! | Fr 10.12.2010 08:33 | 55 KB |
| Groupon - CityDeal | Ultraschall-Fettweg u. EMS 69 Euro / 75% auf Markenmode | Fr 10.12.2010 03:34 | 50 KB |
| Groupon - CityDeal | 50% auf Wellnesshotel, Indisches Festmenue und Indoor-Segway | Fr 10.12.2010 02:54 | 51 KB |
| **Datum: Donnerstag** | | | |
| ECC Handel | ECC-Update, KW 49 | Do 09.12.2010 15:34 | 29 KB |
| PayPal | Stefan Rabsch, Ihre Geschenkidee: Die Canon Digitalkamera für 66,66 Euro | Do 09.12.2010 11:52 | 51 KB |
| Amazon.de | Amazon.de: LED-Fernseher - Aktuelle Bestseller | Do 09.12.2010 08:41 | 87 KB |
| Groupon - CityDeal | 62% auf Designermode/55% auf Armband, Parfüm und Kaviar/50%auf Wein | Do 09.12.2010 01:40 | 54 KB |
| Groupon - CityDeal | 55% 4-Gaenge-Menue/ Luxus-Friseur nur 59 Euro/Ticket fuer Tadbrothers | Do 09.12.2010 00:27 | 51 KB |
| **Datum: Mittwoch** | | | |
| Host Europe | Schneller und sicherer Datenaustausch mit Managed Storage - FTP | Mi 08.12.2010 11:56 | 12 KB |
| mycare-Newsletter | Nur noch bis 12.12.: Gewinnen Sie einen 3D TV | Mi 08.12.2010 10:02 | 28 KB |
| Amazon.de | Amazon.de: Samsung LE26C450 66 cm (26 Zoll) LCD-Fernseher (HD-Ready, DVB-T… | Mi 08.12.2010 09:06 | 76 KB |
| Groupon - CityDeal | Fotoshooting nur 59 Euro/ Augenlaserbehandlung 50%/ 2x Lipo-Behandlung | Mi 08.12.2010 07:51 | 51 KB |
| Logitech | Eine Berührung ändert alles. | Mi 08.12.2010 07:03 | 24 KB |
| Mercedes-Benz | Mercedes-Benz Mixed Tape "White Waves" - jetzt online auf unserem neuen Blog! | Mi 08.12.2010 02:24 | 187 KB |
| Groupon - CityDeal | 78% auf Massage und Luxus Spa / Haxn satt fuer 2 nur 9,90 Euro | Mi 08.12.2010 00:20 | 47 KB |

**Abbildung 3.6**  Newsletter in der Mailbox

Als nächstes sollten Sie sich die Ansprache des Empfängers überlegen. Wenn Sie einen guten Datenbestand mit Vornamen und Nachnamen der Mail-Empfänger haben, empfiehlt sich die persönliche Ansprache, da Sie dadurch eine höhere Aufmerksamkeit erzeugen. Überlegen Sie sich auch, ob Sie die Leser mit Du oder Sie ansprechen. Bei jungen Internet-Shops hat sich meist das »Du« eingebürgert. Für seriöse Mails, wie den Newsletter einer Bank, oder bei Mails an einen hauptsächlich älteren Empfängerkreis sollten Sie die Nutzer mit »Sie« ansprechen. Passen Sie also Ihre E-Mail-Kommunikation an die gesamte Firmenkommunikation an (siehe Abbildung 3.7).

Inhaltlich haben Sie bei der Gestaltung der E-Mails viele Möglichkeiten. Achten Sie auf prägnante, kurze Formulierungen und auf aussagekräftiges Bildmaterial. Meist bleibt nicht viel Zeit, den E-Mail-Empfänger zu einer Handlung zu überzeugen, da E-Mails nur kurz überflogen und dann häufig gelöscht werden. Stellen Sie also einen Eye-Catcher, das Top-Angebot oder die Meldung des Tages an den Anfang einer E-Mail. Als wirksames Mittel haben sich auch Gutscheincodes in kommerziellen Newslettern erwiesen. Sie können damit gut arbeiten, um Kaufanreize zu schaffen. In einem ausgereiften Newsletter-System können Sie Gutscheine auch in verschiedenen Stufen anbieten, damit Sie die Kaufbereitschaft der Empfänger erkennen können. So können Sie beispielsweise zuerst Gutscheine in Höhe von 6 % anbieten. Werden diese vom Kunden nicht eingelöst, gehen Sie höher auf 10 bis 12 %. Zusätzliche Kaufanreize können Sie zudem schaffen, indem Sie die Angebote zeitlich begrenzen (siehe Abbildung 3.8).

**Abbildung 3.7**  PayPal-Newsletter mit persönlicher Ansprache

**Abbildung 3.8**  Gutscheinnutzung im Newsletter von dress-for-less.de

Wir empfehlen zudem eine Personalisierung der E-Mails. Dies erreichen Sie durch die schon genannte individuelle Kundenansprache, aber auch der Inhalt eine E-Mail-Kampagne kann personalisiert gestaltet werden. So können Sie z. B. einen Newsletter auf Frauen oder Männer ausrichten. Wenn Sie noch tiefer in das E-Mail-Marketing einsteigen, können Sie sogar kundenindividuelle Newsletter versenden, in denen genau auf den Kunden zugeschnittene Informationen oder Angebote versendet werden. Dies benötigt natürlich eine ausgereifte Kundendatenbank und ein leistungsfähiges CRM-System (*Customer Relationship Management*). Wie dies funktioniert, können Sie z. B. bei *amazon.de* sehen, wenn Sie sich für den Newsletter-Service registrieren. Interessieren Sie sich z. B. für Fernseher und schauen sich bei Amazon verschiedene Produkte an, so bekommen Sie automatisch einige Tage später auf Sie zugeschnittene Angebote via E-Mail (siehe Abbildung 3.9).

**Abbildung 3.9** Kundenindividuelle E-Mails bei amazon.de

Geschäftliche E-Mails benötigen Herausgeberinformationen in Form eines Impressums. Vergessen Sie also nicht, diese Informationen hinzuzufügen. Sie können sich dabei an dem Impressum Ihrer Website orientieren. In Abbildung 3.10 sehen Sie das Impressum mit den üblichen Angaben in einer E-Mail der Deutschen Bank. Denken Sie an eine Abmeldefunktion vom Newsletter am Ende der Mail. Auch wenn Sie Abmeldungen vermeiden möchten, sollten Sie diese Funktion anbieten. Es zeugt von Vertrauen und Seriosität des Anbieters, dass man sich als Nutzer schnell wieder abmelden kann. Überzeugen Sie also mehr mit dem Inhalt und Wert einer E-Mail, um Abmeldungen zu verringern. Ebenso wie die Impressumspflicht gesetzlich geregelt ist, müssen Sie dem Nutzer auch die Möglichkeit geben, sich ohne Hindernisse wieder aus Ihrem Mailverteiler austragen zu können. Auf die rechtlichen Aspekte gehen wir im Einzelnen noch in Abschnitt 3.5, »Do's and Don'ts – Juristische Aspekte«, näher ein.

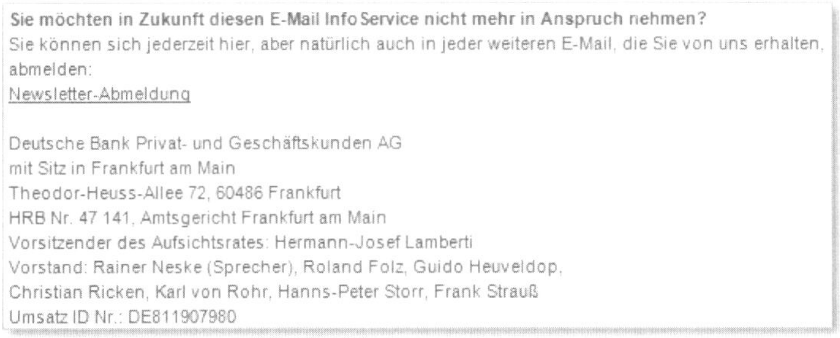

Sie möchten in Zukunft diesen E-Mail Info Service nicht mehr in Anspruch nehmen?
Sie können sich jederzeit hier, aber natürlich auch in jeder weiteren E-Mail, die Sie von uns erhalten, abmelden:
Newsletter-Abmeldung

Deutsche Bank Privat- und Geschäftskunden AG
mit Sitz in Frankfurt am Main
Theodor-Heuss-Allee 72, 60486 Frankfurt
HRB Nr. 47 141, Amtsgericht Frankfurt am Main
Vorsitzender des Aufsichtsrates: Hermann-Josef Lamberti
Vorstand: Rainer Neske (Sprecher), Roland Folz, Guido Heuveldop,
Christian Ricken, Karl von Rohr, Hanns-Peter Storr, Frank Strauß
Umsatz ID Nr.: DE811907980

**Abbildung 3.10**   E-Mail-Ausschnitt mit Abmeldefunktion und Impressumsangaben

Für den Erfolg einer E-Mail-Kampagne ist aber nicht nur der Inhalt entscheidend, sondern auch der Zustellungszeitpunkt und die Häufigkeit des Versands. Dieses Thema werden wir uns im nächsten Abschnitt anschauen.

## 3.3   Der richtige Moment – Versandfrequenz

Haben Sie schon überlegt, wann Sie die E-Mails für Ihre Kampagne versenden? Wir empfehlen Ihnen sich hierzu gründliche Gedanken zu machen und sich in den Empfänger Ihrer Mails zu versetzen. Wann ist er oder sie am ehesten bereit, die Mail zu lesen, ohne dass sie in der täglichen E-Mail-Flut sofort gelöscht wird? Überlegen Sie sich also den günstigsten Tag in der Woche und die beste Uhrzeit. Dies kann je nach Website und Anliegen sehr unterschiedlich sein. Wenn Sie z. B. einen Newsletter an Geschäftskunden verschicken, eignen sich normale Geschäftszeiten, aber nicht gleich um 8 Uhr morgens, da zu Arbeitsbeginn meist sehr viele Mails im Postkasten sind und Ihre Mail dadurch untergehen kann. Auch der Montag eignet sich nicht unbedingt zum Versenden von Werbe-Mails, weil dies meist der geschäftigste Tag der Woche ist. Abzuraten ist ebenso vom Samstag, da an diesem Wochentag das Internet weniger genutzt wird. Sollten Sie einen täglichen Newsletter versenden, können Sie dem Nutzer auch anbieten, selbst die Sendezeit festzulegen. Diese Option bietet z. B. der Newsletter von

Spiegel Online (siehe Abbildung 3.11). Bei Nachrichten-Newslettern kommt hier noch das Thema Aktualität hinzu. Nutzer möchten aktuelle Meldungen zugeschickt bekommen und keine »Neuigkeiten«, die schon veraltet sind.

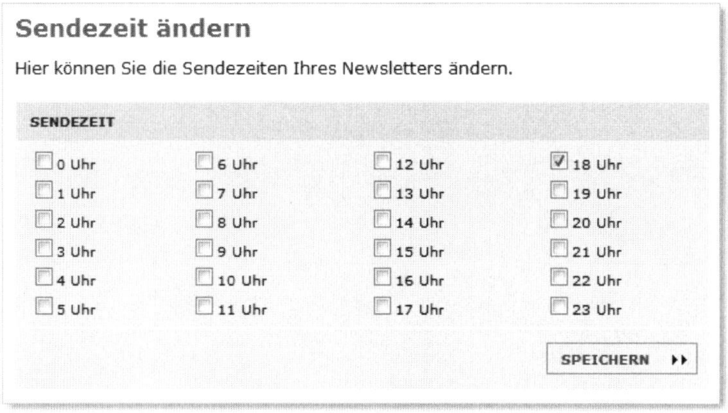

**Sendezeit ändern**

Hier können Sie die Sendezeiten Ihres Newsletters ändern.

**SENDEZEIT**

| | | | |
|---|---|---|---|
| ☐ 0 Uhr | ☐ 6 Uhr | ☐ 12 Uhr | ☑ 18 Uhr |
| ☐ 1 Uhr | ☐ 7 Uhr | ☐ 13 Uhr | ☐ 19 Uhr |
| ☐ 2 Uhr | ☐ 8 Uhr | ☐ 14 Uhr | ☐ 20 Uhr |
| ☐ 3 Uhr | ☐ 9 Uhr | ☐ 15 Uhr | ☐ 21 Uhr |
| ☐ 4 Uhr | ☐ 10 Uhr | ☐ 16 Uhr | ☐ 22 Uhr |
| ☐ 5 Uhr | ☐ 11 Uhr | ☐ 17 Uhr | ☐ 23 Uhr |

SPEICHERN ▸▸

**Abbildung 3.11** Festlegung der Sendezeit des Spiegel-Newsletters

Denken Sie auch darüber nach, wie oft Sie einen Newsletter versenden möchten. Die übliche Spannweite reicht hier von täglich, zweimal pro Woche, wöchentlich, zweiwöchentlich, monatlich oder unregelmäßig bei Bedarf. Überlegen Sie, was Sie Ihren Newsletter-Empfängern zumuten möchten und können, ohne dass die Abmelderaten steigen. Sinnvoll ist es, den Nutzer selbst entscheiden zu lassen. Hinzu kommen noch Sondermailings für bestimmte Aktionen, z. B. zum Geburtstag eines Kunden, zu Weihnachten oder zu speziellen Sonderangeboten, wie z. B. zum Schlussverkauf am Ende einer Saison. Wichtig ist, dass Sie nur dann Mailings versenden, wenn Sie auch etwas zu sagen haben. Ansonsten wirken die Schreiben eher lästig.

## 3.4    Technische Aspekte des E-Mail-Marketings

Bei der technischen Umsetzung einer E-Mail-Kampagne stehen Sie vor einer *Make-or-Buy*-Frage. Sie sollten also abwägen, ob Sie die technischen Voraussetzungen selbst schaffen oder Dienstleister in Anspruch nehmen und diese bezahlen. Speziell bei großen Empfängergruppen mit mehr als 1000 Adressen und regelmäßigem Versand bietet sich ein externer Anbieter an. Dies hat auch den Vorteil, dass diese Anbieter sich mit Spam-Blockern der E-Mail-Provider und AntiViren-Hersteller auskennen. Einige Anbieter haben sogar ein *Whitelisting* ihrer Mail-Server, sodass Mails von diesen Rechnern immer durch die Spam-Filter gelassen werden. Beim Whitelisting handelt es sich also um eine Positivliste vertrauenswürdiger E-Mail-Absender. In Abschnitt 3.4.2, »Newsletter-Versand«, gehen wir noch näher auf diese Möglichkeiten ein.

### 3.4.1 HTML vs. Text

Sie haben die Möglichkeit, E-Mails im Text- oder HTML-Format zu versenden. Im HTML-Format stehen Ihnen mehr Formatierungen und Gestaltungsmöglichkeiten zur Verfügung, und Sie können Bilder oder Grafiken integrieren. Sie können daher mehr Aufmerksamkeit auf sich ziehen als mit reinem Text, wie Sie am »Volkswagen Newsletter« in Abbildung 3.12 sehen können. Vor allem, wenn es um technische Themenfelder geht, sollten Sie aber auch eine Textversion des Newsletters bereitstellen, da in diesem Kundensegment teilweise keine bunten E-Mails erwünscht sind. Ein anderes Problem kann sein, dass das E-Mail-Programm keine HTML-Mails darstellen kann (z. B. bei mobilen Geräten) oder absichtlich nicht darstellt, weil diese als unerwünschte Werbung angesehen werden.

**Abbildung 3.12** Volkswagen Newsletter im HTML-Format

Daher sollten Sie beim Aufsetzen Ihres Newsletters darauf achten, dass Sie beide Formate anbieten und der Benutzer selbst entscheiden kann, welche Variante er bevorzugt. In Abbildung 3.13 sehen Sie die Darstellung eines Newsletters im Text-Format.

Wir empfehlen Ihnen, vor dem Versand ausführlich zu testen, wie Ihre E-Mails dargestellt werden. Bevor Sie eine E-Mail-Kampagne versenden, sollten Sie also Ihre Mails intern mit eigenen E-Mail-Adressen testen, um zu prüfen, ob alles korrekt dargestellt wird. Nutzen Sie für die Test-Adressen gängige E-Mail-Anbieter wie GMX, web.de oder T-Online, um sicherzustellen, dass alle Mails über diese Anbieter ankommen und richtig dargestellt werden.

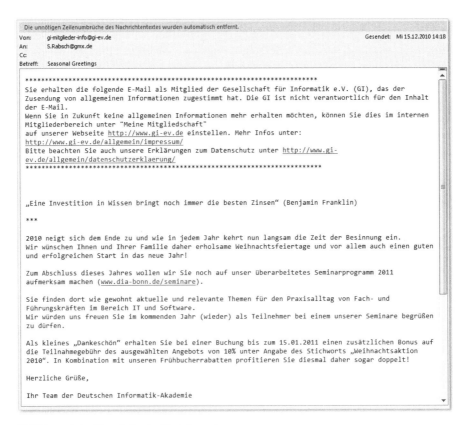

**Abbildung 3.13** Newsletter im Text-Format

Nachdem Sie mit der inhaltlichen Gestaltung der E-Mail-Kampagne oder des Newsletters fertig sind, steht der Versand der E-Mails an. Dafür gibt es verschiedene technische Lösungen, auf die wir im Folgenden näher eingehen wollen.

### 3.4.2 Newsletter-Versand

Beim Newsletter-Versand muss entschieden werden, wie man die E-Mails an die Empfänger versendet. Dies ist von der Größe des Mail-Verteilers abhängig. Haben Sie nur einen kleinen Empfängerkreis, können Sie Mails auch manuell versenden. Haben Sie aber mehrere Hunderttausend oder mehr als eine Million Empfänger, dann wird der manuelle Versand unmöglich. Dafür gibt es professionelle Anbieter, wie z. B. eCircle oder inxmail, die den Versand übernehmen können. Eine gute Übersicht über die verschiedenen Anbieter für E-Mail-Marketing finden Sie unter: *http://www.absolit.de/anbieter.htm*

Professionelle E-Mail-Anbieter sorgen auch für eine Zustellbarkeit der E-Mails. Nachdem Sie Ihre E-Mail-Kampagne mit viel Mühe aufgesetzt haben, wäre es extrem ärgerlich, wenn E-Mails die Empfänger nicht erreichen, z. B. weil Adressen veraltet sind oder die Mails als Spam klassifiziert und somit gefiltert werden. Da das Spam-Aufkommen inzwischen sehr große Ausmaße angenommen hat, unternehmen E-Mail-Anbieter wie GMX große Anstrengungen, um diese Mails auszufiltern. In Abbildung 3.14 sehen Sie einen Spam-Report, der täglich an die eigene Adresse verschickt wird, damit auch fälschlich aussortierte Mails eingesehen werden können. In der Abbildung erkennt man auch, welche Filtermethoden eingesetzt werden. So können bestimmte Textmuster erkannt oder verschiedene Absenderadressen blockiert werden. Die Anbieter arbeiten mit sogenannten *Blacklists*, in denen Rechner-IP-Adressen oder E-Mail-Adressen aufgenommen werden, die sich als Spam-Versender hervorgetan haben.

**Abbildung 3.14** GMX-Spam-Filter

Sie sollten also bei einer E-Mail-Kampagne immer die Zustellbarkeit testen. So können Sie sich z. B. Test-Adressen bei verschiedenen Mail-Anbietern anlegen, um den Empfang der E-Mails zu prüfen. Professionelle Mailing-Anbieter sorgen bei den E-Mail-Providern für ein *Whitelisting* ihrer eigenen Server, die die Mails versenden. Damit wird erreicht, dass E-Mails automatisch durch die Spam-Filter gelassen werden und mit höherer Wahrscheinlichkeit beim Empfänger ankommen. In diesem Zusammenhang hat sich die Certified Senders Alliance (*http://www.certified-senders.eu/*) gebildet, ein Zusammenschluss aus verschiedenen großen E-Mail-Versendern, die sich gemeinsam für ordnungsgemäßes E-Mail-Marketing einsetzen. E-Mail-Provider wie GMX oder web.de nehmen diese geprüften Anbieter in die Positivliste auf und stellen die Mails den Empfängern zu, ohne dass die Mails in Spam-Filtern landen.

Als Alternative zum professionellen E-Mail-Marketing bietet sich ein eigener Newsletter-Versand an. Es gibt verschiedene, zum Teil kostenfreie Software-Angebote für den Eigenversand. Die meisten Lösungen setzen aber HTML-Kenntnisse voraus, damit die Inhalte individuell angepasst werden können. Hinzu kommt eine Datenbank mit den E-Mail-Adressen und zusätzlichen Informationen, wie Name und Geschlecht der Empfänger. Ein empfehlenswertes Tool für den eigenen E-Mail-Versand ist z. B. MailChimp (*http://www.mailchimp.com/*). Bei Empfängerlisten mit bis zu 1000 Adressen steht dieses Tool für bis zu 6000 E-Mails pro Monat kostenlos zur Verfügung. Bei einem größeren Adressbestand wird ein monatlicher Betrag fällig.

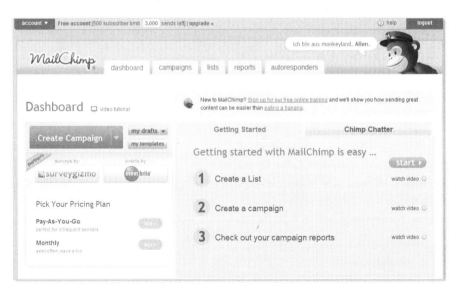

**Abbildung 3.15** MailChimp im Einsatz

Bei MailChimp stehen Ihnen vielfältige Funktionen für das E-Mail-Marketing zur Verfügung. Sie können die Adressbestände pflegen, Kampagnen einrichten und Auswertungen einsehen. Für den Start einer Kampagne mit MailChimp stehen mehrere Anleitungen zur Verfügung.

### 3.4.3 Erfolgskontrolle und Tracking-Möglichkeiten

Wie bei anderen Werbemaßnahmen lässt sich auch im E-Mail-Marketing die gute Messbarkeit des Online-Marketings nutzen. Speziell größere und regelmäßig versendete E-Mail-Kampagnen sollten hinsichtlich des Erfolgs analysiert werden. Als wichtige Kennzahlen dienen hier die Öffnungsrate und Klickraten. Die Öffnungsrate gibt dabei an, wie viel Prozent der Empfänger die E-Mail öffnen, also zu Gesicht bekommen. Durch verschiedene Klickraten kann ermittelt werden, wie häufig auf eine E-Mail geklickt wird. Hier können z. B. einzelne Klicks auf verschiedene Links in einer Mail exakt analysiert werden. Eine wichtige Kennzahl im E-Mail-Marketing ist zudem die Bouncerate, die angibt, wie viele E-Mails nicht ihr Ziel erreichen. Dabei wird zwischen Hard- und Soft-Bounces unterschieden. Unter die Hard-Bouncerate fallen alle E-Mails an Adressen, die nicht mehr existieren und deshalb vom Mail-Server abgelehnt werden. Hat Ihre harte Bouncerate einen hohen Wert, sollten Sie den E-Mail-Verteiler überarbeiten, da Sie offensichtlich viele veraltete Mail-Adressen in der Datenbank haben. Die Soft Bounces beschreiben dagegen E-Mails, die z. B. wegen einer Urlaubsabwesenheit oder einem überfüllten Postfach zurückgesendet werden. Zudem ist es wichtig, die Abmelderate im Auge zu behalten, die beschreibt, wie viele E-Mail-Empfänger sich aus der Liste austragen. Sollte der Wert hier sehr hoch sein oder kontinuierlich ansteigen, müssen Sie Ihre E-Mail-Kampagne hinsichtlich der Inhalte oder technischer Probleme genau analysieren.

Der schon genannte E-Mail-Marketing-Dienst MailChimp analysiert die Kennzahlen regelmäßig auf der Datenbasis von mehreren Millionen versandten E-Mails. In der englischsprachigen Tabelle aus Abbildung 3.16 sehen Sie, nach Branchen sortiert, die Durchschnittswerte der Öffnungsraten, Klickraten, Bounceraten und Abmelderaten. Die Zahlen stammen überwiegend von kleineren Firmen, sind aber ein guter Anhaltspunkt für die Erfolgskennzahlen von E-Mail-Kampagnen.

Die genannte *Abuse Complaint Rate* gibt hier an, wie häufig Missbrauchsbeschwerde eingereicht wurde. Einige Tools geben Nutzern die Möglichkeit, Datenmissbrauch zu melden, und werden an dieser Stelle als Kennzahl erfasst.

| Type of Company | Open Rate | Click Rate | Soft Bounce Rate | Hard Bounce Rate | Abuse Complaint Rate | Unsubscribe Rate |
|---|---|---|---|---|---|---|
| Agriculture and Food Services | 22.93% | 5.77% | 0.71% | 1.09% | 0.07% | 0.29% |
| Architecture and Construction | 24.09% | 6.10% | 1.76% | 2.19% | 0.05% | 0.31% |
| Arts and Artists | 25.05% | 4.40% | 1.37% | 1.68% | 0.07% | 0.27% |
| Beauty and Personal Care | 14.71% | 2.47% | 0.47% | 0.80% | 0.07% | 0.23% |
| Business and Finance | 15.65% | 2.92% | 1.57% | 1.28% | 0.03% | 0.17% |
| Computers and Electronics | 13.48% | 2.03% | 0.90% | 1.17% | 0.05% | 0.24% |
| Construction | 23.32% | 5.28% | 1.90% | 2.18% | 0.06% | 0.35% |
| Consulting | 15.77% | 3.62% | 1.96% | 1.80% | 0.03% | 0.25% |
| Creative Services/Agency | 24.37% | 3.36% | 1.06% | 1.54% | 0.06% | 0.23% |
| eCommerce | 15.22% | 3.35% | 0.41% | 0.46% | 0.05% | 0.18% |

**Abbildung 3.16** E-Mail-Marketing-Kennzahlen nach Branchen

## 3.5 Do's and Don'ts – Juristische Aspekte

Im E-Mail-Marketing sind einige juristische Aspekte zu berücksichtigen, damit Sie keinen Ärger bekommen. Grundsätzlich müssen Sie alle Anforderungen an den Datenschutz erfüllen. So dürfen keine fremden Personen an die Kundendaten gelangen, und Sie müssen den Missbrauch von Daten unterbinden. Adressdaten sind ein sehr sensibles Thema. Daher sollten Sie ein großes Augenmerk darauf legen, wo und wie Sie die Daten abspeichern.

**§ 12 Telemediengesetz – Datenschutzgrundsätze**

(1) Der Diensteanbieter darf personenbezogene Daten zur Bereitstellung von Telemedien nur erheben und verwenden, soweit dieses Gesetz oder eine andere Rechtsvorschrift, die sich ausdrücklich auf Telemedien bezieht, es erlaubt oder der Nutzer eingewilligt hat.

(2) Der Diensteanbieter darf für die Bereitstellung von Telemedien erhobene personenbezogene Daten für andere Zwecke nur verwenden, soweit dieses Gesetz oder eine andere Rechtsvorschrift, die sich ausdrücklich auf Telemedien bezieht, es erlaubt oder der Nutzer eingewilligt hat.

(3) Soweit nichts anderes bestimmt ist, sind die jeweils geltenden Vorschriften für den Schutz personenbezogener Daten anzuwenden, auch wenn die Daten nicht automatisiert verarbeitet werden.

Ein wichtiger Punkt dabei ist das sogenannte Double-Opt-In-Verfahren für die Gewinnung von E-Mail-Empfängern. Als Newsletter-Anbieter müssen Sie sicherstellen, dass Sie keine unerwünschten E-Mails zustellen. Dies kann aber geschehen, indem fremde Personen die Mail-Adresse einer anderen Person für Ihren Newsletter anmelden. Dies können Sie mit dem Double-Opt-In-Verfahren vermeiden. Dazu senden Sie an die neu eingetragene Adresse eine E-Mail, damit der Nutzer diese Mail bestätigt und somit verifiziert. Sie haben damit also eine doppelte Bestätigung und somit eine rechtliche Absicherung, dass sich der Nutzer die Zustellung von E-Mails wünscht. Als professioneller Anbieter sollten Sie dieses Verfahren nutzen, um sich vor Abmahnungen zu schützen. Sie sehen in Abbildung 3.17 beispielhaft, wie die Website *Groupon.de* das Verfahren umgesetzt hat. Im ersten Schritt gibt der Nutzer seine Daten in ein Formular ein, und dann wird er aufgefordert, seine E-Mails abzurufen.

**Abbildung 3.17** Mail-Bestätigung Schritt 1 bei Groupon

Dann erhält der Nutzer eine E-Mail, die einen Aktivierungslink enthält. Durch den Klick auf diesen Link bestätigt der Nutzer, dass er dem Empfang von E-Mails zustimmt. Weisen Sie darauf hin, dass der Interessent auch seinen Spam-Ordner überprüfen sollte, da es häufig vorkommt, dass kommerzielle Mails als solche eingestuft werden. Im Beispiel von *Groupon.de* wird die Bestätigung sogar noch mit Sondergutscheinen belohnt.

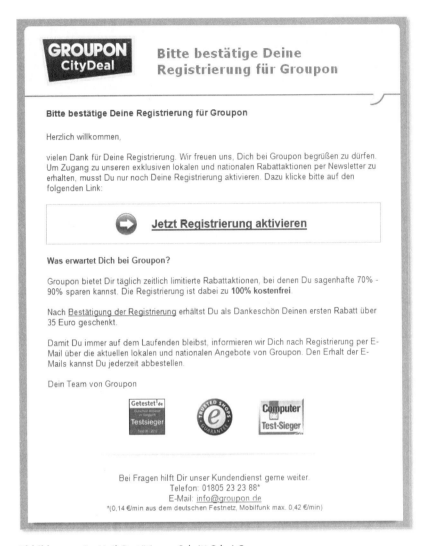

**Abbildung 3.18** Mail-Bestätigung Schritt 2 bei Groupon

Ein weiterer juristischer Aspekt ist die Anbieterkennzeichnung im Internet. Dies wird in § 5 Telemediengesetz beschrieben. Die Anbieterkennzeichnung gilt auch für E-Mails. Das heißt, Ihre gewerbliche Mail muss ein Impressum beinhalten. Ähnlich wie Sie es auch aus dem Website-Impressum kennen, müssen Sie angeben, wer für die E-Mail verantwortlich ist.

## § 5 Telemediengesetz – Allgemeine Informationspflichten

(1) Diensteanbieter haben für geschäftsmäßige, in der Regel gegen Entgelt angebotene Telemedien folgende Informationen leicht erkennbar, unmittelbar erreichbar und ständig verfügbar zu halten:

1. den Namen und die Anschrift, unter der sie niedergelassen sind, bei juristischen Personen zusätzlich die Rechtsform, den Vertretungsberechtigten und, sofern Angaben über das Kapital der Gesellschaft gemacht werden, das Stamm- oder Grundkapital sowie, wenn nicht alle in Geld zu leistenden Einlagen eingezahlt sind, der Gesamtbetrag der ausstehenden Einlagen,

2. Angaben, die eine schnelle elektronische Kontaktaufnahme und unmittelbare Kommunikation mit ihnen ermöglichen, einschließlich der Adresse der elektronischen Post,

3. soweit der Dienst im Rahmen einer Tätigkeit angeboten oder erbracht wird, die der behördlichen Zulassung bedarf, Angaben zur zuständigen Aufsichtsbehörde,

4. das Handelsregister, Vereinsregister, Partnerschaftsregister oder Genossenschaftsregister, in das sie eingetragen sind, und die entsprechende Registernummer,

5. soweit der Dienst in Ausübung eines Berufs im Sinne von Artikel 1 Buchstabe d der Richtlinie 89/48/EWG des Rates vom 21. Dezember 1988 über eine allgemeine Regelung zur Anerkennung der Hochschuldiplome, die eine mindestens dreijährige Berufsausbildung abschließen (ABl. EG Nr. L 19 S. 16), oder im Sinne von Artikel 1 Buchstabe f der Richtlinie 92/51/EWG des Rates vom 18. Juni 1992 über eine zweite allgemeine Regelung zur Anerkennung beruflicher Befähigungsnachweise in Ergänzung zur Richtlinie 89/48/EWG (ABl. EG Nr. L 209 S. 25, 1995 Nr. L 17 S. 20), zuletzt geändert durch die Richtlinie 97/38/EG der Kommission vom 20. Juni 1997 (ABl. EG Nr. L 184 S. 31), angeboten oder erbracht wird, Angaben über

a) die Kammer, welcher die Diensteanbieter angehören,

b) die gesetzliche Berufsbezeichnung und den Staat, in dem die Berufsbezeichnung verliehen worden ist,

c) die Bezeichnung der berufsrechtlichen Regelungen und dazu, wie diese zugänglich sind,

6. in Fällen, in denen sie eine Umsatzsteueridentifikationsnummer nach § 27a des Umsatzsteuergesetzes oder eine Wirtschafts-Identifikationsnummer nach § 139c der Abgabenordnung besitzen, die Angabe dieser Nummer,

7. bei Aktiengesellschaften, Kommanditgesellschaften auf Aktien und Gesellschaften mit beschränkter Haftung, die sich in Abwicklung oder Liquidation befinden, die Angabe hierüber.

(2) Weitergehende Informationspflichten nach anderen Rechtsvorschriften bleiben unberührt.

Je nach Rechtsform und Branche Ihres Unternehmens müssen Sie also Impressumsangaben in den versendeten E-Mails vornehmen. Für eine GmbH sieht ein Impressum folgendermaßen aus. Sie können sich unter der Adresse *http://www.net-and-law.de/de/netlaw/webimpressum/assistent.php* eine Vorlage für Ihr eigenes Impressum erstellen lassen.

**Muster-Impressum für eine GmbH**

Mustermann GmbH
Musterstraße 1
00000 Musterstadt
Telefon: +49 40 000000
Telefax: +49 40 000000
E-Mail: info@example.com
Internet: www.example.com

Vertretungsberechtigter Geschäftsführer: Max Mustermann

Registergericht: Amtsgericht Musterstadt
Registernummer: HR 0000

Umsatzsteuer-Identifikationsnummer gemäß § 27 a Umsatzsteuergesetz: DE 0000000

Ein weiterer juristischer Aspekt ist die Abmeldemöglichkeit von einem Newsletter (engl. »unsubscribe«). Dies ist erforderlich, da Sie dazu verpflichtet sind, dass sich der Nutzer selbst abmelden kann. Zusätzlich zu den gesetzlichen Regelungen gibt es noch die freiwillige Selbstverpflichtung der Mailing-Anbieter. So gibt es auf Initiative des Deutschen Dialogmarketing Verbands (DDV, *http://www.ddv.de/*) den Ehrenkodex E-Mail Marketing. Damit verpflichten sich die unterzeichnenden Anbieter, die Regeln des Datenschutzes einzuhalten, die ordnungsgemäße Erhebung von Mail-Adressen durchzuführen und den Widerruf einer Zustellungserlaubnis zu ermöglichen. Außerdem wird eine Absenderkennzeichnung gefordert und die Adressweitergabe unterbunden. Der DDV führt weiterhin die sogenannte *Robinsonliste*, in der sich Privatpersonen eintragen können, um sich vor ungewollter Werbung zu schützen. Diese Liste besteht schon seit 1971 und umfasst inzwischen auch die E-Mail-Werbung. Die Liste funktioniert ähnlich wie der Aufkleber an Ihrem Postkasten: »*Bitte keine Werbung einwerfen*«. Seriöse Anbieter machen einen Adressabgleich mit der Robinsonliste und halten sich an die Vorgaben. Unter *http://www.ichhabediewahl.de/* können Sie weitere Informationen zur Vorgehensweise einsehen und sich selbst in die Liste eintragen.

*»Man kann nicht nicht kommunizieren«*
*– Paul Watzlawick*

# 4    Social-Media-Marketing und Online-PR

Mit dem Web 2.0 gingen einige Veränderungen im Zusammenhang mit der Nutzung des Internets einher. Waren die Nutzer zuvor eher passive Akteure der verschiedenen Angebote, können sie heute aktiv teilnehmen und das Geschehen im Netz beeinflussen. Aus den vormals passiven Konsumenten sind aktive Produzenten geworden. In diesem Zusammenhang wird häufig auch von *Prosumenten* gesprochen. Sie produzieren und erstellen Inhalte, indem sie Beiträge veröffentlichen, kommentieren, empfehlen, bewerten, Fragen stellen oder Antworten geben. Der sogenannte *User Generated Content* ist zum Teil sogar grundlegend für einige Websites. Als Paradebeispiel ist hier wohl die freie Enzyklopädie Wikipedia (*www.wikipedia.de*) zu nennen, deren Beiträge von Nutzern erstellt und bearbeitet werden können.

Soziale Netzwerke sind also Gemeinschaften, die es Nutzern über diverse Dienste ermöglichen, sich auszutauschen und miteinander zu kommunizieren. Charakteristisch für Social Networks sind Nutzerprofile, Freundeslisten, die Möglichkeit, Nachrichten zu empfangen und zu versenden, und diverse weitere Funktionen. Im Mittelpunkt stehen Kommunikation und Interaktion.

In dieses nutzeraktive Umfeld lässt sich der Bereich *Social-Media-Marketing (SMM)* einordnen, der zum Teil synonym mit der Bezeichnung *Social Media Optimization (SMO)* verwendet wird. (Wir sprechen im Folgenden jedoch von Social-Media-Marketing.) Unternehmen können sich den direkten Dialog zunutze machen, denn ein transparentes Auftreten unterstützt die Vertrauensbildung der Kunden. Überlegen Sie sich jedoch vor der Umsetzung, ob Sie mit Social Media Ihre Zielgruppe erreichen. Wie bei allen Marketingmaßnahmen ist auch hier eine sorgfältige Strategie vonnöten.

Mit Aktivitäten im Social-Media-Bereich werden in der Regel Marketing-, Public-Relations-(PR-), Service-, Vertriebs- oder auch Human-Resources-(HR-)Ziele verfolgt. Machen Sie sich auch im Vorfeld schon Gedanken um die Messbarkeit der Zielerreichung, das sogenannte *Social Media Monitoring,* und legen Sie relevante Kennzahlen fest. Sie sehen schon: Social Media ist nichts, was sich schnell nebenbei erledigen lässt. Es ist also eine falsche Annahme, dass die Aktivitäten in sozialen Netzwerken keine Kosten verursachen.

Teilweise bestehen fließende Übergänge zwischen den Bereichen Social Media und Online-PR, denn auch bei Letzterem geht es um die Kommunikation mit Interessenten. Dennoch ist die Presse- und Öffentlichkeitsarbeit im Netz nicht mit SMM gleichzusetzen, wie Sie im Folgenden noch erfahren werden.

In diesem Kapitel möchten wir Ihnen zunächst das Themenfeld der Blogs näherbringen. Im Anschluss gehen wir auf den Microblogging-Dienst Twitter ein, bevor wir uns den Communitys und sozialen Netzwerken wie Facebook widmen. In diesem Zusammenhang stellen wir Ihnen einige Möglichkeiten vor, wie Sie die sozialen Plattformen für Ihr Online-Marketing nutzen können. Abschließend schauen wir uns das Thema Online-PR näher ein.

## 4.1 Logbücher im Web 2.0 – Blogs

Bestimmt haben Sie schon von sogenannten *Blogs* oder *Weblogs* gehört, denn von ihnen gibt es 152 Millionen im Web (nach Angaben von BlogPulse 2010, *http://www.blogpulse.com/*). Diese Wortkreation leitet sich von den Bezeichnungen *Web* (von World Wide Web) und *Log* (im Sinne von Logbuch) ab. Mit Blogs sind Websites gemeint, die analog zu Tagebüchern Beiträge des Autors (Bloggers) zu bestimmten Themenbereichen öffentlich anzeigen. In der Regel wird der aktuellste Blogpost als Erster angezeigt.

Bevor wir tiefer in die Thematik einstiegen, möchten wir Ihnen zunächst einige wichtige Begriffe im Zusammenhang mit Blogs erläutern:

---

**Das kleine Blogger-Glossar**

▶ Das Blog: Ein Blog oder Weblog bezeichnet ein digitales Tagebuch. Ein Autor, auch Blogger genannt, schreibt hier Beiträge (Blogpost), die in der Regel in umgedrehter chronologischer Reihenfolge (aktuellster Blogpost zu Beginn) angezeigt werden. Leser haben die Möglichkeit, diese Beiträge zu kommentieren.

▶ Blogroll: Ähnlich wie Ihre Browser-Lesezeichen beschreibt eine Blogroll die Auflistung beliebter anderer Blogs des Bloggers, die oftmals am rechten Seitenbereich aufgelistet werden.

▶ Blogpost: Ein Beitrag, der auf einem Blog veröffentlicht wird, wird als Blogpost bezeichnet.

▶ Blogosphäre: Jegliche Blogs, deren Blogger und die Blogposts bilden zusammen die sogenannte Blogosphäre.

▶ Bloggen: Bloggen beschreibt die Tätigkeit, einen Beitrag auf einem Blog zu veröffentlichen.

---

▶ Trackback: Wird ein Blogpost oder ein Teil davon von einem anderen Blogger zitiert oder thematisiert, kann der ursprüngliche Blogger darüber per Trackback benachrichtigt werden.

Es gibt verschiedene Arten von Blogs, die sich sehr grob in öffentlich zugängliche Blogs und interne Blogs unterscheiden lassen. Während beispielsweise Unternehmensblogs (auch *Corporate Blogs* genannt) zu den öffentlichen Blogs zählen, gibt es auch Blogs, die nur für einen eingeschränkten Nutzerkreis gedacht sind, wie z. B. Mitarbeiterblogs. Bei beiden Arten gilt es aber, in einen Dialog zu treten. Interne Blogs können so beispielsweise zur Kommunikation innerhalb von Projekten eingesetzt werden; die Diskussion von Ideen gehört ebenso dazu wie Mitarbeiterbindung und Teambildung. Öffentliche Blogs hingegen sind für jedermann zugänglich. In Abbildung 4.1 sehen Sie das Unternehmensblog der Daimer AG (*http://blog.daimler.de/*).

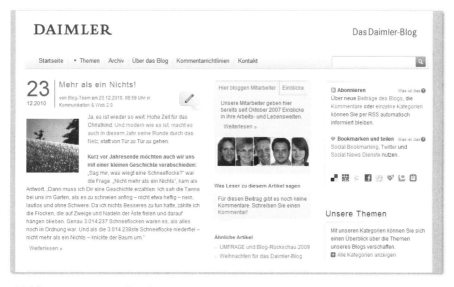

**Abbildung 4.1** Das Daimler-Blog

Um in der vielfältigen Bloglandschaft spezielle Blogs zu finden, stellt Google unter *http://blogsearch.google.de* eine Blogsuche zur Verfügung. Eine ähnliche Suchfunktion bietet auch Icerocket (*www.icerocket.com*).

Warum aber sollten Sie eigentlich bloggen, denn zunächst einmal klingt eine weitere Website nach erhöhtem Arbeitsaufwand. Dies soll an dieser Stelle auch nicht abgestritten werden, denn die Pflege eines Blogs ist in der Tat mit Arbeit verbunden. Dennoch lohnt sich ein Blog in verschiedener Hinsicht. Zunächst einmal nutzen Sie die Möglichkeit, direkt und ohne Umschweife mit Interessenten und

Kunden Ihres Angebotes zu kommunizieren, und können dadurch eine engere Bindung zu ihnen aufbauen. Sie erhalten ein Stimmungsbild und ehrliches Feedback, auf das Sie reagieren können. Je nachdem, wie aktiv Ihre Konkurrenz bloggt, haben Sie die Möglichkeit, sich von Ihren Wettbewerbern abzuheben. Sie untermauern Ihre Rolle als Experte und richtiger Ansprechpartner, indem Sie Ihren Lesern informative Inhalte liefern. Auch Journalisten können Blogs in Ihre Recherche einbeziehen. Blogs können sich zudem anbieten, wenn Sie Ihren Markenauftritt unterstützen möchten. Da Sie einzigartige Inhalte erstellen, sind Ihre Beiträge auch für Suchmaschinen interessant. So können Sie Ihre Präsenz in den Suchergebnissen verbessern.

---

**Originell: Die Blog-Schokolade**

Eine besondere Aktion, um mit Kunden zu interagieren, hat sich der Schokoladenhersteller Ritter Sport einfallen lassen. Innerhalb der Aktion »Ritter Sport Blog-Schokolade – von euch, mit euch, für euch!« können Schokoladenfans ihre Ideen für eine neue Schokokreation einbringen. »Von der Rezeptur über das Design bis hin zum Namen werden alle Entscheidungen zur Sondersorte von euch getroffen!«, so heißt es in dem Ritter-Sport-Blog.

---

Sind Sie nun auf den Geschmack gekommen, auch ein Blog aufzusetzen? Im Rahmen dieses Buches können wir Ihnen keine vollständige Anleitung an die Hand geben, wie Sie ein Blog im Detail erstellen. Wir möchten Sie jedoch auf eine etablierte Möglichkeit hinweisen, die WordPress (*http://de.wordpress.org bzw. http://www.wordpress.com*) anbietet und die in der Praxis häufig zum Einsatz kommt. Sie können die kostenfreie Websoftware herunterladen und mit sogenannten *Themes* ein Layout verwenden, das Ihren Vorstellungen entspricht. Empfehlenswert ist das Erstellen von einigen Beiträgen, bevor das Blog online geht. Das hat den Vorteil, dass Sie den Lesern sofort interessante Inhalte bieten und dass Sie sich selbst in die Handhabung des Blogs einarbeiten können.

## 4.2 Erfolgsfaktoren für das Blogmarketing

Sie haben bereits ein Blog, haben es aber bisher wenig genutzt? Dann sollten Sie die folgenden Tipps berücksichtigen, die im Zusammenhang mit Blogmarketing eine wichtige Rolle spielen.

Eine Grundvoraussetzung für ein erfolgreiches Blog ist eine gewisse Leserschaft. Wenn Sie mit Ihrem Blog aber gerade erst gestartet sind, so sollten Sie zunächst auf Ihr Logbuch aufmerksam machen. Eine Möglichkeit, dies zu tun, ist das Kommentieren in anderen themenrelevanten Blogs. Verwechseln Sie dies aber nicht mit Spam, und schreiben Sie sinnvolle und hilfreiche Kommentare. Oftmals besteht die Möglichkeit, einen Link zu Ihrem eigenen Blog zu setzen. Versuchen Sie, innerhalb der Blogosphäre Kontakte zu knüpfen, und ziehen Sie Gastbeiträge in anderen Blogs in Erwägung.

Nutzen Sie darüber hinaus alle weiteren Kommunikationskanäle, um auf Ihr Blog und dessen URL aufmerksam zu machen. Dies können Twitter-Meldungen, Hinweise in Newslettern und Mailings oder Ihrem Facebook-Profil, aber auch PR-Maßnahmen oder E-Mail-Signaturen sein. Verwenden Sie darüber hinaus auch die Möglichkeit von RSS-Feeds, die es Lesern erleichtert, von Ihren neuen Blogposts Kenntnis zu nehmen. Weiterhin können Sie »pingen«. Damit sind automatische Hinweise an verschiedene Websites gemeint, die über die Aktualisierung Ihres Blogs informieren. Einen solchen Service bietet beispielsweise Pingomatic (*http://pingomatic.com/*). Insgesamt sind die Möglichkeiten zur Aufmerksamkeitssteigerung sehr vielfältig. Darüber hinaus können Sie mit suchmaschinenoptimierten Inhalten die Chance erhöhen, dass Ihre Beiträge auch in den Suchergebnissen von Google und anderen gut gelistet werden (mehr dazu lesen Sie in Kapitel 12, »Suchmaschinenoptimierung (SEO)«).

Und damit sind wir auch schon beim nächsten Punkt: dem Schreiben von Blogposts. Nachdem Sie das Interesse geweckt und Aufmerksamkeit erzeugt haben, sollten Sie diesen Erwartungen nun gerecht werden. Das A und O ist qualitativ hochwertiger und interessanter Inhalt. Bedenken Sie, dass Sie damit nicht nur Ihre Leser bedienen, sondern dass gute Inhalte z. B. auch von anderen Bloggern gerne verlinkt werden. Im Gegenzug dazu sollten Sie auch in Ihren Blogposts auf interessante Inhalte verweisen, sofern dies sinnvoll ist. Wichtig ist jedoch, dass Ihnen Ihre Zielgruppe immer vor Augen steht, denn mit ihr kommunizieren Sie. Seien Sie dabei so authentisch wie möglich. Stellen Sie sich beispielsweise vor, Sie sprechen mit Ihrem Nachbarn. Sprachlich sollten Sie also keine Fachtermini verwenden, die langer Erklärung bedürfen. Legen Sie sich inhaltlich auf einige Themen fest, die zu Ihrer Expertise zählen. Zum erfolgreichen Blogmarketing gehört auch das regelmäßige Veröffentlichen von neuen Posts. Experten sprechen hier von einem oder mehr Beiträgen pro Tag.

Schließlich sollten Sie Ihre Bemühungen im Bereich Blogmarketing laufend beobachten und analysieren. Für das sogenannte *Blogmonitoring* können Sie verschiedenste Tools einsetzen, je nachdem, welche Informationen Sie über Ihr Blog oder das Ihres Mitbewerbers erhalten möchten. Einige hilfreiche Websites sind:

▶ **Blogpulse** (*http://www.blogpulse.com/*): BlogPulse stellt verschiedene Tools zur Verfügung, die beispielsweise diverse Trends auch in Form von Grafiken anzeigen. Mit dem Conversion-Tracker können Sie z. B. bestimmte Themen im Auge behalten. Die BlogPulse Profiles stellen diverse Informationen zu einem Blog zur Verfügung.

- **PubSub** (*http://www.pubsub.com/*): Das Monitoring über PubSub wird Ihnen bequem per Feed zugespielt.

- **Technorati** (*http://technorati.com/*): Technorati ist eine bekannte Suche speziell für Blogs, die auch nach der sogenannten *Authority* in einer Top-Liste aufgeführt werden.

### 4.2.1 Kommentare und Feedback

Wie schon kurz angerissen wurde, bietet die Kommunikation per Blog eine gute Möglichkeit, um eine ehrliche Rückmeldung der Interessenten und Kunden zu erhalten. Machen Sie sich aber bewusst, dass Sie nicht immer Lob ernten werden. Stehen Sie kritischen Kommentaren aber positiv gegenüber, denn Sie bieten Ihnen eine wertvolle Möglichkeit, Ihr Angebot zu verbessern.

Sowohl bei Kritik als auch bei neutralen oder positiven Rückmeldungen sollten Sie sich für das Feedback bedanken und stets professionell und höflich auftreten. Machen Sie Ihren Lesern deutlich, dass Sie sich wirklich für ihre Hinweise interessieren. Dementsprechend sollten Sie Fragen schnell und hinreichend beantworten. Zeigen Sie Verständnis, wenn Probleme aufgetreten sind. Diese sollten Sie selbstverständlich zu lösen versuchen. Bleiben Sie authentisch, und verwenden Sie auf keinen Fall Standardantworten oder Floskeln. Um auf unser Beispiel zurückzukommen: Denken Sie daran, wie Sie mit Ihrem Nachbarn sprechen würden. Letztendlich sollten Sie sich immer an einem realen Gespräch orientieren. Reagieren Sie auf Fragen und Hinweise in einer angemessenen, sachlich-höflichen Art und Weise.

> **Netiquette**
>
> Mit dem Begriff *Netiquette* – zusammengesetzt aus den Wörtern Net (von Internet) und Etiquette – sind Verhaltensregeln gemeint, die sich auf das Verhalten innerhalb der Online-Kommunikation beziehen. Viele Communitys arbeiten mit einem eigenen Verhaltenscodex.

### 4.2.2 Foren vs. Blogs

Im Unterschied zu Blogs sind (Diskussions-)Foren zwar oftmals öffentlich zugänglich, d. h., Nutzer können die entsprechenden Beiträge lesen; um eigene Beiträge zu verfassen, müssen sie sich in der Regel jedoch anmelden. Dadurch entsteht eine Gemeinschaft, der es ermöglicht wird, verschiedene Gespräche zu starten oder an bestehenden Diskussionen teilzunehmen. Dies steht im Gegensatz zu Blogs, wo es im Normalfall nur einen Blogger bzw. eine begrenzte Zahl an Autoren gibt. Durch die entstehende Dynamik in Foren kommen häufig Moderatoren ins Spiel, die die Diskussionen in gewissem Rahmen lenken. Bei Weblogs haben die Besucher neben dem Lesen auch die Möglichkeit, die Beiträge beispielsweise zu kommentieren.

## 4.3 Digitales Gezwitscher – Twitter

*»Der beste Weg herauszufinden, was es in deiner Welt Neues gibt.«*

Das ist der Slogan von *Twitter (www.twitter.com)*, einem Unternehmen, das derzeit in aller Munde ist. Werfen wir also einmal einen Blick hinter die Kulissen, um den Internetdienst näher kennenzulernen.

Twitter kann als sogenannter *Microblogging-Dienst* der Gruppe sozialer Netzwerke zugeordnet werden. Nutzer können Kurzmeldungen in einer Länge von maximal 140 Zeichen in Echtzeit veröffentlichen.

Ursprünglich als Forschungs- und Entwicklungsprojekt gestartet, wurde Twitter im März 2006 veröffentlicht. Die Podcasting-Firma *Odeo* in San Francisco, gegründet von Jack Dorsey, Biz Stone und Evan Williams, hatte den Dienst zunächst intern verwendet. Seit April 2007 agiert Twitter als eigenständiges Unternehmen und beschäftigt derzeit (Stand September 2010) etwa 350 Mitarbeiter.

Die steigende internationale Tendenz können Sie in Abbildung 4.2 nach einer Erhebung von Comscore sehen, die die Werte (Besucherzahlen in Millionen) von Juni 2009 und Juni 2010 im Vergleich darstellt.

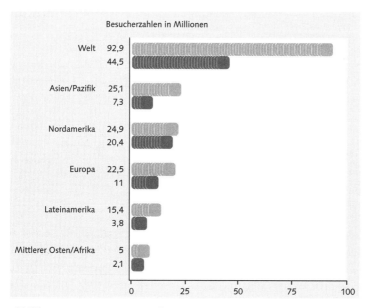

**Abbildung 4.2** Das Twitter-Wachstum, ermittelt nach Angaben von Comscore

Twitter steht auf den Sprachen Englisch, Französisch, Deutsch, Italienisch, Spanisch und Japanisch zur Verfügung, wobei Japanisch Rang zwei auf der Liste der meistverwendeten Sprachen einnimmt. Nach eigenen Angaben hat Twitter 175 Millionen registrierte Nutzer (Stand September 2010). Täglich werden 95 Millionen Kurzmeldungen (sogenannte *Tweets*) geschrieben. Deren Entwicklung ist in Abbildung 4.3 zu sehen.

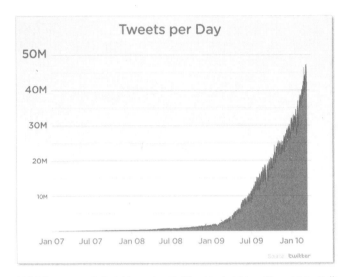

**Abbildung 4.3** Entwicklung der Twitter-Nachrichten (Tweets) in Millionen pro Tag nach Angaben auf dem Twitter-Blog (http://blog.twitter.com)

Nach Angaben des Marktforschungsunternehmens Nielsen belaufen sich in Deutschland die Nutzer von Twitter im Frühjahr 2010 auf etwa 2,3 Millionen Unique User. Damit landet Twitter auf Platz neun der sozialen Netzwerke. Im Vergleich zum Vorjahr kann ein Zuwachs um 123 % festgehalten werden. Die zunehmende Beliebtheit können Sie Abbildung 4.4 entnehmen.

Studienangaben zufolge liegt das Durchschnittsalter der Twitter-Nutzer bei 32 Jahren und damit über dem Alter der Nutzer anderer sozialer Netzwerke.

Die Anmeldung bei Twitter (*https://twitter.com/signup*) ist recht einfach und kostenlos. Unternehmer sollten einen Benutzernamen wählen, der möglichst kurz ist und das Unternehmen genau beschreibt.

Nutzer können aktiv oder passiv an Twitter teilnehmen. So können Sie beispielsweise Nachrichten nur konsumieren, indem Sie in dem Suchfeld nach interessanten Themen suchen und diesen folgen. Wenn Sie beispielsweise den Begriff »online marketing« in den Suchschlitz eingeben, erhalten Sie aktuelle Meldungen von Twitter-Nutzern zu diesem Begriff (siehe Abbildung 4.5).

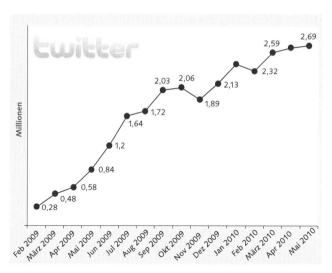

**Abbildung 4.4** Entwicklung der Besucher von Twitter.com in Deutschland
(Angaben nach Comscore, veröffentlicht auf faz.net)

**Abbildung 4.5** Suche nach »online marketing« bei Twitter

Sie haben aber auch die Möglichkeit, selbst Nachrichten zu schreiben, die sogenannten *Tweets* von 140 Zeichen Länge. Häufig werden in diesen Meldungen
Kurz-URLs verwendet, also Links, die dem Zweck dienen, das Zeichenlimit nicht
zu überschreiten. Möchten Sie beispielsweise eine lange URL twittern, so können
Sie deren Zeichen mit verschiedenen Tools verkürzen. Eines davon ist beispielsweise TinyURL (*http://tinyurl.com/*). Ganz im Sinne der Pull-Strategie entscheidet also der Nutzer selbst, welche Nachrichten er liest (bzw. wem er folgt) und
wem er Nachrichten zur Verfügung stellt. Bevor wir tiefer in das Thema einsteigen, möchten wir Ihnen zunächst wichtige Begriffe im Zusammenhang mit Twitter erläutern.

---

**Das kleine Twitter-Glossar**

- ▶ **Follower:** Diese Bezeichnung stammt vom englischen Verb »to follow« ab, was »folgen« bedeutet. Mit Follower ist ein Leser oder die gesamte Leserschaft gemeint, die
  die Tweets eines Autors abonniert haben.

- ▶ **Hashtag** ist die englische Bezeichnung für das #-Zeichen. Bei Twitter wird mit diesem Zeichen ein Schlagwort markiert, z. B. #Fußball, und kann direkt im Tweet verwendet werden. Mit Hashtags können Nachrichten gruppiert werden. Per Klick auf
  ein Hashtag sieht der Nutzer alle Meldungen zu diesem Schlagwort.

- ▶ **ReTweet (RT):** bezeichnet das Wiederholen eines Tweets eines anderen Twitterers,
  um eine Meldung zu verbreiten; zur Weiterleitung muss der Nutzer auf das Re-
  Tweet-Symbol klicken, das bei den einzelnen Tweets angezeigt wird. In der Timeline
  wird ein ReTweet als solcher gekennzeichnet.

- ▶ **Timeline (TL):** chronologische Liste der Tweets von Twitterern, denen man folgt

- ▶ **Trending Topics:** Liste im rechten Seitenbereich der Twitter-Startseite, die bei Twitter beliebte Themen enthält

- ▶ **Tweet** (auch *Update*): als Tweets werden die Beiträge auf Twitter mit einer maximalen Länge von 140 Zeichen bezeichnet. Der Name hat seinen Ursprung im englischen Verb »to tweet«, das »zwitschern« bedeutet. Die Bezeichnung wurde von der
  American Dialect Society zum *Word of the Year 2009* ernannt.

- ▶ **Twitterer:** Autoren von Beiträgen

- ▶ **twittern:** das Schreiben von Kurznachrichten per Twitter

- ▶ **Twitterwall:** beschreibt eine »Wand« mit Tweets zu einem bestimmten Thema
  (Hashtag), die häufig bei Veranstaltungen eingesetzt wird, damit Teilnehmer und
  nicht anwesende Twitterer kommunizieren können.

  Ein vollständiges Twitter-Glossar finden Sie auf Englisch unter:
  *http://support.twitter.com/entries/166337-the-twitter-glossary*
  Weitere Erläuterungen unter:
  *http://business.twitter.com/basics/glossary*

---

Die Tweets sind mit einer Detailseite verknüpft, die weitere Informationen
bereitstellt. Der Dienst beruht darauf, dass Leser Tweets abonnieren können; die

Abonnenten werden dabei zu *Followern*. Der Autor kann entscheiden, ob nur seine Follower oder alle Nutzer seine Tweets lesen dürfen. Die Beiträge wiederum können von anderen Nutzern kommentiert werden, indem man an den Anfang des Kommentars ein `@twittername` schreibt. Steht dieses `@twittername` nicht am Anfang, sondern innerhalb eines Tweets, ist es eine Erwähnung, wie beispielsweise »Alles Gute zum Geburtstag, @twittername«. Darüber hinaus kann man auch Direktnachrichten (DN) an Follower (aber nur an diese) versenden, die nur dem Sender und Empfänger zugänglich sind. Dazu klickt man auf den Link Nachricht an {Benutzername} senden.

Verschiedene Tools unterstützen darüber hinaus die Handhabung von Twitter. In diesem Zusammenhang ist beispielsweise *TweetDeck* (*http://www.tweetdeck.com*) zu nennen, ein kostenloser, persönlicher Browser, über den Nutzer weitere Vernetzungen mit anderen Netzwerken wie z. B. Facebook vornehmen können. Zudem können mehrere Twitter-Konten verwaltet werden. Ein weiteres Tool ist die Twitter-Suche unter *http://search.twitter.com/*.

Twitter steht auch für einige Handys zur Verfügung (*m.twitter.com*). Weiterhin kann per SMS getwittert werden. Dazu sind einige Angaben in den Einstellungen des Twitter-Accounts notwendig (dafür steht eine genaue Anleitung unter *support.twitter.com* zur Verfügung). Die SMS-Inhalte werden anschließend als Tweet in der entsprechenden Timeline veröffentlicht.

Die allgemeine Funktionsweise ist nun klar, aber worüber wird eigentlich in 140 Zeichen getwittert? Twitter kann privat dazu genutzt werden, mit Freunden und Bekannten in Echtzeit zu kommunizieren. Als Nutzer erhält man einen schnellen Überblick über die aktuellen Meldungen in seinem Netzwerk. Zu den beliebtesten Themen auf Twitter im Jahr 2010 zählten z. B. der Krake namens Paul, der die Spielstände der Fußballweltmeisterschaft richtig voraussagen konnte, Filme wie »Inception« und »Harry Potter«, Katastrophen wie das Erdbeben in Haiti und die Ölpest im Golf von Mexiko.

### Skurrile und interessante Tweets

Innerhalb der Vielzahl an Tweets lassen sich immer wieder besonders skurrile und kuriose Meldungen finden. So hat beispielsweise der Amerikaner Tommy Christopher (*http://twitter.com/tommyxtopher*) während seines eigenen Herzinfarkts getwittert. Nachdem er den Notarzt alarmiert hatte, teilte er seinen Followern mit, dass er aktuell einen Herzinfarkt erleide. Seine nächste Meldung sollte wohlmöglich die Wogen mit den Worten »Sanitäter denken, ich werde überleben« glätten.

Einen Grimme Online Award hingegen erhielt Florian Meimberg für seine *Tiny Tales* (*www.twitter.com/tiny_tales*). Eine Kostprobe seiner Kurzgeschichten liest sich so:

»Sie malte ein Minuszeichen vor die Umsatzprognose. Dann klappte sie das Flipchart wieder zu und schob ihren Putzwagen aus dem Konferenzraum.«

### 4.3.1 Twitter-Nutzung für Unternehmen

Inzwischen haben auch öffentliche Einrichtungen, Prominente, Politiker und Unternehmen Twitter als Kommunikationskanal für sich entdeckt. Letzteres wird auch als *Corporate Twitter* bezeichnet. Wie aber nutzen Sie diesen Kommunikationskanal für Ihr Unternehmen oder zugunsten Ihrer Website?

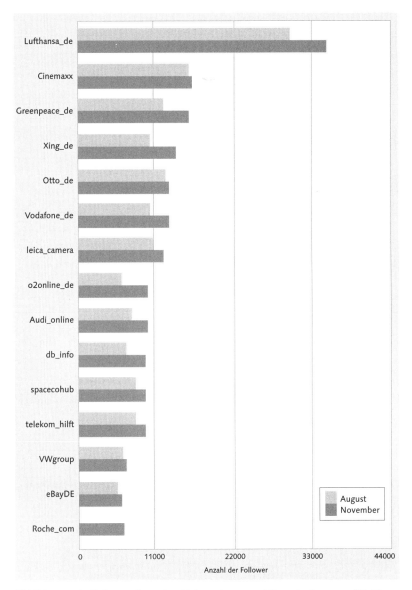

**Abbildung 4.6** Follower deutscher Unternehmen und Organisationen auf Twitter (Quelle: Talkabout, veröffentlicht auf http://de.statista.com, eigene Darstellung)

Einige Unternehmen nutzen Twitter bereits als Marketingkanal und können zum Teil mit einer beachtlichen Zahl an Followern aufwarten, wie Sie in Abbildung 4.6 sehen können.

**Abbildung 4.7**  Das Twitter-Profil der Deutschen Lufthansa (Stand Dezember 2010)

Das Unternehmen Lufthansa tritt beispielsweise mit einem gut gepflegten Twitter-Profil unter *www.twitter.com/lufthansa_DE* auf, wie Sie in Abbildung 4.7 sehen.

Der Großteil der vertretenen Unternehmen verhält sich jedoch eher nach dem Motto »Dabei sein ist alles« und hat noch keine Twitter-Strategie gefunden, die sich für das Unternehmen lohnt. Dabei sprechen die eingangs vorgestellten

Marktzahlen für das Engagement innerhalb des Microblogging-Dienstes. Doch eine Anmeldung allein ohne anvisiertes Ziel und ohne eine entsprechende Strategie ist natürlich wenig zielführend. Überlegen Sie sich, wie Sie von dem direkten Kontakt mit den Interessenten Ihres Angebots und Ihrer Meldungen profitieren können. Streben Sie eine verbesserte Kundenbindung an, möchten Sie Ihr Markenimage verbessern, PR-Meldungen verbreiten oder über Produkteinführungen berichten? Vielleicht möchten Sie auch per Twitter nach neuen Mitarbeitern suchen oder einen Wettbewerb ausrufen? Einige Unternehmen nutzen den Kurznachrichtendienst auch, um die Zielgruppe in Produktentscheidungen einzubeziehen, und lassen diese beispielsweise über bestimmte Versionen oder Ausprägungen mitentscheiden.

Beantworten Sie für sich die Frage, ob Sie über dieses Medium Ihre Zielgruppe erreichen und ob Twitter ein passendes Kommunikationsmittel innerhalb Ihrer Unternehmenskommunikation ist. Entscheiden Sie sich dafür, so sollten Sie Twitter konsequent zur Kommunikation nutzen. Anderenfalls sollten Sie es gar nicht einsetzen.

Angenommen, Sie entschließen sich, über Tweets Produktinformationen zu verbreiten. Idealerweise werden Ihre Meldungen von den Lesern als so interessant eingestuft, dass Sie automatisch Follower gewinnen, die Ihre Informationen weiterverbreiten. Somit gewinnen Sie einerseits an Interessenten, andererseits an Reichweite. Doch die Angabe der Follower allein ist wenig aussagekräftig, was die Verbreitung der Tweets betrifft. Vielmehr müssen die Abonnenten die Tweets retweeten. Viele Twitter-Nutzer zählen aber zu der Gruppe der Konsumenten und leiten Informationen eher selten weiter.

Wir haben Ihnen einige wichtige Tipps (ohne eine Bedeutung der Reihenfolge) zusammengestellt, die Sie je nach Ihrem anvisierten Ziel bei Ihren Twitter-Aktivitäten berücksichtigen sollten:

▶ **Tipp 1**: Twittern bedeutet direkte Kommunikation und Austausch mit Interessenten und Kunden. Die goldene Regel lautet: Seien Sie informativ und unterhaltsam. Analog zu einem realen Gespräch sollten Sie freundlich auftreten, Fragen stellen und Antworten geben, wie es ein echter Dialog und guter Kundenservice erfordert. Warten Sie mit Ihren Antworten nicht zu lange; die Interessenten erwarten diese in der Regel innerhalb von wenigen Stunden, denn bedenken Sie: Twitter ist ein Echtzeitmedium. Stellen Sie sich selbst vor jedem Tweet die Frage »Ist die Meldung relevant oder Spam?«. Pressemitteilungen sind hier also fehl am Platz.

▶ **Tipp 2**: Seien Sie authentisch, emotional, und versuchen Sie, eine enge Bindung in einem transparenten Gespräch aufzubauen. Es kann hilfreich sein, wenn Sie Einblicke in das Unternehmen oder in spezielle Abläufe gewähren.

Nähe bedeutet dabei jedoch auch Professionalität – ein gewisses Maß an Distanz ist durchaus sinnvoll.

▸ **Tipp 3**: Hören Sie genau zu, wenn über Sie berichtet wird. Wie ist das aktuelle Stimmungsbild, wo drückt der Schuh, welche Ideen gibt es? Hilfreich ist dabei die Twitter-Suchfunktion. Nutzen Sie die ehrlichen Meinungen, und reagieren Sie professionell auf Kritik. Ein Blick auf das Stimmungsbild des Wettbewerbers kann dabei selbstverständlich auch nicht schaden. Möglicherweise können Sie den ein oder anderen frustrierten Kunden für sich und Ihr Angebot gewinnen.

▸ **Tipp 4**: Aktualität ist eine Grundvoraussetzung. Wundern Sie sich nicht über mangelnde Reaktionen, wenn Ihr letzter Tweet mehrere Monate zurückliegt. Twittern Sie unbedingt regelmäßig, so wie Sie bestimmt auch regelmäßig zu Ihren Freunden Kontakt halten. Aber Ihre Freunde rufen Sie auch nicht bei jeder noch so irrelevanten Kleinigkeit an, oder? Übertragen Sie dies auch auf Ihre Twitter-Konversation, und achten Sie auf Mehrwert für die Leser.

▸ **Tipp 5**: Ihre Tweets werden nicht für alle Twitter-Nutzer interessant sein. Richten Sie Ihre Kommunikation an Ihre Zielgruppe, und folgen Sie den Interessenten. Vermeiden Sie sogenannte *Dead End Messages*, d. h., bieten Sie Lesern nicht nur eine informative Schlagzeige, sondern z. B. auch eine URL, unter der weitere Informationen zu finden sind.

▸ **Tipp 6**: Binden Sie Ihre Tweets auch auf anderen Seiten ein, um weitere Follower zu akquirieren. Unter *http://twitter.com/about/resources* stellt Twitter entsprechende Widgets und Buttons zur Verfügung.

▸ **Tipp 7**: Gewöhnen Sie sich an, innerhalb Ihrer Tweets Hashtags zu verwenden. Dadurch steigern Sie die Möglichkeit, weitere Follower für sich zu gewinnen.

▸ **Tipp 8**: Bedanken Sie sich hin und wieder bei Ihren Lesern, denn sie sind die wichtigsten Akteure. So können Sie beispielsweise Gutschein-Codes posten, Tipps veröffentlichen oder auf aktuelle Aktionen verweisen.

▸ **Tipp 9**: Verwenden Sie klare Handlungsaufforderungen, wie beispielsweise die Bitte um Ratschläge, die Bitte um das Retweeten oder konkretes Fragenstellen. Interaktion ist bei Twitter der Schlüssel zum Erfolg.

▸ **Tipp 10**: Gestalten Sie Ihr Profil informativ, verwenden Sie Ihr Logo, Ihren Firmennamen, und unterstützen Sie Ihren Markenauftritt. Wählen Sie die angezeigten Verlinkungen gut, und überlegen Sie sich genau, ob Sie automatisierte Tweets verwenden möchten oder ob dies Ihre Leserschaft verärgern könnte.

**Pay with a Tweet**

Hinter diesem »sozialen Abrechnungsmodell« steckt der Gedanke, dass es für ein Unternehmen besonders profitabel sein kann, wenn Menschen über Produkte und Angebote sprechen und sie somit verbreiten.

Die »Währung« hinter diesem Modell ist also das soziale Engagement um das Angebot zum Gesprächsthema zu machen. *Pay with a tweet* zielt also darauf ab, dass Nutzer über ein Angebot twittern und dieses somit verbreiten. Im Gegenzug dazu erhalten sie beispielsweise einen freien Download. Weitere Informationen zu diesem Modell finden Sie unter *www.paywithatweet.com*.

### 4.3.2 Werbung schalten per Twitter – Promoted Products

Nicht zuletzt als Weg zur eigenen Finanzierung bietet Twitter mit den sogenannten *Promoted Products* die Möglichkeit, Werbung zu schalten (siehe Abbildung 4.8). Innerhalb der einzelnen Werbemöglichkeiten wird aktuell von Unternehmensseite her noch experimentiert, sodass die hier dargestellten Möglichkeiten gegebenenfalls abweichen.

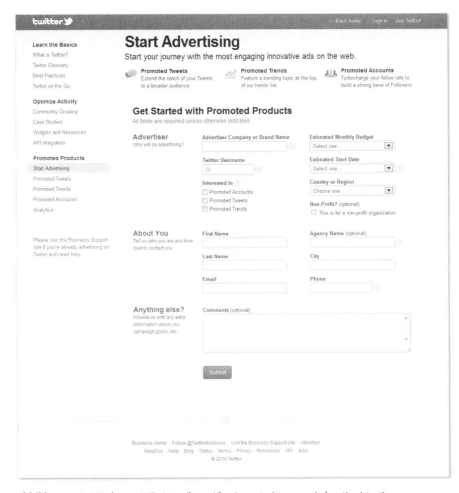

**Abbildung 4.8** Werben mit Twitter (http://business.twitter.com/advertise/start)

Nach einigen Angaben zu Budget, Startdatum und Zielregion können Werbetreibende zwischen folgenden Werbemöglichkeiten wählen: *Promoted Tweets*, *Promoted Accounts* und *Promoted Trends*.

### Promoted Tweets

Werbetreibende haben mit den Promoted Tweets die Möglichkeit, sich an Twitter-Nutzer zu wenden, die noch keine Follower sind. Sie legen Keywords fest, bei denen die bezahlte Kurznachricht erscheinen soll. Die Promoted Tweets sind als solche gekennzeichnet, bieten die normalen Interaktionsmöglichkeiten und erscheinen innerhalb der Suchergebnisse. Gestestet wird aktuell zudem die Anzeige der Promoted Tweets in der Timeline. Twitter verspricht eine zielgerichtete Aussendung der bezahlten Tweets. Bezahlt wird nach dem sogenannten *Cost-Per-Engagement-Modell* (CPE), das die Interaktion und Resonanz des Tweets berücksichtigt, z. B. anhand von Retweets oder Klicks.

### Promoted Trends

Mit dieser Werbemöglichkeit können Advertiser Themenfelder anzeigen, die im Zusammenhang mit ihrem Angebot stehen und an der Spitze der Liste der Trending Topics erscheinen. Die 10 Trending Topics sind von den Promoted Trends, die als Anzeige gekennzeichnet sind, nicht betroffen. Klickt ein Interessent auf den Trend, wird er zur Unterhaltung zu diesem Thema geleitet, wo das entsprechende Promoted Tweet zu Beginn der Timeline angezeigt wird.

### Promoted Accounts

Mit den Promoted Accounts (siehe Abbildung 4.9) können sich Werbetreibende in die Liste »Who to follow« einkaufen, die der entsprechenden Zielgruppe angezeigt wird. Dabei schlägt Twitter Nutzern interessante Accounts vor.

Unter dem Link *Analytics* (*http://business.twitter.com/advertise/analytics*) können sich Werbetreibende entsprechende Auswertungen zu ihren Werbemaßnahmen ansehen. Angezeigt werden hier die Kennzahlen *Impressions*, *Retweets*, *Clicks*, *Replies* (Antworten) und *Follows*.

Da das junge Unternehmen eifrig an neuen Funktionen und Erweiterungen arbeitet, lohnt es sich auf jeden Fall, die Möglichkeiten im Auge zu behalten, auch wenn Sie zum aktuellen Zeitpunkt den Kurznachrichtendienst noch nicht in Ihre Werbeaktivitäten integrieren.

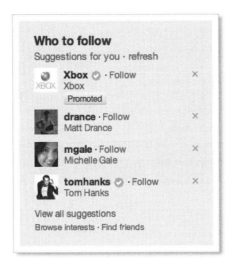

**Abbildung 4.9** Beispiel auf twitter.com für die Ansicht von Promoted Accounts

Schauen wir uns nun einen weiteren Dienst an, der aktuell in aller Munde ist und der einige Möglichkeiten bietet, mit Ihrer Zielgruppe in Kontakt zu treten. Die Rede ist von Facebook und weiteren Communitys.

## 4.4    Facebook und Co. – Communitys

Er wurde vom US-amerikanischen *Time Magazine* zur Person des Jahres 2010 erklärt: der 26 Jahre alte Multimillionär Mark Zuckerberg, Gründer und CEO von Facebook Inc. Der Grund: Er verbindet mit dem Online-Netzwerk mehr als eine halbe Milliarde Menschen und bildet deren Interessen und sozialen Beziehungen ab. *»He is both a product of his generation and an architect of it.«* ist im Time Magazine zu lesen. Ein Vergleich macht es deutlich: Wäre Facebook ein Land, wäre es das drittgrößte der Erde.

Communitys wie Facebook nehmen einen zunehmend bedeutenden Stellenwert im Alltag vieler Internetnutzer ein. Wir möchten auf den folgenden Seiten populäre Communitys kurz vorstellen und Ihnen einige Möglichkeiten aufzeigen, wie Sie als Website-Betreiber von diesen Online-Gemeinschaften profitieren können.

### 4.4.1    Facebook

»Gefällt mir« denken sich knapp 14 Millionen Facebook-Nutzer in Deutschland, so die Angaben von *facebookmarketing.de* im Dezember 2010. Mitglieder können z. B. Freunde finden, Nachrichten versenden, chatten und über ihre Pinnwand andere Mitglieder auf dem Laufenden halten. Wie Abbildung 4.10 zur Entwicklung der Nutzerzahlen zeigt, kann sich das soziale Netzwerk über mangelnden Zulauf nicht beklagen.

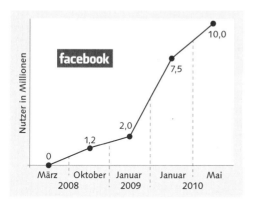

**Abbildung 4.10**  Aktive Nutzer von Facebook in Deutschland nach eigenen Angaben

Dass TV-Nachrichten über eine sogenannte *Downtime* berichten, d. h. die Zeit, in der das Netzwerk wegen technischer Probleme nicht erreichbar ist, beweist den Stellenwert von Facebook, einer der größten Websites im Internet. Ein guter Grund, sich das soziale Netzwerk, dessen Name zu den meistgesuchten Begriffen 2010 zählt, in einem kurzen Steckbrief genauer anzusehen.

### Facebook in Zahlen

Facebook erfreut sich wachsender Beliebtheit, was aus den eigens veröffentlichten Zahlen hervorgeht (abgerufen im Dezember 2010; *http://www.facebook.com/press/info.php?statistics*):

▸ Über 500 Millionen Menschen sind Mitglied bei Facebook und setzen es damit an die Spitze der Liste von sozialen Netzwerken.

▸ Ein Facebook-Mitglied hat im Durchschnitt 130 Freunde auf der Plattform und ist durchschnittlich mit 80 Seiten, Gruppen und Veranstaltungen verbunden.

▸ Im Durchschnitt erstellt ein Mitglied 90 Inhalte pro Monat.

▸ Über 30 Milliarden Inhalte, wie beispielsweise Links, Blogposts, Notizen, Photo-Alben etc. werden jeden Monat geteilt.

▸ Mehr als 200 Millionen Mitglieder nutzen Facebook mobil.

▸ Mitglieder installieren jeden Tag 20 Millionen Anwendungen.

▸ Laut facebookmarketing.de befinden sich unter den 30 beliebtesten Anwendungen 18 Spiele. Zu Bestzeiten erreichte das Spiel *Farmville* mehr als 83 Millionen Nutzer pro Monat.

▸ Jeden Monat greifen über 250 Millionen Menschen über externe Websites auf Facebook zu.

▸ Schätzungen zufolge soll sich der Umsatz von Facebook im Jahr 2010 auf bis zu 2 Milliarden US-Dollar belaufen.

▸ »Facebook ist in den letzten fünf Monaten 2010 alle zehn Tage um ein StudiVZ gewachsen.« (Zitat von Sascha Lobo, Blogger und Social-Media-Experte)

Insbesondere die Werbeeinblendungen bringen jedoch Kritik im Zusammenhang mit der Einhaltung des Datenschutzes des Netzwerks mit sich: Zum einen soll die Werbung auf den Nutzer hin abgestimmt personalisiert ausgeliefert werden, zum anderen soll dennoch die Privatsphäre der Nutzer gewahrt bleiben.

Einige Datenschutzpannen waren der Auslöser für den Aufruf innerhalb des Netzwerkes, sich am 31. Mai 2010 von Facebook abzumelden (auch bezeichnet als »Quit Facebook Day«; *http://www.quitfacebookday.com/*), dem einige Tausend Mitglieder nachkamen.

Zum einen aus Sicherheitsgründen, zum anderen aus Angst vor vergeudeter Arbeitszeit haben einige Unternehmen wie z. B. Porsche und VW ihren Mitarbeitern inzwischen untersagt, das soziale Netzwerk während der Arbeitszeit zu verwenden. Andere dulden die Facebook-Nutzung nur an vereinzelten Tagen und führten den Facebook-Friday ein. Zudem blocken einige Länder den Zugang zum sozialen Netzwerk vollständig.

Auf die Einzelheiten der Kritik zu den Datenschutz- und Sicherheitslücken möchten wir im Rahmen dieses Buches nicht näher eingehen. So viel sei jedoch gesagt: Wir empfehlen Ihnen als Facebook-Nutzer – auch wenn es einige Mühe mit sich bringt, sich innerhalb der komplizierten Einstellungsmöglichkeiten zurechtzufinden –, die Standardeinstellungen genauestens zu überprüfen. Achten Sie sorgfältig darauf, welche Daten und Informationen Sie über sich preisgeben. Möchten Sie Ihren Account jedoch vollständig löschen, finden Sie diese Funktion recht versteckt unter folgendem Pfad: KONTO • HILFEBEREICH • PROFIL • KONTOEINSTELLUNGEN UND LÖSCHUNG unter dem Link WIE KANN ICH MEIN KONTO DAUERHAFT LÖSCHEN. Ihnen sollte jedoch bewusst sein, dass Kommentare unter Umständen auch bei der Löschung erhalten bleiben.

**Tipp: Profil-Vorschau und Preisgabe von Daten überprüfen**

Unter den PRIVATSPHÄRE-Einstellungen haben Nutzer die Möglichkeit, sich die VORSCHAU FÜR MEIN PROFIL anzeigen zu lassen, und können somit kontrollieren, welche Daten sie preisgeben. Sie können diese Eingabe auch einschränken, indem Sie die Ansicht des Profils für eine bestimmte Person anzeigen lassen.

Wenn Sie überprüfen möchten, wie Ihr Facebook-Profil für nichtangemeldete Personen aussieht, so geben Sie folgende Suchanfrage bei Google ein und klicken auf das entsprechende Suchergebnis von Facebook: [Ihr Name] site:facebook.com

Mitglieder haben die Möglichkeit, ihr Interesse per »Gefällt mir«-Button zum Ausdruck zu bringen und quasi Fan von Unternehmen und Personen werden. Popsängerin Lady Gaga führte im Sommer 2010 die Liste der Facebook-Seiten mit den meisten Fans an: Die Zahl Ihrer Fans hat die Marke von zehn Millionen überschritten. Damit interessieren sich mehr Facebook-Mitglieder für Lady Gaga als für den US-Präsidenten Barack Obama.

Derzeit wird an weiteren Funktionen gearbeitet. So wird derzeit die Funktion *Questions* getestet, die es Mitgliedern ermöglichen soll, Fragen zu stellen. Nutzer, die per Smartphone ihren aktuellen Standpunkt preisgeben, sollen per *Facebook Deals* bestimmte Angebote angezeigt bekommen, beispielsweise ein vergünstigtes Essen in einem nahegelegenen Restaurant. Zudem wurde ein eigener Facebook-E-Mail-Dienst angekündigt, der auch SMS und Instant Messaging umfasst sowie eine automatische Gesichtserkennung von hochgeladenen Bildern.

### 4.4.2 Weitere bekannte Communitys

Menschen sind ein soziales Umfeld gewohnt und möchten dementsprechend Kontakte pflegen. Neben Facebook existiert eine Vielzahl weiterer Communitys im Netz. Einige bekannte Plattformen möchten wir Ihnen im Folgenden kurz vorstellen, bevor wir uns anschließend den Möglichkeiten von Communitys im Zusammenhang mit dem Social-Media-Marketing widmen. Die Communitys variieren in ihrer Zielgruppe, einzelnen Funktionen oder Themen.

#### Die VZnet-Netzwerke

Zu den VZnet-Netzwerken zählen Schüler-VZ (*www.schuelervz.net/*), Studi-VZ (*www.studivz.net/*) und Mein-VZ (*www.meinvz.net/*). Alle sind der Verlagsgruppe Georg von Holtzbrinck zugehörig. Wie die einzelnen Namen vermuten lassen, richten sich die Communitys an unterschiedliche Zielgruppen: Schüler, Studenten und weitere Nutzer, die nicht genauer spezifiziert sind. Mitglieder haben die Möglichkeit, sich auszutauschen und beispielsweise Fotoalben zu erstellen. Den Start machte studivz.net, und die anderen beiden Netzwerke wurden einige Zeit später ins Leben gerufen. Alle drei Netzwerke zählten im Juli 2010 nach eigenen Angaben über 17 Millionen Mitglieder, die die Communitys kostenlos nutzen können, aber mit Werbeeinblendungen leben müssen.

### Wer-kennt-wen

Die 2006 gegründete Community Wer-kennt-wen (*http://www.wer-kennt-wen.de/*) umfasst nach eigenen Angaben über 9 Millionen Mitglieder (Stand: Dezember 2010). Die Plattform schränkt ihren Nutzerkreis kaum ein und richtet sich an alle über 14-Jährigen. Nutzer können beispielsweise Personen mit gleichen Interessen oder Personen in ihrer Nähe finden.

### MySpace

Vormals hauptsächlich mit dem Fokus auf Musik ist MySpace (*www.myspace.com/*) heute eine Unterhaltungs-Community, deren etwa 4 Millionen Mitglieder (Stand: Januar 2010) in Deutschland sich beispielsweise auch für Videos interessieren und Online-Games spielen. Im Januar 2011 geht die Nachricht umher, dass der deutsche Standort von MySpace geschlossen werde. Einige Wochen später wird verkündet, dass das Portal zum Verkauf stehe.

### Stayfriends

Der Schwerpunkt bei Stayfriends (*www.stayfriends.de/*) liegt darauf, mit (ehemaligen) Schulfreunden und Klassenkameraden in Kontakt zu bleiben und beispielsweise Klassentreffen zu organisieren. Nach eigenen Angaben sind mehr als 11 Millionen Mitglieder (Stand: Dezember 2010) angemeldet. Grundfunktionen sind innerhalb der Community kostenfrei nutzbar, während einige Funktionen nur mit der sogenannten Gold-Mitgliedschaft gegen Entgelt anwendbar sind.

### Xing

Xing (*www.xing.com/de/*) wird eher für geschäftliche Kontakte genutzt und bezeichnet sich selbst als Business-Netzwerk. Mitglieder können Kontakte knüpfen, Personen einander vorstellen, nach Mitgliedern oder Themen suchen und in Foren an Diskussionen teilnehmen. Einige Funktionen sind jedoch nur mit einem kostenpflichtigen Premium Account verwendbar.

Die Nutzung von sozialen Netzwerken nach einer Erhebung von Comscore sehen Sie in Abbildung 4.11.

Sie wissen nun, dass es eine Vielzahl an sozialen Netzwerken gibt. Wie aber können Sie diese für Ihre Marketingaktivitäten nutzen? Damit befassen wir uns im folgenden Abschnitt.

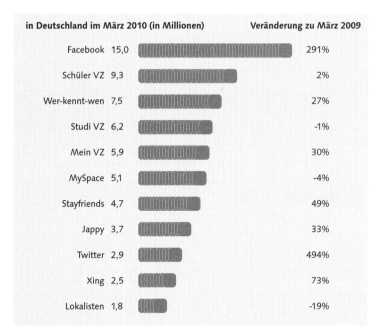

| in Deutschland im März 2010 (in Millionen) | | Veränderung zu März 2009 |
|---|---|---|
| Facebook | 15,0 | 291% |
| Schüler VZ | 9,3 | 2% |
| Wer-kennt-wen | 7,5 | 27% |
| Studi VZ | 6,2 | -1% |
| Mein VZ | 5,9 | 30% |
| MySpace | 5,1 | -4% |
| Stayfriends | 4,7 | 49% |
| Jappy | 3,7 | 33% |
| Twitter | 2,9 | 494% |
| Xing | 2,5 | 73% |
| Lokalisten | 1,8 | -19% |

**Abbildung 4.11**  Besucher sozialer Netzwerke nach Comscore

## 4.5    Wie können Werbetreibende Communitys nutzen?

Um diese Frage zu beantworten, sollten Sie sich schon zu Beginn einige wichtige Aspekte klarmachen. Sie werden in sozialen Netzwerken nur erfolgreich sein können, wenn Sie interessante Inhalte zur Verfügung stellen, die die Menschen begeistern. Mit einfachen Werbeslogans werden Sie nicht weit kommen. Wie schon erwähnt, sollten Sie eine enge und authentische Beziehung zu den Mitgliedern pflegen und diese unter Umständen auch incentivieren (d. h., ihnen einen Anreiz geben). Machen Sie es den Interessenten so einfach wie möglich, Ihre Inhalte zu verbreiten, und tun Sie dies ebenfalls über die verschiedensten Kanäle. Communitys bieten im Allgemeinen die Möglichkeit, mit Interessenten und potenziellen Kunden in Kontakt zu treten und diese über Ihr Angebot zu informieren. Nutzen Sie diese transparente Art der Kommunikation. Wir zeigen wie das geht – am Beispiel des beliebten Netzwerks Facebook.

### Facebook-Marketing

Facebook bietet verschiedene Möglichkeiten für Unternehmen, mit Kunden in Kontakt zu treten. Da Mitglieder kostenlos am sozialen Netzwerk teilnehmen können, kann es nur eine indirekte Monetarisierung für werbende Unternehmen geben. Einige Beispiele haben aber in der Praxis schon bewiesen, dass der Einsatz bei Facebook durchaus zu Umsatzsteigerungen führen kann.

**Facebook Pages**

Mit der kostenlosen Facebook Page, die auch unter dem Namen *Facebook Fanpage* oder *Facebook Unternehmensprofil* bekannt ist, haben Unternehmen die Möglichkeit, Informationen über sich auf einer speziellen Seite im sozialen Netzwerk zu veröffentlichen, ähnlich wie die Facebook-Nutzerprofile. Die Facebook Page kann für verschiedene Zwecke eingesetzt werden, beispielsweise um Kundenmeinungen einzuholen, um neue Produkte vorzustellen, spezielle Services zu bieten und die Kundenbindung zu erhöhen – und das mit vergleichsweise geringen Ressourcen. Mitglieder können über den »Gefällt-mir«-Button ihr Interesse kundtun und erhalten Neuigkeiten des Unternehmens in ihrem News-Stream. Hier sind einige hilfreiche Tipps, was Sie beim Anlegen Ihrer Facebook-Page beachten sollten:

▸ Verwenden Sie nicht Ihr privates Facebook-Profil, wenn Sie für Ihr Unternehmen werben und Informationen dazu veröffentlichen möchten. Sie sollten eine spezielle Facebook Page anlegen (*http://www.facebook.com/pages/*), die Ihre Marke repräsentiert und ein Schwerpunktthema behandelt.

▸ Achten Sie bei den Sichtbarkeits-Einstellungen darauf, dass die Facebook Page auf für Suchmaschinen zugänglich ist.

▸ Beachten Sie, dass der von Ihnen vergebene Name für die Facebook Page im Nachhinein nicht mehr verändert werden kann, und verwenden Sie soweit möglich wichtige Keywords im Namen. Sie sind ausschlaggebend dafür, dass Ihre Facebook Page in der Suche gefunden wird.

▸ Um Ihre Facebook Page direkt mit wichtigen Personen zu verknüpfen, können Sie einen neuen E-Mail-Account anlegen und Ihre Geschäftskontakte importieren. Wenn Sie Ihre Facebook-Page mit dem E-Mail-Account verknüpfen, können Sie so automatisch eine Freundschaftsanfrage an Ihre Kontakte senden.

▸ Haben Sie die Anzahl von 25 Fans erreicht, können Sie unter *http://www.facebook.com/username/* einen entsprechenden Nutzernamen für Ihr Facebook-Profil definieren, z. B. *facebook.com/ihre-website*.

▸ Bieten Sie den Besuchern Ihrer Facebook Page hinreichende Informationen unter dem dafür vorgesehenen Tab, und verwenden Sie auch hier wichtige Keywords. Unter diesen Informationen ist es Ihnen auch möglich, Links zu integrieren. Somit können Sie hier beispielsweise Ihre Website oder Ihren Twitter-Account verlinken.

▸ Infos, die Sie ständig anzeigen möchten, können Sie in einer Infobox unterhalb Ihres Logos mit maximal 250 Zeichen angeben. Aufgrund der Begrenzung bieten sich hier insbesondere Links an, z. B. auf Ihre Homepage, Ihren YouTube-Channel oder auf weitere Kontaktmöglichkeiten.

▶ Achten Sie bei der Verwendung von Bildern auf professionelle Fotos, denn so möchten Sie auch wahrgenommen werden. Wählen Sie einen passenden Ausschnitt Ihres Logos als Thumbnail, denn dieser Ausschnitt wird in den News-Streams angezeigt.

▶ Zur individuellen Gestaltung der Facebook Page bietet sich beispielsweise die beliebte *Static FBML App* (Facebook Markup Language) an. Damit können weitere Elemente wie Grafiken und Tabellen, aber auch Analyse-Tags hinzugefügt werden. Ähnlich wie *WordPress Themes* können auch *Facebook Page Templates* käuflich erworben werden. Darüber hinaus gibt es noch eine Vielzahl weiterer Applikationen, mit denen Sie Ihre Facebook Page aufwerten können.

▶ Zur Suchmaschinenoptimierung sollten Sie nicht nur wichtige Keywords im Seiten-Namen, unter dem Info-Tab und in der Info-Box im linken Seitenbereich verwenden. Denken Sie auch bei Bildbeschreibungen an Schlüsselbegriffe, und verlinken Sie Ihre Facebook Page sowohl innerhalb des sozialen Netzwerks als auch von externen Websites aus, wie beispielsweise Ihrer Homepage. Auch in den Status-Updates können Links gesetzt werden.

▶ Machen Sie den Besuchern deutlich, warum sie Fan Ihrer Seite werden sollten (bieten Sie z. B. Rabatte, exklusive Neuigkeiten etc.), und verwenden Sie eine klare Handlungsaufforderung. Sie können Fans und potenziellen Fans dabei unterschiedliche Inhalte zeigen.

Administratoren können im linken Seitenbereich Statistiken über die Seitennutzung einsehen, wie z. B. monatliche aktive Nutzer, neue »Gefällt-mir«-Angaben, aber auch Interaktionen wie Feedback zu Beiträgen.

Haben Sie nun Ihre Facebook Page erstellt, ist zwar der Grundstein gelegt, jetzt geht es aber um echte Kommunikation. Wie bei Twitter sollten Sie auch hier darauf achten, authentisch und regelmäßig zu informieren. Gehen Sie auf Kommentare ein, und bewerten Sie Kritik als gute Hinweise, um Ihr Angebot zu verbessern. Nutzen Sie auch die Suche, um Seiten zu finden, auf denen über Sie gesprochen wird, und kommentieren Sie diese entsprechend. Vermeiden Sie formelle Formulierungen, und ziehen Sie die persönliche Ansprache von Fans vor. Bieten Sie den Besuchern Ihrer Facebook Page interessante Inhalte (z. B. Videos, Bilder etc.), denn nur so werden sie Ihre Seite wieder besuchen und Fan werden. Vermeiden Sie zu viele und uninteressante Posts ebenso wie Inhalte, die in gleicher Form auf Ihrer Website zu finden sind. Achten Sie besonders auf diese Punkte, wenn Sie automatische Updates verwenden. Arbeiten Sie vielmehr mit Inhalten wie z. B. exklusiven Rabatten oder Umfragen, aber auch mit Gewinnspielen, Wettbewerben, besonderen Aktionen, auf die im Optimalfall von anderen Websites verlinkt wird und die die Interaktion mit Ihrer Facebook Page unterstützen. Fans können somit zu Multiplikatoren Ihres Angebotes werden, denn sie verbreiten Ihre Seite in ihren Netzwerken. Ziehen Sie Aufrufe in Erwägung, wie beispielsweise das Hochladen von Fotos, die die Nutzung Ihres Angebotes zeigen, oder auch das Teilen und Weiterleiten Ihrer Informationen.

**Abbildung 4.12**  Die Facebook-Page von Nutella Deutschland

Treten Sie mit anderen interessanten Facebook Pages in Kontakt. Es besteht die Möglichkeit, in der »Lieblingsseiten«-Box verlinkt zu werden.

Um eine Vielzahl an Facebook-Fans zu erreichen, sollten Sie auch über Ihre Website und weitere Kanäle auf Ihre Facebook Page aufmerksam machen.

Eine der ersten Seiten, die eine ganze Shop-Integration präsentierte, ist 1-800-Flowers.com (siehe Abbildung 4.13).

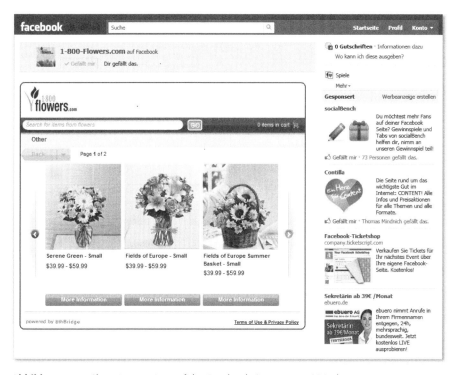

**Abbildung 4.13** Shop-Integration auf der Facebook-Seite von 1-800 Flowers

Dieses Angebot zählt zu dem Bereich *Social Shopping*, den wir im Rahmen dieses Buches zwar erwähnen, aber nicht näher besprechen können. Man kann aber davon ausgehen, dass Facebook hier zunehmend aktiv werden wird. So ist es beispielsweise denkbar – und wird zum Teil schon umgesetzt –, dass Freunde in den Entscheidungs- und Einkaufsprozess involviert werden sollen.

### Facebook Ads (FAD)

Mit Facebook Ads können Werbetreibende, ähnlich wie bei Google AdWords, Werbeanzeigen im sozialen Netzwerk schalten. Damit hebt sich Facebook von anderen Communitys ab, die oftmals lediglich die Schaltung von Werbebannern ermöglichen.

Die Anzeigen können entweder im gesamten Netzwerk auf der rechten Seite angezeigt werden. Diese Variante heißt *Rest-Of-Site Ad*. Eine zweite Möglichkeit bieten die sogenannten *Homepage Ads*, die auf der Facebook-Startseite angezeigt werden. Letztere lassen sich nur über das Facebook-Vertriebsteam buchen.

Zudem können die Anzeigen zu *Engagement-Anzeigen* erweitert werden, das bedeutet, dass Nutzer z. B. direkt innerhalb der Werbeanzeige Fan werden können (*Fan Engagement Ad*) oder einem Event zu- oder absagen können (*Event Engagement Ad*). Hier gibt es verschiedene Ausprägungen (siehe Abbildung 4.14).

**Abbildung 4.14** Vorstellung von Facebook-Engagement-Ads auf allfacebook.de

Um eine Facebook Ad zu erstellen, sind drei Schritte notwendig, durch die Sie geführt werden, sobald Sie auf den Link WERBUNG am Ende jeder Facebook-Seite (alternativ können Sie folgende URL aufrufen: *http://www.facebook.com/advertising/*) und dann auf WERBEANZEIGE ERSTELLEN klicken.

Zunächst sollten Sie die Inhalte Ihrer Werbeanzeige festlegen (siehe Abbildung 4.15).

Ähnlich wie bei Google AdWords gibt es hier eine Zeichenlimitierung von 25 Zeichen für den Titel und 135 Zeichen für den Text. Neben einem klaren Call-to-Action ist auch ein Bild erforderlich. Wie bei den meisten Werbemaßnahmen sollten Sie hier darauf achten, eine passende Landing Page anzugeben.

Im zweiten Schritt bestimmen Sie die Zielgruppe für Ihre Werbeanzeigen. Anhand verschiedenster Kriterien (wie Alter, Geburtstag, Interessen, Bildungsstand, Ort etc.) können Sie eine recht genaue Definition abgeben. Anders als bei Google AdWords, wo Advertiser Keywords festlegen, können Werbetreibende bei Facebook »Gefällt mir« und Interessen angeben, um Streuverluste zu verringern. Am rechten Seitenrand wird Ihnen automatisch die geschätzte Reichweite angezeigt (siehe Abbildung 4.16).

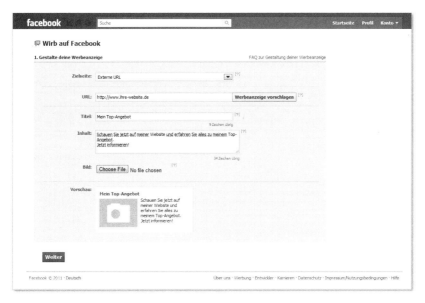

**Abbildung 4.15**  Erstellung einer Facebook-Werbeanzeige

**Abbildung 4.16**  Legen Sie die Zielgruppe für Ihre FAD fest.

Zu guter Letzt müssen Sie noch das Budget bestimmen. Wie Sie in Abbildung 4.17 sehen, können Sie zwischen einem empfohlenen CPC wählen oder selbst einen CPC oder CPM festlegen. Zudem bestimmen Sie Ihr Tagesbudget (mindestens 1,00 Euro) für Ihre Werbemaßnahmen. Dieses können Sie jederzeit verändern.

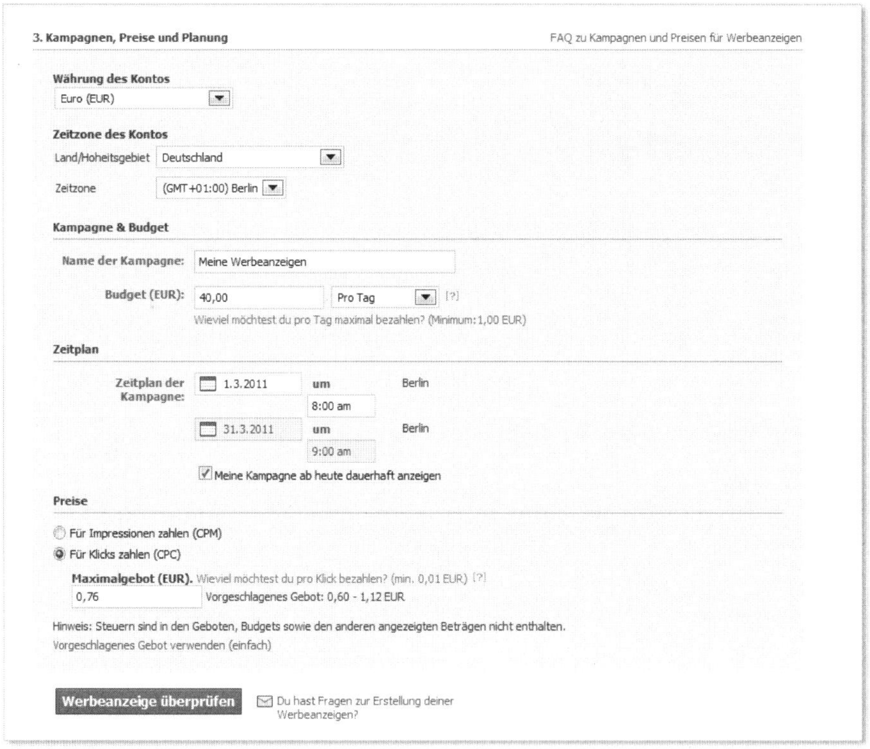

**Abbildung 4.17** Festlegung des Budgets für Ihre Facebook Ads

Im sozialen Netzwerk werden diejenigen Anzeigen bevorzugt ausgeliefert, die das höchste Gebot aufweisen. Es handelt sich hier also um ein Auktionsverfahren. Für die Erfolgsmessung der FADs stehen Ihnen diverse Berichte und Statistiken zur Verfügung, anhand derer Sie Ihre Werbeanzeigen optimieren können. Wie schon erwähnt, beziehen wir uns hier ausschließlich auf Facebook. Die Schaltung von Werbung ist aber auch innerhalb anderer Communitys möglich. Unter *http://www.studivz.net/geschaeftlich* erfahren Sie beispielsweise mehr zu den Werbemöglichkeiten auf studiVZ.

### Facebook Apps und Facebook Open Graph

Als weitere Werbemöglichkeiten stehen Ihnen die Facebook Apps und Facebook Open Graph zur Verfügung. Mit Ersterem sind Anwendungen wie beispielsweise

Spiele gemeint, die von externen Entwicklern programmiert werden. Zu den besonders bekannten Apps zählt beispielsweise das Spiel *Farmville* von Zynga. Bei vielen Spielen können sich Nutzer virtuelle Waren per Interaktion erarbeiten oder per barer Münze kaufen, woran Facebook provisioniert wird.

Facebook OpenGraph (vormals *Facebook Connect*) richtet sich an Entwickler, um Facebook mit der eigenen Website zu verknüpfen und Applikationen zu programmieren. Das Netzwerk bietet dazu auch sogenannte *soziale Plugins* an, wie beispielsweise den Like-Button (zu Deutsch »Gefällt mir«), die Like-Box, Activity Feeds oder Empfehlungen.

Mit dem »Gefällt mir«-Button (Englisch »I like«, ursprünglich »Awesome«) können Facebook-Mitglieder ihr Interesse zu jeglichem Thema zum Ausdruck bringen. Unternehmen und Website-Betreiber hingegen können so gegebenenfalls eine gewisse Tendenz in Hinblick auf die Akzeptanz und die Beliebtheit ihres Angebotes erhalten. Klickt ein Benutzer auf den »Gefällt-mir«-Button, so wird automatisch ein Hinweis dazu in seinem Stream angezeigt und ein Profileintrag gemacht. Unter Umständen kann dies für den Website-Betreiber zu mehr Traffic führen, da das Netzwerk des Benutzers nun auch auf Ihr Angebot aufmerksam gemacht wird. Mit regelmäßigen Neuigkeiten und Aktualisierungen können Sie Ihre Interessenten an sich binden.

Abbildung 4.18 und Abbildung 4.19 zeigen, wie McDonalds und Cinemaxx Facebook auf der Website integriert haben.

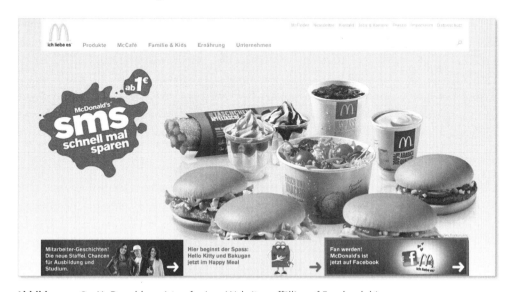

**Abbildung 4.18**   McDonalds weist auf seiner Website auffällig auf Facebook hin.

**Abbildung 4.19**   Cinemaxx hat auf seiner Website einen Facebook-»Gefällt mir«-Button integriert.

**Der Social-Media-Mix**

Stimmen Sie Ihren Blog, Ihren Twitter-, Facebook- und YouTube-Account und alle Social-Media-Kanäle, die Sie verwenden, aufeinander ab. Achten Sie aber bei automatischen Vernetzungen weiterhin auf Mehrwert für die Leser, sonst werden Sie schnell als Spammer abgestempelt.

Sie haben nun einzelne Werbemaßnahmen auf Facebook kennengelernt. Wie wir bereits angerissen haben, bieten Communitys die Möglichkeit, mit Interessenten in Kontakt zu treten und wichtige Informationen zu verbreiten, ähnlich wie es im Bereich der Online-Presse- und Öffentlichkeitsarbeit der Fall ist. Schauen wir uns dieses Gebiet nun etwas näher an.

## 4.6    Pressearbeit im Internet

Gerade, wenn Ihre Website und Ihr Unternehmen noch am Anfang stehen, möchten Sie möglichst schnell Ihre Reichweite vergrößern und effektive Pressearbeit leisten. Jedoch sind gerade dann oftmals die Ressourcen wie Zeit und Geld sehr knapp. Die Online-PR verspricht hier, eine effiziente und günstige Lösung zu sein.

Mit dem Internet bieten sich auch innerhalb der Presse- und Öffentlichkeitsarbeit ganz neue Möglichkeiten. Blogs, Podcasts, RSS-Feeds und auch soziale Netzwerke wie Facebook und Twitter tragen ihren Teil dazu bei. Aber was ist eigentlich genau mit dem Begriff Online-PR gemeint? Online-PR bzw. Online Public-Relations beschreibt Presse- und Öffentlichkeitsarbeit via Internet. Dazu gehören beispielsweise Suchmaschinen-Einträge, Newsletter, Web-Verzeichnisse und weitere Publikationen im Netz.

Im Unterschied zur klassischen PR-Arbeit, die sich über Journalisten und Redaktionen an die Kunden richtet, bestehen bei der Online-PR ein direkter Kundenkontakt und eine direkte Kommunikation. Während bei der klassischen PR die Veröffentlichung nicht gewährleistet ist, so bietet das Internet als Distributionskanal direkte Publikationsmöglichkeiten, die sich sowohl an Medien als auch an die Zielgruppe richten können.

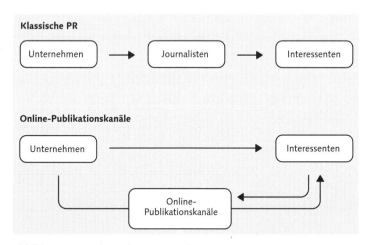

**Abbildung 4.20**   Klassische PR vs. Online-PR

Somit zielt die Arbeit in der Online-PR darauf ab, relevante Inhalte zu erstellen und diese im Web zu publizieren. Mittlerweile haben sich einige Dienste entwickelt, über die sich Informationen auch kostenlos verbreiten lassen. Über die verschiedenen Publikationskanäle haben Sie also die Möglichkeit, Ihre Meldungen gezielter zu verteilen und über Rückkanäle Feedback zu erhalten. Das Informieren per Tageszeitung wird abgelöst durch Online-Medien wie Nachrichtenportale, die ihre News auch aus Blogs, Portalen und Communitys erhalten.

Die unterschiedlichen Kanäle der Online-PR und wichtige Kriterien, die Sie bei der Umsetzung von Meldungen im Netz beachten sollten, möchten wir Ihnen auf den folgenden Seiten näherbringen. Wie also suchen Menschen nach Informationen zu Unternehmen und Produkten, und wie erhalten sie diese? Für Sie als Website-Betreiber stellt sich also die Frage: Wie können Sie diese Nutzer erreichen und mit ausreichend Informationen versorgen?

### Suchmaschinen

Wie Sie noch detaillierter in Kapitel 10, »Platzgerangel – Warum Suchmaschinen immer wichtiger werden«, erfahren werden, zählen diese zu besonders wichtigen Informationsquellen im Internet. Damit spielen sie eine bedeutende Rolle bei Ihrer Online-PR-Arbeit. Wie gehen Sie selbst vor, wenn Sie bestimmte Informationen benötigen? Richtig, in den meisten Fällen werden Sie »googeln«. Aus diesem Grund ist es elementar, dass Ihre Website in den Suchmaschinenergebnissen leicht zu finden ist. Suchmaschinenoptimierte Inhalte und deren entsprechende Verlinkungen spielen dabei eine wesentliche Rolle. Inhalte und Suchmaschinenoptimierung (SEO) auf der einen und Online-PR auf der anderen Seite sind also zwei Bereiche, die eng miteinander verbunden sind. So zielen SEO-Maßnahmen darauf ab, eine Website gut in den Suchmaschinen-Ergebnissen zu listen. Aber auch PR-Maßnahmen können ein gutes Ranking unterstützen. Die beiden Bereiche gehen also Hand in Hand.

Suchmaschinen durchsuchen das Internet regelmäßig nach Neuigkeiten. Ihre Presseveröffentlichungen können also relevante Inhalte liefern, die von Suchmaschinen angezeigt werden.

### Die Website und der Pressebereich

Der zweite, häufig eingeschlagene Weg, wenn Menschen (sowohl Interessenten als auch Journalisten) nach (Unternehmens-)Informationen suchen, führt über die Website. Stellen Sie den Suchenden daher wichtige Informationen entsprechend zur Verfügung. Viele Websites verwenden dafür einen speziellen Pressebereich. Pressemitteilungen, Zahlen und Fakten, Präsentationen, Bilder zum Download (und das alles in verschiedenen Dateiformaten) gehören dabei zum guten Ton. Geben Sie auch immer eine direkte Kontaktmöglichkeit an, für den Fall, dass ein Journalist oder Interessent die gewünschten Informationen nicht findet oder spezielle Fragen hat. Sie können den Bereich auch mit Videos, Podcasts, Interviews und Fachartikeln anreichern. Bedienen Sie mit Ihrem Pressebereich sowohl potenzielle Kunden als auch Journalisten.

Einen sehr umfassenden Pressebereich stellt beispielsweise Coca Cola Deutschland (*http://newsroom.coca-cola-gmbh.de/ccd/*) zur Verfügung. Von ihm können
Sie sich in Abbildung 4.21 einen Eindruck machen.

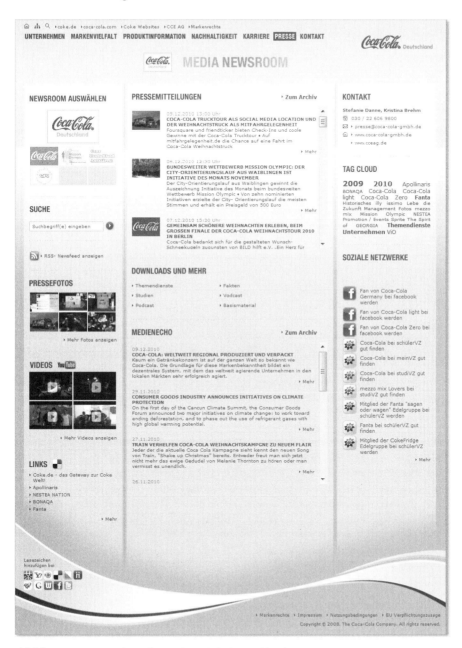

**Abbildung 4.21**  Pressebereich von Coca-Cola Deutschland

### Kataloge und Verzeichnisse

Außer in Suchmaschinen sollte Ihre Website auch in Web-Katalogen und Web-Verzeichnissen vertreten sein, um Interessenten zu erreichen. Tragen Sie Ihre Website daher in Web-Kataloge wie beispielsweise *http://www.dmoz.de* ein, die thematisch gruppierte Websites auflisten. Darüber hinaus können auch Link- und Bookmark-Verzeichnisse sinnvoll sein. Derartige Verlinkungen zu Ihrer Website können auch wieder positive SEO-Effekte mit sich bringen.

### 4.6.1  Inhalte zur Verfügung stellen

Es gibt diverse Möglichkeiten, wie Sie darüber hinaus Unternehmensmeldungen aktiv verbreiten und zur Verfügung stellen können. Einige wichtige stellen wir in diesem Abschnitt vor.

### Pressemitteilungen

Anknüpfend an die klassische PR, können Sie auch im Internet Pressemitteilungen verbreiten. Dabei werden die Meldungen per E-Mail über einen Presseverteiler versandt. Sie erreichen mit dieser Methode sowohl Print- als auch Online-Medien. Verbreiten Sie Ihre Pressemitteilungen über verschiedenste Kanäle, wie beispielsweise Presseportale.

---

**Anleitung für eine gute Pressemitteilung**

Bei Pressemitteilungen im Internet sind einige Besonderheiten zu berücksichtigen. Anders als bei der klassischen PR, bei der sich die Pressemitteilungen an Journalisten richten, erreichen die Pressemitteilungen im Netz sowohl Journalisten als auch Kunden. Das A und O für eine gute Pressemitteilung sind dabei Mehrwert und Relevanz: Die Leser erwarten auf sie zugeschnittene transparente Informationen. Eine gute Pressemitteilung macht schon auf den ersten Blick einen strukturierten Eindruck. Der Leser kann durch entsprechende Formatierungen auch beim Scannen des Inhalts wesentliche Informationen erfassen. Nach einer »knackigen« Überschrift folgt üblicherweise eine kurze Einleitung von wenigen Sätzen. Der eigentliche Text ist in Absätze mit Zwischenüberschriften gegliedert. Am Ende der Pressemitteilung werden Unternehmens- und Kontaktinformationen angeführt. Überschriften und Text sind mit relevanten Keywords (Schlüsselbegriffen) gespickt, damit Ihre Neuigkeit von Suchmaschinen besser gefunden wird (mehr dazu lesen Sie in Kapitel 12 »Suchmaschinenoptimierung (SEO)«. An passender Stelle sollte ein Link auf eine spezielle Zielseite (Landing Page) integriert werden, die den Leser mit weiteren Informationen versorgt.

---

### Online-Presse-Portale

Über derartige Portale können Sie Ihre Neuigkeiten zum Teil kostenlos direkt veröffentlichen. Man unterscheidet dabei kostenpflichtige und kostenlose Dienste.

Erstere sind die bekannten Agenturen, wie beispielsweise die dpa (Deutsche Presse Agentur: *http://www.dpa.de*). Darüber hinaus existieren auch kostenfreie, meistens werbefinanzierte Portale. Yigg (*www.yigg.de*) verfolgt den Social-Media-Ansatz und bezeichnet sich als »eine Nachrichten-Webseite, auf der die Benutzer selber Nachrichten einstellen, bewerten und kommentieren können. Die Community der Nutzer ist sozusagen das Redaktionsteam, das darüber entscheidet, welche Nachrichten den Lesern präsentiert werden sollen.« Auch Google News (*http://news.google.com*) zählt zu den Nachrichtenportalen, die nach eigenen Angaben Meldungen aus mehr als 700 deutschsprachigen Nachrichtenquellen weltweit sammeln.

Zudem können sich sogenannte Artikelverzeichnisse lohnen. Hier können Sie (Fach-)Artikel veröffentlichen, die andere Websites wiederum verlinken können – Sie erhalten damit einen Backlink auf Ihre Website.

### E-Mail-Newsletter

Per E-Mail können Sie in regelmäßigen Abständen Neuigkeiten an einen bestimmten Empfängerkreis richten. Mehr dazu lesen Sie auch in Kapitel 3, »Direkte Ansprache – Wirksames E-Mail- und Newsletter-Marketing«.

### Podcasts

Einige Podcast-Empfehlungen stellen wir Ihnen in unseren Literaturempfehlungen vor. Hören Sie doch mal rein, und entscheiden Sie, ob es auch für Sie sinnvoll sein könnte, Inhalte auf diese multimediale Art zur Verfügung zu stellen.

### RSS-Feeds

Stellen Sie Ihren Interessenten Neuigkeiten per *RSS-Feed* (*Really Simple Syndication*) zur Verfügung. Stellen Sie sich einen RSS-Feed ähnlich wie einen Nachrichtenticker vor. Dabei abonniert ein Empfänger einen Feed (englisch »to feed«, deutsch »füttern«) und erhält Neuigkeiten, ohne dabei regelmäßig die entsprechende Website aufrufen zu müssen. Diese Meldungen erhält er in seinem Feedreader, und er kann den angegebenen Link aufrufen, um die gesamte Nachricht zu lesen (siehe Abbildung 4.22).

Sollten Sie sich entschließen, Ihren Nutzern einen RSS-Feed anzubieten, dann tragen Sie diesen auch in entsprechende RSS-Verzeichnisse ein.

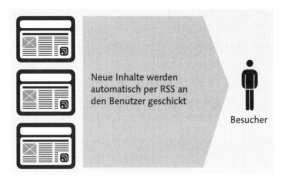

**Abbildung 4.22**  Prinzip von RSS-Feeds

### 4.6.2  Mit Interessenten in Kontakt treten

Nutzen Sie, wie eingangs beschrieben, die Möglichkeit im Internet, mit Ihren Interessenten direkt in Kontakt zu treten. Einige Möglichkeiten, wie Sie das tun können, sind im Folgenden aufgeführt.

**Blogs**

Wie Sie schon zu Beginn dieses Kapitels gelesen haben, gibt es die digitalen Tagebücher en masse im Internet und zu nahezu allen (Spezial-)Themen. Auch Unternehmen können auf diese Weise mit Lesern in Kontakt treten, indem sie einen Unternehmensblog erstellen, wie beispielsweise das Unternehmensblog der Daimler AG (*blog.daimler.de*). Wie Sie sich vielleicht schon denken können, gibt es auch Blogverzeichnisse, in die Sie Ihren Unternehmensblog eintragen können.

**Online-Foren und Communitys**

Mithilfe von Online-Foren und Communitys können Sie in direkten Kontakt mit Ihren Kunden treten. Erstellen Sie beispielsweise ein Forum, in dem Sie Produktfragen beantworten und somit einen besonderen Service für Ihre Kunden zur Verfügung stellen. Nutzen Sie zudem die Möglichkeit, über themenspezifische Communitys mit Ihren Interessenten zu kommunizieren.

**Twitter**

Den Microblogging-Dienst Twitter haben Sie schon auf den vorangegangen Seiten näher kennengelernt. Auch dieser Dienst lässt sich selbstverständlich im Bereich Online-PR nutzen.

**Newsgroups**

Als Newsgroups werden digitale Gruppen bezeichnet, die dem Austausch von Nachrichten zu einem Themenfeld dienen. Auch dies bietet eine Gelegenheit, Ihre Meldungen einzubringen.

### 4.6.3 Fließende Übergänge: Social–Media- und Online-PR

Wie schon erwähnt, sind die Bereiche Social-Media-Marketing und Online-PR nicht vollständig voneinander abzugrenzen. Es bestehen vielmehr fließende Übergänge zwischen den beiden Bereichen. In Ihrem Unternehmen sollten Sie daher festlegen, wer genau für die Kommunikation in Social Media-Kanälen zuständig ist. In der Praxis ist es oftmals der Fall, dass immer mal wieder der ein oder andere Mitarbeiter aus unterschiedlichen Abteilungen Meldungen in sozialen Netzwerken veröffentlicht – und das ohne interne Abstimmung. Dies ist oftmals der Grund dafür, dass weder regelmäßig noch einheitlich kommuniziert wird und Social-Media-Maßnahmen erfolglos bleiben. Wir empfehlen Ihnen daher, die Zuständigkeiten klar zu definieren. Arbeiten Sie mit einer sogenannten *Social Media Guideline*, die den Mitarbeitern klar aufzeigt, was und wie innerhalb der Netzwerke kommuniziert wird. Der Bundesverband Digitale Wirtschaft (BVDW) stellt beispielsweise einen solchen Leitfaden zum Download zur Verfügung. Hier könnte z. B. aufgeführt sein, welche Unternehmenszahlen öffentlich kommuniziert werden und welche nicht nach außen gegeben werden sollten. Darüber hinaus sollten die PR-Verantwortlichen die sozialen Medien genau im Auge behalten und das Stimmungsbild zum Unternehmen kennen.

**Reputation-Management und Markenauftritt**

Das sogenannte *Reputation-Management*, auch als *Online–Reputation-Management (ORM)* bezeichnet, befasst sich mit allen Aktivitäten, die auf den Ruf einer Organisation oder Einzelperson abzielen. Der Ruf ist dabei das, was andere Personen Ihnen zusprechen, und ist dementsprechend fremdbestimmt. Zu beachten ist also, welche Suchmaschinenergebnisse erscheinen und wie positiv oder negativ die Meinungen und Diskussionen zu Ihnen in Foren und Blogs sind. Wie werden Sie wahrgenommen, und wie treten Sie auf? Weil das Internet sprichwörtlich nichts vergisst, sollten Sie Wert auf Ihr virtuelles Erscheinungsbild legen. Denn nach dem prominenten Zitat von Warren E. Buffet, braucht es »*zwanzig Jahre, um einen guten Ruf aufzubauen, und fünf Minuten, ihn zu zerstören*«.

Entwickeln Sie ein System, mit dem Sie Ihren Ruf beobachten. Gute Werkzeuge bieten dabei die Meldesysteme wie Google Alerts (*www.google.de/alerts*), Yahoo Alerts (*http:// alerts.yahoo.com*) oder TweetBeep (*http://tweetbeep.com*). Das kostenfreie Tool *http:// addictomatic.com* zeigt Ihnen nach Eingabe eines Suchbegriffs Ergebnisse aus Blogs, Twitter, Facebook und weiteren Quellen.

Schenken Sie den Meinungen zur Ihrer Website ausreichend Beachtung, und sehen Sie Feedback – auch negatives – als Hilfe an, da Sie dadurch wissen, wo Sie sich verbessern können. Die zweite Phase im ORM-Prozess ist die Interpretation. Erörtern Sie das, was über Sie gesagt wird, und reagieren Sie darauf. Es gilt zu entscheiden, welche Meinungen eine große Relevanz haben und in welcher Art und Weise reagiert werden sollte. Dies ist der dritte Prozessschritt. Seien Sie dabei ehrlich und transparent. Sie sollten sich und Ihren Internetauftritt klar positionieren. Achten Sie auf einen einheitlichen, klaren Markenauftritt.

Noch ein abschließender Tipp: Machen Sie es Ihren Nutzern so einfach wie möglich, Ihre Informationen zu verbreiten. Die klassischen PR-Kanäle sollten so gut wie möglich mit sozialen Netzwerken gekoppelt werden. Erstellen Sie auf die einzelnen Medien ausgerichtete Inhalte. Nutzen Sie die vielfältigen Chancen, die Ihnen Social–Media- und Online-PR bieten. Sie können damit direkt Ihr Unternehmensimage im Internet steuern und den Kontakt zu bestehenden und neuen Kunden herstellen.

*»Schau mir in die Augen, Kleines!«*
*– Aus dem Film »Casablanca« von Michael Curtiz*

# 5 Videomarketing

Als der Tsunami 2004 in Indonesien wütete oder am 11. September 2001 Flugzeuge in das World Trade Center flogen, zückten einige Menschen ihr Handy, um den Moment per Video festzuhalten. Aber nicht nur Katastrophen bewegen Menschen dazu, bestimmte Situationen zu filmen. Auch skurrile oder witzige Augenblicke werden gerne festgehalten. Auf Konzerten leuchten statt der früheren Feuerzeugflämmchen nun die Handydisplays, und am nächsten Tag können sich Surfer einzelne Songs im Internet anschauen. So gibt es zunehmend mehr »Produzenten« und auch Konsumenten von Videos.

Weltweit schauen ca. 70 % der Internetnutzer Online-Videos. Bereits 11 % der Online-Nutzer sehen sich die Bewegtbilder auf mobilen Endgeräten an. Das ergab die Studie »How People Watch – A Global Nielsen Consumer Report« von Nielsen Media Resarch. Weitere Zahlen belegen, dass sich eine Vielzahl von Internetnutzern in Deutschland Videos im Web ansieht. Nach einer Online-Studie von ARD und ZDF ist der Prozentsatz für den Abruf von Videodateien in den letzen Jahren stetig angewachsen und erreichte im Jahr 2010 etwa 65 % (siehe Tabelle 5.1).

|  | 2006 | 2007 | 2008 | 2009 | 2010 |
|---|---|---|---|---|---|
| Video (netto) gesamt | 28 % | 45 % | 55 % | 62 % | 65 % |
| davon: | | | | | |
| Videoportale | – | 34 % | 51 % | 52 % | 58 % |
| Fernsehsendungen/Videos zeitversetzt | 10 % | 10 % | 14 % | 21 % | 23 % |
| live fernsehen im Internet | 7 % | 8 % | 12 % | 18 % | 15 % |
| Videopodcasts | 3 % | 4 % | 7 % | 6 % | 3 % |

**Tabelle 5.1** Ergebnis einer ARD/ZDF-Onlinestudie für die Jahre 2006 bis 2010: 65 % der Onliner riefen im Jahr 2010 Videotheken im Internet ab.

Und auch der zeitliche Rahmen der Videonutzung ist beträchtlich. Innerhalb der Studie »Mediascope Europe« der European Interactive Advertising Association (EIAA) hat man herausgefunden, dass Videonutzer 12,2 Stunden pro Woche TV sehen, aber mit 13,8 Stunden pro Woche mehr Zeit im Internet verbringen. Der größte Anteil der Nutzung von Bewegtbildern liegt dabei auf Videoportalen, so eine ARD/ZDF–Onlinestudie 2010.

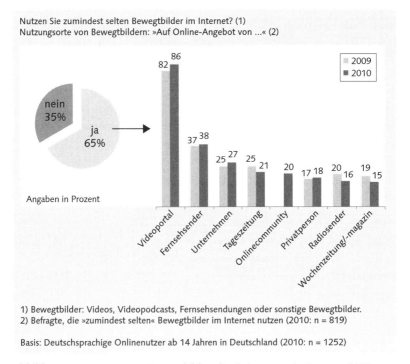

1) Bewegtbilder: Videos, Videopodcasts, Fernsehsendungen oder sonstige Bewegtbilder.
2) Befragte, die »zumindest selten« Bewegtbilder im Internet nutzen (2010: n = 819)

Basis: Deutschsprachige Onlinenutzer ab 14 Jahren in Deutschland (2010: n = 1252)

**Abbildung 5.1**  Nutzung von Bewegtbildern live/zeitversetzt im Internet 2010: Videoportale werden am stärksten genutzt. (Quelle ARD/ZDF-Onlinestudie 2010)

Ein Grund für diese Entwicklung liegt in den immer besseren Endgeräten: Digitalkameras und Handys mit hochauflösenden Kameras, extrem schnelle Internetverbindungen und Flatrates zu geringen Kosten tragen ihren Teil dazu bei, dass zunehmend mehr Nutzer Videos in hoher Qualität erstellen (*User Generated Content, UGC*). Viele Nutzer sind dabei weniger an einer monetären Vergütung für das Einstellen von Videos interessiert, sondern werden eher durch Kommentare, Bewertungen und eine Vielzahl an Videoaufrufen angespornt.

Aktuell beläuft sich die Zahl der täglich abgerufenen Videos in Deutschland auf 151 Millionen, so der von der Strategieberatung Goldmedia für die Bayrische Landeszentrale für neue Medien (BLM) erstellte Web-TV-Monitor 2010 (*http:// www.webtvmonitor.de/*). Lassen Sie sich diese Zahl ruhig auf der Zunge zergehen.

Angenommen, die durchschnittliche Länge eines Videos beträgt eine Minute, so könnte man 287 Jahre (!) ununterbrochen Videoinhalte abrufen. In den nächsten Jahren, so die Prognosen, sollen die Zahlen verdreifacht werden und dann knapp 390 Millionen Videoabrufe am Tag erreichen.

Videos zählen inzwischen zu extrem beliebten Web-Inhalten. Dabei gibt es Online-Videos schon seit den 90er-Jahren. Durch den hohen Aufmerksamkeitsgrad, den Online-Videos bei Benutzern erreichen, werden sie zunehmend für Unternehmen und Website-Betreiber interessant, die sie als Kommunikationsmittel nutzen. Wir möchten uns daher in diesem Kapitel speziell dem Videomarketing widmen. Nachdem wir uns im ersten Abschnitt dem Videomarketing in seiner Bedeutung zuwenden, gehen wir anschließend auf das Erstellen von Videos ein. Im Folgenden schauen wir uns bekannte Videoportale genauer an, nehmen Videowerbung ebenso unter die Lupe wie Videos auf der eigenen Website und schließen mit einem Blick in die Zukunft ab.

Klappe, die erste: Und Action!

## 5.1    Bewegender Trend – Videomarketing

Videomarketing – das Wort ist in aller Munde, doch was verbirgt sich genau hinter diesem Begriff?

Videomarketing (oder auch *Web Video Marketing*) meint das Präsentieren von Botschaften per Video auf der eigenen Website oder anderen Internetpräsenzen. Das Internet ist damit das Verbreitungsmedium für diese Botschaft, die unterschiedlichen Charakter haben kann. Damit ist Videomarketing ein spezieller Bereich des Online-Marketings.

Der Vorteil von Videos liegt auf der Hand: Zum einen können sie in ihrer multimedialen Art Emotionen transportieren, wie es allein per Text, Bild oder Audio nicht möglich wäre. Zum anderen sind sie für Website-Betreiber und Unternehmen besonders interessant, da sie komplexe Sachverhalte verständlich vermitteln und eine klare Markenbotschaft transportieren können. So kann der Einsatz von Videos das Image unterstützen und auch Kompetenz und Innovation vermitteln.

Videos können also die Website-Besucher fesseln und die Verweildauer erhöhen. Werden sie für interessant erachtet, werden sie von Benutzern weitergeleitet und verbreitet, wodurch auch die Zuschauerzahl steigen kann.

Sowohl Reichweite als auch Bekanntheit werden dadurch unterstützt. So kommen Image- und Produktfilme (siehe Abbildung 5.2) ebenso zum Einsatz wie sogenannte *Webisodes*. Mit Letzterem sind Serien im Web gemeint, die aus kurzen Einzelfolgen bestehen, die sich in einen Gesamtzusammenhang einfügen und zum Teil Interaktionen zulassen.

**Abbildung 5.2** Imagefilm der Daimler AG auf YouTube

Zudem sind virale Kampagnen (mehr dazu lesen Sie in Kapitel 7, »Virales Marketing und Guerilla-Marketing im Netz«) sowie Wettbewerbe (Video-Contests) denkbar, die oftmals einen Traffic-Anstieg nach sich ziehen. Möchten Sie Ihre Besucheranzahl steigern oder Ihre Abverkäufe, möchten Sie Ihre Markenkommunikation unterstützen oder neue Produkte vorstellen? Je nachdem, welches Ziel Sie erreichen möchten, können die Videos verschiedenste Ausprägungen haben und an verschiedenen Stellen veröffentlicht werden.

Grundsätzlich sind Online-Videos auf allen Arten von Websites denkbar. So können beispielsweise Nachrichten-Websites mithilfe von Videos aktuelle Themen glaubwürdig präsentieren und Online-Shops ihre Produkte besonders greifbar darstellen. Angebote mit hohem Erklärungsbedarf, wie zum Beispiel Versicherungen, können eine Ausnahme darstellen. Online-Videos sollten auf die Website, das Angebot und selbstverständlich auf die Zielgruppe zugeschnitten sein. Für jeglichen Einsatz von Videos im Netz gilt, dass sie mit dem eigentlichen Website-Inhalt Hand in Hand gehen und dem Besucher einen Mehrwert bieten sollten.

**Screencasts**

*Screencasts* sind eine besondere Form von Videos: Sie zeigen, ähnlich wie eine Film-Gebrauchsanweisung, Abläufe und Anwendungen z. B. von Software oder Produkten im Detail. Auch Installationsvorgänge können optimal per Screencast erläutert werden.

Natürlich hängt auch der Erfolg im Videomarketing direkt mit Ihren angestrebten Zielen zusammen. Grundsätzlich profitieren Sie aber dann, wenn die Inhalte optimal gefunden werden, die Reichweite also steigt und auch die Verbreitung der Inhalte z. B. durch Bewertungs- und Empfehlungsfunktionen stattfindet. Wenn jedoch zu viel Aufwand (auch monetärer Art) einem wenig besuchten und angesehenen Video gegenübersteht, dann ist Videomarketing fehlgeschlagen. Das kann an inhaltlich schlechten Videos liegen, die keinen Mehrwert bieten und nicht auf die Zielgruppe abgestimmt sind, oder daran, dass die Videos schlecht zu finden sind.

Wir gehen auf den folgenden Seiten näher auf die Konzeption und Präsentation von Videos ein. Darüber hinaus möchten wir in diesem Kapitel auch die Möglichkeiten vorstellen, innerhalb von Videos Werbung zu platzieren. Mehr dazu lesen Sie in Abschnitt 5.5, »Video-Ads«.

## 5.2    Videos erstellen

Wenn Sie entscheiden, dass Videomarketing für Sie eine sinnvolle Werbemöglichkeit ist, lautet die erste Frage, die Sie sich innerhalb Ihrer Videostrategie stellen müssen: Möchten Sie Ihr Video selbst hosten (d. h. für das Web speichern) oder das Hosting einem anderen Anbieter überlassen? In den meisten Fällen ist für das eigene Hosting eine Menge technischer Aufwand notwendig, sodass oftmals das ausgelagerte Hosting infrage kommt. Aus diesem Grund gehen wir an dieser Stelle nicht näher auf das eigene Hosting ein und konzentrieren uns mehr auf die inhaltliche Gestaltung von Videos.

Die zweite Frage, die Sie klären sollten, lautet: Wo möchten Sie Ihr Video präsentieren? Möchten Sie Ihre Videos ausschließlich auf Ihrer Website zeigen, oder auch auf anderen Websites?

Wenn Sie ein Video in die eigene Website integrieren, sollten Sie unbedingt Wert darauf legen, dass es in einem thematisch passenden Umfeld eingebettet wird. In der Praxis wird häufig der Fehler begangen, dass Videos auf der Startseite gezeigt werden, obwohl es Unterseiten gibt, die deutlich besser zum Inhalt passen würden. Auch wenn Sie eine optimale Seite gefunden haben, sollte das Video selbst nicht als »Anhang« an den Inhalt gesetzt werden, sondern in den passenden

Inhalt einfließen. Wenn der Umfang Ihrer Videoinhalte größer ist, können Sie sich überlegen, eine Rubrik für Videoinhalte in Ihre Navigation aufzunehmen.

Entscheiden Sie sich für die Variante, Ihr Video auch auf anderen Websites zu zeigen, kommen Videoportale und auch soziale Netzwerke (z. B. Facebook etc.) hinzu (siehe Abbildung 5.3).

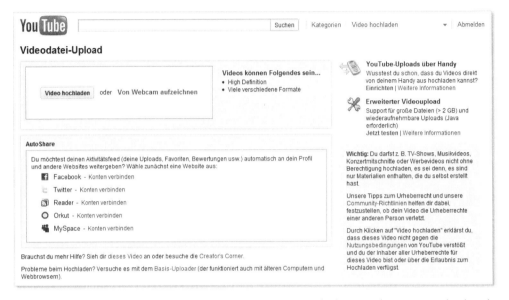

**Abbildung 5.3**   Bei YouTube können Sie Ihren Account direkt mit anderen wie Facebook und Twitter verknüpfen

Dabei profitieren Sie von einer höheren Reichweite, einfach zu bedienenden Funktionen zum Empfehlen, Kommentieren, Weiterleiten, einem einfachen Upload – und das ohne weitere Kosten. Auf der anderen Seite sollten Sie sich aber bewusst machen, dass die Videos in diesem Fall nicht auf Ihrer Website angesehen werden, dass unter Umständen Werbung eingeblendet werden kann, dass je nach Portal möglicherweise Qualitätsverluste entstehen können und dass die Länge limitiert sein kann. Zudem erhalten Sie keinen »LinkJuice«, wenn Videos auf anderen Websites eingebettet werden. Springen Sie zu Abschnitt 5.4, »SEO und Videomarketing«, um zu erfahren, wie Sie Ihre Videos auch für Suchmaschinen gut auffindbar auf Videoportalen einstellen können.

> **Hinweis**
>
> Es gibt auch Dienstleister, die das Einstellen Ihres Videos auf verschiedensten Portalen übernehmen, z. B. Videocounter (*http://www.videocounter.com*).

Sollten Sie Ihr Video auf Ihrer eigenen Website und einem Videoportal integrieren, ist das sogenannter *Duplicate Content*, also doppelter Inhalt, auf den Suchmaschinen gar nicht gut reagieren. Achten Sie also unbedingt darauf, unterschiedliche Beschreibungen und Titel zu verwenden. Von Vorteil ist bei dieser doppelten Platzierung, dass Sie sowohl die Kontrolle über Ihr Video auf der eigenen Seite behalten und es den bestehenden Besuchern präsentieren können als auch ein großes Publikum auf den Portalen ansprechen.

> **Tipp**
>
> Stellen Sie kurze Trailer-ähnliche Videos in Videoportale ein, und zeigen Sie die vollständige Videoversion auf Ihrer Website.

Stellen Sie unbedingt sicher, dass Sie die Portal-Zuschauer nicht auf Ihre Website leiten und Ihnen dort das gleiche Video noch einmal präsentieren. Wenn Sie sich in die Lage des Benutzers versetzen, können Sie nachempfinden, dass dies frustrierend und ärgerlich sein kann. Besser ist es daher, wenn Sie eine spezielle Landing Page entwickeln und den Portal-Zuschauer zu dieser leiten und ihn zu einer definierten Handlung führen. Die angegebene URL in Ihrem auf einem Portal eingebetteten Video sollte möglichst kurz und leicht zu merken sein, da man in Videos nicht auf Links klicken kann, sondern die URL per Hand eintippen muss. Bei dieser Vorgehensweise können Sie genau messen, wie viele Besucher von Ihrem Portal-Video zu Ihrer Landing Page gelangt sind.

Haben Sie all diese Fragen geklärt, so müssen Sie festlegen, wer Ihr Video erstellt. In vielen Fällen bietet es sich an, dieses einem Dienstleister zu überlassen. Je nachdem, welche Ansprüche Sie an das Video stellen, müssen die Kosten nicht in unermessliche Dimensionen steigen und sind auch für kleinere Unternehmen und Website-Betreiber bezahlbar. Inzwischen gibt es viele Anbieter, die auch schon für kleines Geld qualitativ hochwertige Videos erstellen. Sie kennen sich gut mit dem Equipment aus und bringen schon Erfahrungen im Videodreh mit. Formulieren Sie klar Ihre Ansprüche und Ziele, um ein hohes Investitionsrisiko zu minimieren. Daher unsere Empfehlung: Ziehen Sie einen Drittanbieter heran, und lassen Sie Ihre Videos erstellen.

### Der Videoinhalt

So individuell Ihre Website und Ihre Ziele sein können, so vielfältig können auch Online-Videos in ihrem Inhalt sein. Für alle gilt jedoch: Achten Sie darauf, dass das eingebundene Video auf Ihrer Website zu dem Inhalt passt, der es umgibt. Sie können um das Video herum weitere Informationen ergänzen, indem Sie passende Artikel, Fragebögen etc. anbieten. Stellen Sie sicher, dass Ihr Video Ihr Marketingziel unterstützt.

Wenn Sie Ihr Markenimage verbessern möchten, dann sollte die Marke auch Kern des Videos sein. Möchten Sie hingegen den Zuschauer zu einem Kauf anregen, so können Sie Ihre Produkte multimedial vorführen (siehe Abbildung 5.4 und Abbildung 5.5).

**Abbildung 5.4** Die Produktbeschreibung bei Baur umfasst auch ein Produktvideo.

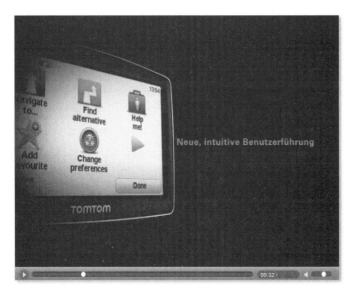

**Abbildung 5.5** Produktvideo zum Navigationsgerät bei Baur

Trotz des virtuellen Raums können Sie so sehr reale Einkaufserlebnisse schaffen, Ihre Angebote in einer passenden Umgebung vorstellen und deren Vorteile herausarbeiten. In jedem Fall sollte ein Video den Zuschauern einen Mehrwert bieten. Das können beispielsweise zusätzliche Informationen sein oder auch ein witzig gestaltetes Video, das gerne weitergeleitet wird.

Wie Sie in Kapitel 16, »Usability – Benutzerfreundliche Websites«, lesen können, gibt es die magische Zahl Sieben. Untersuchungen zufolge können sich Menschen bis zu sieben Dinge besonders gut merken. Aus diesem Grund haben wir die folgenden Tipps, die Sie bei der Erstellung eines Videos beachten sollten, auf sieben begrenzt. Sicherlich gibt es darüber hinaus noch weitere Aspekte, die Sie bei einem Video beachten sollten, die aber den Rahmen dieses Buches sprengen würden.

**7 Dinge, die Sie bei Ihrem Video beachten sollten**

▶ **Interessanter Inhalt**: Das ist das A & O eines Videos. Legen Sie Wert auf eine klare Struktur, in der die wichtigsten Informationen übermittelt werden.

▶ **Videolänge**: Bedenken Sie, dass die Aufmerksamkeit der Zuschauer nach vier Minuten deutlich abnimmt.

▶ **Brand Awareness (Markenbekanntheit)**: Steigern Sie die Wahrnehmung Ihrer Marke, indem Sie sie im Video platzieren. Das kann im Vorspann, Abspann und innerhalb des Videos geschehen.

▶ **Fürsprecher**: Ziehen Sie in Erwägung, sogenannte *Testimonials* in Ihr Video zu integrieren, beispielsweise Aussagen von zufriedenen Kunden. Dies kann die Glaubwürdigkeit unterstützen.

▶ **Optimale Wiedergabe**: Überprüfen Sie technische Aspekte. Ihr Video sollte schnell starten und möglichst nicht unterbrochen werden (z. B. durch Datenpufferung).

▶ **Tonqualität**: Neben den Bildern spielt der Ton die Musik. Stellen Sie sicher, dass Ihr Ton sauber aufgenommen wird und auch mit weniger guten Endgeräten leicht verständlich ist. Hintergrundmusik und -geräusche sollten im Hintergrund bleiben und Gesprochenes nicht übertönen.

▶ **Call-to-Action**: Stellen Sie eine klare Handlungsaufforderung (Call-To-Action) ans Ende Ihres Videos. Dies kann z. B. eine kurze und prägnante URL sein, die der Zuschauer aufrufen soll, damit er auf eine Landing Page gelangt. Stellen Sie heraus, was den Besucher erwartet, wenn er diese Seite aufruft.

## 5.3 Videoportale und Hosting-Lösungen

Im Internet gibt es mittlerweile zahlreiche Videoportale. Die Nase vorn, was den Bekanntheitsgrad und die Reichweite anbelangt, hat das Videoportal *YouTube*. Wir werden uns als Erstes ansehen, was der Begriff Videoportal genau bedeutet, und schauen uns anschließend einige Portale detaillierter an.

Videoportale sind spezielle Websites, die den Nutzer aktiv oder passiv ansprechen. So können Besucher Videodateien hochladen (aktiv) oder sich Videos ansehen und somit konsumieren (passiv). Dies ist in der Regel nicht mit Kosten verbunden und technisch über einen eingebundenen Videoplayer möglich. Üblicherweise können Nutzer nach dem Web-2.0-Motto die Inhalte bewerten, kommentieren, weiterleiten und über Social-Media-Kanäle verbreiten.

Die Inhalte der Videoportale sind in vielen Fällen eine Mischung aus von Nutzern eingestellten Inhalten und Videos, die der Portalbetreiber selbst einstellt. So gibt es neben *User Generated Content* (*UGC*) auch TV-Sendungen oder Mitschnitte, die von den Sendern selbst eingestellt werden können.

Wie schon angekündigt, möchten wir nun auf einige Videoportale näher eingehen. Die vorgestellten Websites zählen zu sehr bekannten Portalen (dies trifft insbesondere auf YouTube zu), dennoch möchten wir nicht den Anspruch auf Vollständigkeit erheben. Viele Funktionen sind auch auf andere Videoportale übertragbar.

Nach einer ARD/ZDF-Onlinestudie haben 45 % der Onliner in den letzten vier Wochen das Videoportal YouTube genutzt, wohingegen sich der Anteil auf andere Videoportale im deutlich geringeren Prozentsatz abspielt (siehe Tabelle 5.2).

| | letzten 4 Wochen | länger | noch nie |
|---|---|---|---|
| **YouTube** | 45 % | 17 % | 38 % |
| **myvideo** | **11 %** | **17 %** | **72 %** |
| **Clipfish** | 8 % | 17 % | 75 % |

**Tabelle 5.2** Nutzung von Videotheken und Videoportalen 2010, eigene Darstellung in Anlehnung an eine ARD/ZDF-Onlinestudie

Wer aber steckt nun hinter dem Marktführer YouTube? Inzwischen wird das Portal als zweitgrößte Suchmaschine nach Google bezeichnet. Wir haben für Sie einen kurzen Steckbrief zusammengestellt.

**Steckbrief: YouTube**

▸ Domain: *http://www.youtube.com/*
▸ Gegründet: Februar 2005
▸ Eigentümer: Google Inc.
▸ Sprachen: 34 Sprachen
▸ Besucher pro Monat: über 10 Mio. Aufrufe der Startseite pro Tag in Deutschland (Stand Juli 2010)
▸ Inhalte: Nutzergenerierte Inhalte (UGC), Film- und TV-Clips, Musikvideos

▶ Besonderheit: YouTube wurde im Oktober 2006 für 1,31 Milliarden Euro (in Aktien) von Google gekauft. Das Videoportal führt die Liste der Videoportale international an. Nach Angaben des offiziellen YouTube-Blogs werden pro Minute 35 Stunden Videoclips hochgeladen (Stand: November 2010).

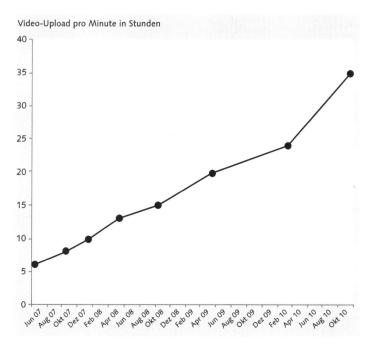

Video-Upload pro Minute in Stunden

**Abbildung 5.6**  Entwicklung der Uploads bei YouTube
(entnommen aus dem offiziellen YouTube–Blog)

Mitverantwortlich für diese Entwicklung sind unter anderem die technologische Entwicklung z. B. bei Handys, die Ausweitung der zeitlichen Limitierung auf 15-Minuten-Clips und die erhöhte Datenmenge von 2 GB.

Zuschauer eines YouTube-Videos haben unter anderem die Möglichkeit, das Video zu kommentieren, weiterzuleiten, auf anderen Websites einzubetten und mitzuteilen, ob sie es mögen oder nicht (mit einem Daumensymbol, das je nach Gefallen nach oben oder unten zeigt). Zudem können angemeldete Benutzer benachrichtigt werden, wenn neue Videos auf einem entsprechenden Kanal verfügbar sind. In Abbildung 5.7 sehen Sie als Beispiel ein Werbevideo der Hotelkette Ibis.

Darüber hinaus können sich YouTube-Nutzer unter anderem einen eigenen Kanal anlegen und Favoriten verwalten. Den YouTube-Kanal von Porsche (*http:// www.youtube.com/user/porsche*) sehen Sie beispielhaft in Abbildung 5.8.

**Abbildung 5.7**  Clip vom Ibis-Hotel auf YouTube

**Abbildung 5.8**  Der Brand-Channel von Porsche unterstützt die Markenkommunikation.

Werbetreibende hingegen müssen sich im Zusammenhang mit dem Video-Upload einen Account bei YouTube anlegen. Dann haben sie die Möglichkeit, unter dem Menüpunkt INSIGHT Statistiken zu ihren Videos einzusehen. Dazu zählen die Aufrufe nach Zeit und Region, demografische Daten und Links, die auf das Video verweisen. So haben Sie eine recht gute Erfolgskontrolle, was Ihre Videos anbelangt.

Je nach Videoportal bestehen unterschiedlich detaillierte Tracking-Möglichkeiten. Stellen Sie sicher, dass Sie alle für Sie relevanten Zahlen messen, möglicherweise auch über ein unabhängiges Tracking-Tool. Nutzen Sie diese Zahlen, um Ihre Videos zu optimieren.

> **Tipp**
>
> Unter *http://youtube.com/editor* steht Ihnen der YouTube Video-Editor zur Verfügung, mit dessen Hilfe Sie Ihre Videos schneiden, mit Musik untermalen und bearbeiten können.

Das zweite Videoportal, das wir Ihnen in aller Kürze vorstellen möchten, heißt *MyVideo*. Wichtige Eckdaten erfahren Sie aus dem kurzen Steckbrief.

> **Steckbrief: MyVideo**
>
> ▶ Domain: *http://www.myvideo.de/*
> ▶ Gegründet: April 2006
> ▶ Eigentümer: SevenOne Intermedia GmbH, ProSiebenSat1
> ▶ Sprachen: aktuell in acht Sprachen verfügbar
> ▶ Besucher pro Monat: 8,9 Millionen (Quelle: AGOF internet Facts 2010-II)
> ▶ Inhalte: Videos aus den Bereichen Musik, Film, Themenwelten (z. B. Sport, Politik, Lifestyle etc.), Serien und auch Games
> ▶ Besonderheit: über 9.000 Uploads pro Tag und über 120 Mio. Video-Views pro Monat

Nutzern, die sich Clips bei MyVideo ansehen, stehen ähnliche Funktionen wie bei YouTube zur Verfügung. So kann das Video eingebettet und über verschiedene (Social-Media-)Kanäle weitergeleitet werden. Zuschauer können eine Bewertung per Sternchenabgabe vornehmen und Kommentare hinterlassen. Zudem kann ein Clip z. B. einer Favoritenliste hinzugefügt werden. Ein Beispiel für ein Video auf MyVideo sehen Sie in Abbildung 5.9.

Haben Sie die Werbeeinblendung entdeckt? Im unteren Bereich des Videoclips erscheint zeitweilig eine Werbeeinblendung. Mehr zu dieser Art von Werbung lesen Sie in Abschnitt 5.5, »Video-Ads«.

**Abbildung 5.9** Beispiel-Video: Autohaus Hirmer GmbH auf MyVideo

Schauen wir uns zunächst noch ein drittes Videoportal an, nämlich *Clipfish*.

**Steckbrief: Clipfish**

▶ Domain: *http://www.clipfish.de/*

▶ Gegründet: Juni 2006

▶ Eigentümer: RTL interactive, RTL Group

▶ Sprachen: Deutsch

▶ Besucher pro Monat: 2,4 Mio. (nach Angaben der Clipfish Mediadaten 2010)

▶ Inhalte: Musik, Comedy, Kino, News und Games

▶ Besonderheit: Seit 2007 werden durch die Kooperation mit Sony BMG Entertainment auch Musikvideos zur Verfügung gestellt. RTL strahlte zudem eine Sendung namens *Clipfish TV* aus, in der die besten Clips präsentiert wurden.

Nicht verwunderlich: Eine Bewertungs-, Empfehlungs- und Kommentarfunktion sowie weitere Funktionen sind auch in diesem Videoportal vorhanden (siehe Abbildung 5.10).

**Abbildung 5.10**  Video eines Gasthofs bei Clipfish

Zu guter Letzt möchten wir noch auf ein spezielles Portal eingehen, bevor wir uns im Anschluss dem Zusammenhang von Suchmaschinenoptimierung und Videos widmen. Hier also unser Steckbrief zu *Sevenload*:

**Steckbrief: Sevenload**

- Domain: *http://de.sevenload.com/*
- Gegründet: April 2006
- Eigentümer: sevenload GmbH
- Sprachen: 21 Sprachen
- Besucher pro Monat: > 20 Millionen Unique Users pro Monat
  (*http://corporate.sevenload.com/de/company/facts*)

▶ Inhalte: 11 Kanäle, darunter TV, Ratgeber/Wissen, Kids, Kino/Kultur, Gesellschaft/ Soziales

▶ Besonderheit: Sevenload ist kein reines Videoportal, sondern nach eigener Aussage eine »Social Community für WebTV, Videos, Fotos und Freunde«.

In Abbildung 5.11 sehen Sie als Beispiel einen Clip eines Weinguts. Interaktionsmöglichkeiten (z. B. empfehlen, weiterleiten, bewerten etc.) sind für den Zuschauer zwar vorhanden, vergleichsweise aber etwas weniger prominent platziert.

**Abbildung 5.11**  Beispiel eines Weingut-Videos auf Sevenload

## 5.4  SEO und Videomarketing

Videos zählen ebenso wie Texte und Bilder zu Website-Inhalten, die von Suchmaschinen per *Crawling* »durchleuchtet« werden, um in deren Suchergebnissen wieder aufzutauchen. Wir möchten Ihnen im Folgenden einige Tipps an die Hand geben, damit Benutzer Ihre Videos finden, wenn sie auf Google oder Videoportalen suchen, und damit auch Websites gefunden werden, die Ihre Videos eingebettet haben. Unser Ziel ist dabei, dass möglichst viele Nutzer Ihre Videos sehen.

**Abbildung 5.12** Beispiel für den Video-Upload bei MyVideo

Videoportale haben eine eigenständige interne Suche, um Besuchern passende Videoinhalte anzeigen zu können. Aus diesem Grund ist es elementar, dass Sie beim Einstellen Ihres Videos in ein Portal alle wichtigen Informationen angeben. So sollten Sie, wenn Sie nach einem Titel, einer Beschreibung des Videos oder Tags gefragt werden, wichtige Keywords verwenden – ähnlich, wie Sie es auch bei der Suchmaschinenoptimierung für Google tun würden, ohne dies zu übertreiben (siehe dazu Kapitel 12, »Suchmaschinenoptimierung (SEO)«). Innerhalb der Beschreibung können Sie auch Links setzen. Achten Sie aber darauf, dass die Beschreibung einmalig ist, und wiederholen Sie keine bereits veröffentlichten Inhalte (Duplicate Content).

Auch die Benennung der Video-Datei gehört dazu. Bei der Wahl für Ihren Video-Titel sollten Sie neben Keywords auch bedenken, dass er ansprechend auf den Nutzer wirkt. Generell empfehlen wir Ihnen, alle Möglichkeiten, Ihr Video und die Videoinhalte zu beschreiben, zu nutzen, da diese Angaben von Suchmaschinen gelesen werden können.

Wie wir schon erwähnt haben, ist es wichtig, Videos in einen passenden Gesamtkontext einzubetten. Dies ist nicht nur für die Besucher sinnvoll, sondern auch für die Suchmaschinen, die die Videos dann besser einordnen können. Sie können auch Texte in Ihre Videos integrieren, z. B. Bildbeschriftungen, die Suchmaschinen (noch) leichter lesen können als das Video bzw. Bewegtbild an sich.

Bei der Wahl eines geeigneten Vorschaubildes sollten Sie darauf achten, dass dieses Bild in vielen Fällen das Erste ist, was Betrachter sehen. Suchen Sie daher ein zum Videoinhalt passendes Bild aus, da es die Klickraten deutlich beeinflussen kann.

Da viele Videoportale eine Community betreiben, ist es zudem sinnvoll, auch Ihr Profil dort auszufüllen bzw. einen Channel anzulegen. Auf diese Weise können Sie den Besuchern weitere Informationen zu Ihrem Angebot und Ihrer Marke bieten. Diese sollte zu Ihrem Gesamtauftritt passen. Auf dieser Seite können Sie wiederum weitere Links präsentieren.

**Für Fortgeschrittene: Die Video-Sitemap**

Damit Ihr Video möglichst auch in den Google-Suchergebnissen erscheint, empfehlen wir Ihnen, eine Video-Sitemap anzulegen. Informationen dazu, wie das geht, erhalten Sie im Google Webmaster Support (*http://www.google.com/support/webmasters/bin/ topic.py?hlrm=en&topic=10079*).

Alternativ haben Sie die Möglichkeit, ein mRSS (Media-RSS) zu verwenden: Dabei wird, wie bei einem üblichen RSS-Feed, eine Meldung an den Abonnenten geschickt, sobald es eine Aktualisierung gibt. Stellen Sie also ein neues Video ein, erfährt Google davon.

Wenn Sie diese Aspekte berücksichtigen, ist schon ein wichtiger Schritt getan, damit Ihre Videos gut von Surfern gefunden werden. Zudem profitieren Sie bei Portalen wie YouTube von hoher Linkpopularität. Unterstützen Sie die Auffindbarkeit Ihrer Videoinhalte zudem mit Links von außen. Das bedeutet, dass Sie auch von anderen Websites auf Ihr Portal-Video verlinken können.

## 5.5 Video-Ads

Videomarketing können Sie sowohl betreiben, wenn Sie ein eigenes Video besitzen, als auch, indem Sie Werbung in der Umgebung von anderen Videos oder innerhalb von Videos platzieren. Erinnern Sie sich an das vorangegangene Beispiel von MyVideo (siehe Abbildung 5.9)? Im Folgenden möchten wir uns insbesondere auf das Videoportal YouTube beziehen. Informationen zu Werbemaßnahmen auf anderen Videoportalen finden Sie in deren Webauftritt.

Beginnen wir damit, Ihr eigenes Video auf YouTube zu bewerben. Hier stehen Ihnen zum Beispiel die sogenannten gesponserten Videos zu Verfügung (*YouTube Promoted Videos*). Hier wird Ihr Video nach themenrelevanten Suchanfragen angezeigt (siehe Abbildung 5.13). Für die Schaltung müssen Sie Ihr YouTube-Konto mit Ihrem AdWords-Konto verknüpfen. Dann laden Sie Ihr Video bei YouTube hoch und legen eine Anzeigengruppe in Ihrem Google-AdWords Konto mit Angabe der Video-ID an. Für Sie fallen Gebühren an, wenn ein Nutzer auf das Video klickt. Weitere Informationen dazu finden Sie unter *http://www.youtube.com/t/advertising_promoted_videos* und in Kapitel 11, »Suchmaschinenwerbung (SEM)«.

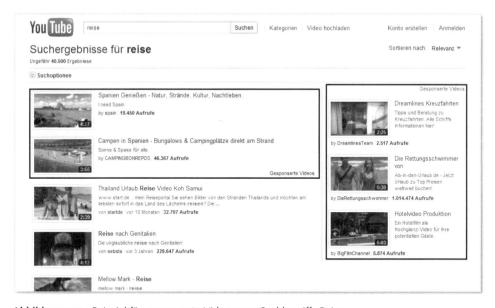

**Abbildung 5.13** Beispiel für gesponserte Videos zum Suchbegriff »Reise«

Zudem können Sie auch auf der Startseite von YouTube werben. Dabei lassen sich zwei Gruppen unterscheiden: zum einen die Rich-Media-Mastheads (Kasten 1) und die YouTube-Video-Ads (Kasten 2), wie Sie in Abbildung 5.14 sehen.

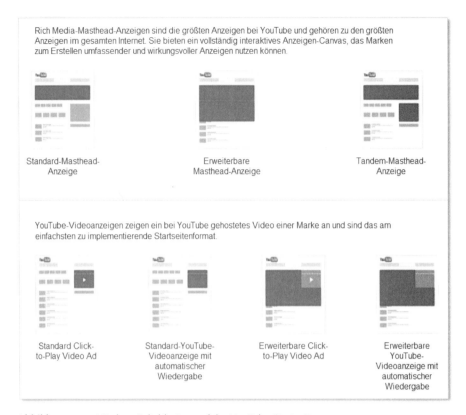

Rich Media-Masthead-Anzeigen sind die größten Anzeigen bei YouTube und gehören zu den größten Anzeigen im gesamten Internet. Sie bieten ein vollständig interaktives Anzeigen-Canvas, das Marken zum Erstellen umfassender und wirkungsvoller Anzeigen nutzen können.

Standard-Masthead-Anzeige

Erweiterbare Masthead-Anzeige

Tandem-Masthead-Anzeige

YouTube-Videoanzeigen zeigen ein bei YouTube gehostetes Video einer Marke an und sind das am einfachsten zu implementierende Startseitenformat.

Standard Click-to-Play Video Ad

Standard-YouTube-Videoanzeige mit automatischer Wiedergabe

Erweiterbare Click-to-Play Video Ad

Erweiterbare YouTube-Videoanzeige mit automatischer Wiedergabe

**Abbildung 5.14**  Werbemöglichkeiten auf der YouTube-Startseite

Details zu den einzelnen Formaten können Sie unter *http://www.youtube.com/t/ advertising_homepage* nachlesen. Die Preise sind bei einem YouTube-Kundenbetreuer zu erfragen, man kann aber davon ausgehen, dass diese nicht ganz günstig sind. Von daher sollten Sie gegebenenfalls auch die Schaltung über AdWords auf dem Videoportal in Erwägung ziehen.

Darüber hinaus haben Sie die Möglichkeiten, neben YouTube-Inhalten zu werben. So können Sie im sogenannten *Partner Watch* Werbeeinblendungen in den Beiträgen von Partnerseiten integrieren. Die möglichen Formate sehen Sie in Abbildung 5.15.

Die sogenannten In-Stream-Ads sind ein Oberbegriff für Pre-Roll-Ads, Mid-Roll-Ads und Post-Roll-Ads.

▶ **Pre-Roll-Ads:** Dieses Werbeformat wird besonders häufig verwendet und wird vor dem eigentlichen Videoclip geschaltet. Zuschauer haben hier nicht die Möglichkeit, die Einblendung zu überspringen. Nutzer können es aber anklicken und werden dann auf die Website des Anbieters geleitet. Dieses Format weist einen hohen Aufmerksamkeitsgrad und hohen Branding-Effekt auf.

▸ **Mid-Roll-Ads:** Wie der Name vermuten lässt, werden bei diesem Werbeformat die Einblendungen während des laufenden Videoclips geschaltet.

▸ **Post-Roll-Ads:** Diese Werbevariante ist das Gegenstück zu den Pre-Roll-Ads, denn die Werbung wird nach dem Video gezeigt.

**Abbildung 5.15** Formate im Partner Watch von YouTube

Auch hier erfolgt die Buchung und Ausrichtung über Google. Die Videobesitzer werden an den Werbeeinnahmen beteiligt. Auf diese Weise profitiert auch YouTube von Werbemaßnahmen, die das Videoportal zur Profitabilität führen sollen.

Innerhalb Ihres Google AdWords-Kontos können Sie recht einfach Videoanzeigen erstellen. Klicken Sie dazu auf eine KAMPAGNE, dann auf den Reiter ANZEIGEN und auf NEUE ANZEIGE. Dann können Sie das TOOL ZUR ERSTELLUNG VON DISPLAY-ANZEIGEN auswählen. Unter KATEGORIE stehen Ihnen auch Video- und Audioanzeigen zur Verfügung (siehe Abbildung 5.16).

**Abbildung 5.16** Videoanzeigen erstellen Sie im Tool zur Erstellung von Display-Anzeigen.

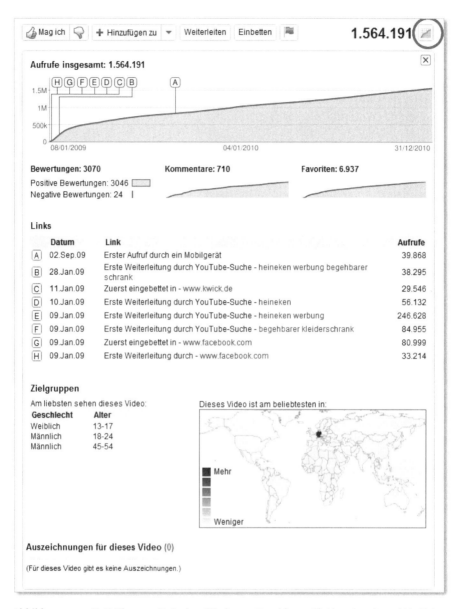

**Abbildung 5.17** Statistiken zur Heineken-Werbung »Begehbarer Kleiderschrank« auf YouTube

Wie Sie bereits wissen, haben Sie die Möglichkeit, aus verschiedenen Formaten zu wählen, so zum Beispiel aus »Anzeige für von YouTube gesponserte Videos«, »YouTube-In-Stream-Videoanzeige«, »Click-to-Play–Videoanzeige« sowie »YouTube-In-Video–Anzeige«. Zum Schluss sei erwähnt, dass Videos auch im Affiliate-Marketing als Werbemittel eingesetzt werden können. (Mehr zum Thema Affiliate-Marketing lesen Sie in Kapitel 2, »Online-Marketing – Werben im Internet«, sowie in Kapitel 21, »Wie kann ich mit meiner Website Geld verdienen?«). Erwähnenswert sind darüber hinaus die einsehbaren YouTube-Statistiken. Klickt man auf das Statistik-Symbol unterhalb eines Videos, werden verschiedenste Informationen dazu angezeigt (siehe Abbildung 5.17).

Warum der Einsatz von Werbung bei YouTube sinnvoll sein kann, zeigt das Ergebnis einer Studie der GfK. Demnach steigert Werbung in Videoportalen den Abverkauf. Wie die ROI-Entwicklung (*Return on Invest*) bei dem Einsatz von einem Euro in den einzelnen Kanälen aussieht, sehen Sie in Abbildung 5.18: Demnach erzielen Sie mit YouTube-Werbung 1,03 Euro. Nur der Einsatz von Suchmaschinenwerbung ist noch höher.

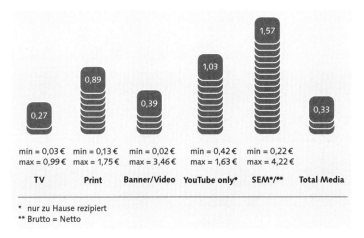

**Abbildung 5.18** ROI verschiedener Medienkanäle: GfK-Ermittlung für den kurzfristigen Umsatz bei einem Werbeeinsatz von einem Euro

### Ausblick

Mit einem Blick in die Zukunft kann wohl festgehalten werden, dass es auf dem Gebiet des Videomarketings spannend bleibt. Neue Entwicklungen wie beispielsweise Google TV halten den Markt in Bewegung. Eine Vielzahl von Anbietern arbeitet an der (Weiter-)Entwicklung des interaktiven Fernsehens und kostenpflichtiger Web-Videotheken. 3D-Formate sind auf dem Vormarsch und werden tendenziell auch auf das Internet übergreifen. Google soll in Verhandlungen mit Miramax stehen, um ganze Filme bei YouTube anbieten zu können. Diese sollen den Nutzern dann entweder kostenpflichtig oder mit Werbung angeboten werden.

Durch den technologischen Fortschritt und zunehmend mehr Endgeräte für Videos verschmelzen Bereiche wie Video und TV immer mehr und bringen neue

Formate zum Vorschein. Interaktivität rückt zunehmend in den Mittelpunkt. Das Internet profitiert im Vergleich zum TV von informationssuchenden Nutzern. Online-Werbevideos erreichen, wie Studien belegen, mindestens ebenbürtige Ergebnisse. Die Möglichkeit, zu interagieren, und genaue Mess- und Auswertungsmöglichkeiten sind nur einige Gründe, die für das Videomarketing sprechen.

*»Innovation distinguishes between a leader and a follower.«*
*– Steve Jobs*

# 6 Mobile Marketing

Das Internet wird heutzutage mehr und mehr mobil genutzt. In einigen Ländern, wie Entwicklungsländern oder aber in Japan, liegt die mobile Internetnutzung sogar über dem stationären Surfen im Internet – nicht zuletzt durch neue, schnelle Breitbandtechniken wie UMTS, Internet-Flatrates der Mobilfunkanbieter sowie durch neue Smartphones, wie das iPhone von Apple. Möchten Sie Ihre Website auch auf das Handy bringen oder Kunden über mobile Anwendungen gewinnen? Wir werden Ihnen hier einen Einblick in das neue und sehr dynamische Umfeld des Mobile Marketing liefern. Mobile Marketing beschreibt dabei die gesamte Palette an Maßnahmen, wie Sie Ihr Angebot über mobile Endgeräte bekannter machen können. Dies kann durch die Entwicklung einer mobilfähigen Website oder einer mobilen Anwendung (einer sogenannten *App*) erfolgen, aber auch über mobile Anzeigenschaltung geschehen. Wir werden uns als Erstes das Wachstum der letzten Jahre anschauen, um danach darauf einzugehen, wie Sie das Mobile Web auch für Ihr Angebot optimal nutzen können.

## 6.1 Einstieg ins Mobile Marketing

Für Sie als Website-Betreiber stellt sich die Frage, inwieweit Mobile Marketing für Sie relevant ist. Schauen wir also als Erstes auf die Nutzungszahlen, damit Sie die Relevanz besser einschätzen können. Der Mobilfunkmarkt unterliegt schnellen technischen Entwicklungen. Sicher wissen Sie selbst, wenn Sie ein Handy kaufen, dass dies meist nach einem Jahr veraltet ist. Die Technikinnovation treibt diesen Markt an. Inzwischen gibt es mit über 100 Millionen Anschlüssen eine Sättigung an Mobilfunkverträgen in Deutschland, sodass jede Person mehr als ein Handy hat. Wegen der technischen Neuheiten werden aber immer wieder neue Handys angeschafft. Insbesondere das iPhone von Apple (siehe Abbildung 6.1) hat die Entwicklung von mobilen Websites und Mobile Marketing stark beeinflusst.

**Abbildung 6.1** Apple iPhone mit mobilen Anwendungen

Das Mobile Marketing wächst daher stark mit der Anzahl verkaufter Endgeräte, die die mobile Internet-Nutzung möglich machen. Dafür eignen sich besonders die neuen Smartphones mit großen Displays, die inzwischen zum großen Teil mit Touchscreens ausgestattet sind. Damit ist die Bedienung und das Schreiben längerer Texte sehr einfach geworden. Zu den Smartphones gehören z. B. das iPhone von Apple, BlackBerrys oder Handys mit mobilen Betriebssystemen, wie Android von Google oder Windows Phone 7 von Microsoft. Für 2011 wird erwartet, dass über zehn Millionen dieser Smartphones verkauft werden und damit einen Großteil des Handymarkts abdecken (siehe Abbildung 6.2).

> **Definition »Smartphones«**
>
> Als Smartphones werden mobile Endgeräte bezeichnet, die über die Funktionalität eines normalen Handys hinausgehen. Durch die leistungsfähigeren und programmierbaren Smartphones können komplexere Anwendungen installiert werden, z. B. interaktive Spiele oder Internet-Browser zum mobilen Surfen. In der letzten Zeit ging der Trend bei Smartphones zu immer größeren Displays, höherer Speicherfähigkeit und zu Touchscreens.

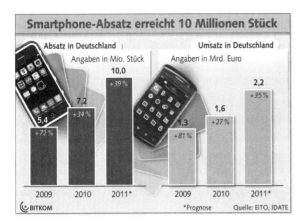

**Abbildung 6.2**   Smartphone-Verkauf in den Jahren 2009 bis 2011

Beim Mobile Marketing sollten Sie auch immer ein Auge auf die Verbreitung der einzelnen Handy-Fabrikate haben. Hier ist der Markt so schnell in Bewegung, dass man die Zahlen eigentlich jedes halbe Jahr aktualisieren muss. Schauen wir auf die Studie der AGOF (Arbeitsgemeinschaft Online Forschung), die im September 2010 veröffentlich wurde (siehe Abbildung 6.3), so nutzen die meisten Personen Handys von Nokia, gefolgt von Sony Ericsson, Samsung und Apple. Besonders die neuen Versionen des iPhone haben dazu beigetragen, dass Apple inzwischen einen Markanteil von 15 % erreicht hat und mit seinem Smartphone einen großen Beitrag zur Entwicklung des Mobile Marketings liefert.

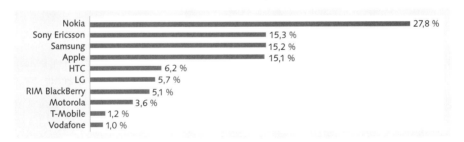

**Abbildung 6.3**   Meistgenutzte Handy-Fabrikate (nach AGOF)

Nach einer Untersuchung des BITKOM (Bundesverband Informationswirtschaft, Telekommunikation und neue Medien e.V.) nutzen in Deutschland bereits zehn Millionen Handybesitzer mobiles Internet. Das entspricht einem Anteil von 17 %. Vier Millionen Deutsche nutzen Apps, wobei es weltweit über 500.000 mobile Apps gibt.

Auch die IVW (Informationsgemeinschaft zur Feststellung der Verbreitung von Werbeträgern e.V.) wird ab 2011 Zahlen zum Website-Besucheraufkommen über mobile Endgeräte ausweisen. Damit können dann verlässliche Aussagen über die Nutzung der verschiedenen mobilen Angebote getroffen werden, und Anzeigenkunden können ihre Budgets besser planen. Einer der größten mobilen Anzeigenverkäufer – Gruner und Jahr – gibt die Reichweite der vermarkteten mobilen Webseiten mit 550 Millionen Seitenaufrufen (*Page Impressions*) pro Monat an. Darunter fallen die mobilen Websites des Spiegel, von Vodafone und von O2. Im Angebot finden sich unter anderem die mobilen Seiten von Brigitte, Neon und Financial Times Deutschland (FTD), FAZ und Chip.

Seit Herbst 2010 analysiert die Arbeitsgemeinschaft Online-Forschung (AGOF) mobile Angebote. Innerhalb der »mobile facts«-Studie (*http://www.agof.de/aktuelle-studie.1022.de.html*) wurde ermittelt, dass in Deutschland neun Millionen Menschen mindestens einmal im Monat mobile Webseiten aufrufen. Im Gegensatz zur inzwischen gleichmäßigen Geschlechterverteilung im Web ist die mobile Internet-Welt noch männerdominiert. Laut AGOF-Angaben sind 76 % der mobilen Nutzer männlich und nur 33 % weiblich. Dieses Verhältnis wird sich vermutlich aber genau wie in der übrigen Internet-Nutzung angleichen.

## 6.2    Mobile Websites und Apps

Sie möchten mit Ihrem Angebot mobil erreichbar sein? Prinzipiell haben Sie zwei Möglichkeiten: Sie können Ihren Nutzern Ihre Website als mobile Version anbieten oder sich für eine eigens programmierte mobile Anwendung entscheiden. Die mobilen Apps können interaktiver und funktioneller gestaltet sein, bedeuten aber auch größeren Aufwand bei der Entwicklung. Die Apps ähneln eher Programmen, die Sie auf Ihrem Computer installieren. Der Vorteil von Anwendungen ist, dass sie auf die Möglichkeiten eines Smartphones besser eingehen können, wie z. B. der Zugriff auf die Handykamera oder das Adressbuch.

Über mobile App-Stores können zudem viele Nutzer direkt erreicht werden. Des Weiteren sind sie ein wichtiger Vertriebsweg für kostenpflichtige Apps, da die Anwendungen direkt heruntergeladen und bezahlt werden können.

Mobile Webseiten müssen nicht vollständig neu programmiert werden. Sie können hier auf die Erfahrungen aus Ihrer bestehenden Website zurückgreifen. Die Entwicklung einer mobilen Website ist daher meist schneller als die einer App und kann plattformübergreifend, d. h. einheitlich für unterschiedliche Handy-Betriebssysteme, vorgenommen werden. Schauen Sie sich also verschiedene Angebote an, um einen Marktüberblick zu bekommen, und stellen Sie fest, was von Ihren Nutzern und Kunden gewünscht wird.

### 6.2.1 Mobile Websites

Mobile Websites werden genutzt, um Inhalte auch auf Mobiltelefonen und Smartphones zugänglich zu machen. Durch farbige und immer größere Displays eignen sich die Geräte inzwischen, um Inhalte anwenderfreundlich darzustellen. Multitouch-Displays ermöglichen das Zoomen des Bildschirms, sodass einzelne Bereiche vergrößert dargestellt werden können.

Häufig aufgerufene mobile Websites sind die Angebote der Mobilfunkanbieter Vodafone und O2. Zu den beliebtesten mobilen Adressen gehören außerdem wetter.com, Spiegel mobil, BILDmobil und GMX. Die Nutzerzahlen liegen hier bei über einer Million Unique Mobile User pro Monat. Vodafone bringt es sogar über seine Mobilfunkkundschaft auf über 2,6 Millionen Nutzer monatlich. In der Auswertung der AGOF-Studie *mobile facts* werden die Top 20 der »mobile-enabled« Websites angegeben, also die beliebtesten mobilfähigen Websites (siehe Abbildung 6.4). Allerdings werden nicht alle Websites von der AGOF erfasst. So können Sie sich sicher vorstellen, dass z. B. auch Amazon, Google oder Wikipedia hohe mobile Nutzerzahlen erzielen.

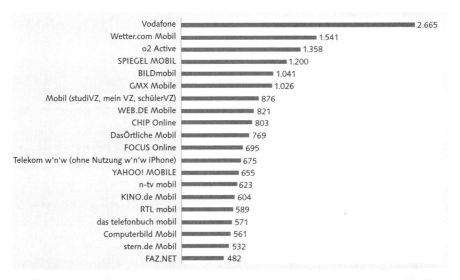

**Abbildung 6.4** Häufig genutzte mobile Websites nach AGOF (in Tausend Unique Mobile User)

Wenn Sie mit Ihrer Website für Ihre Interessenten und Kunden auch mobil erreichbar sein möchten, sollten Sie sich mit der Konzeption einer mobilen Website beschäftigen. Da die meisten mobilen Endgeräte, wie z. B. Smartphones, relativ kleine Displays haben, sollte ein angepasstes Layout gestaltet werden. Das ist einfach nachzuvollziehen, wenn Sie einen Blick auf Ihren Monitor und dann auf Ihr Handy-Display werfen.

Sie müssen also Ihre Informationen verdichten und das Layout reduzieren. Für mobile Websites auf kleinen Handyformaten wurde die *WAP-Technologie* entwickelt (*Wireless Application Protcocol*). WAP berücksichtigt zudem die langsameren Datenübertragungsraten im Mobilfunknetz und die geringere Leistungsfähigkeit von Handys im Vergleich zu Computern. Ähnlich wie HTML für die Website-Entwicklung gibt es im WAP-Protokoll die WML (*Wireless Markup Language*) zur Erstellung mobiler Websites. Durch das Aufkommen neuer, leistungsfähiger Handys und Smartphones wird in der mobilen Website-Entwicklung auf den Standard XHTML gesetzt. Damit können komplexe mobile Websites erstellt werden.

Achten Sie bei der Programmierung einer mobilen Website darauf, dass eine Erkennung des Endgeräts integriert ist. Somit können Sie für verschiedene Handys angepasste Versionen bereitstellen. Das Endgerät und den mobilen Browser können Sie am sogenannten *User-Agent* erkennen, der beim Aufruf einer Website übermittelt wird. Das iPhone 4 gibt sich beispielsweise über folgenden User-Agent zu erkennen:

```
Mozilla/5.0 (iPhone; U; CPU iPhone OS 4_0 like Mac OS X; en-us)
AppleWebKit/532.9 (KHTML, like Gecko) Version/4.0.5 Mobile/8A293
Safari/6531.22.7
```

Damit können Sie identifizieren, dass ein iPhone-Nutzer auf Ihre Seite gekommen ist, und ihm die entsprechend angepasste Version der Website für sein Handy zur Verfügung stellen. Zudem können Sie auch die Display-Auflösung abfragen und die mobile Website entsprechend gestalten. Mit sogenannten Smartphone-Emulatoren können Sie mobile Websites auf verschiedenen Handymodellen und mobilen Betriebssystemen testen, ohne alle Handytypen anschaffen zu müssen. Ein solcher Emulator ist z. B. MobileRunner (*http://www.mobilerunner.net/*). Mit der kostenpflichtigen Version können Sie verschiedene mobile Websites auf diversen Handys anzeigen lassen und überprüfen. Einen iPhone-Emulator finden Sie unter *http://iphonetester.com/*.

Möchten Sie sich mobile Webseiten auf einem Computer ansehen, können Sie den Internet-Browser Firefox um die Erweiterung »User Agent Switcher« (*https://addons.mozilla.org/de/firefox/addon/59/*) ergänzen. Damit haben Sie die Möglichkeit, der Website vorzugeben, dass Sie z. B. mit einem iPhone die Seite aufrufen. Korrekt programmierte Webseiten liefern Ihnen dann die mobile Website aus, und Sie können die für die mobile Darstellung optimierte Seite sehen, ohne das iPhone zu nutzen.

**Abbildung 6.5** Vorschau der Google-Website auf einem SonyEricsson-Handy

Werfen Sie außerdem einen Blick in Ihre Web-Analytics-Daten, die wir in Kapitel 20, »Web-Analytics – Websites unter die Lupe genommen«, näher beschreiben. Hier werden meist auch mobile Endgeräte oder Browser-Versionen ermittelt, woran Sie erkennen können, wie viele Nutzer Ihre Website bereits mit Mobiltelefonen nutzen. Diese Nutzer können Sie optimaler bedienen, indem Sie für diese Personen Ihre Website in passender Form aufbereiten und ausliefern (siehe Abbildung 6.6).

Seit Kurzem gibt es mit *.mobi* auch eine extra Domain-Endung für mobile Webseiten. Damit weisen Sie explizit darauf hin, dass es sich um eine handyfähige Version Ihrer Website handelt. Es ist aber technisch nicht erforderlich, dass Sie sich eine solche Domain einrichten. Eine mobile Website funktioniert auch mit anderen Domain-Endungen.

**Abbildung 6.6**  Mobile Version der tagesschau.de-Website

## 6.2.2   Mobile Apps

Mobile Apps haben sich insbesondere seit der verstärkten Nutzung des iPhone von Apple durchgesetzt. Apps sind mobile Anwendungen, die unkompliziert und schnell heruntergeladen werden können. Die Anwendungen werden in sogenannten App-Stores angeboten, wo man eine Übersicht aller verfügbaren Anwendungen bekommt. Die Apps stehen teilweise kostenlos und zum Teil kostenpflichtig zur Verfügung. Kostenpflichtig sind z. B. aufwendigere Spiele oder komplexe Software. Im App-Store von Apple (siehe Abbildung 6.7) gibt es inzwischen über 300.000 mobile Anwendungen – von Spielen über Navigationssoftware bis hin zu interaktiven Nachrichtenmagazinen.

Flurry, ein Anbieter für mobile Analysesysteme, hat ermittelt, dass Nutzer viele Anwendungen einmalig installieren und nur zwischen fünf bis zehn Apps regelmäßig genutzt werden. Wenn Sie also eine App entwickeln, sollte diese beim ersten Ausprobieren so viel Aufmerksamkeit erzeugen, dass die Nutzer die Anwendung gerne wieder aufrufen. Hierbei kommt Ihnen zugute, dass mit den neuen Smartphones und Tablet-PCs wie dem iPad (siehe Abbildung 6.8) Geräte zur Verfügung stehen, die eine hohe Interaktivität ermöglichen. Durch hochauflösende

Touchscreens, Standortbestimmung via GPS oder digitale Kameras ergeben sich viele Möglichkeiten, um interaktive Apps zu entwickeln und Nutzer zu begeistern. Gute Beispiele sind hierbei mitreißende Spiele, multimediale Kochbücher oder virtuelle Shopping-Welten.

**Abbildung 6.7** Apples App-Store

**Abbildung 6.8** Das Apple iPad

Aber nicht nur Apple bietet mobile Anwendungen an. So gibt es Apps auch für mobile Endgeräte anderer Firmen und Betriebssysteme. Als wichtige Systeme gelten hier Google Android, BlackBerry und Microsoft. Die Apps für diese Betriebssysteme müssen alle gesondert programmiert werden. Hier hat sich kein Standard (wie z.B. HTML, CSS und JavaScript im Word Wide Web) entwickelt. Daher sollten Sie immer individuell auf Ihre Kundschaft schauen und den Mobilfunkmarkt im Auge haben. Möchten Sie z.B. eine App für geschäftliche Anwendungen entwickeln, so sollten Sie diese auch für das BlackBerry-System anbieten, da sich diese Smartphones in der Geschäftswelt etabliert haben. Möchten Sie dagegen multimediale Anwendungen anbieten, reicht eventuell die Konzentration auf das iPhone.

Die aktuell beliebtesten Apps für das iPhone sehen Sie über den App-Store mit Download-Charts und Nutzerbewertungen. Erste verlässliche Nutzerzahlen erhebt die AGOF in ihrer *mobile facts*-Studie. Hierbei werden aber nur an der Studie teilnehmende Apps gemessen. Da die Teilnahme kostenpflichtig ist und die unabhängige Analyse nicht für alle Anbieter erforderlich ist, sind nicht alle großen Apps in der Statistik vertreten. Sie bekommen aber einen guten Eindruck davon, welche mobilen Anwendungen häufig genutzt werden, und können über die absoluten Nutzerzahlen (Unique Mobile User) erkennen, welche Masse an Nutzern aktuell erreicht werden kann. So liegt z.B. die App von wetter.de bei über 800.000 Nutzern pro Monat, was für eine hohe Bekanntheit und Beliebtheit der Anwendung spricht (siehe Abbildung 6.9). Hier wird das Potenzial von Mobile Marketing deutlich.

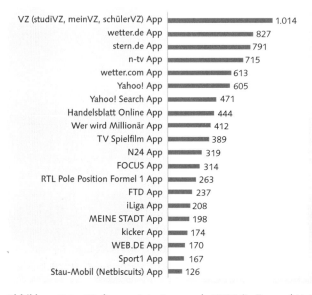

**Abbildung 6.9** Häufig genutzte Apps nach AGOF (in Tausend Unique Mobile User)

Die Entwicklung von mobilen Apps kann viel Zeit und Budget in Anspruch nehmen. Die Kosten für die Erstellung einer App sind daher – wie bei einer normalen Website – sehr individuell und abhängig davon, wie komplex die Anwendung gestaltet ist. Für eine App müssen Sie ein neues Produktdesign erstellen, d. h., von der Konzeption bis zur Gestaltung und Programmierung muss alles neu entwickelt werden. Bei der App-Erstellung können Sie auf spezialisierte Dienstleister zurückgreifen. Zur kontinuierlichen Weiterentwicklung der mobilen Anwendung sollten Sie zudem eigene Mitarbeiter einstellen oder anfangen, selbst zu programmieren. Zur iPhone-Entwicklung finden Sie inzwischen gute Bücher und Internetressourcen, wie z. B. *http://mobile360.de/*. Eine gute Anlaufstelle sind auch die Webseiten der mobilen Betriebssysteme. Auf *http://developer.android.com/* finden Sie Tutorials, Entwicklungsumgebungen und Beispiel-Apps für Android. Für Apples iOS ist *http://developer.apple.com/devcenter/ios/* die zentrale Anlaufstelle. Hier ist allerdings eine kostenpflichtige Registrierung notwendig.

## 6.3    Mobile Marketing im Einsatz

Außerhalb der mobilen Websites und Apps können Sie Mobile Marketing auch in weiteren Formen anwenden. Denken Sie z. B. als lokal ansässiges Unternehmen an die Werbeschaltung auf mobilen Endgeräten. Wenn Sie z. B. ein Restaurant in Hamburg betreiben, ist es sinnvoll, lokale Werbung zu schalten, die nur im Großraum Hamburg ausgeliefert wird. Mit mobiler Werbung können Sie Besucher auf Ihre Website leiten, auf eine mobile App verweisen oder durch die Telefonfunktion einen Anruf vermitteln, z. B. für eine Hotelbuchung.

### 6.3.1    Mobile Advertising – Anzeigenschaltung auf Handys

Mobile Online-Werbung können Sie über verschiedene Anbieter erstellen. So bietet Google mit dem Werbeprogramm AdWords mobile Anzeigenschaltung an. Wie Sie dies für Ihre Kampagne nutzen können, erklären wir in Kapitel 11, »Suchmaschinenwerbung (SEM)«. Durch die Übernahme von AdMob (*http://www.admob.com/*) durch Google im Mai 2010 steht ein weiteres mobiles Anzeigenprogramm der Suchmaschine zur Verfügung. Während mit AdWords die bekannten Anzeigen in der mobilen Google-Suche ausgesteuert werden, können mit AdMob mobile Bannerkampagnen z. B. in Nachrichtenseiten oder Handyspielen geschaltet werden. Informationen zu beiden Programmen finden Sie unter *http://www.google.com/mobileads/* und im offiziellen Blog *http://googlemobileads.blogspot.com/*. Über große Vermarkter können ebenso mobile Kampagnen geschaltet werden, z. B. bei Gruner und Jahr (*http://ems.guj.de/mobile*). Bannerkampagnen werden mobil in der Regel nach dem TKP-Verfahren abgerechnet.

Pro tausend Einblendungen zahlen Sie auf den bekannteren mobilen Webseiten Listenpreise von 40 bis 60 Euro. Die einzelnen Tarife können Sie über die Website der AGOF (*http://mobilefacts.agof.de/*) einsehen, die neben der Reichweitenmessung von Websites inzwischen auch mobile Angebote erfasst und damit die Kampagnenplanung vereinfacht.

**Abbildung 6.10** Mobile Werbe-Kampagne auf m.neon.de

Möchten Sie mehr über die mobile Anzeigenschaltung erfahren, empfehlen wir Ihnen die Seite der Mobile Marketing Association (*http://mmaglobal.com/*). Dort stehen Ihnen vielfältige Informationen zur Verfügung, wie z. B. Standards für mobile Bannerformate oder Fallstudien interessanter Mobile-Marketing-Kampagnen.

Zusätzlich zur Werbung auf redaktionellen Portalen steht das sogenannte *In-Game Advertising* im mobilen Werbemarkt zur Verfügung. Wegen der häufigen Nutzung von Spielen auf mobilen Geräten werden solche »Games« als Werbefläche genutzt. Visieren Sie also eine eher jüngere gaming-affine Zielgruppe an, können Sie sich überlegen, in Spielen Werbung zu schalten. Umgekehrt können Sie als Spieleanbieter Werbung auf mobilen Portalen schalten, wie Sie in Abbildung 6.11 auf dem mobilen Portal von O2 sehen. Da Handys auch zur Überbrückung von Pausenzeiten und zur kurzweiligen Unterhaltung z. B. auf Bahnfahrten genutzt werden, eignet sich hier Werbung für mobile Spiele sehr gut.

**Abbildung 6.11**  Werbung auf der mobilen Website von O2

Ein Thema, dessen Entwicklung sich derzeit abzeichnet, sind lokale Werbeanzeigen (*Local Ads*). Als Werbetreibender haben Sie damit die Möglichkeit, ganz zielgerichtet nur die Personen anzusprechen, die in Ihrer Umgebung leben. Insbesondere für regionale Anbieter ist dies wichtig, damit Streuverluste reduziert werden können. Handys können inzwischen ermitteln, wo Sie sich aufhalten, und diese Daten an Websites und Werbetreibende übermitteln. Natürlich sind hierbei immer Datenschutzgesichtspunkte zu berücksichtigen, da nicht jeder berechtigt ist, zu wissen, wo Sie sich gerade befinden. Google AdWords bietet bereits die regionale Aussteuerung von Anzeigen an. Über Google Places können Sie sich bereits jetzt schon einen lokalen Eintrag sichern, sodass Sie bei regionalen Suchen gefunden werden. Auf die lokale Suche gehen wir in Abschnitt 6.3.3, »Mobile und lokale Suche«, noch näher ein.

## 6.3.2  Mobile Commerce – Mobiles Online-Shopping

Mobile Marketing kann auch innerhalb von Kaufprozessen eingesetzt werden. Dieses mobile Online-Shopping wird auch als *Mobile Commerce* (oder auch M-Commerce) bezeichnet. Beispielanwendungen können z. B. Auktionen sein, bei denen Sie unterwegs mitbieten, weil Sie gerade nicht zu Hause sind und das Auktionsende bald abläuft. Oder Sie möchten mit dem Handy Preise vergleichen, wenn Sie gerade auf Shoppingtour sind. Bankgeschäfte sind ein weiteres Beispiel für Mobile Commerce. Das steigende Wachstum in diesem Segment zeigt das Auktionsportal eBay mit eigenen Zahlen, nach denen 2009 in Deutschland alle 35 Sekunden ein mobiler Kauf stattfand und 2010 schon alle 10 Sekunden mobil über eBay eingekauft wurde. Unter der Adresse *http://www.ebayinc.com/ mobilecommerce* finden Sie einen ansprechend visualisierten Überblick zum mobilen Wachstum von eBay. In Deutschland wurden vor allem Autoteile, Autos und Kleidung mobil über eBay bestellt. Die mobilen Apps von eBay (siehe Abbildung 6.12) wurden weltweit über 30 Millionen Mal heruntergeladen und können über *http://unterwegs.ebay.de/* abgerufen werden.

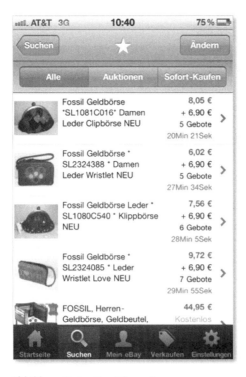

**Abbildung 6.12**　eBay iPhone App

eBay setzt also stark auf das Mobile Marketing als neuen Absatzkanal, da es sehr gut zum auktionsbasierten Geschäftsmodell passt. Dass das Unternehmen auch weiterhin im mobilen Bereich expandieren will, erkennt man daran, dass eBay im Dezember 2010 die Firma Critical Path Software aufkaufte, die sich mit der

Entwicklung von mobilen Anwendungen beschäftigt. Dies spiegelt die allgemeine Tendenz für die zunehmende Entwicklung des mobilen Marktes wider.

Der Versandhändler OTTO ist auch in den Mobile Commerce eingestiegen und bietet seine Website als mobile Version an. Besuchen Sie die Adresse *http:// m.otto.de*, sehen Sie die kompakte mobile Website mit Suchfunktion und aktuellen Angeboten (vergleiche Abbildung 6.13).

**Abbildung 6.13** Mobiler Shop von otto.de

Mobile Commerce können Sie auch über kostenpflichtige mobile Apps betreiben. Sie können z. B. Ihre Navigationssoftware als App verkaufen oder Online-Spiele gegen Bezahlung anbieten. Die App-Stores übernehmen den kompletten Vertrieb und die Zahlungsabwicklung. Allerdings wird dafür auch eine Provision vom Anbieter verlangt. Als teuerste mobilen Anwendungen haben sich die Apps »I Am Rich« und »iRa Pro« einen Namen gemacht. Für knapp 800 Euro konnte »I Am Rich« heruntergeladen werden, und man bekam einen rot glänzenden Rubin auf seinem Handy angezeigt – ein Statussymbol. Diese App verschwand aber wieder recht schnell, sodass jetzt »iRa Pro« mit 719,99 Euro, als teuerste App gilt. Mit dieser Software können Sie Überwachungskameras steuern und die Bilder live auf dem Handy ansehen.

### 6.3.3 Mobile und lokale Suche

Durch die Standortbestimmung mittels GPS (*Global Positioning System*) können neue Handys feststellen, wo Sie sich gerade aufhalten. Dies können sich mobile Websites und Anwendungen zunutze machen und lokal passende Inhalte anbieten. Wegen dieser Standortunabhängigkeit der Handys ist das Thema Mobile Marketing vor allem für die lokale Suche von großem Interesse. Die mobile Suche hat Google bereits im Juni 2005 in Deutschland veröffentlicht. Große Sprünge macht die mobile Suche aber erst, seitdem die Handys auch den Standort übermitteln können und damit lokalisierbar sind. Facebook entwickelt mit »Places« ebenfalls lokale Anwendungen (*http://www.facebook.com/places/*). Hier können Personen mitteilen, wo sie sich gerade aufhalten, und spezielle Vergünstigungen von lokalen Anbietern bekommen. Mehr zu Facebook und den Werbemöglichkeiten lesen Sie in Kapitel 4, »Social-Media-Marketing«.

Stellen Sie sich vor, Sie suchen in einer fremden Stadt ein nahe gelegenes Restaurant. Dann ist es wahrscheinlich, dass Sie in Ihrem Handy nach »Restaurant« suchen. Wenn Sie Google als Suchmaschine nutzen, wird automatisch Ihr Standort abgefragt, und Sie bekommen passende, lokale Ergebnisse angezeigt. In Abbildung 6.14 wird z. B. der Standort Berlin gewählt, weil das Handy für Berlin geortet wird. Über Google Places bekommen Sie nun verschiedene Lokalitäten angezeigt, die in Ihrer Umgebung liegen. Stationäre Anbieter, wie z. B. Restaurants, Hotels oder Supermärkte, sollten daher einen guten Google-Places-Eintrag vorweisen, um lokal gefunden zu werden. Wie Sie dies einrichten, beschreiben wir in Kapitel 12, »Suchmaschinenoptimierung (SEO)«.

Durch die neuen mobilen Suchmöglichkeiten sind in letzter Zeit z. B. Apps entstanden, die standortbezogen auf lokale Angebote hinweisen. Ein Beispiel für eine lokale Anwendung ist kaufDA.de (*http://www.kaufda.de/*). Mit der mobilen Anwendung können Angebote lokaler Geschäfte in der Umgebung eingesehen werden. So können z. B. Prospekte nahe gelegener Händler direkt für suchende Personen angezeigt werden.

**Abbildung 6.14**   Mobile und lokale Google-Suche

**Abbildung 6.15**   Lokale iPhone-App von kaufDA

Lokale Anwendungen sind z. B. auch denkbar für Freundefinder, um zu schauen, wer sich in der Nähe aufhält und sich spontan auf einen Kaffee treffen möchte. Oder Sie erhalten passende Wohnungsangebote, wenn Sie in einer ansprechenden Gegend sind. Wie Sie sehen, sind durch die neuen Handy-Funktionen viele interaktive Anwendungsmöglichkeiten vorstellbar.

### 6.3.4 Mobile Analytics – Messen und Analysieren des mobilen Internets

Ebenso wie bei normalen Websites ist im Mobile Marketing das Messen und Analysieren von großer Bedeutung. Ohne Zahlen werden Sie den Erfolg oder Misserfolg Ihrer mobilen Aktivitäten nicht ausreichend beurteilen können. In Kapitel 20, »Web-Analytics – Websites unter die Lupe genommen«, gehen wir auf das Thema vertieft ein und erklären, was beim Analysieren von Websites zu beachten ist. Viele Punkte davon treffen auch auf mobile Anwendungen zu, z. B. Kennzahlen oder Analysemethoden. Auf die Besonderheiten im Bereich Mobile Analytics wollen wir im Folgenden näher eingehen.

Für mobile Websites und Apps gibt es spezielle Mobile-Analytics-Programme, die sich auf das Messen und Auswerten des mobilen Internets spezialisiert haben. Wichtige Messgrößen im Mobile Marketing sind Traffic-Quellen, d. h., Informationen, woher Ihre mobilen Nutzer kommen, z. B. über andere Websites, Banner, Suchmaschinen oder die direkte Eingabe. Nützlich sind weiterhin Informationen darüber, welche mobilen Geräte (*Mobile Devices*) häufig genutzt werden. Damit können Sie feststellen, welche Handymodelle verstärkt vorkommen, und Ihre Website entsprechend testen und optimieren. Des Weiteren ist die Auswertung von mobilen Kampagnen von großer Bedeutung, damit Sie sehen können, welche Werbeaktion bei welchem Partner am besten läuft. Das Kampagnen-Tracking stellt Ihnen also Informationen zur Verfügung, wie gut Ihre Marketingziele erreicht werden. Ein weiterer großer Bereich in Mobile Analytics ist die Auswertung des Nutzerverhaltens. Hierbei werden die Fragen geklärt, wie lange Nutzer Ihre mobile Anwendung durchschnittlich besucht haben, wie viele Seiten innerhalb eines Besuchs aufgerufen wurden und welche Aktionen auf der Website vorgenommen wurden.

Für das Analysieren mobiler Apps eignet sich die Software *Flurry* (*http://www.flurry.com/*). *Flurry Analytics* kann mit den mobilen Plattformen Apple iPhone, Google Android, BlackBerry und Java Mobile Edition zusammenarbeiten. Das Analytics-System achtet bei der Ausführung auf einem Handy auf eine sparsame Ressourcennutzung. Über die Oberfläche können Sie Nutzerzahlen und Nutzerverhalten analysieren. Zudem wird die Verwendung der verschiedenen

Versionen Ihrer App angezeigt und geprüft, mit welchen Geräten und Mobilfunknetzwerken auf die App zugegriffen wurde.

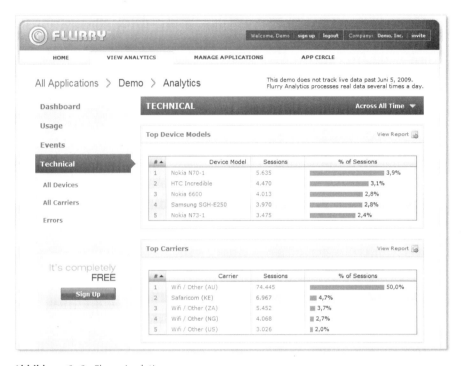

**Abbildung 6.16**  Flurry Analytics

Google Analytics ist ein häufig genutztes Web-Analyse-Tool und bietet seit Kurzem auch das Tracking mobiler Apps. Dafür ist aber etwas Programmierarbeit nötig. Die Anleitung für die Integration in die verschiedenen Anwendungsplattformen, Apple iOS und Google Android, wird unter *http://code.google.com/intl/de-DE/mobile/analytics/docs/* näher beschrieben. Außerdem bietet der zu Google gehörende Mobilvermarkter, AdMob eine eigene mobile Analytics-Software (*http://analytics.admob.com/home/*). Hierbei findet aber kein Tracking von Apps statt, sondern nur die Analyse mobiler Website-Aufrufe. Weitere Mobile-Analytics-Systeme sind PercentMobile (*http://percentmobile.com/*) und Bango (*http://bango.com/mobileanalytics/*).

Der Markt der Mobile-Analytics-Anbieter ist aktuell stark in Bewegung. So hat sich bislang kein System richtig durchgesetzt. Auch die Firmenübernahmen sind im vollen Gange. Nokia hat den Analytics-Anbieter Motally gekauft (*http://www.motally.com/*) und nutzt den Dienst für die eigene Software. Daher ist Motally auch nicht mehr frei verfügbar. Die großen Web-Analytics-Systeme wie

Omniture, etracker oder Nedstat haben bereits mit der mobilen Web-Analyse begonnen und werden sich in Zukunft verstärkt dem Mobile-Bereich widmen, um den Anschluss hier nicht zu verlieren. Besonders beim Tracking mobiler Apps muss noch viel Entwicklungsarbeit geleistet werden, da die Integration in die Anwendung noch nicht so einfach ist wie bei einer Website. Hinzu kommt, dass beim Tracking von Apps technische Ressourcen sparsam eingesetzt werden müssen, da Handys nicht so leistungsfähig wie normale Computer sind und weniger Speicherplatz zur Verfügung steht. Mit dem Blog Mobile Analytics Today (*http://www.mobileanalyticstoday.com/*) bleiben Sie darüber auf dem Laufenden, was sich im Markt bewegt und wohin die Reise geht.

Wie Sie in diesem Kapitel gesehen haben, steckt das Mobile Marketing mitten in einer starken Entwicklungsphase. Wir empfehlen Ihnen, auf Ihre Nutzer und Ihr Geschäftsmodell zu schauen. Passt eine mobile Website oder App zu Ihrem Angebot, oder wünschen sich Ihre Nutzer den mobilen Zugang zu Ihrer Website? Dann empfehlen wir Ihnen, jetzt aktiv zu werden, damit Sie den Anschluss nicht verpassen.

*»Es gibt drei Arten von Werbung. Laute, lautere und unlautere.«*
*– Werner Mitsch*

# 7   Virales Marketing und Guerilla-Marketing im Netz

Virales Marketing und Guerilla-Marketing sind zwei recht junge Marketing-Formen. Virales Marketing beschreibt Kampagnen, die sich sehr schnell, ähnlich wie ein Virus verbreiten. Die Kampagnen bestehen meist aus aufmerksamkeitsstarken Internet-Videos, die über E-Mail, Facebook oder Chat-Programme leicht weitergegeben werden können. Im Guerilla-Marketing werden eher unkonventionelle Kampagnen erstellt, die zumeist kostengünstig sind, aber eine hohe Aufmerksamkeit erzeugen. Besonders das virale Marketing profitiert von der Geschwindigkeit des Internets, wo Informationen leicht ausgetauscht werden und sich somit schnell verbreiten können.

## 7.1   Vorsicht, Ansteckungsgefahr – Virales Marketing

Lustige oder interessante Inhalte werden sehr gern im Internet ausgetauscht. Im Web entstehen sogenannte *Netzwerkeffekte*, die dafür sorgen, dass der Wert einer Kampagne mit der Zahl der Empfänger exponentiell wächst. Eine Person kann eine Nachricht an mehrere Menschen weitergeben. Diese Empfänger können die Nachricht wiederum jeweils an mehrere Personen verbreiten. Dadurch kann eine schnelle, virale Verbreitung geschehen. Angenommen, Sie erzählen drei Personen von einem lustigen Videoclip, und diese drei Menschen leiten die Information jeweils wiederum an drei Personen weiter. So erfahren innerhalb kürzester Zeit zwölf Personen von dem Videoinhalt. Diese viralen Effekte kann man als Werbetreibender sehr gut für die eigenen Zwecke nutzen. Dabei spricht man von viralem Marketing, das auf Mundpropaganda abzielt. Dies wird auch als *Word-of-Mouth Marketing* oder als *Empfehlungsmarketing* bezeichnet. Mit einer viralen Kampagne schaffen Sie also Inhalte, die sich über die Empfehlung anderer Personen schnell verbreiten. Im Internet werden dazu häufig kurze Videos genutzt, die durch hohen Unterhaltungswert oder kontroverse Themen eine enorme Aufmerksamkeit erzeugen.

Selbst zum Thema virales Marketing gibt es ein virales YouTube-Video, das sich schnell verbreitet hat und inzwischen über 3,5 Millionen Mal aufgerufen wurde. Das Video »Virales Marketing im Todesstern Stuttgart« (*http://www.youtube.com/watch?v=uF2djJcPO2A*) erklärt in einer synchronisierten Star-Wars-Szene in schönstem Schwäbisch: »*Von Print- oder TV-Kampagne kann hier überhaupt gar keine Rede mehr sein, wir leben ja nicht mehr im finsteren Mittelalter. Es haben sich heutzutage ganz neue Marketing-Instrumente aufgetan. Virales Marketing heißt das neue Zauberwort.*«

### 7.1.1 Virale Marketingkampagnen

Wie können Sie dieses neue Zauberwort nun für sich anwenden? Grundlage für virales Marketing ist eine kreative Kampagne. Damit Sie einen Eindruck bekommen, welche Ideen im viralen Marketing möglich sind, haben wir Ihnen einige erfolgreiche Beispiele herausgesucht.

Das Mobilfunkunternehmen T-Mobile setzt mit eigenen Videos auf YouTube verstärkt auf virales Marketing als Werbeinstrument. Unter dem Slogan »Life's for sharing« wurde ein eigener YouTube-Kanal eingerichtet, der Videos von verschiedenen Aktionen enthält (*http://www.youtube.com/user/lifesforsharing*). Virales Marketing passt sehr gut zu einem Mobilfunkbetreiber, da es sowohl in seinem Hauptgeschäft als auch beim viralen Marketing um das Austauschen von Informationen geht. Dabei setzt T-Mobile auf sogenannte *Flashmobs*, bei denen Menschenmassen aufeinander treffen und gemeinsam aktiv werden, z. B. durch Singen oder Tanzen. Diese Aktionen werden ausführlich vorbereitet und medial aufbereitet. Eines der bekanntesten Videos ist der T-Mobile Dance (*http://www.youtube.com/watch?v=VQ3d3KigPQM*) mit mehr als 25 Millionen Aufrufen (siehe Abbildung 7.1). Dabei tanzten im Londoner Hauptbahnhof »Liverpool Street« mehrere hundert Menschen, aufgenommen von Kameras für einen Videospot.

Besonders innovativ zeigt sich Tipp-Ex mit einem interaktiven viralen Video, das ebenfalls mehrere Millionen Aufrufe auf YouTube erzeugte (*http://www.youtube.com/user/tippexperience*). Das Thema: Ein Jäger entdeckt einen Bären und soll diesen erschießen. Dann entscheidet er sich aber anders und greift zum Tipp-Ex-Roller, um die Geschichte umzuschreiben (siehe Abbildung 7.2). Nutzer können an dieser Stelle per Eingabe von Wörtern den weiteren Handlungsverlauf bestimmen. So können sie z. B. zusammen tanzen, spielen oder angeln. Die Umsetzung durch die Agentur Buzzman ist hervorragend gelungen und kam bei Internet-Nutzern und in den Medien sehr gut an. Dadurch gelang eine virale Verbreitung der Kampagne.

**Abbildung 7.1** Virales Video: T-Mobile Dance

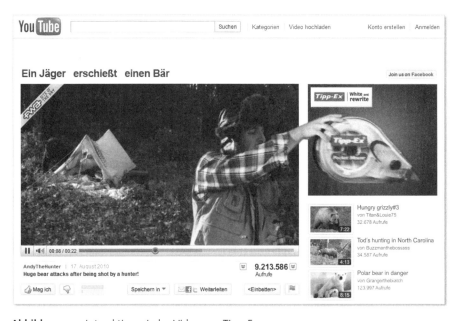

**Abbildung 7.2** Interaktives virales Video von Tipp-Ex

Als kurioses virales Video wurde für die Baumarktkette OBI der »Hammerjong-leur« umgesetzt (*http://www.dialog-solutions.de/projekte/26/obi-hammer-viral/*). Mit seinen Fähigkeiten kann der Akteur beim Jonglieren mit Hämmern Nägel in die Decke schlagen (siehe Abbildung 7.3). Das ganze Video macht trotz der professionellen Produktion durch die Agentur Dialog Solutions Group einen absichtlich amateurhaften Eindruck, um authentischer zu wirken. Über acht Millionen Zuschauer sahen dieses virale Video.

**Abbildung 7.3**  Virales Video: Der OBI-Hammerjongleur

Populär sind auch sogenannte »*Office Lip-Dub*«-Videos. Vor allem von Mitarbeitern kreativer Werbeagenturen werden dabei Lieder einstudiert und im Playback innerhalb der eigenen Büroräume aufgenommen. Besonders Kreativagenturen und junge Unternehmen können so auf sich aufmerksam machen und sich als interessanter Arbeitgeber positionieren. Zwei bekannte Videos finden Sie unter *http://www.vimeo.com/173714* und *http://www.youtube.com/watch?v=o8DQKieBPNU* (siehe Abbildung 7.4).

Weitere bekannte virale Marketing-Videos sind z. B. die »Evian Roller Babies« (*http://www.youtube.com/watch?v=XQcVllWpwGs*) und die »Evolution«-Kampagne für echte Schönheit von Dove (*http://www.youtube.com/watch?v=sfAPT1_0TDg*). Beide Videos kommen auf mehrere Millionen Abrufe. Aber auch kleinere Firmen können virale Videos nutzen. In »Schwäbisch für Inder« (*http://www.youtube.com/watch?v=yj5_pSwJOAo*) wird eine indische Filmszene auf Schwäbisch witzig parodiert. Sie spielt auf das Problem mit fehlerhafter, ausländischer Technik an. Hinter der Aktion steckt das deutsche Klimatechnikunternehmen MEZ-Technik. Das Video wurde bereits über eine Million Mal angeschaut.

**Abbildung 7.4**  Virales Video »Office Lip-Dub«

Virales Marketing geschieht aber nicht nur über Videos, sondern kann z. B. auch für Online-Spiele genutzt werden. So haben sich die Spiele *FarmVille*, *BrainBuddies* oder *MafiaWars* insbesondere durch die Nutzung von Social Media viral verbreitet. Die Spiele laufen in den sozialen Netzwerken ab und hinterlassen Nachrichten auf der eigenen Profilseite. Somit sehen auch andere Nutzer die Meldung und kommen mit dem Spiel in Kontakt. Durch diese virale Streuung gibt es viele verschiedene Spiele mit mehreren Millionen Nutzern. Vielleicht kennen Sie noch das Spiel »Moorhuhnjagd« aus dem Jahr 1999 (*http://www.moorhuhn.de/*, siehe Abbildung 7.5). Es gilt als Vorläufer für virales Marketing mit Spielen. Diese relativ einfach gehaltene, aber witzig umgesetzte Werbespiel für die Spirituosen-Marke Johnnie Walker verbreitete sich sehr schnell im Web. Die hohen Nutzungszahlen und Weiterempfehlungen durch Spieler kamen dadurch zustande, dass das Spiel kostenlos heruntergeladen werden konnte, einfach zu verstehen war und man seine erreichte Punktzahl mit anderen vergleichen konnte.

**Abbildung 7.5**  Virales Spiel: Die virtuelle Moorhuhnjagd

E-Mail-Anbieter machen sich das virale Marketing für eigene Zwecke zunutze. So schreibt der Anbieter Hotmail unter gesendete E-Mails von Nutzern folgenden Satz: »*P.S. Get your private, free email at Hotmail*«. Damit nutzt Hotmail die eigene Kundschaft, um die Werbebotschaft viral zu verteilen. Auch BlackBerry-Smartphones machen sich mit einer zusätzlichen Zeile in gesendeten E-Mails bemerkbar: »*Von meinem drahtlosen BlackBerry®-Handheld gesendet*«. Dies ist eine sehr kostengünstige Alternative, um auf sein Angebot hinzuweisen. Ähnlich funktionieren auch Einladungen zur Registrierung via E-Mail, bei denen bereits registrierte Nutzer weitere Interessenten empfehlen können. Dieses Mittel nutzen z. B. soziale Netzwerke wie Facebook oder XING und Shopping-Clubs wie Brands4Friends, um neue Mitglieder zu gewinnen. Hierbei wird stark auf die hohe Wirkung des Empfehlungsmarketings gesetzt. Wenn Ihnen ein guter Bekannter etwas empfiehlt, werden Sie mit hoher Wahrscheinlichkeit einen Blick darauf werfen. Der Nutzer kann mit Sonderangeboten zusätzliche Anreize für die Weiterempfehlung bekommen.

Virale Kampagnen können auch eine ganze Geschichte umfassen, die in der Presse und in Blogs aufgefasst wird. So hat die Firma Mammut, ein Hersteller für Outdoor-Bekleidung, eine Meldung erfunden, bei der eine 85-jährige Dame mit ihrem Dackel den Mount Everest besteigen will, nachdem sie sich eine winterfeste Jacke gekauft hat (siehe Abbildung 7.6).

**Abbildung 7.6** Virales Marketing: Mount Everest Expedition

Um die Sache noch authentischer zu gestalten, wurde für die Aktion eine passende Website erstellt (*http://www.mary-woodbridge.co.uk/*), und über verschiedene Medien wurden entsprechende Berichte gestreut.

Anhand der Beispiele haben Sie nun einen Überblick, welche unterschiedlichen Aktionen im viralen Marketing möglich sind. Natürlich gibt es noch viele weitere Kampagnen. Begeben Sie sich einfach auf die Recherche im Internet, und Sie werden noch mehr erstaunliche Videos und Aktionen entdecken. Ein Großteil der Kampagnen stammt dabei aus dem Vorreiterland USA. Inzwischen hat sich aber auch in Deutschland eine Virales-Marketing-Szene mit verschieden Agenturen etabliert.

### 7.1.2 Anreize zur viralen Infektion

Wie Sie gesehen haben, setzt virales Marketing sehr viel Kreativität voraus. In der Vorbereitungsphase einer Kampagne sollte also überlegt werden, welche Anreize geschaffen werden müssen, um eine hohe Aufmerksamkeit bei den Nutzern zu erreichen. Die Menschen müssen mit der Kampagne infiziert werden. Häufig erreichen Sie dies durch lustige oder kontroverse Themen. Klassische Werbebotschaften sind hier fehl am Platz. Wecken Sie Emotionen der Menschen. Was regt Menschen besonders auf, was sind aktuelle Themen, oder was finden sie besonders amüsant? Sie brauchen für jede virale Marketingkampagne einen Aufhänger. Setzen Sie sich am besten mit anderen kreativen Menschen zusammen, und denken Sie sich Ideen z. B. in einem sogenannten *Brainstorming* aus. In der Wahl der Mittel sind Sie dabei nicht beschränkt. Denken Sie z. B. an Bilder, Videos, Analysen, Gewinnspiele, Plakate oder Flyer.

Haben Sie sich eine gute Idee ausgedacht, geht es an die Umsetzung der Kampagne. Die meisten viralen Kampagnen brauchen einige Vorlaufzeit, um z. B. Videos zu produzieren, Websites aufzusetzen oder personelle Unterstützung für größere virale Aktionen zu finden. Eine gute Vorbereitung ist dabei entscheidend für einen gelungenen Start einer solchen Aktion. Da die meiste Aufmerksamkeit in den ersten zwei Wochen erzeugt wird, darf hier nichts falsch laufen. So muss z. B. die Website für die Kampagne fehlerfrei verfügbar sein, und Videos müssen in guter Qualität vorliegen.

Zur Vorbereitung gehört auch die Planung der Verbreitung einer viralen Kampagne. So viral, wie eine Kampagne auch ist, sie muss am Anfang von einer Gruppe von Menschen losgetreten werden, um sich verbreiten zu können. Diese Phase bezeichnet man als *Seeding*. Die Saat muss also gelegt werden, bevor eine große Pflanze wachsen kann. Zum Seeding eignen sich z. B. bekannte Blogs, Twitter-Accounts oder Facebook. Sie treten also in Kontakt mit Personen, die selbst einen

Leserkreis haben und Ihre Meldung persönlich verbreiten können. Wenn Sie diese Kontakte nicht alle selbst akquirieren möchten, können Sie auf Seeding-Agenturen zurückgreifen, die sich auf virales Marketing spezialisiert haben. Diese sorgen dann für eine möglichst hohe Streuung der Kampagne und verhelfen der Aktion damit zum Erfolg. Über die Online-Plattform *www.shareifyoulike.com* können Anbieter und Promoter von viralen Kampagnen in Kontakt treten.

## 7.2 Guerilla-Marketing – Unkonventionell Aufmerksamkeit erregen

Haben Sie schon mal von Guerilla-Marketing gehört? Dieser recht neue Bereich im Marketing beschreibt eher unkonventionelle Werbekampagnen, die kostengünstig umgesetzt werden können. Der Begriff Guerilla-Marketing wurde vom Marketingexperten Jay Conrad Levinson geprägt. In seinem Buch über »Guerilla Marketing im 21. Jahrhundert« beschreibt Levinson, wie man mit jedem Werbebudget kostengünstig auf sich aufmerksam machen kann. Entscheidend ist dabei die Kreativität der Aktionen. Unter der Adresse *http://www.gmarketing.com/* finden Sie Levinsons lesenswerte Website mit vielen Artikeln und Interviews. Wir zeigen Ihnen auf den nächsten Seiten einige Guerilla-Marketing-Kampagnen und geben Ihnen Hinweise, wie Sie derartige Maßnahmen für Ihre Website nutzen können.

### 7.2.1 Guerilla-Marketing-Kampagnen

Durch die recht offene Definition des Guerilla-Marketing sind die unterschiedlichsten Maßnahmen inbegriffen. Dies können sowohl Online-Aktionen sein, aber auch offline kann Guerilla-Marketing genutzt werden. Damit Sie einen tieferen Einblick in einzelne Aktionen bekommen, möchten wir Ihnen hier einige bekannte Kampagnen vorstellen. Nutzen Sie diese Aktionen als Ideengeber für eine eigene Guerilla-Kampagne.

Ein inzwischen recht häufig genutztes Instrument des Guerilla-Marketing sind Plakate und Aufkleber, die wahllos in Städten verteilt werden. Zumeist besteht dabei keine Erlaubnis für das Plakatieren, aber die Werbetreibenden nehmen bewusst die Gefahr von Bußgeldern auf sich. Diese fallen im Vergleich zu kostspieligen Plakatkampagnen meist eher gering aus. Vielleicht sind Ihnen auch schon derartige Aufkleber an Straßenampeln oder Verkehrsschildern aufgefallen. Auch diese können als Guerilla-Marketing verstanden werden und werden z. B. von Clubs oder neuen, trendigen Internetseiten als Promotion-Instrument genutzt.

Weitere beliebte Guerilla-Marketing-Aktionen finden z. B. an belebten Orten wie Straßenkreuzungen statt. Hier wird die immer wiederkehrende hohe Autofahrerdichte genutzt, um kostengünstig Werbung zu treiben. Mit Transparenten oder anderen aufmerksamkeitsstarken Mitteln werden Autofahrer und Passagiere stimuliert. Dies nutzen z. B. Radiosender, um auf sich aufmerksam zu machen und die Autofahrer zum Wechseln des Radiosenders zu animieren. Aber auch Werbung für neue Automodelle wäre hier gut vorstellbar. Inwieweit dies allerdings einen Eingriff in die Straßenverkehrsordnung darstellt, ist bisher nicht geklärt. Ähnlich funktionieren auch Autokolonnen, die mit Werbetransparenten ausgestattet sind (sogenannte *Billboard Vans*) und durch die belebtesten Straßen einer Stadt fahren. So wirbt z. B. Ikea für die Neueröffnung von Warenhäusern mit Billboard Vans (siehe Abbildung 7.7). Die Ausführung der Kampagne übernahm hier die Hamburger Firma promoductions (*http://www.promoductions.com/*), die sich auf Guerilla-Marketing-Aktionen spezialisiert hat. Mit wenig Aufwand wird hier hohe Aufmerksamkeit erzeugt. Dagegen hat sich z. B. Werbung auf einem Taxi schon so sehr etabliert, dass sie kaum noch wahrgenommen wird.

**Abbildung 7.7**   Billboard Vans einer Ikea-Kampagne

Billboard Vans sind eine Form der Außenwerbung, was im Marketing-Englisch als *Out-of-Home Media* bezeichnet wird. Einer der größten Anbieter auf diesem Gebiet ist das Unternehmen Ströer. Werfen Sie einen Blick auf die Website (*http://www.stroeer.de/*), so sehen Sie verschiedene Möglichkeiten der Außenwerbung inklusive der entsprechenden Preise. Sie können also überlegen, ob Sie eine Guerilla-Marketing-Kampagne selbst durchführen möchten oder einen Dienstleister hinzunehmen, der Ihnen vor allem die organisatorischen Dinge abnimmt.

Bekannt sind Ihnen sicher die Werbezettel an Autos, die darauf hinweisen, dass Sie Ihr Auto gern an einen Händler verkaufen können. Hier wird mit geringem Mitteleinsatz eine recht große Aufmerksamkeit erzeugt. Dadurch, dass die Werbung am Auto angebracht ist, kommt man unweigerlich damit in Berührung, und wer weiß, vielleicht möchten Sie ja wirklich gerade Ihr Auto verkaufen. Nach demselben Prinzip werden Flyer für neu eröffnete Restaurants oder anstehende Veranstaltungen an Autos in der Umgebung geheftet. Will man hier schnell sehr viele Menschen oder Autos erreichen, werden große Parkplätze z. B. bei Supermärkten aufgesucht. Als Werbetreibender müssen Sie hierbei entscheiden, inwieweit solche Aktionen für Sie denkbar sind. Einmalige Aktionen können sich bei bestimmten Angeboten, wie z. B. der Hinweis auf neu eröffnete Clubs, sicher lohnen. Aber denken Sie daran, dass mit der Zeit Flyer ignoriert werden oder – noch schlimmer – Antipathie bei den Menschen erzeugt wird. Berücksichtigen Sie auch Streuverluste, die bei diesen Push-Marketing-Aktionen üblich sind.

Aus der eher alternativen Szene sind Graffitis bekannt. Diese werden auch im Guerilla-Marketing genutzt. Als Guerilla-Aktion Häuser zu besprühen, ist sicher der falsche Weg, da dies viel Ärger und Kosten mit sich bringt. Solche Aktionen werden nur in sehr anonymisierter Form durchgeführt, wo der Absender nicht klar zu erkennen ist. Daher eignet sich dies nicht für richtige Marketingmaßnahmen. Um Graffiti trotzdem für Marketingzwecke nutzen zu können, ist das sogenannte *Reverse Graffiti* entstanden. Hier wird auch gesprüht, aber mit einem Hochdruckreiniger. Über Schablonen erreicht man, dass z. B. Fußwege in bestimmten Mustern gereinigt werden und so Logos oder Sprüche auf dem Gehweg entstehen. Anstatt mit Graffitis Wege zu verschmutzen, wird eine Säuberung durchgeführt. Dies soll vor der Illegalität bewahren, ist aber rechtlich noch nicht abschließend beurteilt. Die Graffitis haben auch den Vorteil, dass sie nach einer bestimmten Zeit durch die tägliche Verschmutzung wieder verschwinden. Reverse Graffiti ist auch unter dem Begriff *Street-Branding* bekannt.

Das Unternehmen Nike hat in Österreich eine solche Street-Branding-Aktion zur Fußballeuropameisterschaft vor den eigenen Geschäften unternommen und auf die eigene Fußball-Website hingewiesen (siehe Abbildung 7.8). Dies ist eine Aktion, die sicher die richtige Zielgruppe erreicht und keine negativen Auswirkungen hat.

Auch das Mode-Label »Armed Angels« hat eine solche Reverse-Graffiti-Aktion in Berlin durchgeführt. Auf Fußwegen wurde das einprägsame Logo eines Engels mit Pfeil und Bogen freigesprüht (siehe Abbildung 7.9). Damit wurde viel Aufmerksamkeit für die Marke erzeugt, die sich selbst als ökologische und nachhaltige Modemarke präsentiert. Somit passt das Street-Branding sehr gut zum Unternehmen. Die Entstehung der Graffitis können Sie sich bei YouTube ansehen (*http://www.youtube.com/watch?v=SuBUSerDp1w*). Die Umweltorganisation Greenpeace setzt für bestimmte Aktionen ebenso auf das Reverse Graffiti und nutzt so das ökologische Marketinginstrument für seine Zwecke. Eine ähnliche Funktion übernimmt die Idee des *Snow Branding*. Hierbei werden im Winter Botschaften auf Schneeflächen und schneebedeckte Autos gesprüht oder mit einer Form eingedruckt. Auch hier findet offensichtlich keine Sachbeschädigung statt, und mit einsetzendem Tauwetter ist alles wieder beseitigt.

**Abbildung 7.8** Reverse-Graffiti-Aktion von Nike

**Abbildung 7.9** Reverse Graffiti der Marke »Armed Angels«

Eine weitere Guerilla-Marketing-Aktion sind Abrisszettel, die Sie von Wohnungssuchen oder Autoverkäufen auf schwarzen Brettern oder an Ampeln kennen.

Wenn Sie hier kreativ werden, können Sie Abrisszettel auch für Ihre Zwecke nutzen. Da die meisten Menschen neugierig sind, werden solche Zettel oftmals wahrgenommen und angeschaut. Erreichen Sie dann die Aufmerksamkeit des Lesers, wird eventuell ein Hinweiszettel abgerissen und mitgenommen. So können Sie z. B. auf eine Website hinweisen, und der Interessent kann am Computer nachschauen, was es genau damit auf sich hat. Denken Sie hierbei nicht nur an rein kommerzielle Aktionen, sondern z. B. auch an Hinweise auf Bürgerbegehren oder neue Sportvereine.

Möchten Sie noch mehr Einblicke in Guerilla-Marketing-Aktionen bekommen, dann empfehlen wir Ihnen, einen Blick in den Blog der Autovermietung Sixt zu werfen (*http://www.sixtblog.de/*). Hier werden immer wieder interessante, aufmerksamkeitsstarke Kampagnen beschrieben, die Sixt durchführt. Zusammen mit der Werbeagentur Jung von Matt werden dabei kreative und mutige Ideen geschmiedet und in das aktuelle Tagesgeschehen integriert. Eine kontroverse Aktion war der Auftritt bei den Protesten gegen den Castor-Transport. Hier gesellten sich Personen unter die Demonstranten mit einem Transparent und dem Protest-Slogan »Stoppt teure Transporte! Mietet Van & Truck von Sixt.« (siehe Abbildung 7.10). Diese Aktion passt natürlich inhaltlich sehr gut zur Thematik, erzeugt aber auch Gegenreaktionen. Trotzdem dürfte die Markenbekanntheit von Sixt weiter gestiegen sein.

**Abbildung 7.10** Guerilla-Marketing von Sixt

Sie haben nun einen Einblick in die verschiedenen Möglichkeiten des Guerilla-Marketing bekommen. Sicher werden auch in der Zukunft noch neue, spannende Ideen für Kampagnen entstehen. Entscheiden Sie für sich selbst, inwieweit Sie dieses Marketinginstrument einsetzen möchten. Im nächsten Abschnitt werden wir darauf eingehen, wie Sie Guerilla-Marketing im Internet einsetzen können, um Ihre Website erfolgreich zu machen.

## 7.2.2 Guerilla-Marketing im Netz

Viele Guerilla-Marketing-Aktionen leisten einen Beitrag zur Steigerung der Markenbekanntheit. Davon profitiert natürlich auch Ihre Website. Sie können Guerilla-Marketing aber auch direkt zur Steigerung des Erfolgs Ihrer Website einsetzen. Wir zeigen Ihnen hier einige Möglichkeiten für Aktionen, die Sie durchführen können. Wichtig ist dabei zu erwähnen, dass sich Guerilla-Marketing nicht für alle Zwecke gleich gut und erfolgversprechend nutzen lässt. Viele geplante Guerilla-Marketing-Aktionen verlaufen im Sand, ohne dass man wieder von ihnen hört. Ein Großteil der Kampagnen wird auch nicht öffentlich, da es sich meist um relativ kleine Zielgruppen handelt.

Wie schon zuvor erwähnt, können Sie Guerilla-Marketing einsetzen, um Ihre Website offline – also in der realen Welt – zu bewerben und mehr Besucher auf Ihre Website zu bekommen. Ein Beispiel dafür ist das Reverse Graffiti von Nike (siehe Abbildung 7.8), das auf die Aktionswebsite zur Europameisterschaft hinwies. Sie können auch Flyer, Abrisszettel oder Plakate nutzen, um Ihre Website bekannt zu machen. Solche Aktionen sollten aber sehr gut auf den Unternehmenszweck und die Zielgruppe abgestimmt werden.

Guerilla-Marketing können Sie weiterhin nutzen, um günstige Werbebotschaften in Foren, Communitys oder Social Networks unterzubringen. Natürlich müssen Sie sich an die Regeln der jeweiligen Website-Betreiber halten. Dies muss aber nicht zulasten der Kreativität gehen. Sie können z. B. Diskussionen zu Ihrem Thema in Foren anstoßen, indem Sie kontroverse Fragen aufwerfen. Eine bekannte Fragen-Community ist *gutefrage.net (siehe* Abbildung 7.11). Schauen Sie sich hier zu Ihrem Thema um, und Sie werden verschiedene Möglichkeiten kennenlernen, wie Sie geschickt auf Ihr Angebot hinweisen können. Wie schon erwähnt, sollten Sie es dabei aber nicht übertreiben, da Sie sonst schnell negativ auffallen und gegebenenfalls mit Konsequenzen rechnen müssen.

Sie können z. B. auch Ihre eigene Facebook-Fanpage nutzen, um Guerilla-Marketing zu betreiben (siehe dazu Kapitel 4, »Social-Media-Marketing«). Haben Sie hier schon eine breite Leserschaft gefunden, lassen sich interessante Inhalte leicht verbreiten. Ihre Leser können die Inhalte unkompliziert an ihre Freunde weiterempfehlen. So entsteht bei guten Kampagnen schnell ein Lauffeuer – ohne große Werbebudgets.

**Abbildung 7.11** Fragen stellen auf gutefrage.net

Eine weitere Alternative für Guerilla-Kampagnen sind kostengünstige, virale Videos, die Sie schon im ersten Teil dieses Kapitels kennengelernt haben. Im Guerilla-Marketing geht es aber nicht um aufwendig produzierte Hochglanzvideos, sondern um kurze Videos mit Aha-Effekt. Bekanntes Beispiel dafür ist die amerikanische Firma Blendtec, die Küchenmixer produziert. In vielen kleinen Filmen werden denkbare und undenkbare Dinge zerkleinert, so z. B. ein iPhone. Schauen Sie selbst unter *http://willitblend.com/* nach. Da diese Aktion sehr gut aufgegriffen wurde, entstanden immer mehr Videos von Blendtec.

**Abbildung 7.12** Guerilla-Marketing mit Videos

Als Guerilla-Marketing-Kampagnen gelten auch sogenannte *Linkbaits* in der Suchmaschinenoptimierung. Dies sind Aktionen, durch die Backlinks auf die eigene Website generiert werden. Die Links helfen Ihnen in der Suchmaschinenoptimierung, da die Algorithmen der Suchmaschinen Links als Empfehlung ansehen. Die deutsche Übersetzung für Linkbait ist »Link-Köder«. Sie versuchen also Personen anzulocken, die zu Ihrer Website verlinken, indem Sie z. B. spannende Inhalte anbieten oder Gewinnspiele veranstalten. Ohne hohe Kosten und mit einem guten Konzept können Sie hier sehr viel erreichen. Besonders gute Linkbait-Aktionen erzielen dabei auch einen viralen Effekt, sodass die Aktion weitergetragen wird und sich die Teilnehmer vervielfachen. Ein sehr gutes Beispiel hat die Singlebörse mingle2 aufgesetzt. Unter *http://mingle2.com/dating/unicorn* befinden sich, optisch ansprechend gestaltet, zehn Gründe, warum Sie eine Verabredung mit einem Einhorn haben sollten (siehe Abbildung 7.13). So entstand ein lustiger Comicstreifen, der häufig weitergegeben und verlinkt wurde.

**Abbildung 7.13**  Linkbait mingle2 – Einhorn-Dating

Sie haben nun einen guten Überblick über virales Marketing und Guerilla-Marketing erhalten. Weitere Beispiele finden Sie auch bei einer intensiveren Recherche im Internet. Sicher werden Sie nicht alle Aktionen eins zu eins auf Ihr Unternehmen oder Ihre Website übertragen können. Bei diesen Marketingformen geht es insbesondere um Einzigartigkeit und Kreativität. Daher sind pauschale Ratschläge hier kaum möglich. Aber Sie haben bestimmt ein paar Ideen bekommen, wie Sie diese neuen Marketingformen für sich nutzen können. Da die Aktionen sehr individuell sind und auch viel Einfallsreichtum und Vorbereitungszeit verlangen, empfehlen wir Ihnen, sich mit einer Gruppe von kreativen Personen aus Ihrem Umkreis zusammenzusetzen und gemeinsam spannende Ideen zu entwickeln.

*»Die Werbung ist die höchste Kunstform des 20. Jahrhunderts.«*
*– Marshall McLuhan*

# 8    Crossmedia-Marketing

Sie haben bereits einige Maßnahmen zur Bewerbung Ihrer Website kennengelernt. Natürlich können Sie eine Website nicht nur online bewerben, sondern
auch andere, ergänzende Medien nutzen. In diesem Kapitel möchten wir Ihnen
zeigen, wie Sie außerhalb des Internets auf sich aufmerksam machen können und
wie Sie medienübergreifende Kampagnen aufbauen. Hierfür hat sich der Begriff
*Crossmedia-Marketing* etabliert. Damit ist umfassendes und abgestimmtes Marketing in verschiedenen Medien gemeint. Als Medien außerhalb des Internets
gelten z. B. TV, Radio, Zeitungen und Zeitschriften. Weiterhin stehen die Bereiche
Außenwerbung (*»Out-of-Home«*), mobile Geräte (z. B. Handys) und Veranstaltungen als Marketinginstrumente zur Verfügung. Sie sehen, es gibt viele Möglichkeiten, auf sich aufmerksam zu machen. Die verschiedenen Medienkanäle werden
als Instrumente des Crossmedia-Marketings beschrieben (siehe Abbildung 8.1).
Die Werbung in unterschiedlichen Medien beeinflusst sich gegenseitig und kann
so insgesamt eine höhere Wirkung erzielen.

Crossmedia-Marketing wird immer häufiger genutzt, da sich Zielgruppen in verschiedenen Medien bewegen. So sind die meisten Menschen Nutzer verschiedener Medien. Sie hören Radio, schauen Fernsehen, lesen Zeitungen und surfen
online im Internet oder auf dem Handy.

**Maßnahmen des klassischen Marketings**

Marketinginstrumente können sehr vielfältiger Natur sein. Die Maßnahmen des Online-
Marketings beschreiben wir Ihnen vollständig in diesem Buch. Weitere Maßnahmen des
klassischen Marketings, die wir leider aus Rücksicht auf den Buchumfang nicht näher
beschreiben können, sind:

- ▶ TV-, Radio- und Kino-Werbung
- ▶ Anzeigen-Schaltung in Printmedien, z. B. Zeitungen und Zeitschriften
- ▶ Plakatwerbung und weitere Außenwerbung (*Out-of-Home Media*)
- ▶ Postalische Mailings, Prospekte und Kataloge
- ▶ Warenproben, Werbegeschenke und Gewinnspiele

▶ Messen und Promotion-Aktionen (*Event-Marketing*)

▶ Produktplatzierung und Verkaufsförderung (*Product-Placement*)

▶ Werbung am Verkaufsort (*Point-of-Sale Marketing*)

▶ Mundpropaganda (*Word-of-Mouth Marketing*)

▶ Presse- und Öffentlichkeitsarbeit (*Public Relations*)

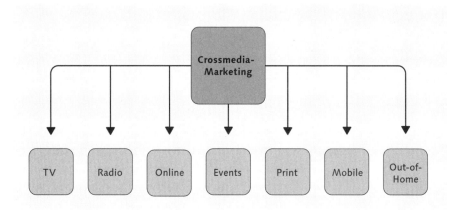

**Abbildung 8.1** Instrumente des Crossmedia-Marketings

Teilweise werden die Medien sogar parallel genutzt. So verwenden Menschen vor dem Fernseher auch parallel das Internet auf ihrem Notebook oder Handy. Dies konnte nachgewiesen werden, da sofort nach der Einblendung einer Internetadresse im TV, die Zugriffszahlen auf die genannte Website steigen. Eine andere parallele Mediennutzung ist vorstellbar, wenn Sie durch eine Stadt gehen, Werbeplakate entdecken und dann die Website des Unternehmens auf Ihrem Smartphone aufrufen.

## 8.1 Aufbau einer Crossmedia-Kampagne

Wenn Sie eine Crossmedia-Kampagne erstellen, sollten Sie sich im Vorfeld Gedanken über den Aufbau machen, um größtmögliche medienübergreifende Effekte zu erzielen. Dabei kommt es besonders auf abgestimmte Inhalte und die zeitliche Medienplanung an.

Die inhaltliche Abstimmung betrifft besonders die gestalterische und redaktionelle Verknüpfung der einzelnen Kommunikationsmittel einer crossmedialen Kampagne. Die inhaltliche Verbindung kann durch einheitliche Slogans und Bildmaterial (sogenannte *Key Viusals*) erreicht werden. Werbeslogans und Bildmotive sollten einheitlich in allen Medien und Anzeigen verwendet werden, um einen hohen Wiederkennungswert zu schaffen. Zudem wird häufig mit sogenannten *Testimonials* geworben. Testimonials sind meist bekannte Personen, die für ein Unternehmen mit ihrem Namen und Gesicht werben. Dadurch soll ein Imagetransfer zur Marke hergestellt und die crossmediale Wiedererkennung sichergestellt werden, da Gesichter besser von Menschen wahrgenommen werden, als austauschbare Werbeslogans. Denken Sie z. B. an die DocMorris-Zwillinge, das Kind vom Zwieback-Hersteller Brandt oder an Boris Becker, der den Spruch »*Ich bin drin.*« für die Firma AOL prägte. Die grafische Gestaltung crossmedialer Kampagnen sollte möglichst einheitlich sein. Hier empfiehlt sich ein *Corporate Design*, das identische Logos, Schrifttypen, Farben und Formen umfasst.

Der zeitliche Aspekt betrifft die Kampagnenplanung. Sie sollten festlegen, wann welche Einzelmaßnahmen beginnen und wie lange diese andauern. Dies muss abgestimmt werden, um die Werbewirkung zu erhöhen. Legen Sie also zu Beginn einen optimalen Termin für den Kampagnenstart fest, an dem Sie mit voller Kraft loslegen, um einen hohen Werbedruck aufzubauen. Planen Sie genau, wann Sie in welchen Medien werben wollen. Die Anzeigenpreise variieren in einigen Medien zum Teil deutlich im Jahresverlauf. So ist z. B. die Vorweihnachtszeit in der TV-Werbung der teuerste Zeitraum.

Die zeitliche Verknüpfung der Kampagne können Sie auch in mehreren Wellen vornehmen. So können Sie z. B. zuerst TV-Werbung schalten und nach einiger Zeit Print-Anzeigen buchen, um die Personen wieder in den Kontakt mit Ihrer Marke zu bringen. Legen Sie auch ein Kampagnenende fest, da viel gesehene Werbekampagnen im Laufe der Zeit auch Antipathie hervorrufen können oder abstumpfen. Ein längerer Zeitraum als drei bis sechs Monate ist daher für eine groß angelegte Crossmedia-Kampagne nicht anzuraten.

Die Firmen-Website oder begleitende Microsites müssen zum Kampagnenstart bereitstehen. Eventuelle Google-AdWords-Kampagnen sollten ebenfalls vorbreitet sein. Für den Internetauftritt sollten Sie auf eine kurze und einprägsame URL achten. Damit erhöht sich die Wahrscheinlichkeit, dass Interessenten Ihre Website finden und aufrufen. Die Website selbst sollte zur Interaktion anregen und das Kampagnenziel bestmöglich unterstützen. Führen Sie z. B. ein neues Automodell ein, so ist Ihr Ziel, dass Interessenten Informationsmaterial anfragen oder eine Probefahrt buchen. Stellen Sie also sicher, dass Nutzer, die auf Ihre Website kommen, alles leicht finden, was sie benötigen. In Kapitel 16, »Usability – Benutzerfreundliche Websites«, erfahren Sie, wie Sie eine Website möglichst benutzerfreundlich aufbauen können. Sorgen Sie bei der Erstellung der Website zudem dafür, dass Ihr Webserver ein hohes Besucheraufkommen aushält, sobald die Kampagne startet.

Integrieren Sie in den Aufbau einer Crossmedia-Kampagne so weit wie möglich die neuen Social-Media-Komponenten. Beziehen Sie also Ihre Facebook-Fanpage, den Twitter-Account und Profile auf StudiVZ mit ein. Das firmeneigene Blog kann zusätzlich genutzt werden. Inzwischen gibt es spezielle Blogkampagnen, die Sie als Werbemaßnahme mit aufnehmen können.

## 8.2 Crossmedial werben – Offline und Online verbinden

Sie erreichen die höchste Effektivität, wenn Sie die Kampagnen in den verschiedenen Medien genau aufeinander abstimmen. Studien haben gezeigt, dass sich die einzelnen Marketingkanäle in ihrer Wirksamkeit gegenseitig unterstützen. Sie können sich sicher vorstellen, das, wenn Sie eine großangelegte Plakatkampagne aufgesetzt haben, auch viele Personen nach Ihrem Firmennamen im Internet suchen. Eventuell tippen die Interessenten die URL in den Browser ein. Wahrscheinlicher ist aber, dass Begriffe in der Suchmaschine Google eingegeben werden. Sie sollten also dafür sorgen, dass Sie zu relevanten Suchbegriffen gefunden werden.

Über Crossmedia-Marketing soll wie gesagt die Werbewirksamkeit der einzelnen Medien durch aufeinander abgestimmte Kampagnen verstärkt werden. Die Gründe für den Einsatz von Crossmedia-Marketing sind daher sehr vielfältig. Es sollen neue Zielgruppen erschlossen werden, die nur einzelne Medien nutzen. Reine »Onliner« erreichen Sie z. B. nicht mit Print-Anzeigen. Neue Kunden sollen über crossmediales Marketing gewonnen und bestehende Kunden sollen dauerhaft an das Unternehmen gebunden werden. Ein weiteres Ziel können schnelle Umsätze und die Stärkung der Markenbekanntheit sein. Der Werbedruck wird durch Mehrfachkontakte verstärkt, und damit wird die Werbeerinnerung erhöht. Durch die massive Nutzung verschiedener Medien bei einer Crossmedia-Kampagne können natürlich sehr hohe Kosten entstehen. Daher eignen sich großflächige Crossmedia-Kampagnen vor allem für Produkteinführungen oder Aktionen, bei denen schnell ein hoher Umsatz oder eine hohe Bekanntheit einer Marke erreicht werden soll.

Ein aktuelles Beispiel ist die Einführung der Versicherungsmarke ERGO. Diese entstand durch die Zusammenlegung der Marken Hamburg-Mannheimer und Victoria Versicherungen. Daher musste eine neue Marke aufgebaut und schnell bekannt gemacht werden. Dazu wurde im Juli 2010 eine groß angelegte Crossmedia-Kampagne mit Plakaten, TV-, Print- und Online-Werbung gestartet. Diese Kampagne schauen wir uns in Abschnitt 8.3.2, »Crossmedia-Marketing zur Einführung der Marke ERGO«, noch näher an. Eine der größten Plakatkampagnen in Deutschland wurde im Februar 2007 zur Einführung des Toyota Auris gestartet.

Über 200.000 Plakate wurden deutschlandweit verteilt. Unter dem Slogan »Augen auf Auris« wurde so eine hohe Aufmerksamkeit bei Autofahrern erzeugt. Um diese Aufmerksamkeit auch auf die Website – mit zusätzlichen Informationen und der Möglichkeit zur Anmeldung einer Probefahrt – zu lenken, wurde die Adresse der Website *auris.de* auf jedem Plakat oben links angegeben (siehe Abbildung 8.2). Dadurch wurden die massenhaften Plakate auch zur Promotion der Website genutzt.

**Abbildung 8.2**  Toyota-Auris-Plakatkampagne mit Website-Hinweis

Achten Sie bei Print-Anzeigen und Plakaten also immer auf die Nennung Ihrer Website. Sie erleichtern damit dem potenziellen Kunden die Auffindbarkeit Ihrer Seite. Auch in TV- oder Radio-Spots können Sie Ihre Website nennen. Achten Sie besonders bei Radiowerbung auf eine leicht verständliche und einfach zu merkende Internet-Adresse. Für eine bessere Messbarkeit der Offline-Kampagnen wird häufig mit speziellen URLs gearbeitet, die die Nutzer aufrufen sollen, z. B. *online-shop.de/tv* oder *online-shop.de/herbst2011*. Dadurch kann im Nachhinein über ein Web-Analytics-System (mehr dazu in Kapitel 20, »Web-Analytics – Websites unter die Lupe genommen«) gemessen werden, wie oft diese Adresse aufgerufen wurde. Da viele Nutzer ihren Besuch im Netz aber über Google beginnen, werden Sie vor allem eine Steigerung in den Weiterleitungen aus Suchmaschinen bemerken. Auch diese Zugriffe können Sie genau protokollieren.

In Print-Anzeigen können Sie sehr gut mit Rabattcodes arbeiten, um die Effektivität Ihrer Werbemaßnahmen zu prüfen. Schauen Sie am Ende einfach auf die Zahl der eingelösten Gutscheine mit dem abgedruckten Code, und Sie werden den Erfolg besser beurteilen können. Vor allem für den mobilen Bereich wurden sogenannte *QR-Codes* entwickelt, die Sie mit dem Handy abfotografieren können und durch die Sie dann auf eine mobile Website oder Anwendung weitergeleitet werden. QR steht dabei für »Quick Response«, also schnelle Antwort. Vielleicht haben Sie einen solchen zweidimensionalen Barcode schon einmal in einer Zeitung oder auf einem Plakat gesehen. Sie können den QR-Code weiterhin nutzen, indem Sie ihn auf Ihrer Website platzieren, wo Handynutzer diesen abscannen können, um auf ein mobiles Angebot zu gelangen (siehe Abbildung 8.3). Darüber können z. B. mobile Apps heruntergeladen werden.

**Abbildung 8.3**  QR-Codes bei Google Maps

Die Wirkung von kombinierter, crossmedialer Werbung wurde vom BVDW (Bundesverband Digitale Wirtschaft) untersucht. Hierzu wurde der Einfluss von Suchmaschinenmarketing auf die Markenbekanntheit in Verbindung mit TV-Werbung analysiert. Es konnte eindeutig festgestellt werden, dass die Markenbekanntheit steigt, wenn zusätzlich zur TV-Werbung auch Suchmaschinenwerbung und -optimierung vorgenommen wird. In der Studie konnte die Bekanntheit der Marke um 42 % gesteigert werden, wie Sie Abbildung 8.4 entnehmen können. Daher gibt der BVDW auch die Empfehlung: »TV-Werbung: Niemals ohne Suche!«

Von einer hohen Markenbekanntheit profitieren auch die Online-Marketingkanäle. So erhöhen sich Klickraten auf Banner und Werbeanzeigen, wenn ein bekanntes Unternehmen wirbt. Die Verbraucher haben hierbei ein höheres Vertrauen in den Werbetreibenden. Zudem steigen bei wachsender Markenbekanntheit auch die Anfragen in Suchmaschinen für den Markenbegriff, wie Sie in Abbildung 8.5 für den Begriff »Facebook« sehen. Weitere häufig gesuchte Begriffe aus dem Jahr 2010 finden Sie im Google Zeitgeist (*http://www.google.de/ intl/de/press/zeitgeist2010/regions/de.html*).

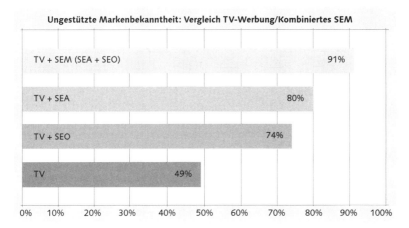

**Abbildung 8.4**  Wirkung von TV-Werbung in Kombination mit Suchmaschinenmarketing

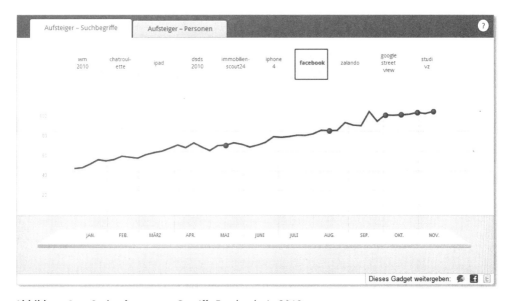

**Abbildung 8.5**  Suchanfragen zum Begriff »Facebook« in 2010

Auch die Suchmaschinenoptimierung profitiert von hoher Markenbekanntheit, da starke Marken-Websites von den Suchmaschinen im Ranking bevorzugt werden. Eine hohe Bekanntheit führt in der Regel zu höheren Conversionrates. Das heißt, dass Nutzer z. B. schneller einen Kauf tätigen, da sie der Website vertrauen und sich bei einer Bestellung und der Eingabe von Kreditkartendaten nicht unsicher fühlen müssen. Weitere Informationen zur Interaktion von Suchmaschinenmarketing mit anderen Werbemaßnahmen finden Sie in der Google-Studie »Full Value of Search« (*http://www.full-value-of-search.de/*).

Wenn Sie verschiedene Vertriebswege zum Verkaufen Ihrer Produkte nutzen, können Sie Crossmedia-Marketing anwenden, um auf die unterschiedlichen Bezugsmöglichkeiten hinzuweisen. So kann ein stationärer Händler in seinem Geschäft auf den Online-Shop hinweisen oder umgekehrt im Shop auf lokale Filialen hinweisen. Katalogversender wie der Otto Versand können z. B. auf ihren Websites auf den Katalog hinweisen und im Katalog wiederum die Online-Bestellmöglichkeit präsentieren. Der Kunde kann also auswählen, welche Variante er bevorzugt. Da es sich hierbei um verschiedene Distributionskanäle handelt, wird diese Marketingform häufig als *Cross-Channel-Marketing* bezeichnet. Ein gutes Beispiel liefert Ikea: Auf der Website und im Online-Shop *ikea.de* gibt es einen Hinweis auf die Einrichtungshäuser, und es ist möglich, die Verfügbarkeit der Produkte abzufragen (siehe Abbildung 8.6).

**Abbildung 8.6**  Cross-Channel-Marketing auf ikea.de

Die crossmediale Wirkung spielt im Marketing eine große Rolle, da sie eine große Effektivität der Kampagnen für die Werbetreibenden bedeutet. Wir wollen Ihnen im nächsten Abschnitt einige Beispiele großer Crossmedia-Kampagnen genauer vorstellen, damit Sie einen praktischen Einblick in die verschiedenen Werbemöglichkeiten bekommen.

## 8.3 Von Profis lernen – Crossmediale Werbekampagnen

Schauen wir uns also drei Beispiele aus der Praxis genauer an. An diesen Kampagnen sieht man sehr gut, wie die einzelnen Marketingkanäle verbunden werden. Insbesondere groß angelegte Werbekampagnen setzen auf einheitliches Crossmedia-Marketing. Sie können dies z. B. bei neuen Kampagnen von Automobilherstellern oder Finanzprodukten der Banken sehen. Einen Überblick über neue Kampagnen finden Sie beim Marketing-Portal HORIZONT.NET (*http://www.horizont.net/*) unter der Rubrik »Kreation«.

### 8.3.1 Crossmedia-Marketing bei ab-in-den-urlaub.de

Schauen wir uns also die erste Crossmedia-Kampagne im Detail an. *ab-in-den-urlaub.de* ist eine der größten deutschen Websites für die Online-Reisebuchung. Sie wirbt auf allen Marketingkanälen und nutzt dafür den Fußballer Michael Ballack als *Testimonial*. Mit seinem bekannten Gesicht ist er Werbebotschafter für das Unternehmen. Dadurch wird ein positiver Imagetransfer geschaffen. Die Bekanntheit des Testimonials und die Sympathien für ihn sollen somit auf das Reiseportal übertragen werden. Im Crossmedia-Marketing lassen sich Testimonials sehr gut einsetzen, da sie medienübergreifend z. B. auf Plakaten und in TV-Spots genutzt werden können. ab-in-den-urlaub.de schaltet ebenso Fernsehwerbung mit dem Fußballstar, wie Sie in Abbildung 8.7 sehen.

**Abbildung 8.7** TV-Spot von ab-in-den-urlaub.de

Wenn Sie selbst diesen TV-Spot gesehen haben, werden Sie – Reiselust vorausgesetzt – die Website von ab-in-den-urlaub.de aufsuchen. Wahrscheinlich tippen Sie die Adresse in Google ein, da es sich um eine längere URL handelt. Sie sehen als Nächstes die Google-Suchergebnisseite zum Begriff »ab in den urlaub« (siehe Abbildung 8.8).

**Abbildung 8.8**  Google-Suchergebnisseite zum Begriff »ab in den urlaub«

Zu einer guten Crossmedia-Kampagne gehört, dass der Werbetreibende in den Suchergebnissen zu relevanten Begriffen gefunden wird. Dies sind vor allem der Firmenname und der Domain-Name mit den Zusätzen »www.« oder ».de«. Denken Sie auch an Falschschreibungen, die durch das Vertippen auf der Tastatur oder durch Missverstehen des Markennamens zustande kommen können. Stellen Sie also sicher, dass Sie vor einem großen Kampagnenstart mit Fernsehwerbung oder Plakaten gut gefunden werden. Dies erreichen Sie über gezielte Suchmaschinenwerbung (SEM) oder Suchmaschinenoptimierung (SEO), die wir in den Kapiteln 11 und 12 detailliert beschreiben. Sie können damit kostspielige Kampagnen noch besser ausnutzen, indem Sie die Interessenten bedienen und mit den nötigen Informationen und Angeboten versorgen.

Wenn Sie fündig geworden sind, klicken Sie nun auf die optimierte AdWords-Suchanzeige oder auf die darunter liegenden natürlichen Suchergebnisse. Und wen sehen Sie nach dem Klick? Richtig: Michael Ballack (siehe Abbildung 8.9). Über das bekannte Testimonial wird hier die crossmediale Wirkung und der Wiedererkennungswert genutzt. Der Nutzer fühlt sich auf der richtigen Seite angekommen und hat ein gewisses Grundvertrauen aufgebaut, sodass eine Reisebuchung sehr viel wahrscheinlicher wird.

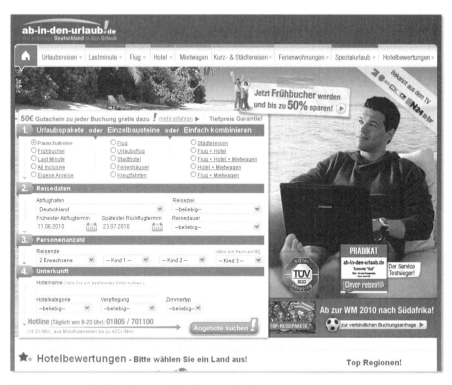

**Abbildung 8.9** Die Website von ab-in-den-urlaub.de

Auch in anderen digitalen Marketingkanälen und auf Plakaten wird passend geworben. So werden z. B. auch Werbebanner an das Kampagnenmotiv angepasst und im Layout einheitlich gestaltet (siehe Abbildung 8.10).

**Abbildung 8.10** Werbebanner von ab-in-den-urlaub.de

Das Unternehmen ab-in-den-urlaub.de verbindet daher sehr gut die Website als ihr Hauptmedium mit klassischen und digitalen Werbemaßnahmen, die aufeinander abgestimmt sind. Durch eine sympathische Person als kampagnenverknüpfendes Testimonial wird zusätzlich ein positives Marken-Image aufgebaut.

### 8.3.2 Crossmedia-Marketing zur Einführung der Marke ERGO

Eine weitere bekannte Crossmedia-Kampagne ist die bereits erwähnte Einführung der Versicherungsmarke ERGO. Diese ist 2010 aus den zwei Unternehmen Hamburg-Mannheimer und Victoria Versicherungen hervorgegangen. Die Aufgabe war nun, diese neue Marke schnell bekannt zu machen. Unter dem Slogan »Versichern heißt verstehen.« wurden verschiedene Kampagnenmotive erstellt und crossmedial verbreitet. In Abbildung 8.11 sehen Sie eine Print-Anzeige aus der Frankfurter Allgemeinen Zeitung (FAZ). Auch hier sehen Sie den Hinweis auf die Website.

**Abbildung 8.11** ERGO-Kampagne zur Markeneinführung

Das gleiche Motiv wurde auch großflächig plakativ genutzt, z. B. auf einem Megaposter am Potsdamer Platz in Berlin (siehe Abbildung 8.12). Ergänzend wurde ein TV-Spot geschaltet, mit dem unter anderem auch multimedial mittels Videomarketing geworben wurde. Mit sogenannten *Pre-Roll-Ads* wurde z. B. vor Videobeiträgen auf Spiegel Online mit Spots für die neue Marke geworben. Mehr zu den verschiedenen Möglichkeiten des Videomarketings erfahren Sie in Kapitel 5, »Videomarketing«.

**Abbildung 8.12**   ERGO-Plakat am Potsdamer Platz in Berlin (Quelle: ERGO AG)

Wenn wir uns die zugehörige Website *www.ergo.de* anschauen, können wir feststellen, dass auch diese konsequent das Kampagnenmotiv und den Slogan aufgreift (siehe Abbildung 8.13). Die Website gibt nun die Möglichkeit, tiefgründiger zu informieren und gegebenenfalls eine Versicherung abzuschließen.

Zusätzlich wurde eine Microsite unter *http://www.millionen-gruende.de/* erstellt, in der interaktive Social-Media-Komponenten zum Tragen kamen. Nutzer konnten dort ihre Erwartungen an eine Versicherung mitteilen und über soziale Netzwerke wie Facebook, StudiVZ oder Twitter verbreiten (siehe Abbildung 8.14).

Damit hat die Versicherung ERGO eine komplette Crossmedia-Kampagne erstellt und konnte innerhalb eines Jahres eine Markenbekanntheit von 63 % erreichen. Dies ergab eine Untersuchung des Marktforschungsinstituts YouGovPsychonomics. Konnten zu Jahresbeginn nur wenige Menschen diese Marke einordnen, so kannte nach der Kampagne bereits über die Hälfte der Personen die Marke ERGO.

**Abbildung 8.13** ERGO-Website

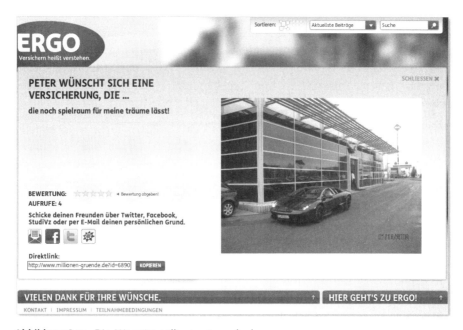

**Abbildung 8.14** Die Microsite millionen-gruende.de

### 8.3.3 Crossmedia-Kampagne zum 50-jährigen Jubiläum von Saturn

Eine weitere Crossmedia-Kampagne, die wir uns genauer anschauen werden, ist die Werbung des Elektronikfachmarkts Saturn zum 50-jährigen Jubiläum des Unternehmens. Saturn ist werbemäßig vor allem mit dem Slogan »Geiz ist geil!« in Erscheinung getreten, der viel diskutiert wurde. Die neue Kampagne hat nun den Slogan »Geil ist geil!« mit entsprechender musikalischer Untermalung. Auch bei Saturn wird in der neuen Kampagne mit einem Testimonial geworben. Hier tritt der amerikanische Boxkampfmoderator Michael Buffer als Marktschreier auf (siehe Abbildung 8.15).

**Abbildung 8.15** Crossmediale Werbekampagne »Geil ist Geil« von Saturn

Die groß angelegte Kampagne findet nicht nur in TV- und Radio-Spots statt, sondern auch in Print-Anzeigen, Plakaten, online und am *Point-of-Sale*. Point-of-Sale meint dabei die stationären Elektronikmärkte, also den Ort des Produktverkaufs. Saturn nimmt hierbei die konsequente crossmediale Verknüpfung der einzelnen Marketingkanäle ernst und hat die Werbemaßnahmen entsprechend angepasst. Dies spiegelt sich online z. B. in der Suchmaschinenwerbung wider, wie Sie in Abbildung 8.16 sehen. Suchen Sie in Google nach »saturn«, erscheint der entsprechende Werbeslogan auch in der AdWords-Anzeige. Personen, die aufgrund von Fernsehwerbung danach gesucht haben, fühlen sich sofort abgeholt und werden die Anzeige vermutlich anklicken. Noch konsequenter wäre es, auch das organische Suchmaschinenergebnis, das Sie in der zweiten Markierung sehen, an den Werbeslogan anzupassen. Die Einträge dazwischen stammen aus Google Places und könnten ebenso optimiert werden.

**Abbildung 8.16** Google-Suchergebnisseite zu »saturn«

Wenn Sie nun durch Anklicken der Anzeige oder des Suchergebnisses die Website *www.saturn.de* aufsuchen, werden Sie feststellen, dass Sie auch hier wieder auf das Testimonial stoßen und rechts oben das Jubiläumslogo erkennen (siehe Abbildung 8.17). Sie sehen also, dass hier der crossmediale Ansatz vollständig umgesetzt wurde. Ähnliche Motive befinden sich auch auf Plakaten, in Print-Anzeigen und auf Werbebannern im Internet.

Die Beispiele von ab-in-den-urlaub.de, ERGO und Saturn für gelungenes Crossmedia-Marketing können Sie als Anregung für eigene Kampagnen nehmen. Denken Sie also bei der nächsten Kampagnengestaltung an die crossmediale Wirkung von Werbung, und stimmen Sie die einzelnen Maßnahmen in den verschiedenen Medien ab. Sicher werden Sie so noch mehr aus dem Marketing herausholen, und Ihre Website wird dann auch von allen klassischen Werbemaßnahmen profitieren.

**Abbildung 8.17**   Website saturn.de

## 8.4    Crossmedia-Publishing

Wenn Sie redaktionelle Inhalte veröffentlichen, können Sie Crossmedia-Marketing nutzen, um die Artikel und Meldungen in mehreren Medien gleichzeitig zu publizieren. Bei einigen Verlagen und Redaktionen wird daher crossmedial gearbeitet. Es gibt eine gemeinsame Redaktion für alle Medien. Man spricht dabei von *Crossmedia-Publishing*. Zu fast jeder Zeitung und Zeitschrift gehört inzwischen ein Internetauftritt. Viele Verlage sind dazu übergegangen, die Inhalte aus den Print-Versionen auch in das Internet zu übertragen. Hinzu kam in den letzten Jahren die Bereitstellung für mobile Endgeräte als neues Medium. So können sich Verlage also überlegen, welches Medium sie auf welche Art bedienen wollen. Hierbei spielt es natürlich eine Rolle, wie Sie mit den verschiedenen Angeboten Einnahmen erwirtschaften können. So besteht z. B. die Möglichkeit, Inhalte kostenpflichtig anzubieten.

Schauen wir uns als Beispiel die Zeitung »Die Welt« an. Die Zeitung erscheint täglich von Montag bis Sonntag und zusätzlich auch montags bis freitags in einem kleineren Format als »Welt kompakt«. Zusätzlich steht ein umfangreiches Internetangebot unter *http://www.welt.de* zur Verfügung, und auch mobile Versionen der »Welt« werden angeboten (siehe Abbildung 8.18). So steht mit *mobil.welt.de* zusätzlich eine Variante für Handys und Smartphones zur Verfügung. Abgerundet wird das Medienangebot von mobilen Apps für das Apple iPhone und iPad.

**Abbildung 8.18** Crossmedia-Publishing bei der Zeitung »Die Welt«

Damit steht eine Vielzahl an Medien zur Verfügung, die entsprechend bedient werden können und Marketingpotenzial beinhalten. Als Verlag stehen Sie nun vor der Überlegung, welche Inhalte Sie für die einzelnen Kanäle jeweils nutzen und aufbereiten möchten. Hier beginnt das Crossmedia-Publishing komplex zu werden. Möchten Sie z. B. alle Inhalte aus der kostenpflichtigen Tageszeitung auch auf der Internetseite anbieten – und das kostenlos? Welche Inhalte sollen in den mobilen Versionen angeboten werden? Lange Leitartikel eignen sich wegen der kleineren Displays dafür eher weniger. Möchten Sie sogenannte *ePaper*-Ausgaben der gedruckten Zeitung für Internet-Nutzer zur Verfügung stellen? Sie sehen: Hier ist ein durchdachtes Konzept für das Publishing erforderlich. Wichtig ist dies auch für den Aufbau Ihrer Redaktion. Schreibt ein Redakteur nur für die Zeitung oder die Website? Oder wird die Redaktion zusammengelegt und schreibt dann für alle Medien?

Sollten Sie sich für eine crossmediale Strategie entscheiden, ist die medientypische Aufbereitung zu beachten. Jedes Medium hat eigene Anforderungen an die inhaltliche und technische Gestaltung. In digitalen Publikationen wird im Gegensatz zu gedruckten Zeitungen z. B. sehr viel mit Zwischenüberschriften gearbeitet, um den Online-Lesern bessere Orientierung zu bieten. In Online-Publikationen kommen Verlinkungen hinzu, die in Printmedien nicht genutzt werden können. Zusätzlich muss die technische Verarbeitung von Bildern beachtet und passend zum jeweiligen Medium aufbereitet werden. So können Sie z. B. für mobile Geräte nur kleine Bilder nutzen – im Gegensatz zu Zeitschriften, wo Bildmaterial in sehr großer Auflösung zur Verfügung stehen muss.

Die mobile Aufbereitung der Inhalte stellt eine weitere Herausforderung dar. Hier sollten Sie sich ein Konzept überlegen, wie Sie die Inhalte nutzergerecht aufbereiten. Wie schon erwähnt wurde, sind hier sehr lange Artikel und großformatige Bilder zu vermeiden. Wichtig ist weiterhin ein gutes Navigationskonzept, wie Leser zu den gewünschten Inhalten gelangen. Im Gegensatz zu einer Zeitung, die meist linear, von vorne bis hinten gelesen wird, gibt es online und mobil keine gewohnte Leserichtung.

Haben Sie ein durchdachtes Konzept für das Crossmedia-Publishing, können Sie Ihre Inhalte medienübergreifend anbieten und können so mehr Leser erreichen. Für die crossmediale Veröffentlichung von Inhalten gibt es verschiedene technische Lösungen diverser Anbieter, die Sie bei der Arbeit unterstützen. Zusätzlich können sich Synergieeffekte für Ihre Redaktion ergeben, indem gleichzeitig für verschiedene Medien geschrieben wird und nicht für jedes Medium eine einzelne Redaktion aufgebaut werden muss. Dadurch reduziert sich z. B. die Recherchearbeit für neue Artikel.

Häufig spricht man hierbei von der *Konvergenz der Medien*. Dies beschreibt die technische oder inhaltliche Annäherung der einzelnen Medien, die sich immer mehr angleichen. Inzwischen gibt es sogar TV-Formate der Printmedien und Zeitschriften zu Fernsehsendungen. Sie sehen, die Medien wachsen immer mehr zusammen. Dies zeigt sich auch an der Entwicklung des Internet-TV, bei dem Sie Internet-Angebote auch auf dem Fernseher nutzen können. Viele spannende Entwicklungen erwarten uns also im Crossmedia-Bereich.

*»Wissen ist Macht.«*
*– Francis Bacon*

# 9 Kompakt: Online-Marketing

Sie haben nun die ersten grundlegenden Bereiche des Online-Marketings kennengelernt. In diesem Kapitel möchten wir Ihnen einige Literaturempfehlungen an die Hand geben, mit denen Sie sich bei Bedarf tiefer in die Thematik einlesen können. Darüber hinaus gibt es selbstverständlich auch im Internet empfehlenswerte Quellen für einen guten Einblick in die Welt des Online-Marketings. Auch hier haben wir Ihnen ausgezeichnete Websites herausgepickt.

## 9.1 Veranstaltungstipps zum Online-Marketing

Natürlich tummeln sich viele Fachleute auch auf Messen, Seminaren und weiteren Treffen. Wo sich ein Besuch lohnt, lesen Sie im Folgenden:

▸ **dmexco** (*http://www.dmexco.de/*): Die frühere OMD (Online-Marketing Düsseldorf) ist heute unter dem Namen dmexco (Digital Marketing Exposition and Conference) bekannt und findet alljährlich im benachbarten Köln statt. Sie hat sich zur Leitmesse der Online-Marketing-Szene etabliert und kombiniert Messe und Ausstellung mit über 15.000 Besuchern an zwei Tagen.

▸ **InternetWorld Messe** (*http://www.internetworld-messe.de/*): In München findet alljährlich die Internet-Fachmesse mit zuletzt über 4000 Besuchern statt. Ein breites Themenspektrum, wie beispielsweise E-Commerce, Usability und Online-Marketing wird sowohl auf der Messe als auch beim Fachkongress diskutiert.

▸ **Swiss Online Marketing** (*http://www.swiss-online-marketing.ch/*): Die auf den Schweizer Online-Markt zugeschnittene, vergleichsweise junge und überschaubare Messe findet in Zürich statt und bietet Raum für Fachgespräche mit den Ausstellern und Branchenexperten.

▸ **M-Days** (http://www.m-days.com): Ganz im Zeichen des Mobile Marketing steht die Veranstaltung M-Days in Frankfurt am Main. Bei diesem Event mittlerer Größe präsentieren sowohl Anbieter als auch Anwender ihre Erfahrungen. Ein Highlight stellt die Verleihung des App Awards dar, bei der die beste mobile Anwendung von einer Jury ausgezeichnet wird.

▶ **Mailingtage** (*http://www.mailingtage.de*): Alljährlich finden in Nürnberg die Mailingtage statt. Mit zuletzt über 8000 Besuchern über zwei Tage konnte die Veranstaltung mit einem breit gefächertem Programm zum Direkt-Marketing aufwarten.

▶ **re:publica**: (*http://re-publica.de*): Deutsche und englische Referenten geben Ihr Wissen und ihre Erfahrungen auf der jährlichen re:publica in Berlin preis. Die Veranstaltung zum Thema Social Media bietet eine Vielzahl an Referenten und parallelen Vorträgen.

▶ **Social Media Conference** (*http://www.socialmediaconference.de/*): Ganz im Zeichen von Web 2.0 findet die Social Media Conference in Hamburg und München statt. Besuchen Sie die Vorträge der Experten über zwei Konferenztage, und nutzen Sie die Zeit zum Networking und Erfahrungsaustausch.

▶ **Twittwoch** (*http://www.twittwoch.de/*): Eine eher informelle Veranstaltung ist der sogenannte Twittwoch, der regelmäßig und wenig verwunderlich am Mittwoch in verschiedenen deutschen Städten stattfindet. Hier treffen sich Twitter-Freunde zum Zwitschern und Austauschen.

## 9.2 Wissen to go

Eile und Zeitdruck bestimmen häufig unseren Alltag. In der Informationsflut darf es nicht lange dauern, um sich einen Überblick zu einem Themenfeld zu verschaffen. Aus diesem Grund haben wir Ihnen in aller Kürze wichtige Aspekte »to go« zu den einzelnen Teilbereichen im Online-Marketing zusammengestellt, zu denen Sie sich in ausführlicher Form in den entsprechenden Kapiteln informieren können.

### 9.2.1 Online-Marketing (Bannermarketing) to go

▶ Online-Marketing ist der Oberbegriff für verschiedene Marketingaktivitäten im Internet. Oftmals wird Online-Marketing mit Bannermarketing gleichgesetzt, was genau genommen nicht richtig ist, weil Bannermarketing nur ein Teilbereich ist.

▶ Bannermarketing zählt zu den ältesten Werbeformen im Netz und ist vergleichbar mit der Werbeanzeige in Printmedien.

▶ Es gibt verschiedene Bannerformate. Zum besseren Einsatz in der Praxis haben sich jedoch Standardwerbeformate etabliert. Darüber hinaus gibt es sowohl statische als auch animierte Banner. Letztere lassen mehr Gestaltungsspielraum zu.

▸ Neben dem häufig eingesetzten TKP-Abrechnungsmodell (Tausender-Kontaktpreis) bestehen weitere leistungsabhängige Vergütungsmodelle.

▸ Die Aussteuerung von Werbebannern kann über Adserver vorgenommen werden, aber auch das Google-Werbeprogramm AdWords bietet Möglichkeiten, Werbebanner auf anderen Websites zu platzieren. Weiterhin haben sich Online-Media-Agenturen für die Organisation von Bannerkampagnen etabliert.

▸ Affiliate-Netzwerke sind eine weitere Alternative, um Werbemittel wie Banner auf anderen Websites zu platzieren. Sie übernehmen die Organisation, Vergütungsabwicklung und das Tracking von Bannerkampagnen zwischen Merchants und Affiliates.

▸ Für den Erfolg einer Bannermarketing-Kampagne spielt die Ausrichtung auf die Zielgruppe eine wichtige Rolle. Werden die Banner auf Websites integriert, die von der Zielgruppe besucht werden, und passen sie thematisch zu deren Interessensgebiet? Diese Kriterien sollten bei der Auslieferung auf jeden Fall berücksichtigt werden.

▸ Per Klick auf ein Banner gelangt der Interessent auf eine Landing Page, die vom Werbetreibenden gut ausgewählt werden sollte.

▸ Wichtige Kennzahlen innerhalb des Bannermarketings sind die Klickrate und letztlich auch die Conversionrate, die ein Banner erreicht. Als Werbetreibender sollten Sie derartige Kennzahlen stets im Auge behalten und analysieren, um eine Erfolgsmessung vornehmen zu können.

### 9.2.2 E-Mail-Marketing to go

▸ E-Mail-Kommunikation ist eine der ersten Anwendungen im Internet gewesen. Dadurch wurden E-Mails schnell als Marketing-Instrument erkannt und gelten als älteste Online-Marketing-Maßnahme.

▸ E-Mail-Marketing kann in verschieden Formen vorkommen. Am bekanntesten sind Newsletter, die regelmäßig versendet werden. Hinzu kommen Kampagnen-Mails und Sondermailings zu besonderen Anlässen.

▸ Eine Sonderform sind Stand-Alone-Mailings, bei denen ein Werbetreibender sich in bestehende E-Mail-Verteiler einkauft und eine Kampagnen-Mail ausschließlich für ihn versandt wird.

▸ E-Mail-Marketing eignet sich besonders für kurzzeitige Aktionen und Angebote, da Internetnutzer häufig, zum Teil mehrmals täglich, ihre E-Mails abfragen. Zunutze machen sich dies vor allem Shopping-Clubs oder Gutscheinportale.

▸ Anmeldeformulare sollten möglichst einfach gehalten sein und nur die notwendigsten Daten abfragen. Damit erhöht sich die Anmelderate.

▸ Achten Sie bei der Erstellung von Werbe-Mails auf Ihre Zielgruppe(n). Bieten Sie möglichst gut auf die Personen abgestimmte Inhalte, und senden Sie die Mails auch nur an den passenden Empfängerkreis.

▸ Eine E-Mail-Kampagne bedarf guter Vorbereitung. Legen Sie Ziele fest, und bestimmen Sie das Kampagnenbudget. Erstellen Sie einen Zeitplan für das Mailing.

▸ Der Inhalt eines Mailings ist von besonderer Bedeutung. Von der Betreffzeile bis zur textlichen und grafischen Gestaltung müssen viele Punkte berücksichtigt werden. Dies umfasst auch die Angabe eines Impressums und einer Abmeldefunktion am Ende jeder E-Mail.

▸ Testen Sie die inhaltliche Darstellung der Mails mit verschiedenen Mail-Programmen und -Adressen. Stellen Sie damit sicher, dass alle Mails ordentlich beim Empfänger ankommen.

▸ Bieten Sie HTML- und Text-Versionen für die Empfänger an, damit die E-Mails auf allen Endgeräten angezeigt werden können.

▸ Nutzen Sie für den E-Mail-Versand spezialisierte Anbieter, die sicherstellen, dass Ihre Mails beim Empfänger ankommen und nicht unter Spam-Verdacht ausgefiltert werden.

▸ Messen Sie kontinuierlich den Erfolg der E-Mail-Kampagnen. Als Kennzahlen dienen hierbei die Öffnungsrate, Klickraten, Bounce-Rates und Abmelderaten.

▸ Achten Sie auf rechtliche Aspekte des E-Mail-Marketings. Schreiben Sie nur Personen an, von denen Sie eine Einverständniserklärung haben. Nutzen Sie dafür das Double-Opt-In-Verfahren.

### 9.2.3 Social-Media-Marketing und Online-PR to go

▸ Nach dem Web-2.0-Gedanken umfasst das Thema Social Media Plattformen und Bereiche im Internet, die es Nutzern ermöglichen, sich untereinander auszutauschen und zu kommunizieren. Die von Nutzern erstellten Inhalte werden *User Generated Content* genannt.

▸ (Online-)Communitys sind Plattformen, auf denen sich Nutzer zu bestimmten Themenbereichen austauschen können. Communitys bieten dazu unterschiedliche Interaktions- und Kommunikationsmöglichkeiten (Chats, Foren, Direktnachrichten etc.).

▸ Eines der bekanntesten sozialen Netzwerke ist Facebook, welches bereits über eine halbe Milliarde Nutzer verwenden.

▸ Blogs (auch Weblogs) sind im Prinzip digitale Tagebücher. Hier veröffentlicht der Autor (Blogger) regelmäßig Beiträge zu einem bestimmten Themenfeld, die häufig in chronologischer Reihenfolge angezeigt werden und die von Lesern kommentiert werden können.

▸ Ein prominenter sogenannter Microblogging-Dienst ist Twitter. Hier kann ein Nutzer ebenfalls über Neuigkeiten in Echtzeit berichten, allerdings mit einer maximalen Länge von 140 Zeichen pro Beitrag.

▸ Social-Media-Marketing (SMM) bezeichnet Maßnahmen, die mit verschiedenen Social-Media-Diensten einhergehen und beispielsweise Marketing-, PR- und Vertriebsziele verfolgen oder auch zur Personalbeschaffung neuer Mitarbeiter genutzt werden.

▸ Für Werbetreibende und den Erfolg in sozialen Netzwerken ist es elementar, authentisch aufzutreten und wirklich zu kommunizieren (d. h., Fragen zu stellen, Antworten zu geben, Emotionen zu zeigen etc.) und den direkten Kontakt zu Interessenten und Kunden zu nutzen.

▸ Ratsam ist es, das Stimmungsbild zum Unternehmen bzw. Angebot in sozialen Medien zu beobachten und gegebenenfalls entsprechend darauf zu reagieren.

▸ Als Werbetreibender sollten Sie unbedingt klare Ziele mit den Social-Media-Marketing-Maßnahmen verfolgen und diese weitestgehend messen.

▸ Der Bereich Online-PR beschreibt die Presse- und Öffentlichkeitsarbeit via Internet. Hier stehen einige Dienste zur Verfügung, wie Neuigkeiten auf kostenfreien Wegen verbreitet werden können.

▸ Nutzen Sie neben den klassischen Pressemitteilungen Möglichkeiten wie Newsletter, RSS-Feeds und Podcasts, um wichtige Informationen zur Verfügung zu stellen und zu verbreiten.

▸ Machen Sie es Kunden, Interessenten und auch Journalisten auf Ihrer Suche nach Informationen so einfach wie möglich: Bieten Sie ihnen beispielsweise eine »digitale Pressemappe« im Pressebereich Ihrer Website an, aber auch Kataloge und Verzeichnisse. Da viele Nutzer per Suchmaschine nach Informationen recherchieren, kann eine Zusammenarbeit zwischen Suchmaschinenoptimierung (SEO) und Online-PR sinnvoll sein.

▸ Nutzen Sie soziale Medien, und treten Sie über Blogs, Foren und Communitys in direkten Kontakt mit Ihren (potenziellen) Kunden.

### 9.2.4 Videomarketing to go

▸ Videos erfreuen sich im Internet einer wachsenden Beliebtheit. Nicht zuletzt sind verbesserte Endgeräte und schnellere Internetzugänge Gründe für diesen Trend.

▸ Per Video haben Sie die Möglichkeit, auf multimediale Art und Weise Informationen und Stimmungen zu übermitteln und können dies für Marketingzwecke nutzen.

▸ Besonders interessante, skurrile oder emotionsweckende Videoinhalte haben zudem das Potenzial der viralen Verbreitung (siehe dazu auch Abschnitt 9.2.6).

▸ Oftmals werden zur Erstellung von Videos für das Internet spezialisierte Dienstleister herangezogen, da viele Website-Betreiber nicht die notwendigen Ressourcen oder das entsprechende Know-how mitbringen.

▸ Die Videoinhalte können gänzlich unterschiedlich sein, je nachdem, welches Ziel angestrebt wird. Bei der Videolänge sollten Sie jedoch darauf achten, dass Sie nicht mit zu langen Videoinhalten die Aufmerksamkeit der Zuschauer verlieren.

▸ Grundsätzlich können Videos auf allen Arten von Websites eingebunden werden. Darüber hinaus bieten sich Videoplattformen wie beispielsweise YouTube oder MyVideo an.

▸ Mit sogenannten Video-Ads haben Werbetreibende verschiedene Möglichkeiten, ihre Angebote zu bewerben. Zudem können z. B. bei YouTube sogenannte Brand-Channels angelegt werden, die Informationen zu einer bestimmten Marke zeigen.

### 9.2.5 Mobile Marketing to go

▸ Die Internetnutzung erfolgt immer häufiger mobil über Handys und Smartphones. Schnelle Verbindungen und kostengünstige Flatrates führen hier zur starken Verbreitung. Hinzu kommen neue leistungsfähige Geräte, wie das iPhone von Apple.

▸ Mobile Marketing kann über das Angebot einer mobilen Website oder über mobile Anwendungen (»Apps«) erreicht werden. Mobile Websites sind Internetseiten, die für Handys und Smartphones optimiert wurden. Mobile Apps sind spezielle Softwareprogramme, die ein Anbieter erstellen lassen kann und die auf Smartphones genutzt werden können.

▸ Mobile Websites sollten so programmiert werden, dass sie erkennen, mit welchem Endgerät der Aufruf stattfindet. Somit können für unterschiedliche Handytypen angepasste Versionen bereitgestellt werden.

▸ Mobile Apps können als Anwendung auf einem Smartphone installiert werden. Damit stehen umfangreiche Funktionen für Spiele, Navigationssoftware und interaktive Nachrichtenmagazine zur Verfügung.

▸ Smartphones werden mit den Betriebssystemen von Apple, Google, BlackBerry und Microsoft ausgestattet. Hier muss jeweils eine eigene App erstellt werden.

▸ Zum Mobile Marketing gehört auch die mobile Anzeigenschaltung (*Mobile Advertising*). Innerhalb von mobilen redaktionellen Angeboten oder in Spielen kann Werbung geschaltet werden, die zur eigenen Website oder App führt.

▸ Mobile Commerce beschreibt den mobilen Handel mit Waren. Online-Shops und Auktionsportale haben so die Möglichkeit, ihre angebotenen Produkte über Mobiltelefone zu verkaufen.

▸ Durch die Möglichkeit der Positionsbestimmung von Handys entstehen immer mehr lokal bezogene Angebote. So gibt es eine lokal angepasste Suchfunktion bei Google mit Suchergebnissen aus Ihrer Umgebung, und auch Facebook Places bietet erste Ansätze für lokales Marketing im Internet.

▸ Mit Mobile-Analytics-Systemen kann das mobile Nutzerverhalten gemessen und analysiert werden. Hierüber können Sie feststellen, mit welchen Mobilgeräten Ihr Angebot aufgerufen wird, welche Aktionen die Nutzer tätigen und wie effizient Marketingkampagnen wirken.

### 9.2.6 Virales Marketing und Guerilla-Marketing to go

▸ Virales Marketing ist durch eine schnelle Verbreitung im Internet gekennzeichnet. Mit aufmerksamkeitserregenden Inhalten und Aktionen können durch die virale Weiterempfehlung sehr viele Menschen erreicht werden.

▸ Virale Marketingkampagnen sind durch kreative Ideen geprägt. So müssen Anreize durch lustige oder kontroverse Themen geschaffen werden, um eine hohe Aufmerksamkeit zu erreichen.

▸ Im viralen Marketing werden häufig kurze Videos eingesetzt, die sich leicht über YouTube, Facebook und Co. verbreiten lassen. Wenn Ihre Ideen es dann schaffen, von den ersten Personen empfohlen und weitergegeben zu werden, kann eine Welle der Aufmerksamkeit für Ihre Inhalte entstehen.

▸ Auch Spiele können virale Effekte erzielen, indem sie leicht verständlich eine große Zielgruppe ansprechen und auf den Social Networks integriert werden. Ein Vorreiter war das bekannte Spiel »Moorhuhnjagd«.

▸ Guerilla-Marketing setzt dagegen auf eher unkonventionelle und kostengünstige Maßnahmen. Hierbei können aber auch virale Effekte entstehen. Begründer des Guerilla-Marketings ist Jay C. Levinson.

▸ Mit kostengünstigen Mitteln wie Plakaten, Transparenten und Flyern kann Aufmerksamkeit auf das eigene Unternehmen gelenkt werden. Über die nicht häufig zu sehenden Reverse Graffitis kann Werbung in ganz neuer Form entstehen. Der Kreativität sind im Guerilla-Marketing nur wenige Grenzen gesetzt.

▸ Guerilla-Marketing kann im Internet z. B. über Social Networks und Communitys betrieben werden. Kurze, kostengünstige Videos können ebenfalls für das Guerilla-Marketing genutzt werden.

▸ Für die Suchmaschinenoptimierung eignen sich Linkbaits als Guerilla-Marketing. Mit ungewöhnlichen Aktionen und Inhalten können auf diese Weise viele Empfehlungen in Form von Backlinks entstehen, die dem eigenen Ranking in Suchmaschinen helfen.

### 9.2.7 Crossmedia-Marketing to go

▸ Crossmedia-Marketing beschreibt die medienübergreifende Abstimmung von Marketing-Kampagnen. Mit einem inhaltlich und grafisch einheitlichen Konzept wird so die Werbewirkung erhöht.

▸ Crossmedia-Marketing umfasst dabei sowohl die klassischen Marketing-Kanäle als auch neue Instrumente wie Online- und Mobile Marketing.

▸ Der Aufbau einer crossmedialen Kampagne besteht dabei aus identischen Slogans und Bildmaterial. Zudem werden häufig Testimonials als medienübergreifende Werbebotschafter eingesetzt.

▸ Crossmedia-Kampagnen werden zeitlich optimal abgestimmt, um größtmögliche Werbeeffekte zu erzielen.

▸ Die Website oder speziell angelegte Microsites sollen die Crossmedia-Kampagne bestmöglich unterstützen und zur Interaktion mit dem Kunden aufrufen. Alle Werbemittel sollten die Website-Adresse beinhalten.

▸ Mit Crossmedia-Marketing kann die Online-Werbung mit der klassischen Werbung optimal verbunden werden. So unterstützen sich beide Kanäle gegenseitig und sorgen für eine höhere Werbewirkung.

▸ Suchmaschinenmarketing, sowohl SEM als auch SEO, sollte in die Crossmedia-Kampagne integriert werden, da viele Interessenten, animiert durch die Kampagne, auch in Suchmaschinen nach Markennamen und Slogans suchen.

▸ Zweidimensionale QR-Codes bieten eine einfache Möglichkeit, eine Verknüpfung von Print- und Online-Medien zu mobilen Endgeräten herzustellen.

▸ Über Cross-Channel-Marketing kann der Kauf von Produkten über verschiedene Kanäle stattfinden und beworben werden. So lassen sich Käufe je nach Kundenbedürfnis über Katalog, Online-Shop oder eine Filiale abwickeln.

▸ Mittels Crossmedia-Publishing haben Verlage die Möglichkeit, für verschiedene Medien zu publizieren. Damit können Inhalte sowohl für Print-Medien als auch für Internet und Handy zur Verfügung gestellt werden. Die Inhalte müssen dabei mediengerecht aufbereitet werden.

## 9.3 Literatur

Es gibt eine Vielzahl gedruckter Literatur zum Thema Online-Marketing und den Teilbereichen E-Mail-, Social-Media-, Video- und Mobile Marketing. Wir haben Ihnen im Folgenden jedoch lediglich die Sahnehäubchen herausgesucht, bei denen sich ein tieferer Blick wirklich lohnt.

Gerade dieses dynamische Feld ändert sich sehr rasant, wodurch Bücher zum Teil schnell überholt sind. Aus diesem Grund stellen wir Ihnen nach unseren Buchempfehlungen weitere Online-Quellen vor, die von der Aktualität des Internets profitieren.

▶ **Lammenett, Erwin: Praxiswissen Online-Marketing: Affiliate- und E-Mail-Marketing, Keyword-Advertising, Online-Werbung, Suchmaschinen-Optimierung, 2. Aufl., Wiesbaden 2009**

Dieses Buch bietet einen guten Rundumblick zum Thema Online-Marketing. Der Autor ergänzt die theoretischen Erklärungen durch praktische Beispiele und stellt die Thematik so auch für Einsteiger anschaulich dar.

▶ **Zarrella, Dan: Das Social Media Marketing Buch, Köln 2010**

Dieses Werk zeigt die verschiedenen Möglichkeiten im Bereich Social Media in einer besonders schön aufbereiteten Form. Mit vielen Beispielen gespickt, bietet es seinen Lesern eine kompakte Übersicht zum gesamten Thema Social Media.

▶ **Wright, Jeremy: Blog Marketing als neuer Weg zum Kunden, Heidelberg 2006**

Neben den Grundwerten des Bloggens erfahren Leser hier, wie Unternehmen und Website-Betreiber das Bloggen für Marketingaktivitäten einsetzen können.

▶ **Bundesverband Digitale Wirtschaft (BVDW): Mobile Kompass, 3. Aufl., Düsseldorf 2010/2011**

Der »Mobile Kompass« bietet Ihnen eine gute Orientierung im mobilen Dschungel. Die Lektüre richtet sich eher an professionelle Anwender, kann aber durchaus hilfreich sein, wenn Sie tiefer in das Thema einsteigen möchten.

▶ **Krum, Cindy: Mobile Marketing: Finding Your Customers No Matter Where They Are, USA 2010**

Diese englischsprachige Lektüre gibt Ihnen einen kompletten Überblick über die Mobile–Marketing-Landschaft. Wenn Sie tiefer in das Thema einsteigen möchten, ist dieses Buch sehr empfehlenswert.

▸ **Levinson, Jay Conrad: Guerilla Marketing des 21. Jahrhunderts: Clever werben mit jedem Budget, Frankfurt/M. 2008**

Der Vater des Guerilla-Marketings beschreibt in seinem Buch, wie mit kleinen Werbebudgets viel Aufmerksamkeit erlangt werden kann. Vor allem mit eher untypischen Werbeaktionen sollen Marketingziele erreicht werden. Wir empfehlen Ihnen dieses Buch als Ideengeber für eigene Guerilla-Marketing-Kampagnen.

▸ **Mahrdt, Niklas: Crossmedia – Werbekampagnen erfolgreich planen und umsetzen, Wiesbaden 2009**

Niklas Mahrdt beschreibt in seinem Buch, wie Crossmedia-Kampagnen effektiv eingesetzt werden. Diese Lektüre eignet sich für alle, die medienübergreifende Werbekampagnen planen möchten. Dabei geht das Buch auf verschiedene Instrumente des Crossmedia-Marketings ein und beschreibt erfolgreich umgesetzte Kampagnen.

## 9.4 Surf-Tipps: Online-Magazine und Blogs

Neben der vorgestellten Literatur hat sich eine aktive Blogger-Gemeinschaft etabliert, die regelmäßig über das aktuelle Geschehen in den einzelnen Fachgebieten berichtet. Füttern Sie Ihren RSS-Feedreader mit den folgenden Blogs und Online-Magazinen, um keine Neuigkeiten zu verpassen.

▸ **Werben&Verkaufen** (*http://www.wuv.de*)*:* Die bekannte Zeitschrift »Werben&Verkaufen« widmet sich zunehmend dem digitalen Marketing. Die Website beleuchtet vor allem das Agenturgeschehen. Nutzer haben die Möglichkeit, verschiedene thematische Newsletter zu abonnieren.

▸ **HORIZONT.NET** (*http://www.horizont.net/*): Die Website zur Fachzeitung »HORIZONT« mit angeschlossener Statistik- und Kampagnendatenbank bietet Besuchern aktuelle Nachrichten aus der klassischen und der Online-Welt. Eine Besonderheit ist die Möglichkeit der Kampagnenbewertung.

▸ **InternetWorld Business** (*http://www.internetworld.de/*): Mehr auf den Online-Sektor ausgerichtet ist die InternetWorld, eine zweiwöchige Zeitung mit gleichnamiger Website. Die neusten Meldungen aus der Internetbranche werden tagesaktuell auf der Website veröffentlicht.

▸ **EmailMarketingBlog** (*http://www.emailmarketingblog.de*): Nico Zorn, Autor des EmailMarketingBlogs, berichtet regelmäßig über Bewegungen und Neuigkeiten auf dem Feld des E-Mail-Marketings.

▸ **YouTube Blog** (*http://youtube-global.blogspot.com/*): Im offiziellen YouTube-Blog wird über die Werbemöglichkeiten und aktuellen Kampagnen auf YouTube berichtet.

▸ **Inoffizieller Facebook-Marketing-Blog** (*http://facebookmarketing.de/*): Diese Website zählt zu den bekanntesten Blogs zum Thema Facebook-Werbung. Neben dem Angebot von Downloads wird auch reichlich diskutiert.

▸ **Twitter Blog** (*http://blog.twitter.com/*): Der Microblogging-Dienst Twitter zwitschert auch auf seinem Blog über Neuigkeiten seines Angebotes.

▸ **Mobile Zeitgeist** (*http://www.mobile-zeitgeist.com/*): Sie möchten laufend auf dem aktuellen Stand im Bereich Mobile Marketing sein? Dann sei Ihnen dieser Blog ans Herz gelegt, der in regelmäßigen Abständen über Trends und Anwendungen auf diesem Gebiet informiert.

▸ **Google Mobile Blog** (*http://googlemobile.blogspot.com/*): Im Google Mobile Blog erfahren Sie regelmäßig Neuigkeiten über Weiterentwicklungen des Suchmaschinenanbieters im mobilen Bereich. Vom Handybetriebssystem Android über die lokale Suche und mobile Werbung bis hin zu Google Maps werden alle mobilen Themen aus dem Hause Google besprochen.

## 9.5 Tools

Viele kleine Helferlein erleichtern Ihnen die Arbeit im Online-Marketing und im Bereich Social Media. Das können zum Beispiel Werkzeuge beim Aufsetzen oder Analysieren von verschiedenen Werbemaßnahmen sein. Einige empfehlenswerte Tools möchten wir Ihnen kurz vorstellen:

▸ **Twitter-Suche** (*http://search.twitter.com/*): Suchen Sie selbst bei Twitter, wie über Ihre Marke oder andere geschrieben wird. Damit können Sie sich ein Bild über die aktuelle Marken-Wahrnehmung bilden.

▸ **TweetDeck** (*http://www.tweetdeck.com/*): Nutzen Sie dieses Tool, wenn Sie Ihre Twitter-Statusmeldungen aktualisieren und diese gleichzeitig auf anderen Seiten wie Facebook, MySpace oder LinkedIn veröffentlichen möchten.

▸ **Google Alerts** (*http://www.google.de/alerts*): Geben Sie einfach Suchbegriffe Ihrer Wahl in das Tool ein, und Sie erhalten eine E-Mail-Benachrichtigung, sobald das Thema im Web aufgegriffen wird. Empfehlenswert ist beispielsweise die Eingabe des eigenen Firmennamens.

▸ **Google AdPlanner** (*http://www.google.com/adplanner/*): Mit dem Google AdPlanner können Sie auf Ihre Zielgruppen abgestimmte Websites auswählen, um dort Ihre Werbung zu schalten. Zudem können Sie sich einen Mediaplan erstellen.

▸ **IVW-Datenbank** (*http://www.ivw.de/*): Die Informationsgemeinschaft zur Feststellung der Verbreitung von Werbeträgern e.V. – kurz IVW – ermittelt die

Traffic-Daten von Websites. Diese Informationen können Sie beispielsweise heranziehen, um Ihre Bannerwerbekampagnen zu planen.

▸ **Mobile Runner** (*http://www.mobilerunner.net*): Der Mobile Runner ist ein sogenannter Handy-Emulator, mit dem Sie Ihre mobile Website auf verschiedenen Handymodellen testen können.

▸ **WordPress** (*http://www.wordpress.com und http://www.wordpress.org*): Zur Umsetzung eines eigenen Blogs wird in der Praxis häufig WordPress verwendet: Entweder Sie nutzen die einfache Variante unter wordpress.com oder entscheiden sich für die Software unter wordpress.org. Hier gibt es umfangreiche Gestaltungsmöglichkeiten und ergänzende Funktionen.

## 9.6 Checklisten

Damit Ihnen, wie es umgangssprachlich so schön heißt, nichts »durch die Lappen geht«, geben wir Ihnen zum Abschluss noch einige nach Themenbereichen sortierte Checklisten an die Hand, die Sie vor jeder Werbemaßnahme überprüfen sollten, um wichtige Aspekte sicherzustellen.

### 9.6.1 Checkliste Online-Marketing (Bannermarketing)

Haben Sie sich genau überlegt, welches Bannerformat für Ihre Werbekampagne am geeignetsten ist? Richten Sie sich am besten nach den Standardformaten, die in der Praxis in der Regel angewendet werden.

Haben Sie sowohl statische als auch dynamische Banner in Betracht gezogen?

Ist Ihr Banner inhaltlich auf Ihre Zielgruppe abgestimmt?

Haben Sie eine geeignete Zielseite (Landing Page) für Ihre Werbebanner gewählt?

Haben Sie verschiedene Auslieferungsmöglichkeiten für Ihre Banner in Betracht gezogen und die für Sie passendsten eruiert (z. B. Vermarkter, Affiliate-Netzwerke, Google AdWords)?

Pflegen Sie Ihre Affiliate-Kontakte, um bestmögliche Werbeziele zu erreichen?

Haben Sie ein passendes Abrechnungsmodell für die Bannerschaltung festgelegt?

Besteht die Möglichkeit der Erfolgskontrolle durch genaues Tracking der Werbemittel, z. B. durch Messung der CTR?

Haben Sie weitestgehend überprüft, in welchem Umfeld Ihre Werbebanner ausgeliefert werden, ob sie dem Betrachter einen Mehrwert bieten und auf dessen Bedürfnisse abgestimmt sind?

**Tabelle 9.1** Checkliste für das Bannermarketing

Aktualisieren Sie Ihre Werbemittel regelmäßig, z. B. bei neuen Sortimenten oder Tarifen?

Optimieren Sie Ihre Werbemaßnahmen auf Grundlage der gemessenen Zahlen?

**Tabelle 9.1** Checkliste für das Bannermarketing (Forts.)

## 9.6.2 Checkliste E-Mail-Marketing

Ist Ihre Empfänger-Liste vollständig und trifft auf Ihre Zielgruppe zu?

Sind Ihre Empfängerdaten entsprechend segmentiert, damit Sie Ihre Mailings besser ausrichten und personalisieren können?

Ist Ihre Empfängerliste so überschaubar, dass Sie den Versand selbst managen können, oder sollten Sie zum Versand Ihres Mailings an eine umfangreiche Empfängerliste einen Dienstleister zu Hilfe nehmen?

Bieten Sie den Interessenten Ihres Newsletters das Double-Opt-In-Verfahren, bei dem sich der entsprechende Nutzer für das Mailing verifizieren muss?

Haben Sie eine für Sie passende Form des Mailings gewählt, z. B. Stand-Alone- oder regelmäßige Mailings wie Newsletter berücksichtigt?

Haben Sie wirklich etwas zu sagen, d. h., bieten Sie Ihren Lesern tatsächlich interessante Inhalte?

Welche Versandfrequenz und welcher Versandtag passen optimal zu Ihrer Zielgruppe? Testen Sie dieses genau aus.

Bieten Sie Ihren Newsletter im Text- und im HTML-Format?

Ist die Betreffzeile Ihres Mailings attraktiv formuliert, oder versinkt das Schreiben in überfüllten Posteingängen?

Beinhaltet Ihr Mailing ein gesetzlich vorgeschriebenes Impressum und eine Abbestellmöglichkeit?

Messen Sie wichtige Kennzahlen Ihrer E-Mail-Kampagne, und passen Sie Ihre Werbemaßnahmen dahingehend an?

**Tabelle 9.2** Checkliste für das E-Mail-Marketing

## 9.6.3 Checkliste Social-Media-Marketing

Nutzen Sie direkte Kommunikationsmöglichkeiten im Social-Media-Bereich mit bestehenden und potenziellen Kunden?

Sind Social-Media-Plattformen für Ihre Zielgruppe relevant und wenn ja, welche?

**Tabelle 9.3** Checkliste für das Social-Media-Marketing

Haben Sie genau in Erwägung gezogen, eine Facebook-Fanpage und/oder einen Twitter-Account anzulegen und zu nutzen?

Betreiben Sie einen (Unternehmens-)Blog?

Haben Sie eine Social-Media-Strategie mit genauen Zielen, die Sie verfolgen, und messen Sie die Zielerreichung?

Haben Sie festgelegt, wer in Ihrem Unternehmen per Social Media kommuniziert, und bei mehreren Personen eine einheitliche Kommunikation sichergestellt?

Nutzen Sie diese Kommunikationskanäle wirklich konsequent, haben Sie entsprechende Ressourcen eingeplant, und halten Sie die Accounts auf dem aktuellsten Stand?

Sind Ihre Neuigkeiten für die Leser spannend, und bieten sie einen Mehrwert?

Gehen Sie auf Fragen und Kritik angemessen ein?

Kennen Sie das Social-Media-Stimmungsbild z. B. auf Facebook, Twitter oder einzelnen Blogs zu Ihrem Unternehmen, d. h., überprüfen Sie, wie Nutzer über Sie sprechen?

Wie aktiv sind Ihre Wettbewerber im Bereich Social Media, und wie kommen die Aktionen bei den Nutzern an?

Berücksichtigen Sie die verschiedenen Werbemöglichkeiten, die die einzelnen Social-Media-Plattformen anbieten?

Verknüpfen Sie Ihre Social-Media-Aktivitäten mit Ihrem eigenen Online-Auftritt, z. B. durch einen »Gefällt-mir«-Button von Facebook?

**Tabelle 9.3** Checkliste für das Social-Media-Marketing (Forts.)

### 9.6.4 Checkliste Online-PR

Haben Sie eine gute Auffindbarkeit Ihres Unternehmens in den Suchmaschinenergebnissen sichergestellt und dazu entsprechende SEO-Maßnahmen angewandt?

Bieten Sie Interessenten wie auch Journalisten ausreichend Informationen zu Ihrem Angebot, z. B. über einen Pressebereich?

Stellen Sie interessante Inhalte wie Berichte, Studien, Fachartikel, Bildmaterialien und Präsentationen zur Verfügung?

Können Interessenten diese Inhalte leicht beziehen, z. B. per Download, und haben Sie Dateigrößen entsprechend berücksichtigt und angegeben?

Haben Sie für mögliche Anfragen die Kontaktdaten Ihres Pressesprechers gut sichtbar angegeben?

Publizieren Sie wirklich nur Inhalte mit einem Mehrwert für die Leser?

**Tabelle 9.4** Checkliste für Online-PR

Nutzen Sie die Möglichkeit, Ihre Inhalte beispielsweise in Themenportale, Expertenforen, Newsletter und Online-Magazine zu integrieren?

Verbreiten Sie Ihre Pressemitteilungen über Presse- und Newsportale?

Haben Sie Eintragungen in Webkataloge und Linkverzeichnisse berücksichtigt?

Sind Sie in Foren, Chats, Blogs und weiteren Social-Media-Kanälen mit Interessenten in direkten Kontakt getreten?

Haben Sie eine Strategie zum Online-Reputationsmanagement entwickelt, und beobachten Sie das Stimmungsbild zu Ihrem Unternehmen im Web und reagieren darauf?

**Tabelle 9.4**  Checkliste für Online-PR (Forts.)

## 9.6.5  Checkliste Videomarketing

Bietet sich Videomarketing für Ihr Unternehmen bzw. Ihr Angebot an?

Könnte ein Image-Film Ihr Unternehmensziel und Ihre Website unterstützen?

Haben Sie die notwendigen Ressourcen, um ein qualitativ hochwertiges Video zu erstellen, oder sollten Sie dies einem Dienstleister überlassen?

Ist Ihr Video in einer angemessenen Länge, ohne dass die Aufmerksamkeit der Zuschauer darunter leidet?

Haben Sie verschiedene Videoportale in Betracht gezogen, um Ihren Film zu verbreiten?

Nutzen Sie entsprechende Bewegtbildwerbung, sprich Video-Ads?

Haben Sie einen informativen YouTube-Account angelegt (Brand-Channel)?

Messen Sie wichtige Kennzahlen Ihrer Videomarketing-Aktivitäten, wie beispielsweise Klickraten und View Time?

**Tabelle 9.5**  Checkliste für das Videomarketing

## 9.6.6  Checkliste Mobile Marketing

Kommt Mobile Marketing für Ihr Unternehmen und auch für Ihre Zielgruppe in Frage?

Ist Ihre Website für den mobilen Zugriff entsprechend optimiert und auf verschiedenen Endgeräten getestet worden?

Besteht Bedarf an einer mobilen Anwendung, z. B. einer App für das iPhone?

Haben Sie die notwendigen Ressourcen, um eine mobile App zu erstellen?

**Tabelle 9.6**  Checkliste für das Mobile Marketing

Benötigen Sie einen Dienstleister zu Erstellung einer mobilen Anwendung?

Möchten Sie eine kostenpflichtige App anbieten, um Software oder redaktionelle Inhalte zu vertreiben?

Haben Sie die mobilen Werbemöglichkeiten in Betracht gezogen?

Können Sie den Erfolg Ihrer mobilen Werbemaßnahmen entsprechend messen?

**Tabelle 9.6**  Checkliste für das Mobile Marketing (Forts.)

### 9.6.7    Checkliste Crossmedia-Marketing

Haben Sie die Ziele der Crossmedia-Kampagne klar definiert?

Gibt es einen gut geplanten Zeitplan für die Kampagne?

Sind die Werbemittel inhaltlich und gestalterisch angepasst?

Verwenden Sie ein einheitliches Corporate Design?

Haben Sie Ihre Inhalte für die einzelnen Medien entsprechend aufbereitet?

Gibt es eine angepasste Website für die Crossmedia-Kampagne?

Wurde an die Integration aller relevanten Medien gedacht?

Haben Sie auch die Marketingmöglichkeiten im Social-Media-Bereich berücksichtigt?

Haben Sie die Auffindbarkeit in Suchmaschinen – sowohl in den organischen als auch bezahlten Suchergebnissen – berücksichtigt?

Gibt es einen Kampagnenslogan oder ein Testimonial?

**Tabelle 9.7**  Checkliste für das Crossmedia-Marketing

*»Ich hatte den verrückten Einfall, das gesamte Web auf meinen*
*Computer herunterzuladen. Ich ließ meinen Doktorvater wissen,*
*dass es nur eine Woche dauern würde. Nach ungefähr einem Jahr*
*besaß ich einen kleinen Teil davon.«*
*– Google-Gründer Larry Page*

# 10    Platzgerangel – Warum Suchmaschinen immer wichtiger werden

Suchmaschinen wie Google und Co. haben sich als Einstieg zum Surfen im Internet etabliert. Daher haben viele Internetnutzer eine Suchmaschine ihrer Wahl auch als Startseite festgelegt. Laut einer Studie des Marktforschungsunternehmens ComScore (*http://www.comscore.com/*) wurden im Jahr 2009 weltweit täglich mehr als vier Milliarden Suchanfragen gestellt, also 2,9 Millionen Eingaben von Suchbegriffen pro Minute. Für Deutschland liegt die Zahl bei 180 Millionen Suchanfragen pro Tag. Durch diese hohe Reichweite ist es für eine erfolgreiche Website sehr wichtig, auch in Suchmaschinen präsent zu sein und zu passenden Suchbegriffen gut gefunden zu werden. Wir nehmen Sie in diesem Kapitel mit in die Welt der Suchmaschinen und geben Ihnen einen Einblick in ihre Funktionsweise. In den beiden darauffolgenden Kapiteln werden wir Ihnen Anleitungen geben, wie Sie von der hohen Nutzung der Suchmaschinen selbst profitieren können.

## 10.1    Suchmaschinen, Webkataloge und Metasuchmaschinen

Beim Surfen im Internet stellt sich häufig die Frage, wie Sie an gewünschte Informationen oder Angebote gelangen. In den Anfangszeiten des Internets geschah dies meist über Webkataloge, also Verzeichnisse, in denen die verschiedenen Webseiten redaktionell in Kategorien einsortiert wurden. Ein prominentes Beispiel dafür ist der Dienst Yahoo. Ein weiterer bekannter Webkatalog ist das Open Directory Project DMOZ (*http://www.dmoz.de/*). DMOZ ist ein von ehrenamtlichen Editoren gepflegter Webkatalog, in dem man zu allen Kategorien Webseiten findet.

Häufig wurden früher Informationsportale als Startseite genutzt, wie z. B. T-Online, und man navigierte von dort auf weiter verlinkte Webseiten. Im Laufe der Zeit nahm die Zahl der Internetseiten aber so rasant zu, dass die Gesamtheit der Inhalte nicht mehr über Webkataloge zu erfassen war. Darum entwickelten sich recht schnell Suchmaschinen für das Internet. Suchmaschinen erstellen automatisiert einen mit Schlagworten versehenen Index an Internetseiten und bewerten die Relevanz der Website nach einer Reihe von Faktoren. Die populärste Suchmaschine ist derzeit Google, die wir in Abschnitt 10.2.1 näher beschreiben.

Neben den Suchmaschinen haben sich auch sogenannte Metasuchmaschinen entwickelt, die die Ergebnisse verschiedener Suchmaschinen zu einem Ergebnis zusammenfassen. Beispiel hierfür sind MetaCrawler (*http://www.metacrawler.com/*) oder MetaGer (*http://meta.rrzn.uni-hannover.de/*), ein Projekt des regionalen Rechenzentrums Niedersachen. Die Nachfolgerversion steht seit 2005 als Metager2 (*http://metager2.de/*) zur Verfügung und wird vom Verein SUMA-EV betrieben.

Für die Informationsbeschaffung im Internet konnten sich insbesondere die Suchmaschinen gegen Webkataloge und Metasuchmaschinen durchsetzen. Die Vorteile aus schnellen Ergebnissen in Kombination mit hoher Qualität und Quantität konnte viele Internet-Nutzer überzeugen. Vielfach sind Suchmaschinen daher der Einstieg zum Surfen im Netz geworden und werden meistens auch als Startseite in Internet-Browsern festgelegt. Daraus ergibt sich eine so hohe Popularität der Suchmaschinen, dass Sie als Website-Betreiber immer ein Auge auf die Entwicklungen des Suchmaschinenmarktes haben sollten. Die Studie *internet facts* der Arbeitsgemeinschaft Online Forschung (AGOF) bestätigt, dass die Recherche in Suchmaschinen die am zweithäufigsten genutzte Anwendung im Internet ist (auf Platz Eins stehen die privaten E-Mails). In absoluten Zahlen bedeutet dies für Deutschland, dass 36,6 Millionen Menschen regelmäßig Suchmaschinen nutzen.

## 10.2 Welche Suchmaschinen gibt es?

Der Suchmaschinenmarkt wird aktuell von Google dominiert. Der erst relativ spät gestartete Dienst hat Konkurrenten wie Yahoo und Microsoft auf die hinteren Plätze verdrängt. Yahoo und Microsoft mit seiner Suchmaschine Bing sind die beiden meistgenutzten Verfolger. Neben den drei bekannten Suchmaschinen gibt es noch weitere Wettbewerber, die aber zum Teil von den großen Suchmaschinen mit Ergebnissen beliefert werden.

WebHits (*http://www.webhits.de/*), ein Anbieter für Web-Statistiken, ermittelt regelmäßig die Marktanteile für Suchmaschinen (siehe Abbildung 10.1). Google liegt in Deutschland mit großem Vorsprung bei 90 %, gefolgt von Bing und Yahoo mit einem Marktanteil von jeweils 2,3 %. Die T-Online-Suche ist in Deutschland die viertgrößte Suchmaschine (2,0 %).

**Abbildung 10.1** Marktanteile der Suchmaschinen (Datenquelle: webhits.de)

Für den Vorreitermarkt USA wurden im Dezember 2010 vom Marktforschungs-institut *Experian Hitwise* (*http://www.hitwise.com/us/press-center/press-releases/experian-hitwise-reports-bing-searches-increase/*) die in Tabelle 10.1 aufgeführten Marktanteile für Suchmaschinen erhoben. Sie erkennen daran recht deutlich, dass in den USA die Marktführerschaft von Google nicht so hoch ist wie in Deutschland. Yahoo und Bing haben in den USA beide einen deutlich höheren Marktanteil als hierzulande.

| Suchmaschine | Marktanteil |
|---|---|
| *www.google.com* | 69,7 % |
| *search.yahoo.com* | 15,2 % |
| *www.bing.com* | 10,1 % |

**Tabelle 10.1** Anteil der Suchmaschinen am US-Markt

International gibt es aber noch weitere relevante Suchmaschinen, wie *Baidu* (*http://www.baidu.com/*) in China oder *Yandex* (*http://www.yandex.ru/*) in Russ-land, die dort jeweils den größten Marktanteil haben. Baidu, die in China auch eine Suche für MP3-Musikdateien anbietet, erreicht dort einen Marktanteil von 63 %. Von 2004 bis 2006 hielt auch Google einen Anteil von 2,6 % an Baidu. Yan-dex, der bereits 1997 gegründete Marktführer in Russland, hat aktuell einen Anteil von über 60 % am russischen Suchmaschinenmarkt (nach den Statistiken des Dienstes *LiveInternet.ru*).

Auf die drei für Deutschland und Europa relevantesten Suchmaschinen – Google, Yahoo und Bing – wollen wir hier weiter eingehen und Sie mit den Besonderheiten vertraut machen. Sollten Sie auch in anderen Ländern aktiv sein, sollten Sie immer ein Auge auf die lokalen Marktanteile der Suchmaschinen haben, damit Sie alle Möglichkeiten erfolgreich nutzen können.

### 10.2.1 Google

Google (*http://www.google.de*), aktuell die führende Suchmaschine weltweit und auch in Deutschland, wurde im September 1998 von Larry Page und Sergey Brin gegründet. Das Unternehmen ging aus einem Forschungsprojekt der beiden Stanford-Studenten zu neuen Suchtechnologien für das Internet hervor. Was einmal klein anfing, hat sich zu einer gigantischen Größe entwickelt: Das als Google Inc. in einer Garage gestartete Unternehmen ist inzwischen börsennotiert und zählt mit zu den umsatzstärksten Firmen weltweit.

**Abbildung 10.2**  Die Google-Startseite von 1998

Beide Gründer standen 2010 im Alter von 34 Jahren auf Platz 24 der Liste der reichsten Menschen der Welt, so die Angaben des US-amerikanischen Wirtschaftsmagazins Forbes. Aktuell hat Google weltweit mehr als 20.000 Mitarbeiter und machte im Jahr 2009 einen Umsatz von 23,6 Milliarden Dollar, bei einem Gewinn von 6,5 Milliarden Dollar. Im ersten Quartal 2010 lag der Gewinn schon bei knapp 2 Milliarden Dollar. Der Jahresumsatz wird für 2010 wird auf 26 Milliarden geschätzt. Page und Brin haben gemeinsam 57,7 Millionen Google-Aktien, was bei einem Börsenkurs von 550 Dollar pro Aktie einem Gegenwert von etwa 31,7 Milliarden Dollar entspricht. Der Ausgabepreis, als Google im August 2004 an die Börse ging, lag noch bei 85 Dollar, und eine Google-Aktie ist damit heute ein Vielfaches wert. Insgesamt gibt es 312 Millionen Google-Aktien. Damit ist Google Inc. an der Börse aktuell auch mehr wert als solch große Unternehmen wie IBM, Intel oder HP.

Die Haupteinnahmequelle des Unternehmens ist das Werbeprogramm AdWords, das Google im Oktober 2000 startete. Werbetreibende Kunden können auf den Suchergebnisseiten kleine Textanzeigen schalten und auf ihre Website verweisen. Seit Oktober 2002 ist Google AdWords auch in Deutschland verfügbar. Weitere Informationen zum AdWords-Anzeigensystem und dazu, wie Sie dieses nutzen können, finden Sie in Kapitel 11, »Suchmaschinenwerbung (SEM)«.

Google, das seinen Hauptsitz in Mountain View (Kalifornien) hat und an vielen Standorten weltweit vertreten ist, verfolgt das Ziel, die Informationen der Welt zu organisieren und allgemein nutzbar und zugänglich zu machen. Zu Google gehört auch die bekannte Videoplattform *YouTube*, die Foto-Software *Picasa* und die Blogplattform *Blogger*. Weltweites Kartenmaterial und Satellitenaufnahmen stellt das Unternehmen mit *Google Earth* und *Google Maps* kostenlos zur Verfügung. Inzwischen werden sogar hochauflösende Straßenansichten mit *Google Street View* angeboten, die aber stark in die Kritik geraten sind. Auch das Projekt *Google Books*, bei dem möglichst viele Bücher digitalisiert und öffentlich zugänglich gemacht werden sollen, ist ein umstrittenes Projekt des Unternehmens. Google veröffentlichte im September 2008 außerdem einen eigenen Webbrowser namens *Chrome* und Ende 2009 das auf Linux basierte Betriebssystem *Chrome OS* für Netbooks.

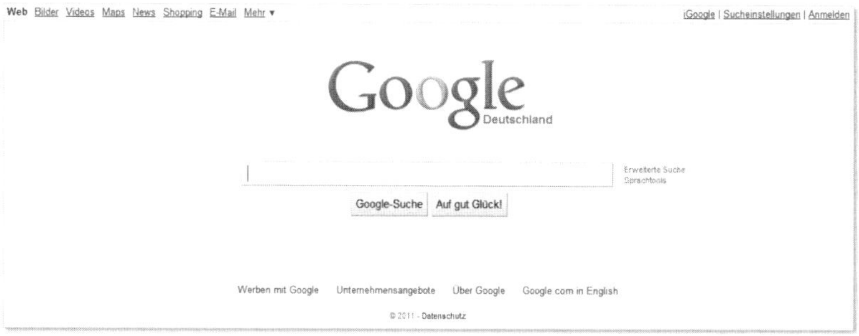

**Abbildung 10.3**  Die Google-Startseite

Die Suchergebnisse werden in Form einer sortierten Liste ausgeben. Diese ist standardmäßig auf zehn Ergebnisse voreingestellt. Hinzu kommen zum Suchbegriff passende Werbeanzeigen aus dem Google-AdWords-Programm. Die Suchergebnisseiten entwickeln sich immer weiter und unterliegen einer gewissen Evolution. So kommen aktuell vermehrt sogenannte *Universal-Search-Einblendungen* zum Vorschein.

**Abbildung 10.4** Google-Suchergebnisseite zum Begriff »New York«

Dies sind Einblendungen von relevanten aktuellen Nachrichten, Videos, Bildern und Blogbeiträgen. Seit Kurzem werden bei Suchbegriffen zu aktuellen Ereignissen »Neueste Ergebnisse« angezeigt, die vom Kurznachrichtendienst geliefert werden. Solch eine Suchergebnisseite mit Universal-Search-Einblendungen sieht man, wenn man nach einem aktuellen Thema sucht. Ein Beispiel für eine Suchergebnisseite (engl. *Search Engine Result Page, SERP*) zum Begriff »New York« sehen Sie in Abbildung 10.4.

Seit Mai 2010 ist die Oberfläche von Google in einem neuen Design verfügbar. Die Suchergebnisseiten wurden optisch überarbeitet. Die größte Änderung besteht in der neuen linken Spalte, in der die zum Suchbegriff passenden Kategorien, wie z. B. »Shopping«, »Bilder« oder »News« erscheinen. Mit einem Klick darauf können Sie sich die Suchergebnisse aus der Produktsuche, Bildersuche oder Google News anzeigen lassen. Auch weitere Suchoptionen werden direkt angeboten. Mit Google Instant steht seit September 2010 eine Funktion zur Verfügung, die schon während der Eingabe Suchergebnisse liefert. Bei *google.de* müssen Sie, um die Funktion nutzen zu können, mit Ihrem Google-Konto angemeldet sein. In Abbildung 10.5 sehen Sie die Eingabe der ersten Buchstaben »piz«. Google schließt daraus, dass Sie nach »Pizza« suchen wollen, und liefert erste Suchergebnisse von Pizza-Lieferdiensten. Mehr über diese neue Funktion inklusive eines Videos, wie die Instant-Suche funktioniert, finden Sie unter *http://www.google.com/instant/*.

**Abbildung 10.5**  Die Google Instant-Funktion

Google hat mit einem Marktanteil von 90 % in Deutschland quasi eine Monopolstellung erreicht. Durch die herausragende Stellung hat es das Unternehmen sogar mit dem Verb »googeln« seit 2004 in den Duden geschafft. Bei der Arbeit mit Suchmaschinen geht damit kein Weg an Google vorbei. Aufgrund dieser starken Verbreitung gehen wir in diesem Buch besonders auf Google ein, speziell in den Kapiteln zu Suchmaschinenwerbung und -optimierung. Trotzdem sollten Sie auch die anderen Suchmaschinen im Auge behalten, da sich sonst schnell eine Abhängigkeit ergeben kann.

### 10.2.2 Yahoo

Yahoo (*http://www.yahoo.de*), anfangs als universitärer Webkatalog gestartet, ist in einigen Ländern (z. B. den USA) noch stärker vertreten als in Deutschland. Hierzulande ist der Marktanteil in den einstelligen Bereich abgerutscht. Durch die geringe Nutzerschaft ist auch die Konkurrenz für Suchmaschinenwerbung und -optimierung vergleichsweise gering, sodass sich zielgerichtete Kampagnen hier lohnen können, wenn auch nicht eine große Masse an Nutzern erreicht werden kann.

**Abbildung 10.6** Die Yahoo-Startseite

Unter der Internet-Adresse *yahoo.de* präsentiert sich Yahoo derzeit als Informationsportal mit aktuellen Nachrichten, Wetter- und Finanzinformationen. Zudem werden auch verschiedene Kommunikationsmöglichkeiten eingebunden, z. B. *Yahoo Mail* oder das soziale Netzwerk *Facebook*. Die Suchfunktion erreicht man über den ganz oben platzierten Suchschlitz oder über den Link zur Yahoo-Suche (*http://de.search.yahoo.com/*, siehe Abbildung 10.7).

**Abbildung 10.7**   Die Startseite der Yahoo-Suche

Yahoo wurde im März 1995 von zwei Studenten der amerikanischen Stanford-Universität als eine Sammlung von empfohlenen Websites gegründet. Hervorgegangen ist Yahoo aus dem im April 1994 gestarteten Internetverzeichnis »Jerry and David's Guide to the World Wide Web«. Jerry Yang und David Filo starteten damit einen der erfolgreichsten Webkataloge und bauten die Seite zu einer Suchmaschine aus. Yahoo ist die Abkürzung für »*Yet Another Hierarchical Officious Oracle*«, was so viel bedeutet wie »Noch so ein hierarchisches, übereifriges Orakel«. Das Unternehmen hat seinen Hauptsitz in Sunnyvale, Kalifornien, und ist in 41 Ländern mit insgesamt 21 Sprachversionen vertreten. Mit der Ausrichtung als Informationsportal wird aktuell stark an der Personalisierung der Inhalte gearbeitet. Wenn Sie sich ein Benutzerkonto anlegen und weitere Informationen zu Ihrer Person angeben, bekommen Sie eine auf Ihre Bedürfnisse zugeschnittene persönliche Yahoo-Seite.

Zu Yahoo gehört der Fotodienst *Flickr* (*http://www.flickr.com*), auf dem Sie Ihre Fotosammlung hochladen und anderen Benutzern freigeben können. Ein weiteres Angebot von Yahoo ist *Delicious* (*http://delicious.com/*), ein sogenannter *Social Bookmarking* Dienst, um Lesezeichen im Netz zu speichern, die mit Stichworten versehen und mit anderen Personen geteilt werden können.

2009 ging Yahoo mit Microsoft eine strategische Kooperation im Bereich der Suche ein. Die Suchtechnologie wird seitdem von Microsoft weiterentwickelt und von beiden Unternehmen gemeinsam genutzt. Im Gegenzug vermarktet Yahoo die Anzeigenschaltung auf den Suchergebnisseiten.

### 10.2.3 Bing

Die Suchmaschine *Bing* (*http://www.bing.de*) von Microsoft ist erst im Juni 2009 gestartet, ist aber der direkte Nachfolger der Suchmaschine Microsoft *Live Search*. Bing bietet ebenso wie Google weitere Suchbereiche wie Bilder, Videos, Karten und Produkte. Die Produktsuche wird in Deutschland über das zu Microsoft gehörende Portal *ciao.com* angeboten. Die Startseite präsentiert sich ähnlich wie andere Suchmaschinen minimalistisch mit einem Suchfeld (siehe Abbildung 10.8). Optisch aufgewertet wird die Startseite durch täglich wechselnde Hintergrundbilder.

**Abbildung 10.8** Die Bing-Startseite

Bing präsentierte sich zum Start als »Entscheidungsmaschine«. Sie soll dem Benutzer nützliche Antworten liefern, nicht nur reine Suchergebnisse. Insbesondere in den USA bekommt man für einige Suchbegriffe unterschiedlich aufgebaute Ergebnisseiten. In Abbildung 10.9 finden Sie eine Suchergebnisseite für Reiseanfragen. Am Beispiel des Suchbegriffs »Berlin« sehen Sie, dass die Ergebnisseite mit weiteren Informationen angereichert wird. Die offizielle Webseite der Stadt, Wetterinformationen, Sehenswürdigkeiten und eine Bildergalerie werden prominent angezeigt. Seit März 2010 bietet Bing auch eine Echtzeitsuche an, indem es den Kurznachrichtendienst *Twitter* anbindet. Hier werden die Kurznachrichten zu einem aktuellen Thema gesammelt und zusammengefasst. Auf das Thema Twitter gehen wir in Kapitel 4, »Social-Media-Marketing«, genauer ein.

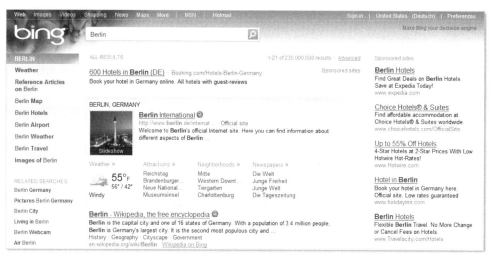

**Abbildung 10.9** Bing-Suchergebnisseite für Reiseanfragen

Die drei großen Suchmaschinen kennen Sie nun genauer. Es gibt aber auch noch weitere, von denen Sie vielleicht schon gehört haben und die Sie eventuell auch genutzt haben. Einige Suchmaschinen versuchen sich mit ganz neuen oder alternativen Konzepten zu etablieren. Wir stellen Ihnen hier zehn ausgewählte Suchmaschinen kurz vor und empfehlen Ihnen, einen Blick auf die Alternativen zu Google und Co. zu werfen.

**10 alternative Suchmaschinen zu Google, Yahoo und Bing**

▶ **T-Online Suche** (*http://suche.t-online.de/*)
Durch die hohe Reichweite von T-Online wird auch dessen Suchmaschine häufig genutzt. Sie hat sich in Deutschland nach Google, Bing und Yahoo als Nummer vier und damit als größte der kleinen Suchmaschinen etabliert. Viele Suchergebnisse werden von Google geliefert und durch eigene Ergebnisse angereichert.

▶ **Ask.com** (*http://de.ask.com/*)
Ask wurde 1996 unter dem Namen Ask Jeeves gegründet. Nutzer sollten ganze Fragen in die Suchmaschine eingeben können und passende Antworten bekommen, was sich aber nie durchsetzte. 2006 fand die Umbenennung in Ask.com statt. In den USA ist sie die viertgrößte Suchmaschine. Seit 2006 gibt es auch eine deutsche Version mit einer Vorschaufunktion für Suchergebnisse.

▶ **AltaVista** (*http://de.altavista.com/*)
AltaVista entstand 1995 als Forschungsprojekt und war eine der ersten Volltextsuchmaschinen. Bis 1999 war es die bekannteste Suchmaschine. 2003 wurde AltaVista von Overture übernommen, einer Tochterfirma von Yahoo. AltaVista hat heutzutage nur noch eine geringe Reichweite.

- **Fireball** (*http://www.fireball.de/*)
  Die Suchmaschine Fireball entstand 1996 an der Technischen Universität Berlin. 1999 wurde sie für 120 Millionen Euro an Lycos Europe verkauft. Durch die Auflösung des Unternehmens Lycos wurde Fireball 2009 selbstständig und positioniert sich mit hoher Benutzerfreundlichkeit und einem eigenen Suchindex für Deutschland.

- **Excite** (*http://www.excite.de/*)
  Im Jahr 1995 ging Excite online, das – wie Google – auch in Stanford gegründet wurde. Excite präsentiert sich zurzeit als Webportal. Die Suche liefert Ergebnisse aus den eigenen Inhalten. Bei Auswahl der Websuche erscheinen Ergebnisse von Ask.com, da Excite 2004 von Ask.com übernommen wurde.

- **Cuil** (*http://www.cuil.com/*)
  Cuil (ausgesprochen wie »cool«) wurde erst im Juli 2008 veröffentlicht. Die Suchmaschine wurde von ehemaligen IBM-Mitarbeitern entwickelt, mit dem Ziel, mehr Suchergebnisse zu bieten und ansprechender aufzubereiten. Bis heute konnte aber keine hohe Bekanntheit geschaffen werden.

- **Ecosia** (*http://www.ecosia.org/*)
  Ecosia ist eine neue deutsche Suchmaschine mit ökologischem Hintergrund. 80 % der Einnahmen durch Klicks auf Anzeigen werden an ein Regenwaldprojekt des WWF gespendet. Die Suchergebnisse und Werbeanzeigen werden von Bing und Yahoo geliefert.

- **Exalead** (*http://www.exalead.com/search/*)
  Exalead wurde in Frankreich gegründet und ging mit der ersten Version ihrer Suchmaschine 2004 online. Der Suchindex ist sehr groß und beträgt aktuell acht Milliarden Seiten. Suchergebnisse werden mit einem Vorschaubild ergänzt und können durch Filtermöglichkeiten eingeschränkt werden.

- **WolframAlpha** (*http://www.wolframalpha.com/*)
  WolframAlpha startete mit großer Aufmerksamkeit im Mai 2009. Sie ist aber eher eine wissenschaftliche Suchmaschine, die Suchbegriffe algorithmisch bewertet und entsprechende Suchergebnisse präsentiert. Suchen Sie z. B. nach »planet«, werden Ihnen alle Planeten mit den passenden Zusatzinformationen geliefert. In der Praxis konnte sich WolframAlpha allerdings nicht durchsetzen.

- **Yasni** (*http://www.yasni.de/*)
  Yasni ist eine Suchmaschine, die öffentlich zugängliche Informationen zu einer Person zusammenstellt. Durch die gute Auffindbarkeit in großen Suchmaschinen wie Google bekommen Personensuchmaschinen viele Besucher. Eine weitere bekannte Personensuchmaschine ist *123people* (*http://www.123people.de/*). Suchen Sie doch einmal nach Ihrem Namen. Sie werden erstaunt sein, was das Internet alles über Sie weiß.

## 10.3 Wie Suchmaschinen arbeiten

Suchmaschinen arbeiten nach einem komplexen Prozess, der in mehreren Schritten abläuft. Zuerst müssen Webseiten im Internet gefunden werden. Dann werden sie analysiert, bewertet und in einen Katalog aufgenommen. Der Katalog wird auch als *Index* bezeichnet. Damit steht eine große Datenbank an Webseiten zur Verfügung. Die eigentliche Suche wird vom Benutzer der Suchmaschine angestoßen. Die Suchmaschine arbeitet dann in einem sehr schnellen Prozess, durchsucht den Katalog, wählt relevante Ergebnisse aus, erstellt ein Ranking und zeigt die Suchergebnisse sortiert an. Den gesamten Prozess sehen Sie in Abbildung 10.10. Auf die Schritte, wie das sogenannte *Crawling* und die *Indexierung* geschieht, werden wir im Folgenden eingehen, und wir werden auch einen Blick auf die Erstellung des Rankings werfen.

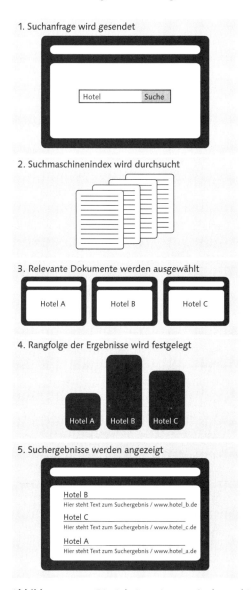

**Abbildung 10.10** Die Arbeitsweise von Suchmaschinen

### 10.3.1 Crawling und Indexierung

Suchmaschinen arbeiten mit Robots, die auch *Crawler* genannt werden, um das Internet zu durchsuchen. Dies sind Programme, die die Weiten des World Wide Web durchsuchen und einen Katalog aller Webseiten erstellen. Die Crawler folgen dabei den Links auf einer Seite. Pro Tag werden so von den großen Suchmaschinen Millionen von Webseiten durchsucht. Sie erkennen den Besuch eines Crawlers auf Ihrer Webseite durch den Blick in die Logfiles Ihres Webservers. Ihr technischer Ansprechpartner kann Ihnen diese Daten sicher zur Verfügung stellen. Sie sehen dann zum Beispiel folgende Zeilen für den Besuch des Crawlers der Suchmaschine Google mit dem Namen »*Googlebot*«:

```
66.249.65.124 - - [23/Oct/2009:00:01:36 +0200] "GET /tag/spiegel/
HTTP/1.1" 200 31596 "-" "Mozilla/5.0 (compatible; Googlebot/2.1;
+http://www.google.com/bot.html)"
```

Den Crawler der Suchmaschine Bing (»*Bingbot*«) erkennen Sie an folgendem Eintrag:

```
Mozilla/5.0 (compatible; bingbot/2.0; +http://www.bing.com/
bingbot.htm)
```

Nach dem Crawlen werden die einzelnen Seiten analysiert und nach verschiedenen Kriterien bewertet. Die Seiten werden dann in den Katalog der Suchmaschine aufgenommen. Dieser wird üblicherweise als *Index* bezeichnet. Welche Websites wie oft gecrawlt werden und wie viele Unterseiten von jeder Website abgerufen werden, bestimmen die Algorithmen der Suchmaschinen. Generell kann man sagen: Je bekannter Ihre Website im Internet ist, desto öfter kommen die Suchmaschinen-Crawler auf Ihrer Website vorbei und nehmen auch mehr Unterseiten Ihrer Domain in den Index auf. Der gesamte Crawling-Prozess beginnt mit einer Liste von Internetadressen. Beim Durchsuchen dieser Websites erkennen die Suchprogramme Links auf jeder Seite und fügen diese zu einer Liste der zu crawlenden Seiten hinzu. Jede gecrawlte Seite wird von dem Such-Robot in eine Datenbank kopiert. Somit entsteht ein Index aller Wörter, die auf der Webseite vorkommen, und der Index verzeichnet auch, an welcher Stelle diese Wörter vorkommen. Der Prozess des Crawlings und der Indexierung kann ganz schnell erfolgen oder aber bei größeren Webseiten auch einige Tage in Anspruch nehmen.

### 10.3.2 Ranking-Kriterien für Suchmaschinen

Sobald ein Nutzer nun eine Suchanfrage eingibt, durchsucht die Suchmaschine den Index nach übereinstimmenden Seiten und zeigt dem Nutzer die relevantesten Ergebnisse an. Bei Google wird die Relevanz durch mehr als 200 Faktoren bestimmt. Die ersten Suchmaschinen arbeiteten als Volltextsuchmaschinen und analysierten den Text einer Webseite. Anhand der Inhalte wurde eine Rangfolge der Webseiten erstellt. Dies geschah zum Beispiel aufgrund der Häufigkeit der Suchbegriffe auf der Seite. Im Laufe der Zeit genügte dieses einzelne Kriterium aber nicht mehr, da immer mehr Webseiten entstanden und durch gezieltes Ändern der Texte das Ranking von Webseitenbetreibern leicht beeinflusst werden konnte.

Suchmaschinenanbieter mussten sich also immer mehr Gedanken über die Relevanz der Suchergebnisse machen. 1997 kamen die späteren Google-Gründer Larry Page und Sergey Brin auf die Idee, Webseiten anhand ihrer Verlinkungen im Internet zu bewerten. Ähnlich wie auch bei Fachbüchern die Zitierungen werden Verlinkungen auf Webseiten als Empfehlungskriterium angenommen. Page und Brin forschten zu diesem Thema an der Universität in Stanford und entwickelten daraus die Kennzahl *PageRank*, die später auch patentiert wurde. Der PageRank hat einen Wert von 0 bis 10 und errechnet sich aus einer Formel, die die einzelnen Links von anderen Webseiten zusammenfasst.

### Der Google PageRank

Unter dem Titel »The Anatomy of a Large-Scale Hypertextual Web Search Engine« publizierten Larry Page und Sergey Brin ihre Forschungsergebnisse dazu, wie eine Suchmaschine im Internet aufgebaut sein muss. Diese Publikation können Sie auch heute noch auf den Seiten der Universität Stanford unter der Adresse *http://infolab.stanford.edu/ ~backrub/google.html* abrufen. In der Publikation finden Sie auch die patentierte Berechnung der PageRank-Formel. Die Bezeichnung PageRank stammt vom Erfinder Larry Page, nicht wie öfter falsch angenommen von dem englischen Begriff »page« für »Seite«.

Der PageRank (*PR*) einer Seite *A* berechnet sich nach folgender Formel:

$PR(A) = (1-d) + d (PR(T1)/C(T1) + ... + PR(Tn)/C(Tn))$

*T1* bis *Tn* sind die Webseiten, die auf Seite *A* verlinken. Der PageRank der einzelnen linkgebenden Seiten wird durch die Anzahl der ausgehenden Links *C* der Seite dividiert. Mit dem Standardwert 0,85 für den Dämpfungsfaktor *d* ergibt sich damit der PageRank einer Seite.

Sie bekommen den PageRank Ihrer Webseiten z. B. über die Google Toolbar als ganzzahligen Wert von 0 bis 10 angezeigt. Sie können sich die Toolbar unter der Adresse *http://www.google.com/intl/de/toolbar* für Ihren Internet-Browser herunterladen und installieren. Sie sehen dann, wie in Abbildung 10.11, einen grünen Balken, der sich immer ändert, sobald Sie auf eine neue Webseite gehen. Wenn Sie den Mauszeiger darüber ziehen, sehen Sie eine Einblendung mit dem PageRank-Wert der Seite. Im Beispiel hat die Seite also einen PageRank 5 von 10.

**Abbildung 10.11** Die Google Toolbar mit PageRank-Anzeige

> Sie können sich den PageRank einer Webseite auch mit anderen Tools anzeigen lassen, z. B. mit Erweiterungen für Ihren Internet-Browser. Sie können dafür das Add-On *SearchStatus (http://www.quirk.biz/searchstatus/)* für den Mozilla Firefox nutzen bzw. *AEVITA Web Ranking (http://www.aevita.com/webranking/)* für den Internet Explorer. Oder Sie nutzen Online-Tools zum Abfragen der PageRank-Werte z. B. unter *https://tools.sistrix.de/pr/*.
>
> Beachten Sie aber, dass der angezeigte PageRank-Wert nur ein von Google nach außen kommunizierter Wert ist, der zudem nur alle ein bis zwei Monate aktualisiert wird. Intern werden viel genauere und aktuelle Zahlen verarbeitet. Einen PageRank von 10 erreichen nur die wenigsten Seiten, z. B. *facebook.com*, *cnn.com* und auch *google.com*. Deutsche Webseiten findet man erst ab einem PageRank von 9, darunter viele Seiten öffentlicher Einrichtungen wie *bundesregierung.de*, *dfg.de* (Deutsche Forschungsgesellschaft) und *bmbf.de* (Bundesministerium für Bildung und Forschung). Aber auch einige Unternehmen wie *mister-wong.de* und *infopark.de* haben es in die Liste geschafft.

Aus der Grundlagenforschung und der Entwicklung des PageRanks als Kriterium für die Relevanz einer Webseite im Internet entstand die Suchmaschine Google. Aber auch viele andere moderne Suchmaschinen verwenden die Verlinkungen als Ranking-Kriterium.

Seitdem können die Ranking-Kriterien in On-Page- und Off-Page-Faktoren unterschieden werden. On-Page-Faktoren sind alle Einflussfaktoren auf Ihrer Webseite, z. B. Inhalte, interne Navigationsstrukturen oder der HTML-Quellcode. Zu den Off-Page-Faktoren gehört alles, was sich außerhalb Ihrer Webseite abspielt. Das sind insbesondere externe Verlinkungen. Auch die Ladegeschwindigkeit spielt eine Rolle für die Bewertung einer Webseite. In Kapitel 12, »Suchmaschinenoptimierung (SEO)«, gehen wir näher darauf ein.

Sicher wissen Sie selbst, dass nichts schlimmer ist, als auf das Laden einer Webseite zu warten. Sparen Sie deswegen nicht an Ihrem Webserver, und sorgen Sie für schnelle Ladezeiten Ihre Website. Bei sehr großen Webseiten mit einem internetbasierten Geschäftsmodell ist dies enorm wichtig, da langsame Seiten meist Umsatzeinbußen mit sich bringen. Die Ladegeschwindigkeit wird als Ranking-Kriterium ebenfalls erfasst. Des Weiteren ist auch die Klickhäufigkeit auf Suchergebnisse entscheidend. Dieser Faktor wird als CTR (*Click-Through-Rate*) bezeichnet und beschreibt, wie oft Nutzer auf ein bestimmtes Suchergebnis im Verhältnis zu den Einblendungen klicken.

Neu hinzugekommen ist auch die sogenannte *Social Search*. Hiermit ist gemeint, dass Benutzer ihre Suchergebnisse bewerten können und damit individuell angepasste Suchergebnisseiten erhalten. Diese individuellen Bewertungen können auch für die unpersonalisierten Ergebnisse als Ranking-Kriterium zu Hilfe genommen werden, da hier eine große Masse an Nutzern fast demokratisch über verschiedene Webseiten abstimmt. Bisher ist dieses aber noch nicht offiziell als Ranking-Kriterium bestätigt wurden.

Die Ranking-Kriterien der Suchmaschinen unterliegen ständigen Änderungen, um sich den Entwicklungen des Internets anzupassen und den Nutzern noch bessere Suchergebnisse zu liefern. Google hat zum Beispiel bekannt gegeben, dass es jährlich zwischen 300 und 400 Änderungen am Algorithmus gibt. Dies sind natürlich auch viele kleinere Änderungen und Korrekturen. Diese verschiedenen Ranking-Kriterien sind sehr wichtig für die Suchmaschinenoptimierung Ihrer Webseite. Wir werden in Kapitel 12, »Suchmaschinenoptimierung (SEO)«, noch genauer auf die einzelnen On-Page- und Off-Page-Ranking-Kriterien eingehen und Ihnen Tipps geben, wie Sie die einzelnen Faktoren für Ihre Webseite verbessern können.

## 10.4    Wie Menschen suchen

Nachdem Sie nun wissen, wie die Suchmaschinen arbeiten, ist es natürlich interessant zu wissen, wie die Menschen suchen, wenn sie vor ihren Computern sitzen. Dieser Suchprozess findet in mehreren Schritten statt. Zuerst muss sich der Nutzer natürlich für eine der Suchmaschinen entscheiden. Dann kann er oder sie mit der Suche beginnen. Hierfür sind vor allem die Suchbegriffe – auch *Keywords* genannt – ausschlaggebend, die von Internetnutzern eingegeben werden. Wir werden im Buch diese Bezeichnungen übrigens synonym nutzen. Der letzte Schritt im Suchprozess ist dann das Auswählen eines oder mehrerer Suchergebnisse, die die Suchanfrage ausgeliefert hat.

### 10.4.1    Suchbegriffe eingeben

Sobald ein Internetnutzer eine Suchmaschine aufgerufen hat, kann er mit dem Eingeben von Suchbegriffen beginnen. Einige Suchmaschinen, wie z. B. Google, bieten seit Kurzem auch Vorschläge für Suchbegriffe an, wenn mit dem Eintippen begonnen wird. Bei Google wird die Funktion als *Google Suggest* bezeichnet. Häufig gesuchte Begriffe werden somit als Erleichterung vorgegeben und können per Mausklick schnell ausgewählt werden. In Abbildung 10.12 sehen Sie, welche Vorschläge *google.de* für Suchbegriffe beim Eintippen von »reise« ausgibt.

Solch eine Vorschlagsfunktion verändert natürlich das Suchverhalten der Nutzer, da sie häufig gesuchte Begriffe direkt vorgeschlagen bekommen und diese sofort auswählen, ohne den Suchbegriff weiter einzugeben. Häufig gesuchte Begriffe bekommen dadurch noch mehr Anfragen, selten gesuchte Begriffe werden dagegen noch weniger abgefragt.

**Abbildung 10.12** Vorschläge zum Suchbegriff »reise« bei google.de

Die Tendenz geht inzwischen zu Mehrwortkombinationen, indem die Suchenden Begriffe kombinieren, um passendere Suchergebnisse zu finden. Hier findet ein Lernprozess der Suchenden statt, die mit der Zeit feststellen, dass mit mehr kombinierten Suchbegriffen bessere Ergebnisse zu finden sind. Insbesondere Zweiwortkombinationen stellen eine häufig genutzte Variante dar, z. B. die Kombination eines Suchbegriffs mit einem regionalen Zusatz wie »Zahnarzt Berlin«. Das Marktforschungsunternehmen *Experian Hitwise* hat das Vorkommen der Mehrwortkombinationen zu verschiedenen Zeitpunkten untersucht (*http://www.hitwise.com/us/press-center/press-releases/google-searches-apr-10/*) und ist dabei zu dem Ergebnis gekommen, dass die meisten Suchanfragen aktuell aus einer Kombination von zwei Begriffen bestehen (23,1 %). Am zweithäufigsten wird mit einzelnen Suchbegriffen (22,8 %) gesucht und am dritthäufigsten mit Dreiwortkombinationen (20,3 %). Im Vergleich der verschiedenen Zeiträume erkennt man gut die vermehrten Suchanfragen mit Kombinationen aus mehr als fünf Begriffen.

| Anzahl Wörter | April 2010 | Januar 2010 | Januar 2009 | Januar 2008 |
|---|---|---|---|---|
| 1 | 22,77 % | 23,67 % | 20,29 % | 20,96 % |
| 2 | 23,06 % | 22,99 % | 23,65 % | 24,91 % |
| 3 | 20,31 % | 20,33 % | 21,92 % | 22,03 % |
| 4 | 14,23 % | 14,04 % | 14,89 % | 14,54 % |
| 5 | 8,55 % | 8,32 % | 8,68 % | 8,20 % |

**Tabelle 10.2** Anteil der Mehrwortkombinationen bei Suchanfragen

| Anzahl Wörter | April 2010 | Januar 2010 | Januar 2009 | Januar 2008 |
|---|---|---|---|---|
| 6 | 4,71 % | 4,57 % | 4,65 % | 4,32 % |
| 7 | 2,60 % | 2,50 % | 2,49 % | 2,23 % |
| 8 und mehr | 3,78 % | 3,58 % | 3,43 % | 2,81 % |

**Tabelle 10.2**  Anteil der Mehrwortkombinationen bei Suchanfragen (Forts.)

Google selbst veröffentlichte 2009 aus der Studie »Internet-Nutzer im Privat-haushalt« von GfK/SirValUse allerdings etwas höhere Anteile für Einwort- und Zweitwortsuchbegriffe, die aber die gleiche Reihenfolge der häufigsten Mehr-wortkombinationen bestätigt (siehe Abbildung 10.13). Auch hier werden die Zweiwortkombinationen mit einem Anteil von 33 % am meisten gesucht, gefolgt von Einzel-Keywords (30 %) und Dreiwortkombinationen (20 %). Durchschnitt-lich werden 2,4 Keywords pro Suchanfrage verwendet.

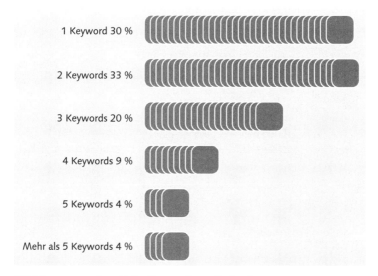

**Abbildung 10.13**  Anzahl der Keywords pro Suchanfrage

Einen Überblick über sehr häufig gesuchte Begriffe finden Sie z. B. bei *Google Zeitgeist* (*http://www.google.com/intl/de/press/zeitgeist2010/*). Im Jahr 2010 waren in Deutschland die Top-Suchbegriffe »youtube«, »ebay« und »wetter«. Am schnellsten angewachsen sind die Suchanfragen für die Begriffe »facebook«, »youtube« und »berlin«. Daran erkennt man sehr schnell, was die breite Masse interessiert. Inzwischen kann man häufige Suchanfragen auch auf ganz aktueller Basis finden. Die Informationen dafür liefert *Google Hot Searches*, bisher aber lei-der nur für die USA, Indien, Singapur und Japan. Damit erkennt man sehr gut, was die Menschen aktuell interessiert, z. B. im Januar 2011 in den USA (siehe Abbildung 10.14).

**Abbildung 10.14** Google Hot Searches in den USA

Weiterhin unterliegt das Suchverhalten saisonalen Schwankungen. Es gibt Begriffe, die nur in einem bestimmten Zeitraum verstärkt gesucht werden, z. B. Geschenke zur Vorweihnachtszeit. Sie können sich den Verlauf von Suchanfragen für saisonale Begriffe über den Service *Google Trends* (*http://www.google.de/ trends*) anzeigen lassen (siehe Abbildung 10.15).

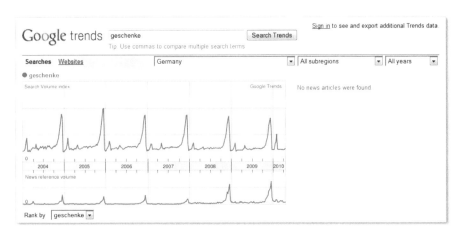

**Abbildung 10.15** Google Trends Auswertung für »geschenke«

Noch detailliertere Informationen für den Verlauf von saisonalen Suchbegriffen bietet das Tool *Google Insights for Search* (*http://www.google.com/insights/ search/*), mit dem Sie nach Regionen, Zeiträumen und Branchen filtern können. Zusätzlich können Sie die Daten zur weiteren Bearbeitung exportieren. Die eingegebenen Suchbegriffe sind die Basis für die erfolgreiche Arbeit mit Suchmaschinen. Daher sollten Sie diesem Thema besondere Aufmerksamkeit widmen. In Kapitel 10.5, »Keyword-Recherche – Die richtigen Suchbegriffe finden«, gehen wir weiter auf die Analyse der Suchbegriffe ein.

### 10.4.2 Die Auswahl des Suchergebnisses

Wie wählen nun die Benutzer ein Suchergebnis aus? Dazu gibt es eine Reihe von Untersuchungen, die das Klickverhalten, aber auch den Verlauf des Auges beobachten (sogenanntes *EyetrackingEyetracking*). Besonders wichtig ist dabei die erste Suchergebnisseite, die ein Nutzer nach Eingabe eines Suchbegriffs erhält. Die Suchmaschinenbetreiber legen hier großen Wert auf schnelle und zum Suchbegriff relevante Suchergebnisse und Anzeigen. Eine typische Eyetracking-Studie der Suchergebnisseite von Google sehen Sie in Abbildung 10.16. Je dunkler die Farbe, desto länger blieben die Augen des Nutzers auf der jeweiligen Stelle der Seite.

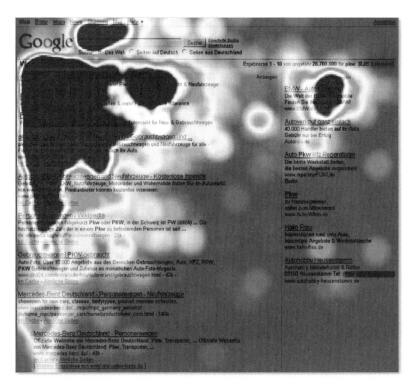

**Abbildung 10.16** Eyetracking-Studie für eine Google-Ergebnisseite

Man erkennt daran sehr gut, dass insbesondere die ersten beiden Suchergebnisse erhöhte Aufmerksamkeit der Nutzer bekommen. In diesem Zusammenhang spricht man auch oft vom Goldenen Dreieck (*Golden Triangle*), d. h., die Aufmerksamkeit bewegt sich bei Suchergebnisseiten in einer Dreiecksform. Google weist in seiner Studie »Full Value of Search« (*http://www.full-value-of-search.de/*) auch auf die erhöhte Aufmerksamkeit für die Textanzeigen in der rechten Spalte hin – insbesondere bei kommerziellen Suchanfragen (siehe Abbildung 10.17). Natürlich ist diese Aussage im Interesse von Googles Anzeigenprogramm AdWords und ist daher mit Vorsicht zu genießen.

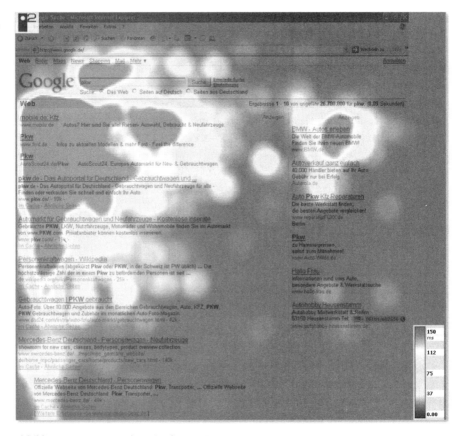

**Abbildung 10.17**  Eyetracking Studie mit Textanzeigen

Die Einblendungen der Universal-Search-Ergebnisse haben einen großen Einfluss auf das Klickverhalten der Nutzer. So werden z. B. Einblendungen aus dem News-Bereich und der Bildersuche häufig angeklickt, weil sie aufmerksamkeitserregende Bilder enthalten, die den Nutzer zum Klicken anregen. Damit ergibt sich in den Eyetracking-Studien ein F-Profil bei den Bewegungen der Augen. Weiterhin ist wichtig zu wissen, dass insbesondere der ersten Suchergebnisseite viel Aufmerksamkeit geschenkt wird. Mit den Standardeinstellungen werden zehn Suchergebnisse angezeigt. Nur ein geringer Anteil der Suchenden schaut sich auch folgende Suchergebnisse an. Die erste Suchergebnisseite hat einen Anteil von 87 % der insgesamt aufgerufenen Ergebnisseiten (siehe Abbildung 10.18).

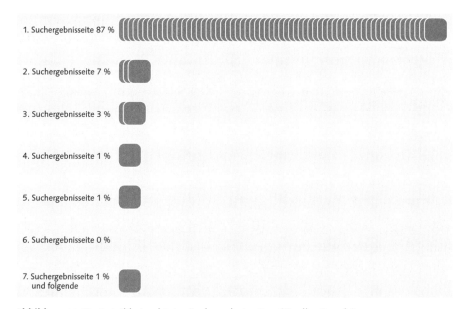

**Abbildung 10.18**  Anteil betrachteter Suchergebnisseiten (Quelle: Google)

Daran erkennen Sie deutlich, dass die erste Suchergebnisseite enorm wichtig ist und dort vor allem die ersten Platzierungen von hoher Bedeutung sind. Da es aber nicht möglich ist, mit allen Suchbegriffen ganz vorn zu stehen, ist es wichtig, die für Sie richtigen Begriffe zu finden. Dies geschieht anhand einer ausführlichen Keyword-Recherche.

## 10.5    Keyword-Recherche – Die richtigen Suchbegriffe finden

Für ein erfolgreiches Arbeiten mit Suchmaschinen müssen Sie geeignete Suchbegriffe finden. Diese Arbeit wird meist als *Keyword-Recherche* bezeichnet. Wir geben Ihnen hier eine Anleitung, wie Sie die richtigen Suchbegriffe finden, um mit Ihrer Website in Suchmaschinen erfolgreich vertreten zu sein. Die Keyword-Recherche bildet die Grundlage für die folgenden Kapitel zur Suchmaschinenwerbung und Suchmaschinenoptimierung. Je genauer Sie die Keyword-Recherche machen, desto besser werden auch die Ergebnisse sein. Daher lohnt es sich, hier Zeit zu investieren.

Im ersten Schritt sollten Sie ein kleines Brainstorming der möglichen Suchbegriffe und Themen vornehmen. Schauen Sie sich an, was Sie Kunden anbieten möchten, und versetzen Sie sich in die suchende Person. Mit welchen Begriffen würde die Person Ihr Angebot suchen? Erstellen Sie also eine Liste an Suchbegriffen, und denken Sie auch an Kombinationen, also zusammengesetzte Suchbegriffe. Für das Brainstorming können Sie auch Kollegen oder Bekannte hinzunehmen.

Als Beispiel nehmen wir an, dass Sie ein Hotel in Kiel an der Ostsee betreiben. In einem ersten Brainstorming kommen Sie auf die folgenden Suchbegriffe:

▶ Hotel

▶ Hotel Kiel

▶ Hotel Ostsee

▶ Unterkunft Kiel

▶ 4-Sterne-Hotel

Um die Liste an möglichen Suchbegriffen noch zu erweitern, können Sie auch einen Blick auf Mitbewerberseiten werfen. Googeln Sie doch einfach mal nach »hotel kiel«, und schauen Sie sich die Ergebnisse an. Bestimmt kommen Sie dann noch auf weitere Keywords:

▶ Übernachtung

▶ Wellness-Hotel

▶ Tagungshotel

▶ Familienhotel

▶ Sporthotel

Die Liste an gesammelten Suchbegriffen, die Ihr Angebot beschreibt, können Sie nun noch kombinieren, z. B. mit dem Ort, und dann zusammenstellen. Sie bekommen für unser Beispiel also die Liste aus Tabelle 10.3 mit 24 thematisch passenden Suchbegriffen.

Diese Liste an Keywords müssen Sie jetzt noch bewerten, um zu entscheiden, ob Sie damit gefunden werden möchten. Für eine erste einfache Analyse der Keywords können Sie diese selbst in Google suchen und schauen, welche Ergebnisse die Suchmaschine liefert. Sie sehen dann, wie viele Suchergebnisse es gibt und welche Konkurrenten erscheinen. Sie sehen auch, welche Anzeigen bei Google geschaltet werden und ob es Universal-Search-Einblendungen, z. B. Kartenausschnitte, gibt.

| Keywords | Kombination mit »Kiel« | Kombination mit »Ostsee« |
| --- | --- | --- |
| Hotel | Hotel Kiel | Hotel Ostsee |
| Unterkunft | Unterkunft Kiel | Unterkunft Ostsee |
| 4-Sterne-Hotel | 4-Sterne-Hotel Kiel | 4-Sterne-Hotel Ostsee |
| Übernachtung | Übernachtung Kiel | Übernachtung Ostsee |
| Wellness-Hotel | Wellness-Hotel Kiel | Wellness-Hotel Ostsee |
| Tagungshotel | Tagungshotel Kiel | Tagungshotel Ostsee |
| Familienhotel | Familienhotel Kiel | Familienhotel Ostsee |
| Sporthotel | Sporthotel Kiel | Sporthotel Ostsee |

**Tabelle 10.3** Suchbegriffe zum Thema »Hotel Kiel«

Wichtig ist jetzt noch zu wissen, wie viele Menschen monatlich nach diesen Begriffen suchen. Als nützliches Werkzeug hat sich dafür das Google Keyword-Tool erwiesen, das Sie unter der Adresse *https://adwords.google.de/select/ KeywordToolExternal* finden (siehe Abbildung 10.19).

**Abbildung 10.19** Das Google Keyword-Tool

Wenn Sie nicht mit einem Google-Benutzerkonto angemeldet sind, müssen Sie aus Sicherheitsgründen am Anfang einen Code eingeben. Achten Sie dann darauf, dass *Standorte* und *Sprachen* auf »Deutschland« bzw. »Deutsch« eingestellt sind, damit Sie die auf Deutschland bezogenen Ergebnisse erhalten. Im Keyword-Tool können Sie die Liste Ihrer gesammelten Keywords eingeben. Jeder Suchbegriff kommt dabei in eine Zeile in dem Textfeld WORT ODER WORTGRUPPE. Nach dem Klicken auf SUCHEN bekommen Sie die Liste Ihrer eingegebenen Suchbegriffe und zusätzliche Vorschläge für ähnliche Begriffe. Unter SPALTEN können Sie sich noch weitere Daten zu den Suchbegriffen anzeigen lassen. Durch einen Klick auf die Spaltenüberschrift MONATLICHE LOKALE SUCHANFRAGEN erhalten Sie die Sortierung nach den für das voreingestellte Land am häufigsten gesuchten Begriffen. Sie sehen nun zu bestimmten Keywords das globale Suchvolumen, das lokale Suchvolumen für das eingestellte Land, die monatliche Entwicklung des Suchvolumens und den durchschnittlichen Klickpreis (*CPC*) für eine Anzeige.

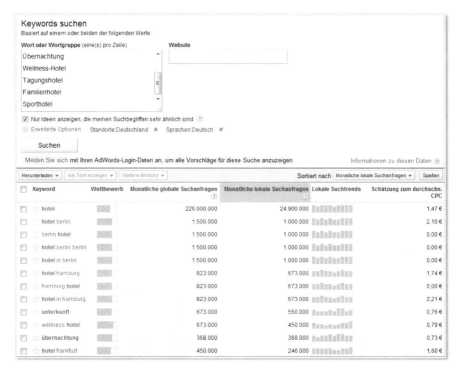

**Abbildung 10.20**  Ergebnisse im Google Keyword-Tool

An erster Stelle steht der Suchbegriff »hotel« mit mehreren Millionen Suchabfragen pro Monat. Dieser sehr hohe Wert kommt dadurch zustande, dass auch alle Suchkombinationen mit »hotel« dazu gezählt werden, also z. B. auch die Suche nach »Hotel Berlin«, »Wellness-Hotels« oder »günstige Hotels«. Um diese Verzerrung der Ergebnisse einzuschränken, setzen Sie in der linken Spalte unter Keyword-Optionen den Haken bei [Exakt]. Die Auswahl geschieht dann automatisch und der Wert für das Suchvolumen der einzelnen Keywords wird erneut berechnet. Mehr zu den verschiedenen Keyword-Optionen lesen Sie in Kapitel 11, »Suchmaschinenwerbung (SEM)«.

Damit haben Sie jetzt eine gute Ausgangsbasis an Daten und können diese für weitere Analysen über die Funktion Herunterladen z. B. in Microsoft Excel exportieren. Wir empfehlen Ihnen, sich mit einem Google-Benutzerkonto anzumelden, damit Sie alle Suchvorschläge einsehen und mehr als 100 Ergebnisse herunterladen können. Mit dieser Liste können Sie nun weiter arbeiten. Das Keyword-Tool bietet Ihnen standardmäßig weitere Vorschläge für thematisch passende Keywords. Diese große Liste an Suchbegriffen sollten Sie jetzt für Ihre Webseite bewerten.

Im ersten Schritt können Sie die einzelnen Suchbegriffe auf ihre Relevanz für die Webseite untersuchen. Zum Beispiel wird Ihnen von Google der Suchbegriff »gardasee hotel« vorgeschlagen, der offensichtlich nicht zu Ihrer Webseite passt. Gehen Sie also durch die Liste, und löschen Sie alle irrelevanten Keywords. Im nächsten Schritt schauen Sie sich die Liste absteigend sortiert nach den monatlichen lokalen Suchanfragen an. Sie werden sehen, dass manche Begriffe sehr selten, andere sehr häufig gesucht werden. Sie bekommen anhand dieser Daten ein gutes Gespür dafür, wie Menschen suchen. Das beste Vorgehen ist daher, für jeden Suchbegriff zu überlegen, ob Internetnutzer mit diesem Suchbegriff genau Ihr Angebot suchen. Diese sogenannte *Suchintention* sollten Sie immer im Auge behalten. Bei den viel gesuchten Begriffen wie »hotel« können Sie z. B. davon ausgehen, dass nur sehr wenige Suchende genau Ihr Hotel finden möchten.

Wir empfehlen Ihnen daher, die sehr häufig gesuchten Keywords genau zu überdenken. Dies hat auch den Hintergrund, dass der Wettbewerb für diese Suchbegriffe sehr groß ist und kleine Webseiten zu diesen Begriffen weniger oft gefunden werden. Im Zusammenhang mit der Suchintention sollten Sie auch an die Konversionsrate (»*Conversionrate*«) denken, d. h., mit welchen Suchbegriffen kommen Besucher auf Ihre Seite, die in unserem Beispiel dann auch ein Hotelzimmer buchen oder eine Buchungsanfrage stellen.

Passend dazu ist die sogenannte *Long-Tail-Theorie*, die besagt, dass auch mit Nischenprodukten hohe Umsätze erreicht werden können. Als Beispiel dafür dient der Musik- und Buchmarkt. Man muss nicht unbedingt die Topseller verkaufen, um viel Umsatz zu generieren, sondern man kann auch über ein sehr breites Angebot von wenig gefragten Titeln einen höheren Umsatz erzeugen. Dieser Long-Tail-Ansatz basiert auf den wissenschaftlichen Arbeiten von Malcom

Gladwell, die er 2000 in dem Buch »The Tipping Point: How Litttle Things Can Make a Big Difference« veröffentlichte. Chris Anderson – Chefredakteur des bekannten Wired Magazins – verhalf dem Konzept 2004 zu großer Bekanntheit, indem er unter dem Titel »The Long Tail« eine Analyse des Nischenansatzes anhand des amerikanischen Online-Musikdienstes *Rhapsody.com* veröffentlichte (*http://www.wired.com/wired/archive/12.10/tail.html*). Insbesondere im Internet bei digitalen Gütern und ohne regionale Bindung ist dieses Konzept von Vorteil, da der Aufwand für ein hohes Angebotsspektrum viel geringer ist als z. B. bei einem lokalen Buch- oder Plattenladen. Dieses Prinzip können Sie für Ihre anvisierten Suchbegriffe verwenden. Jeder Suchbegriff hat, wie Sie gesehen haben, ein bestimmtes Suchvolumen, und es gibt einzelne Begriffe mit sehr hohen Werten. Dies sind die Topseller. Aber es gibt auch eine extrem hohe Breite an weiteren Suchbegriffen, die teilweise nur geringes Suchvolumen aufweisen. Schaffen Sie es aber, unter vielen von diesen Begriffen gefunden zu werden, so können Sie die gleichen oder höhere Ergebnisse erzielen als mit der Konzentration auf ein Top-Keyword. Für unser Beispiel wären »Hotel« und »Hotel Kiel« die Top-Suchbegriffe mit dem höchsten Suchvolumen. Aber rechnen Sie sich einmal die Summe der Suchvolumen der restlichen Keywords Ihrer Liste aus. Sie werden dann sehen, dass das Suchvolumen viel größer ist als das der Top-Keywords (siehe Abbildung 10.21). Zudem haben Sie mit den Long-Tail-Keywords eine viel größere Chance, bei den Suchmaschinen weiter oben angezeigt zu werden.

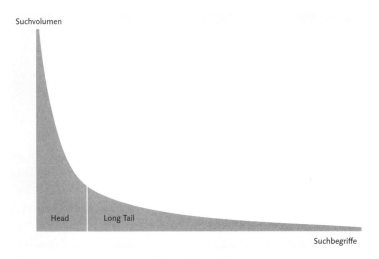

**Abbildung 10.21** Der Long Tail bei Suchbegriffen

Sie haben jetzt also eine gute Auswahl der wichtigen Keywords für Ihre zukünftige Präsenz in den Suchmaschinen und wissen nun, mit welchen Begriffen Ihre Webseite gefunden werden soll.

## 10.6   Aufnahme in Suchmaschinen

Was müssen Sie also tun, um in den Suchmaschinen gefunden zu werden? Ihre Website muss als Erstes in den wichtigsten Suchmaschinen aufgenommen sein. Sie können dies für Ihre Seite prüfen, indem Sie eine Suchabfrage mit dem Befehl `site:ihredomain.de` starten. Für die Abfrage der Domain Spiegel.de erscheinen als Ergebnis in der Suchmaschine Bing 820.000 Ergebnisse (siehe Abbildung 10.22).

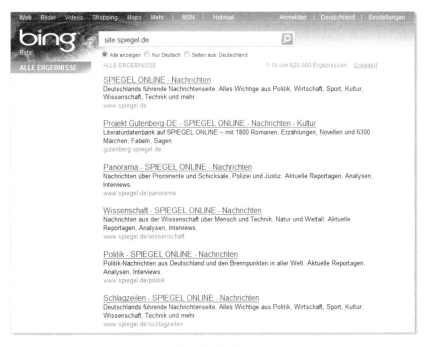

**Abbildung 10.22**   »site:«-Abfrage in Bing für die Domain spiegel.de

Ist Ihre Seite noch nicht in einer der Suchmaschinen vorhanden, sollten Sie Ihre Website bei den Suchmaschinen anmelden. Der beste Weg, um die Website aufnehmen zu lassen, besteht darin, von anderen Internetseiten Verlinkungen auf Ihre Seite zu bekommen. Dadurch erkennen die Suchmaschinenbetreiber, dass Ihre Seite neu verfügbar ist, und nehmen sie in ihren Suchindex mit auf. Sollten Sie auf die Schnelle aber keine Links zu Ihrer Website bekommen, können Sie diese manuell bei den Suchmaschinen anmelden. Dies erreichen Sie über verschiedene Formulare der Suchmaschinenbetreiber unter folgenden Adressen:

▸ *Google: http://www.google.de/addurl/* (siehe Abbildung 10.23)

▸ *Bing: http://www.bing.com/webmaster/SubmitSitePage.aspx*

▸ *Yahoo: http://siteexplorer.search.yahoo.com/submit*

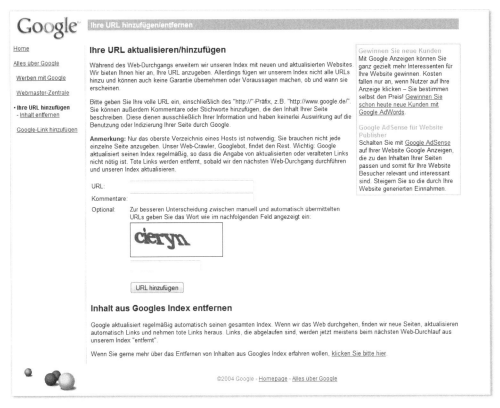

**Abbildung 10.23** Google-Formular zum Anmelden Ihrer Webseite

Die Aufnahme in seriöse Suchmaschinen ist grundsätzlich nicht mit Kosten verbunden. Einige Suchmaschinen boten in der Vergangenheit auch die bezahlte Aufnahme unter der Bezeichnung *Paid Inclusion* an. Der Vorteil ist dabei zumeist, dass eine schnellere Aufnahme stattfindet und Seiten häufiger gecrawlt werden. Solche Paid Inclusions wurden z. B. von Yahoo und Mirago angeboten. Ein höheres Ranking gegen Bezahlung wird von seriösen Suchmaschinenbetreibern nicht angeboten. Also lassen Sie die Finger von dubiosen Angeboten, die Ihnen eine Aufnahme in Suchmaschinen versprechen. Dies betrifft aber nur die normalen Suchergebnisse, die auch als *organische Suche* bezeichnet werden. Wollen Sie zusätzlich auch im Anzeigenbereich der Suchergebnisseiten gefunden werden, müssen Sie dafür Klickpreise bezahlen. Dies wird als Suchmaschinenwerbung oder auch *Paid Search* bezeichnet. Wir gehen auf die verschiedenen Möglichkeiten der Anzeigenschaltung in Suchmaschinen in Kapitel 11, »Suchmaschinenwerbung (SEM)«, näher ein.

Jetzt kennen Sie die Funktionsweise von Suchmaschinen und wissen, welche Suchmaschinen es aktuell gibt und welche Suchbegriffe für Ihre Webseite interessant sind. Soll Ihre Seite nun auch noch in Google und Co. zu den anvisierten Suchbegriffen möglichst weit oben gefunden werden, lesen Sie die folgenden beiden Kapitel. In Kapitel 11, »Suchmaschinenwerbung (SEM)«, lernen Sie, wie Sie Anzeigen für bestimmte Suchbegriffe schalten und wie Sie diese optimieren können. In Kapitel 12, »Suchmaschinenoptimierung (SEO)«, geben wir Ihnen Antwort auf die Frage, wie Sie in den Suchergebnissen besser gefunden werden.

> *»Das ist das Hauptproblem in der Werbung:*
> *Sie ist nicht zielgerichtet.«*
> *– Eric Schmidt, CEO von Google*

# 11    Suchmaschinenwerbung (SEM)

Haben Sie sich auch schon einmal darüber geärgert, dass Werbeprospekte Ihren Briefkasten verstopfen? Überspringen Sie die Anzeigen in Ihrer Tageszeitung? Schimpfen Sie über Werbeblöcke, die Ihren Lieblingsfilm im Fernsehen unterbrechen? Tagtäglich werden wir mit Werbung konfrontiert, die uns in vielen Situationen als lästig erscheint – wir schmeißen Prospekte in den Müll, blättern weiter und schalten um. Wäre es nicht viel besser, Angebote und Informationen zu erhalten, wenn wir gerade danach suchen?

Nehmen wir einmal an, Sie möchten einen Urlaub buchen. Sie wälzen Kataloge, fragen Freunde und Bekannte nach verschiedenen Reisezielen, lassen sich im Reisebüro beraten und haben die Qual der Wahl bei der Vielzahl der Angebote. Wahrscheinlich suchen Sie auch im Internet, denn das tun sehr viele Menschen: Schätzungen zufolge beliefen sich die Suchanfragen bei Google im Dezember 2009 auf 4,2 Milliarden.

Hier setzt das Prinzip der *Suchmaschinenwerbung* an. Die Grundidee besteht darin, dass Werbetreibende ihre Anzeigen nur dann ausliefern, wenn direkt nach entsprechenden Angeboten und Informationen gesucht wird (siehe Abbildung 11.1). Andersherum sollen User genau dann Informationen und Angebote erhalten, wenn sie konkret danach suchen. So werden also Werbeanzeigen innerhalb von Suchergebnissen präsentiert.

Sie haben daher eine ganz andere Ausgangssituation als bei klassischer Werbung, und die Überzeugungsarbeit, die Sie als Werbetreibender leisten müssen, fällt unter Umständen geringer aus, da der Benutzer schon auf der Suche nach einer Lösung für sein Bedürfnis ist.

In der Online-Branche wird hier häufig auch von Suchmaschinenmarketing (*Search Engine Marketing*, SEM) gesprochen, was bei genauerem Hinsehen nicht ganz richtig ist, aber in der Praxis sehr häufig so verwendet wird. Denn Suchmaschinenmarketing umfasst sowohl die Suchmaschinenoptimierung (*Search Engine Optimization*, SEO; siehe dazu Kapitel 12) als auch die Suchmaschinenwerbung (*Search Engine Advertising*, SEA).

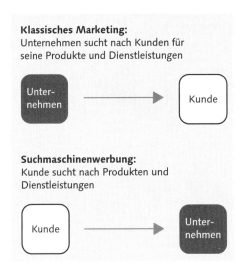

**Klassisches Marketing:**
Unternehmen sucht nach Kunden für
seine Produkte und Dienstleistungen

**Suchmaschinenwerbung:**
Kunde sucht nach Produkten und
Dienstleistungen

**Abbildung 11.1**  Klassisches Marketing im Vergleich zu Suchmaschinenwerbung

**Abbildung 11.2**  Begriffsverwendung in Sachen Suchmaschinenwerbung

Da das Abrechnungssystem der bezahlten Anzeigen auf Klicks beruht (mehr dazu in Abschnitt 11.2.8, »Die Kosten«), wird hier zum Teil ebenfalls von Pay-Per-Click-Marketing (*PPC-Marketing*, oder auch *PPC-Advertising*) gesprochen. *Keyword-Advertising* ist ein weiterer Begriff, der hier oftmals Verwendung findet, ebenso wie *Sponsored Links*, *Sponsored Listing* und *Paid Listing*.

Aber was verbirgt sich hinter dem System mit den vielen Namen? Schauen wir uns eine Suchergebnisseite (eine sogenannte SERP, d. h. *Search Engine Result Page*) von Google einmal näher an (siehe Abbildung 11.3).

bezahlte Anzeigen (SEA)      organische Suchergebnisse

**Abbildung 11.3** Organischer und bezahlter Bereich der Suchergebnisseite von Google.de (Screenshot vom 19.06.2010)

Die Ergebnisse der Suchmaschine gliedern sich in zwei Arten: in die organischen Suchergebnisse. Sie befinden sich auf der linken Seite und sind standardmäßig die ersten zehn Treffer, die Google zum eingegebenen Suchbegriff anzeigt.

Zum anderen werden die bezahlten Anzeigen ausgeliefert, die sich am rechten Seitenrand befinden. Bis zu drei Anzeigen können auch auf den Top-Positionen noch über den organischen Suchergebnissen platziert werden. Diese werden leicht gelb hinterlegt dargestellt. Die bezahlten Ergebnisse sind mit dem Hinweis »Anzeige« gekennzeichnet.

Der Großteil der Internetnutzer schaut sich nur die erste Ergebnisseite der Suchmaschine an. Das werden Sie sicherlich selbst kennen. Studien haben gezeigt, dass nur wenige Benutzer den Unterschied zwischen organischen Ergebnissen und bezahlten Anzeigen kennen. Dieser Anteil wird sich aber vermutlich in Zukunft erhöhen, da sich immer mehr Menschen mit Suchmaschinen auseinandersetzen.

Seit Frühjahr 2010 hat sich das Erscheinungsbild der Google-Suchergebnisseite in Deutschland und weiteren Ländern verändert: Über eine Navigation im linken Seitenbereich können Benutzer beispielsweise nach Bildern, Videos, Nachrichten,

Zeiträumen oder Standorten suchen. Diese Sucheinstellungen werden passend zur Suchanfrage eingeblendet und können ja nach Eingabe variieren. Ziel ist es laut Google, die Suche schneller und flexibler zu gestalten. Kritische Beobachter sind der Meinung, dass sich Google mit den Veränderungen an seinem Mitstreiter *Bing* von Microsoft orientiert, der ebenfalls eine linke Seitennavigation anbietet.

### Google Instant

Mit *Google Instant* wurde eine weitere Neuerung der Suchmaschine im Herbst 2010 bekannt gegeben. Damit ist die sofortige Aktualisierung der Suchergebnisse und der Werbeanzeigen gemeint, die schon bei der Eingabe einzelner Buchstaben oder Zeichen in die Eingabemaske geschieht. Der Suchalgorithmus vervollständigt auf Grundlage der häufigen Suchergebnisse die Suchanfrage des Nutzers und liefert dementsprechend organische und bezahlte Suchergebnisse aus. Der Nutzer muss nicht mehr die Enter-Taste oder den Such-Button betätigen und soll damit schneller zu passenden Suchergebnissen kommen.

Zurzeit ist Google Instant abgesehen von google.com nur für Nutzer zugänglich, die mit ihrem Google-Konto angemeldet sind. Weitere Informationen lesen Sie unter *http://www.google.de/instant/*.

Das Google regelmäßig mit Neuerungen aufwartet, beweist einmal mehr die Tatsache, dass seit Sommer 2010 auch Werbeanzeigen innerhalb der Bildersuche angezeigt werden, wie Sie in Abbildung 11.4 sehen können.

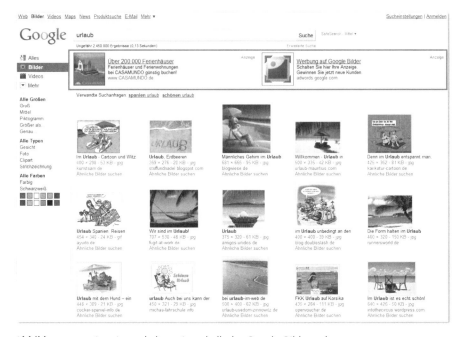

**Abbildung 11.4** Anzeigenschaltung innerhalb der Google-Bildersuche

Analog zu den üblichen Anzeigen aus dem Printbereich wurde 1994 die Bannerwerbung im World Wide Web eingeführt: Das Online-Magazin HotWired.com zeigte das erste Werbebanner von AT&T zu einem stolzen monatlichen Preis von 30.000 Dollar (so *www.cpc-consulting.net*). Auch das Abrechnungsverfahren nach dem Tausenderkontaktpreis (TKP) lehnt sich an Offline-Maßnahmen aus der nichtdigitalen Welt an.

Vier Jahre später, 1998, brachte die Produktsuchmaschine GoTo.com eine Alternative zum Bannermarketing ins Spiel: So wurde es Werbetreibenden ermöglicht, für definierte Suchanfragen Einträge in den Ergebnissen der Suchmaschine zu platzieren. Dies basierte auf einem Auktionsverfahren. Erstmalig wurde hier Werbung anhand eines Informationsbedürfnisses eingeblendet. Die sogenannte kontextbezogene Werbung nahm ihren Lauf.

Unter dem Namen Overture legte GoTo.com seinen Fokus im Jahr 2001 auf die Werbevermittlung. Das Unternehmen wurde 2003 von seinem Kunden Yahoo für 1,7 Milliarden US-Dollar aufgekauft. Seit 2005 ist es unter dem Namen *Yahoo! Search Marketing* bekannt.

Google hingegen war bis zur Einführung seines Werbeprogramms AdWords im Herbst 2000 eine werbefreie Suchmaschine. Drei Jahre später wurde AdSense (siehe Abschnitt 11.3, »AdWords vs. AdSense«) gestartet, ein System, das es Werbetreibenden ermöglicht, Anzeigen auf der eigenen Webseite einzublenden und an den Erlösen beteiligt zu werden.

Die früher unter dem Namen Ask Jeeves bekannte Suchmaschine bietet seit 2005 als ask.com das Ask sponsored Listing an. Auch das Microsoft AdCenter von MSN.com muss hier erwähnt werden, ebenso wie Miva und 7search.com.

Die Relevanz der kontextbezogenen Werbung gewann an Bedeutung: So tätigten verschiedene Suchmaschinen wie Google mit DoubleClick und Yahoo mit Right Media in den letzten Jahren diverse Investitionen in Werbevermarkter. Während die organischen Ergebnisse zunächst im Vordergrund standen und die Werbeanzeigen eher der Finanzierung dienten, entwickeln sich die Suchmaschinen zunehmend in Richtung Werbebühne.

Dass das Thema Suchmaschinenwerbung immer mehr an Bedeutung gewinnt, lässt sich anhand der deutschlandweiten Werbeausgaben ableiten.

Laut des Online-Vermarkterkreises (OVK) im Bundesverband Digitale Wirtschaft (BVDW) ist der Online-Werbemarkt 2010 auf 4,66 Milliarden Euro prognostiziert worden. Auf die Suchmaschinenwerbung gehen schätzungsweise 1,8 Milliarden Euro zurück (siehe Abbildung 11.5).

Google nimmt dabei keinen unbedeutenden Stellenwert ein. Seine Haupteinnahmequelle und laut CPC-Consulting (Agentur für Suchmaschinenmarketing in Wien) verantwortlich für etwa 98 % der Umsätze ist das im Oktober 2000 mit 350 Kunden eingeführte Programm Google AdWords.

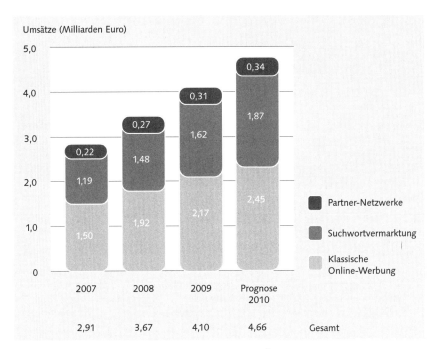

**Abbildung 11.5** Der deutsche Online-Werbemarkt im Überblick; eigene Darstellung in Anlehnung an den Online-Vermarkterkreis (OVK)

Im zweiten Quartal 2010 belief sich der Gewinn von Google auf 1,84 Milliarden US-Dollar bei einem Umsatz von 6,82 Milliarden US-Dollar. 4,5 Milliarden US-Dollar (das entspricht 66 % des Umsatzes) sollen dabei über die eigenen Seiten erwirtschaftet worden sein (*www.internetworld.de*). Zum Vergleich: Das ist etwa 2,5-mal so viel wie die Errichtungskosten des vielleicht spektakulärsten Hotels der Welt, des »Atlantis« in Dubai.

Auch andere Suchmaschinen bieten PPC-Programme. Die bekanntesten neben Google AdWords sind: Microsoft AdCenter, Yahoo Search Marketing und Ask.com mit Sponsored Links (siehe Abbildung 11.6).

Auch andere Unternehmen haben diese Art von Werbung als wichtige Einnahmequelle erkannt: Zu erwähnen ist an dieser Stelle das 2004 gegründete soziale Netzwerk *Facebook*. Obwohl es sich hier nicht um eine klassische Suchmaschine handelt, sollen Ihnen die *Facebook Ads* nicht vorenthalten werden. Hier können Bild- und Textanzeigen innerhalb des Netzwerks angezeigt und Veranstaltungen oder die eigene Website beworben werden. Mehr dazu lesen Sie auch in Kapitel 4, »Social-Media-Marketing und Online-PR«. Aber wenden wir uns nun wieder

der Spitze der Marktführerschaft in der Suchmaschinenwerbung zu: Die folgenden Seiten befassen sich ausschließlich mit Google AdWords. Sie lernen die Vor- und Nachteile kennen, erfahren, wie AdWords-Kampagnen strukturiert sind, wie Sie Suchbegriffe definieren und attraktive Anzeigentexte schreiben. Sie werden lernen, wie die Platzierung der Anzeigen funktioniert und warum die Relevanz eine wichtige Rolle spielt. Wir werden Ihnen hilfreiche Tools vorstellen und Ihnen Testmöglichkeiten und Optimierungshilfen an die Hand geben, damit Sie mehr aus Ihrer Website herausholen.

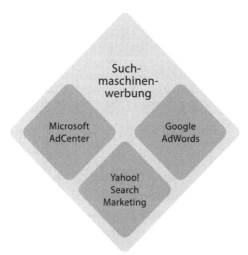

**Abbildung 11.6** Google, Yahoo und Microsoft dominieren die Suchmaschinenwerbung.

Sie haben bereits Erfahrungen mit Suchmaschinenwerbung gesammelt und selbst Kampagnen aufgesetzt und betreut? Dann können Sie die folgenden Seiten überspringen und bei Abschnitt 11.2.9, »Leistungsmessung und Optimierung«, wieder einsteigen. Dort werden Sie hilfreiche Tipps zur Optimierung Ihrer Kampagnen finden. Wenn Sie schon einmal mit der alten AdWords-Benutzeroberfläche gearbeitet haben, können Sie auf den folgenden Seiten wichtige Informationen zur Handhabung der aktuellen Benutzeroberfläche erfahren.

## 11.1    Vor- und Nachteile

Was ist nun das Besondere an Suchmaschinenwerbung und speziell an Google AdWords? Auf den nächsten Seiten skizzieren wir Ihnen die Vor- und Nachteile der Suchmaschinenwerbung bei Google AdWords.

### 11.1.1 Die Vorteile

Die Vorteile kann man sich am besten klarmachen, wenn man unterschiedliche Werbemöglichkeiten vergleicht. Nehmen wir einmal eine klassische Printanzeige.

#### Der Preis

Verglichen mit einer Printanzeige, für die man oftmals fünfstellige Beträge investieren muss (TV- und Radiowerbung liegt in einem ähnlichen oder auch höheren Preissegment), können Sie bei AdWords schon für wenig Geld Anzeigen schalten. Es gibt weder Druck- noch Versandkosten, keinen Mindestumsatz und nur eine relativ geringe, einmalige Aktivierungsgebühr von 5 Euro in Deutschland. Für Ihre AdWords-Anzeige zahlen Sie im Unterschied zu Print, TV oder Radio per Klick, das heißt nur, wenn ein interessierter Benutzer auf Ihre Anzeige geklickt hat und zu Ihrer Zielseite weitergeleitet wurde. Auf diese Weise kann man auch ohne großes Budget eine Werbekampagne starten.

#### Die Reichweite

Nahezu 90 % der deutschen Internetnutzer verwenden Google als Suchmaschine. Durch das unendliche Themenspektrum sind Werbetreibenden keine Grenzen gesetzt und sie können für nahezu alles werben. Die Auswahl eines Mediums für Printanzeigen dürfte da schon schwieriger sein.

#### Die Schnelligkeit

Im Unterschied zu einer Printanzeige, die einiger Vorlaufzeit bedarf, können Sie Ihre AdWords-Anzeigen direkt schalten, nachdem Sie sie bei Google im Werbeprogramm angelegt haben.

#### Die Flexibilität

Anders als bei Printanzeigen können Sie jederzeit Anpassungen an den AdWords-Einstellungen vornehmen, verschiedene Anzeigen parallel schalten und mehr aus Ihrer Kampagne herausholen.

#### Der Kontakt zur Zielgruppe

Sind Sie sich bei Ihrer Printanzeige sicher, dass die Leser sie sehen? Mit AdWords halten Sie die Streuverluste sehr gering. Ihre Anzeige wird zielgenau ausgeliefert, wenn eine entsprechende Suchanfrage gestellt wurde. Dies geschieht mithilfe von Keywords (Schlüsselbegriffen), die Sie festlegen können. Angenommen, Sie verkaufen Fußballschuhe über Ihren Online-Shop und legen *Fußballschuh* als

Keyword fest. Ihre Anzeige wird bei Google dann angezeigt, wenn ein Benutzer nach *Fußballschuh* sucht. Mit verschiedenen Einstellungen können Sie Ihre Anzeigen speziell auf Ihre Zielgruppe ausrichten (zum Beispiel nach Regionen, Orten und Sprachen) und auch bestimmte Tageszeiten der Anzeigenauslieferung bestimmen. So können Sie durch eine genaue Ausrichtung auf Ihre Zielgruppe unnötige Kosten vermeiden.

### Der Traffic

Neben den Werbeeffekten und der direkten Kundenansprache ist AdWords auch eine interessante Möglichkeit, schnell und mit guter Messbarkeit mehr Besucher (Traffic) auf die eigene Website zu leiten.

### Die Messbarkeit

Der große Vorteil bei allen Online-Marketing-Maßnahmen besteht in der Messbarkeit der Werbeaktivitäten. Auch bei AdWords kann man sehr genau nachvollziehen, wie oft welche Anzeige angesehen bzw. angeklickt wurde. Sie können sich jederzeit Berichte zu Ihren Kampagnen ansehen. Zudem können Sie mit dem sogenannten Conversion-Tracking die Erreichung Ihrer Kampagnenziele genau nachvollziehen und haben eine enorme Transparenz.

### Die Prognose

Mit verschiedenen Tools, die wir Ihnen im Folgenden noch vorstellen werden, können Sie die Häufigkeit der Suchanfragen, die Kosten der Anzeigenschaltung, die Mitbewerber und weitere Einzelheiten recht gut im Vorfeld prognostizieren. Bei Printanzeigen gehen die Kenntnisse oftmals nicht über die Reichweite des Mediums und die Zielgruppe hinaus.

### Die Kostenkontrolle

Sie selbst bestimmen per Tagesbudget, wie viel Sie für die Schaltung Ihrer Anzeigen ausgeben möchten, und können den Maximalpreis pro Klick für die einzelnen Keywords festlegen. Ist das Budget für einen Tag verbraucht, werden Ihre Anzeigen nicht mehr geschaltet. So ist es auch kleinen und mittleren Unternehmen möglich, diesen Werbekanal zu nutzen.

AdWords stellt also einen recht günstigen Weg dar, um Zielgruppen zu erreichen und Kunden anzusprechen. Sowohl im Vergleich zu Offline-Werbemaßnahmen bietet Google AdWords diverse Vorteile als auch gegenüber verschiedenen anderen Online-Werbekanälen.

> **Die Kombination von TV-Werbung und Suchmaschinenwerbung wirkt sich positiv auf die Markenbekanntheit aus**
>
> In einer Studie der Fachgruppe SEM des Bundesverbandes Digitale Wirtschaft (BVDW) e.V. mit mehreren Kooperationspartnern im Januar 2010 stellte sich heraus, dass Suchmaschinenwerbung die Wirkung einer TV-Kampagne wesentlich verstärkt. Die Ergebnisse beziehen sich auf die Markenparameter Image, Relevanz und Weiterempfehlung. Von einer TV-Kampagne, die nicht von einer Suchkampagne begleitet wird, profitiert der im Internet werbende Konkurrent hinsichtlich der Bekanntheit.

### 11.1.2 Die Nachteile

Natürlich gibt es auch eine Kehrseite der Medaille: Das AdWords-System hat einige Grenzen, die Ihnen an dieser Stelle nicht vorenthalten werden sollen.

### Die Produkte

Erwähnenswert sind zum Beispiel Produkte, die sich mit dem Distributionskanal Internet schwer tun, obwohl der Bedarf nach diesen Produkten vorhanden ist. Oder haben Sie schon einmal Mineralwasser oder Brötchen über das Internet bestellt?

### Die Bekanntheit

Der Vorteil, dass AdWords dann Anzeigen ausliefert, wenn Benutzer danach suchen, stellt gleichzeitig auch eine Grenze dar: Benutzer suchen nur Produkte, die sie kennen. Woher sollten sie sonst wissen, dass sie existieren? Neue Produkte werden also erst gesucht, wenn sie bereits bekannt sind und Menschen von ihnen gehört oder gelesen haben. Viele Marketingexperten starten daher zunächst mit einer Branding-Kampagne bei der Markteinführung eines neuen Produktes.

### Die Kenntnisse und Abhängigkeiten

Laut Google gestaltet sich das Erstellen einer AdWords-Kampagne schnell und einfach. Dennoch sollten Sie sich als Advertiser schon im Vorfeld über die Kampagnenziele, die Keyword-Auswahl und die Werbeaussage der Anzeigen Gedanken machen. Denn die Anzeigenposition ist unter anderem von der Klickrate abhängig und diese wiederum von der Attraktivität der Anzeige und der Relevanz der Keywords. Viele Faktoren bestimmen hier den Erfolg. Besonders eine zu breit gefächerte Zielgruppe kann unnötige Kosten verursachen. Schnell ist viel Budget ausgegeben worden, ohne dass die gewünschten Effekte eintreten. Lesen Sie daher weiter, und lernen Sie, wie Sie erfolgreiche AdWords-Kampagnen aufsetzen.

### Die Keyword-Auswahl

Einige beliebte Keywords haben einen recht teuren Klickpreis. Besonders Schlüsselbegriffe aus dem Finanzbereich zählen zu den teuren Keywords. In der Vergangenheit waren beispielsweise der Begriff *Detektei* oder Mehrwort-Kombinationen wie *Detektei Berlin* besonders kostspielig.

### Die Analyse und Optimierung

Manche Kampagnen brauchen viel Optimierung, bevor sie erfolgreich sind. Machen Sie sich mit dem Gedanken vertraut, dass Sie nicht nur Kampagneneinstellungen, sondern eventuell auch die Usability (lesen Sie dazu Kapitel 16, »Usability – Benutzerfreundliche Websites«) oder die Struktur Ihrer Webseite verbessern müssen. Sie sollten sich unbedingt auf die Analyse verschiedener Kennzahlen einstellen, um mehr aus Ihrer Kampagne herauszuholen.

### Der Zeitaufwand

Anzeigen, die zu selten geklickt werden, werden von Google nicht mehr ausgeliefert und müssen optimiert werden. Die Kontrolle und Optimierung von AdWords-Kampagnen kann sehr zeitintensiv sein.

### Das Display-Werbenetzwerk (vormals Content-Werbenetzwerk)

Über das AdSense-Programm von Google (siehe Abschnitt 11.3, »AdWords vs. AdSense«) können Ihre Anzeigen nicht nur auf der Suchergebnisseite, sondern auch auf anderen Websites (den sogenannten Display-Partnern) geschaltet werden. Die Aussteuerung erfolgt über das Display-Werbenetzwerk, wo unter Umständen nur niedrige Klickraten erreicht werden.

### Das Conversion-Tracking

Über das Google Conversion-Tracking (siehe Abschnitt 11.2.9, »Leistungsmessung und Optimierung«) lässt sich eine definierte Handlung des Benutzers (zum Beispiel ein Kauf) recht gut nachvollziehen. Einige Benutzer setzen sich aber gerne Lesezeichen. Nehmen wir an, ein Benutzer gelangt über eine AdWords-Anzeige auf Ihre Zielseite, führt aber nicht gleich die gewünschte Handlung (in unserem Beispiel also einen Kauf) aus, sondern merkt sich die Webseite per Lesezeichen (*Bookmark*). Kehrt er nun nach mehreren Tagen wieder auf Ihre Website zurück, kann Google dies nur Ihrer Kampagne zuordnen, wenn es innerhalb von 30 Tagen geschieht. Auch das Analysetool Google Analytics (siehe Kapitel 20, »Web-Analytics – Websites unter die Lupe genommen«) stößt hier an seine Grenzen. In solchen Fällen ist der Einsatz von kostenpflichtigen Analysetools empfehlenswert.

**Der Klickbetrug**

Eine weitere Problematik, die auch alle anderen nach Klicks abgerechneten Werbemaßnahmen betrifft, stellt der Klickbetrug (*Click Fraud*) dar: Hiermit sind vorsätzlich getätigte Klicks der Konkurrenz gemeint, um die Kosten des Werbenden in die Höhe zu treiben oder um die eigene Anzeigenposition zu verbessern. Diese Klicks können manuell getätigt oder durch automatische Tools ausgeführt werden. Als Werbender haben Sie nur wenige Möglichkeiten, Klickbetrug zu erkennen und zu vermeiden. In Deutschland ist die Klickbetrugrate Untersuchungen zufolge aber deutlich geringer als in den USA. Google versucht Klickbetrug so gut wie möglich zu erkennen und herauszufiltern und stellt die dadurch verursachten Kosten den Werbetreibenden nicht in Rechnung.

**Die Competition-Kicks**

Wenn Mitbewerber mit einem (bekannten) Namen werben und somit viele Besucher auf ihre Website ziehen, spricht man von *Competition Klicks*. Das wäre beispielsweise der Fall, wenn *Burger King* mit dem Keyword *McDonald's* werben würde, um Benutzer auf seine Website zu leiten. Dies kann gegen das Wettbewerbsgesetz verstoßen, und Sie haben die Möglichkeit, auf Unterlassung zu klagen.

Sie sind neugierig geworden und wollen mehr über Google AdWords erfahren? Dann lesen Sie weiter! An dieser Stelle sei allerdings darauf hingewiesen, dass das Thema Suchmaschinenwerbung und Google AdWords ganze Bücher füllen könnte. Auf den folgenden Seiten ist das gesamte Spektrum auf die wichtigsten Punkte komprimiert worden. In Kapitel 13, »Suchmaschinenwissen kompakt«, finden Sie ausgewählte Literatur- und Surftipps, mit denen Sie das Thema Suchmaschinenwerbung bei Bedarf noch weiter vertiefen können.

## 11.2    Suchmaschinenwerbung mit Google AdWords

Wie sehen nun die ersten Schritte aus, wenn Sie sich zu Suchmaschinenmarketing mit Google AdWords entschlossen haben? Machen wir uns dazu noch einmal den Ablauf klar: Ein Benutzer hat ein Informationsinteresse oder eine Kaufabsicht und gibt eine Suchanfrage in die Eingabemaske von Google ein (siehe Schritt 1 in Abbildung 11.7). Das AdWords-System liefert auf diese Anfrage passende Anzeigen aus, die dem Benutzer am rechten Seitenrand oder auf den Toppositionen über den ersten Suchergebnissen erscheinen (siehe Schritt 2). Ist die Anzeige interessant für den Suchenden, klickt er darauf und landet auf einer Webseite des Werbetreibenden, der sogenannten Landing Page (siehe Schritt 3).

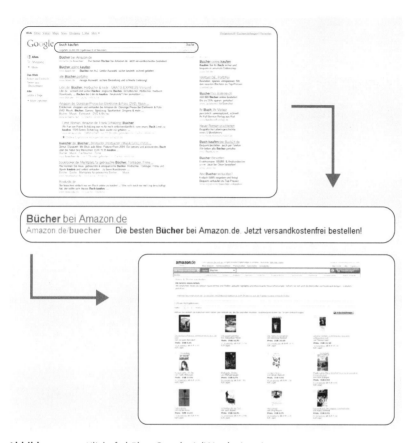

**Abbildung 11.7** Klickpfad über Google AdWords-Anzeigen

Sie sehen, innerhalb der Werbekampagne gibt es einige Schritte, die Sie definieren und optimieren können: Sie legen die Suchbegriffe (Keywords) fest, für die Ihre Anzeigen erscheinen sollen, erstellen die Anzeigen, leiten den Benutzer auf Ihre Landing Page und steuern nicht zuletzt weitestgehend die Kosten Ihrer Kampagne. Das hört sich erst mal sehr kompliziert an. Wir werden hier die einzelnen Schritte besprechen. Außerdem werden Sie einige Tipps finden, um Anfängerfehler von Beginn an zu vermeiden.

### 11.2.1 Das AdWords-Konto bei Google

Ihre erste Handlung als Google Advertiser besteht darin, ein AdWords-Konto zu eröffnen. Dazu rufen Sie in Ihrem Browser die Seite *https://adwords.google.de* auf. Alternativ können Sie auch auf der Google Startseite unter dem Eingabefeld von Suchanfragen auf den Link WERBEN MIT GOOGLE klicken. Sie gelangen auf eine Website, die Ihnen die Programme *AdWords* und *AdSense* anzeigt. Hier wählen Sie *AdWords*.

Nun können Sie sich ein Konto anlegen oder in ein vorhandenes Konto einloggen (siehe Abbildung 11.8).

**Abbildung 11.8** Startseite von Google AdWords

Sie werden dann aufgefordert, folgende drei Schritte zu tun:

1. Nutzernamen und Passwort für Ihr Konto festlegen
2. Zeitzone und Währung angeben
3. Konto bestätigen.

Wenn Sie Nutzernamen und Passwort angeben, werden Sie gefragt, ob Sie bereits ein Google-Konto besitzen. In diesem Fall können Sie die bestehenden Login-Daten verwenden und müssen sich nicht für verschiedene Google-Dienste verschiedene Zugangsdaten merken. Andernfalls bestimmen Sie E-Mail-Adresse und Passwort neu. (Seit Sommer 2010 bietet Google auch das sogenannte *Multiple Sign-In* bzw. eine Mehrfach-Anmeldung in bis zu drei Konten an. Das kann beispielsweise sinnvoll sein, wenn Sie AdWords sowohl beruflich als auch privat nutzen und dementsprechend über mehrere Accounts verfügen. Nähere Details zu dieser Einstellung entnehmen Sie bitte der Google-Hilfe.)

Anschließend legen Sie die Zeitzone und die Währung fest, die für Ihr Konto gelten soll.

**Häufige Fehler vermeiden: Währung festlegen**

Bedenken Sie bei der Festlegung der Währung: Die Währung kann im Nachhinein nicht mehr geändert werden. Alle Kosten Ihrer Kampagnen werden nur in der von Ihnen angegebenen Währung erhoben und akzeptiert.

Wenn Sie ein neues Konto erstellt haben, müssen Sie dieses noch bestätigen, indem Sie auf den Link in der E-Mail klicken, die Google Ihnen zusendet. Danach können Sie sich jederzeit mit Ihren Benutzerdaten in Ihrem AdWords-Konto anmelden. Der erste Schritt ist geschafft, Sie sind jetzt im Besitz eines AdWords-Kontos.

**Abgeschafft: Starter- und Standard-Edition**

Vor einiger Zeit konnten Benutzer an dieser Stelle noch zwischen einer Starter-Edition für Anfänger und der Standard-Edition wählen, die weitaus mehr Einstellungen zuließ. Im Zuge der neuen Benutzeroberfläche von AdWords gibt es nur noch eine Version.

Seit Frühjahr 2010 bietet Google auch die Möglichkeit, per Smartphone auf das AdWords-Konto zuzugreifen. Es ist zu erwarten, dass dieser Zugang noch ausgebaut wird, da der aktuelle Stand eher rudimentär erscheint. Unter *https:// adwords.google.com/dashboard/Dashboard* können Sie einen Blick auf das Dashboard werfen.

Anfängern sei empfohlen, sich zunächst einmal in dem AdWords-Konto zu orientieren. Wie Sie anhand von Abbildung 11.9 erkennen können, haben Sie über verschiedene Reiter die Möglichkeit, im Konto zu navigieren.

**Abbildung 11.9** Hauptnavigation im AdWords-Konto

Das Konto ist noch nicht aktiv. Das bedeutet, es werden noch keine Anzeigen geschaltet, bis Sie Zahlungsinformationen übermittelt haben. Die Zahlungsmöglichkeiten sind abhängig von der gewählten Währung und dem Land der Rechnungsadresse. Wenn Sie Euro als Währung gewählt haben und in Deutschland Ihr AdWords-Konto besitzen, können Sie zwischen Vorauszahlung und Nachzahlung wählen. Innerhalb der einzelnen Zahlungsvarianten können Sie jederzeit wechseln. Sie haben aber nicht die Möglichkeit, von einer Vorauszahlungsoption zur Nachzahlung zu wechseln oder umgekehrt. Auf der Website *https://adwords.google.com/select/AfpoFinder* können Sie sich die möglichen Varianten anzeigen lassen.

Wenn Sie sofort loslegen, beinhaltet Ihr Konto zunächst eine Anzeigengruppe mit einer Anzeige und Keywords. Wahrscheinlich kribbelt es schon in Ihren Fingern, und Sie möchten sofort Ihre erste Kampagne anlegen und Anzeigen schalten. Es ist jedoch sinnvoll, sich erst einmal die Struktur des AdWords-Kontos klarzumachen. Hat man sich diese Struktur eingeprägt, kann man Ebene für Ebene durchgehen und entsprechende Einstellungen durchführen.

### 11.2.2  Die Kontostruktur

Das AdWords-Konto von Google ist hierarchisch aufgebaut. Nehmen wir zum Vergleich eine Stadt, beispielsweise Berlin. Die Hauptstadt lässt sich in verschiedene Stadtteile unterteilen; jeder Stadtteil wiederum beinhaltet verschiedene Wohnblocks. Ähnlich ist auch ein AdWords-Konto in verschiedene Ebenen aufgeteilt: Die oberste Hierarchie ist das Konto selbst, analog zu unserem Beispiel wäre das die Stadt Berlin. Auf dieser Ebene loggen Sie sich mit Ihrer E-Mail-Adresse und Ihrem Passwort ein und können Zahlungsinformationen einsehen. Um bei unserem Beispiel zu bleiben: Auch in der realen Welt melden Sie sich beim Bürgeramt Ihrer Stadt an.

---

**Kontozugriff**

Sie haben die Möglichkeit, weitere Nutzer für Ihr AdWords-Konto freizuschalten und ihnen verschiedene Rechte zuzuweisen. Hilfreich ist in diesem Zusammenhang das *Änderungsprotokoll*, das Sie unter dem Reiter BERICHTERSTELLUNG UND TOOLS finden. Hier können Sie sich alle Änderungen anzeigen lassen und sehen zudem Datum, Uhrzeit und Nutzer.

---

Die einzelnen Kampagnen sind vergleichbar mit den verschiedenen Stadtteilen unserer Beispielstadt. Jedes Konto kann bis zu 25 Kampagnen umfassen. Wenn Sie beispielsweise einen Online-Shop betreiben, können Sie so für jede Produktsparte eine eigene Kampagne anlegen. Sie sollten Wert darauf legen, Ihr Konto von Beginn an möglichst übersichtlich aufzubauen, da spätere Auswertungen dann wesentlich besser nachvollzogen werden können. Auf Kampagnenebene legen Sie zudem die Ausrichtung auf die Zielgruppe fest, indem Sie die geografische Ausrichtung und die Spracheinstellungen bestimmen. Dies kann pro Produktsparte variieren, daher würde es auf Kontoebene wenig Sinn machen. Sie können hier auch das Budget bestimmen, das Sie für die einzelnen Kampagnen anlegen möchten. Wie Sie später noch im Detail lesen werden, stellen Sie auf Kampagnenebene auch die Verteilungseinstellungen und das Enddatum ein.

Kommen wir zu den Wohnblocks: Diese entsprechen in dem AdWords-Konto den einzelnen Anzeigengruppen. Eine Kampagne kann bis zu 100 Anzeigengruppen enthalten. Die Ebene der Anzeigengruppen beinhaltet, wie der Name schon sagt, die Anzeigen. Eine Anzeigengruppe muss mindestens eine Anzeige beinhalten, unbedingt empfehlenswert sind mehrere Anzeigen. Ebenso befinden sich hier die Keywords, also die Schlüsselbegriffe, für die Ihre Anzeigen erscheinen sollen, und gegebenenfalls auch Placements (dazu folgt mehr in Abschnitt 11.2.4, »Die Werbenetzwerke«). Jede Anzeigengruppe kann bis zu 2000 Keywords enthalten. Abbildung 11.10 zeigt die AdWords-Kontostruktur noch einmal auf einen Blick.

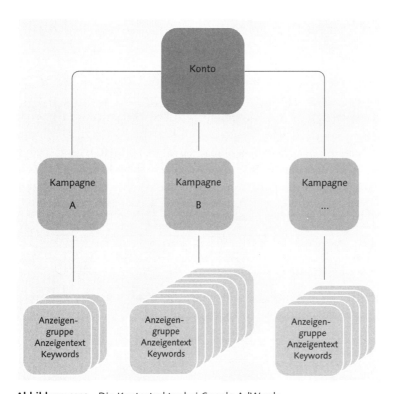

**Abbildung 11.10**  Die Kontostruktur bei Google AdWords

Sollte Ihnen die Kampagnenanzahl von 25 nicht ausreichen, können Sie mehrere AdWords-Konten einrichten. Das sogenannte Kundencenter (oder auch als *MCC* bezeichnet für *My Client Center*) bietet die Möglichkeit, verschiedene Konten zu verwalten (daher wird auch die Bezeichnung *Verwaltungskonto* verwendet). Dieses Rahmenkonto wird häufig von Agenturen eingesetzt, die verschiedene AdWords-Konten betreuen.

**Häufige Fehler vermeiden: Klare Kontostruktur schaffen**

Achten Sie unbedingt von Beginn an auf eine klare Konto- und Kampagnenstruktur. Machen Sie sich schon im Vorfeld Gedanken zu Ihrem gewünschten Ziel und zu der Zielgruppe, die Sie ansprechen möchten. Oft ist es hilfreich, wenn Sie sich schon vorab eine Struktur überlegen und sie zunächst auf Papier bringen, bevor Sie im AdWords-Konto aktiv werden. Google empfiehlt Betreibern von Webshops, die verschiedenen Kampagnen anhand des individuellen Produktsortiments anzulegen. Wenn Sie zum Beispiel Computer verkaufen, dann sollten Sie eine Kampagne für Notebooks anlegen, eine weitere Kampagne für Monitore, eine dritte für Zubehör und so weiter. Achten Sie auf eine sinnvolle Benennung der Kampagnen. Die einzelnen Kampagnen sollten aus verschiedenen Anzeigengruppen bestehen, die ebenfalls thematisch sortiert sind. Versuchen Sie Ihre Kontostruktur so klar wie möglich zu halten und Anzeigengruppen mit wenigen, aber sehr zielgenauen Keywords und Anzeigentexten zu erstellen. Weniger ist manchmal mehr.

Unter dem Reiter MEIN KONTO können Sie die Kontoeinstellungen bearbeiten. Wenn Sie Ihre Login-Daten ändern möchten, die Sprache der Benutzeroberfläche anpassen oder beispielsweise die Einstellungen zu Benachrichtigungen bearbeiten möchten, die Sie von Google erhalten, dann sind Sie hier richtig. Darüber hinaus können Sie Einstellungen vornehmen, die den Unternehmenstyp betreffen oder auch die Verknüpfung mit Google Analytics (siehe Kapitel 20, »Web-Analytics – Websites unter die Lupe genommen«), sollten Sie dieses Programm verwenden.

### 11.2.3 Die Kampagne

Sie möchten nun endlich Ihre erste Google AdWords-Kampagne schalten?

Wir führen Sie nun durch die einzelnen Schritte, die zum Anlegen einer AdWords-Kampagne notwendig sind. Das sind:

- die Ausrichtung auf die Zielgruppe
- die Auswahl relevanter Keywords
- das Erstellen von Anzeigen
- das Festlegen einer geeigneten Landing Page (die per Klick auf eine Anzeige erreicht wird)
- die Bestimmung des Budgets

Unter dem Reiter KAMPAGNEN können Sie zunächst allgemeine Kampagneneinstellungen vornehmen. So wird hier unter dem Tab EINSTELLUNGEN der Kampagnenname erfragt. Geben Sie einen möglichst eindeutigen Namen ein, damit Sie bei verschiedenen Kampagnen nicht den Überblick verlieren. Dann beginnen Sie mit der Ausrichtung auf Ihre Zielgruppe. AdWords bietet Ihnen eine Vielzahl an Möglichkeiten, um ein umfangreiches *Targeting*, das heißt eine genaue Zielgruppenansprache, vorzunehmen. Dies erreichen Sie beispielsweise über die geografische Ausrichtung Ihrer Kampagne und die Spracheinstellungen, die wir Ihnen im Folgenden näher erklären.

### Ausrichtung auf die Zielgruppe

In welchen Ländern oder Orten möchten Sie mit Ihren Anzeigen Benutzer erreichen, und welche Sprache sprechen Ihre potenziellen Kunden? Je genauer Sie Ihre Zielgruppe definieren und die Einstellungen an Ihre Ziele anpassen, desto eher vermeiden Sie unnötige Kosten.

### Die Sprachauswahl

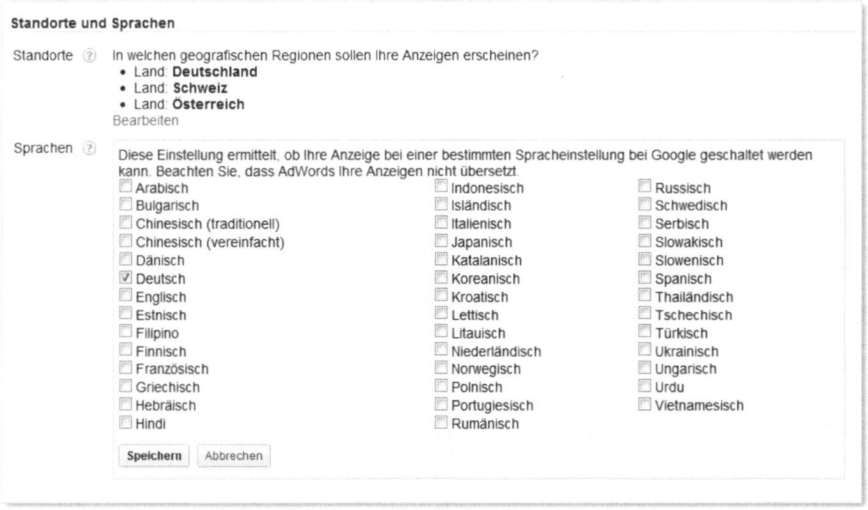

**Abbildung 11.11** Sprachauswahl im Google AdWords-Konto

Je nachdem, wie die Spracheinstellung Ihrer Google-Benutzeroberfläche gesetzt ist, kann das AdWords-System erkennen, wo Anzeigen geschaltet werden. So können beispielsweise Benutzer, die Türkisch als Sprache ihrer Google-Benutzeroberfläche gewählt haben, Anzeigen einer Kampagne sehen, die auf Türkisch ausgerichtet ist.

### Die Ortsauswahl

Für die Ausrichtung Ihrer Kampagne auf bestimmte Orte haben Sie viele Möglichkeiten: So können Sie direkt Länder, Gebiete, Regionen und Städte auswählen und auch benutzerdefinierte Gebiete festlegen und alles miteinander kombinieren. Das bedeutet, dass Sie Ihre Anzeigen zum Beispiel in Südamerika, in den Städten Barcelona und Madrid sowie auf den Kanarischen Inseln schalten können.

Über den Reiter SETS (siehe Abbildung 11.12) können Sie mehrere Länder für Ihre Kampagne auswählen, unter dem Reiter BLÄTTERN können Sie detaillierter Ihre Auswahl treffen.

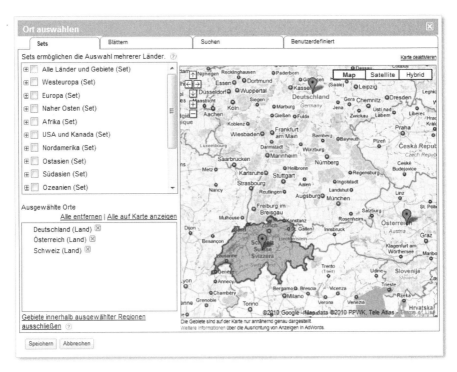

**Abbildung 11.12** Kampagneneinstellungen: Orte auswählen

Wenn Sie beispielsweise einen Pizza-Service betreiben und Ihre Pizzen nur innerhalb einer bestimmten Stadt wie Hamburg ausliefern, dann sollten Sie Ihre Einstellungen so anpassen, dass Ihre AdWords-Anzeigen auch nur in Hamburg angezeigt werden. Dafür können Sie beispielsweise unter dem Reiter SUCHEN eine weltweite Ortssuche durchführen (siehe Abbildung 11.13) oder auch unter den benutzerdefinierten Einstellungen einen Umkreis angeben (siehe Abbildung 11.14). Wenn Sie z. B. Ihre Pizzen nicht weiter als 35 km von Ihrem Standort ausliefern, können Sie dies bei den Einstellungen berücksichtigen.

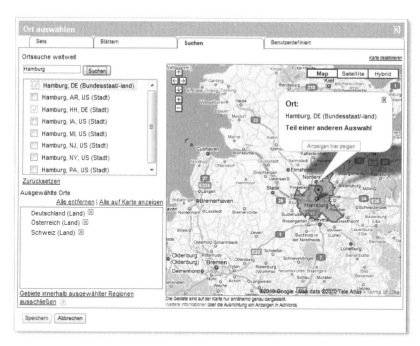

**Abbildung 11.13**  Ortsauswahl Hamburg per Suche

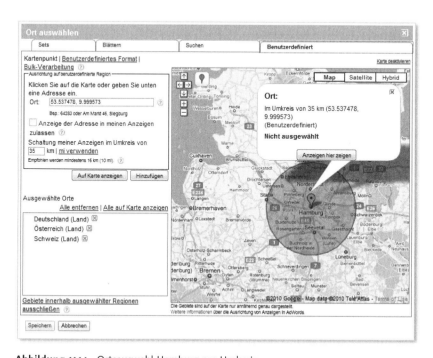

**Abbildung 11.14**  Ortsauswahl Hamburg per Umkreis

So können Sie sehr genau bestimmen, wo Ihre Anzeigen geschaltet werden sollen oder nicht. Da Sie auch hier Streuverluste und unnötige Kosten vermeiden können, sollten Sie die Einstellungen mit Bedacht wählen.

Wie Sie in Abbildung 11.14 sehen, können Sie Anzeigen nur für einen bestimmten geografischen Radius schalten (Google Geo-Targeting). Möglich ist diese genaue Ansprache der Zielgruppe über die IP-Adresse. Wie Ihre Nummer auf Ihrem Personalausweis besitzt jeder Computer eine eindeutige Nummer, die Aufschluss über den Standort gibt. Daher sind Rückschlüsse auf die Region möglich, und Anzeigen können entsprechend eingeblendet werden. In den USA sind die IP-Adressen so gerastert, dass die Aussteuerung sogar bis auf Straßenzüge oder Stadtteile genau möglich ist.

**Tipp: Wie ist meine IP**

Unter der Website »Wie ist meine IP« (*www.wieistmeineip.de*) können Sie Ihre eigene IP-Adresse nachsehen. Zudem werden Ihnen Ihr Betriebssystem, Ihr Browser, Ihr Land und weitere Informationen angezeigt.

Seit Ende des Jahres 2010 bietet Google den sogenannten *Global Market Finder* (*http://translate.google.com/globalmarketfinder/index.html?locale=de*). Mit diesem Tool können Werbetreibende das Marktpotenzial Ihres Produktes in anderen Ländern prüfen. Nach Eingabe von Keywords schätzt Google das Potenzial für die einzelnen Länder. Sie erreichen das Tool auch über die Website *Google Ads – Global Advertiser* (*http://www.google.com/adwords/globaladvertiser/index.html*), auf der Sie auch Informationen zu Rahmenbedingungen (wie beispielsweise Zahlungsmöglichkeiten) in anderen Ländern finden.

### 11.2.4  Die Werbenetzwerke

Sie können bei Ihren Kampagneneinstellungen zwischen dem Such-Werbenetzwerk und dem Display-Netzwerk auswählen. Ersteres schließt die Google-Seiten mit ein.

#### Such-Werbenetzwerk

Das Such-Werbenetzwerk schließt zum einen die bereits bekannten Suchergebnisseiten von Google ein. Wie Sie schon am Kapitelbeginn lesen konnten, werden AdWords-Anzeigen innerhalb von Google-Suchergebnisseiten am rechten Seitenrand oder auf den ersten drei Top-Ergebnissen über den organischen Suchergebnissen angezeigt. Gibt also ein Benutzer die Suchanfrage *blaue Sandalen* ein, veröffentlicht das AdWords-System passende Textanzeigen am rechten Seitenrand oder auch auf den Top-Positionen über den organischen Suchergebnissen. Zu den Google Seiten zählen beispielsweise die Domains *google.de* und *google.com*. Die Google-Seiten sind immer bei der Kampagnenschaltung inbegriffen und lassen sich nicht ausschließen.

Darüber hinaus bietet Google Websites an, die Suche kostenlos einzubinden. Auf diesen Ergebnisseiten können somit auch Werbeanzeigen ausgeliefert werden. Prominente Beispiele sind die Websites von *www.aol.de* oder *www.t-online.de*. Im Such-Werbenetzwerk haben Sie nicht die Möglichkeit, einzelne Seiten auszuschließen, wohl aber im Display-Netzwerk. Zudem können Ihre AdWords-Anzeigen auch bei Google-Diensten, wie beispielsweise Google Maps, Google Produktsuche und Google Groups, angezeigt werden.

Zusammenfassend beinhaltet das Google Such-Werbenetzwerk also die Google-Suche, weitere Websites, die die Suche integriert haben, und andere Google-Dienste.

### Das Display-Netzwerk

Stellen Sie sich selbst einmal die Frage, auf welchen Seiten im World Wide Web Sie unterwegs sind, wenn Sie surfen? Wahrscheinlich kommen Ihnen jetzt Nachrichtenseiten in den Sinn, Netzwerke, Blogs, Online-Banking, Shops oder ähnliche. Aber wie viel Zeit verbringen Sie auf Websites von Suchmaschinen? Das wird wohl eher ein geringer Anteil sein. Laut Google sind das nur etwa 5 % der Surfzeit. Da wäre es doch seltsam, wenn Werbetreibende nur innerhalb von Suchergebnisseiten werben könnten. Das hat sich auch Google gedacht, und so kam das Display-Netzwerk (*http://www.google.de/adwords/displaynetwork*; früher Content-Werbenetzwerk) ins Spiel.

Wie die englische Bezeichnung »display« (etwas anzeigen) ausdrückt, haben Sie mit dem Display-Netzwerk die Möglichkeit, Ihre Werbemittel auf anderen Websites (sogenannten Display-Websites) anzuzeigen. Das können ebenso große Webauftritte sein wie auch kleinere private Websites. Google hat ein System entwickelt, wie Werbeanzeigen auf den Inhalt der Display-Website abgestimmt angezeigt werden können. So können beispielsweise auf einer Website zum Thema Altersvorsorge Anzeigen präsentiert werden, die Riester-Renten bewerben (siehe Abbildung 11.15).

In nächster Zeit sollten Sie einmal bewusst darauf achten, wie gut oder eben nicht gut die Anzeigen auf den Partner-Websites thematisch angezeigt werden. Um zu wissen, wie Sie Ihre Anzeigen optimal auf Ihre Zielgruppe abstimmen, sollten Sie unbedingt weiterlesen.

**Abbildung 11.15** Google-Anzeigen auf Partner-Websites am Beispiel von Focus Online

Mithilfe von besonderen Dienstleistern (klassische Online-Media-Planer) können Werbemittel auf anderen Websites platziert werden; Google bietet allerdings eine enorme Anzahl an Zielseiten an. Nach den Angaben von Google sollen dies Websites von über einer Million Partnern sein, und man erreiche mit dem Display-Netzwerk von Google über 70 % aller Internetnutzer in mehr als 100 Ländern und über 20 Sprachen. In Deutschland lag die Reichweite laut comScore Networks im Jahr 2008 bei 89 % (siehe Abbildung 11.16).

Das Display-Netzwerk bietet also eine enorme Größe an Websites inklusive verschiedener Google-Dienste, wie zum Beispiel Google Mail oder die Google Produktsuche.

Wie aber funktioniert dieses System? Dazu werden drei Beteiligte benötigt: zum einen Website-Betreiber, die Werbefläche zur Verfügung stellen. Auf diesen Webseiten werden dann sogenannte AdSense-Anzeigen (mehr dazu folgt in Abschnitt 11.3, »AdWords vs. AdSense«) angezeigt. Zum anderen ist natürlich Google beteiligt, um die Werbeplätze zu vermitteln, und zu guter Letzt ein Advertiser, der auf Display-Websites Werbung schalten möchte.

Wie die Vermittlung aussieht, wird in Abbildung 11.17 deutlich.

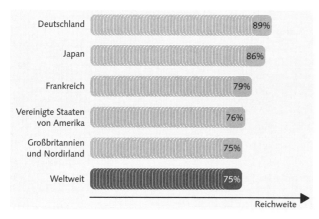

**Abbildung 11.16**  Reichweite nach comScore Netzworks im damaligen Content-Werbenetzwerk von Google

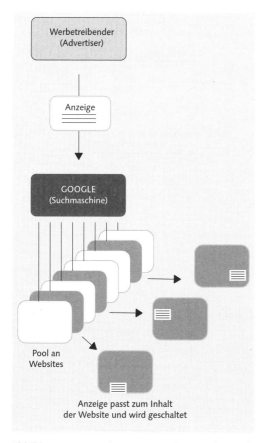

**Abbildung 11.17**  Funktionsprinzip des Google Display-Netzwerks

Streng genommen zählt also das Display-Netzwerk nicht zur Suchmaschinenwerbung, da die Anzeigen auf anderen Websites und nicht innerhalb der Suchmaschinenergebnisse ausgeliefert werden. Es ist aber dennoch Teil des Werbeprogramms von Google, zählt ebenso zum CPC-Advertising und soll aus diesem Grund auch an dieser Stelle thematisiert werden.

AdWords-Kampagnen, die im Display-Netzwerk geschaltet werden, können ebenfalls auf eine bestimmte Zielgruppe abgestimmt werden. Dazu ist es aber wichtig, dass Sie sich genau überlegen, wen Sie mit Ihren Anzeigen erreichen möchten und was Ihr Werbeziel ist. Das kann sowohl Verkauf als auch Kontaktaufnahme oder Informationsfluss sein. Auch Branding und Reichweite können Ziele Ihrer Werbekampagne sein.

**Tipp: Produkteinführung mit Suchmaschinenwerbung**

Wenn Sie ein neues Produkt auf dem Markt einführen möchten, kann es sinnvoll sein, zunächst eine Kampagne im Display-Netzwerk zu starten, um das Produkt bekannt zu machen. Denn es wird wohl kaum jemand nach einem Produkt suchen, dessen Existenz ihm nicht bekannt ist. Hier bietet das Display-Netzwerk eine gute Lösung, denn es werden Anzeigen auf Websites geschaltet, die Benutzer sehen, ohne danach zu suchen. Anschließend können Sie Ihre Anzeigen auch im Such-Werbenetzwerk schalten und Benutzer erreichen, die konkret nach Ihrem Produkt suchen.

Anhand des bekannten AIDA-Modells (von Elmo Lewis, 1898) werden die Vorteile des Display-Netzwerkes deutlich. Der Kaufzyklus eines Kunden besteht nach diesem Modell aus vier Phasen:

▸ A – Attention (Aufmerksamkeit)

▸ I – Interest (Interesse)

▸ D – Desire (Verlangen)

▸ A – Action (Handlung)

In Anlehnung an dieses theoretische Modell lässt sich das Display-Netzwerk von Google genauer betrachten:

▸ **Attention:** Im Display-Netzwerk haben Sie beispielsweise die Möglichkeit, mit verschiedenen Anzeigenformaten wie Text, Bild, Animationen und Video die Aufmerksamkeit eines Benutzers auf Ihr Werbemittel zu ziehen (mehr zu den Anzeigeformaten erfahren Sie auf den nächsten Seiten.)

▸ **Interest:** Durch die Aussteuerung Ihrer Werbeanzeigen auf themenrelevanten Websites ist die Wahrscheinlichkeit hoch, dass Benutzer sich für Ihre Anzeigen interessieren.

▸ **Desire:** Mit dem Hervorheben von Produktmerkmalen oder beispielsweise Preisvorteilen können Sie das Kaufverlangen eines Benutzers Ihrer Website wecken.

▸ **Action:** Jetzt ist der Besucher nur noch einen Schritt vom Kauf Ihres Produktes entfernt. Fordern Sie ihn zu einer klaren Handlung auf.

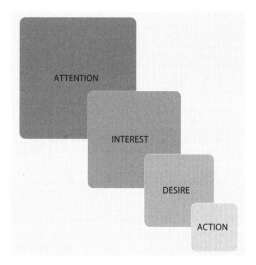

**Abbildung 11.18** AIDA-Modell nach Elmo Lewis, 1898

Wenn Sie sich entschieden haben, eine Kampagne im Google Display-Netzwerk zu starten, dann müssen Sie dies beim Anlegen einer neuen Kampagne bei den Kampagneneinstellungen angeben (siehe Abbildung 11.19).

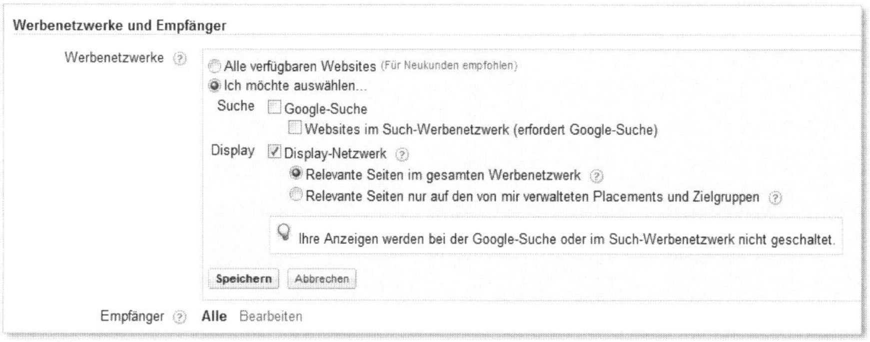

**Abbildung 11.19** Auswahl der Werbenetzwerke in den Kampagneneinstellungen

### Keywords und Placements

Das AdWords-System bietet grundsätzlich zwei Möglichkeiten, die Anzeigen auszuliefern:

▸ PLACEMENTS: Das bedeutet, die Anzeigen werden gezielt auf bestimmten Websites, den sogenannten *Placements* angezeigt. Hier sei aber gesagt, dass ein

Placement keine bestimmte Unterseite einer Website ist, sondern aus mehreren Unterseiten bestehen kann. Wo die Anzeige dann genau geschaltet wird, entscheidet der Website-Betreiber.

▸ KEYWORDS: Über Keywords werden thematisch passende Seiten vom Werbeprogramm gefunden, auf denen die Anzeigen geschaltet werden.

▸ Eine Kombination aus beiden Varianten ist ebenfalls möglich.

Wie Ihre Anzeigen nun geschaltet werden, hängt von Ihren Kampagneneinstellungen ab:

Sie können

▸ auf relevanten Seiten im gesamten Werbenetzwerk oder

▸ auf relevanten Seiten nur auf den von Ihnen verwalteten Placements und Zielgruppen

Ihre Anzeigen schalten.

Je nachdem, welche Einstellung Sie vornehmen, sind Keywords und/oder Placements zur Anzeigenschaltung möglich oder notwendig.

Entscheiden Sie sich für RELEVANTE SEITEN IM GESAMTEN WERBENETZWERK, so sind die Angaben von Keywords und die Angaben von Placements möglich. Eine der beiden Angaben reicht jedoch aus.

Wenn Sie sich für die Variante RELEVANTE SEITEN NUR AUF DEN VON MIR AUSGEWÄHLTEN PLACEMENTS UND ZIELGRUPPEN entscheiden, ist die Angabe von Keywords möglich, die Angabe von Placements (wie die Bezeichnung schon vermuten lässt) jedoch notwendig. Sie können zusätzlich auch Keywords angeben. Diese ermöglichen dann eine noch detailliertere Aussteuerung Ihrer Anzeigen.

Wie sich Ihre Anzeigen nun verhalten, hängt einerseits von den zuvor beschriebenen Einstellungen der Anzeigenauslieferung (Keywords und Placements) und andererseits von den Kampagneneinstellungen ab. Die Übersicht in Tabelle 11.1 zeigt Ihnen auf einen Blick, wie sich Ihre Anzeigen bei den einzelnen Einstellungsmöglichkeiten verhalten.

| | Gesamtes Werbenetzwerk | Ausgewählte Placements |
|---|---|---|
| **Keywords** | Anzeigenschaltung auf themenrelevanten Websites, die über die angegebenen Keywords bestimmt werden. | Es wurden keine Placements ausgewählt, daher werden keine Anzeigen geschaltet. |

**Tabelle 11.1** Verhalten von Keywords und Placements

| | Gesamtes Werbenetzwerk | Ausgewählte Placements |
|---|---|---|
| **Placement** | Anzeigenschaltung nur auf ausgewählten Placements. | Anzeigenschaltung nur auf ausgewählten Placements. |
| **Keywords + Placements** | Anzeigenschaltung auf themenrelevanten Websites. Mithilfe von Placements kann für bestimmte URLs ein spezielles Gebot festgelegt werden. | Anzeigenschaltung auf ausgewählten Placements. Keywords verfeinern die Auswahl. |

**Tabelle 11.1** Verhalten von Keywords und Placements (Forts.)

Wenn nun eine Werbefläche für die Anzeigenschaltung sowohl durch Keywords als auch durch ausgewählte Placements infrage kommt, konkurrieren die Möglichkeiten miteinander und die Anzeige mit dem höheren Anzeigenrang (siehe Abschnitt 11.2.8, »Die Kosten«) wird geschaltet.

Die Möglichkeit der *Dynamic Keyword Insertion* (siehe Abschnitt 11.2.6, »Die Anzeigen«) kann im Display-Netzwerk vernachlässigt werden, da es keine Suchanfragen gibt.

### Placement Targeting

Unter der Bezeichnung *Placement Targeting* (früher auch *Site Targeting* genannt) versteht man die Ausrichtung der Anzeigenplatzierung.

Sie haben die Möglichkeit, Ihre Placements thematisch, demografisch oder nach bestimmten URLs auszuwählen. Darüber hinaus können Sie Placements auf allen Seiten einer Website oder nur auf bestimmten Bereichen dieser Website schalten. Beispielsweise können Sie bei Nachrichten-Websites wählen, bei welcher Themensparte Ihre Anzeige geschaltet werden soll. Weiterhin kann Ihre Anzeige in Online-Videos, RSS-Feeds und Handy-Websites angezeigt werden.

In Ihrem AdWords-Konto können Sie unter dem Reiter KAMPAGNEN • WERBENETZWERKE im Display-Netzwerk Placements hinzufügen. Sie müssen zunächst eine Anzeigengruppe auswählen und kommen dann auf das Eingabefeld aus Abbildung 11.20.

Hier können Sie nun Websites angeben – immer vorausgesetzt, dass der Website-Betreiber die Anzeigenschaltung zugelassen hat.

Verwenden Sie das Placement-Tool, um für Ihre Kampagnen relevante Websites zu identifizieren. Das Tool erreichen Sie ebenfalls über den Reiter KAMPAGNEN • WERBENETZWERKE UNTER AUSGEWÄHLTE PLACEMENTS. Wenn Sie nun PLACEMENTS HINZUFÜGEN anwählen, kommen Sie zu der in Abbildung 11.20 gezeigten Eingabemaske. Rechts daneben können Sie sich mit dem Placement-Tool Vorschläge zu weiteren Websites anzeigen lassen.

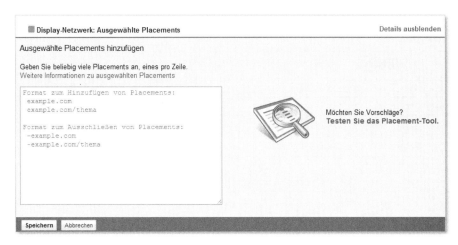

**Abbildung 11.20**   Placements hinzufügen

Sie haben die Möglichkeit, nach Kategorien zu suchen, können aber auch Keywords oder Websites in der Suchmaske eingeben. Unter ERWEITERTE OPTIONEN können Sie auch nach Anzeigenformaten oder weiteren Kriterien filtern (siehe Abbildung 11.21).

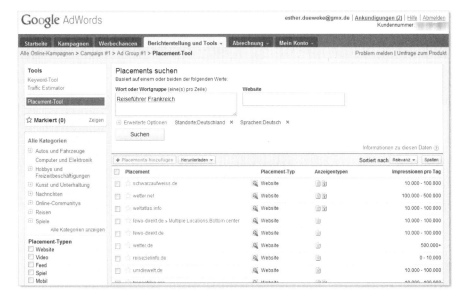

**Abbildung 11.21**   Mit dem Placement-Tool können Sie sich weitere Vorschläge zu relevanten Websites anzeigen lassen.

Ihnen werden dann Placements vorgeschlagen. Zusätzlich zeigt Ihnen das Tool den Placement-Typ, die verfügbaren Anzeigenformate sowie die Impressions pro Tag an. Analog zu der Auswahl von Keywords können Sie auch Placements ausschließen, auf denen Ihre Anzeigen nicht erscheinen sollen.

### Tool: Ausschließen von Websites und Kategorien

Google stellt Ihnen verschiedene Tools zur Verfügung, die Ihnen die Arbeit mit AdWords erleichtern sollen. Diese Tools erreichen Sie unter anderem in Ihrem AdWords-Konto unter dem Reiter WERBECHANCEN in der linken Navigation. Hier finden Sie auch das Tool zum Ausschließen von Websites und Kategorien. Wie der Name vermuten lässt, können Sie hier direkt Websites oder auch Kategorien eingeben, auf/zu denen Ihre Anzeigen im Display-Netzwerk nicht geschaltet werden sollen. So können Sie beispielsweise unter dem Reiter THEMEN extreme Inhalte (z. B. obszöne, sexuelle Inhalte) oder Konflikte ausschließen, unter dem Reiter MEDIENTYPEN bestimmte Video-Content-Arten verhindern und unter dem Reiter SEITENTYPEN Netzwerktypen (Fehlerseiten, geparkte Domains) oder nutzergenerierte Inhalte (Foren, soziale Netzwerke) ausschließen.

### Exkurs: Branding mit AdWords

Oftmals sind die Klickraten innerhalb des Display-Netzwerks geringer als im Such-Werbenetzwerk. Das sollte Sie nicht unnötig beunruhigen. Benutzer suchen meistens nicht aktiv nach Angeboten, wenn sie auf diesen Seiten surfen. Sie können mit Anzeigen im Display-Netzwerk aber gute Branding-Effekte erzielen.

Wie bereits angesprochen, haben Sie innerhalb des Google Display-Netzwerks die Möglichkeit, neue Produkte anzukündigen, eine enorme Reichweite zu erzielen und Ihre Markenwirkung zu forcieren – und das Ganze zu sehr geringen Kosten oder unter Umständen auch umsonst.

Denn bei dem CPC-Preismodell bezahlen Sie nur für den Klick auf Ihre Anzeigen, nicht aber für die Sichtkontakte (Impressions) – ein Vorteil, den andere Medien kaum bieten können. Wie Sie noch ausführlicher lesen werden (siehe Abschnitt 11.2.8, »Die Kosten«), beeinflusst eine schlechte Klickrate den Qualitätsfaktor (ein wichtiges Kriterium für die Anzeigenschaltung) hier nicht. Zudem können Sie mit gezielten Einstellungen die Streuverluste minimieren. Studien belegen, dass der Einsatz von AdWords eine positive Wirkung auf die Markenbekanntheit hat, sowohl bei dem reinen Sichtkontakt als auch bei Klicks auf die Werbemittel. Anzeigenpositionen auf den Top-Platzierungen über den organischen Suchergebnissen erzielen zudem oftmals noch eine höhere Kaufabsicht und größere Bereitschaft zur Weiterempfehlung.

**Anfängerfehler vermeiden: Such- und Display-Werbenetzwerk trennen**

Wenn Sie das Such- und das Display-Netzwerk verwenden möchten, ist es unbedingt empfehlenswert, dafür zwei verschiedene Kampagnen anzulegen. Es ist zwar möglich, eine Kampagne für beide Werbenetzwerke zu verwenden (und auch unterschiedliche Gebote anzugeben), Sie sind aber eingeschränkter in Ihrem Handlungsspielraum. So sind Sie mit zwei Kampagnen flexibler was Gebote, Berichte und auch Anzeigentexte anbelangt. Sie sind flexibler, wenn Sie das Display-Netzwerk zunächst nur testen möchten, und Ihre Display-Kampagne hat keine Auswirkungen auf die Leistung Ihrer Kampagne im Such-Werbenetzwerk.

### Frequency Capping und Ausschließen von »below the fold«

Das Frequency Capping ist eine Möglichkeit, die Ihnen im Display-Netzwerk zur Verfügung steht. Hier können Sie bestimmen, wie oft ein Benutzer eine Anzeige maximal sehen soll. Sie können festlegen, wie viele Sichtkontakte (Impressions) ein Nutzer mit Ihrer Anzeige haben soll. Die Bestimmung können Sie auf Tages-, Wochen- und Monatsbasis einstellen. Darüber hinaus legen Sie eine Obergrenze auf Anzeigen-, Anzeigengruppen- oder Kampagnenebene fest. Wählen Sie dazu eine Kampagne aus, und klicken Sie auf den Tab EINSTELLUNGEN • ERWEITERTE EINSTELLUNGEN • FREQUENCY CAPPING. Bestimmen Sie dann die Impressions, das Zeitintervall und die Ebene, für die die Bestimmungen gelten sollen (siehe Abbildung 11.22).

**Abbildung 11.22**  Bestimmung von Frequency Capping in Ihrem AdWords-Konto

Darüber hinaus haben Sie seit dem Frühjahr 2010 die Möglichkeit, Werbeplätze auszuschließen, die sich *below the fold* befinden, also erst durch Scrollen sichtbar sind. Um diese Funktion in Ihrem AdWords-Konto einzustellen, gehen Sie folgenden Pfad: REITER KAMPAGNEN • WERBENETZWERKE • AUSSCHLÜSSE • AUSSCHLUSS HINZUFÜGEN • KATEGORIE AUSSCHLIESSEN • MIT SCROLLEN SICHTBAR. So werden Ihre Anzeigen nur dann ausgeliefert, wenn Benutzer sie beim Aufrufen der Seite sehen können.

Beide Funktionen, sowohl das Frequency-Capping als auch das Ausschließen von *below the fold*-Anzeigen, stehen Ihnen nur im Display-Netzwerk zur Verfügung.

Im Gegensatz zum Such-Werbenetzwerk können innerhalb des Display-Netzwerks neben Textanzeigen noch weitere Anzeigenformate dargestellt werden. Welche Anzeigenformate Ihnen zur Verfügung stehen und in welchem Werbenetzwerk sie angewandt werden können, erfahren Sie in Abschnitt 11.2.6, »Die Anzeigen«.

### 11.2.5 Die Keywords

Wie bereits beschrieben wurde, legen Sie innerhalb Ihrer AdWords-Kampagne Keywords, also Schlüsselbegriffe, fest, zu denen Ihre Anzeigen erscheinen sollen. Im Folgenden werden diese beiden Bezeichnungen synonym verwendet.

Die richtige Auswahl der Keywords ist daher von großer Bedeutung und kann auch einige Zeit in Anspruch nehmen. Da Google AdWords auf dem CPC-Modell (Cost-Per-Click-Modell) basiert, zahlen Sie als Advertiser jedes Mal, wenn ein Benutzer auf Ihre Anzeige klickt. Ihre Keyword-Auswahl sollte also bedacht sein, denn Sie hat Einfluss auf die entstehenden Kosten.

Google hingegen verdient enorme Summen durch das Werbeprogramm AdWords. Besonders die Themenbereiche Versicherungen, Autos, Handys, Reisen und Geldanlagen sind lukrative Themen für Google. Laut Gerald Reischls Veröffentlichung *Die Google Falle* verdient der Suchmaschinengigant durchschnittlich fünf Dollar bei einem Klick auf eine Anzeige zum Thema Lebensversicherung. Der teuerste Suchbegriff, so Reischl, sei die Krebserkrankung *Mesothelioma*, der ca. 90 Dollar wert sein kann.

Im Folgenden werden Sie erfahren, wie Sie relevante Keywords ermitteln, welche hilfreichen Tools Sie für Ihre Keyword-Recherche verwenden können, welche Keyword-Optionen Sie einstellen können und welche Richtlinien Sie beachten sollten.

### Die Keyword-Recherche

Sie wissen nun, das Keywords grundlegend wichtig für Ihre AdWords-Kampagne sind. Mit gut ausgewählten Keywords erreichen Sie Ihre potenziellen Kunden und können Einfluss auf die anfallenden Kosten nehmen. Aber wie identifizieren Sie diese Keywords? Dazu gibt es verschiedene Vorgehensweisen, die wir im Folgenden näher erläutern werden.

### Keywords sammeln

Keywords zu identifizieren kann über ganz verschiedene Wege passieren. Wir stellen Ihnen einige effektive Möglichkeiten vor. Einen ersten Überblick können Sie sich hier verschaffen:

**Auf einen Blick**

- ▸ Kundensicht
- ▸ Freundes- und Bekanntenkreis
- ▸ Blogs und Foren
- ▸ Twitter
- ▸ Wikipedia und Lexika
- ▸ Kundengespräche
- ▸ die eigene Website und Werbematerialien
- ▸ Google-Suche
- ▸ Google-Wonder-Wheel (Google Wunderrad)
- ▸ Metatags
- ▸ Konkurrenten-Websites und -Metatags
- ▸ indirekte Keywords
- ▸ Synonyme
- ▸ ausschließende Keywords
- ▸ Keyword-Tool

Als oberstes Gebot gilt hier, sich in Ihre Kunden hineinzuversetzen. Was denken Sie, könnten ihre Suchfragen sein? Mit welchen Begriffen suchen Benutzer nach Ihren Produkten bzw. Dienstleistungen? Seien Sie dabei möglichst kreativ, und orientieren Sie sich an Ihrer angelegten Kampagnenstruktur. Das bedeutet, dass Sie pro Anzeigengruppe eine eigene Keyword-Liste erstellen sollten. Verkaufen Sie beispielsweise Computer, dann sollten Sie eine Keyword-Liste für Ihre Anzeigengruppe »Notebooks« anlegen und eine gesonderte Liste für Ihre Anzeigengruppe »Monitore«. Vergessen Sie aber nicht, möglichst Begriffe zu sammeln, die ein Suchender in der Suchmaschine Google eingeben würde.

Sie sollten auch in Ihrem Freundes- und Bekanntenkreis fragen. Oftmals kommen hier Suchbegriffe zum Vorschein, an die Sie womöglich noch gar nicht gedacht haben. Auch Blogs und Foren oder der Kurznachrichtendienst Twitter können hilfreiche Informationen liefern (mehr zu Twitter erfahren Sie in Kapitel 4, »Social-Media-Marketing und Online-PR«). Welche Ausdrücke kommen in Tweets zu Ihrem Thema vor? Wie wird in Diskussionsforen über Ihr Produkt oder Ihre Dienstleistung gesprochen? Welche weiteren Begriffe werden auf thematisch relevanten Websites verwendet? Darüber hinaus kann auch ein Blick in Wikipedia oder Lexika hilfreich sein.

Natürlich können Sie auch aus Ihren Kundengesprächen wichtige Informationen ziehen. Notieren Sie sich alle Ideen in einer Keyword-Liste. Stellen Sie weitere Begriffe zusammen, indem Sie sich Ihre Produkte und Dienstleistungen, Ihre Website und Ihre Webematerialien genau ansehen. Oft kommt es vor, dass wichtige Keywords vergessen werden und man durch Betriebsblindheit den Wald vor lauter Bäumen nicht sieht.

Darüber hinaus kann die Google-Suche aufschlussreich sein: Wenn Sie in das Eingabefeld der Suche bei Google einen Begriff eingeben, werden Ihnen schon beim Tippen dieses Begriffs weitere Vorschläge angezeigt. Diese Möglichkeit, die Sie in Kapitel 10, »Platzgerangel – Warum Suchmaschinen immer wichtiger werden«, schon kennengelernt haben, trägt den Namen *Google Suggest* (siehe Abbildung 11.23).

**Abbildung 11.23** Google Suggest zeigt Ihnen beim Eingeben Ihrer Suchanfrage ähnliche Begriffe an.

**Kuriose Vorschläge**

Was Google-Nutzer suchen und was innerhalb von Google Suggest vorgeschlagen wird, kann dabei schon zum Schmunzeln führen, wie das Beispiel aus Abbildung 11.24 zeigt.

**Abbildung 11.24** Kuriose Google-Suggest-Vorschläge

Zusätzlich finden Sie unter den organischen Suchbegriffen noch verwandte Suchanfragen (siehe Abbildung 11.25). Hier können Sie weitere Ideen für Ihre Keyword-Liste sammeln. Achten Sie aber darauf, dass die Begriffe auch zu Ihrem
Angebot passen.

**Abbildung 11.25** Verwandte Suchbegriffe werden Ihnen unter den organischen
Suchergebnissen angezeigt.

Seit Mai 2009 bietet Google mit *Google Wonder Wheel* (Wunderrad) ein Tool an,
das Sie auch für Ihre Keyword-Recherche verwenden können. Das Tool funktioniert nach dem Mindmap-Prinzip und zeigt Ihnen Begriffe an, die im Zusammenhang mit Ihrer Suchanfrage stehen (siehe Abbildung 11.26). Seit Frühjahr 2010

steht dieses Tool im Zuge der Design-Änderung der Google-Suchergebnisseite auch unter *google.de* zur Verfügung. In der linken Navigationsleiste finden Sie die Auswahlmöglichkeit *Wunderrad*. Bei dessen Auswahl werden Ihnen weitere Begriffe angezeigt, die mit Ihrer Suchanfrage assoziiert werden können.

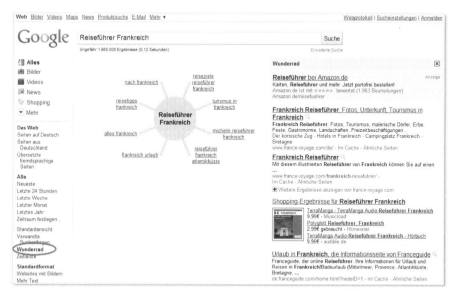

**Abbildung 11.26** Beispiel für eine Suchanfrage mit dem Google Wunderrad

---

**Tipp: Metatags einer Webseite**

Empfehlenswert sind auch die Informationen, die Sie aus den Metatags einer Website ziehen können. Die sehen Sie, indem Sie die rechte Maustaste drücken und den Seitenquelltext aufrufen. Dort finden Sie eine Zeile, die mit `<meta name="keywords"` anfängt und Ihnen wichtige Keywords der entsprechenden Website anzeigt. Mehr zu Metatags erfahren Sie in Kapitel 12, »Suchmaschinenoptimierung (SEO)«.

---

Darüber hinaus können Sie von Ihren Konkurrenten lernen: Sehen Sie sich deren Anzeigentexte genauer an, und identifizieren Sie Suchbegriffe. Auch die Konkurrenten-Websites und Quelltexte können aufschlussreich sein.

Je nachdem, welches Ziel Sie mit Ihrer AdWords-Kampagne verfolgen, können Sie Ihre Keyword-Liste auch mit sogenannten *indirekten Keywords* erweitern. Diese Keywords beziehen sich nicht direkt auf Ihr Produkt oder Ihre Dienstleistung, sondern bewerben Randangebote, wie beispielsweise Ihren Newsletter oder Gratis-E-Books. Mithilfe der indirekten Keywords haben Sie die Möglichkeit, mit zumeist günstigeren Begriffen potenziell interessierte Zielgruppen anzusprechen und die Bekanntheit Ihres Angebots zu erhöhen.

*Mit Synonymen und Mehrwortkombinationen die Keyword-Liste erweitern*

Als nächstes sollten Sie Ihre gesammelten Begriffe durch Synonyme und andere Ausdrucksweisen und auch Mehrwortkombinationen erweitern. Es gibt zahlreiche kostenlose Tools, die Sie zu Hilfe nehmen können. Einige haben wir Ihnen hier willkürlich zusammengestellt:

- *www.openthesaurus.de*: Dieses Tool ist spezialisiert auf Synonyme und Assoziationen.

- *www.semager.de*: In der semantischen Suchmaschine gibt es über dem Eingabefeld den Link VERWANDTE WÖRTER FINDEN.

- *www.woerterbuch.info*: Hier haben Sie unter dem Suchschlitz die Möglichkeit, einen Checkbutton für Synonyme auszuwählen.

- *http://metager.de/asso.html*: Der *Web-Assoziator* zeigt Ihnen verwandte Begriffe an.

- *http://services.canoo.com*: Klicken Sie auf den Link WORTBILDUNG unter dem Suchschlitz.

- *www.ranking-check.de*: Navigieren Sie zur KEYWORD-DATENBANK in der oberen Navigation. (Ranking-Check bietet auch den *Google AdWords Wrapper*, den wir uns auf den folgenden Seiten noch genauer ansehen werden.)

- *www.dwds.de*: Für das Digitale Wörterbuch der deutschen Sprache des 20. Jahrhunderts ist aktuell auch eine Beta-Version verfügbar.

- *www.kwmap.com*: Die Keyword-Map zeigt Ihnen mit englischer Benutzeroberfläche relevante Themen, Keywords, Websites und mehr.

- *www.woxikon.de*: Über die Navigation können Sie sich auch Synonyme für eingegebene Begriffe anzeigen lassen.

- *www.google.com/insights/search*: Hier können Sie sich beispielsweise darüber informieren, ob es saisonale und regionale Suchmuster für Keywords gibt. Dies kann für Ihre Einstellungen auf Zielregionen interessant sein. (Auf den folgenden Seiten zeigen wir Ihnen dieses Tool noch genauer.)

- *https://labs.google.com/sets*: Dieses Tool von Google schlägt Ihnen weitere Assoziationen vor.

**Tipp: Übersetzungstools**

In verschiedenen Übersetzungstools wie beispielsweise *www.leo.org* können Sie Keywords in eine Sprache übersetzen und wieder zurückübersetzen lassen. Auf diese Weise werden Ihnen weitere Vorschläge angezeigt.

Reichern Sie Ihre Liste nun mit alternativen Schreibweisen und Falschschreibweisen an. Auch die jeweiligen Singular- und Pluralformen sollten enthalten sein.

Ein kleiner Tipp am Rande: Sollten Sie schon eine aktive AdWords-Kampagne besitzen, dann schauen Sie sich den Suchergebnisbericht unter Ihren Kampagnenberichten genauer an. Hier bekommen Sie einen Eindruck davon, mit welchen Keywords die Benutzer auf Ihre Website gelangen.

### Das Keyword-Tool

Das wohl bekannteste Tool im Zusammenhang mit der Keyword-Recherche ist das *Google Keyword-Tool*. Wir nennen es hier bewusst zum Schluss, da auch die vorherigen Vorgehensweisen gute Quellen sind, Keywords zu identifizieren, und nicht außer Acht gelassen werden sollten. Dennoch ist das Keyword-Tool von Google besonders hilfreich für Google-Advertiser. Sie haben einen kurzen Einblick in das Tool schon im vorherigen Kapitel bekommen. Wir werden Ihnen die Handhabung im Hinblick auf Suchmaschinenwerbung im Folgenden detaillierter erläutern.

Sie können das Keyword-Tool über mehrere Wege erreichen. Sollten Sie nicht in Ihrem AdWords-Konto eingeloggt sein, können Sie diese URL aufrufen: *https://adwords.google.de/select/KeywordToolExternal.* Auch über die Login-Seite von AdWords ist das Tool erreichbar, wenn Sie in dem Abschnitt WEITERE INFORMATIONEN ÜBER ADWORDS auf den Textlink AUSWAHL VON KEYWORDS ABRUFEN klicken. Bei diesen beiden Wegen werden Ihre Kampagneneinstellungen wie beispielsweise Zielregionen und -sprachen nicht berücksichtigt und müssen von Hand eingestellt werden.

Sollten Sie in Ihrem AdWords-Konto eingeloggt sein, finden Sie das Keyword-Tool unter dem Reiter WERBECHANCEN. Alternativ können Sie über den Reiter KEYWORDS in Ihrer Anzeigengruppe das Tool erreichen, wenn Sie auf KEYWORDS HINZUFÜGEN klicken. Oder Sie rufen das Keyword-Tool über die Google-Suche auf, wenn Sie nicht in Ihrem AdWords-Konto angemeldet sind. Dann müssen Sie jedoch noch ein sogenanntes *Captcha* eingeben, bevor das Keyword-Tool gestartet werden kann.

Der Vorteil bei dieser Vorgehensweise besteht darin, dass das Tool Ihre Kampagneneinstellungen und -leistungen automatisch berücksichtigt und Sie weitere Vorschläge zu Ihren bisherigen Keywords anfordern können (siehe Abbildung 11.27).

Hier können Sie nun entweder Ihre zuvor zusammengestellten Keywords eingeben oder rechts daneben auch Websites eintragen. Bei Letzterem werden Ihnen Keywords vorgeschlagen, die zum Inhalt der angegebenen Website passen. Eine Kombination ist ebenfalls möglich, um detailliertere Ergebnisse zu erzielen. Unter ERWEITERTE OPTIONEN können Sie Länder- und Spracheinstellungen angeben, verschiedene Filter einstellen und Vorschläge für diverse Endgeräte anzeigen lassen.

**Abbildung 11.27** Google-Keyword-Tool im Konto

Am linken Seitenrand können Sie Begriffe eingeben, die bei der Suche einge-
schlossen oder ausgeschlossen werden sollen. Darüber hinaus werden Ihnen verschiedene Kategorien angezeigt. Darunter können Sie auch die Keyword-Optionen (WEITGEHEND, WORTGRUPPE und EXAKT) angeben (siehe Abbildung 11.28),
die wir uns auf den folgenden Seiten noch ausführlicher ansehen werden.

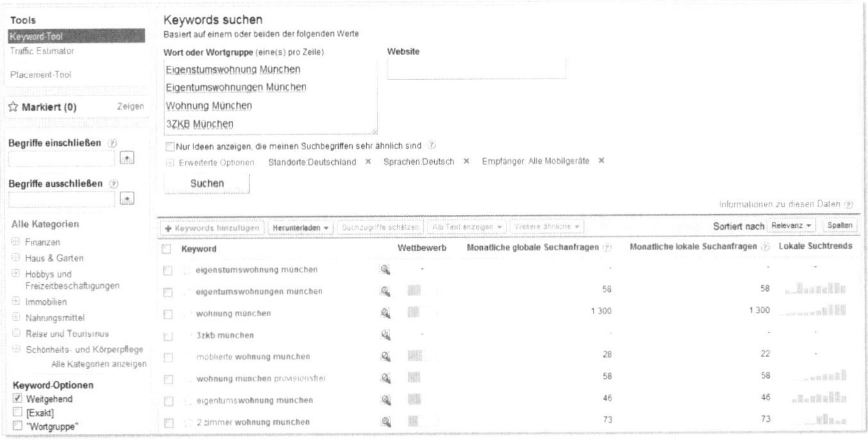

**Abbildung 11.28** Ergebnisse aus dem Keyword-Tool zum Themenbereich »Wohnung München«

Ihnen werden nun Keywords und verschiedene zugehörige Daten angezeigt. So
sehen Sie beispielsweise das monatliche globale und lokale Suchvolumen der einzelnen Keywords sowie lokale Suchtrends, je nachdem, welche Suchfilter Sie sich
anzeigen lassen möchten. Das erleichtert Ihnen die Entscheidung, ob die Keywords
für Ihre Kampagne interessant sind. Zudem wird Ihnen zu jedem Keyword ein klei-

nes Lupensymbol mit einem Graphen angezeigt. Mit einem Klick darauf werden Sie auf das Tool *Google Insights for Search* weitergeleitet (siehe Abbildung 11.29).

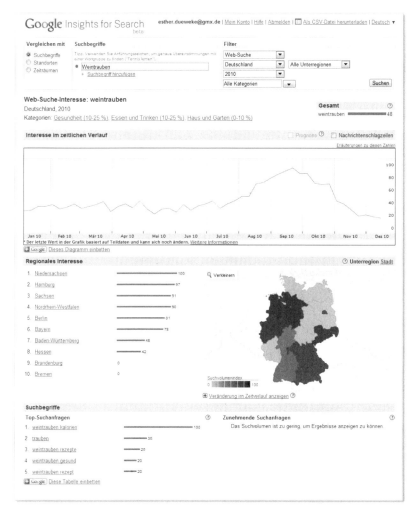

**Abbildung 11.29**   Zeitliches und regionales Interesse für »Weintrauben« nach Google Insights For Search

Sie sehen dann in einem neuen Browserfenster einen zeitlichen Verlauf über das Suchinteresse des jeweiligen Keywords. Darüber hinaus können Sie sich auch das regionale Suchvolumen anzeigen lassen. Dies kann unter Umständen für die Ausrichtung Ihrer Kampagne auf Zielregionen wichtig sein.

Darüber hinaus werden Ihnen auch Begriffe angezeigt, die mit Ihrer Anfrage in Verbindung stehen. In dem Beispiel *Weintrauben* sind das Begriffe wie beispielsweise *Weintrauben Kalorien, Trauben, Weintrauben Rezepte* und *Weintrauben gesund.*

Wenn Sie sich entschieden haben, welche Keywords Sie verwenden möchten, wählen Sie diese am Zeilenanfang im Keyword-Tool aus und klicken auf KEY-WORDS HINZUFÜGEN. Sie haben auch die Möglichkeit, sich die Keyword-Liste herunterzuladen.

### Sammlung bereinigen und strukturieren

Sie haben nun vermutlich eine relativ lange Liste mit Keywords zusammengestellt. Jetzt gilt es, diese zu strukturieren und bei Bedarf zu bereinigen. Rufen Sie sich in Erinnerung, dass Sie Kosten sparen, wenn Sie möglichst zielgenaue Keywords verwenden. Gehen Sie also dahingehend noch einmal Ihre Keyword-Sammlung durch, und streichen Sie diejenigen Keywords, die nicht genau zu Ihrem Angebot passen. Während des Brainstormings und der Zusammenstellung der Keyword-Liste schleichen sich oftmals Wörter ein, die bei genauerem Hinsehen nicht zu den Produkten und Dienstleistungen passen. Einwort-Keywords sind in den meisten Fällen zu weit gefasst und verursachen vermutlich zu hohe Kosten.

Haben Sie beispielsweise das Keyword *Gitarre* gewählt, so sprechen Sie möglicherweise Benutzer an, die nach Gitarrenunterricht oder Gitarrenmusik suchen oder vielleicht eine Gitarre kaufen möchten. Die Zielgruppe ist zwar groß, aber Sie werden nicht alle Bedürfnisse befriedigen können. Sie haben also eine große Reichweite, aber die Chance, Ihr Werbeziel zu erreichen (z. B. einen Kauf oder eine Kontaktanfrage) ist gering.

Auch Ihre Anzeigenleistung kann darunter leiden, da Sie wahrscheinlich viele Impressions, aber wenig Klicks erzielen werden. Verwenden Sie daher lieber Keywords, die aus mehreren Wörtern bestehen. Sie sollten kurze, aber sehr genau auf Ihre Zielgruppe abgestimmte Keyword-Listen anstreben.

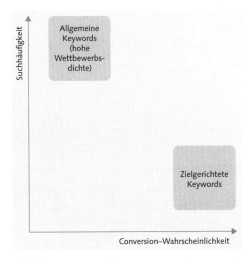

**Abbildung 11.30** Wählen Sie passende Keywords, um eine gute Conversionrate zu erzielen.

Es ist empfehlenswert, von Beginn an auch Ihre Keyword-Liste thematisch zu strukturieren. Machen wir uns dies an einem Beispiel klar. Nehmen wir an, Sie verkaufen Pullover, und Sie haben sich die Begriffe *Pullover*, *Pulli*, *Sweatshirt* und *Hoody* als Keyword überlegt. Darüber hinaus haben Sie die Keywords *rot*, *blau* und *weiß* identifiziert, sowie *kaufen*, *bestellen* und *shop*. Sie merken bereits an dieser Stelle, dass sich innerhalb Ihrer Keyword-Liste Themenbereiche herauskristallisieren, die Sie miteinander kombinieren können. Somit können Sie auch die Mehrwortkombinationen *Pulli blau kaufen* als Keyword verwenden. Es gibt einige Tools, mit denen Sie automatisch Keywords miteinander kombinieren können. Eines davon finden Sie unter dem Namen *Google AdWords Wrapper* auf der Seite *www.ranking-check.de*.

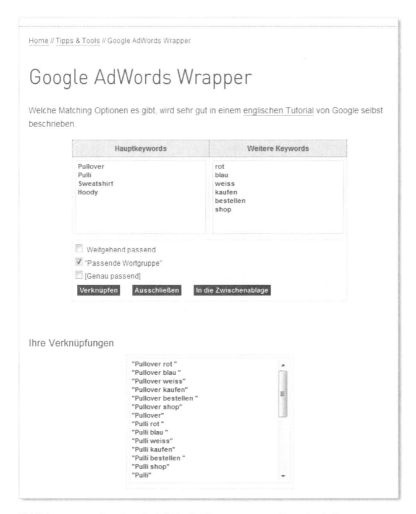

**Abbildung 11.31** Der Google AdWords Wrapper von ranking-check.de

Neben dem Tool unter *www.combinewords.com* hilft Ihnen auch der AdWords-Editor (siehe Abschnitt 11.2.12) mit dem sogenannten *Keyword-Multiplikator* dabei, Keyword-Listen miteinander zu kombinieren. Solche Mehrwortkombinationen haben in der Regel kein sehr hohes Suchvolumen. Sie sind aber sehr speziell, und die Wahrscheinlichkeit einer Conversion ist höher.

> **Hinweis: Auf sinnvolle Kombinationen achten**
>
> Mit den vorgestellten Tools ist es recht einfach und wenig zeitintensiv, Keyword-Listen miteinander zu kombinieren. Bedenken Sie aber, dass Mehrfachkombinationen, die kaum gesucht werden, das Konto nur künstlich ausdehnen, was die Bearbeitung und Optimierung verkompliziert und den Überblick erschwert. Verwenden Sie daher nur Keyword-Kombinationen, die wirklich zu Ihrem Angebot passen und Sinn ergeben.

Nach dem **Long-Tail-Prinzip** (was übersetzt so viel wie *langer Schwanz* bedeutet), das Sie schon in Kapitel 10, »Platzgerangel – Warum Suchmaschinen immer wichtiger werden«, kennengelernt haben, verändert sich das Kaufverhalten von den Massenmärkten in Richtung Nischenmärkte. Demnach können Unternehmen mit einer Vielzahl an Nischenprodukten durchaus erfolgreich sein. Viele Nischenprodukte erzeugen zunächst keinen riesigen Umsatz, können aber langfristig sehr lukrativ sein, nach dem Motto: »Kleinvieh macht auch Mist«.

Wie wir schon im vorangegangenen Kapitel beschrieben haben, ist die Verwendung von Mehrwortkombinationen durchaus sinnvoll, denn viele Studien belegen, dass sich das Suchverhalten der Nutzer immer mehr in Richtung Mehrwort-Suchanfragen entwickelt und spezifischer wird.

Haben Sie vielleicht schon einmal nach einem Produktnamen, beispielsweise einem Handymodell mit genauer Klassifikation gesucht? Die Suchanfragen in diesem Bereich werden wohl überschaubar sein, dennoch kann man davon ausgehen, dass derart Suchende ein konkretes Kaufbedürfnis haben. Als Werbetreibender profitieren Sie hier einerseits von einer günstigen Wettbewerbssituation, denn gerade Long-Tail-Begriffe sind nicht stark umkämpft, und andererseits von einer hohen Kaufwahrscheinlichkeit.

Wir haben Ihnen nun eine Vielzahl an Tools und Möglichkeiten vorgestellt, mit denen Sie Ihre Keyword-Recherche bewerkstelligen können. Gerade Anfängern im AdWords-Bereich sei aber empfohlen, sich nicht im Detail zu verlieren. So können Sie zunächst mit einem Teilbereich beginnen und mit den gewonnenen Erfahrungen Ihre Keyword-Liste verfeinern.

### Die vier Keyword-Optionen

Google AdWords bietet Ihnen vier sogenannte Keyword-Optionen, mit denen Sie festlegen können, wie genau Ihr Keyword mit der Suchanfrage eines Benutzers in Google übereinstimmen muss, damit eine Anzeigenschaltung ausgelöst wird. Möchten Sie in Ihrem AdWords-Konto Keywords hinzufügen, so achten Sie auf einen sinnvollen Einsatz der Keyword-Optionen.

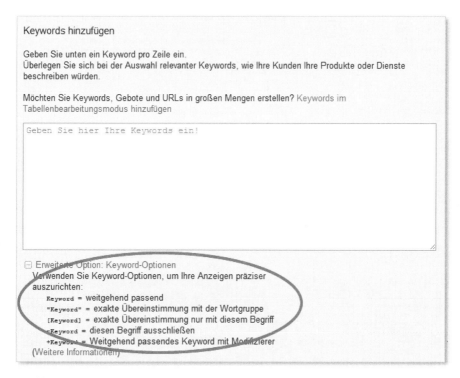

**Abbildung 11.32** Achten Sie beim Hinzufügen von Keywords auf sinnvolle Keyword-Optionen

Bedenken Sie hier, dass die Einstellungen der Keyword-Optionen wesentliche Auswirkungen auf Ihre Anzeigenschaltung haben. Diese beeinflusst wiederum die Klicks, die Klickrate, den Klickpreis, die Anzeigenposition und möglicherweise auch die Conversionrate. Darum sollten Sie sich gut überlegen, welche Keyword-Option für Sie am sinnvollsten ist.

#### *Weitgehend passende Keywords (Broad Match)*

Dies ist die Standardeinstellung bei Google AdWords. Das heißt, wenn Sie keine anderen Einstellungen vornehmen, sind Ihre Keywords als weitgehend passend definiert. Eine Anzeigenschaltung wird auch ausgelöst, wenn Ihr Keyword weitgehend mit der Suchanfrage eines Benutzers übereinstimmt. »Weitgehend« meint hier, dass sowohl der Singular als auch der Plural des Keywords möglich sind, Synonyme und andere Varianten des Keywords in Frage kommen und auch Ergänzungen sowie Änderungen in der Wortabfolge.

Empfehlenswert sind in der Regel Keywords, die aus mehreren Wörtern bestehen, da sie schon genauer beschreiben, was das Angebot beinhaltet. So sollten Sie, wenn Sie Reiseführer zu Frankreich verkaufen, nicht nur das Wort *Frankreich* als Keyword festlegen. Ihre Anzeigen können dann bei weitgehend passender Einstellung auch angezeigt werden, wenn Benutzer zum Beispiel nach *Politik in Frankreich*, *Käse Frankreich* oder *Schauspieler aus Frankreich* suchen.

Nehmen wir das Keyword *Reiseführer Frankreich*, das Sie beispielsweise für Ihre Kampagne festgelegt haben. Auch die Suchanfragen *Reiseführer für Frankreich*, *Reiseführer Frankreich kaufen*, *Frankreich Reiseführer*, *Ich suche Reiseführer Frankreich*, *Reiseführer Frankreich und Bretagne*, *Reiseführer*, *Reiseplanung Frankreich* und ähnliche können eine Anzeigenschaltung auslösen. Folgende Vor- und Nachteile dieser Keyword-Option sollten Ihnen bewusst sein:

Vorteilhaft ist, dass Ihre Anzeigen auch bei Varianten und Synonymen Ihres Keywords geschaltet werden können, an die Sie bei Ihrer Keyword-Recherche möglichweise nicht gedacht haben, die aber durchaus relevant sind. Ihr Rechercheaufwand ist daher vermutlich geringer. Durch die vermehrte Anzeigenschaltung erzielen Sie zahlreiche Impressions und unter Umständen auch mehr Klicks.

Sie sollten aber auch folgende, nachteilige Punkte bedenken: Sie gehen ein erhöhtes Risiko ein, mehr für Ihre Anzeigen zahlen zu müssen. Bei dieser Keyword-Option kann unter Umständen auch der Begriff *Frankreich* oder *Frankreich Urlaub* eine Anzeigenschaltung auslösen. Die Klickpreise für die Thematik *Urlaub* können ganz anders aussehen, nämlich teurer, als das Thema *Reiseführer*. Google kann hier aber nicht unterscheiden.

Zudem kann bei der weitgehend passenden Einstellung für Ihr Keyword *Reiseführer Frankreich* unter Umständen auch bei der Suchanfrage *Reiseführer Italien* Ihre Anzeige ausgelöst werden, was in Fachkreisen unter dem Namen *Expanded Broad Match* bzw. *Extended Broad Match* bekannt ist.

Die Keyword-Option »weitgehend passend« liefert Ihnen mit hoher Wahrscheinlichkeit mehr Impressions und möglicherweise auch mehr Klicks. Die Benutzer, die auf Ihre Landing Page kommen, sind aber deutlich weniger zielgerichtet. Somit fallen für Sie unnötige Klickkosten an, da Sie höhere Streuverluste in Kauf nehmen müssen.

Möglicherweise fallen auch keine oder weniger Klicks an. Bleiben wir bei unserem Beispiel *Reiseführer Frankreich*. Benutzer, die gezielt nach einem Reiseführer suchen, werden wohl weniger auf eine Anzeige für Urlaub klicken. Wenn nicht geklickt wird, fallen für Sie auch keine Klickkosten an. Bedenken Sie aber, dass die CTR (Click-Through-Rate) bei exakten Übereinstimmungen in die Berechnung des Qualitätsfaktors einfließt. AdWords schaltet Anzeigen nicht mehr, die für eine Variation eines Keywords angezeigt wurden und eine niedrige CTR haben. Somit können unnötig viele, aber auch wenige Klicks nachteilig für Ihre Kampagne sein.

Ihre Anzeigentexte können nicht mehr so genau mit der Suchanfrage übereinstimmen, wenn Sie eine Vielzahl an Keyword-Varianten zulassen. Dies kann sich beträchtlich auf die Klickrate auswirken, denn Benutzer klicken eher auf Anzeigen, die gut zu ihrer Suchanfrage passen.

Die Konkurrenz schläft nicht. Seien Sie sich also nicht zu sicher, dass Ihre Anzeigen bei der Vielzahl an Möglichkeiten immer geschaltet werden. Stehen andere Advertiser mit genaueren oder besser passenden Keywords zur Verfügung, werden diese Anzeigen vom AdWords-System geschaltet. Darüber hinaus sind die Daten zur Auswertung weniger genau, als wenn Sie die einzelnen Varianten selbst als Keywords definiert hätten.

---

### Der Broad Match Modifier

Mit dieser Neuerung haben Werbetreibende die Möglichkeit, die Auslieferung Ihrer weitgehend passenden Keywords besser anzupassen. Die sehr weitgefassten *Broad-Match*-Keywords können auch Anzeigen bei weniger gut passenden Suchanfragen auslösen. Die Lösung soll nun der sogenannte *Broad Match Modifier* liefern: Mit einem Pluszeichen versehen, wird aus dem Schlüsselbegriff ein modifiziert weitgehend passendes Keyword. Das bedeutet, dass Synonyme und weitere Begriffe nicht mehr vom AdWords-System verwendet werden, wohl aber weiterhin Falschschreibweisen, Abkürzungen, Ein- und Mehrzahl, Wortstamm und Akronyme. Verwenden Sie beispielsweise das Keyword *+Hose bestellen*, so ist der Begriff *Hose* modifiziert weitgehend passend.

*Hosen bestellen* würde somit eine Anzeigenschaltung auslösen (Singular und Pluralformen sind ja weiterhin zulässig) ebenso *Hose kaufen* (denn bestellen ist nicht mit einem Pluszeichen versehen, wodurch weiterhin auch Synonyme verwendet werden können). Die Suchanfrage *Shorts bestellen* würde nicht zu einer Anzeigenschaltung führen.

---

### Passende Keywords (Phrase Match)

Wenn Sie sich dafür entscheiden, Ihre Keywords etwas genauer zu bestimmen, können Sie die Keyword-Option »PASSENDE WORTGRUPPE« verwenden. Dazu setzen Sie einfach Anführungszeichen um Ihre Keywords. Das AdWords-System erkennt dann, dass eine Anzeigenschaltung nur ausgelöst werden soll, wenn Ihr Keyword genau in der Reihenfolge gesucht wird. Egal ist dabei, ob davor oder danach noch weitere Wörter eingegeben werden. Synonyme und Varianten des Keywords werden bei dieser Einstellung nicht mehr zugelassen. In unserem Beispiel würde hier also eine Anzeigenschaltung ausgelöst, wenn Benutzer nach *Reiseführer Frankreich 2010* oder *neuer Reiseführer Frankreich* suchen, nicht aber, wenn die Suchanfrage *Bücher Frankreich* oder *Frankreich Urlaub* lautet.

Mit dieser Keyword-Option können Sie also Ihre Anzeigenschaltung besser kontrollieren. Sie müssen sich aber bewusst machen, dass Sie bei der Keyword-Recherche mehr Vorarbeit leisten müssen, um möglichst viele relevante Suchanfragen abzudecken. Sie müssen daher Pluralformen, Synonyme und Falschschreibungen selbst definieren. Die höhere Zeitinvestition kann sich aber durchaus auszahlen.

### Genau passende Keywords (Exact Match)

Wie der Name vermuten lässt, stellen Sie mit der Keyword-Option »genau passend« sicher, dass Ihre Anzeigen nur ausgeliefert werden, wenn Ihre Keywords mit der Suchanfrage exakt übereinstimmen. Wenn Sie diese Option wählen möchten, dann setzen Sie Ihr Keyword in eckige Klammern. Auf Ihrer Tastatur müssen Sie dazu `AltGr`+`8` bzw. `AltGr`+`9` drücken.

Die Eingrenzung ist die genauste. Wenn Sie also Ihr Keyword mit `[Reiseführer Frankreich]` definieren, können Sie sicher sein, dass Ihre Anzeige nur ausgeliefert wird, wenn jemand genau nach *Reiseführer Frankreich* sucht. Die Reihenfolge der Wörter muss exakt übereinstimmen, davor und danach dürfen keine weiteren Begriffe stehen. Schreibfehler, Ergänzungen oder Auslassungen lösen keine Anzeigenschaltung aus. Wichtig zu wissen: Das AdWords-System ignoriert, wie bei allen Keyword-Optionen, die Groß- und Kleinschreibung.

Sie erhalten mit dieser Keyword-Option im Vergleich zu den anderen die wenigsten Impressions, können sich aber sicher sein, dass Sie sehr zielgerichtet Benutzer erreichen. Darüber hinaus können Sie Ihre Anzeigentexte deutlich besser auf Ihre Keywords abstimmen und höhere Klickraten erzielen.

### Ausschließende Keywords (Negative Match)

Sie können auch verhindern, dass Ihre Anzeigen für bestimmte Begriffe geschaltet werden. Machen Sie sich also Gedanken darüber, wann Ihre Anzeigen nicht geschaltet werden sollen. Für diese Einstellung verwenden Sie das Minuszeichen vor Ihrem Keyword. Wenn Sie beispielsweise Reiseführer für Frankreich verkaufen, dann können Sie Begriffe wie *Roman* und *Comic* ausschließen. Auch andere Länder wie *Spanien*, *Türkei* etc. machen Sinn, wenn sich Ihr Angebot ausschließlich auf Frankreich bezieht. Gleiches gilt für die Begriffe *ausleihen* und *Verleih*. Das Ausschließen von Marken und Produkten kann ebenso sinnvoll sein, um nur die Benutzer anzusprechen, die nach Alternativen suchen. Wörter wie *gratis*, *umsonst* und *kostenlos* sollten Sie ausschließen, wenn Sie Ihre Waren verkaufen – diese Suchenden können Sie nicht bedienen.

Kennen Sie sogenannte *Teekesselchen*? Das sind Wörter mit der gleichen Bezeichnung, aber einer unterschiedlichen Bedeutung, wie zum Beispiel der »Käfer«. Er kann einerseits ein Tier oder auch ein Auto bezeichnen. Das gleiche Prinzip sollten Sie auch bei Ihren ausschließenden Keywords berücksichtigen. Gibt es Begriffe, die vielleicht etwas völlig anderes meinen könnten? In unserem angeführten Beispiel sollten Sie als Autoverkäufer zum Beispiel die Wörter *Tier* und *Insekt* ausschließen, da sie nicht in Verbindung mit Ihrem Angebot stehen. Zudem ist es ratsam, Suchanfragen zu Ihren gesammelten Keywords zu machen. Produkte und Dienstleistungen, die dann beworben werden, aber nicht zu Ihrem Angebot passen, sollten Sie in Ihrer AdWords-Kampagne als ausschließende Keywords eingeben.

Haben Sie bereits eine Google AdWords-Kampagne, können Sie mit der Auswahl SUCHBEGRIFFE ANZEIGEN unter dem Tab KEYWORDS herauslesen, mit welchen Suchanfragen Benutzer Ihre Anzeigen gesehen haben. Diese Informationen können Sie sowohl zum Hinzufügen als auch zum Ausschließen von Keywords verwenden.

Ausschließende Keywords sind sowohl bei weitgehend passenden (Broad Match) und auch bei passenden (Phrase Match) Keywords möglich. Sie kommen nicht bei exakten Keywords (Exact Match) zum Tragen, da diese per Definition keine Zusätze erlauben. Die ausschließenden Keywords können selbst wieder als weitgehend passend, passend oder exakt definiert werden.

Das Motto sollte lauten: keine Kampagne ohne ausschließende Keywords. Durch ausschließende Keywords können Sie unnötige Anzeigenschaltungen vermeiden. Sie ersparen sich Klicks von einer Zielgruppe, die Sie nicht bedienen können, und können somit die Qualität Ihrer Kampagne deutlich steigern. Sie sollten daher gezielt ausschließende Keywords festlegen.

---

**Eselsbrücke für die Keyword-Optionen**

Wenn Sie sich die verschiedenen Keyword-Optionen nur schlecht merken können, hier eine kleine Eselsbrücke: Je mehr Sie das Keyword mithilfe von Satzzeichen (Anführungszeichen, eckige Klammern) eingrenzen, desto genauer ist Ihr Keyword definiert. Wenn Sie gar kein Satzzeichen verwenden, ist die Anzeigenschaltung auch möglich, wenn das Keyword in Singular- oder Pluralform gesucht wird, wenn Synonyme oder andere Varianten als Suchanfrage eingegeben werden oder bei unterschiedlicher Reihenfolge der Wörter. Grenzen Sie Ihr Keyword mit Anführungszeichen ein, dann ist es schon etwas genauer definiert, d. h., Ihre Anzeigen werden dann geschaltet, wenn Ihr Keyword in gleicher Reihenfolge gesucht wird – davor und danach können weitere Begriffe stehen. Ihr Keyword ist am exaktesten festgelegt, wenn Sie es mithilfe von eckigen Klammern kennzeichnen. Eine Anzeige wird nur geschaltet, wenn Ihr Schlüsselbegriff buchstaben- genau so gesucht wird.

▶ *Reiseführer Frankreich* = weitgehend passend, Broad Match

▶ *"Reiseführer Frankreich"* = passend, Phrase Match

▶ *[Reiseführer Frankreich]* = genau passend, Exakt Match

In Abbildung 11.33 sehen Sie noch einmal auf einen Blick, wie sich die Keyword- Optionen auf die gewünschte Zielgruppe auswirken.

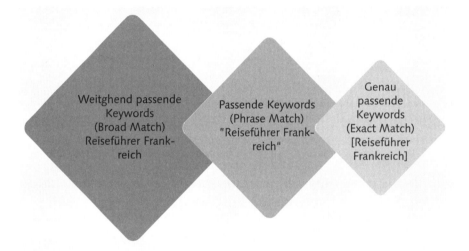

**Abbildung 11.33** Auswirkungen der Keyword-Optionen auf die Zielgruppenansprache

Wenn Sie sich nicht sicher sind, welche Keyword-Option für Sie am geeignetsten ist, dann sei Ihnen empfohlen, alle Keyword-Optionen auszuprobieren. Anhand der jeweiligen Klickraten können Sie ablesen, welche Einstellungen für Sie am sinnvollsten sind.

### Falschschreibweisen

Viele Benutzer vertippen sich bei ihrer Suchanfrage, anderen scheint die Schreib- weise auch weniger wichtig zu sein, wird doch von Google mit *Meinten Sie* auch die vermeintlich richtige Schreibweise angezeigt. Daher kann es für Sie als Google AdWords Advertiser sinnvoll sein, absichtlich auch Falschschreibweisen als Keyword festzulegen und sich nicht auf die Keyword-Option »WEITGEHEND PASSEND« zu verlassen.

Wenn Sie beispielsweise die Falschschreibweise *Reisführer* statt *Reiseführer* als Keyword festlegen, dann ist die Übereinstimmung mit der fehlerhaften Suchanfrage höher als bei dem weitgehend passenden Keyword *Reiseführer*. Hier ist aber oftmals der Einzelfall zu betrachten, denn die unterschiedlichen Schreibweisen können sich auf die Klickrate auswirken. Dann kann man zum Beispiel mit einer Anzeigengruppe nur für Falschschreibweisen arbeiten.

### Gesetze und Richtlinien

Wir haben Ihnen in den vorangegangenen Abschnitten gezeigt, wie Sie eine Keyword-Liste zusammenstellen und strukturieren. Außerdem haben Sie gelernt, welche Keyword-Optionen Ihnen zur Verfügung stehen. Es gibt nun noch rechtliche Aspekte in Verbindung mit Keywords, die Sie wissen sollten.

Es kam in der Vergangenheit immer wieder die Frage auf, ob die Verwendung von Markennamen, beispielsweise die der Konkurrenz, als Keyword rechtlich zulässig sei. Darf also beispielsweise *Pepsi Cola* mit dem Keyword *Coca Cola* werben, oder liegt hier eine Markenverletzung oder ein Wettbewerbsverstoß vor? Rechtlich gesehen ist beides möglich, und die Gerichte entschieden in der Vergangenheit unterschiedlich.

Seit dem 14. September 2010 ist es nun nach den neuen Markenrichtlinien von Google für Europa, die auf der Entscheidung des Europäischen Gerichtshofes basieren, möglich, Markennamen als Keywords zu verwenden, auch wenn es nicht der eigene Markenname ist. Bedenken Sie bei der Keyword-Option »WEITGEHEND PASSEND«, dass das AdWords-System eventuell auch konkurrierende Marken nennen kann.

Sollten Sie nun feststellen, dass ein Konkurrent mit Ihrem Markennamen wirbt (also sogenanntes *Brand Bidding* betreibt), können Sie sich mit einer Markenbeschwerde an Google wenden.

### Strukturierung der Kampagne

Angenommen, Sie haben eine Liste mit für Ihr Angebot relevanten Keywords zusammengestellt. Es wäre nun nicht ratsam, eine Anzeigengruppe zu erstellen und die komplette Keyword-Liste dort zu hinterlegen. Denn ein auf die Suchanfrage abgestimmter Anzeigentext ist enorm wichtig und wirkt sich auf Ihre Klickrate und den Qualitätsfaktor aus. Wenn Sie alle Keywords in eine Anzeigengruppe legen, wird sich dies nicht unbedingt vorteilhaft auf Ihre Kampagnenergebnisse auswirken. Wir empfehlen Ihnen daher das sogenannte *Siloing*: Unterteilen Sie Ihre zusammengestellte Keyword-Liste in unterschiedliche Themenwelten bzw. Silos.

Wie wir schon am Beispiel eines Computerhändlers erwähnt haben, sollten Sie, wenn Sie beispielsweise im Immobilienbereich tätig sind, eine Anzeigengruppe für Ihre Wohnungsangebote, eine für Ihre Häuser und noch eine weitere für Ihre Angebote rund um den Umzug anlegen. Betreiben Sie einen Online-Shop, so können Sie sich gut an Ihren Produktsparten orientieren. Für Ihre Anzeigengruppe zum Thema Wohnung können Sie nun viel passendere Anzeigentexte entwickeln.

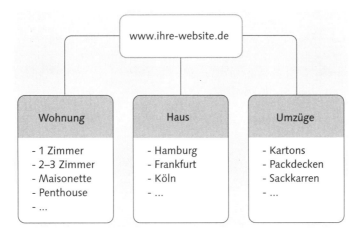

**Abbildung 11.34**  Siloing: Strukturieren Sie Ihre Kampagne nach Themenbereichen

Dies mag vielleicht auf den ersten Blick sehr zeitaufwendig aussehen, aber bedenken Sie, dass eine gute Kampagenstruktur Ihre Kosten gering halten kann.

Schauen wir uns also im Folgenden an, wie Sie ansprechende Anzeigentexte formulieren und welche Anzeigenformate zur Verfügung stehen.

### 11.2.6   Die Anzeigen

Der nächste Schritt auf dem Weg zu Ihrer AdWords-Kampagne besteht in der Formulierung Ihrer Anzeigentexte. Damit Ihre Kampagne geschaltet werden kann, genügt bereits eine einzige Anzeige. Es ist aber empfehlenswert, gleich mehrere Anzeigentexte für Ihre Werbebotschaft zu formulieren. Die klassische Anzeigenvariante ist die Textanzeige. Weitere mögliche Anzeigenformate erklären wir Ihnen auf den folgenden Seiten.

#### Die Textanzeige

Textanzeigen können sowohl im Such- und im Display-Netzwerk als auch bei Google Maps verwendet werden. Wenn Sie in Ihrem AdWords-Konto auf Neue Anzeige klicken (Kampagnen • Anzeigen • Neue Anzeige • Textanzeige) und die

Auswahl TEXTANZEIGE wählen, gelangen Sie zu einer Eingabemaske für Ihre Textanzeige (siehe Abbildung 11.35).

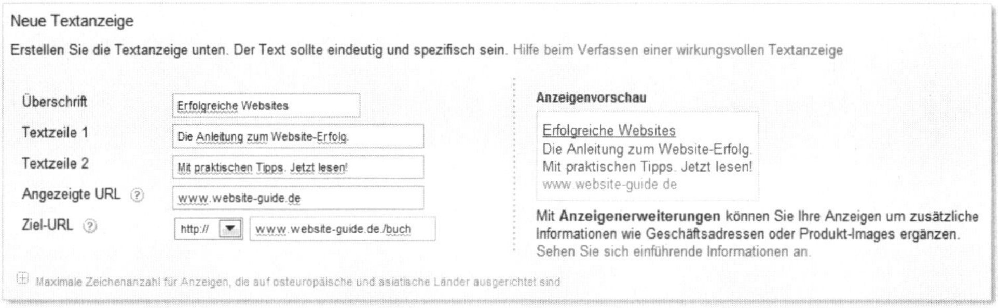

**Abbildung 11.35**  Eingabemaske für Textanzeigen im Google AdWords-Konto

Wie Sie sehen, besteht eine Textanzeige aus vier Zeilen: einer Überschrift, zwei
beschreibenden Textzeilen und einer sogenannten Anzeigen-URL bzw. angezeigten URL. Alle Zeilen haben eine Buchstabenbegrenzung. So darf die Überschrift
bei deutschsprachigen Anzeigen aus maximal 25 Zeichen bestehen, die beiden
folgenden Textzeilen dürfen nicht länger als jeweils 35 Zeichen sein, und die
Anzeigen-URL darf die Begrenzung von 35 Zeichen nicht überschreiten. Die Zeichenbegrenzung kann je nach ausgewählter Sprache variieren.

Praktischerweise zeigt Ihnen die Eingabemaske direkt bei der Erstellung der
Anzeigentexte einen Balken neben dem Eingabefeld an, der sich mit jedem weiteren Buchstaben füllt und Ihnen somit zeigt, wie viele Zeichen Sie noch eingeben können. Darüber hinaus wird Ihnen die Anzeige, wie Sie sie gerade eingegeben haben, direkt daneben als Vorschau angezeigt. Zusätzlich zu diesen vier
Eingaben legen Sie noch die Ziel-URL fest. Sie darf die Anzahl von 1024 Zeichen
nicht überschreiten.

**Häufige Fehler vermeiden: Relevante Ziel-URLs angeben**

Achten Sie bei der Angabe von Ziel-URLs darauf, dass Sie dem Benutzer möglichst das
liefern, was er sucht. Angenommen, Sie verkaufen Schuhe und Ihre Anzeige wird für das
Keyword *schwarze Gummistiefel* ausgeliefert. Ein Benutzer klickt auf Ihre Anzeige. Was
denken Sie, wird er auf der Zielseite erwarten? Richtig, schwarze Gummistiefel.

Leiten Sie den Suchenden hingegen auf die Startseite Ihres Online-Shops, wird er zu
Recht verärgert sein. Er hat schließlich schon deutlich gemacht, was er sucht, und ist
nun gezwungen, sich durch Ihren Shop zu klicken, bis er die schwarzen Stiefel gefunden
hat. Nicht verwunderlich ist daher, dass viele Benutzer an dieser Stelle die Website wieder verlassen. Vermeiden Sie hier den häufigen Fehler, und stellen Sie unbedingt sicher,
dass Sie eine passende Zielseite auswählen. In manchen Fällen, zum Beispiel bei sehr

relevanten Keywords in Ihrer Kampagne, kann es sinnvoll sind, eigens für Ihre Anzeigen sogenannte Landing Pages, also Zielseiten zu erstellen. Mehr zu diesem Thema erfahren Sie in Kapitel 17, »Aus Besuchern Käufer machen – User konvertieren«.

### Anzeigen- und Ziel-URL

Was ist nun der Unterschied zwischen der Anzeigen- und der Ziel-URL? Während die Anzeigen-URL, wie der Name vermuten lässt, direkt in der Anzeige zu sehen ist, legen Sie mit der Ziel-URL fest, auf welche Website die Benutzer gelangen, wenn sie auf Ihre Anzeige klicken. Ziel-URL und Anzeigen-URL müssen nicht exakt übereinstimmen. Die Anzeigen-URL muss noch nicht einmal real existieren.

---

**Übereinstimmung von Domain- und Zieladresse**

Die Bezeichnung URL bedeutet *Uniform Ressource Locator* und ist die Adresse für eine bestimmte Website. Sie setzt sich in der Regel aus der Subdomain (*www*), der Domain (*ihr-webshop*) und der Top Level Domain (*.de*) zusammen und sieht beispielsweise so aus: *www.ihr-webshop.de*. Als Ziel-URL in Ihrem AdWords-Konto können Sie existierende Websites angeben, die genauer auf Ihr Angebot leiten, beispielsweise: *www.ihr-webshop.de/angebot*. Derartige Ziel-URLs sehen zum Teil sehr kryptisch aus oder sind extrem lang (z. B. *www.ihr-webshop-de/angebot/kampagne_januar2010.html?id=98765*). Aus diesem Grund können Sie im AdWords-Werbeprogramm Anzeigen-URLs angeben, die beispielsweise so aussehen: *www.ihr-webshop.de/kampagne2010*. Sie dürfen zwar eine andere Subdomain verwenden, die **Domain und Top Level Domain müssen aber gleich sein**.

---

Warum ist das sinnvoll? Stellen Sie sich vor, Sie betreiben einen Online-Shop und verkaufen Sommerkleider. Sie möchten Ihren potenziellen Kundinnen deutlich machen, dass sie mit dem Kick auf die Anzeige direkt auf die Sommerkleider und nicht auf die Startseite Ihres Online-Shops gelangen, denn Sie wissen, dass das Ihre Kundinnen abschrecken könnte. Daher wählen Sie als Anzeigen-URL zum Beispiel: *www.ihr-webshop.de/sommerkleider*, auch wenn diese URL in Ihrem Online-Shop nicht existiert. Derartige URLs werden auch *sprechende URLs* genannt. Als Ziel-URL geben Sie die tatsächliche Website-URL an, die die Klickenden direkt zu den Sommerkleidern leitet. Diese Ziel-URL kann beispielsweise so aussehen:

*www.ihr-webshop.de/mode/damen/produkt 12345/detail.*

Google hat für die Ziel-URLs einige *Richtlinien* festgelegt, die zu berücksichtigen sind: So müssen die Inhalte der Zielseite verfügbar sein, die Seite darf sich nicht im Aufbau oder Umbau befinden, denn Sie können sicher nachvollziehen, dass derartige Zielseiten für die Benutzer nicht zufriedenstellend sind. Die Zielseite sollte zur Anzeige passende Inhalte liefern. Ebenso muss die Zielseite voll funktionsfähig sein, aber das sollten Sie auch aus eigenem Interesse sicherstellen, da Sie sonst für Klicks bezahlen müssen, die Ihnen keinen Wert generieren.

Die Zielseite muss in einem Browserfenster geöffnet werden können, ohne dass andere Programme, wie beispielsweise der Acrobat Reader, verwendet werden müssen. PDF-Dokumente können aber dennoch auf der Zielseite angegeben werden. Darüber hinaus muss der Benutzer über den ZURÜCK-Button des Browsers wieder auf die Ausgangsseite gelangen können. Sogenannte Pop-Up- und Pop-Under-Fenster (weitere Browserfenster, die sich über oder unter dem bereits geöffneten Browserfenster öffnen) sind nicht erlaubt. Diese Vorgaben werden von Google automatisch geprüft. Ihre Anzeigen werden nicht geschaltet, sollten Sie sich nicht an diese Richtlinien halten.

Wenn Sie sich tiefer mit den Richtlinien von Google AdWords zu Ziel-URLs auseinandersetzen möchten, können Sie diese beispielsweise unter HILFE in Ihrem AdWords-Konto nachlesen.

### Texten für das Netz

Wie Sie bereits im vorherigen Abschnitt erfahren haben, sind die Anzeigentexte auf eine gewisse Zeichenanzahl beschränkt. In Deutschland stehen Ihnen also nur maximal 95 Zeichen zur Verfügung, um Ihre Werbebotschaft so gut wie möglich zu kommunizieren und Ihre Anzeige so attraktiv zu gestalten, dass Suchende darauf klicken. Falls Sie bisher noch keine Anzeigentexte formuliert haben, werden Sie mit hoher Wahrscheinlichkeit noch vor dem Problem stehen, dass Sie sich einen Anzeigentext überlegt haben, dieser aber um nur wenige Zeichen die Begrenzung überschreitet. Ihnen bleibt dann nichts anderes übrig, als sich neue Formulierungen zu überlegen. Sie sollten also so präzise wie möglich Ihre Anzeigentexte gestalten. »Kurz und knackig« lautet dabei die Devise.

Sie haben also mit wenig Platz zu kämpfen und müssen innerhalb von Sekundenbruchteilen die Aufmerksamkeit der Suchenden auf Ihre Anzeige ziehen. In Abbildung 11.36 sehen Sie Werbeanzeigen für die Suchanfrage *Brille*.

Sie sehen, einige Anzeigen fallen eher ins Auge, weil sie das Keyword *Brille* beinhalten, das zudem noch fett dargestellt ist. Wie schaffen Sie es nun, mit Ihren Anzeigen möglichst viel Aufmerksamkeit zu erzielen? Dieser Frage widmen wir uns auf den nächsten Seiten.

**Abbildung 11.36** Suchanfrage »Brille« am 17.12.2010

### Der Anzeigentitel

Im Vergleich zu den beschreibenden Textzeilen wird der Anzeigentitel Untersuchungen zufolge etwa fünfmal so häufig gelesen. Er wird wie ein Link blau und unterstrichen dargestellt. Mit einem guten Titel können Sie also mehr Aufmerksamkeit erreichen und damit Ihre potenzielle Zielgruppe besser ansprechen. Bedenken Sie, dass Sie mit Ihrer Anzeige sowohl gegen die organischen Suchergebnisse als auch – sofern vorhanden – gegen die Anzeige Ihrer Konkurrenz antreten und um die Aufmerksamkeit des Benutzers buhlen. Überlegen Sie sich daher den Anzeigentitel sehr genau; er kann der Weg zu Ihrem nächsten Kunden sein. Bieten Sie einen Titel, der seinem Suchbedürfnis entspricht, indem Sie das Keyword aufgreifen.

Wie Sie noch in detaillierter Form in den folgenden Abschnitten erfahren werden, stellt Google im Anzeigentext enthaltene Keywords fett dar. Das erhöht die Aufmerksamkeit bei den Suchenden enorm. Stellen Sie daher wenn möglich Ihr Keyword an den Titelanfang. Zudem haben Sie die Option, Ihr Keyword automatisch in Ihren Anzeigentext zu integrieren. Auf die sogenannte *Dynamic Keyword Insertion* gehen wir noch genauer ein.

Wie Sie in Abbildung 11.37 sehen, schafft es die *Migräne-Klinik* auf die Top-Position über den organischen Suchergebnissen. Hier ist das Keyword *Kopfschmerzen* im Titel (und im Anzeigentext) enthalten und fett dargestellt.

Anders hingegen schaltet *biolectra-magnesium.de* hier eine Anzeige, die zunächst keinen Zusammenhang mit der Suchanfrage erkennen lässt. Dies wird sich wahrscheinlich in der Klickrate bemerkbar machen.

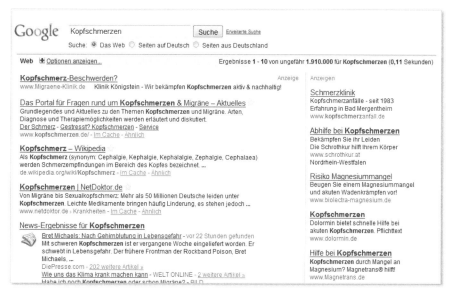

**Abbildung 11.37** Suchergebnisse für das Keyword »Kopfschmerzen« am 27.04.2010

Überlegen Sie sich eine klare Werbebotschaft. Je nachdem, was Sie mit Ihrer Anzeige erreichen möchten, können Anzeigentitel beispielsweise wie folgt formuliert sein:

▸ Daten und Fakten (z. B. Auszeichnungen)

▸ Provokante Anzeigentitel (z. B. »Deprimiert?«)

▸ Versprechen und Garantien (z. B. »Waschbrettbauch in 6 Wochen«)

▸ Warnungen (z. B. »Vorsicht vor Billigwaschmittel«)

▸ Aufforderungen (z. B. »Jetzt Traummann finden«)

### Der Anzeigentext

Ist ein Keyword im Anzeigentext enthalten, werden Sie sehr wahrscheinlich eine bessere Klickrate erreichen. Machen wir uns die logische Konsequenz einmal deutlich: Ein Benutzer gibt beispielsweise in der Suchmaschine die Suchanfrage

*Immobilien München* ein. Nehmen wir einmal an, dass Sie in der Immobilienbranche tätig sind und für dieses Keyword AdWords-Anzeigen schalten. Ein Benutzer wird wohl eher auf eine Anzeige klicken, deren Text auch *Immobilien München* enthält, als auf eine Anzeige, die beispielsweise *Eigentumswohnungen und mehr* verspricht. Versuchen Sie somit eine direkte Verbindung zwischen Suchanfrage und Ihrer Anzeige zu schaffen. Verwenden Sie nun Ihre Keywords im Anzeigentext, profitieren Sie nicht nur durch erhöhte Aufmerksamkeit (denn die Begriffe werden fett dargestellt), sondern wahrscheinlich auch von einer höheren Klickrate. Um den Faden weiterzuspinnen: Die Klickrate wiederum fließt in den Qualitätsfaktor (siehe Abschnitt 11.2.8, »Die Kosten«) ein. Der Qualitätsfaktor ist mitverantwortlich für die Anzeigenposition. Zudem spielt die Klickrate auch eine Rolle, wenn es um die Klickpreise geht. Hier können Sie also Ihre Kosten senken.

**Abbildung 11.38** Einfluss des Anzeigentextes auf die Klickrate und den Kampagnenerfolg (eigene Darstellung in Anlehnung an Optimierungstipps von Google)

Es lohnt sich also, Zeit in die Formulierungen der Anzeigentexte zu investieren, denn selbst kleine Veränderungen im Anzeigentext können große Wirkung zeigen. Bedenken Sie bei der Verwendung von (Produkt-)Namen, dass unbekannte Namen, Marken und Domains weniger gesucht werden. Hier ist es sinnvoller, den Schwerpunkt auf den Produktnutzen zu legen und spezielle Angebote oder Verkaufsargumente (wie Rabatte, Aktionen etc.) zu benennen. Auch Preise können erwähnt werden. Versuchen Sie, dem Benutzer möglichst viele Informationen zu Ihrem Angebot zur Verfügung zu stellen. So können Sie Ihre Zielgruppe schon mit dem Anzeigentext genauer einkreisen: Suchende, die mit einem Preis, der im Anzeigentext angegeben ist, nicht einverstanden sind oder Gratis-Produkte suchen, werden nicht auf Ihre Anzeige klicken.

Gute AdWords-Anzeigen beinhalten neben dem Zusammenhang mit der Suchanfrage oftmals in der ersten Textzeile ein Produktversprechen bzw. Produktvorteile (zum Teil auch mit Zahlen belegt, wie »50 % Rabatt« etc.) und in der zweiten

Textzeile eine Handlungsaufforderung, die auch als Call-to-Action« bezeichnet wird. Diese Aufforderung kann beispielsweise durch die Wörter *kaufen*, *bestellen*, *anmelden*, *suchen*, *informieren* oder ähnliche ausgedrückt werden.

### Die Anzeigen-URL

Die letzte Zeile Ihrer Textanzeige besteht aus Ihrer Anzeigen-URL. Den Unterschied zwischen Anzeigen- und Ziel-URL haben Sie bereits kennengelernt. Die Anzeigen-URL ist also nicht zwangsläufig die Seite, auf die der Benutzer nach dem Klick geleitet wird, sondern diejenige, die innerhalb Ihrer Anzeige zu sehen ist.

Nach dem Anzeigentitel ist die Anzeigen-URL die Zeile, die die meiste Aufmerksamkeit der Benutzer auf sich zieht. Auch hier gilt: Wählen Sie die Anzeigen-URL mit Bedacht. Wenn es Ihnen möglich ist, sollten Sie auch in der Anzeigen-URL Ihr Keyword verwenden. Wie bereits gesagt, erlaubt es Google, die Anzeigen-URL in veränderter Form anzugeben. Besonders wichtig: Geben Sie eine Ziel-URL an, die den Benutzer direkt auf das Angebot, die Dienstleistung oder die Information führt, die er über seine Suchanfrage deutlich gemacht hat. Damit bietet Ihnen Google die Chance, den Suchenden die Unsicherheit zu nehmen, auf die Anzeige zu klicken. Zudem können Sie die Anzeigen-URL nutzen, um Sonderaktionen aufzugreifen; z. B. mit *www.ihre-website.de/gewinnspiel*.

In Abbildung 11.39 sehen Sie die Google-Ergebnisse zu der Suchanfrage »Reiseführer Frankreich«.

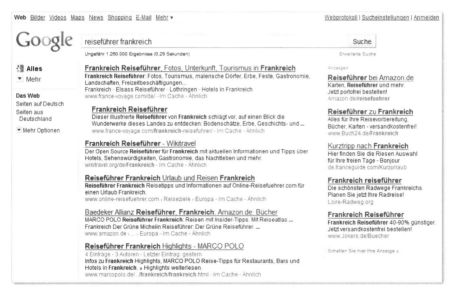

**Abbildung 11.39** AdWords-Anzeigen zur Suchanfrage »Reiseführer Frankreich« vom 01.06.2010

Wie Sie sehen, hat es keiner der Advertiser mit seiner Anzeige auf die Top-Position über den organischen Suchergebnissen geschafft; es gibt fünf AdWords-Anzeigen im rechten Seitenbereich. Während die dritte Anzeige einen Kurztrip nach Frankreich bewirbt und wenig auf die Suchanfrage eingeht, hat Amazon zwar das Thema Reiseführer aufgegriffen, aber nicht speziell für Frankreich. Die anderen drei Anbieter verwenden das Keyword (wenn auch zum Teil in geänderter Reihenfolge) im Anzeigentitel und passen daher genauer zur Suchanfrage. Buch24.de stellt zwar den Vorteil der versandkostenfreien Lieferung heraus, gibt aber keine klare Handlungsaufforderung. Loire-Radweg.org gelingt dies schon besser, allerdings schafft es Jokers.de, die Suchanfrage in Titel und Anzeigentext zu erwähnen, einen Preisvorteil herauszustellen (»40–90 % günstiger«) und eine klare Handlungsaufforderung zu geben, die ebenfalls einen Vorteil beinhaltet (»Jetzt versandkostenfrei bestellen!«). Die Anzeigen-URL macht deutlich, dass es sich um ein Buch-Angebot handelt, auch wenn man bei Klick auf die Anzeige auf die Seite mit der URL *http://www.jokers.de/4/0300000/76404/laender-und-reisen/frankreich.html?com=Frankreich&wea=8007232* geleitet wird. Im Allgemeinen ist diese Anzeige also sehr gut gelungen.

### Google-Richtlinien zum Anzeigeninhalt

Google hat einige Richtlinien aufgestellt, die bei dem Verfassen von Textanzeigen eingehalten werden müssen. Die folgenden Punkte sind nur ein Auszug dieser Richtlinien. In der AdWords-Hilfe können Sie die Richtlinien vollständig nachlesen.

▶ Verwenden Sie korrekte Grammatik und Rechtschreibung sowie logische Inhalte. Eine Ausnahme stellen hier besonders häufige Falschschreibweisen oder Varianten von Schreibweisen dar.

▶ Satzzeichen dürfen nicht unnötig wiederholt werden. Ebenso sind Ausrufezeichen im Anzeigentitel nicht erlaubt. Es darf nur ein Ausrufezeichen innerhalb des gesamten Anzeigentextes enthalten sein.

▶ Nicht erlaubt sind unnötige Wiederholungen von Wörtern oder Wortgruppen.

▶ Zeichen wie Buchstaben, Zahlen und Symbole dürfen nur in ihrer allgemeinen Bedeutung verwendet werden. Beispielsweise wäre *2 S jetzt* für *Tu es jetzt* unzulässig.

▶ Seien Sie sparsam bei der Verwendung von Großschreibung. Übermäßige Großschreibung wie beispielsweise *GRATIS* ist unzulässig.

▶ Bei der Formulierung der Anzeige sollten Sie neben der Zeichenbeschränkung darauf achten, dass die dritte Textzeile nicht in die Anzeigen-URL übergeht bzw. diese einleitet, z. B. *»Kaufen Sie jetzt bei:« »www.Anzeigen-URL.de«*

▸ Akzeptiert werden vergleichende Werbeaussagen wie »Günstiger als« oder »Besser als« nur, wenn diese auf der Ziel-Seite entsprechend belegt werden. Dies kann beispielsweise durch Testergebnisse geschehen.

▸ Preisangaben oder Vergünstigungen, die im Anzeigentext erwähnt werden, müssen auf der Zielseite mit maximal zwei Klicks angezeigt werden.

▸ Bei der Verwendung von Superlativen, wie beispielsweise Nummer 1, muss dies auf der Zielseite von unabhängigen Dritten bestätigt werden. Kundenstimmen zählen nicht dazu.

▸ Beschimpfungen und Diskriminierungen sind nachvollziehbarerweise untersagt.

Darüber hinaus sind alle Inhalte verboten, die gewaltverherrlichend, anzüglich und/oder pornografisch sind. Glücksspiel, Waffen, Prostitution sind thematisch ebenso verboten wie Tabak-, Alkohol und Drogenkonsum.

### Abgelehnte Anzeigen

Beachten Sie, dass alle AdWords-Anzeigen vor der Schaltung von Google auf die Einhaltung der Google-Richtlinien geprüft werden. Die Google-Richtlinien für Anzeigen können Sie in der AdWords-Hilfe nachlesen. Sollten Ihre Anzeigentexte nicht den Vorgaben entsprechen, lehnt Google die Anzeigen ab. Sie können diese Anzeigen aufrufen, verbessern und in einem zweiten Versuch schalten.

Gehen Sie dazu auf KAMPAGNEN • ALLE ONLINE KAMPAGNEN • ANZEIGEN, und klicken Sie über der Statistiktabelle auf FILTER. Hier können Sie einen NEUEN FILTER erstellen. Im Menü können Sie dann FREIGABESTATUS wählen und ein Häkchen bei ABGELEHNT setzen (alle anderen Häkchen entfernen). Mit *Filter speichern* können Sie sich diesen Vorgang beim nächsten Aufruf sparen und den Filter wiederverwenden. Mit dem Klick auf ANWENDEN werden Ihnen die abgelehnten Anzeigen dargestellt (siehe Abbildung 11.40).

**Abbildung 11.40** Filter erstellen, um abgelehnte Anzeigen zu überprüfen

Wenn Sie den Grund für die Ablehnung erfahren möchten, klicken Sie auf das Sprechblasen-Symbol neben der Anzeige. Mit dem Stiftsymbol können Sie die Anzeige überarbeiten, danach müssen Sie auf SPEICHERN klicken. Die Statusanzeige ändert sich, und ÜBERPRÜFUNG STEHT AUS wird angezeigt, bis die Anzeige von Google freigegeben oder erneut abgelehnt wird.

### Anzeigenschaltung

Das AdWords-System bietet Ihnen zwei Varianten, wie Ihre Anzeigen ausgeliefert werden sollen: leistungsabhängig oder leistungsunabhängig (siehe Abbildung 11.41). Diese Einstellung finden Sie unter KAMPAGNENEINSTELLUNGEN BEARBEITEN.

**Abbildung 11.41**  Anzeigenschaltung: leistungsabhängig oder leistungsunabhängig

Während bei der leistungsunabhängigen Anzeigenschaltung alle aktiven Anzeigen einer Anzeigengruppe gleichmäßig oft geschaltet werden, ermittelt das Werbeprogramm bei der leistungsabhängigen Einstellung basierend auf der bisherigen Klickrate (CTR) und dem Qualitätsfaktor, welche Anzeigen am leistungsstärksten sind. Die leistungsabhängige Anzeigenschaltung ist die Standardeinstellung.

> **Tipp: Split-Testing**
>
> Bei der Formulierung der Anzeigentexte ist Kreativität gefragt. Schauen Sie sich ruhig die Anzeigen Ihrer Konkurrenten an, und lernen Sie von ihnen. Auch hier gilt: testen, testen, testen. Mit der Einstellung LEISTUNGSUNABHÄNGIGE ANZEIGENSCHALTUNG werden die Anzeigen gleich verteilt geschaltet, und Sie können ein sogenanntes *Split-Testing* durchführen: Schalten Sie beispielsweise pro Anzeigengruppe zwei unterschiedliche Anzeigen. Über die genaue Auswertung im Google AdWords-Konto können Sie schnell die Leistung der Anzeigen vergleichen. So ist es möglich, Ihre Anzeigen sukzessive zu verbessern. Sie sollten sich Ihre Testergebnisse notieren. Möglich ist auch die Schaltung von weiteren alternativen Anzeigentexten. Dies macht aber die Auswertung komplexer.
>
> Beginnen Sie bei Ihren Tests zunächst mit größeren, inhaltlichen Unterschieden. Sie können dann immer detaillierter werden. So hat sich gezeigt, dass sogar die Kommasetzung innerhalb eines Anzeigentextes die Leistung um ein Vielfaches steigern kann.

*Vorsicht*: Bei jeder noch so kleinen Änderung am Anzeigentext werden die bisherigen Leistungswerte auf null zurückgesetzt. Das bedeutet, Sie verlieren die Informationen über die bisherige Leistung der Anzeigentexte. Gleiches passiert auch bei Änderungen über den AdWords Editor (siehe Abschnitt 11.2.12).

### Aufmerksamkeit durch hervorgehobene Keywords

Beachten Sie bei der Erstellung Ihrer Textanzeigen, dass das AdWords-System im Text enthaltene Keywords fett darstellt. Wird beispielsweise das Keyword *roter Blumentopf* bei Google gesucht und Ihr Anzeigentext enthält genau dieses Keyword *roter Blumentopf*, dann werden diese beiden Begriffe fett angezeigt. Dies funktioniert nur bei exakter Übereinstimmung, nicht etwa bei *rote Blume* oder *blauer Blumentopf*. Es sei aber an dieser Stelle erwähnt, dass Google an dieser Funktion arbeitet und immer häufiger auch ähnliche Formen des Keywords fett hervorgehoben werden. Diese für den Benutzer nicht sichtbare grammatikalische Analyse nennt man auch *Word-Stemming,* und sie ist eine sehr empfehlenswerte Möglichkeit, mehr Aufmerksamkeit zu erzeugen (siehe Abbildung 11.42).

**Abbildung 11.42**   Mehr Aufmerksamkeit durch hervorgehobene Keywords erzeugen

**Platzhalter (Dynamic Keyword Insertion)**

Sie können in Ihren Anzeigentexten Variablen bzw. Platzhalter einfügen, und zwar sowohl im Titel und in den Textzeilen als auch in der Anzeigen-URL. In Fachkreisen wird hier auch von *Dynamic Keyword Insertion (DKI)* gesprochen. Diese Platzhalter werden mit geschweiften Klammern gekennzeichnet. Wenn Sie Windows benutzen, rufen Sie die geschweiften Klammern auf Ihrer Tastatur mit `AltGr`+`7` bzw. `AltGr`+`0` auf. Der Vorteil von Platzhaltern besteht darin, dass das AdWords-System hier in Echtzeit das Keyword einsetzt, das die Schaltung der Anzeige ausgelöst hat. Sie verwenden den Keyword-Platzhalter, indem Sie beispielsweise die Überschrift Ihrer Anzeige mit `{KeyWord:(Alternativbegriff)}` festlegen. Definieren Sie, wie in Abbildung 11.43, für die Überschrift `{Keyword:Notebook}`, dann wird das System zunächst versuchen, das Keyword einzusetzen, das die Anzeigenschaltung auslöst. Sollte dies nicht den Google-Vorgaben entsprechen und länger als 25 Zeichen sein, dann wird der alternative Text, in diesem Fall *Notebook* angezeigt.

**Abbildung 11.43** Beispiel für Platzhalter in einer AdWords-Textanzeige

Der AdWords-Platzhalter besteht also aus drei Elementen: der geschweiften Klammer, der Bezeichnung `KeyWord` und einem alternativen Text. Beachten Sie, dass die Dynamic Keyword Insertion nur funktioniert, wenn Sie diese Elemente richtig verwenden. Je nachdem, wie Sie den Befehl `Keyword` schreiben, wird auch Ihr Schlüsselwort integriert, d. h.:

▶ `{keyword: }` Alles wird kleingeschrieben.

▶ `{Keyword: }` Das erste Wort beginnt mit einem Großbuchstaben.

▶ `{KeyWord: }` Die Wörter beginnen mit Großbuchstaben.

Darüber hinaus funktionieren auch {KEYWord: } und {KEYWORD: }, wobei die letzte Variante mit Vorsicht zu genießen ist, da laut Google-Richtlinien die komplette Großschreibung nur eingeschränkt möglich ist.

Vor und nach dem Platzhalter können Sie weitere Wörter verwenden, in unserem Beispiel also `{KeyWord: Notebook} kaufen`. Sie sollten dabei aber darauf achten, dass es immer zu sinnvollen und grammatikalisch richtigen Varianten kommt, denn sonst ist die Wahrscheinlichkeit für einen Klick auf die Anzeige gefährdet.

Auch in der Anzeigen-URL ist die Verwendung eines Platzhalters möglich. So können Sie beispielsweise das Keyword nach Ihrer Domain anzeigen: `www.ihre-seite.de/{keyword:keyword}`. Beachten Sie hier aber, dass Umlaute in den Keywords durch kryptische Zeichen ersetzt werden, was nicht unbedingt zum Klicken einlädt und besser vermieden werden sollte.

Sie können beispielsweise eine Anzeigengruppe anlegen, die Sie »Platzhalter« nennen. In dieser Anzeigengruppe werden die Keywords hinterlegt, für die Ihre Anzeigen geschaltet werden sollen. In den Textanzeigen, die dieser Anzeigengruppe zugeordnet sind, arbeiten Sie dann mit den beschriebenen Platzhaltern.

Der Vorteil der Dynamic Keyword Insertion ist, dass die Suchanfrage dann direkt in Ihrer Textanzeige erscheint und zudem noch fett mehr hervorgehoben wird. Dies kann sich positiv auf die Klickraten Ihrer Anzeigen auswirken. Sie sollten dennoch vorsichtig mit dieser sehr effektiven Möglichkeit umgehen. Obwohl die Dynamic Keyword Insertion sowohl in der Überschrift als auch in den Textzeilen der Anzeige möglich ist, sollten Sie darauf achten, dass in jedem Fall sinnvolle Anzeigentexte entstehen. Es gibt immer wieder Beispiele von wenig durchdachter Verwendung von Platzhaltern. Wir haben Ihnen in Abbildung 11.44 einige »lustige« Beispiele zusammengestellt.

**Gallensteine**
Riesenauswahl zu Niedrigpreisen
Sicher bei eBay kaufen & verkaufen!
www.ebay.de

**Hundekot**
Sparen Sie jetzt bis zu 70% bei
**Hundekot**
www.preisvergleich.at

**Ohr**
Superbillig: Ohr
Ohr hier kaufen!
Kaufen.com/Ohr

**Plutonium** bei eBay
**Plutonium**: Reihenweise Angebote
**Plutonium**? Ab zu eBay!
www.ebay.de/Plutonium

**Tod** günstig kaufen
Top-Bücher bei eBay: Große Auswahl
Mitbieten & Sofort-Kaufen bei eBay!
www.ebay.de

**Spinner** bei Amazon
Tiefpreisgarantie für **Spinner**
Kostenlose Lieferung ab € 20
www.Amazon.de/sport

**Fluch** bei eBay
**Fluch**: Jede Menge Angebote
**Fluch**? Ab zu eBay!
www.ebay.de/Fluch

**Lippe** bei eBay
**Lippe**: Reihenweise Angebote
**Lippe**? Ab zu eBay!
www.ebay.de/Lippe

**Gift** bei eBay
**Gift**: Jede Menge Angebote
**Gift**? Ab zu eBay!
www.ebay.de/Gift

**Abbildung 11.44** Zusammenstellung von »lustigen« AdWords-Anzeigen, vom 15.05.2010

**Platzhalter richtig verwenden und häufige Fehler vermeiden**

Viele AdWords-Anfänger kennen die effektive Funktion von Platzhaltern nicht, andere begehen unnötige Fehler. Hier sind einige Tipps, wie Sie Platzhalter richtig verwenden und Fehler vermeiden:

Achten Sie darauf, dass Sie den Platzhalter in Ihrer Anzeige richtig angeben. Schleichen sich an dieser Stelle Fehler ein, wie zum Beispiel Leerzeichen an der falschen Stelle, dann funktioniert der Platzhalter nicht mehr. Benutzer sehen dann einen kryptisch anmutenden Anzeigentext. Verwenden Sie die Platzhalter nur bei einer sehr gut ausgewählten Keyword-Liste. Andernfalls können Kombinationen in Ihrem Anzeigentext erscheinen, die keinen Sinn ergeben (wie Sie in Abbildung 11.44 sehen). Vielleicht landet dann auch Ihre Anzeige auf einer Hitliste mit den besten Fehlgriffen, was Sie sicherlich vermeiden wollen. Wenn Sie eine Keyword-Liste verwenden, die sehr groß ist und viele weitgehend passende Keywords umfasst, sollten Sie eine extra Anzeigengruppe für Platzhalter anlegen. Zudem sollten Sie sicherstellen, dass Sie bei der Verwendung von Platzhaltern bei weitgehend passender Keyword-Option eine sinnvolle Zielseite anzeigen können. Andernfalls sind die Nutzer enttäuscht und verlassen Ihre Website sofort wieder – und Sie bezahlen für unnötige Klicks. Bei Einwort-Keywords sollten Sie darauf achten, dass Sie zusätzlich noch einen Alternativtext angeben, zum Beispiel *{Keyword:Bücher} Online-Shop*. Lautet die Suchanfrage »Buch« wird als Anzeigen-Überschrift »Buch Online-Shop« ausgegeben.

### Erweiterte Textanzeigen

Erweiterte Textanzeigen werden nicht zusammen mit anderen Textanzeigen, sondern alleine in einem Werbeblock und daher größer dargestellt. Dies gilt nur für das Display-Netzwerk; im Such-Werbenetzwerk sind erweiterte Anzeigen nicht möglich. Richtlinien und Zeichenbegrenzungen ändern sich nicht. Es ist auch keine weitere Einstellung im AdWords-Konto notwendig, da das System entscheidet, ob die Anzeige als erweiterte Textanzeige ausgeliefert wird.

### Die Anzeigenformate

Neben den beschriebenen Textanzeigen bietet das AdWords-System weitere Anzeigenformate:

▶ Image-Anzeigen

▶ Videoanzeigen

▶ Rich-Media-Display-Anzeigen

▶ Mobile-Anzeigen

#### Image-Anzeigen

Image-Anzeigen entsprechen der bekannten Banner-Werbung. Auch derartige Formate können Sie in Ihre AdWords-Kampagne integrieren. So ist es möglich, dass Sie statische oder animierte Image-Anzeigen einbinden. Dazu steht Ihnen das Google Display-Netzwerk zur Verfügung (siehe Abschnitt 11.2.4, »Die Werbenetzwerke«). Das bedeutet, dass Ihre Werbemittel auf anderen Websites integriert werden können. Wenn Sie sich jetzt schon überlegen, auch Image-Anzeigen in Ihre Kampagne einzubinden, dann sollten Sie als Erstes überprüfen, ob Sie bei den Kampagneneinstellungen auch ein Häkchen bei dem Display-Netzwerk gesetzt haben. Innerhalb des Suchnetzwerks sind Image-Anzeigen nicht möglich.

Der Vorteil von Image-Anzeigen liegt darin, dass Sie zum einen mit Grafiken die Aufmerksamkeit der Benutzer auf Ihr Werbemittel lenken können. Zum anderen können Sie mit dem AdWords-System Ihre Kampagne sehr genau auf Ihre Zielgruppe ausrichten.

Wenn Sie sich an die bereits beschriebene Kontostruktur erinnern, sind Anzeigen den einzelnen Anzeigengruppen zugeordnet. Klicken Sie zum Integrieren von Image-Anzeigen daher auf den Tab ANZEIGEN Ihrer Anzeigengruppe, und wählen Sie unter NEUE ANZEIGE das Format IMAGE-ANZEIGE aus. An dieser Stelle können Sie bestehende Images hochladen und müssen nur noch eine URL und eine Ziel-URL festlegen. Abbildung 11.45 zeigt die Formate, die Ihnen für Ihre Image-Anzeigen zur Verfügung stehen (das Format »Medium Rectangle« wird auch als »Inline Rectangle« bezeichnet).

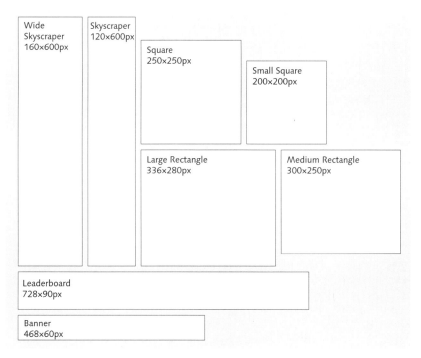

**Abbildung 11.45** Formate für Image-Anzeigen (hier proportional verkleinert)

Hier muss aber bedacht werden, dass einige Pixel jedes Formates für die Anzeigen-URL vorgesehen sind und daher nicht der komplette Bereich für die Bildanzeige zur Verfügung steht. Bilder können in den Formaten JPG, GIF und PNG auch animiert (GIF und Flash-Dateien) sein.

Bei der Farbwahl sollten Sie unbedingt RGB-Farben verwenden. Ihre Bilder dürfen die Größe von 50 KB nicht überschreiten.

Sie können auch Flash-animierte Bilder integrieren. Hier gelten die bereits erwähnten Angaben. Zusätzlich sollten Sie darauf achten, dass Sie eine Flash-Version von 4 bis 10 verwenden. Über die `clickTAG`-Variable können Sie sicherstellen, dass die richtige Zielseite aufgerufen wird. Pro Anzeigengruppe besteht ein Limit von 50 Image-Anzeigen.

---

**Sinnvolles Benennen von Image-Anzeigen**

Achten Sie darauf, dass Sie Ihre Image-Anzeigen sinnvoll benennen. Schnell stehen Sie vor der Situation, dass Sie einen Bericht analysieren möchten und die Werbemittel nicht mehr identifizieren können. Dabei sollte die Benennung nicht zu lang sein, Kampagne und Anzeigengruppe enthalten und das Image beschreiben.

---

Google bietet Advertisern, die noch über kein bestehendes Image verfügen, die Möglichkeit Images zu erstellen. Dazu können Sie das *Tool zur Erstellung von Display-Anzeigen* (KAMPAGNEN • ANZEIGEN • NEUE ANZEIGE • TOOL ZUR ERSTELLUNG VON DISPLAY-ANZEIGEN) verwenden, das über zahlreiche Vorlagen verfügt. Image-Anzeigen können unter Umständen weniger gute Klickraten als beispielsweise Textanzeigen liefern, da sie von Benutzern oftmals als Werbung ausgeblendet werden.

An dieser Stelle sei aber darauf hingewiesen, dass Google entscheidet, ob die Anzeige ausgeliefert wird oder nicht. Hält das Programm eine Textanzeige zum Thema für relevanter, wird diese angezeigt. Oftmals konkurrieren Anzeigen um einen Werbeplatz.

---

**Tipp: View Through Conversion Tracking**

Zur Erfolgsbewertung Ihrer Image-Anzeigen bietet sich unter anderem das sogenannte View-Through-Conversion-Tracking an. Sie erreichen die Informationen über den Reiter KAMPAGNEN, indem Sie die Spaltenansicht anpassen und VIEW-THROUGH-CONV. auswählen. Hier werden die Conversions gemessen, die innerhalb eines Monats erreicht werden, wenn Benutzer eine Anzeige zunächst zwar gesehen, aber nicht geklickt haben und die Conversion auf der beworbenen Seite zu einem späteren Zeitpunkt erfolgte. Hat beispielsweise ein Benutzer eine Website besucht, auf der Ihre Image-Anzeige geschaltet wird, wird dies per Cookie registriert. Wenn dieser Benutzer einige Tage später (aber innerhalb eines Monats) dann eine Conversion auf Ihrer Seite durchführt, wird dies Ihrer Image-Anzeige zugeschrieben, was Aussagen zur Effizienz dieser Image-Anzeige zulässt. Mehr zum Thema Erfolgsmessung lesen Sie in Abschnitt 11.2.9, »Leistungsmessung und Optimierung«.

---

*Videoanzeigen*

Videoanzeigen werden wie auch Image-Anzeigen nur im Google Display-Netzwerk geschaltet, unter der Voraussetzung, dass die Webseitenbetreiber dieses Format zugelassen haben. Sie haben die Möglichkeit, sich gezielt Websites herauszusuchen, auf denen Ihr Video integriert werden soll (placementbezogene Ausrichtung), oder Sie steuern die Anzeigen mithilfe von Keywords auf relevante Websites aus (keywordbezogene Ausrichtung). Wie bei allen anderen Anzeigenformaten sollten Sie auch bei den Kampagneneinstellungen darauf achten, dass Ihre Anzeigen nur dort geschaltet werden, wo Sie, wie Google sagt, »geschäftlich tätig« sind.

Auch bei dem Preismodell können Sie wählen: Möchten Sie eine Abrechnung nach dem CPC-Modell (Cost-per-Click), ist das in der keywordbezogenen Anzeigenausrichtung möglich. Haben Sie sich für eine placementbezogene Ausrichtung entschieden, haben Sie nun die Option, sich zwischen dem CPC- oder dem CPM-Modell (Cost per 1000 Impressions) zu entscheiden.

Von Vorteil bei dem CPC-Modell ist die Tatsache, dass Ihnen nur die Klicks in Rechnung gestellt werden, die den Benutzer auch auf Ihre Website leiten. Das bedeutet, dass beispielsweise Klicks auf die Startsequenz keine Kosten verursachen. Bei der Variante des CPM-Preismodells hingegen bezahlen Sie die Impressions (Sichtkontakte) Ihres Werbemittels und nicht für die Wiedergabe Ihres Werbemittels.

Genau wie bei den Image-Anzeigen klicken Sie zum Erstellen einer Videoanzeige auf den Tab ANZEIGEN und dann auf NEUE ANZEIGE. Sofern Sie keine bestehende Videoanzeige besitzen, wählen Sie das *Tool zur Erstellung von Display-Anzeigen* und suchen sich unter den Videovorlagen eine passende Anzeige aus (siehe Abbildung 11.46).

Bei Videoanzeigen gelten, abgesehen von dem Format *Banner*, die gleichen Größenvorgaben wie bei den Image-Anzeigen. Sie entsprechen alle dem Verhältnis 4:3. Andere Seitenverhältnisse sind möglich, werden aber dahingehend angepasst. Die Videoanzeigen dürfen nicht größer als 75 MB sein, woraus sich eine Dauer von maximal 120 Sekunden ergibt. Inhaltlich dürfen keine Themen behandelt werden, die als nicht jugendfrei bzw. *Adult* gelten. Mögliche Formate sind AVI, ASF, Quicktime, Windows Media und MPEG.

---

**Tipp: Gestaltung von Videoanzeigen**

Obwohl Ihre Videoanzeige eine Länge von maximal zwei Minuten erreichen darf, sollten Sie sich möglichst kurz fassen. In der Regel sehen sich Benutzer nur knapp die erste Minute an. Stellen Sie also Ihre wichtigste Botschaft an den Anfang Ihres Videos, um sicherzugehen, dass der Zuschauer sie aufnimmt.

Denken Sie an *Infotainment (Information + Entertainment)*: Ihr Videoinhalt sollte sowohl unterhaltsam als auch informativ sein. Eventuelle musikalische Untermalung sollte die Stimmen auf keinen Fall übertönen. Es reicht nicht aus, ein attraktives Startbild zu zeigen. Das gesamte Video sollte qualitativ hochwertig sein, um Zuschauer nicht zu enttäuschen.

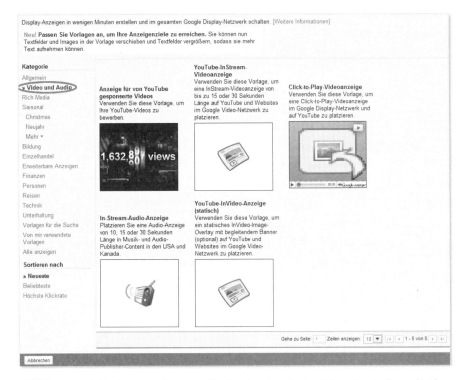

**Abbildung 11.46** Tool zur Erstellung von Display-Anzeigen in der Kategorie »Audio und Video«

Sie haben verschiedene Möglichkeiten, wie Ihre Videoanzeige dargestellt werden soll, beispielsweise als:

▶ **Click-to-Play-Videoanzeige** (CTP): Bei dieser Variante startet das Video mit einem Klick auf das Startbild. Das erste Bild sollte daher zum Klicken animieren und nicht zu kommerziell wirken. Überfrachten Sie Ihr Startbild nicht mit einem langen Text. Sollte der Zuschauer bei laufendem Video auf die angegebene URL der Anzeige klicken, wird er auf die Zielseite geleitet.

▶ **In-Stream-Videoanzeige**: Hierbei werden die Videos vor, während oder nach einem bestehenden Videocontent eingebettet. Man spricht von Overlay-Flash-Anzeigen, wenn eine Flash- oder SWF-Datei eingebettet wird. Die Anzeige wird dabei genauso groß angezeigt wie das Content-Video. Webseiten-Betreiber können die In-Stream-Videoanzeige, die maximal 30 Sekunden lang sein darf, auf 15 Sekunden reduzieren. Benutzern ist es nicht möglich, die In-Stream-Anzeige beispielsweise durch Vor- oder Zurückspulen zu überspringen. Wenn sie während des Abspielens auf die Anzeige klicken, werden sie zur Zielseite weitergeleitet.

▸ **Text-Overlay-Anzeigen für Video**: Hier werden innerhalb von 20 % des unteren Videobereichs AdWords-Textanzeigen eingeblendet. Während des Videostreams werden insgesamt zehn Textanzeigen jeweils für 20 Sekunden präsentiert. Der Benutzer hat die Möglichkeit, die Textanzeigen ein- und auszublenden, und gelangt zu der Zielseite, wenn er auf die Anzeige klickt (siehe Abbildung 11.47).

**Abbildung 11.47**  Exemplarische Text-Overlay-Anzeige für Videos

Damit Ihre Anzeigen an Ihre Zielgruppe angepasst werden, bestimmen die Sie geografische Ausrichtung. Sollten Sie Ihre Videoanzeigen auf ausgewählten Placements schalten wollen, wählen Sie Websites, die für Ihre Zielgruppe interessant sind. Wenn Sie sich für eine keywordbezogene Kampagne entscheiden, sollten Ihre Anzeigengruppen nur Keywords enthalten, die ein bestimmtes Themenfeld umfassen, da das AdWords-System zur Analyse der Relevanz für Anzeigen auf Content-Seiten die gesamte Keyword-Liste betrachtet.

Seit dem Frühjahr 2010 können Sie auch eine Kampagne anlegen, die ausschließlich für Online-Videoanzeigen (In-Stream) ausgerichtet ist. Wenn Sie eine neue Kampagne erstellen, klicken Sie auf KAMPAGNENTYP und wählen ONLINE-VIDEO (INSTREAM) aus (siehe Abbildung 11.48).

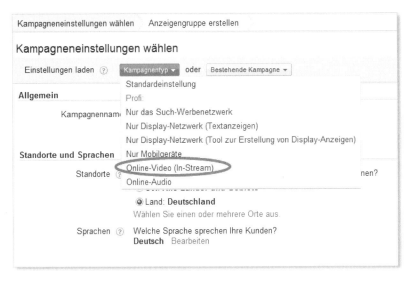

**Abbildung 11.48**   Kampagneneinstellungen für Online-Video (In-Stream)

### Rich-Media-Display-Anzeigen

Rich-Media-Display-Anzeigen sind ebenfalls nur im Display-Netzwerk von Google möglich. Website-Betreiber müssen ihrerseits dieses Anzeigenformat (Größen und Formate) für ihre Website zulassen. Unter Rich-Media-Display-Anzeigen versteht man Videoanzeigen, animierte Flash-Anzeigen und Anzeigen, die Text und animierte Inhalte kombinieren, um mit dem Benutzer zu interagieren. Sie können auch hier eine placementbezogene Ausrichtung oder eine keywordbezogene Ausrichtung festlegen. Darüber hinaus können Sie auch die geografische Ausrichtung und die Ausrichtung auf Sprachen bestimmen, damit Ihre Anzeigen nur Ihrer Zielgruppe angezeigt werden. Wählen Sie dann zwischen dem CPC-Preismodell und dem CPM-Preismodell. Auch für dieses Format ist das *Tool zur Erstellung von Display-Anzeigen* ein gutes Hilfsmittel, stellt es doch eine Vielzahl an Vorlagen zur Verfügung.

### Mobile-Anzeige (Mobile Ads)

Mobile Ads wurden, wie der Name schon vermuten lässt, für Mobiltelefone entwickelt. Im Vergleich zu den anderen bereits vorgestellten Anzeigenformaten sind die Mobile Ads nur etwas kleiner – das versteht sich auch von selbst, ist doch das Handydisplay um einiges kleiner als ein Monitor. Für mobile Endgeräte können Sie Text- oder Image-Anzeigen verwenden. Für Textanzeigen stehen Ihnen bei den Mobile-Anzeigen zwei Zeilen mit maximal 18 Zeichen zur Verfügung (siehe Abbildung 11.49). Mobile Ads werden dem Benutzer angezeigt, wenn er die Google-Suchmaschine verwendet oder mit seinem Handy auf Websites surft.

Das sind Websites, die speziell für die Darstellung auf mobilen Geräten entwickelt wurden und Google-Anzeigen integrieren. Image-Anzeigen können in diesem Fall auch nur im Display-Netzwerk angezeigt werden.

**Abbildung 11.49** Beispiel für die Darstellung von Mobile Ads

Im Unterschied zu den anderen Anzeigenformaten müssen Mobile Ads eine mobile Website als Zielseite haben. Alternativ kann auch ein »Anruf«-Link (Click-to-Call) eingefügt werden. So haben Benutzer die Möglichkeit, direkt bei Ihnen anzurufen, und müssen nicht zuvor Ihre Handy-Website besuchen. Durch den technischen Fortschritt ist es Inhabern von bestimmten Handys und mobilen Endgeräten, wie beispielsweise dem *iPhone*, bereits möglich, nicht nur Handy-Websites, sondern die tatsächlichen Internetseiten darzustellen. Bei diesen Geräten können dann auch die zuvor beschriebenen Anzeigenformate wie Text-, Image-und Videoanzeigen dargestellt werden. Diese Benutzer werden den Desktop-Nutzern zugeordnet.

---

**Extra Kampagne für Mobile Ads**

Wenn Sie sich für die Verwendung von Mobile Ads entschieden haben, dann sei Ihnen an dieser Stelle empfohlen, zunächst eine extra Kampagne anzulegen. Richten Sie Ihre Kampagne dann auf ein Land aus, in dem Mobile Ads von Google angeboten werden. Wählen Sie danach NEUE ANZEIGE und HANDY-ANZEIGE, erstellen Sie mindestens ein Mobile Ad, und speichern Sie dieses. Beachten Sie, dass auch bei einer Mobile-Kampagne bei den Werbenetzwerken unterschieden werden muss. Das bedeutet, dass beispielsweise Handy-Image-Anzeigen auch nur bei der Ausrichtung auf das Display-Netzwerk funktionieren. Wenn Sie eine neue Kampagne anlegen, können Sie aber auch gleich den Kampagnentyp NUR MOBILGERÄTE wählen.

### Gadget-Anzeigen

Gadget-Anzeigen bezeichnen ein interaktives Anzeigenformat. Prinzipiell können Sie sich Display-Anzeigen vorstellen, mit denen der Benutzer interagieren kann. Gadget-Anzeigen können innerhalb des Display-Netzwerks und auch bei iGoogle geschaltet werden und können dem Benutzer beispielsweise kurze Formulare anzeigen, die er ausfüllen kann, ohne die aktuelle Website verlassen zu müssen. Laut dem Google-Blog *http://adwords-de.blogspot.com* werden neue Gadget-Anzeigen ab 31. Januar 2010 nicht mehr akzeptiert. Sie werden von sogenannten *Third Party Ad Servings* (3PAS) abgelöst, also Rich-Media-Anzeigen über Drittanbieter.

### Anzeigenerweiterungen

Bei der Anzeigenerweiterung handelt es sich um zusätzliche Informationen bei einer Textanzeige, wie beispielsweise eine Adresse oder Telefonnummer (Standorterweiterungen und Telefonerweiterungen), Seitenlinks zu den sogenannten *Ad Sitelinks* oder Produkterweiterungen, den Produkt-Images. Die Anzeigen werden weiterhin bei Google und den Google-Werbenetzwerken ausgeliefert. Die ergänzten Informationen werden den Nutzern bei google.de und Google Maps (sofern es sich um Standorterweiterungen handelt) angezeigt.

Um Ihre Anzeigen entsprechend zu erweitern, wählen Sie in Ihrem AdWords-Konto unter KAMPAGNE • EINSTELLUNGEN • ANZEIGENERWEITERUNGEN die entsprechend gewünschte Erweiterungsvariante (siehe Abbildung 11.50).

**Abbildung 11.50** Auswahl der Anzeigenerweiterung im AdWords-Konto

▶ **Standorterweiterungen:** Bei der Standorterweiterung ist die Verknüpfung eines Google-Places-Kontos mit der AdWords-Kampagne erforderlich (siehe Abbildung 11.51). Mit Google Places (*früher: Google Branchencenter*) können Sie einen kostenlosen Google-Maps-Eintrag erstellen, in dem Sie Adresse, Öffnungszeiten und Fotos Ihres Unternehmens anzeigen können. Frühere sogenannte *lokale Anzeigen* werden auf Standorterweiterungen umgestellt. Dies kann automatisch oder manuell geschehen. Für Letzteres stellt Google eine Anleitung unter *http://www.google.de/intl/de/adwords/lbamigration/guide.html* zur Verfügung.

Google Places-Konto hinzufügen

Meine Anzeigen mit Adressen aus einem Google Places-Konto erweitern ⑦

E-Mail: esther.dueweke@gmx.de Ein anderes Konto nutzen.

☑ Filter (erweiterte Option) ⑦

| Unternehmensname ▼ | ist | | Entfernen |

+ Weitere hinzufügen

Kartensymbol: 🔲 Weiteres auswählen | Neues hochladen

Speichern   Abbrechen

**Abbildung 11.51**   Hinzufügen von Standorterweiterungen im Google AdWords-Konto

Ihre Anzeige sieht dann etwa so aus wie das Beispiel in Abbildung 11.52.

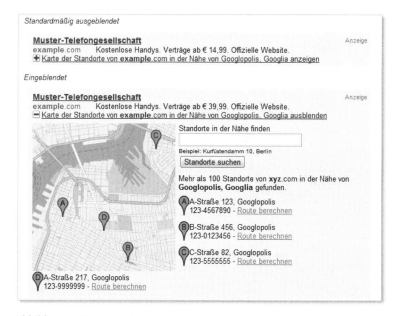

**Abbildung 11.52**   Beispiel von Google zur Standorterweiterung

▶ **Telefonerweiterungen:** Mithilfe von Telefonerweiterungen haben Nutzer die Möglichkeit, die geschäftlich hinterlegte Telefonnummer unterhalb der Textanzeige direkt anzurufen. In Ihrem Konto sieht die Eingabemaske dafür so aus, wie in Abbildung 11.53 gezeigt.

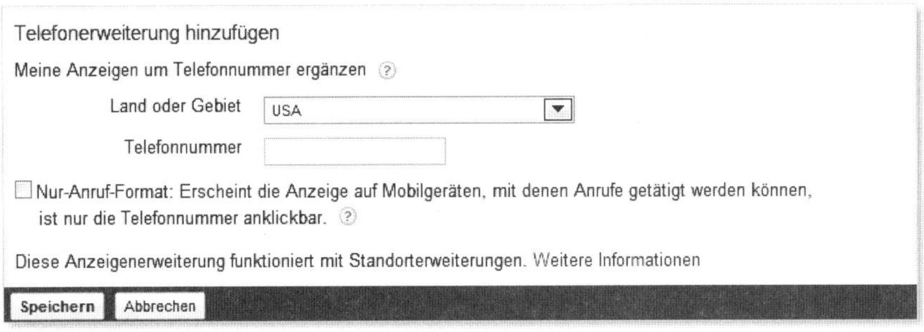

Telefonerweiterung hinzufügen

Meine Anzeigen um Telefonnummer ergänzen ⓘ

| Land oder Gebiet | USA ▼ |
| Telefonnummer | |

☐ Nur-Anruf-Format: Erscheint die Anzeige auf Mobilgeräten, mit denen Anrufe getätigt werden können,
ist nur die Telefonnummer anklickbar. ⓘ

Diese Anzeigenerweiterung funktioniert mit Standorterweiterungen. Weitere Informationen

[Speichern] [Abbrechen]

**Abbildung 11.53**  Eingabemaske zur Einstellung der Telefonerweiterung

Ihre erweiterte Anzeige könnte dann so aussehen wie in dem Beispiel aus
Abbildung 11.54.

**Abbildung 11.54**  Wie in diesem Google-Beispiel könnte Ihre Telefonerweiterung aussehen.

▶ **Ad Sitelinks:** Sie können Ihrer Textanzeige mehrere Seiten-Links hinzufügen,
die unterhalb Ihrer Anzeige ergänzt werden (siehe Abbildung 11.55).

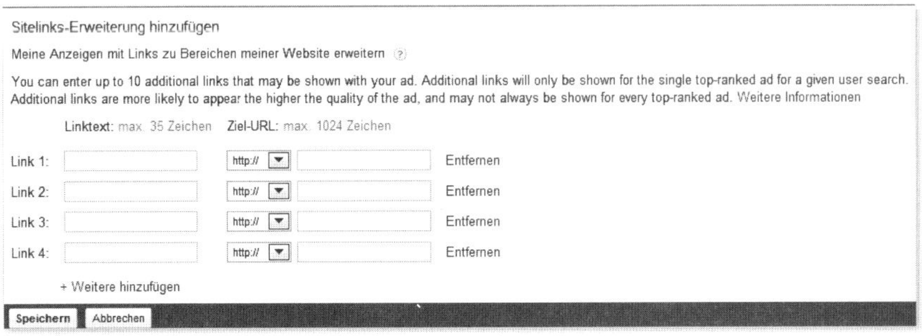

Sitelinks-Erweiterung hinzufügen

Meine Anzeigen mit Links zu Bereichen meiner Website erweitern ⓘ

You can enter up to 10 additional links that may be shown with your ad. Additional links will only be shown for the single top-ranked ad for a given user search.
Additional links are more likely to appear the higher the quality of the ad, and may not always be shown for every top-ranked ad. Weitere Informationen

Linktext: max. 35 Zeichen   Ziel-URL: max. 1024 Zeichen

| Link 1: | | http:// ▼ | | Entfernen |
| Link 2: | | http:// ▼ | | Entfernen |
| Link 3: | | http:// ▼ | | Entfernen |
| Link 4: | | http:// ▼ | | Entfernen |

+ Weitere hinzufügen

[Speichern] [Abbrechen]

**Abbildung 11.55**  Sitelinks-Erweiterung hinzufügen

Ihre erweiterte Anzeige könnte dann so aussehen das Beispiel aus Abbildung 11.56.

**Abbildung 11.56** Google-Beispiel für Ad Sitelinks

▶ **Produkterweiterungen:** Diese Erweiterungsvariante ist aktuell nur in den USA verfügbar, weshalb wir hier nicht näher darauf eingehen werden.

---

**Remarketing**

Seit dem Frühjahr 2010 bietet Google eine neue Form der Anzeigenauslieferung an, das sogenannte *Remarketing*. Diese Werbeform kann im Display-Netzwerk für Text- und Display-Anzeigen verwendet werden und ermöglicht einen intensiven Kundenkontakt. Sie erreichen die entsprechenden Einstellungen in Ihrem AdWords-Konto über den Reiter ZIELGRUPPEN.

Nehmen wir einmal an, Sie möchten Schuhe kaufen und schauen sich bei einem Online-Shop verschiedene Modelle an. Sie können sich aber nicht so richtig entscheiden und verlassen die Website wieder, um möglicherweise einen günstigeren Anbieter zu finden.

Genau hier setzt Remarketing an: Denn diesem Benutzer werden nun Ihre Anzeigen auf Websites im Display-Netzwerk präsentiert, die er danach aufruft. Hier können Advertiser optimal Sonderangebote anzeigen oder auch Cross- und Up-Selling betreiben.

Realisiert wird diese Werbeform durch die Integration eines Code-Snippets in Ihre Website – in unserem Beispiel die Seite, auf der Sie Ihre Schuhe präsentieren. So werden die Benutzer »markiert«, die Interesse für ein Angebot gezeigt haben und denen Sie zu einem späteren Zeitpunkt und auf anderen Websites Ihr Angebot schmackhaft machen wollen.

---

Sie haben nun schon viele wichtige Elemente für Ihre Kampagne kennengelernt. Sie wissen nun, wie das AdWords-Konto aufgebaut ist, wie Sie Ihre Zielgruppe ansprechen, welche Anzeigenformate Ihnen zur Verfügung stehen, wie Sie attraktive Textanzeigen gestalten, Ihre Kampagne strukturieren sollten und wie Sie relevante Keywords festlegen. Ihnen fehlen nur noch wenige Einstellungen, um Ihre Kampagne starten zu können. Das sind zum einen das Festlegen passender Ziel-Seiten und zum anderen die Einstellungen zu Ihrem Budget, um die Kosten im Überblick zu behalten. Beginnen wir mit Ersterem.

### 11.2.7 Die richtige Landing Page

Eine sogenannte *Landing Page* ist die Seite, auf die der Benutzer nach dem Klick auf Ihre Anzeige landet. Im Falle von AdWords-Anzeigen legen Sie diese Landing

Page mit der Angabe der Ziel-URL fest. Google betont, dass die Landing Page dem Suchenden einen Mehrwert verschaffen soll. Wie wir schon bei den Richtlinien zur Ziel-URL angerissen haben (siehe Abschnitt 11.2.6, »Die Anzeigen«), muss die Landing Page einen klaren Bezug zu Ihrer Anzeige herstellen. Google lässt daher die Qualität der Landing Page seit Mitte 2006 in den Qualitätsfaktor einfließen. Der AdWords-Spider (AdsBot) untersucht die Landing Page dazu auf unterschiedliche Kriterien, die nicht vollständig öffentlich kommuniziert werden. Die Ladezeit der Zielseite ist hingegen ein bekanntes Kriterium. Sie sollte möglichst gering sein, denn das schont die Nerven der Suchenden.

Aber nicht nur die Suchmaschine sollte ein Interesse an einer passenden Landing Page haben. Auch Sie kommen Ihrem Werbeziel ein Stück näher, wenn Sie eine gute Ziel-URL angeben. Aber welche Kriterien sollte eine gute Landing Page nun erfüllen? Da das Thema Landing Page ein weites Feld ist und immer der konkrete Fall (denn die Werbeziele können ganz unterschiedlich ein) gesondert zu betrachten ist, werden wir Ihnen im Folgenden einige Tipps an die Hand geben, um eine gute Landing Page auszuwählen bzw. neu zu erstellen. Darüber hinaus bietet Kapitel 17, »Aus Besuchern Käufer machen – User konvertieren«, weitere Informationen zum Thema Landing Page.

Wie wir schon mehrfach erwähnt haben, sollten Sie nicht den Fehler begehen und Ihrem Besucher zumuten, sich selbst durch Ihre Website zu klicken. Vielmehr sollten Sie sein Suchbedürfnis stillen und ihm auf der Landing Page das anzeigen, was er sucht. Das können also ganz unterschiedliche Elemente sein. Sucht der Benutzer ein Produkt, das Sie in Ihrem Produktportfolio anbieten, sollten Sie ihn direkt auf diese Produktdetailseite leiten. Spannen Sie einen roten Faden aus Keyword, Anzeigentext und Landing Page. Stellen Sie den Produktnutzen klar in den Vordergrund. Wichtig ist dabei, dass Sie Ihr Alleinstellungsmerkmal, auch *USP* (Unique Selling Proposition) genannt, klar hervorheben. Sie haben dazu nur wenige Sekunden Zeit, denn schon mit einem Klick kann Ihr potenzieller Kunde Ihre Seite verlassen und vielleicht sogar zur Konkurrenz wandern. Holen Sie Ihre Zielgruppe sowohl emotional als auch rational ab.

Darüber hinaus sollten Sie Ihrem potenziellen Kunden alle wichtigen Informationen *above the fold* anzeigen. Diese Bezeichnung hat ihren Ursprung im klassischen Printbereich und meint »über der Falz«. Wird beispielsweise eine Zeitung ausgelegt, wird deutlich, dass nur der obere Bereich der Titelseite sichtbar ist. Übertragen auf den Online-Bereich, ist hier der sichtbare Bereich des Monitors gemeint. *Below the fold* ist also der Teil einer Webseite, der erst mit dem Scrollen sichtbar wird (siehe Abbildung 11.57). Daher ist es ratsam, die wichtigsten Elemente im oberen, sichtbaren Seitenbereich zu präsentieren, da sonst die Möglichkeit besteht, dass Benutzer sie nicht sehen.

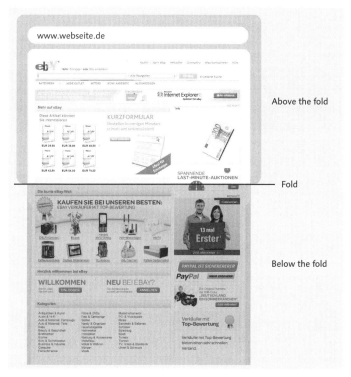

Above the fold

Fold

Below the fold

**Abbildung 11.57** »Above the fold« und »below the fold«: Sichtbarer und erst durch Scrollen sichtbarer Bereich einer Website

Durch die unterschiedlichen Monitorgrößen kann der sichtbare Bereich von Benutzer zu Benutzer unterschiedlich sein. Wählen Sie daher eine entsprechende Größe, um dem Großteil der Benutzer gerecht werden.

Ihre Landing Page sollte genau durchdacht sein. Benutzer entscheiden innerhalb von Sekunden, ob ihnen die Website einen Mehrwert verschafft, oder ob sie die Seite wieder verlassen. Ihre Aufgabe als Advertiser besteht nun darin, den Mehrwert Ihres Angebots so zu präsentieren, dass dem Suchenden der Nutzen bewusst wird. Wiederholen Sie daher versprochene Angebote auf der Landing Page (siehe dazu auch die Google-Richtlinien), und vermeiden Sie möglichst Werbung auf Ihrer Landing Page, die den Benutzer ablenkt. Durch die überzeugende Darstellung der Vorteile soll dann die gewünschte Handlung durchgeführt, also eine Conversion generiert werden. Dabei sollten sowohl psychologische Aspekte als auch Kriterien aus dem Bereich Usability berücksichtigt werden. Eine Landing Page muss also vielen Anforderungen gerecht werden. Verglichen mit einem Produktkauf in einem realen Geschäft, wo der Interessent das Produkt anfassen kann, eine Beratung erhält und gegebenenfalls zur Kasse begleitet wird, muss eine Landing Page alle diese Aufgaben übernehmen.

In der Online-Branche gehen Expertenmeinungen auseinander, was die Kernelemente einer Landing Page betrifft. Je nachdem, welches Werbeziel Sie verfolgen, können diese Kriterien ganz unterschiedlich sein. Jede Landing Page ist anders gestaltet, und das Zusammenspiel der einzelnen Elemente führt zu verschiedenen Benutzerreaktionen. Allgemeingültige Faustregeln sind hier nicht möglich. Bei einigen Elementen scheint aber größtenteils Einigkeit zu bestehen:

**Die 7 Elemente einer Landing Page**
▶ Headline
▶ Leadtext
▶ Fließtext
▶ Heroshot
▶ Aufzählung
▶ Trust-Element
▶ Call-to-Action

Wir möchten an dieser Stelle aber darauf hinweisen, dass eine Landing Page immer im Gesamtbild und auch im Zusammenhang mit Ihrem Werbeziel betrachtet werden muss. Weitere Informationen zum Thema Landing Page und Conversion-Optimierung lesen Sie in Kapitel 17, »Aus Besuchern Käufer machen – User konvertieren«.

Neben den angesprochenen Elementen sollten Sie zudem einige Punkte aus dem Bereich der Suchmaschinenoptimierung beachten. Ausführlich können Sie sich dazu in Kapitel 12, »Suchmaschinenoptimierung (SEO)«, informieren. An dieser Stelle seien nur einige Hinweise angebracht, die Sie bei Ihrer Landing Page berücksichtigen sollten. Um den Zusammenhang zur Suchanfrage und Ihrer Anzeige herzustellen, sollten Sie unbedingt darauf achten, dass das Keyword sowohl in der Überschrift als auch im Text Ihrer Landing Page integriert ist. Stellen Sie den Content Ihrer Landing Page so dar, dass er von den AdsBots problemlos gelesen werden kann.

Legen Sie Wert auf einen sauberen HTML-Code. Markieren Sie beispielsweise Überschriften mit den entsprechenden Parametern `<h1>`, `<h2>` etc. und verwenden Sie bei der Integration von Bildern einen relevanten `alt`- und Titel-Text.

Schließen Sie den Google Robot nicht von Ihrer Seite aus. Dies können Sie überprüfen, in dem Sie schauen, ob der Quelltext Ihrer Landing Page folgende Zeile enthält:

```
User-agent: AdsBot-Google Disallow: /
```

Ist dies der Fall, kann der Google-Bot Ihre Seite nicht analysieren. Sie sollten diese Zeile daher entfernen.

Verwenden Sie sprechende URLs für Ihre Landing Page, in der Sie möglichst das Keyword oder den Kundennutzen angeben, beispielsweise *www.ihre-website.de/ newsletter-anfordern*.

Auch im Title der Seite macht das Keyword Sinn. Viele Benutzer verfahren bei ihrer Suche nach dem sogenannten *Tabbed Browsing*. Dabei öffnen sie mehrere Zielseiten von Suchergebnissen und Anzeigen per rechter Maustaste in einem neuen Tab. Ihre Landing Page steht dann im direkten Vergleich mit Ihren Wettbewerbern. Geringe Ladezeiten und das Keyword im Seitentitel können dann von Vorteil sein.

> **Fehlerseiten**
>
> Fehlerseiten sind immer ärgerlich – sowohl für den Benutzer als auch für den Werbetreibenden, der für Anzeigen bezahlt, die Besucher dann auf eine Fehlerseite leiten. Sie sind jedoch nicht gänzlich auszuschließen. Versuchen Sie dennoch auch mit einer Fehlerseite, die Besucher aufzufangen, und bieten Sie Ihnen Möglichkeiten, zum Produktangebot zu gelangen oder einfach weiterzunavigieren.

Obwohl die Berücksichtigung der Qualität einer Landing Page im Qualitätsfaktor durchaus plausibel und nachvollziehbar scheint, darf nicht außer Acht gelassen werden, welchen enormen Einfluss Google damit auf die Darstellung von Inhalten im gesamten Internet nimmt. Grundsätzlich kann ein Benutzer selbst entscheiden, wie relevant eine Website für ihn ist oder eben nicht ist, indem er sie einfach mit einem Klick wieder verlässt. Für Sie als Advertiser muss das Ziel sein, eine möglichst gute Conversionrate und damit Ihre Werbeziele zu erreichen. Auch hier sollten Sie testen, testen und nochmals testen. Wir stellen Ihnen einige Testverfahren in Kapitel 18, »Testverfahren«, vor.

### 11.2.8 Die Kosten

Sie haben nun die meisten wichtigen Einstellungen für Ihre AdWords-Kampagne vorgenommen und stehen kurz davor, die Werbeanzeigen starten zu können. Ihnen fehlt lediglich die Einstellung zu Ihrem Budget.

Im Werbeprogramm Google AdWords haben Sie die Möglichkeit, Ihr Budget zu begrenzen und können dadurch Schreckenssituationen beim Anblick Ihrer Rechnung vermeiden. Ihnen stehen verschiedene Abrechnungsmodelle zur Verfügung: zum einen das CPC-Modell (Cost-Per-Click), darüber hinaus das CPM-Modell (Cost-Per-Mille) und zur guter Letzt das CPA-Modell (Cost-Per-Acquisition). Wir gehen auf den folgenden Seiten näher auf diese Preismodelle ein und erläutern Ihnen die einzelnen Funktionsweisen. Wir beginnen mit dem CPC-Modell.

Zunächst müssen Sie den maximalen Klickpreis für Ihre Keywords festlegen, den das System auf keinen Fall überschreitet. Dazu legen Sie auf Anzeigengruppenebene Ihr Standardgebot fest (siehe Abbildung 11.58). Dieser Betrag wird dann für alle Keywords der Anzeigengruppe übernommen.

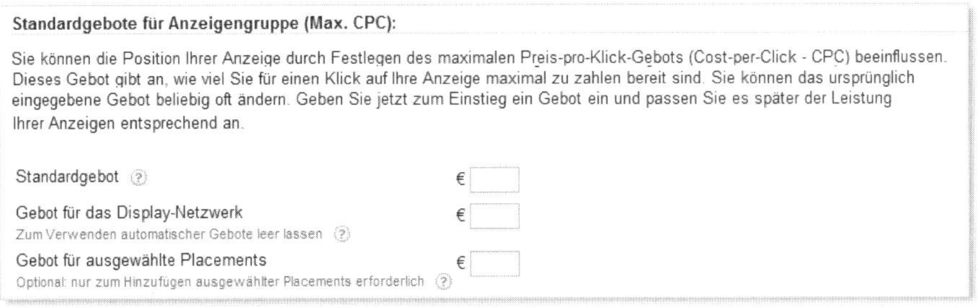

**Abbildung 11.58** Standardangebot für eine Anzeigengruppe festlegen

Wenn Sie für Ihre Keywords unterschiedliche Beträge festlegen möchten, müssen Sie bei den Gebotseinstellungen in Ihrem AdWords-Konto unter KAMPAGNEN • EINSTELLUNGEN die Option CPC-GEBOTE MANUELL EINSTELLEN wählen (siehe Abbildung 11.59).

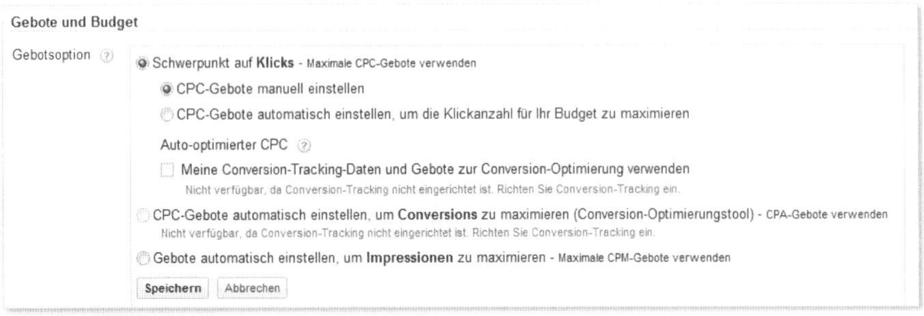

**Abbildung 11.59** Die Option »CPC-Gebote manuell einstellen« im AdWords-Konto

**Der Gebotssimulator**

Sollten Sie bereits über eine bestehende AdWords-Kampagne verfügen, bietet Ihnen der Google *Gebotssimulator* bei der Festlegung des maximalen Klickpreises Hilfe.

Mit dem Tool wird Ihnen ein Schätzwert angezeigt, wie viele Klicks und Impressions Sie erzielen, wenn Sie Ihr Gebot erhöhen oder senken. Dies berechnet das AdWords-System auf Grundlage der erhobenen Daten der letzten sieben Tage. Der Gebotssimulator kann nur für Kampagnen im Such-Werbenetzwerk, nicht aber für das Display-Netzwerk verwendet werden.

Kicken Sie zur Ansicht des Gebotssimulators auf den Reiter KEYWORDS und dann auf das Symbol, das Ihnen hinter der Angabe zum maximalen CPC angezeigt wird (dies ist ein kleiner Graph). Sie erhalten dann die geschätzten Klicks, Impressions und Kosten für verschiedene maximale CPC-Werte. Google garantiert aber nicht für das tatsächliche Eintreten dieser Werte.

Um eins vorweg zu nehmen: Diesen Preis müssen Sie nicht für jeden Klick bezahlen, er ist Ihre individuell festgelegte Obergrenze, die Sie für einen Klick zu bezahlen bereit sind.

Angenommen, Sie legen für Ihr Keyword »Blumenstrauss Versand« einen maximalen CPC von 0,50 Euro fest. Ein Mitbewerber, der das gleiche Keyword verwendet, gibt seinen CPC mit 0,26 Euro an. Aus Ihrer Perspektive hätte es auch gereicht, 0,27 Euro zu bieten, um Ihren Konkurrenten zu überbieten und Ihre Anzeigenposition zu halten. Der sogenannte *AdWords Discounter* analysiert die Gebote der Mitbewerber und reduziert Ihr Gebot auf das Mindestmaß, das notwendig ist, um Ihre Position zu halten. So zahlen Sie auch tatsächlich nur 0,27 Euro. Erhöht nun Ihr Mitbewerber seinen CPC auf 0,53 Euro, so überbietet er Ihr Klickgebot und verdrängt Ihre Anzeige weiter nach unten, da Sie als Zahlungsgrenze 0,50 Euro festgelegt haben.

Wäre der Klickpreis allein für die Anzeigenposition verantwortlich, würde die Platzierung auf einem reinen Auktionsverfahren basieren. Die Qualität der Anzeige sowie die Relevanz zur Suchanfrage wären dabei nicht berücksichtigt. Sie können sich schon denken, dass dies nicht im Interesse Googles liegt und daher das Klickgebot nicht der einzige Faktor für die Ermittlung der Anzeigenposition ist.

Der CPC für ein Keyword hängt von vielen unterschiedlichen Faktoren ab. Es lässt sich also schwer sagen, in welchem Kostenrahmen sich Keywords bewegen. Die Kosten können zwischen wenigen Cents und vielen Euros liegen. Damit Sie aber ein grobes Gefühl dafür bekommen, zeigen wir Ihnen im Folgenden einige Beispiel-Keywords und deren aktuelle Klickpreise (ermittelt im Google Keywordtool) – allerdings mit dem Hinweis, dass diese sich jederzeit ändern können:

- ▶ [risikolebensversicherung]        Schätzung durchschnittl. CPC 6,63 Euro
- ▶ [lebensversicherung verkaufen]    Schätzung durchschnittl. CPC 5,74 Euro
- ▶ [hauskauf kredit]             Schätzung durchschnittl. CPC 4,60 Euro
- ▶ [all inklusive urlaub]         Schätzung durchschnittl. CPC 1,65 Euro
- ▶ [kauf eigentumswohnung]     Schätzung durchschnittl. CPC 0,70 Euro
- ▶ [reiseführer frankreich]       Schätzung durchschnittl. CPC 0,33 Euro
- ▶ [urlaub vergleich]           Schätzung durchschnittl. CPC 0,05 Euro
- ▶ [hauskauf tips]              Schätzung durchschnittl. CPC 0,05 Euro

(Quelle: Google Keyword-Tool, Stand 18.12.2010)

---

**Platz 1 lässt sich langfristig nicht erkaufen**

Natürlich sind die obersten Positionen im bezahlten Bereich der Suchergebnisseite von Google enorm begehrt. Immer wieder gibt es Advertiser, die versuchen, mit einem besonders hohen Klickpreis den ersten Platz mit ihrer Anzeige zu halten, was auch als *Ego Bidding* bezeichnet wird. Dieses regelmäßige Erhöhen der Gebote ohne Rücksicht auf wirtschaftliche Verluste kann aber nicht lange gut gehen. Für Google ist die Relevanz einer Anzeige extrem wichtig. Wenn eine gut positionierte Anzeige nur sehr selten angeklickt wird, kann sie ihre Position nicht lange halten.

---

Daher werden wir Ihnen im Folgenden erläutern, wie der tatsächliche Klickpreis ermittelt wird und in welchem Zusammenhang die Positionierung der Anzeige steht. Wir möchten darüber hinaus die Frage beantworten, warum Relevanz so wichtig ist und was sich hinter dem sogenannten Qualitätsfaktor verbirgt.

### Die Berechnung des Klickpreises

Um sicherzustellen, dass ein Mehrwert für den Suchenden geschaffen wird, kommt zu dem beschriebenen Auktionsprinzip der sogenannte Qualitätsfaktor ins Spiel. Was aber ist der Qualitätsfaktor?

#### Der Qualitätsfaktor

Bis 2005 errechnete sich die Platzierung der Anzeigen einerseits aus dem Klickpreis und andererseits aus der Klickrate. Im Umkehrschluss bedeutete dies, dass durch die Erhöhung der Klickpreise oder die Optimierung der Klickrate eine bessere Anzeigenposition erreicht werden konnte: Klickpreis × Klickrate = Anzeigenposition. So konnte man für reine Werbeseiten recht günstig Besucher generieren und von den Werbeeinnahmen profitieren.

Auf die Qualität und Relevanz zur Suchanfrage wurde kaum Wert gelegt, was nicht im Interesse Googles sein konnte. Denn nur dann, wenn Benutzern ein positives Sucherlebnis geschaffen und auf den Zielseiten ihr Suchbedürfnis befriedigt wird, werden sie die Suchmaschine wieder verwenden. Nur so können wiederum Werbeplätze verkauft und Umsatz generiert werden. Weil also unter anderem auch die Zielseiten berücksichtigt werden sollten, führte Google den Qualitätsfaktor ein.

An dieser Stelle sei erwähnt, dass es sich nicht um einen Qualitätsfaktor handelt, sondern um mehrere. Denn Qualitätsfaktoren werden sowohl im Such- als auch im Display-Netzwerk ermittelt und verwendet und kommen auch bei unterschiedlichen Anzeigentypen (z. B. Mobile-Anzeigen) ins Spiel. Daher setzen sich die Qualitätsfaktoren aus verschiedenen Kriterien zusammen, die unterschiedlich stark mit einfließen. Wie Sie sehen, ist das Prinzip äußerst dynamisch. Wir schauen uns die Qualitätsfaktoren zur Positionsermittlung sowie für das Gebot der ersten Seite genauer an.

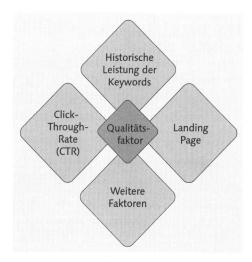

**Abbildung 11.60** Kriterien für den Qualitätsfaktor

Der **Qualitätsfaktor** (*Quality Score*) setzt sich aus verschiedenen Faktoren zusammen, die vom Google AdWords-System ermittelt werden (siehe auch Abbildung 11.60). Welche das sind und wie stark die einzelnen Faktoren berücksichtigt werden, wird von Google nicht vollständig kommuniziert. Zudem wurden die Faktoren seit der Einführung weiter verfeinert. Bekannt sind zum Beispiel folgende Komponenten:

▸ DIE CLICK-THROUGH-RATE (CTR): Eine hohe CTR ist ein Hinweis auf einen guten Anzeigentext und einen Zusammenhang zur gestellten Suchanfrage. Sie fließt daher in den Qualitätsfaktor mit ein. Jedoch berücksichtigt Google, dass Anzeigen auf hohen Positionen häufiger angeklickt werden, und reguliert dies, indem die Anzeigen eine höhere Klickrate aufweisen müssen.

▶ DIE HISTORISCHE LEISTUNG DER KEYWORDS: Als Zeichen für Qualität berücksichtigt Google auch die bisherige Leistung der Keywords. Dabei werden besonders die letzten Tausend Klicks berücksichtigt. Das bringt den Vorteil mit sich, dass sich negativ auswirkende Einstellungen nicht so schnell gravierend auswirken, wenn die Performance vorher gut war.

▶ DIE LANDING PAGE: Google berücksichtigt auch die Qualität der Zielseite, indem die Robots die Inhalte analysieren. Sie sollten daher darauf achten, dass der Content für die Robots lesbar ist und dass das entsprechende Keyword enthalten ist. Darüber hinaus wurde bekannt und bestätigt, dass auch die Ladegeschwindigkeit der Zielseite einen Einfluss auf den Qualitätsfaktor hat. Dies ist durchaus nachvollziehbar, denn Sie haben sich sicherlich selbst schon einmal über sehr langsam aufbauende Webseiten geärgert.

Darüber hinaus fließt die Leistung des gesamten AdWords-Kontos mit ein, die anhand der Klickrate für Anzeigen und Keyword berechnet wird. Einfluss hat auch die Leistung des Kontos in der geografischen Region der Anzeigenschaltung. Insgesamt ist die Relevanz der Keywords auf die Anzeigen und auf die Suchanfrage entscheidend. Achten Sie daher unbedingt auf ein optimales Zusammenspiel von Keyword, Anzeigengruppe und Anzeige sowie Zielseite. Weitere Faktoren werden von Google nicht bekannt gegeben und lassen daher Spielraum für Spekulationen.

**Hinweis: Historische Leistung**

Erst beim Löschen eines Keywords oder Anzeigentextes wird auch die historische Leistung selbiger nicht mehr berücksichtigt. Pausieren Sie hingegen Keyword oder Anzeigentext oder löschen Sie diese und fügen Sie sie an anderer Stelle wieder ein, bleibt die Historie erhalten.

### Der Qualitätsfaktor in Ihrem AdWords-Konto

In Ihrem AdWords-Konto wird Ihnen der Qualitätsfaktor in Kennzahlen von eins bis zehn angegeben, wobei zehn dem bestmöglichen Wert entspricht.

Sie können sich den Qualitätsfaktor in Ihrem Konto anzeigen lassen, indem Sie die entsprechende Kampagne auswählen, auf den Reiter KEYWORDS klicken und unter SPALTEN AUSWÄHLEN ein Häkchen bei QUAL.-FAKTOR setzen (siehe Abbildung 11.61).

Außerdem können Sie ebenfalls unter dem Reiter KEYWORDS innerhalb der Spalte STATUS mit der Maus auf die Sprechblase gehen. Es erscheinen Informationen zu Ihrem Keyword und im Besonderen zu dessen Qualitätsfaktor (siehe Abbildung 11.62).

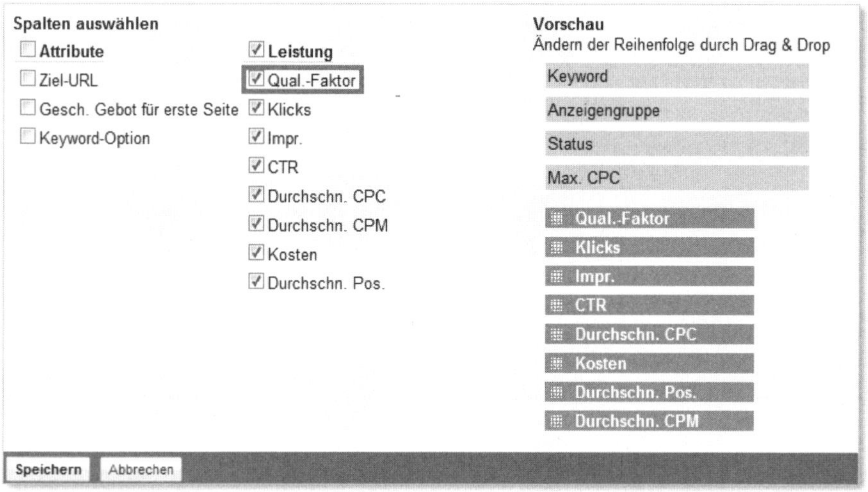

**Abbildung 11.61** Spalten anpassen, um den Qualitätsfaktor anzuzeigen

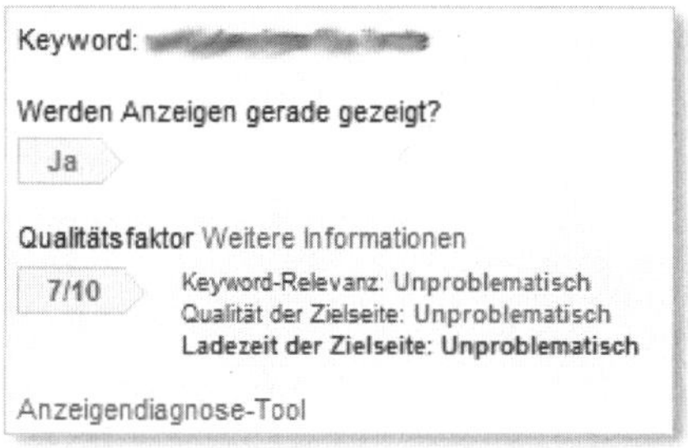

**Abbildung 11.62** Informationen zum Qualitätsfaktor eines Keywords über die Sprechblase

Auch im Bericht zur Keyword-Leistung können Sie sich die jeweiligen Qualitätsfaktoren anzeigen lassen.

### Der Zusammenhang zwischen Klickpreis und Qualitätsfaktor

Sie haben nun kennengelernt, was der maximale Klickpreis und der Qualitätsfaktor sind. Kommen wir zurück zur Ausgangsfrage, und schauen wir uns den Zusammenhang der beiden Kennzahlen an.

Diese beiden Werte werden benötigt, um die sogenannte *Rangwertziffer* zu ermitteln. Die höchste Rangwertziffer entspricht der Anzeigenposition eins. Nach dieser Rangwertziffer werden die Anzeigen positioniert. Zur Ermittlung werden der maximale CPC und der Qualitätsfaktor multipliziert:

*Maximaler CPC × Qualitätsfaktor = Rangwertziffer*

Schauen wir uns dies in Tabelle 11.2 an einem fiktiven Beispiel an.

| Werbetreiben-der (Advertiser) | Maximaler CPC | Qualitäts-faktor | Rangwertziffer | Anzeigenrang |
|---|---|---|---|---|
| A | 1,00 Euro | 1 | 1,00 (= 1,00 × 1) | 3 |
| B | 0,70 Euro | 3 | 2,10 (=0,70 × 3) | 1 |
| C | 0,50 Euro | 4 | 2,00 (= 0,50 × 4) | 2 |
| D | 0,30 Euro | 2 | 0,60 (=0,30 × 2) | 4 |

**Tabelle 11.2**  Beispiel für die Berechnung der Rangwertziffer

Sie sehen, dass Advertiser A sein maximales Klickgebot mit 1,00 Euro festgelegt hat. Multipliziert mit dem vom AdWords-System ermittelten Qualitätsfaktor von 1, ergibt sich eine Rangwertziffer von 1. Seine Mitbewerber B und C erreichen durch bessere Qualitätsfaktoren aber eine höhere Rangwertziffer, wodurch die Anzeige von Werber A nur auf dritter Position landet, obwohl sein Klickpreis höher ist.

Sie sehen also, dass der maximale CPC nicht allein ausschlaggebend für die Anzeigenposition ist, sondern der Qualitätsfaktor eine bedeutende Rolle spielt. So kann ein höherer Qualitätsfaktor die Kosten bei gleichbleibender Position senken. Zudem kann ein höherer Qualitätsfaktor zu einer besseren Positionierung der Anzeige führen, was sich positiv auf die Klickraten auswirken kann, denn Anzeigen auf den oberen Positionen werden erfahrungsgemäß häufiger angeklickt. Eine höhere Klickrate kann unter Umständen auch zu mehr Conversions führen.

### Drängeln um den besten Platz: Keyword-Jamming

Diese Berechnungsweise ermöglicht es Mitbewerbern, den Klickpreis taktisch in die Höhe zu treiben, was unter der Bezeichnung *Keyword Jamming* bekannt ist. Dabei setzt ein Advertiser seinen maximalen Klickpreis derart in die Höhe, dass er nur knapp unter dem seines Konkurrenten liegt. Bezweckt wird dabei, dass der Genötigte nun für jeden Klick seinen vollen maximalen CPC bezahlen muss.

Der unter Druck gesetzte Werbetreibende kann seinen maximalen CPC dann aber so reduzieren, dass er wieder unter dem Mitbewerber liegt. Dieser muss dann das nur für das Jamming erhöhte Klickgebot für jeden Klick bezahlen. Es ist daher unbedingt ratsam, die Kampagnen, Gebote und Platzierungen genauestens zu beobachten.

Anzeigen, die einen sehr geringen Qualitätsfaktor aufweisen, werden unter Umständen gar nicht angezeigt. Der Meistbietende gelangt nicht automatisch auf den ersten Anzeigenrang.

### Ermittlung des effektiven Klickpreises

Sie wissen nun, nach welcher Formel der Anzeigenrang bestimmt wird. Aber wie viel müssen Sie nun tatsächlich für Ihre Anzeigenklicks bezahlen? Um den sogenannten *effektiven CPC* zu ermitteln, wenden Sie folgende Formel an:

> *Rangwertziffer des Nachfolgers / eigener Qualitätsfaktor + 0,01 €*
> *= effektiver CPC*

Das Addieren von 0,01 Euro ist notwendig, um Ihren Konkurrenten zu überbieten. Ist das Mindestgebot für ein Keyword allerdings höher als der effektive CPC, wird dieser Betrag berechnet.

Für unser Beispiel ergibt sich der effektive CPC aus Tabelle 11.3.

| Werbe-treibender (Advertiser) | Maxima-ler CPC | Qualitäts-faktor | Rangwert-ziffer | Anzeigen-rang | Effektiver CPC |
|---|---|---|---|---|---|
| B | 0,70 Euro | 3 | 2,10 | 1 | 0,676 = (2,00/3 + 0,01) |
| C | 0,50 Euro | 4 | 2,00 | 2 | 0,26 = (1,00/4 + 0,01) |
| A | 1,00 Euro | 1 | 1,00 | 3 | 0,61 = (0,6/1 + 0,01) |
| D | 0,30 Euro | 2 | 0,60 | 4 | Mindestgebot |

**Tabelle 11.3**  Der effektive CPC

Der letzte Advertiser hat per Definition keinen Nachfolger, die Formel lässt sich daher nicht anwenden. Er bezahlt das für das jeweilige Keyword festgelegte Mindestgebot.

---

**Einschub: Früher Mindestgebot heute First Page Bid**

Früher wurde für jedes Keyword ein Qualitätsfaktor im Vorfeld angegeben. Dieses System wurde aber abgewandelt, und der Qualitätsfaktor wird nun dynamisch bei jeder Suchanfrage in Echtzeit neu ermittelt. Hier fließen Faktoren wie die Suchanfrage und die Lokalität ein, aber auch unbekannte Faktoren. Das zuvor ausgewiesene Mindestgebot (*Minimum Bid*) für jedes Keyword fiel durch die individuelle Berechnung des Qualitätsfaktors weg. Keywords mit einem zu geringen Gebot oder Qualitätsfaktor werden nun nicht mehr als inaktiv für Suche gekennzeichnet, sondern bleiben weiterhin aktiv. Optimieren Sie in diesem Fall aber zunächst den Qualitätsfaktor, bevor Sie sachte den Klickpreis erhöhen.

Das Mindestgebot wurde abgelöst durch das *Gebot für die erste Seite* (auch *First Page Bid*). Das ist ein Schätzwert, der angibt, welchen Betrag der Werbetreibende für ein (exaktes) Keyword bezahlen muss, damit es eine Anzeigenschaltung auf der ersten Suchergebnisseite auslöst.

Bieten Sie dennoch nur so viel, wie Sie zu zahlen bereit sind – der First Page Bid ist keine Garantie für eine Anzeigenposition. Diese wird wie gehabt aus Qualitätsfaktor und maximalem CPC berechnet.

Sie bieten beispielsweise auf das Keyword »Gummistiefel und stellen fest, dass Sie in Hamburg mehr Klicks auf Ihre Anzeige erhalten als in München. Das AdWords-System berechnet für jede Suchanfrage den Qualitätsfaktor für Ihre Anzeige und berücksichtigt dabei den Standort, die Suchanfrage selbst und weitere Faktoren. Wird nun festgestellt, dass Ihre Anzeige in Hamburg mehr Potenzial hat und eine bessere Klickrate hervorruft, dann wird der Qualitätsfaktor erhöht und die Anzeige vermehrt ausgeliefert.

An diesem Beispiel wird ersichtlich, dass der Qualitätsfaktor einen wesentlichen Einfluss auf den Klickpreis hat und somit ein gutes Werkzeug ist, um Kosten zu reduzieren. Denn viel geklickte Anzeigen sind für Google ein Zeichen für Relevanz zur Suchanfrage. Sie werden daher mit einer guten Position und einem günstigeren Klickpreis belohnt.

Advertiser B bezahlt für seine Anzeige auf der zweiten Position deutlich weniger als Advertiser C für die dritte Anzeigenposition. B wird für seinen höheren Qualitätsfaktor von Google belohnt. Andersherum: Erhöht beispielsweise Advertiser A seinen Qualitätsfaktor von 1 auf 5, ergibt sich für ihn einerseits eine Rangwertziffer von 5, also der höchste Anzeigenrang im Vergleich zu seinen Wettbewerbern. Andererseits reduziert sich sein Klickpreis von 0,61 Euro auf 0,43 Euro (siehe Tabelle 11.4).

| Werbe-treibender (Advertiser) | Maximaler CPC | Qualitätsfaktor | Rangwertziffer | Anzeigenrang | Effektiver CPC |
|---|---|---|---|---|---|
| B | 0,70 Euro | 3 | 2,10 | 2 | 0,676 = (2,00/3 + 0,01) |
| C | 0,50 Euro | 4 | 2,00 | 3 | 0,26 = (1,00/4 + 0,01) |
| A | 1,00 Euro | 5 | 5,00 | 1 | 0,43 = (2,10/5 + 0,01) |
| D | 0,30 Euro | 2 | 0,60 | 4 | Mindestgebot |

**Tabelle 11.4** Advertiser A erhöht seinen Qualitätsfaktor von 1 auf 5.

Bei diesem Rechenbeispiel ist zu berücksichtigen, dass in der Realität oftmals viel mehr Advertiser miteinander konkurrieren. Zudem können sich Klickgebote ändern und Kampagnen neu gestartet oder pausiert werden. Auch die Klickrate (CTR) ändert sich, was, wie Sie wissen, wiederum Einfluss auf den Qualitätsfaktor hat. Das gesamte Konstrukt ist also in der Realität sehr viel flexibler.

## Smart Pricing

Mit *Smart Pricing* wird eine Funktion im AdWords-System bezeichnet, die Klickpreise automatisch anpasst. Sollte die laufende Datenanalyse von Google zeigen, dass ein Klick voraussichtlich keine Conversion hervorrufen wird, senkt Google automatisch die Kosten.

Der *auto-optimierte CPC* ist eine Einstellung, mit der die maximalen CPC-Gebote automatisch erhöht (maximal um 30 Prozent) oder gesenkt (ohne Beschränkung) werden, mit dem Ziel, mehr Conversions und einen geringen CPA zu erreichen. Voraussetzung für diese Funktion ist das Conversion-Tracking. Die entsprechenden Einstellungen nehmen Sie ebenfalls unter den Kampageneinstellungen unter GEBOTE UND BUDGET vor.

Wie eingangs erwähnt, gibt es neben dem CPC-Preismodell bei AdWords auch die Abrechnungsverfahren nach dem CPM- oder CPA-Modell. Auch diese beiden Verfahren wollen wir kurz ansprechen.

### Das CPM-Preismodell

CPM steht hier für *Cost-Per-Mille* und ist analog zu dem *Tausender-Kontakt-Preis (TKP)* zu verstehen. Hier fallen Kosten pro tausend Werbeeinblendungen an. Die Klicks auf die Werbeeinblendungen werden dabei nicht berücksichtigt. Im Google-Suchnetzwerk steht dieses Abrechnungsmodell nicht zur Verfügung, sondern nur im Display-Netzwerk (achten Sie daher auf die Auswahl Ihrer Werbenetzwerke, wenn Sie dieses Abrechnungsmodell verwenden möchten!). Sie erreichen diese Einstellungsoption in Ihrem AdWords-Konto, indem Sie die entsprechende Kampagne auswählen und auf den Reiter EINSTELLUNGEN klicken. Unter dem Abschnitt GEBOTE UND BUDGET können Sie dann die Gebotsoption auswählen (siehe Abbildung 11.63).

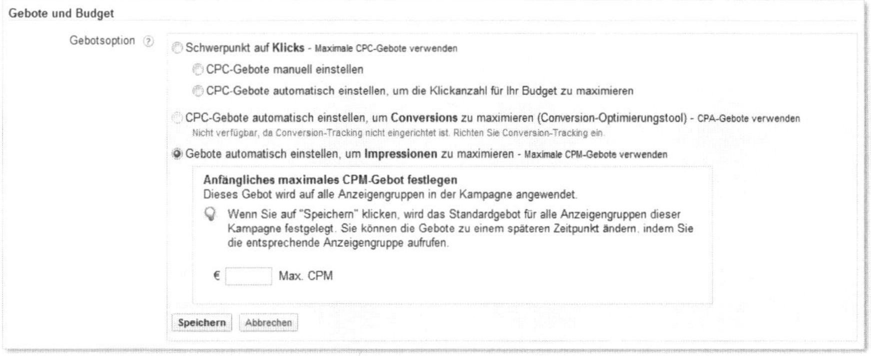

**Abbildung 11.63** CPM-Gebot festlegen

Wie wir schon im Zusammenhang mit den Werbenetzwerken in Abschnitt 11.2.4 erläutert haben, können das Display-Netzwerk und das CPM-Abrechnungsmodell durchaus sinnvoll sein, wenn Sie ein neues Produkt einführen oder einen Namen bekannter machen möchten. Der CPM wird mit folgender Formel berechnet:

$$CPM = Kosten\ der\ Schaltung\ /\ Reichweite \times 1000$$

Im Gegensatz zum CPC-Preismodell, wo der Mindestbetrag bei 0,01 Euro liegt, verlangt Google einen minimalen Betrag von 0,20 Euro beim CPM-Modell.

### Das CPA-Preismodell

Die Kennzahl beschreibt Ihre Einnahmen gegengerechnet zu den Kosten, die Ihnen durch AdWords-Werbung entstehen und ist damit eine wichtige Bewertungskennzahl für Ihre Kampagnenleistung. Belaufen sich beispielsweise Ihre monatlichen Kosten bei AdWords auf 450 Euro und erzielen Sie in diesem Zeitraum 9 Conversions (zum Beispiel Produktkäufe), dann haben Sie für eine Conversion 50 Euro bezahlt. Die Formel für den CPA (*Cost-Per-Acquisition*, also Kosten pro Akquise), der auch als CPO (*Cost-Per-Order*, also Kosten pro Bestellung) bezeichnet wird, lautet daher:

$$CPA = Gesamtkosten\ /\ Conversions$$

Wenn Sie ein kostspieliges Produkt verkaufen, kann sich dieser CPA für Sie bereits lohnen, das hängt von Ihrem Angebot ab.

**Das Conversion-Optimierungstool**

Wenn Sie mit Ihrer Kampagne im letzten Monat mindestens 15 Conversions erreicht haben, steht Ihnen das Conversion-Optimierungstool zur Verfügung. Das Tool ist darauf ausgerichtet, mehr Besucher zu konvertieren (z. B. zu Käufern zu machen), ohne dabei einen festgelegten CPA (Cost-per-Aquisition, Preis pro Aquisition) zu überschreiten. Als Werbetreibender müssen Sie also den CPA ermitteln, der für Sie noch wirtschaftlich ist (sogenannter Break-even-Point). Das AdWords-System berechnet dann das passende CPC-Gebot automatisch, was für Sie eine Zeitersparnis bedeutet, da Sie hier nicht selbst Hand anlegen müssen. So werden je nach Conversion-Wahrscheinlichkeit Gebote erhöht bzw. reduziert. Conversions werden von Google allerdings nicht garantiert. Da das AdWords-System auf bestehende Daten für die Berechnung zurückgreift, kommt das Conversion-Optimierungstool für neue Kampagnen zunächst nicht in Betracht. Seit Mai 2010 haben Werbetreibende auch die Möglichkeit, einen durchschnittlichen CPA (bzw. Ziel-CPA-Gebote) anzugeben.

### Positionsgebote

Wie Sie gelernt haben, wird die Position einer Anzeige anhand Ihres Klickgebotes und des Qualitätsfaktors ermittelt. Sogenannte *Positionsgebote* ermöglichen es Ihnen zu bestimmen, welche Position eine Anzeige möglichst einnehmen soll.

Sollten Sie bei Ihren Beobachtungen feststellen, dass Ihre Anzeigen auf bestimmten Plätzen besonders gute Ergebnisse erzielen, können Sie Ihre Wunschpositionen einstellen. Das AdWords-System errechnet wie beschrieben den Anzeigenrang und schaltet Ihre Anzeige, wenn die gewünschte Position möglich ist. Ein Positionsgebot ist also kein Garant für einen bestimmten Anzeigenrang. Umgekehrt wird Ihre Anzeige nicht geschaltet, wenn der errechnete Rang über oder unter der festgelegten Wunschposition liegt. Wenn er darüber liegt, wird automatisch versucht, das Klickgebot zu reduzieren.

Sie haben die Möglichkeit, Ober- oder Untergrenzen anzugeben (d. h., die Anzeige sollte beispielsweise möglichst über oder unter der Position drei liegen), eine genaue Wunschposition angeben (d. h., die Anzeige sollte genau Position drei einnehmen) oder einen Bereich bestimmen (d. h., die Anzeige sollte auf einer Position zwischen drei und sechs ausgeliefert werden).

In Ihrem AdWords-Konto legen Sie unter folgendem Pfad die Positionsgebote fest: KAMPAGNEN • EINSTELLUNGEN • GEBOTE UND BUDGET

Beachten Sie, dass Positionsgebote Einfluss auf Impressions und Klicks Ihrer Anzeigen haben können, und grenzen Sie Ihre Wunschpositionen nicht zu eng ein, da Ihre Anzeigen ansonsten seltener ausgeliefert werden könnten. Im Display-Netzwerk sind keine Wunschpositionen möglich.

Während Positionsgebote optional verwendet werden können, ist die Einstellung eines Tagesbudgets notwendig für die Schaltung Ihrer AdWords-Anzeigen. Wie Sie das Tagesbudget festlegen, erklären wir Ihnen jetzt.

### Das Tagesbudget

Mit dem Tagesbudget legen Sie fest, wie viel Sie pro Tag für Ihre AdWords-Anzeigen ausgeben möchten. Das Werbeprogramm schaltet Ihre Anzeigen so lange, bis Ihr Tagesbudget aufgebraucht ist. Mit den Einstellungen zur Anzeigenauslieferung können Sie festlegen, wie dieser Verbrauch gehandhabt werden soll: Sie können bei der sogenannten Schaltungsmethode zwischen den Optionen für eine kontinuierliche und eine anfragenabhängige Auslieferung wählen. Ihr Tagesbudget wird in beiden Fällen eingehalten.

Mit der *kontinuierlichen Anzeigenschaltung* (Standardeinstellung) legen Sie fest, dass Ihre Anzeigen gleichmäßig über den Tag hinweg verteilt ausgeliefert werden. Sie verhindern damit, dass Ihr Budget schon in den Morgenstunden vollständig aufgebraucht wird und Ihre Anzeigen für den restlichen Tag nicht mehr zu sehen sind.

Die alternative Einstellung, die *anfrageabhängige Anzeigenschaltung*, stellt sicher, dass die Anzeigen im Rahmen Ihres Tagesbudgets so häufig wie möglich ausgeliefert werden. Ihr Tagesbudget wird damit, soweit es möglich ist, ausgeschöpft.

Sie erreichen diese Einstellung in Ihrem AdWords-Konto, indem Sie Ihre entsprechende Kampagne auswählen, auf den Reiter EINSTELLUNGEN klicken und unter SCHALTUNGSMETHODE die für Sie geeignete Variante auswählen (siehe Abbildung 11.64).

**Abbildung 11.64**  Schaltungsmethoden für Ihre Anzeigen

Sie haben bereits festgestellt, dass das AdWords-System alles andere als starr ist und besonders flexibel auf diverse Einstellungen reagiert. Das System versucht daher schlechte Tage auszugleichen, an denen möglicherweise nicht so viele Klicks generiert werden und das Tagesbudget nicht komplett ausgeschöpft wird. Dazu werden möglicherweise an anderen Tagen um bis zu 20 % mehr Anzeigen ausgeliefert, als Ihr Tagesbudget erlauben würde. Der fällige Betrag für einen Abrechnungszeitraum wird aber nie überschritten. Das bedeutet: Wenn Sie Ihre Kampagnen für den kompletten Monat März (entspricht 31 Tage) schalten und ein Tagesbudget von 15 Euro angesetzt haben, dann wird der Betrag 465 Euro (also 31 × 15 Euro) nicht überschreiten.

Die *monatliche Belastungsgrenze* ist ein Wert, der von Google nicht überschritten wird. Nehmen wir an, Sie verwenden ein Tagesbudget von 20 Euro für einen Monat. Google multipliziert dies mit dem Wert 30,4 (unter der Berücksichtigung, dass es Monate mit 30 und mit 31 Tagen gibt) und erhält den Wert 608 Euro. Sollten in einem Kalendermonat jedoch 615 Euro Kosten anfallen, wird Ihnen nur die monatliche Belastungsgrenze in Rechnung gestellt, sofern sich das Budget im Verlauf des Monats nicht geändert hat. Sollte dies der Fall sein, dann wird keine monatliche Belastungsgrenze berechnet, das Tageslimit besteht aber weiterhin.

Google schlägt Ihnen in Ihrem AdWords-Konto ein Budget für Ihre Kampagne vor. Dies können Sie unter EINSTELLUNGEN • GEBOTE UND BUDGET • BEARBEITEN • EMPFOHLENES TAGESBUDGET ANZEIGEN einsehen (siehe Abbildung 11.65).

Sie müssen diesen Betrag nicht zwangsläufig übernehmen – er ist eher als Richtwert zu verstehen, an dem Sie sich orientieren können. Vielmehr sollten Sie Ihre eigene Budgetgrenze einstellen. Sind Sie sich unsicher bei der Höhe des Betrags, empfehlen wir Ihnen eine Testphase. Stellen Sie Ihr Tagesbudget ein, und analysieren Sie nach einem gewissen Zeitraum die Leistungen Ihrer Kampagne. Entscheiden Sie dann, welche Optimierungsmaßnahmen (mehr dazu lesen Sie auch in folgendem Abschnitt) sinnvoll sein könnten, und entscheiden Sie, ob Anpassungen an Ihrem Tagesbudget notwendig sind.

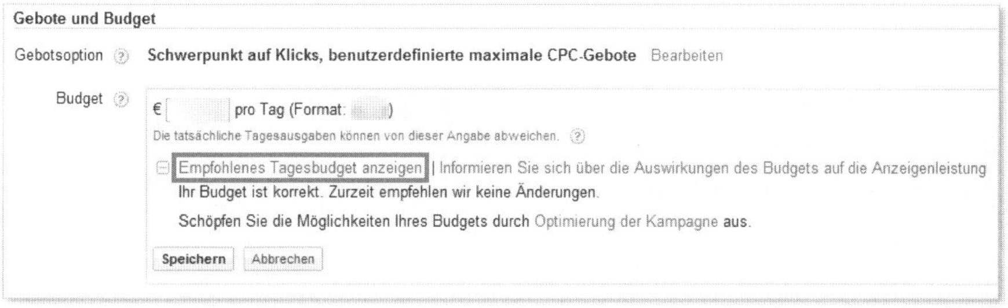

**Abbildung 11.65** Empfohlenes Tagesbudget von Google

Mit der *automatischen Gebotseinstellung* reicht es aus, ein Tagesbudget festzulegen, anhand dessen Google dann die höchstmögliche Anzahl der zu erreichenden Klicks berechnet und automatisch die CPC-Gebote anpasst. Sie nehmen diese Einstellung vor, indem Sie unter EINSTELLUNGEN • GEBOTE UND BUDGET Ihrer Kampagne die Option CPC-GEBOTE AUTOMATISCH EINSTELLEN, UM DIE KLICKANZAHL FÜR IHR BUDGET ZU MAXIMIEREN auswählen.

**Der Traffic Estimator**

Mit dem *Traffic Estimator* stellt Google Ihnen ein Tool zur Verfügung (siehe Abbildung 11.66), mit dessen Hilfe Sie Schätzungen über die Suchvolumen und Kosten von Keywords erhalten, die sich aber nur auf das Such-Werbenetzwerk beziehen. Sie können diese Schätzungen bei der Festlegung Ihres Budgets berücksichtigen.

**Abbildung 11.66** Schätzungen zum Keyword »Reiseführer Frankreich«

### Start- und Enddatum sowie Anzeigenplanung festlegen

Neben dem Tagesbudget müssen Sie dem AdWords-System noch mitteilen, wie lange Sie Ihre Kampagne schalten möchten. Dazu legen Sie ein Start- und ein Enddatum bei den Kampageneinstellungen fest (siehe Abbildung 11.67).

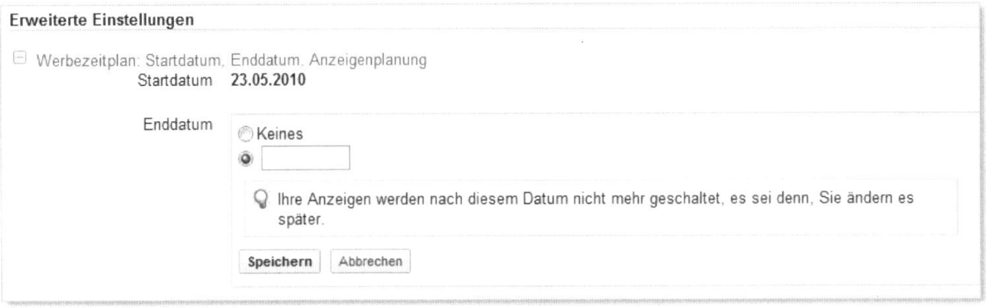

**Abbildung 11.67** Eingabemaske für das Start- und Enddatum Ihrer Kampagne

Zudem können Sie Ihre Anzeigen auch nur zu bestimmten Tages- oder Nachtzeiten ausliefern lassen. Diese Einstellung nehmen Sie ebenfalls in Ihrem AdWords-Konto unter den Kampagneneinstellungen vor. Klicken Sie dann auf ANZEIGEN-PLANUNG. Ein weiteres Fenster wird geöffnet, indem Sie die gewünschten Zeiten einstellen können (siehe Abbildung 11.68).

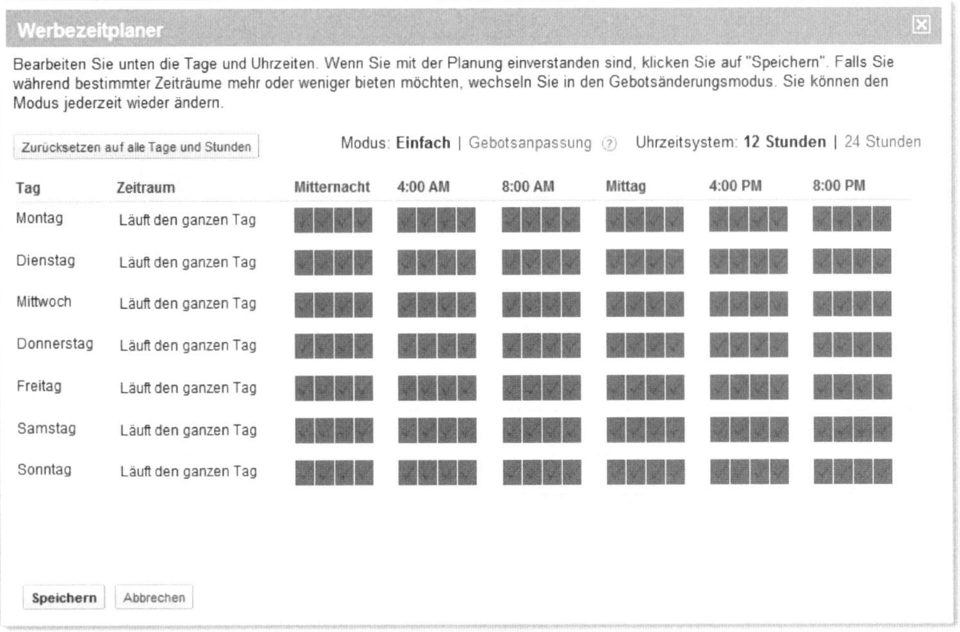

**Abbildung 11.68** Der Werbezeitplaner zur Einstellung der Anzeigenplanung

Mit der folgenden Checkliste können Sie noch einmal überprüfen, ob Sie die wichtigsten Einstellungen vorgenommen haben, um Ihre AdWords-Kampagne nun zu aktivieren.

### Checkliste, bevor Sie Ihre Kampagne aktivieren. Haben Sie...

- ▶ einen eindeutigen Kampagnennamen vergeben?
- ▶ die gewünschten Werbenetzwerke aktiviert?
- ▶ das Start- und Enddatum der Kampagne festgelegt?
- ▶ ein Tagesbudget bestimmt?
- ▶ die Sprach- und regionale Ausrichtung auf Ihre Zielgruppe abgestimmt?
- ▶ die Anzeigenauslieferung nach Ihren Wünschen eingestellt?
- ▶ Ihre Kampagne in sinnvolle Anzeigengruppen unterteilt?
- ▶ ausschließende Keywords ergänzt und Keyword-Optionen überprüft?
- ▶ gegebenenfalls Kategorien und Websites für Kampagnen ausgeschlossen?
- ▶ auf Keywords abgestimmte Anzeigen(variationen) formuliert bzw. Images/Videos erstellt?
- ▶ gegebenenfalls bei Textanzeigen mit Platzhaltern gearbeitet und Richtlinien eingehalten?
- ▶ gegebenenfalls entsprechende Placements ausgewählt und/oder ausgeschlossen?
- ▶ relevante Landing Pages festgelegt, die die vorgegebenen Richtlinien einhalten?
- ▶ gegebenenfalls das Conversion-Tracking aktiviert?
- ▶ ein entsprechendes Abrechnungsmodell gewählt und Höchstwerte festgelegt?

Wenn Sie alle Punkte überprüft haben, ist es nun Zeit, Ihre Kampagne zu aktivieren. Falls Sie Ihr AdWords-Konto neu angelegt haben, müssen Sie noch die Informationen zur Zahlungsweise übermitteln. Zudem wird Ihre Umsatzsteuer-Identifikationsnummer abgefragt.

### Tipp: Google-Startguthaben

Für Neukunden hält Google aktuell ein Startguthaben bereit. Sie können sich unter der URL *http://www.adwords-starthilfe.de* registrieren und erhalten einen Gutscheincode per E-Mail zugeschickt, mit dem Sie Ihr Startguthaben einlösen können.

Ändern Sie anschließend den Status der Kampagne auf »aktiv«. Nach kurzer Zeit werden Ihre Anzeigen geschaltet. Sie sind nun aktiver Google AdWords Advertiser. Gratulation!

### 11.2.9 Leistungsmessung und Optimierung

Einer der größten Vorteile, die das Online-Marketing mit sich bringt, ist die präzise Messbarkeit der Werbemaßnahmen. Wie bereits zu Beginn angesprochen wurde, haben Sie auch bei AdWords eine gute Leistungskontrolle: So werden Ihnen wichtige Kennzahlen bereits in Ihrem Konto angezeigt. Einige dieser Kennzahlen haben wir schon näher erläutert. Weitere Hinweise zu der Bedeutung der Messdaten finden Sie auch in unserem Glossar am Ende des Buches. Diese Kennzahlen sollten Sie dazu verwenden, Maßnahmen zu definieren, die Ihre Kampagnenleistung verbessern und die Kosten senken.

#### Regelmäßige Überprüfung

Um Ihre AdWords-Kampagne steuern zu können, ist eine regelmäßige Überprüfung notwendig. Wenn Sie sich in Ihrem AdWords-Konto anmelden, sollten Sie einige Dinge stetig kontrollieren. Zunächst zeigt Google Ihnen gegebenenfalls Benachrichtigungen auf der Startseite an, die Ihr Konto betreffen. Darüber hinaus sollten Sie natürlich die Kampagnenleistung überprüfen. Stellen Sie einen Zeitraum ein, der nicht zu groß ist, damit Sie ein gutes Gefühl für die aktuelle Leistung erhalten – empfehlenswert ist hier ein Zeitrahmen bis zu einem Monat. Schauen Sie sich dann Ihre Keywords und Ihre Anzeigen an. Bei den Keywords sollten Sie insbesondere die CTR, die Anzeigenposition, den Keyword-Status und den Qualitätsfaktor unter die Lupe nehmen. Bei den Anzeigen hingegen spielt insbesondere die CTR eine wichtige Rolle. Wenn Sie das Conversion-Tracking verwenden (mehr dazu im folgenden Abschnitt), sollten Sie sich zusätzlich Ihre Conversion-Leistung ansehen. Nehmen Sie anschließen entsprechende Justierungen vor.

#### Conversion und Conversion-Tracking

Von großer Bedeutung für die Erfolgsmessung Ihrer AdWords-Kampagne sind die Kennzahlen *Conversion und Conversionrate*.

Eine Conversion tritt dann ein, wenn ein Benutzer Ihrer Website eine gewünschte Handlung durchführt und beispielsweise Ihr Produkt bestellt. Die sogenannte Conversionrate beschreibt das Verhältnis der konvertierten Benutzer zu allen Benutzern der Website, in unserem Beispiel also alle Käufer im Verhältnis zu allen Besuchern.

Das Schöne daran ist: Sie bestimmen selbst, wie die Conversion definiert ist. Das kann sowohl eine Anmeldung, eine Anfrage, ein Download oder ein Kauf sein – je nachdem, auf welches Ziel Ihre Werbekampagne ausgelegt ist.

Denken Sie beispielsweise an ein Autorennen: Wenn Sie messen möchten, welche Fahrzeuge das Ziel erreichen, müssen Sie zunächst wissen, wie viele Fahrer am Rennen teilnehmen, und eine Ziellinie ziehen, die das Streckenende signalisiert. Auch in Ihrer AdWords-Kampagne können Sie mit dem sogenannten *Conversion-Tracking* Ziele definieren und somit Kampagnenerfolge messen. Sollten Sie kein Conversion-Tracking verwenden, können Sie nur schwer bis gar nicht beurteilen, ob Ihre Werbekampagne überhaupt erfolgreich ist.

Sie haben mit dem Conversion-Tracking eine Messkontrolle, die Sie sowohl im Such- als auch im Display-Netzwerk anwenden können. Dafür müssen Sie oder Ihr Webmaster einen minimalen technischen Eingriff vornehmen: Damit Ihre Conversion gemessen werden kann, müssen Sie einen kleinen Codeschnipsel auf der Seite einbauen, auf der der Benutzer das Ziel erreicht hat und somit die von Ihnen festgelegte Ziellinie überschritten hat. Möchten Sie beispielsweise messen, wie viele Benutzer sich für Ihren Newsletter, den Sie mit Ihren AdWords-Anzeigen bewerben, angemeldet haben, dann integrieren Sie den Codeschnipsel auf der Seite, die dem Benutzer anzeigt, dass seine Newsletter-Anmeldung erfolgreich war.

Sie haben auch die Möglichkeit, mehrere Conversions parallel zu messen, also beispielsweise zum einen Verkäufe und zum anderen Newsletter-Anmeldungen. Für diese Art von Tracking werden zwei Code-Schnipsel benötigt, die auf den entsprechenden Bestätigungsseiten integriert werden müssen.

Den entsprechenden Code-Schnipsel können Sie sich sehr einfach von Google anzeigen lassen, indem Sie sich in Ihrem AdWords-Konto anmelden, auf den Reiter BERICHTERSTELLUNG klicken und im Menü CONVERSIONS auswählen. Google bietet Ihnen unter *http://adwords.google.com/support* eine ausführliche Hilfestellung, was bei der Integration des Codeschnipsels berücksichtigt werden sollte.

Nachdem der Codeschnipsel integriert ist, bekommen Sie, so Google, schon nach circa einer Stunde, nachdem ein Benutzer eine Conversion durchgeführt hat, diese in Ihrem Konto angezeigt.

Das Conversion-Tracking funktioniert aufgrund eines Cookies, das zunächst bei einem Klick auf Ihre Anzeige gesetzt wird. Dem Benutzer, der dann auf Ihrer Landing Page beispielsweise eine Newsletter-Anmeldung vornimmt, wird eine Conversion zugeschrieben, da das Cookie ausgelesen wird.

Es ist jedoch sinnvoll, das Conversion-Tracking zunächst einmal zu testen, damit Sie sichergehen, dass Sie auf Grundlage dieser und anderer Kennzahlen Optimierungsmaßnahmen definieren können. Das Conversion-Tracking kann jederzeit gestoppt werden – Sie können ganz einfach den Code-Schnipsel wieder entfernen.

Sie können nun also die erreichten Conversions und die Conversionrate in Ihrem Konto einsehen. Aber was bedeutet dies für Ihren wirtschaftlichen Kampagnenerfolg? Dazu erläutern wir Ihnen im Folgenden die ROI-Berechnung.

**ROI-Berechnung**

Um herauszufinden, ob Ihre Kampagne erfolgreich ist oder nicht, müssen Sie Ihre Ausgaben für Ihre Kampagne den Einnahmen gegenüberstellen, die Sie durch die Kampagne erzielen. Dieser Wert wird als *ROI (Return on Investment)* bezeichnet.

Mit folgender Formel wird der ROI berechnet:

*ROI = (Umsatz – Kosten) / Kosten*

Haben Sie beispielsweise in einem bestimmten Zeitraum 1000 Euro über Ihre AdWords-Anzeigen eingenommen und im gleichen Zeitraum 700 Euro für Ihre AdWords-Kampagne ausgegeben, lautet die Rechnung:

*ROI = (1000€ – 700€) / 700€*

*ROI = 300€ / 700€*

*ROI = 0,43*

Multiplizieren Sie dieses Ergebnis mit 100, dann erhalten Sie als ROI die Prozentzahl von 43 %.

Eine weitere Kennzahl zur Erfolgsbeurteilung Ihrer AdWords-Kampagne ist der ROAS (*Return On Ad Spending*), der mit »Umsatz durch Werbekosten« berechnet wird (beim ROI dividiert man den Gewinn durch die Kosten, siehe oben).

Eine andere Kennzahl ist der CPA (*Cost-Per-Acquisition*), den wir schon kurz beschrieben haben. Sie sollten sich im Vorfeld einer Kampagne überlegen, wie viel Sie für eine Conversion ausgeben können, um wirtschaftlich zu agieren. Hier müssen natürlich Margen berücksichtigt werden. Es ist daher gut nachvollziehbar, dass ein CPA für ein hochpreisiges Angebot anders aussehen wird als für ein Angebot im Niedrigpreissegment.

Sie fragen sich nun, warum Sie sich die Conversion-Kennzahlen ansehen und sich mit der ROI-Berechnung und CPA-Festlegung beschäftigen sollten? Ganz einfach: Auf Grundlage dieser Zahlen können Sie Entscheidungen hinsichtlich der Optimierung Ihrer Kampagnen treffen, die nicht auf einem Bauchgefühl basieren. So können Sie Ihren wirtschaftlichen Erfolg steigern.

Schauen Sie sich daher Ihren Conversion-Prozess sehr genau an. Die gewünschte Handlung eines Benutzers steht erst am Ende eines Prozesses und ist mit einem Trichter vergleichbar. Aus diesem Grund werden viele Analysen zum Conversion-Prozess in Trichterform dargestellt. So geschieht das auch in dem Tool *Google Analytics*, zu dem Sie in Kapitel 20, »Web-Analytics – Websites unter die Lupe genommen«, mehr erfahren.

Betreiben Sie beispielsweise einen Online-Shop und bewerben Sie Ihre Produkte mit AdWords, so steht Ihre Conversion, nämlich der Produktkauf, am Trichterende. Der Benutzer durchläuft zunächst einen Prozess, der zum Beispiel darin besteht, eine Suchanfrage zu stellen, Ihre AdWords-Anzeige anzuklicken, auf Ihre Landing Page zu gelangen, ein Produkt auszuwählen, es in den Warenkorb zu legen, alle Zahlungs- und Lieferinformationen anzugeben, um letztendlich das gewünschte Produkt zu erwerben. Abbildung 11.69 zeigt beispielhaft einen Conversion-Prozess (oder auch *Path to Conversion*, also Conversion-Pfad genannt) für einen Produktkauf, hier exemplarisch ausgehend von der Startseite.

**Abbildung 11.69**  Conversion-Trichter für einen Online-Shop

Wenn Sie den Conversion-Trichter optimieren möchten, sollten Sie sich die Stellen im Prozess ansehen, an denen die meisten Interessenten abspringen. Ihr Ziel sollte es sein, diese Absprungraten zu verringern und mehr Besucher zu konvertieren.

Im folgenden Abschnitt werden wir näher auf das Thema Optimierung dieses Prozesses eingehen und Ihnen wichtige Stellschrauben innerhalb von AdWords erläutern, damit Sie die Leistung Ihrer Kampagnen verbessern können. Darüber hinaus erfahren Sie mehr zum Thema Conversion-Optimierung in Kapitel 17, »Aus Besuchern Käufer machen – User konvertieren«.

### Verschiedene Stellschrauben zur Kampagnenoptimierung

Stellen Sie sich vor, Sie sind Fußballspieler und Ihr Trainer ist mit Ihrer aktuellen Gesamtleistung bisher nicht zufrieden. Höchstwahrscheinlich wird er also Ihren

Trainingsplan nicht allein auf eine Konditionsverbesserung abändern. Sie werden auch Muskelaufbau und Dribbelübungen machen müssen.

Vergleichbar hierzu gibt es auch bei Ihrer AdWords-Kampagne verschiedene Stellschrauben, wie Sie Ihre Kampagnenleistungen verbessern können. Diese Stellschrauben sind im Wesentlichen die Keywords, die Anzeigen und die Landing Page, wie Sie in Abbildung 11.70 sehen können.

**Abbildung 11.70** Die wesentlichen Stellschrauben bei der Kampagnenoptimierung

Dies ist auch nachvollziehbar, denn genau diese Elemente sind grundlegend für eine positive Benutzererfahrung. Das Keyword muss mit der Suchanfrage übereinstimmen, damit Ihre Anzeige geschaltet wird. Die Anzeige selbst muss wiederum attraktiv formuliert sein und den Suchenden zum Klicken bringen. Die Landing Page hat daraufhin die Aufgabe, dem Benutzer das Angebot so zu präsentieren, dass dieser überzeugt ist und eine gewünschte Handlung durchführt.

Sie sehen, hier ist Feintuning an vielen Stellen gefragt. Sicherlich ist jede Kampagne individuell zu analysieren und zu optimieren. Es würde daher den Rahmen dieses Buches sprengen, auf die Vielzahl der Optimierungsmöglichkeiten detailliert einzugehen. Wir haben uns daher auf die grundlegenden Möglichkeiten beschränkt und empfehlen Ihnen bei weiterem Bedarf hinsichtlich der Kampagnenoptimierung unsere Literaturtipps in Kapitel 13, »Suchmaschinenwissen kompakt«. Im Folgenden zeigen wir Ihnen einige bewährte Tipps, wie Sie mit den einzelnen Stellschrauben Ihre Kampagne justieren können.

### Die Keywords
Überprüfen Sie Ihre Keyword-Liste genau. Sie ist ausschlaggebend für den Kontakt mit potenziellen Kunden, denn Ihre Anzeigen werden vom AdWords-System auf die Suchanfrage hin abgestimmt ausgeliefert. Ein häufiger Fehler ist hier die Auswahl von zu allgemeinen Begriffen. Gehen Sie daher Ihre Keyword-Liste noch

einmal genau durch, und versuchen Sie, sich in die Lage des Suchenden zu versetzen. Sind Sie sicher, dass Sie das Bedürfnis des Suchenden mit Ihrem Angebot stillen können? Grenzen Sie Ihre Keyword-Liste enger ein, und vergessen Sie nicht, Ihrer Kampagne auch ausschließende Keywords hinzuzufügen.

Ein anderes Problem können zu kurze Keyword-Listen sein. Erinnern Sie sich noch einmal an die vielen Möglichkeiten der Keyword-Recherche, und bauen Sie Ihre Liste weiter aus. Google schlägt Ihnen in Ihrem AdWords-Konto auch weitere Keywords vor, die Sie problemlos direkt in Ihre Kampagne übernehmen können. Vergessen Sie dabei nicht, dass auch Long-Tail-Begriffe (siehe Abschnitt 11.2.5, »Die Keywords«) möglicherweise lukrativ sein können.

Eine weitere lohnende Überprüfung können die Keyword-Optionen sein. Rufen Sie sich die möglichen Auswirkungen in Erinnerung: Verwenden Sie die Keyword-Option »weitgehend passend«, erreichen Sie wahrscheinlich mehr Besucher, aber nicht so zielgereichtet, wie es wahrscheinlich bei den Optionen »passend« oder »exakt« der Fall wäre. Allerdings ist hier der Personenkreis, der angesprochen wird, deutlich geringer. Diese Optimierung Ihrer Keywords kann positive Auswirkungen auf deren Qualitätsfaktor haben. Sprechen Sie eine zu große Benutzergruppe an, laufen Sie Gefahr, dass Ihr Budget durch nicht zielgerichtete Klicks schnell verbraucht ist.

Darüber hinaus ist, wie Sie bereits wissen, die Struktur Ihres Kontos wichtig. Sortieren Sie also Ihre Keyword-Listen und Anzeigengruppen, und strukturieren Sie sie derart, dass Sie für die Keywords in jeder einzelnen Anzeigengruppe auf das Keyword abgestimmte Texte formulieren können.

Achten Sie darauf, dass Ihre Keywords nicht mehrfach in Ihrem Konto verwendet werden. Sie konkurrieren dann miteinander, und wie auch bei der natürlichen Auslese gewinnt das stärkere Keyword, also das mit der besseren Leistung. Vermeiden Sie doppelte Keywords in Ihrem Konto, um Kosten nicht in die Höhe zu treiben und die Anzeigenposition nicht zu verschlechtern.

Unterteilen Sie Ihre Anzeigengruppen genau, und bedenken Sie das Siloing (siehe Abschnitt 11.2.5). Oftmals bringen Anzeigengruppen mit wenigen, aber präzise ausgewählten Keywords die besten Ergebnisse, da hier sehr gut abgestimmte Anzeigentexte erstellt werden können.

Einen ähnlichen Ansatz hat die sogenannte *Peel-and-stick-Methode*: Hier empfiehlt Perry Marshall, Keywords mit äußerst guter Leistung in eine gesonderte Anzeigengruppe zu schieben. Dadurch können einerseits genaue Textanzeigen und Zielseiten festgelegt werden, und die Klickrate leidet andererseits nicht unter der Leistung schlechterer Keywords.

### Die Anzeige

Sollten Sie feststellen, dass Ihre Anzeigen schlechte Klickraten aufweisen, lesen Sie erneut den Abschnitt zur Erstellung von AdWords-Textanzeigen (siehe Abschnitt 11.2.6, »Die Anzeigen«). Hier können oftmals schon einzelne Zeichen und Buchstaben enorme Auswirkungen auf die Klickrate haben. Heben Sie Ihre Anzeigen von denen Ihrer Mitbewerber ab, indem Sie Keywords und eine konkrete Handlungsaufforderung integrieren. Benennen Sie Sonderaktionen oder Rabatte, und sortieren Sie Ihre Keywords in Anzeigengruppen, zu denen Sie passende Anzeigentexte formulieren können.

Formulieren Sie daher unbedingt verschiedene Varianten von Textanzeigen, und lassen Sie sie im Split-Testing gegeneinander antreten.

> **Tipp: Tool zu AdWords-Kampagnentests (Beta)**
>
> Aktuell bietet Google unter den Kampagneneinstellungen ein Tool zum Kampagnentest in der Beta-Version an. Mit diesem Tool können Sie Tests innerhalb Ihrer Kampagnen durchführen und die Leistungen verbessern. Es lohnt sich also, dieses Tool im Auge zu behalten und gegebenenfalls auszuprobieren.

Wenn Sie eine bestehende Anzeige verändern, und sei es nur durch ein einziges Zeichen, löscht Google die bisherigen Leistungsdaten dieser Anzeige. Die Statistik wird auch gelöscht, wenn Sie Ihre Anzeigen in eine andere Anzeigengruppe verschieben. Daher empfehlen wir Ihnen, wenn Sie Änderungen ausprobieren möchten, eine weitere Anzeige zu erstellen, und nicht eine bestehende Anzeige zu überarbeiten. Da beide Varianten geschaltet werden, können Sie bestimmen, welche Anzeige die besseren Leistungen erzielt. Lassen Sie den Test laufen, bis Sie statistisch relevante Leistungsdaten gesammelt haben.

Manchmal lässt es sich nicht vermeiden, Änderungen an den Anzeigentexten vorzunehmen. Stellen Sie sich danach auf einen leicht schwankenden Qualitätsfaktor ein – dieser Wert sollte sich aber schnell wieder einpendeln. Sie sollten diese Schwankungen eher in Kauf nehmen, als einem Kunden falsche oder schlechte Anzeigentexte zu liefern.

Versuchen Sie, bei der Formulierung Ihr Angebot so präzise wie möglich zu präsentieren. Spannen Sie den roten Faden zu der Suchanfrage, indem Sie Keyword-Platzhalter (*Dynamic Keyword Insertion*, siehe Abschnitt 11.2.6) richtig verwenden.

> **Tipp: Das Anzeigen-Vorschau-Tool**
>
> Versuchen Sie zu vermeiden, selbst auf Ihre eigenen Anzeigen zu klicken. Natürlich möchten Sie sehen, wie Ihre Anzeige Ihren Kunden präsentiert wird. Beachten Sie aber, dass Sie dadurch Impressions generieren und Ihre Klickrate negativ beeinflussen.

Dies kann wiederum den Qualitätsfaktor und weiterhin auch Ihre Anzeigenposition senken. Es ist daher Vorsicht geboten. Aus diesem Grund stellt Google seinen Advertisern das Anzeigen-Vorschau-Tool zu Verfügung (siehe Abbildung 11.71). Unter der URL *https://adwords.google.de/select/AdTargetingPreviewTool* können Sie Ihre Anzeigen testen, ohne dass Sie die Messwerte beeinflussen.

**Abbildung 11.71**  Das Google Anzeigen-Vorschau-Tool

Wenn Sie mit diesem Tool die Auslieferung überprüfen, werden Leistungsdaten Ihrer Kampagnen nicht verändert.

Zudem verändert Google seine Suche immer mehr in Richtung Personalisierung. War eine Anzeige für Sie schon einmal nicht interessant, kann es sein, dass Google sie Ihnen weniger bis gar nicht anzeigt, da Sie ja offensichtlich nicht relevant für Sie ist. In dem Anzeigen-Vorschau-Tool werden derartige Auslieferungskriterien nicht berücksichtigt.

### Die Landing Page

Grundlegend wichtig ist die richtige Auswahl der Landing Page. Leiten Sie den Benutzer auf die Seite, die ihm das Angebot präsentiert, das am besten zu seiner Suchanfrage passt. Überprüfen Sie darüber hinaus auch die Leistung Ihrer Landing Page. Die Kennzahlen *Bouncerate* und *Verweildauer* können hier die ersten aufschlussreichen Daten liefern.

Stellen Sie sich selbst die Frage: Wird Ihr Angebot ansprechend präsentiert? Holen Sie den Benutzer mit seiner entsprechenden Anfrage mithilfe Ihrer Landing Page ab? Berücksichtigen Sie die Grundelemente einer Landing Page? Mit verschiedenen Tools können Sie die Seite sehr genau analysieren. Dies sind beispielsweise Mouse-Tracking-Tools, die die Bewegung der Maus durch den Benutzer festhalten. Heatmaps sind eine weitere Möglichkeit, die Elemente einer Zielseite zu überprüfen. Hier wird farblich markiert, welche Bereiche einer Webseite besonders stark angeklickt werden und welche nicht. Weitere Testverfahren stellen wir Ihnen in Kapitel 18, »Testverfahren«, detaillierter vor.

Testen Sie unterschiedliche Elemente Ihrer Landing Page, wie beispielsweise verschiedene Formulierungen, Farben, Grafiken und Bilder, oder die Anordnungen der einzelnen Elemente. Auch wenn Sie am liebsten alles auf einmal testen möchten: Testen Sie nacheinander, sonst erhalten Sie keine eindeutigen Ergebnisse.

Mit dem *Google Website Optimierungstool* haben Sie die Möglichkeit, verschiedene Varianten von Landing Pages zu testen. Hier müssen Sie oder Ihr Webmaster ein spezielles Pixel in Ihre Website integrieren. Dann werden die verschiedenen Testvarianten unterschiedlichen Nutzern gezeigt (z. B. A/B-Test oder multivariater Test). Sie erhalten anschließend einen genauen Bericht zu den Leistungen der einzelnen Varianten. Auch dazu lesen Sie mehr in Kapitel 18 »Testverfahren«.

Neben den drei Hauptstellschrauben, können Sie auch Ihre Konto- und Kampagneneinstellungen anpassen. Überprüfen Sie daher, wann und wie Ihre Anzeigen ausgeliefert werden. Wie Sie bereits wissen, haben Sie bei AdWords die Möglichkeit, Ihre Anzeigen nur zu bestimmten Tages- und Nachtzeiten auszuliefern oder sich auf bestimmte Wochentage zu beschränken. Stellen Sie beispielsweise fest, dass Sie Conversions nur am Tag erzielen, dann können Sie festlegen, dass Ihre Anzeigen nicht in der Nacht ausgeliefert werden.

Darüber hinaus können Sie auch die Anzeigenschaltung, wie Sie wissen, gleichmäßig oder anfrageabhängig vornehmen. Auch hier sollten Sie experimentieren, wie Sie die besten Ergebnisse erzielen. Ebenfalls kann es sinnvoll sein, die geografische Ausrichtung Ihrer Kampagne anzupassen. Schalten Sie Ihre Anzeigen wirklich nur dort, wo Sie Kundenbedürfnisse befriedigen können. Sie haben bei AdWords die Möglichkeit, den Auslieferungskreis sehr genau zu bestimmen.

Testen Sie auch bei Positionsgeboten, auf welchen Platzierungen Sie die besten Erfolge erzielen. Es muss nicht immer Platz eins sein. Erhöhen Sie nicht zwangsläufig Ihre maximalen Gebote, wenn Sie mit der Leistung Ihrer Kampagne nicht zufrieden sind. Versuchen Sie zunächst, die Relevanzkette (Suchanfrage, Ihr Keyword, Ihre Anzeige, Ihre Landing Page) zu verbessern. Erst dann sollten Sie langsam das Budget anpassen.

Darüber hinaus spielen auch die Werbenetzwerke eine wichtige Rolle. Wie wir bereits beschrieben haben, sollten Sie für das Such- und das Display-Netzwerk jeweils eigenständige Kampagnen anlegen.

Für das Display-Netzwerk gilt außerdem: Wenn Sie noch mehr potenzielle Kunden per Display-Netzwerk ansprechen möchten, richten Sie Ihre Kampagne nach Ihrem anvisierten Werbeziel aus. Das bedeutet, dass Sie zielgerichtet Placements verwenden sollten, wenn Sie Ihre Marke bekannt machen möchten und ein Branding-Ziel verfolgen (placementbezogene Ausrichtung). Sind hingegen direkte Reaktionen der Benutzer angestrebt, bietet sich eher die Auswahl von zielgerichteten Keywords an (keywordbezogene Ausrichtung). Die Anzeigen im Display-Netzwerk werden von Google so ausgeliefert, dass sie zum Inhalt der publizierenden Website passen. Hier sind präzise Keyword-Listen besonders wichtig, damit Ihre Werbung nur dort erscheint, wo sie potenzielle Interessenten ansprechen kann.

Nutzen Sie zur Optimierung Ihrer Kampagnen im Display-Netzwerk den Bericht zur Placement-Leistung. Hier können Sie überprüfen, auf welchen Websites Ihre Anzeigen ausgeliefert wurden. Stellen Sie dabei fest, dass Google Ihre Anzeigen auf Websites schaltet, die für Sie nicht relevant sind, sollten Sie diese Placements ausschließen. Dazu kann auch das Tool zum *Ausschließen von Websites und Kategorien* hilfreich sein.

### Berichte

In Ihrem AdWords-Konto haben Sie die Möglichkeit, sich eine Reihe von Berichten anzeigen zu lassen, diese in verschiedenen Formaten zu exportieren oder sie sich beispielsweise per E-Mail zusenden zu lassen. Sie gelangen zu den Berichten, indem Sie in Ihrem Konto auf den Reiter Berichterstellung und Tools klicken und im Menü Berichte auswählen (siehe Abbildung 11.72).

In Ihrem Konto können bis zu 15 Berichte parallel gespeichert werden. Alle Berichte, die darüber hinaus gehen, führen zu einer Löschung des jeweils ältesten gespeicherten Berichts. Zudem können Sie sich Vorlagen für Ihre Berichte anlegen. Zur Optimierung Ihrer Kampagne kann das Analysieren Ihrer Leistungsberichte sehr hilfreich sein.

Sie können zum Beispiel in dem Placement-Leistungsbericht sehen, wo Ihre Anzeigen geschaltet wurden, und können die besseren Placements weiter ausbauen, während Sie die Gebote für schwache Placements verringern, diese ausschließen oder aus Ihrer Kampagne entfernen. Hilfreich kann auch der Bericht *Suchbegriffe* sein. Er gibt diejenigen Keywords wieder, mit denen Nutzer gesucht haben und woraufhin Ihre Anzeigenschaltung ausgelöst wurde.

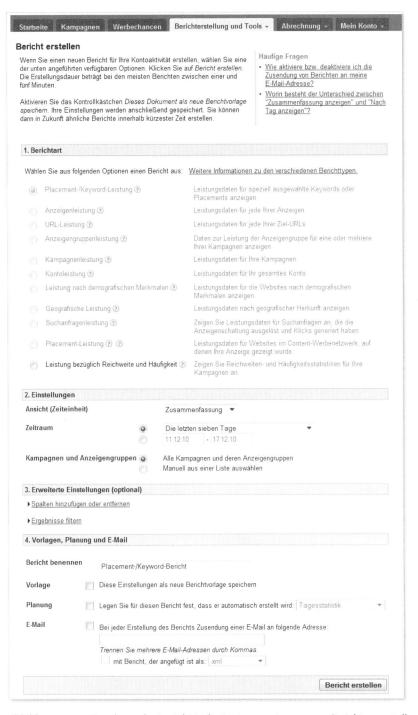

**Abbildung 11.72** Eingabemaske im AdWords-Konto, um einen neuen Bericht zu erstellen

Suchmaschinenwerbung mit Google AdWords | **11.2**

Welcher Bericht die meiste Aussagekraft für Ihre Optimierungsmaßnahmen hat, lässt sich pauschal nicht sagen. Dies hängt von Ihren Werbezielen und den bisher erreichten Kampagnenleistungen ab. Versuchen Sie mithilfe von Berichten Schwachstellen zu identifizieren.

### Such-Trichter-Analyse

Wie Sie sicher selbst an Ihrem eigenen Suchverhalten feststellen können, ist nicht zwangsläufig immer der Suchbegriff, den Sie als ersten verwendet haben, auch derjenige, über den Sie dann beispielsweise eine Bestellung abschließen.

Oftmals sieht der Prozess so aus, dass Sie Ihre Suche immer weiter verfeinern. So kann es beispielsweise sein, dass Sie bei einer Reisebuchung zunächst *Reise Spanien* als Suchanfrage eingeben. Danach stellen Sie fest, dass Ihnen sowohl Auto- als auch Schiffs- und Flugreisen angeboten werden. Sie grenzen Ihre Suche also weiter ein, suchen nach *Flugreise Spanien* und erhalten in der Ergebnisliste verschiedene Fluggesellschaften, die Reisen nach Spanien anbieten. Auch diese Suchergebnisse sind für Sie noch nicht treffend genug. Sie geben daher das Keyword *Pauschalurlaub Spanien Flug* ein. Dieses Spielchen geht noch eine Weile so weiter, da Sie nun noch verschiedene Anbieter vergleichen und Empfehlungen zu einzelnen Angeboten lesen. Erst danach – und möglicherweise sogar erst einige Tage später – haben Sie sich für ein Angebot entschieden und buchen schließlich Ihre Reise.

Wie beispielsweise bei einem Fußballspiel nicht der Torschütze allein für einen Erfolg verantwortlich ist, sondern auch alle Mitspieler, die beim Aufbauspiel und beim Passen beteiligt sind, damit ein Tor geschossen werden kann, sind auch hier die vorherigen Suchanfragen nicht zu ignorieren (siehe Abbildung 11.73).

**Abbildung 11.73** Beispielhafte Conversion-Kette bei einer Urlaubsbuchung

Im Durchschnitt, so eine von Google veröffentlichte Erhebung, wird 12-mal gesucht, bevor eine Reise gebucht wird (siehe Abbildung 11.74). Für Advertiser war zunächst nicht ersichtlich, wie der Suchprozess aussah, und sie konnten die Conversion nur der letzten Suchanfrage bzw. dem letzten geklickten Keyword zuordnen. In vielen Fällen ist das letzte Keyword eine Marke, was zur falschen Bewertung von Markenkeywords führte, da vorausgegangene Keywords nicht berücksichtigt und möglicherweise sogar gelöscht oder pausiert wurden.

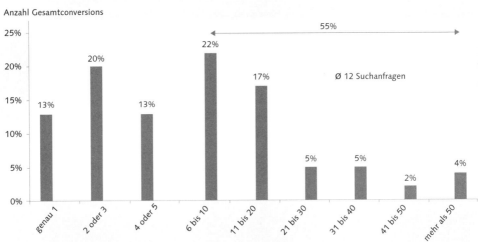

**Abbildung 11.74** Anzahl der Suchanfragen bis zur Conversion. Die Zuordnung der Conversion zum letzten Keywort greift zu kurz: Im Durchschnitt wird 12× gesucht, bevor eine Reise online gebucht wird.

Seit einiger Zeit können Sie diesen sogenannten *Such-Trichter* (*Search Funnels*) auch in Ihrem AdWords-Konto einsehen und dadurch Ihre Keywords besser bewerten. Unter dem Reiter BERICHTERSTELLUNG UND TOOLS im folgenden Auswahlmenü CONVERSIONS können Sie die SUCH-TRICHTER anzeigen lassen (siehe Abbildung 11.75).

**Abbildung 11.75** Such-Trichter-Auswertung

Diese speziellen Berichte können Sie bei der Optimierung Ihrer AdWords-Kampagnen unterstützen. Es ist jedoch zu berücksichtigen, dass sowohl organische Suchergebnisse als auch andere Werbemittel (Banner, TV-Spots etc.) zu diesem Kaufverhalten beitragen können.

### 11.2.10  Zehn Optimierungsmaßnahmen

Im Folgenden haben wir Ihnen zehn Maßnahmen zusammengestellt, die bei verschiedenen Schwachstellen helfen können. Sie werden feststellen, dass viele Maßnahmen und Resultate eng zusammenhängen und daher nicht immer als Einzelmaßnahme betrachtet werden können. Unsere Tipps erheben nicht den Anspruch auf Vollständigkeit und müssen je nach Werbeziel und Individualfall betrachtet und angepasst werden.

#### 1. Ich habe den Überblick verloren und weiß nicht, wo ich anfangen soll zu optimieren

Viele Werbetreibende legen zunächst keinen großen Wert auf eine übersichtliche Kampagnenstruktur und legen nur eine Kampagne an, die alle Keywords beinhaltet. Sie können somit weder eine genaue Ausrichtung auf die Zielgruppe vornehmen (geografische und sprachliche Ausrichtung) noch das Budget für verschiedene Angebote unterschiedlich wählen. Darüber hinaus können die Anzeigentexte nicht exakt auf die Keywords abgestimmt werden, was sich negativ auf die Anzeigenleistung auswirken kann. Achten Sie daher auf eine sortierte Kampagnenstruktur, und legen Sie getrennte Kampagnen für das Such- und das Display-Netzwerk an. So können Sie präzise Optimierungsmaßnahmen flexibel für einzelne Anzeigengruppen vornehmen.

#### 2. Ich weiß nicht, welche Daten ich zur Definition von Optimierungsmaßnahmen verwenden soll

Bedenken Sie, dass beispielsweise zweistellige Klickzahlen noch nicht aussagekräftig genug sind, um Maßnahmen zur Optimierung zu definieren. Sie müssen kein Statistik-Ass sein, um nachvollziehen zu können, dass 30 Klicks auf eine Anzeige noch nicht zur Bewertung von deren Effizienz ausreichen. Hier ist ein wenig Geduld gefragt, bis statistisch relevante Daten vorhanden sind. Erst dann sollten Sie Schlüsse daraus ziehen. Sie sollten sowohl die Daten in Ihrem AdWords-Konto analysieren als auch die Chance nutzen, sich gezielte Berichte anzeigen zu lassen. Wichtig ist, dass Sie in regelmäßigen Abständen die Leistung Ihrer Kampagnen überprüfen.

### 3. Ich habe zu wenige Klicks

In diesem Fall gibt es verschieden Ansatzpunkte: Überprüfen Sie Ihre Keyword-Optionen, und fügen Sie Ihren Kampagnen weitere Keywords und Placements hinzu. Es kann auch sinnvoll sein, weitere Bereiche Ihres Angebots einzubeziehen, die Sie bisher noch nicht als Keyword verwendet haben.

Verwenden Sie Ihre Keywords eine Zeit lang in der Option »weitgehend passend« (Broad Match). Analysieren Sie danach die Suchanfragen, und fügen Sie diejenigen Keywords in der Option »passend« bzw. »exakt« Ihrer Kampagne hinzu, die viele Klicks erzielt haben. Während Sie diesen Keywords eigene Gebote zuweisen können, dienen die anderen Schlüsselbegriffe dazu, weitere relevante Keywords zu identifizieren.

Es kann empfehlenswert sein, die besten Keywords in eine gesonderte Anzeigengruppe zu verlagern und dieser einen höheren maximalen CPC zuzuweisen. Zudem schlägt Google Ihnen im AdWords-Konto weitere Keywords vor. Erweitern Sie Ihre Keyword-Liste mit einer erneuten Keyword-Recherche. Sie sollten auch das Display-Netzwerk in Betracht ziehen und entsprechende Placements auswählen. Kontrollieren Sie Ihre sprachliche und geografische Kampagnenausrichtung sowie die Anzeigenauslieferung. Testen Sie verschiedene Anzeigenformate. Bevor Sie Ihr Tagesbudget erhöhen, sollten Sie immer erst versuchen, Ihren Qualitätsfaktor zu verbessern.

### 4. Ich habe zu viele Klicks (aber wenige Conversions)

Wenn Sie mit zu vielen Klicks zu kämpfen haben, ist Ihre Keyword-Liste wahrscheinlich nicht präzise genug. Überprüfen Sie Ihre Schlüsselbegriffe. Einwort-Kombinationen sollten Sie möglichst nicht verwenden, da sie sich oftmals nicht präzise genug auf Ihr Angebot beziehen. Ebenso sollten Sie Ihre Keyword-Optionen kontrollieren. Verwenden Sie ausschließende Keywords bzw. ausschließende Placements. Das ist besonders wichtig, wenn Ihre Keyword-Liste viele weitgehend passende (Broad Match) Keywords beinhaltet. Zudem kann eine schlechte Conversionrate auch durch eine unpassende Landing Page hervorgerufen werden. Schauen Sie sich in diesem Fall Kapitel 17, »Aus Besuchern Käufer machen – User konvertieren«, an.

### 5. Meine CTR ist schlecht

Kontrollieren Sie Ihre Anzeigentexte: Ist Ihr Keyword im Titel oder im Anzeigentext enthalten (z. B. durch die Verwendung von Platzhaltern)? Haben Sie besondere Merkmale zu Ihrem Produkt sowie Rabatte und Sonderleistungen hervorgehoben? Haben Sie eine konkrete Handlungsaufforderung formuliert und die Richtlinien von Google berücksichtigt? Sie sollten verschiedene Varianten verfassen und sie gegeneinander testen. Dafür ist die leistungsunabhängige Anzeigen-schaltung notwendig. So werden die Anzeigen gleichmäßig ausgeliefert, und Sie können anhand der Kennzahlen sehen, welche Anzeige bessere Klickraten erzielt. Schon minimale Änderungen können Ihre Klickrate beeinflussen. Überarbeiten Sie auch Ihre Display-Anzeigen.

Wie Sie wissen, beschreibt die CTR das Verhältnis von Klicks und Impressions. Sie können die Impressions beeinflussen, indem Sie ausschließende Keywords verwenden. Damit werden Ihre Anzeigen nur dann angezeigt, wenn sie zu Ihrem Angebot passen. Überprüfen Sie die Auswahl von Keywords und Placements, um Ihre Anzeigen möglichst zielgerichtet auszuliefern.

Kontrollieren Sie die Größe Ihrer Anzeigengruppe: Sind zu viele Keywords einer Anzeigengruppe zugeordnet und nur recht wenige Anzeigentexte formuliert, kann kaum eine gute Klickrate erzielt werden, da die Anzeigentexte in den wenigsten Fällen genau zu den Keywords passen. Arbeiten Sie an der Verbesserung Ihrer CTR, um Ihren Qualitätsfaktor zu verbessern und damit Ihre Kosten auf Dauer zu senken.

### 6. Ich weiß nicht, welchen maximalen CPC ich festlegen soll

Möchten Sie sehr kurzfristig eine bessere Anzeigenposition erreichen, kann es sinnvoll sein, Ihr maximales CPC-Gebot eher höher anzusetzen. Gerade bei neu angelegten Keywords in Ihrem AdWords-Konto kann zunächst ein höherer CPC und damit eine höhere Anzeigenposition positive Wirkung haben.

Denn weiter oben präsentierte Anzeigen werden erfahrungsgemäß häufiger von suchenden Benutzern angeklickt. So bauen Sie eine gute Klickrate auf (die bei neuen Keywords noch nicht vorhanden sein kann) und beeinflussen wiederum den Qualitätsfaktor positiv. Dies hat zur Folge, dass Sie Ihre Kosten wieder senken können. Bei sehr leistungsstarken Keywords kann es durchaus ratsam sein, den CPC zu erhöhen. Es sollte aber immer das Ziel sein, einen guten Qualitätsfaktor, also relevante Anzeigen, zu erreichen, anstatt regelmäßig das Gebot zu erhöhen.

### 7. Ich möchte meine Kosten senken

Dies ist wohl ein Wunsch, den alle Advertiser hegen. Wie Sie schon gelesen haben, werden die Kosten Ihrer Kampagne von der Relevanz beeinflusst, die durch den Qualitätsfaktor ausgedrückt wird. Versuchen Sie daher, Ihren Qualitätsfaktor zu verbessern, um Ihre Kosten zu senken bzw. einen besseren ROI zu erzielen. Der Qualitätsfaktor hat Einfluss auf die Klickpreise und somit auf Ihre Gesamtkosten.

Sie sollten aber nicht nur die Relevanz erhöhen, sondern auch solche Klicks vermeiden, die nicht zielführend sind und Kosten, aber keine Conversions verursachen. Dies erreichen Sie beispielsweise durch das ausschließen von Keywords und Placements und eine präzise Keyword-Liste sowie abgestimmte Anzeigentexte. Überprüfen Sie die Leistung Ihrer Kampagnen regelmäßig. Sollten Sie bereits genügend Conversions erzielt haben, sollten Sie das Conversion-Optimierungstool ausprobieren, um den CPA zu senken.

### 8. Ich erreiche mit meiner Kampagne nur sehr wenige Conversions

Ebenso wie das Senken der Kosten sollte eine hohe Conversionrate und damit ein guter ROI das Ziel eines jeden Werbetreibenden sein. Eine Möglichkeit kann sein, die Wahl Ihrer Landing Page zu überprüfen. Leiten Sie den Suchenden direkt zu Ihrem Angebot, und präsentieren Sie dieses benutzerfreundlich und attraktiv? Haben Sie einen roten Faden gespannt zwischen Suchanfragen, Anzeige und Landing Page? Gehen Sie den gesamten Verkaufszyklus einmal durch, und überprüfen Sie Ihre Keyword-Liste. Ist diese präzise auf Ihr Angebot abgestimmt, und beinhaltet sie ausschließende Suchbegriffe? Sind Ihre Anzeigentexte ansprechend formuliert, beinhalten sie optimalerweise das Keyword sowie Preise und weitere Vorteile? Haben Sie die verschiedenen Anzeigenerweiterungen in Erwägung gezogen? Lesen Sie zur Vertiefung Kapitel 17, »Aus Besuchern Käufer machen – User konvertieren«, um Anregungen zur Verbesserung Ihrer Landing Page zu erhalten. Dort erfahren Sie auch mehr zum Website-Optimierungstool, um Ihre Landing Page verbessern zu können. Prüfen Sie Layout und Usability Ihrer Landing Page.

Es kann sinnvoll sein, das Gebot für Keywords mit guter Leistung zu erhöhen und es für Keywords mit schlechter Leistung zu senken. Zu guter Letzt sollten Sie Ihr Conversion-Tracking überprüfen. Manchmal ist die Ursache des Problems auch ein technisches. Berücksichtigen Sie auch Benutzer, die möglicherweise Cookies deaktivieren und bei denen eine Conversion-Messung nicht möglich ist.

### 9. Ich möchte den Qualitätsfaktor verbessern

Wie Sie in Abschnitt 11.2.8, »Die Kosten«, gesehen haben, setzt sich der Qualitätsfaktor aus verschiedenen Kriterien zusammen, von denen aber nicht alle bekannt sind.

Die bekannten Faktoren sind aber verbesserungsfähig. Dies sind zum einen die CTR (Verbesserungsvorschlag siehe oben), die Landing Page und die historische Leistung der Keywords. Überprüfen Sie zudem die Ladezeit Ihrer Landing Page. Insgesamt sollten Sie die Relevanz Ihrer Anzeigen und Ihrer Landing Page zur

Suchanfrage verbessern. Anzeigen und Keywords mit schlechtem Qualitätsfaktor sollten gelöscht werden.

### 10. Ich weiß nicht, wie ich meine Kampagne für das Display-Netzwerk optimieren soll

Kampagnen im Google Display-Netzwerk werden häufig vernachlässigt. Achten Sie darauf, die Leistungen regelmäßig zu kontrollieren, und schließen Sie Keywords und Placements aus, die nicht zielgerichtet sind. Überprüfen Sie Placements nach Kategorien und manuell hinzugefügte Placements.

Wichtig bei allen Maßnahmen zur Optimierung Ihrer Kampagne ist die konsequente Leistungsüberprüfung. Bedenken Sie, dass Sie mit der Optimierung nie wirklich fertig sein werden. Eine Leistungsoptimierung Ihrer Kampagne ist ein ständiger Kreislauf, und viele Nebenbedingungen können den aktuellen Status Ihrer Kampagne schnell verändern (zum Beispiel das Wettbewerbsumfeld, aktuelle Ereignisse und damit veränderte Suchanfragen und vieles mehr). Optimieren Sie Ihre Kampagne Schritt für Schritt, und nehmen Sie nicht zu viele Veränderungen auf einmal vor, denn nur so können Sie feststellen, ob eine Optimierungsmaßnahme erfolgreich war oder nicht. Wir gehen auf das Thema in Kapitel 18, »Testverfahren«, noch genauer ein.

### 11.2.11 Bid Management

Sie haben inzwischen einen Eindruck davon gewonnen, wie viele Optimierungsmaßnahmen und individuelle Anpassungen an einer AdWords-Kampagne vorgenommen werden können, um möglichst gute Ergebnisse zu erzielen. Advertiser mit vielen unterschiedlichen Kampagnen und hohen Werbebudgets stehen oftmals vor der Aufgabe, diesen Anpassungen gerecht zu werden. Das manuelle Drehen an den unterschiedlichen Stellschrauben scheint oft nicht möglich. Daher bieten sogenannte *Bid Management Tools* eine automatische Optimierung an. Dabei wird der *Bid* (das Gebot) für Keywords, Anzeigengruppen, Kampagnen mit dem Ziel angepasst, einen größtmöglichen wirtschaftlichen Erfolg zu erzielen.

### Eine geeignete Agentur finden

Sollte Ihnen die Kampagnenoptimierung zu komplex erscheinen, müssen Sie nicht sofort das Handtuch werfen. Es gibt zahlreiche Agenturen und Dienstleister, die auf die Erstellung und Optimierung von AdWords-Kampagnen spezialisiert sind. Sie haben dann die Qual der Wahl. Schauen Sie sich die Referenzen, die Mitarbeiter und deren Ausbildung genau an, bevor Sie sich entscheiden. Google bietet ein Zertifizierungsprogramm an, an dem sowohl Einzelpersonen als auch Agenturen teilnehmen können. Hier müssen in regelmäßigen Abständen

Fachprüfungen abgelegt werden. Erst dann dürfen sich die Dienstleister oder Agenturen mit einem Zertifizierungssiegel von Google schmücken. Mit der Google Partnersuche soll es Unternehmen erleichtert werden, eine geeignete Agentur zu finden. Damit ist ein Verzeichnis gemeint, das zertifizierte Agenturen auflistet und das von dem Bundesverband Digitale Wirtschaft e.V. unterstützt wird. Mehr dazu finden Sie unter *http://www.google.de/intl/de/adwords/agenturen/bvdw/*.

Ab Februar 2011 sollen laut der veränderten Google AGB Dritte, die für Unternehmen AdWords-Anzeigen buchen, verpflichtet sein, über Erfolg und Kosten Auskunft zu geben.

### 11.2.12  Der AdWords Editor

Mit dem *AdWords Editor* stellt Google Ihnen ein kostenfreies Tool zur Verfügung, das es Ihnen ermöglicht, auch offline an Ihren Kampagnen zu arbeiten. Unter *www.google.com/intl/de/adwordseditor* können Sie das Tool herunterladen und installieren. Es funktioniert für Mac und PC. Als Nächstes laden Sie Ihre AdWords-Kampagnen herunter. Nun können Sie sie offline bearbeiten und danach Ihre Änderungen wieder hochladen. Die Online-Bearbeitung ist weiterhin möglich. Wenn Sie mit dem AdWords Editor arbeiten möchten, laden Sie einfach den aktuellen Stand Ihrer Online-Kampagnen herunter.

Sie fragen sich, welche Vorteile das hat?

Ein Hauptunterschied ist das Offline-Bearbeiten der Kampagnen. Grundsätzlich steht das Tool jedem zur Verfügung, es empfiehlt sich aber besonders zur Verwaltung mehrerer Konten (über Mein Kundencenter) oder bei einer enormen Anzahl an Keywords bzw. Placements. Dies ist zum Beispiel für Agenturen empfehlenswert, die mehrere Kunden im Bereich AdWords betreuen. Sie können Ihren Änderungen Kommentare hinzufügen, damit auch andere Bearbeiter wichtige Informationen zu Bearbeitungsschritten sehen. So haben Sie auch später einen guten Überblick darüber, wer die Änderungen durchgeführt hat und zu welchem Zeitpunkt dies geschehen ist. Zudem können Sie im Menü die Option ZUR GEMEINSAMEN VERWENDUNG EXPORTIEREN wählen und somit anderen Bearbeitern Ihre Änderungsvorschläge weiterleiten.

Besonders vorteilhaft ist das schnelle Durchführen von umfangreichen Änderungen: Wenn Sie online in Ihrem AdWords-Konto beispielsweise eine Vielzahl an Keywords bearbeiten, kann die Datenübertragung einige Zeit in Anspruch nehmen, bevor Sie weiterarbeiten können. Mit dem AdWords Editor laden Sie Ihre Änderungen nach der Bearbeitung hoch.

Generell können Sie alle Bearbeitungen (d. h. das Hinzufügen, Bearbeiten, Pausieren und Löschen) auf den verschiedenen Kontoebenen auch offline vornehmen. Mit umfangreichen Sucheinstellungen können Sie benutzerdefinierte Ansichten einstellen.

Unter der sogenannten Bulk-Bearbeitung versteht man das gleichzeitige Vornehmen von Änderungen an verschiedenen ausgewählten Elementen. So können Sie zum Beispiel mit dem Befehl ERWEITERTE ÄNDERUNGEN AN URL oder ERWEITERTE GEBOTSÄNDERUNGEN für alle ausgewählten Elemente die gleichen Änderungen vornehmen. Auch die bekannte Funktion SUCHEN UND ERSETZEN ist möglich. Unter EXTRAS im Menü können Sie beispielsweise auch nach identischen Keywords suchen.

Darüber hinaus können Sie ganze Kampagnen oder nur Teile davon kopieren und wunderbar als Vorlage verwenden. Auch die Funktion Drag & Drop ist mit dem AdWords Editor möglich: So können Sie Elemente in der Baumstruktur des Kontos ganz einfach an eine andere Position verschieben.

> **Tipp: Kampagnenentwurf**
>
> Mit dem AdWords Editor können Sie eine Kampagne auf Probe erstellen, das heißt, sie ist zunächst nur im Editor sichtbar. Sie können auch einer bestehenden Kampagne den Status »Kampagnenentwurf« zuweisen. Erst zu dem Zeitpunkt, wenn Sie den Status auf »Aktiv« ändern, werden die Inhalte hochgeladen.

Mit dem *Keyword-Manager* (siehe Abbildung 11.76) können Sie weitere Keywords für Ihre Kampagnen finden. So können Sie weitere themenrelevante Begriffe identifizieren und deren voraussichtliches Suchvolumen und die Wettbewerbsdichte anzeigen lassen (*Keyword-Erweiterung*). Weiterhin kann das Tool auf Grundlage Ihrer Website-URL weitere Keywords ausgeben. Diese Keywords stellen relevante Suchanfragen dar, die im letzten Jahr von Benutzern eingegeben wurden (*suchbasierte Keywords*). Zudem können Sie Kombinationen von Keywords erstellen: Geben Sie beispielsweise in die erste Liste verschiedene Adjektive ein, in die zweite Liste verschiedene Produkte, kombiniert das Tool alle möglichen Varianten, und Sie haben eine neue Keyword-Liste mit Mehrwortkombinationen (*Keyword-Multiplikator*).

Das *Keyword-Gruppierungstool* können Sie verwenden, wenn Sie Ihre Keyword-Liste in Gruppen verwandter Begriffe strukturieren möchten. Ein weiterer Vorteil ist die Überprüfung Ihrer Änderungen. Wenn Sie im Menü ÄNDERUNGEN ÜBERPRÜFEN wählen, werden Ihnen Fehler oder Probleme bei Ihren Änderungen angezeigt. Sie haben dann die Möglichkeit, Korrekturen vorzunehmen und Ihre Änderungen erneut hochzuladen.

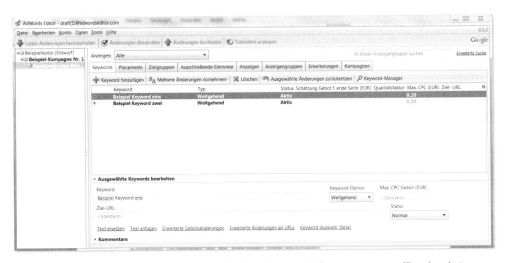

**Abbildung 11.76** Mit dem AdWords Editor können Sie Ihre Kampagnen offline bearbeiten.

Einen entscheidenden Vorteil bietet die Funktion der Sicherheitskopien. So können Sie von jedem Status quo Ihrer Bearbeitung Sicherungen erstellen. Sollte sich herausstellen, dass eine umfangreiche Bearbeitung Ihrer Kampagnen nicht zum gewünschten Erfolg führt, sondern im Zweifelsfall die Kampagnenleistung sogar negativ beeinflusst, können Sie mit der Sicherungskopie den gewünschten (alten) Stand wieder aufrufen und in Ihrem Konto hochladen. Der alte Stand ist damit wiederhergestellt.

Sie können Statistiken zur Ihrer Kampagnenleistung anzeigen lassen oder auch herunterladen. Sie haben zudem die Möglichkeit, die Statistiken zu sortieren. Lassen Sie sich beispielsweise alle Keywords anzeigen, die inaktiv sind, und erhöhen Sie dann beispielsweise ganz einfach für all diese Keywords das Gebot (sofern Sie dies für die richtige Optimierungsstrategie halten).

Es gibt eine Reihe von sogenannten Shortcuts, die Ihnen das Arbeiten mit dem AdWords Editor erleichtern, da Sie anstelle der Menüauswahl eine bestimmte Tastenkombination verwenden können. Eine Auflistung der Shortcuts finden Sie unter *www.google.com/support/adwordseditor* unter WINDOWS SCHNELLHILFE oder MAC SCHNELLHILFE. Sie erreichen die Schnellhilfen unter dem Pfad ADWORDS EDITOR VERWENDEN • HINZUFÜGEN, BEARBEITEN UND LÖSCHEN • TOOLS ZUR BEARBEITUNG.

### 11.2.13 AdWords in 60 Sekunden

Sie benötigen in etwa eine Minute, um eine Seite dieses Buches zu lesen. Im Folgenden haben wir Ihnen das Thema AdWords so zusammengefasst, dass Sie sich innerhalb kürzester Zeit noch einmal alle wichtigen Punkte ins Gedächtnis rufen können.

**AdWords in 60 Sekunden**

Der Marktführer Google bietet mit seinem Programm zum Suchmaschinenmarketing namens AdWords ein effektives Instrument, um eine genaue Zielgruppenansprache in dem Moment zu realisieren, wenn Benutzer nach etwas suchen. Damit werden Streuverluste minimiert. Werbetreibende können sich jederzeit ein AdWords-Konto anlegen und das Werbebudget selbst bestimmen.

Die Anzeigenschaltung ist in verschiedenen Formaten möglich, da das AdWords-Programm sowohl ein Such-Werbenetzwerk als auch ein Display-Netzwerk anbietet. Im Suchwerbenetzwerk können Ihre Anzeigen auf Top-Positionen oberhalb der organischen Suchergebnisse und am rechten Seitenrand angezeigt werden. Im Display-Netzwerk werden Ihre Anzeigen nach Themenrelevanz ausgesteuert.

Das AdWords-Konto ist in verschiedene Ebenen aufgeteilt. Auf Kontoebene legen Advertiser beispielsweise die Zahlungsart fest. Auf der darunterliegenden Kampagnenebene können bis zu 25 Kampagnen angelegt und sehr gezielt auf Zielgruppen ausgerichtet werden.

Jede Kampagne ist in Anzeigengruppen unterteilt, die entsprechende Keywords und Anzeigen beinhalten. Im Display-Netzwerk können auch Placements festgelegt werden. Eine gute Struktur ist elementar für den Werbeerfolg.

Gut recherchierte Keywords tragen zum Werbeerfolg bei, da Anzeigen dann geschaltet werden, wenn der Suchende nach diesem Schlüsselwort sucht. Keyword-Optionen sind daher mit Bedacht zu wählen.

Klickt ein Suchender auf eine Anzeige, wird er auf eine Zielseite geleitet, die das Angebot möglichst attraktiv präsentieren sollte. Für den Werbetreibenden fallen nur dann Kosten an, wenn eine Anzeige geklickt wird. Er kann selbst ein Tagesbudget festlegen, das von Google nicht überschritten wird.

Die Relevanz des Angebots und der Anzeige zur Suchanfrage spielen eine entscheidende Rolle bei AdWords und werden in Form eines Qualitätsfaktors ausgedrückt, der die Anzeigenposition und auch die Kosten beeinflussen kann. Der Advertiser sollte daher seine Kampagnen laufend optimieren und verschiedene Veränderungen testen, um den bestmöglichen Erfolg zu erzielen. Google stellt dazu zum Beispiel Berichte und verschiedene Tools zur Verfügung.

## 11.3 AdWords vs. AdSense

Sie haben nun erfahren, wie Sie mit dem Werbeprogramm Google AdWords effektive Kampagnen schalten können. An einigen Stellen haben wir dabei schon das zweite Werbeprogramm, nämlich Google AdSense, erwähnt. Wir möchten Ihnen im Folgenden den Unterschied zwischen den beiden Werbeprogrammen näher erläutern. Weitere Informationen zu AdSense finden Sie darüber hinaus in Kapitel 21, »Wie kann ich mit meiner Website Geld verdienen?«.

Bei Google AdWords haben Sie die Möglichkeit, Ihre Anzeigen auch auf anderen Websites zu integrieren. Und hier kommt AdSense ins Spiel, denn es stellt sozusagen den Gegenpart dar: Hier haben Sie als Webseitenbetreiber die Möglichkeit, die AdWords-Anzeigen zu platzieren, und werden an jedem Klick beteiligt, den ein Nutzer auf eine Anzeige tätigt. Das Programm analysiert dabei den Inhalt Ihrer Webseite und wählt automatisch die Anzeigen aus, die zum Content Ihrer Seite passen. Somit präsentieren Sie Ihrer Zielgruppe themenrelevante Anzeigen als Text- oder Imageanzeige. Sie können die Anzeigendarstellung an die Darstellung Ihrer Webseite anpassen und beispielsweise die Farben oder die Größe der Anzeigenblöcke bearbeiten. Zudem können Sie Anzeigen Ihrer Konkurrenten verweigern. Durch die redaktionellen Richtlinien im AdWords-Programm werden nur Anzeigen geschaltet, die diesen Vorgaben entsprechen. Sie als Publisher der Werbeanzeigen werden monatlich an den Klickeinnahmen beteiligt. Um an dem AdSense-Werbeprogramm teilnehmen zu können, müssen Sie sich mit Ihrer Webseite bewerben, wobei keine Kosten auf Sie zukommen. Darüber hinaus müssen Sie einen Code in Ihre Webseite integrieren, damit Werbeanzeigen geschaltet werden können.

In Abbildung 11.77 sehen Sie die wesentlichen Unterschiede der beiden Werbeprogramme noch einmal auf einen Blick.

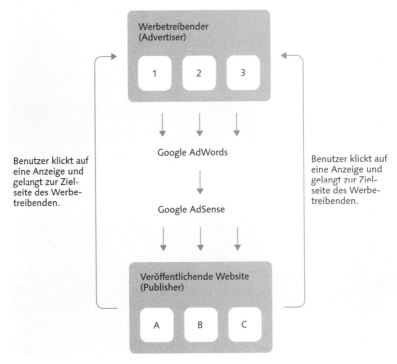

**Abbildung 11.77** Der Zusammenhang der Werbeprogramme Google AdWords und Google AdSense

Im Mai 2010 legte Google seine Werbeeinnahmen durch AdSense erstmals offen. Demnach fließen durch die Werbeprogramme *AdSense for Content* und *AdSense for Search* keine unwesentlichen Beträge an Google. Bei Ersterem, also bei der Aussteuerung von Werbeanzeigen passend zum Content der Seite, beläuft sich die Summe auf ein Drittel der Einnahmen wohingegen, der Publisher 68 % erhält. Bei der Integration der Google-Suche auf anderen Websites und der zu den Suchbegriffen passend ausgelieferten Werbung (AdSense for Search) schlägt Google mit 49 % ebenfalls wenig zurückhaltend zu.

## 11.4 Empfehlung

Das AdWords-Werbeprogramm von Google ist eine effektive Möglichkeit, eine Zielgruppe in dem Moment anzusprechen, wenn sie ein konkretes Suchbedürfnis hat. Bei dem richtigen Einsatz ist AdWords eine besonders transparente und im Vergleich zu anderen Werbemedien durchaus kostengünstige Möglichkeit, potenzielle Kunden zu erreichen.

Wir empfehlen Ihnen als AdWords-Anfänger, zunächst kleinere Bereiche Ihres Angebots zu bewerben, um Erfahrungen sammeln zu können und Ihre Kosten gering zu halten. Wichtig sind vor allem die konsequente Beobachtung der Kampagnenleistung sowie das Testen von diversen Optimierungsmaßnahmen. Letztendlich gewinnen Sie die größte Erkenntnis, wenn Sie testen, testen, testen. Google gibt Ihnen einige sehr hilfreiche Tools an die Hand, um Ihre Kampagnenleistung zu verbessern. Sie sollten aber niemals Ihr eigentliches Werbeziel aus den Augen verlieren.

### Tipps zur Vertiefung in das Thema

Wie eingangs beschrieben, ist das Thema Google AdWords sehr komplex und kann allein ganze Bücher füllen. Wir haben Ihnen in diesem Kapitel die grundlegenden Punkte nähergebracht, die Sie zum Aufsetzen und Optimieren einer AdWords-Kampagne wissen sollten. Sollten Sie darüber hinaus mehr Informationsbedarf haben, dann empfehlen wir die angegebenen Quellen in Kapitel 13, »Suchmaschinenwissen kompakt«.

*»Die Position des Suchergebnisses ist das wichtigste Kriterium für den Klick: In den Untersuchungsszenarien erfolgen 45 % der Klicks auf den oberen organischen Suchergebnissen, vier von zehn Klicks gehen auf die oberen, linken Anzeigen.«*
*– BVDW Eyetracking-Studie*

# 12 Suchmaschinenoptimierung (SEO)

In der Suchmaschinenoptimierung (auch SEO für *Search Engine Optimization*) geht es darum, möglichst gut in den natürlichen (*organischen*) Ergebnissen der Suchmaschinen gefunden zu werden. Die Positionierung über den Anzeigenbereich der Suchmaschinen wird dagegen als SEA (Search Engine Advertising) bezeichnet. Diesen Bereich des Online-Marketings beschreiben wir in Kapitel 11, »Suchmaschinenwerbung (SEM)«, näher.

Die Suchmaschinenoptimierung basiert auf der vorangehenden Keyword-Recherche für Ihre Website, die wir in Abschnitt 10.5, »Keyword-Recherche – Die richtigen Suchbegriffe finden«, erklärt haben. Um im SEO-Bereich erfolgreich zu sein, ist diese Analyse der relevanten Suchbegriffe sehr wichtig. Für welche Begriffe möchten Sie mit Ihrer Website möglichst gut positioniert sein? Die Keyword-Recherche steht also am Anfang der Suchmaschinenoptimierung. Danach geht es an die Optimierung des Website-Rankings in Suchmaschinen. Man unterscheidet bei der Suchmaschinenoptimierung zwischen On-Page- und Off-Page-Optimierung. Dies betrifft die verschiedenen Kriterien, nach denen die Suchmaschinen die Suchergebnisse bewerten. In die On-Page-Optimierung fällt alles, was Sie auf der Website selbst ändern können. Die Off-Page-Optimierung beschäftigt sich mit allen externen Faktoren, die außerhalb der Website stattfinden. Dies sind insbesondere externe Verlinkungen.

Im Bereich der Suchmaschinenoptimierung gibt es leider immer noch viel Unwissenheit, da auch die Suchmaschinenbetreiber ein großes Geheimnis um das Ranking der Suchergebnisse machen. Dadurch kommen immer wieder Mythen rund um die Suchmaschinenoptimierung auf. Diese sehen wir uns zunächst an, um etwas mehr Licht ins Dunkel zu bringen.

## 12.1    Zehn Mythen der Suchmaschinenoptimierung

Sicher haben Sie schon einiges über Suchmaschinenoptimierung gehört und gelesen. Im Internet kursieren sehr viele Tipps, die über Internet-Foren und Blogs diskutiert werden. Daher wollen wir an dieser Stelle auf die Mythen der Suchmaschinenoptimierung eingehen, die immer wieder im Netz auftauchen. Wir möchten Sie damit für ein Thema sensibilisieren, das durchaus komplex, aber keine Hexerei, sondern solides Handwerk ist und ein wenig technisches sowie betriebswirtschaftliches Denken erfordert. Das Ranking einer Webseite wird von vielen verschiedenen Faktoren beeinflusst. Google selbst gibt eine Zahl von über 200 Faktoren an, die als *Signale* einer Webseite bezeichnet werden. Sie können sich also nicht nur auf einen Faktor verlassen, um damit große Erfolge zu erzielen. Es gilt an verschiedenen Stellen zu optimieren, die wir Ihnen im Folgenden vorstellen werden. Zuerst schauen wir uns aber die immer wieder aufkommenden Mythen zur Suchmaschinenoptimierung an.

### Mythos 1: Ein hoher PageRank ist das Maß der Dinge bei SEO

Häufig wird angenommen, dass der PageRank ein Maß für das Besucheraufkommen oder das gute Ranking einer Website in Suchmaschinen ist. Der PageRank ist ein Indikator für die Verlinkung einer Website im Internet. Er beschreibt also, wie viele Links Sie gesammelt haben und wie gut diese sind. Quantität und Qualität spielt also eine Rolle beim PageRank. Dieses beeinflusst aber nicht direkt die Besucheranzahl auf Ihrer Homepage. Oder schauen Sie beim Surfen im Netz jeweils auf den PageRank der von Ihnen besuchten Seite? Zudem wird der PageRank nur ganzzahlig von 0 bis 10 ausgewiesen und ist damit viel zu grobkörnig, um Aussagen zu treffen. Weitere Informationen zum PageRank, dazu, wie Sie ihn anzeigen lassen können, und zu seiner Berechnung finden Sie in Kapitel 10, »Platzgerangel – Warum Suchmaschinen immer wichtiger werden«.

### Mythos 2: Die wichtigen Suchbegriffe müssen in die Meta-Keywords geschrieben werden

Die Annahme, dass wichtige Suchbegriffe in das Meta-Tag `"keywords"` geschrieben werden müssen, um besser zu ranken, ist veraltet, aber immer noch häufig zu lesen. Zu Anfangszeiten der Suchmaschinen, war dies eine gute Methode, um bessere Positionen zu erreichen. Dies wurde aber schnell missbraucht, indem sehr viele Begriffe verwendet oder unpassende Keywords angegeben wurden. Daher haben die meisten Suchmaschinenbetreibern entschieden, die Meta-Keywords nicht mehr auszuwerten. Verschwenden Sie also keine Zeit dafür. Trotzdem können Sie aber der Vollständigkeit halber die Meta-Keywords passend für jede Webseite mit drei bis zehn Begriffen ausfüllen.

**Mythos 3: Die Website sollte bei möglichst vielen Suchmaschinen angemeldet werden**

Auch dies ist ein Mythos, der eher aus den Anfangstagen der Suchmaschinen kommt. Bitte nutzen Sie keine Angebote, die Ihre Website bei vielen Suchmaschinen anmelden. Wie Sie schon gesehen haben, gibt es nur wenige Suchmaschinen, die wirklich relevant sind. Nur auf diese Suchmaschinen sollten Sie sich konzentrieren. Gute Suchmaschinen nehmen Ihre Website automatisch auf, ohne dass eine Anmeldung nötig ist.

**Mythos 4: Suchmaschinenoptimierung ist kostenlos**

Dadurch, dass die natürlichen Suchergebnisse in Suchmaschinen kostenlos angeboten werden, entsteht oft der Eindruck, Suchmaschinenoptimierung sei kostenlos. Zwar können viele Maßnahmen der Suchmaschinenoptimierung selbst vorgenommen werden, aber auch dies kostet Sie Zeit. Die Beratung durch externe Spezialisten oder die suchmaschinenfreundliche Programmierung der Website ist häufig zeitaufwendig. Daher kostet SEO vor allem Personalressourcen, die natürlich nicht kostenlos sind. Im Vergleich zu anderen Online-Marketing-Maßnahmen ist SEO aber ein sehr kostengünstiger Kanal, mit dem Sie langfristig für viele Besucher auf Ihrer Website sorgen können. Überlegen Sie sich also, wie viel Zeit und Geld Sie in die Suchmaschinenoptimierung investieren möchten.

**Mythos 5: Suchmaschinenoptimierung macht man einmal bei der Erstellung der Website und dann nie wieder**

Suchmaschinenoptimierung ist ein kontinuierlicher Prozess, mit dem man nie ganz fertig wird. Sie kennen es sicher selbst, dass man in vielen Dingen immer Verbesserungen vornehmen kann, z. B. bei der täglichen Arbeit, am eigenen Haus oder am Design einer Website. Ähnlich verhält es sich auch in der Suchmaschinenoptimierung. Hier kommt hinzu, dass es ständig neue Entwicklungen an einer Website gibt und dass auch die Suchmaschinenalgorithmen ständig weiterentwickelt werden. Ständige Änderungen an der Website, der Wettbewerb mit anderen Websites und der sich kontinuierlich entwickelnde Suchmaschinenalgorithmus machen SEO zu einem stetigen und dynamischen Prozess, der kein Ende hat.

**Mythos 6: »Wir bringen Sie in Google auf Platz 1!«**

Falsche Versprechen für Positionierungen finden Sie wahrscheinlich häufiger in Broschüren von unseriösen Suchmaschinenoptimierern oder Online-Agenturen. Lassen Sie sich hier nicht verwirren. Diese Versprechen sind in der Realität meist nicht umsetzbar. Außerdem sollten Sie nachfragen, zu welchem Suchbegriff eine Platz-1-Positionierung möglich ist. Da alle Website-Betreiber diese Position anstreben, sind viele Suchbegriffe stark umkämpft. Hier einen ersten Platz zu erreichen, ist oft sehr schwierig. Bietet Ihnen ein Dienstleister trotzdem diese Positionierung an, ist es wahrscheinlich, dass mit nicht zu empfehlenden Methoden gearbeitet wird, die das Vertrauen von Google und Co. in Ihre Website nachhaltig beeinträchtigen können.

### Mythos 7: »Content is King!«

Häufig findet man die Aussage »Content is King«, wenn es um Suchmaschinenoptimierung geht. Sicher sind die Inhalte einer Website sehr wichtig für Ihre Nutzer und auch für die Suchmaschinen. In der Suchmaschinenoptimierung gibt es aber noch weitere wichtige Punkte, die nicht vernachlässigt werden sollten. Die Suchmaschinen haben in ihren Algorithmen mehrere Faktoren, die sie zur Berechnung der Positionen nutzen. Wenn Sie sich also nur auf einen Faktor verlassen, wie z. B. guten Inhalt, werden Sie keine hohen Positionen erreichen. Wichtig sind ebenso eine suchmaschinenfreundliche Website und gute Verlinkungen im Netz.

### Mythos 8: Weiße Schrift auf weißem Hintergrund

Für die Suchmaschinenoptimierung brauchen Sie eine Menge an Text. Manchmal wollen Sie aber eine Seite nicht mit Text vollstopfen. Was also tun? Oft kommt dann die Idee auf, den Text zu verstecken, z. B. mit weißem oder hellgrauem Text auf weißem Hintergrund. Lassen Sie die Finger davon! Versteckte Texte verstoßen gegen die Richtlinien der Suchmaschinen und helfen Ihnen nicht. Für den Algorithmus einer Suchmaschine ist es relativ einfach, die Textfarbe mit der Hintergrundfarbe abzugleichen, und wenn dann ein Mitarbeiter von Google auf Ihre Seite schaut, müssen Sie mit zum Teil fatalen Konsequenzen leben.

### Mythos 9: Bezahlte Keyword-Werbung führt auch zu einem besseren Ranking

Immer noch weit verbreitet ist die Annahme, dass man sich über eine Bezahlung bessere Rankings in den organischen Suchergebnissen erkaufen kann. Dies ist aber nicht der Fall. Auch die Korrelation eines besseren Rankings mit einem hohen Budget in der Keyword-Werbung über Googles AdWords-Programm kann als Mythos bezeichnet werden, was auch von Google so bestätigt wird. Wenn Sie Fälle entdecken, in denen hohe AdWords-Budgets mit guten organischen Ergebnissen zusammenhängen, ist dies meist der Fall, weil Suchmaschinenoptimierung betrieben wird.

**Mythos 10: Für ein gutes Ranking brauche ich sehr viele Links**

Wenn Sie sich schon etwas intensiver mit der Suchmaschinenoptimierung beschäftigt haben, werden Sie gehört haben, dass Links sehr wichtig für die Suchmaschinenoptimierung sind. Eingehende Links sind ein wichtiger Faktor. Aber achten Sie nicht ausschließlich auf die Anzahl der Links. Wichtiger ist die Qualität. Schauen Sie z. B. besser auf die Anzahl der Links von verschiedenen Domains. Die Gesamtzahl an Links ist nicht richtig vergleichbar mit der Konkurrenz, da Links auf einer Domain hundert- bis tausendfach vorkommen können, z. B. durch die Integration eines Links im Footer-Bereich oder als fester Link in der Navigationsspalte (*Sidebar*).

## 12.2 Die suchmaschinenfreundliche Website

Lassen wir die Mythen hinter uns, und gehen wir nun an die handfeste Optimierung Ihrer Website, um bessere Positionierungen und damit mehr Besucher für Ihre Website zu erreichen. In diesem Abschnitt schauen wir uns Ihre Website als Ganzes an und geben Ihnen Optimierungsvorschläge. Damit schaffen Sie eine gute Basis für eine suchmaschinenfreundliche Website. Wie Sie einzelne Seiten für bestimmte Suchbegriffe optimieren, erklären wir Ihnen danach in Abschnitt 12.3, »Einzelne Webseiten optimieren«. Wir empfehlen Ihnen, die folgenden Grundlagen umzusetzen und zu beachten, damit Sie eine gute Basis schaffen, um Ihre Website erfolgreich in Suchmaschinen zu platzieren.

### 12.2.1 Name und Alter der Domain

Wenn Sie schon eine Website haben, verfügen Sie sicher auch über einen Domain-Namen wie *www.hotel-zur-see.de* oder *www.zahnarzt-peter-meier.de*. Wenn Sie eine neue Website aufsetzen wollen, empfehlen wir Ihnen, einen möglichst kurzen, aussagekräftigen Domain-Namen zu wählen. Sollten Sie aber bereits eine Domain besitzen, unter der Ihre Website schon länger gefunden wird, raten wir Ihnen von einem Wechsel des Domain-Namens ab. Wie bei einer neuen Adresse durch einen Umzug muss man sich diese einprägen und anderen bekannt geben. Ähnliches gilt auch für Suchmaschinen. Sollten Sie trotzdem eine Änderung des Domain-Namens vornehmen wollen, z. B. weil sich der Name Ihrer Firma geändert hat, beachten Sie bitte die Hinweise für einen SEO-konformen Umzug des Domain-Namens in Abschnitt 12.6.2.

Wenn Sie einen Domain-Namen wählen, der aus mehreren Wörtern besteht, können Sie die Wörter am besten mit Bindestrichen trennen. Damit erhöhen Sie die Lesbarkeit des Domain-Namens, und auch Suchmaschinen können so die Wörter besser trennen. Aus der vorangehenden Keyword-Recherche (siehe

Abschnitt 10.5, »Keyword-Recherche – Die richtigen Suchbegriffe finden«) kennen Sie die für Ihre Website relevanten Suchbegriffe. Mit passenden Keywords können Sie zudem Ihren Domain-Namen sinnvoll ergänzen, z. B. um einen Ortszusatz *www.hotel-zur-see-kiel.de*. Dies hilft Ihnen bei der Suchmaschinenoptimierung für das Keyword »Kiel«.

Wenn Sie einen Domain-Namen wählen, müssen Sie sich für eine *Top Level Domain (TLD)* entscheiden. Damit sind die Endungen einer URL gemeint, wie z. B. ».com« oder ».de«. Bei einer Website, die an deutsche Besucher gerichtet ist, sollten Sie sich für die deutsche Top Level Domain ».de« entscheiden. Leider sind Sie bei den .de-Domains sehr eingeschränkt in der Auswahl, da mittlerweile schon über 14 Millionen .de-Adressen vergeben sind. Sie können die Verfügbarkeit von deutschen Domain-Namen bei der DENIC (*http://www.denic.de/*) abfragen, der zuständigen Registrierungsstelle für .de-Domains. Im Internet stehen auch einige Tools zur Verfügung, mit denen Sie die Verfügbarkeit von Domain-Namen unter verschiedenen Top Level Domains abfragen können, z. B. unter der Adresse: *https://www.checkdomain.de/domains/suchen/* (siehe Abbildung 12.1).

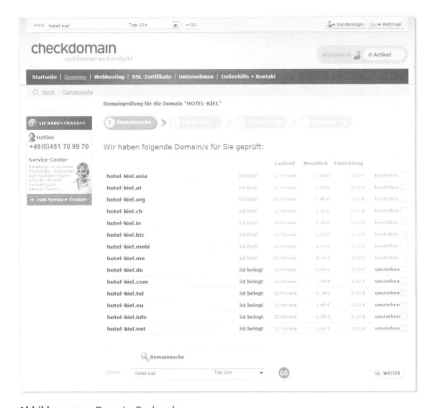

**Abbildung 12.1** Domain-Recherche

Wenn Ihr gewünschter Domain-Name noch nicht registriert ist, wie es in Abbildung 12.1 der Fall ist, dann haben Sie Glück und können zuschlagen. Sollte Ihr Wunschname aber bereits registriert sein, bleibt Ihnen immer noch die Möglichkeit, den Domain-Namen dem aktuellen Inhaber der Domain abzukaufen. Tippen Sie den Domain-Namen einfach in den Browser ein, und schauen Sie sich die erscheinende Website an (siehe Abbildung 12.2). Häufig stehen Seiten auch direkt zum Verkauf oder werden nicht weiter verwendet. Der Kaufpreis kann aber sehr unterschiedlich sein, von hundert Euro bis zu mehreren zehn- oder hunderttausend Euro bei sehr gefragten Domain-Namen. Daher sollten Sie vorher gut überlegen, wie wichtig der spezifische Domain-Name ist. Falls auch ein Kauf nicht infrage kommt, können Sie Ergänzungen des Domain-Namens probieren, also z. B. den bereits oben genannten Ortszusatz oder einen Kategoriebegriff wie »Hotel« oder »Zahnarzt«.

**Abbildung 12.2**  DENIC-Domain-Abfrage

Wenn Sie im Ausland tätig sind, empfehlen wir Ihnen den Domain-Namen mit der jeweils passenden länderspezifischen Top Level Domain (*country-code TLD*, *ccTLD*) zu nehmen. Also für Österreich *.at*, für die Schweiz *.ch*, für die Niederlande *.nl* etc. Damit ist in den lokalen Suchmaschinen eine höhere Positionierung möglich als mit landesfremden Domain-Endungen. In Tabelle 12.1 sehen Sie eine

Liste der zehn Top Level Domains mit den meisten registrierten Domains (die Zahlen stammen vom Januar 2011). Die aktuellen Zahlen finden Sie auf den Seiten der DENIC unter *http://www.denic.de/hintergrund/statistiken/internationale-domainstatistik.html*.

| Top Level Domain | Anzahl Domains |
|---|---|
| .com | 92.498.994 |
| .de (Deutschland) | 14.144.200 |
| .net | 13.713.854 |
| .org | 9.288.343 |
| .uk (Großbritannien) | 9.094.209 |
| .info | 7.766.037 |
| .cn (China) | 4.349.524 |
| .nl (Niederlande) | 4.257.438 |
| .eu (Europäische Union) | 3.352.903 |
| .biz | 2.199.291 |

**Tabelle 12.1**  Anzahl registrierter Domains (Stand: Januar 2011)

Sie sehen daran, dass der deutsche Domain-Markt weltweit der zweitgrößte nach den *.com*-Domains ist. Die Schweizer Top Level Domain *.ch* verfügt über 1,4 Millionen Domains, die österreichische TLD *.at* über 0,9 Millionen Domains.

Für die Suchmaschinenoptimierung ist zudem das Alter einer Domain wichtig. Es ist dabei kein direkter Faktor für ein besseres Ranking. Aber es kann davon ausgegangen werden, dass länger bestehende Webseiten schon mehrere externe Verlinkungen bekommen haben und sich damit einen Vertrauensfaktor bei den Suchmaschinen aufgebaut haben. Dieses Vertrauen wirkt sich positiv auf das Ranking aus. Sie können sich das Alter einer Domain über den Service Wayback-Machine unter *http://www.archive.org* ansehen. In Abbildung 12.3 finden Sie die Auswertung für die Domain *spiegel.de*.

Sie erkennen daran, dass es die ersten Webseiten unter *www.spiegel.de* bereits im Dezember 1996 gab und die Domain daher ein sehr hohes Alter aufweist. In mehr als 14 Jahren konnte sich die Domain *spiegel.de* somit ein großes Vertrauen bei den Suchmaschinen aufbauen. Daher empfehlen wir Ihnen, wenn Sie schon etwas länger eine Website und einen eigenen Domain-Namen haben, diesen beizubehalten.

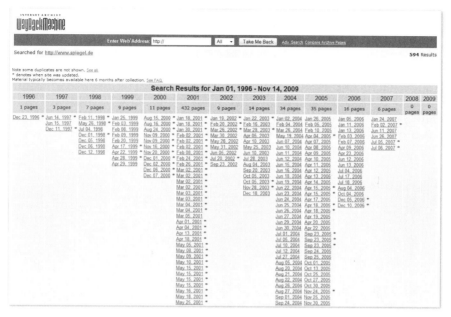

**Abbildung 12.3** Domain-Alter von spiegel.de

## 12.2.2 Die Website bei Suchmaschinen registrieren

Es ist besonders wichtig, dass Sie Ihre Website bei den großen Suchmaschinenbetreibern registrieren und sich als Inhaber der Seite verifizieren. Damit stehen Ihnen viele Informationen zur Verfügung, die die Suchmaschine zu Ihrer Seite kennt und berücksichtigt. Dies umfasst z. B. interne und externe Links. Aber auch Fehler auf der Seite finden Sie schnell mit diesen Tools. Achten Sie aber auf den SEO-Mythos Nr. 3: Massenhaftes Registrieren bei Suchmaschinen macht keinen Sinn. Sie finden die Tools der drei großen Suchmaschinen zum Registrieren Ihrer Website unter den folgenden Adressen. Dort können Sie sich mit einem neuen oder bereits bestehenden Nutzerkonto von Google, Yahoo und Microsoft anmelden.

- Google Webmaster-Tools:
  *http://www.google.com/webmasters/tools*
- Yahoo! Site Explorer My Sites:
  *https://siteexplorer.search.yahoo.com/mysites*
- Bing Webmaster Center:
  *http://www.bing.com/toolbox/webmasters*

Wir empfehlen Ihnen auf jeden Fall die Registrierung Ihrer Website in den Google Webmaster-Tools, da Google, wie Sie schon gesehen haben, am weitaus häufigsten genutzt wird und für die Suchmaschinenoptimierung am wichtigsten ist. Sollten Sie noch etwas mehr Zeit mit Ihrer Website verbringen wollen, ist auch die Registrierung bei Yahoo und Bing ratsam, weil Sie dort noch weitere Informationen zu Ihrer Website finden. Fangen wir also mit der Registrierung bei Google an. Im Folgenden beziehen wir uns insbesondere auf die Webmaster-Tools des Marktführers. Wenn Sie dort schon Seiten registriert haben, sieht Ihr Bildschirm nach erfolgreichem Login so aus wie in Abbildung 12.4, ansonsten haben Sie unter WEBSITES bisher keine Seiten eingetragen.

**Abbildung 12.4**  Startseite der Google Webmaster-Tools

Sie können nun Ihre neue Website eintragen und mit DEM BUTTON WEBSITE HINZUFÜGEN IN DIE WEBMASTER-TOOLS AUFNEHMEN LASSEN. In dem erscheinenden Feld geben Sie dann die Adresse Ihrer Website ein, also z. B. *www.ihrewebsite.de*, und klicken auf WEITER. Sie müssen sich nun als Website-Inhaber authentifizieren und haben drei Möglichkeiten, wie Sie diese Überprüfung vornehmen können:

- ▶ META-TAG
- ▶ HTML-DATEI HOCHLADEN
- ▶ DNS-EINTRAG HINZUFÜGEN

Wählen Sie die Methode aus, die für Sie oder Ihren Webmaster am einfachsten umzusetzen ist. Sollten Sie einen FTP-Zugang zu Ihrer Website haben, wählen Sie HTML-DATEI HOCHLADEN. Dies ist für gewöhnlich die einfachste Methode. Bei der Methode META-TAG fügen Sie ein HTML-Meta-Tag in den Quellcode Ihrer Website ein. Die Methode DNS-EINTRAG HINZUFÜGEN erfordert Änderungen in der Konfiguration des Webservers und ist damit nur für professionelle Webentwickler umsetzbar. Bei Auswahl der Methode HTML-DATEI HOCHLADEN bekommen Sie die einzelnen, vorzunehmenden Schritte angezeigt und können dann, wenn Sie alle Schritte erfolgreich durchgeführt haben, auf BESTÄTIGEN klicken (siehe Abbildung 12.5). Damit haben Sie sich als Website-Inhaber authentifiziert und können sich Detailinformationen zu Ihrer Website anzeigen lassen oder Einstellungen vornehmen.

**Abbildung 12.5** Bestätigung der Eigentümerschaft in den Webmaster-Tools

Wenn Sie eine der anderen Überprüfungsmethoden vorgenommen haben, können Sie die Eigentümerschaft Ihrer Website genauso gegenüber Google bestätigen. Die authentifizierte Website taucht dann in der Liste der Websites in Ihren Google Webmaster-Tools auf. Wählen Sie jetzt Ihre verifizierte Website in der Übersicht aus, um die Informationen abzurufen, die Google Ihnen bereitstellt. Sie sehen dann eine Übersicht (engl. *Dashboard*) mit den wichtigsten Daten und in der linken Spalte weitere Menüpunkte mit vielen zusätzlichen Funktionen, wie z. B. Auswertungen zum Crawler-Zugriff und fehlerhafte URLs (siehe Abbildung 12.6). Die Funktionen in den Webmaster-Tools werden von Google laufend erweitert – besonders 2010 kamen viele Neuerungen hinzu –, um den Website-Betreibern möglichst umfangreiche Informationen zu geben, wie sie die Seite suchmaschinengerecht aufbauen und Probleme erkennen können. Aufgrund der Vielzahl an Websites im Internet müssen die Suchmaschinenbetreiber hier tätig werden, damit sie mehr Einfluss auf die Suchmaschinenfreundlichkeit von Webseiten bekommen. Dadurch wird das Internet für die Suchmaschinen-Crawler besser durchsuchbar, es können mehr Seiten indexiert werden und immer die relevantesten Ergebnisse angezeigt werden.

**Abbildung 12.6** Das Dashboard der Google Webmaster-Tools

Wenn Ihre Website schon etwas länger besteht, sehen Sie an dieser Stelle die Suchanfragen, die zu Ihrer Website führten, Links zu Ihrer Website, Crawling-Fehler, die beim Aufrufen der URLs durch den Suchmaschinen-Robot auftreten, Keywords auf Ihren Seiten und Informationen zur eventuell vorhandenen XML-Sitemap. Mit einem Klick auf MEHR unterhalb der einzelnen Bereiche gelangen Sie auf die detaillierten Analysen. Diese Informationen helfen Ihnen insbesondere dann, wenn Sie einzelne Webseiten auf bestimmte Keywords optimieren oder Ihre Backlinks analysieren möchten. Ähnliche Informationen erhalten Sie auch in den Werkzeugen, die Yahoo und Bing anbieten. Einen Einblick in die beiden Tools erhalten Sie in Abbildung 12.7 und Abbildung 12.8.

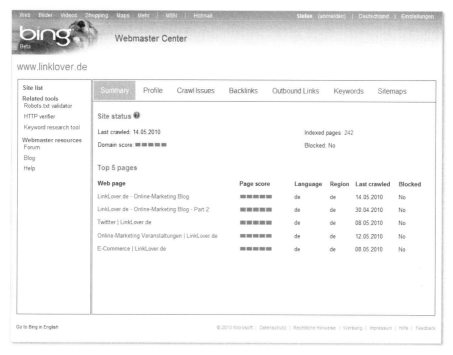

**Abbildung 12.7**   Webmaster-Center bei Bing

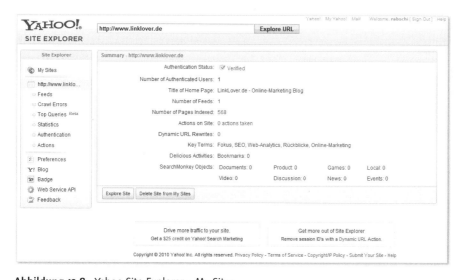

**Abbildung 12.8**   Yahoo Site Explorer – My Sites

Sie sehen, dass im Wesentlichen ähnliche Informationen angeboten werden. Im
Webmaster-Center von Bing finden Sie unter Outbound Links zusätzlich auch

Informationen zu Links, die von Ihrer Website auf andere Seiten führen. Hiermit können Sie schnell prüfen, ob alle externen Linkziele noch in Ordnung sind und auf die gewünschten Inhalte verweisen. Wir empfehlen Ihnen die intensive Nutzung dieser Tools. Diese werden von Google, Bing und Yahoo kostenlos angeboten und bieten Ihnen viele gute Informationen für die Optimierung Ihrer Website. Sie können in den Tools auch einen Antrag auf Entfernung bestimmter URLs aus dem Index der jeweiligen Suchmaschinen stellen. Alle drei Programme bieten Ihnen zudem Informationen zum Crawling Ihrer Website. Sie bekommen Informationen dazu, wie oft Ihre Website von der Suchmaschine durchsucht wird. Haben Sie immer ein Auge auf diese Zahlen, da diese Zahlen die Grundlage für eine erfolgreiche Aufnahme von Seiten in den Suchmaschinen darstellen. Je nach Abhängigkeit und Höhe des Suchmaschinen-Traffics empfehlen wir Ihnen, einmal wöchentlich oder einmal monatlich in diese Daten zu schauen, damit Sie Fehler schnell bemerken und reagieren können. Leider gibt es bisher keine bzw. sehr wenige automatisierte Nachrichten über Fehler. In den Google Webmaster-Tools finden sich nur selten Meldungen. Dies soll zukünftig aber ausgebaut werden. Sollten Sie Fehler auf Ihrer Website über die Webmaster-Tools entdecken, lohnt es sich, einen prüfenden Blick darauf zu werfen und Korrekturen vorzunehmen. Zumeist handelt es sich dabei aber um sehr technische Aspekte. Ihr Webmaster sollte damit zurechtkommen und die nötigen Änderungen vornehmen können. Eine kontinuierlich steigende Dauer beim Herunterladen von Webseiten weist z. B. auf einen langsamen Webserver oder eine zu komplexe Programmierung der Website hin. Hier sollten Sie auf jeden Fall reagieren und Gegenmaßnahmen ergreifen.

### 12.2.3 Informationsarchitektur: Strukturen schaffen

Suchmaschinenoptimierung bedeutet auch, eine klare Informationsarchitektur für die Website zu schaffen. Schon in der Konzeptionsphase überlegen Sie sich die Kategorisierung und Hierarchieebenen der Website. Wir werden Ihnen an dieser Stelle zeigen, was bei der Konzeption der Website aus Suchmaschinensicht beachtet werden muss

#### Die Navigationsstruktur und Konzeption der Website

Am Anfang der Entstehung einer Website sollte immer ein gutes Konzept der gesamten Inhalte stehen. Eine klare Struktur hilft dabei sowohl den Besuchern als auch den Suchmaschinen bei der Bewertung Ihrer Website. Eine gute Struktur sorgt zudem für eine gute Usability der Website. In Abschnitt 16.5.2, »Methoden zur Website-Strukturierung«, finden Sie weitere Tipps für eine gute Struktur Ihrer Website. Überlegen Sie sich, welche Inhalte auf welchen Seiten erscheinen sollen. Bei der Strukturierung Ihrer Seite können Sie am besten mit einer Baumstruktur wie in Abbildung 12.9 arbeiten.

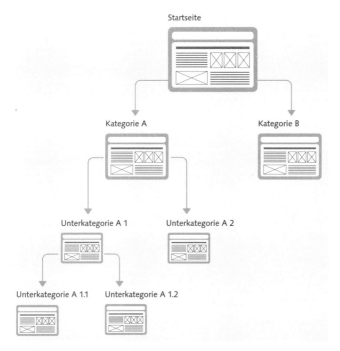

**Abbildung 12.9** Baumstruktur einer Website

Eine Unterseite sollte immer nur ein bestimmtes Thema umfassen. Vermeiden Sie deshalb, möglichst viele Themen in einer einzelnen Seite unterzubringen.

**Die Startseite (Homepage)**

Der Startseite – oft auch als *Homepage* bezeichnet – sollten Sie besondere Aufmerksamkeit schenken. Diese kann zum einen der Einstiegspunkt für Ihre Besucher sein, ist aber auch meistens der Einstiegspunkt für die Suchmaschinen-Crawler, die Ihre Website analysieren. Zudem erhält die Startseite für gewöhnlich die meisten Links von anderen Seiten und ist somit aus SEO-Sicht die stärkste Seite Ihrer Website. Wir empfehlen Ihnen daher, die Startseite für die wichtigsten Suchbegriffe zu optimieren, die Ihre Website thematisch umfasst. Wenn wir das Beispiel des Hotels in Kiel wieder aufgreifen, sollte die Startseite also auf den Suchbegriff »Hotel Kiel« optimiert werden, da dies das Hauptthema Ihrer gesamten Website ist. Wie Sie dies machen können, erklären wir in Abschnitt 12.3, »Einzelne Webseiten optimieren«.

Von der Startseite sollten Sie alle Oberkategorien verlinken, z. B. durch die Navigation. Verlinken Sie auch wichtige Unterkategorien oder sehr wichtige Unterseiten, damit diese dann direkt von der Stärke der Startseite profitieren und selbst an Stärke gewinnen (siehe Abbildung 12.10).

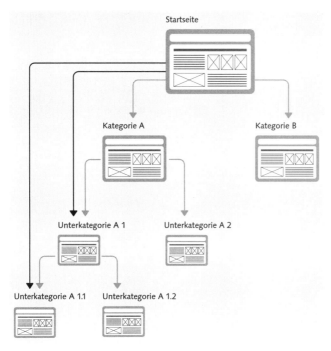

**Abbildung 12.10** Baumstruktur mit Deeplinks auf Unterseiten

Stellen Sie sicher, dass Ihre Startseite von jeder Unterseite aus einen Link bekommt. Am besten können Sie dies über die Verlinkung des Logos auf die Startseite erreichen. Damit erhält die Startseite viele interne Links und wird damit noch stärker.

### Die URL-Struktur der Website

Wenn Sie eine Website neu aufsetzen, machen Sie sich unbedingt Gedanken über die URL-Struktur. Auch hier gilt: In der Kürze liegt die Würze. Achten Sie also auf möglichst kurze URLs. Wir empfehlen für die Website eine hierarchische URL-Struktur, die sich an die Kategorisierung Ihrer Website anlehnt. Achten Sie auch auf die Integration des Kategorienamens und passender Stichwörter in die URL. Gute Beispiele für Sites, die diese Richtlinien umgesetzt haben, sind onmeda.de (Beispiel: *http://www.onmeda.de/symptome/atemnot.html*) und focus.de (*Beispiel: http://www.focus.de/finanzen/versicherungen/*).

**Interne Linkstruktur**

Achten Sie beim Setzen von internen Links auf Ihrer Seite drauf, dass der Page-Rank bzw. die Linkstärke durch die internen Links weitergegeben wird. Häufig wird hier von *PageRank-Vererbung* gesprochen. Das bedeutet, dass z. B. bei drei internen Links auf der Seite der PageRank der Seite zu jeweils einem Drittel auf die drei Unterseiten verteilt wird, wie in Abbildung 12.11 veranschaulicht ist.

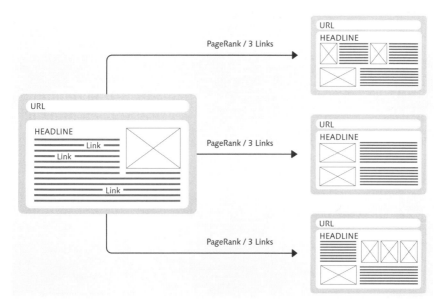

**Abbildung 12.11** PageRank-Vererbung

## 12.2.4 Technische Voraussetzungen schaffen

Grundlegend für die Suchmaschinenoptimierung Ihrer Website ist, dass Sie die Website Suchmaschinen-Crawlern zugänglich machen. Dies wird im Englischen als *Crawlability* bezeichnet. Ähnlich wie die *Accessibility* den Zugang aus Benutzersicht beschreibt, ist auch die Crawlability zu verstehen. Die schönste Website nutzt nichts, wenn die Crawler der Suchmaschinen nicht darauf zugreifen können. Außerdem dürfen Sie den Such-Robots keine Barrieren in den Weg legen. Barrieren können für die Crawler z. B. durch den Einsatz von Flash oder durch neue Technologien wie AJAX entstehen. Diese verhindern, dass Suchmaschinen Ihre Inhalte einlesen und auswerten können. Zudem können auch Links nicht weiterverfolgt werden, sodass Unterseiten gar nicht erst gefunden werden.

Wie gut Ihre Website gecrawlt wird, sehen Sie in den bereits vorgestellten Google Webmaster-Tools. Sie finden die detaillierte Auswertung unter Diagnose • Craw-

LING-STATISTIKEN. Dort wird die Aktivität des Crawlers »Googlebot« der letzten 90 Tage angezeigt. Sie sehen hier, wie viele Seiten Ihrer Website pro Tag gecrawlt, also durchsucht werden, und wie viele Kilobytes an Daten heruntergeladen werden (siehe Abbildung 12.12). Sehr aufschlussreich ist auch die Dauer für das Herunterladen einer Seite. Sollten Sie hier negative Entwicklungen erkennen, also kontinuierlich steigende Ladezeiten, sollten Sie mit Ihrem technischen Ansprechpartner für die Website oder den Webserver-Betreiber sprechen.

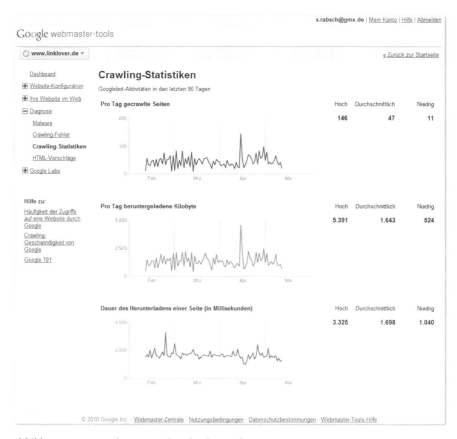

**Abbildung 12.12**   Crawling-Statistiken für Ihre Website

Der richtige Webserver kann Ihnen zu einer besseren Crawling-Rate verhelfen. Wenn Sie eine Website mit vielen Besuchern haben, sollten Sie sich bei Ihrem Webhoster informieren, welche Maßnahmen notwendig sind, um eine schnelle Auslieferung Ihrer Webseiten zu garantieren. Für kleinere Websites mit weniger als 100.000 Besuchern pro Monat reichen aber in der Regel die normalen Webhosting-Angebote.

Achten Sie auf einen sauberen HTML-Quellcode Ihrer Website. Das Crawling und die Auslieferung einer Website geht viel schneller, wenn Sie schlanken HTML-Code erstellen. So können z. B. CSS-Angaben und JavaScript-Elemente in externe Dateien ausgelagert werden, und im Webseitenquellcode kann darauf verwiesen werden. Sie sollten außerdem valides und gültiges HTML verwenden, das fehlerfrei ausgelesen werden kann. Mit dem *Markup Validation Service* des World Wide Web Consortium (W3C) können Sie unter der Adresse *http://validator.w3.org/* den Quellcode Ihrer Website testen lassen und bekommen anschließend HTML-Fehler sowie Verbesserungsvorschläge angezeigt (siehe Abbildung 12.13).

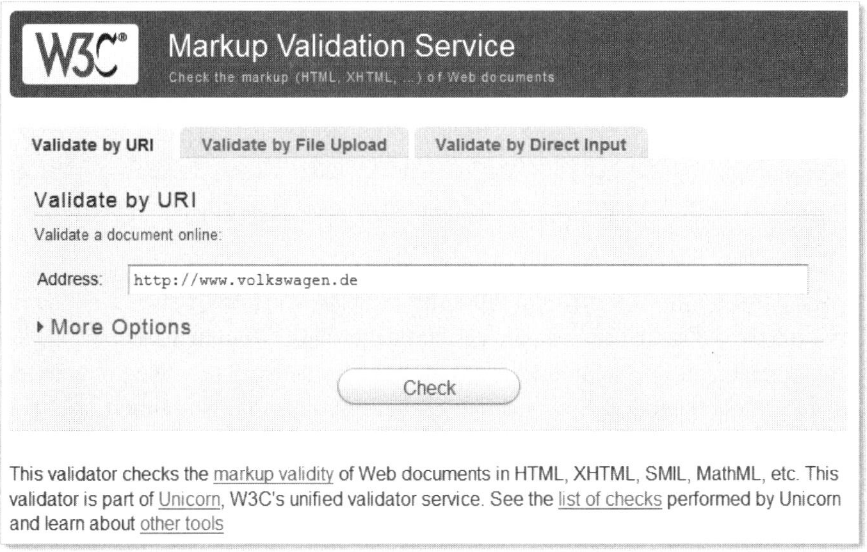

**Abbildung 12.13**   HTML-Markup-Validierung vom W3C

Nutzen Sie auch die bekannten HTML-Tags zur Strukturierung Ihrer Website. Insbesondere den Überschriften-Markups `<h1>` bis `<h3>` sollten Sie große Aufmerksamkeit schenken, da diese große Aussagekraft für eine Suchmaschine haben und das Thema der Seite bestimmen. Verzichten Sie beim Seitenlayout auf die Nutzung der veralteten Frame-Technologie. Die Suchmaschinen werden es Ihnen danken und Sie mit besseren Rankings belohnen. Auch Seitenlayouts, die auf HTML-Tabellen beruhen, sollten der Vergangenheit angehören. Nutzen Sie zur Strukturierung der Seite `div`-Elemente und CSS-Angaben. Bilder sollten durch Suchmaschinen auffindbar und auswertbar sein. Denken Sie daher an die Vergabe von sprechenden Dateinamen (z. B. »*wellness-sauna-bereich.jpg*«) und an das `alt`-Attribut im HTML-Code. Damit geben Sie Informationen über das Bild weiter und können somit auch in der Bildersuche gefunden werden.

## 12.3    Einzelne Webseiten optimieren

Widmen wir uns nun der Optimierung von einzelnen Seiten Ihrer Website. Wir gehen dabei auf die Optimierung der Inhalte auf der Seite ein und zeigen, wie man die Meta-Angaben richtig verwendet und die URL, unter der die Seite zu finden ist, richtig benennt.

### 12.3.1    Die Wahl des passenden Suchbegriffs für die Webseite

Fragen Sie sich als Erstes, wenn Sie eine einzelne Webseite optimieren, mit welchen Suchbegriffen diese gefunden werden soll. Was ist das zentrale Thema der Webseite? Daher beginnt die Optimierungsarbeit mit einer ausführlichen Keyword-Recherche, auf die wir schon in Kapitel 10, »Platzgerangel – Warum Suchmaschinen immer wichtiger werden«, und Kapitel 11, »Suchmaschinenwerbung (SEM)«, näher eingegangen sind. Mit diesen Informationen haben Sie sich wahrscheinlich schon eine gute Keyword-Liste für Ihre Website zusammengestellt. Sie brauchen jetzt aber noch die Zuweisung von Keywords zu einzelnen Unterseiten Ihrer Website.

In Abschnitt 12.2, »Die suchmaschinenfreundliche Website«, haben Sie sich die Struktur der Webseite überlegt. Sie kennen daher die einzelnen Seiten, die Sie auf Ihrer Website anbieten. Zu jeder Unterseite können Sie jetzt eine Liste anlegen, die die entsprechenden Suchbegriffe enthält. Wir empfehlen Ihnen, für jede Unterseite ein Haupt-Keyword festzulegen und weitere Keywords dazuzunehmen, z. B. Synonyme oder die Singular- bzw. Pluralform des Suchbegriffs. Welches das Haupt-Keyword ist, können Sie aus dem zuvor recherchierten Suchvolumen ablesen. Wir empfehlen Ihnen auch, pro Unterseite nicht mehr als drei Keywords auszuwählen. Falls Sie weitere Keywords anvisieren wollen, können Sie überlegen, ob Sie weitere für den Suchbegriff optimierte Unterseiten anlegen.

| Webseite | Haupt-Keyword | Weitere Keywords |
| --- | --- | --- |
| Startseite | Hotel Kiel | Unterkunft Kiel, Zimmer Kiel |
| Wellness-Angebot | Wellness Kiel | Massage(n) Kiel, Sauna Kiel |
| Konferenzen | Konferenzhotel Kiel | Tagungshotel Kiel, Seminarraum Kiel |
| Restaurant | Restaurant Kiel | Gaststätte Kiel |

**Tabelle 12.2**  Zuordnung von Keywords zu Unterseiten

Sie erkennen, dass Sie nicht für jede Seite ein Keyword zuweisen müssen, weil einige Unterseiten, wie z. B. Ihre Kontaktseite oder das Impressum nicht suchmaschinenrelevant sind. Für die Startseite Ihrer Website sollten Sie, wie schon erwähnt, das für Sie wichtigste Keyword auswählen, da Sie mit der Startseite die höchsten Erfolgschancen haben, gute Rankings in den Suchmaschinen zu erzielen. Dies liegt daran, dass es die stärkste Seite Ihrer gesamten Website ist, weil auf diese meist von allen Unterseiten verlinkt wird und sie auch von anderen Websites die meisten Links erhält.

### 12.3.2 Inhalte optimieren

Nachdem Sie jetzt eine Sammlung an Suchbegriffen für Ihre einzelnen Unterseiten festgelegt haben, können Sie mit dem Optimieren der Inhalte beginnen. Wichtig ist, dass sich die Webseite mit dem Begriff beschäftigen muss, also thematisch relevant ist. Nehmen wir uns als Beispiel das Wellness-Angebot eines Hotels. Wir haben dazu die passenden Suchbegriffe »Wellness Kiel«, »Massage(n) Kiel« und »Sauna Kiel« ausgewählt. Diese Begriffe können Sie in das Keyword-Tool von Google eingeben, um die einzelnen Suchbegriffe besser bewerten zu können (siehe Abbildung 12.14).

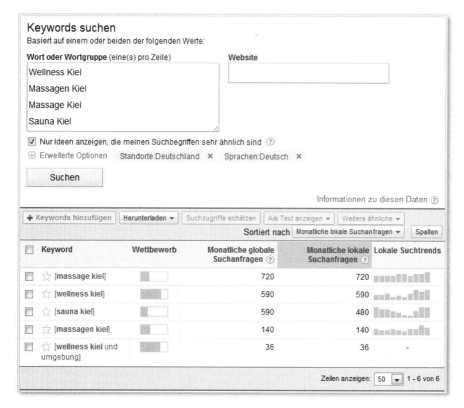

**Abbildung 12.14** Auswertung von Suchbegriffen mit dem Keyword-Tool

Sie sehen in der Auswertung, dass besonders häufig nach »massage kiel« gesucht wird, gefolgt von »wellness kiel« und »sauna kiel«. Auf der Zielseite können Sie nun Ihr Wellness-Angebot genau beschreiben. Dies fängt mit der Hauptüberschrift einer Website an, die in HTML als `<h1>` markiert wird. Ihre Suchbegriffe sollten Sie in die Überschrift mit aufnehmen.

```
<h1>Wellness mit Massagen & Sauna</h1>
```

Danach folgt der Inhalt, in dem Sie Ihre ausgewählten Suchbegriffe häufig genug verwenden sollten. Eine optimierte Seite enthält den Suchbegriff bei einer Textlänge von 100 Wörtern circa drei- bis fünfmal. Man spricht dabei von der Keyword-Dichte (*Keyword Density*), die drei bis fünf Prozent betragen sollte. Dies ist aber keine festgelegte Zahl der Suchmaschinenbetreiber, sondern ein üblicher Richtwert, nach dem Inhalte optimiert werden. Denken Sie beim Schreiben darüber hinaus an Synonyme und an Begriffe, die vom Keyword-Tool vorgeschlagen werden. In unserem Beispiel wären das z. B. Begriffe wie »Thermalbad« oder »Ayurveda«.

Zu einer perfekt optimierten Webseite gehören auch Bilder. Wir empfehlen Ihnen, die Bilddatei unter dem passenden Suchbegriff abzuspeichern, also z. B. »*wellness-kiel.jpg*« oder »*sauna-kiel.png*«. Wenn Sie das Bild nun in die Webseite integrieren, können Sie ein `alt`-Attribut für das Bild vergeben. Diese Angabe soll das Bild textlich beschreiben und wird angezeigt, wenn das Bild nicht geladen wird. Zudem ist es eine Hilfe für Menschen mit Sehbehinderung, da es zur barrierefreien Internet-Nutzung beiträgt. Beschreiben Sie daher das Bild mit den von Ihnen ausgewählten Suchbegriffen:

```
<img src="images/sauna-kiel.png" alt="Sauna in Kiel" />
```

Aus diesen verschiedenen Empfehlungen zum Aufbau des Inhalts entsteht eine perfekt optimierte Webseite, die in Abbildung 12.15 abstrakt dargestellt ist. Nehmen Sie dies als Vorlage für alle suchmaschinenrelevanten Webseiten, die Sie neu erstellen.

---

**Hinweis: Doppelte Inhalte vermeiden!**

Ein häufiges Problem auf Websites sind doppelt oder mehrfach vorhandene gleiche Inhalte. Dies wird auch als *Duplicate Content* bezeichnet und meint im Speziellen, dass unter verschiedenen URLs die gleichen Inhalte zu finden sind. Dies sollten Sie unbedingt vermeiden, da Suchmaschinen damit große Probleme haben, die richtige URL auszuwählen. Häufig entsteht dieser Duplicate Content z. B. durch Druckversionen oder Seiten mit Paginierung.

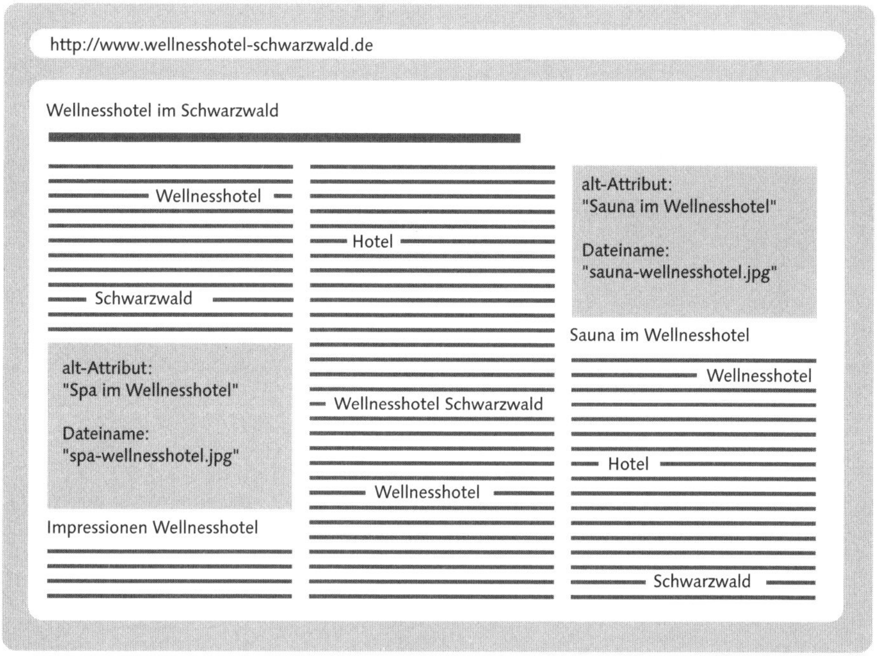

**Abbildung 12.15** Die perfekt optimierte Webseite

### 12.3.3 Meta-Angaben optimieren

Sehr wichtig für die Suchmaschinenoptimierung einzelner Seiten sind die sogenannten Meta-Angaben auf den Webseiten. Diese sehen Sie nicht direkt auf der
Seite, sondern im HTML-Quellcode der Seite. Den Quellcode einer Webseite
sehen Sie in Ihrem Internet-Browser, wenn Sie mit der rechten Maustaste auf die
Webseite klicken und im Mozilla Firefox QUELLTEXT ANZEIGEN wählen bzw. im
Microsoft Internet Explorer QUELLCODE ANZEIGEN wählen. In einem sich neu öff-
nenden Fenster sehen Sie nun den HTML-Quellcode Ihrer Seite, der wiedergibt,
wie Ihre Seite aufgebaut ist. Die Meta-Angaben finden Sie nun zwischen den
HTML-Tags <head> und </head>. Ein Ausschnitt aus dem Quellcode der Seite
*www.tagesschau.de* sieht wie folgt aus:

```
<head>
<meta http-equiv="content-type" content="text/html; charset=iso-
8859-1" />
<title>Aktuelle Nachrichten - Inland Ausland Wirtschaft Kultur Sport
- ARD Tagesschau</title>
<meta name="description" content="tagesschau.de - die erste Adresse
für Nachrichten und Information: An 365 Tagen im Jahr rund um die
```

```
Uhr aktualisiert bietet tagesschau.de die wichtigsten Nachrichten
des Tages und zusätzliche Informationen in Text, Bild, Audio und
Video, sowie umfassende Berichte und Hintergründe zu aktuellen
Themen." />
<meta name="keywords" content="Nachrichten, Inland, Ausland,
Wirtschaft, Sport, Kultur Reportage, Bericht, News, Tagesthemen,
Aktuell, Neu, Neuigkeiten, Hintergrund, Hintergrund, Information,
Politik, Innenpolitik, Aussenpolitik, Video, Audio" />
<meta http-equiv="Language" content="de" />
<meta name="language" content="de" />
<meta name="viewport" content="width=800" />
<meta http-equiv="pragma" content="no-cache" />
<meta http-equiv="expires" content="600" />
<meta http-equiv="cache-control" content="private" />
<meta name="robots" content="index,follow" />
</head>
```

Sehr wichtige Meta-Angaben für die Suchmaschinenoptimierung sind das
`<title>`-Tag, das Meta-Tag `"description"` und das Meta-Tag `"robots"`. Sie sehen,
dass wir das Meta-Tag `"keywords"` nicht zu den wichtigen Meta-Angaben zählen.
Diese Keyword-Angaben wurden früher häufig missbraucht und werden deshalb
von den Suchmaschinenbetreibern weitgehend ignoriert. Häufig herrscht aber
noch die Meinung vor, dass man mit diesem Meta-Tag Suchmaschinenoptimierung betreiben könne. Wenden wir uns also den drei wichtigen Meta-Angaben zu.

### Das <title>-Tag

Besonderen Wert sollten Sie auf das `<title>`-Tag legen. Im Beispiel von *tages-
schau.de* sieht dieses wie folgt aus.

```
<title>Aktuelle Nachrichten - Inland Ausland Wirtschaft Kultur Sport
- ARD Tagesschau</title>
```

Das `<title>`-Tag wird in Ihrem Internet-Bowser in der oberen Fensterleiste angezeigt und wird auch für Lesezeichen (Bookmarks) genutzt. Für dic Suchmaschinenoptimierung ist dieses Tag wichtig, weil es für die Suchergebnisse genutzt
wird. In Abbildung 12.16 sehen Sie die Suchanfrage bei *google.de* für den Begriff
»Nachrichten«. Als erstes Ergebnis erscheint dort *tagesschau.de*. Sie finden dort
in der blauen Überschrift des Suchergebnisses das `<title>`-Tag wieder. Dieses
kann von den Nutzern angeklickt werden, um zur Tagesschau-Website zu gelangen.

Sie sehen daran, dass das `<title>`-Tag wichtige Informationen zum Inhalt Ihrer
Webseite beinhalten sollte, sodass Benutzer auf Anhieb wissen, was sie auf der
Seite erwartet. Ein gutes `<title>`-Tag erhöht somit die Klickrate auf Ergebnisse.

Zudem ist das ⟨title⟩-Tag aber auch ein wichtiger Ranking-Faktor. Das heißt, wenn Sie z. B. zum Begriff »Nachrichten« gefunden werden möchten, sollten Sie dieses Keyword auch im ⟨title⟩-Tag der Seite unterbringen. Dieses Vorgehen sehen Sie in Abbildung 12.16 am Beispiel von *tagesschau.de* und *spiegel.de*. Die Länge des ⟨title⟩-Tags sollte den Wert von 70 Zeichen nicht überschreiten, aber auch nicht zu kurz sein. Google zeigt in den Suchergebnissen nur die ersten 65 Zeichen des ⟨title⟩-Tags und schneidet alles Weitere ab. Achten Sie also für jede Unterseite Ihrer Website auf ein individuelles, mit passenden Stichwörtern versehenes und nicht zu langes ⟨title⟩-Tag. Wenn Sie einen bekannten Markennamen haben, können Sie diesen auch an das Ende des ⟨title⟩-Tags setzen. Mit der größeren Bekanntheit eines Markennamens erhöhen Sie die Klickrate auf das Suchergebnis, da Benutzer schneller darauf klicken als auf eine vollkommen unbekannte Seite.

**Abbildung 12.16** Suchergebnis zu »Nachrichten«

### Die Meta-Description

Ähnlich wie das ⟨title⟩-Tag, ist auch das Meta-Tag "description" wichtig für die Suchmaschinenoptimierung der Seite. Im Beispiel von *tagesschau.de* ist es wie folgt aufgebaut.

```
<meta name="description" content="tagesschau.de - die erste Adresse
für Nachrichten und Information: An 365 Tagen im Jahr rund um die
Uhr aktualisiert bietet tagesschau.de die wichtigsten Nachrichten
des Tages und zusätzliche Informationen in Text, Bild, Audio und
Video, sowie umfassende Berichte und Hintergründe zu aktuellen
Themen." />
```

Sie sehen also einen kurzen Beschreibungstext zu der Seite. Dieser wird häufig auch in den Suchergebnissen als sogenanntes »*Snippet*«, also ein Ausschnitt aus der Ergebnisseite, verwendet. In Abbildung 12.16 sehen Sie, dass der Inhalt der Meta-Description ebenfalls für die Darstellung des Suchergebnisses benutzt wird. Unterhalb der blauen, unterstrichenen Ergebnisüberschrift finden Sie zwei Zeilen Text. Dies ist das Snippet der Zielseite. Achten Sie deshalb auf einen informativen Text, der die Webseite beschreibt und die wichtigsten Begriffe enthält. Im Beispiel sehen Sie, dass bei Google das gesuchte Wort »Nachrichten« im Snippet fett markiert wird, wodurch es mehr Aufmerksamkeit erhält und das Suchergebnis von Nutzern somit eher angeklickt wird. Die Länge der Meta-Description können Sie auf 155 Zeichen optimieren. Diese Anzahl an Zeichen wird von Google für die Darstellung des Snippets verwendet. Sie können aber auch noch etwas mehr Text hinzufügen, da Google den passenden Textteil selbst auswählt und dem Benutzer anzeigt.

---

**Tipp: Vermeiden Sie Fehler in <title>-Tags und Meta-Descriptions**

Beachten Sie, dass <title>-Tags und Meta-Descriptions nicht mehrfach für einzelne Seiten vergeben werden. Ein häufiger Fehler vieler Website-Betreiber ist, dass dieses <title>-Tag gar nicht vergeben wird oder für alle Seiten den gleichen Inhalt hat. Über die Google Webmaster-Tools können Sie unter DIAGNOSE • HTML-VORSCHLÄGE (siehe Abbildung 12.17) sehen, ob es Probleme bei den Meta-Beschreibungen oder den <title>-Tags gibt.

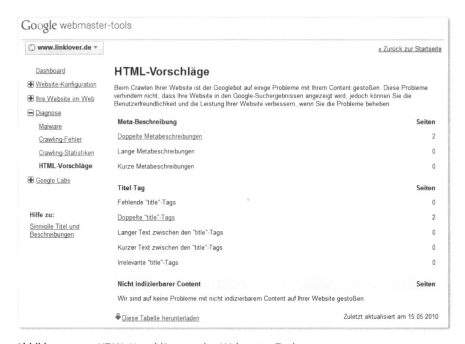

**Abbildung 12.17** HTML-Vorschläge aus den Webmaster-Tools

Die `<title>`-Tags und Meta-Descriptions der Seiten ändern Sie im Quellcode Ihrer Website. Je nachdem, wie Ihre Website programmiert ist, können Sie dies in einem HTML-Editor (z. B. Dreamweaver), im Content-Management-System (CMS) oder in der Online-Shop-Software entsprechend anpassen.

### Das »robots«-Meta-Tag

Für die Suchmaschinenoptimierung ist das Meta-Tag "robots" von besonderer Bedeutung, da dieses angibt, wie die Suchmaschinen-Robots mit der Webseite umgehen sollen. Über dieses Meta-Tag können Sie angeben, ob eine Webseite in den Index der Suchmaschinen aufgenommen werden soll. Insbesondere große Websites, die über mehr als 1000 Unterseiten verfügen, sollten auf dieses Meta-Tag Wert legen. Die Homepage von *tagesschau.de* weist folgendes "robots"-Meta-Tag auf.

```
<meta name="robots" content="index,follow" />
```

Mit dem Wert `index` geben Sie an, dass die Seite von Suchmaschinen indexiert werden soll. Soll dies nicht geschehen, geben Sie an dieser Stelle `noindex` an. Dies empfiehlt sich z. B. für Druckvarianten von Webseiten oder für interne Suchergebnisseiten, die nicht in den Index der Suchmaschinen gelangen sollen. Damit können Sie sehr gezielt steuern, welche Seiten von den Suchmaschinen aufgenommen werden sollen und welche nicht. Die zweite Angabe kann auf `follow` oder `nofollow` gesetzt werden und bezieht sich auf die Bewertung der Links auf der Webseite. `follow` ist dabei der Standardwert, der Links wie gewohnt bewertet. Mit `nofollow` können Sie dagegen alle Links auf der Seite entwerten, d. h., die Links auf der Seite werden von Suchmaschinen nicht in die Berechnung des Rankings aufgenommen.

### Weitere SEO-relevante Meta-Tags

In der HTML-Spezifikation stehen noch weitere Meta-Tags zur Verfügung. Sie können z. B. die Sprache Ihrer Website über das Meta-Tag "language" angeben, um eindeutig festzulegen, welche Sprache Sie verwenden.

```
<meta name="language" content="de" />
```

Eine spezielle Meta-Angabe ausschließlich für Google ist die Anweisung, ab wann eine Seite nicht mehr indexiert werden soll. Sinnvoll ist der Einsatz aber nur bei temporären Internetseiten, die nach einem bestimmten Zeitraum nicht mehr auffindbar sein sollen, z. B. Seiten für Gewinnspiele oder zeitlich begrenzte Sonderangebote.

```
<meta name="GOOGLEBOT" content="unavailable_after: 09-Jul-2011
14:00:00 GMT"/>
```

### 12.3.4 Optimierung der URL – Datei- und Verzeichnisbenennung

Ihre optimierte Webseite finden Sie immer unter einer bestimmten URL, die Sie im Internet-Browser sehen. Wenn Sie die Möglichkeit haben, diese URL für Unterseiten selbst festzulegen, wählen Sie am besten eine kurze Bezeichnung, die auch den wichtigsten Begriff enthält. Schauen wir uns einige Beispiele für URLs von Unterseiten an. Wir beginnen mit einem Beispiel von *tagesschau.de*, das zwar das Themengebiet enthält, aber das Thema selbst nicht beschreibt.

*http://www.tagesschau.de/inland/atomkraft146.html*

Spiegel Online baut die URL-Struktur nach Kategorien auf, zum Beispiel Politik und Ausland. Für die konkrete Unterseite fehlt aber ein Suchbegriff.

*http://www.spiegel.de/politik/ausland/0,1518,695010,00.html*

Besser macht es die Berliner Morgenpost. In der folgenden URL sehen Sie, dass die komplette Überschrift des Artikels als URL genutzt wird und auch die Kategorie »Berlin« enthalten ist. Die Trennung der Wörter mit Bindestrichen ist dabei eine gute Lösung für die Suchmaschinen, um die Begriffe deutlicher voneinander trennen zu können.

*http://www.morgenpost.de/berlin/article1308928/Was-die-Berliner-an-ihrer-Stadt-lieben.html*

Achten Sie bei der Vergabe von URLs also auf eine möglichst kurze Benennung, eine geringe Verzeichnistiefe, und integrieren Sie Suchbegriffe. Vermeiden Sie Umlaute und Sonderzeichen in den URLs. Wenn Sie Umlaute verwenden wollen, sollten Sie diese in der Form »ae«, »oe« und »ue« benutzen. Von Vorteil sind Suchbegriffe in der URL zusätzlich für die Anzeige in den Ergebnisseiten der Suchmaschinen. Oft wird hier der gesuchte Begriff oder ein Synonym fettgedruckt in der URL dargestellt, wie Sie in Abbildung 12.18 für die Suche nach »Berliner Stadtplan« sehen. Damit wird der Suchbegriff noch einmal hervorgehoben und regt zum Klicken auf das Suchergebnis an. Den gleichen Effekt können Sie auch bei den bezahlten Anzeigen nutzen. Details dazu lesen Sie in Kapitel 11, »Suchmaschinenwerbung (SEM)«.

**Abbildung 12.18**  Fett markierte Begriffe in den URLs der Suchergebnisse

Kurze und eindeutige URLs haben auch den Vorteil, dass sie eher im Netz verlinkt werden. Zudem werden häufig URLs als Linktexte verwendet und geben somit den Suchmaschinen einen weiteren Hinweis auf den Inhalt der Seite, wodurch sie das Ranking zu dem Suchbegriff verbessern.

## 12.4    Verlinkungen im Netz

Die zweite wichtige Säule in der Suchmaschinenoptimierung, neben dem suchmaschinenfreundlichen Aufbau der Website, sind die Verlinkungen im Netz zu Ihrer Website. Dieser SEO-Bereich wird als Off-Page-Optimierung bezeichnet. Wir werden Ihnen hier zeigen, wie gut Ihre Website in diesem Bereich bereits aufgestellt ist und wie Sie Verlinkungen zu Ihrer Website weiter ausbauen können.

Aber was bringen Backlinks genau? Backlinks sind Verlinkungen anderer Websites zu Ihrer eigenen. Jeder Link entspricht einer Empfehlung. Links gehen daher stark in die Bewertung der Suchergebnisse ein. Dabei sollten Sie aber beachten, dass nicht jeder Link von jeder Website gleich viel wert ist. Ein Link von einer großen Website, die vertrauenswürdig und themenrelevant ist, ist viel mehr wert als hundert Links von kleinen, unbekannten Websites. Große, vertrauenswürdige Websites sind z. B. *spiegel.de* oder Websites von Universitäten. Diese unterschiedlichen Linkprofile sind in Abbildung 12.19 dargestellt. Website 2 erhält weniger Links als Website 1, dafür aber von größeren Websites, und gewinnt demnach auch mehr Vertrauen aufseiten der Suchmaschinen.

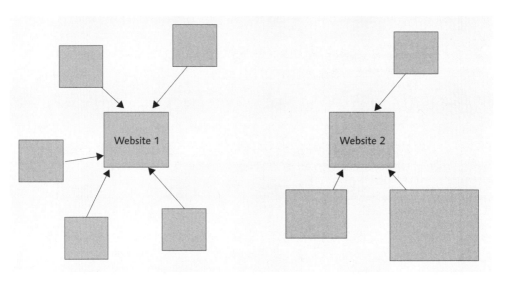

**Abbildung 12.19** Unterschiedliche Linkprofile

### 12.4.1 Link-Popularität

Am Anfang ist es wichtig zu wissen, über wie viele Links Sie schon verfügen. Diese Zahl wird als Link-Popularität bezeichnet. In diesem Zusammenhang werden verschiedene Link-Popularitäten unterschieden. Die *generelle Link-Popularität* ist die Anzahl aller externen Links zu Ihrer Seite. Die *Host-Popularität* ist die Anzahl an Links von verschiedenen Hosts, also z. B. von verschiedenen Subdomains. Die *Domain-Popularität* zählt nur die Links von verschiedenen Domains, die *IP-Popularität* die Anzahl an Links von verschiedenen IPs, also Webserver-Adressen. Da sich aber viele Websites häufig eine IP-Adresse teilen, wird zusätzlich noch die *Class-C-Popularität* betrachtet, die die Anzahl an Links aus verschiedenen Rechnernetzen angibt. In Abbildung 12.20 sehen Sie die Verteilung der verschiedenen Popularitäten. Die Link-Popularität nimmt daher je nach einschränkender Definition der Kennzahl ab. Dies ist auch leicht vorstellbar, da man z. B. von einer Domain mehrere Links bekommen kann und somit die Link-Popularität größer ist als die Domain-Popularität. Wenn Sie in das Thema gerade erst einsteigen, achten Sie vor allem auf die Link- und Domain-Popularität. Als fortgeschrittener Leser sollten Sie aber auch die anderen Kennzahlen kennen und im Auge behalten.

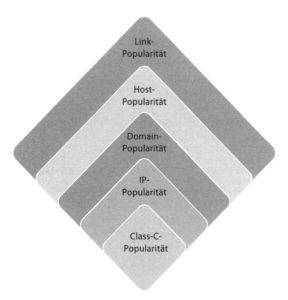

**Abbildung 12.20** Unterschiedliche Link-Popularitäten

Die Anzahl Ihrer Links können Sie mit verschiedenen Tools abfragen. Einige wollen wir Ihnen hier vorstellen. Durch unterschiedliche Technologien können die Zahlen aber stark variieren.

**Wichtige Backlink-Tools**

▶ **Links in Google Webmaster-Tools**
Dies ist wohl die beste Quelle für Ihre Backlinks. Sie können in den Webmaster-Tools die komplette Liste der externen Links, die Google für Ihre Website findet, ansehen und herunterladen. Der Nachteil ist, dass Sie die Daten natürlich nur für Ihre eigene Seite bekommen und nicht die Links für andere Websites sehen.

▶ **link:-Abfrage in Google**
Geben Sie als Suchanfrage bei Google Folgendes ein: `link:ihrewebsite.de`
Als Ergebnis bekommen Sie dann eine Auswahl der auf Sie verweisenden Websites. Dies ist eine schnelle Methode um Backlinks zu finden. Anzumerken ist hierbei aber, dass nur eine kleine Auswahl der Links angezeigt wird. Sie können diese Abfrage aber mit jeder Website machen.

▶ **Yahoo Site Explorer** (*http://siteexplorer.search.yahoo.com/*)
Das von Yahoo zur Verfügung gestellte Tool bietet ebenfalls die Möglichkeit, die Backlinks verschiedener Domains abzufragen. Sie können diese Daten auch exportieren.

▶ **SISTRIX, Searchmetrics, SEOlytics, XOVI etc.**
Im Bereich der Suchmaschinenoptimierung haben sich einige gute Tools entwickelt, die auch über Analysefunktionen für Backlinks verfügen. Diese Tools sind kostenpflichtig, aber lohnen sich bei intensiver Nutzung.

▶ **OpenSiteExplorer** (*http://www.opensiteexplorer.org/*)
Mit dem OpenSiteExplorer können Sie beliebige Websites auf Backlinks überprüfen. In der kostenlosen Version wird Ihnen aber auch hier nur eine Auswahl der Backlinks angezeigt.

▶ **LinkDiagnosis** (*http://www.linkdiagnosis.com/*)
Ein weiteres nützliches Tool zum Finden von Backlinks ist LinkDiagnosis. Die kostenlose Software bietet die Möglichkeit, die Backlinks übersichtlich angezeigt zu bekommen und zu exportieren.

Die erwähnte SISTRIX Toolbox gibt Ihnen einen Einblick in die unterschiedlichen Link-Popularitäten. In Abbildung 12.21 sehen Sie die verschiedenen Link-Popularitäten für die Domain *spiegel.de*, in der Sie auch die absteigende Anzahl der Werte erkennen. Spiegel Online verfügt über eine sehr hohe Domain-Popularität. 11.144 unterschiedliche Domains verweisen auf die Website *spiegel.de*.

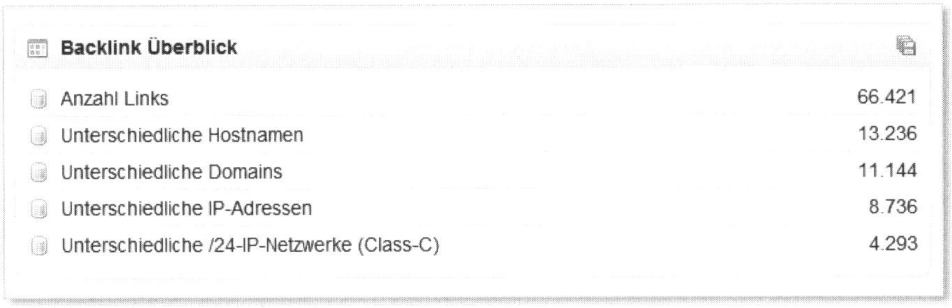

| 🗔 **Backlink Überblick** | 🗎 |
|---|---:|
| 🗎 Anzahl Links | 66.421 |
| 🗎 Unterschiedliche Hostnamen | 13.236 |
| 🗎 Unterschiedliche Domains | 11.144 |
| 🗎 Unterschiedliche IP-Adressen | 8.736 |
| 🗎 Unterschiedliche /24-IP-Netzwerke (Class-C) | 4.293 |

**Abbildung 12.21** Link-Popularität für die Domain spiegel.de

## 12.4.2 Die natürliche Link-Pyramide

Eine natürliche Backlink-Struktur bildet die sogenannte Link-Pyramide. Diese Pyramide ergibt sich aus der Anzahl der Links zu einer Website und deren Page-Rank-Werten. In Abbildung 12.22 sehen Sie diese typische Verteilung, bei der die meisten Links von ungerankten Seiten kommen und mit steigendem PageRank die Anzahl der Links abnimmt. Die Natürlichkeit der Backlink-Struktur ergibt sich aus der unterschiedlichen Qualität der Websites im Internet. Die Link-Pyramide zeigt also auch ein Abbild des Internets, da es z. B. mehr Seiten mit einen PageRank von 6 gibt als Websites mit einem PageRank von 7. Daher sollte auch die Link-Pyramide Ihrer Website natürlich aussehen, wobei die Pyramide in den meisten Fällen noch viel flacher ausfällt, als in der Abbildung gezeigt, da Sie viel mehr Links mit geringem PageRank haben werden als Links mit hohem PageRank.

**Abbildung 12.22** Link-Pyramide nach PageRank

Daran erkennen Sie, dass es Websites gibt, die viele, gute Links bekommen und damit eine Liste an empfohlenen Websites entsteht. Weltweit gibt es nur etwas mehr als ein Dutzend Websites mit einem PageRank von 10, z. B. *google.com*, *cnn.com* und *facebook.com*. Die Auswertung der Link-Pyramide für Ihre eigene Website oder die Ihrer Wettbewerber können Sie mit den kostenpflichtigen SEO-Tools, wie SISTRIX oder Searchmetrics, vornehmen. Sie erhalten damit die Werte der Link-Pyramide und haben zum Vergleich auch die Angabe mit Durchschnitts-werten anderer Websites. In Abbildung 12.23 sehen Sie diese Auswertung für die Domain *welt.de*. Damit bekommen Sie ein gutes Gefühl dafür, wie Sie im Ver-gleich zu anderen Websites aufgestellt sind. Um diese Link-Pyramide nun zu erhalten, sollten Sie auch weiterhin auf eine normale Verteilung der Links achten. Darum bringt es Ihnen nichts, nur Links mit einem PageRank 5 hinterherzulau-fen. Auch die Basis Ihrer Link-Pyramide muss stimmen.

| Vergleich mit Normalwerten | | ✕ |
|---|---|---|
| PR | welt.de | Durchschnitt |
| PR8 | 0,0% | 0,0% |
| PR7 | 0,2% | 0,2% |
| PR6 | 1,3% | 0,7% |
| PR5 | 5,3% | 1,9% |
| PR4 | 9,3% | 3,8% |
| PR3 | 15,9% | 6,0% |
| PR2 | 12,7% | 6,8% |
| PR1 | 7,1% | 6,2% |
| PR0 | 8,0% | 10,0% |
| Ohne PR | 40,3% | 64,6% |

**Abbildung 12.23** Link-Pyramide mit Beispiel- und Durchschnittswerten

### 12.4.3 Der Linkaufbau: Wie bekomme ich Links?

Nachdem Sie jetzt wissen, wie Backlink-Strukturen im Internet aussehen, möchten Sie sicher auch wissen, wie Sie zu neuen Links für Ihre Website kommen. Leider ist der Linkaufbau (*Link-Building*) ein langer und kontinuierlicher Weg, den Sie gehen müssen – aber es lohnt sich. Die besten Quellen für Links sind Seiten, die selbst stark verlinkt sind und thematisch zu Ihrer Internet-Seite passen. Es gibt sehr verschiedene Wege, um an gute Links zu kommen. Sie sollten sich aber noch einmal in Erinnerung rufen, dass der Linkaufbau ein kontinuierlicher Prozess ist, der Woche für Woche neu bearbeitet werden muss. Wir haben Ihnen hier einige Aktionen zusammengestellt, die Sie recht leicht durchführen können, um gute Links aufzubauen.

**Linkaufbau-Aktion 1: Gute, verlinkbare Inhalte schaffen**

Die wichtigste Aktion ist das Bereitstellen guter Inhalte auf der Website, die gern verlinkt werden. Nicht umsonst erhalten z. B. große Nachrichtenportale oder gute Rezept- und Ratgeberseiten viele Links. Dies ist die natürlichste Verlinkungsform, da die Links von allein gesetzt werden. Überlegen Sie daher, welche Inhalte Sie passend zu Ihrem Thema anbieten können. Gut geeignet sind z. B. Leitfäden, Top-10-Listen oder aktuelle Nachrichten.

**Linkaufbau-Aktion 2: Partner, Kunden und Lieferanten verlinken lassen**

Sicher haben Sie, wenn Sie eine geschäftliche Website betreiben, auch gute Beziehungen zu Partnern, Lieferanten und Kunden. Nutzen Sie diese Kontakte, und bitten Sie diese, auf den eigenen Webseiten einen Link zu Ihrer Seite zu setzen. Sehr passend geht das z. B. über die Seiten zu Referenzen des Anbieters oder über Hersteller-Links, die auf Ihren Online-Shop hinweisen.

**Linkaufbau-Aktion 3: Verzeichnisse, Webkataloge und Social Bookmarks**

Im Internet finden Sie viele Verzeichnisse, die Webseiten auflisten und sammeln. Oft können Sie hier Ihre Website kostenlos eintragen. Achten Sie aber auf die Qualität der Verzeichnisse oder Webkataloge. Beispiele für große, bekannte Verzeichnisse sind DMOZ (*http://www.dmoz.de/*), das Yahoo Directory (*http://dir.yahoo.com/*) und bellnet (*http://www.bellnet.de/*). Wir empfehlen Ihnen einen Eintrag im DOMZ-Verzeichnis (siehe Abbildung 12.24), da dieses regelmäßig aktualisiert und auch von Google genutzt wird. Suchen Sie sich einfach die passende Kategorie aus, und fügen Sie Ihre Website mit ein paar weitergehenden Informationen hinzu. Der Eintrag wird dann von den Editoren des DMOZ-Verzeichnisses geprüft und freigegeben.

Suchen Sie auch nach weiteren Verzeichnissen und Webkatalogen, die zu Ihrem Angebot passen. Seien Sie aber auf der Hut vor vielen unseriösen Webkatalogen, die keinen Wert für Sie haben. Sie erkennen diese meist an schlechten Layouts, geringen oder keinem PageRank, massiven Werbeeinblendungen und der Pflicht, einen Backlink auf den Webkatalog selbst zu setzen.

Nutzen Sie auch die Möglichkeit von Social-Bookmarking-Diensten, wie z.B. Delicious (*http://www.delicious.com/*) oder Mister-Wong (*http://www.mister-wong.de/*), bei denen man auf seine Website hinweisen kann. Sie können auch Ihre Nutzer auf diese Bookmarking-Dienste aufmerksam machen, indem Sie mit Buttons darauf hinweisen.

**Abbildung 12.24** DMOZ – Open Directory Project (www.dmoz.de)

**Abbildung 12.25** Social Bookmarks bei zeit.de

Im Internet finden Sie Listen der bekanntesten Bookmarking-Dienste. Schauen Sie nach passenden Angeboten, und tragen Sie Ihre Website ein. Achten Sie aber auf Klasse statt Masse. Vielfach werden Ihnen massenweise Backlinks angeboten – im Hunderter- oder Tausender-Paket. Hiervon raten wir aber stark ab, da Sie schon gelesen haben, dass es auf qualitative Links von verschiedenen Websites ankommt.

### Linkaufbau-Aktion 4: Thematisch passende Linkpartner finden

Welche anderen Webseiten beschäftigen sich mit Ihrem Thema? Diese Seiten sind die perfekten Linkpartner für Sie. Aber wie finden Sie diese? Eigentlich ist dies ganz einfach. Suchen Sie nach Ihrem Thema bei Google. Durch den Algorithmus treffen Sie auf den ersten Positionen Seiten an, die Google als relevant zu dem Suchbegriff einstuft. Schauen Sie sich also die ersten 50 Ergebnisse an, und überlegen Sie, wie Sie eine Partnerschaft mit diesen Seiten bekommen können. Sie können z. B. Ihre Website empfehlen lassen, Gewinnspiele anbieten oder sich als Lieferant bzw. Händler mit einem Link zu Ihrer Website auflisten lassen. Wahrscheinlich werden Sie unter den Seiten auch einige Seiten finden, die als Konkurrenten angesehen werden können. Diese können Sie natürlich ausschließen. Andere Seiten können Sie am besten via E-Mail oder Telefon kontaktieren. Nutzen Sie auch Ihre bestehenden Kontakte, da dies eine Link-Kooperation vereinfacht. Überlegen Sie auch, was Sie im Gegenzug bieten können. Hier eignet sich das Tauschen von Links oder das Anbieten von interessanten Inhalten. Vermeiden Sie möglichst das Kaufen oder Mieten von Links. Dies verstößt gegen die Richtlinien der Suchmaschinen, da Sie damit versuchen, Ihr Ranking zu manipulieren. Allzu offensichtliches Mieten von Links kann Sie auch schnell ins Abseits bei den Suchmaschinen führen, sodass Sie viele Ihrer guten Positionen verlieren.

### Link-Aufbau-Aktion 5: Seiten, die über Sie oder Ihr Thema schreiben

Sollten Sie schon einen bekannteren Namen im Internet haben oder bereits über einen Markennamen verfügen, wird bestimmt auch über Sie berichtet, z. B. auf Nachrichtenseiten oder in Blogs. Sie finden diese Seiten recht leicht über die Abfragen in Suchmaschinen. In Yahoo können Sie Folgendes eingeben:

```
ihrefirma -linkdomain:www.ihrewebsite.de
```

Sie finden damit Webseiten, die den Begriff »ihrefirma« enthalten, aber bisher nicht auf Ihre Website verlinken. Diese Seiten sollten Sie, wenn es passend ist, freundlich um eine Verlinkung bitten.

Hilfreich ist auch die Recherche nach Ihrem Markennamen in Google News (*http://news.google.de/*) und der Google Blogsuche (*http://blogsearch.google.de/*). Sie finden damit aktuelle Nachrichten und Blog-Artikel zu Ihrem Thema. Allerdings müssen Sie die Überprüfung, ob Ihre Seite verlinkt ist oder nicht, von Hand vornehmen. Empfehlenswert ist zudem das Einrichten von Google Alerts (*http://www.google.de/alerts*) auf den eigenen Namen oder das wichtigste Thema (siehe Abbildung 12.26). Damit bekommen Sie automatisch per Mail eine Meldung, wenn zu dem angegebenen Begriff eine Nachricht veröffentlicht wird. Falls es thematisch passt, können Sie den Redakteur kontaktieren und um eine Verlinkung bitten.

**Abbildung 12.26** Google Alerts einrichten

### Linkaufbau-Aktion 6: Links reparieren

Häufig führen alte Links ins Leere, z. B. wenn Sie die Website-Struktur geändert haben. Die fehlerhaften Links (»tote Links«) führen dann zu nicht mehr vorhandenen Seiten und helfen Ihnen auch nicht mehr, Ihre Link-Popularität zu steigern. Daher sollten Sie diese Links aufspüren und ändern lassen. Falls eine Änderung nicht möglich ist, lassen sich Weiterleitungen auf die neue URL oder auf die Startseite anlegen. Tote Links finden Sie in den Google Webmaster-Tools über Diagnose • Crawling-Fehler.

### Linkaufbau-Aktion 7: Linkbaits

Linkbaits (»Link-Köder«) sind Aktionen, die für verstärkte, natürliche Links sorgen. Sie legen also einen Köder aus, um viele Links zu angeln. Hierbei gilt es, bei Webseitenbetreibern und Bloggern Aufmerksamkeit zu erregen. Inzwischen gibt es viele solche Linkbait-Aktionen, sodass man im Vorfeld Ideen sammeln sollte und eine gute Planung voranstellen muss. Im besten Fall erzielen Sie mit Ihrem

Linkbait einen sogenannten *viralen Effekt*, sodass noch mehr Menschen z. B. durch Mund-zu-Mund-Propaganda von der Aktion erfahren.

Als Anregung für Ihren eigenen Linkbait wollen wir Ihnen hier einige Aktionen vorstellen. Ein Beispiel für einen Linkbait zur Steigerung von Aufmerksamkeit und Backlinks ist das Gesundheitskostenplakat des Online-Portals *imedo.de*. In Abbildung 12.27 sehen Sie das Plakat in Miniatur mit sehr hoher Informationsdichte zu den Kosten des Gesundheitswesens. Sicher möchten auch Sie wissen, wohin Ihre monatlichen Krankenkassenbeiträge fließen. Unter der Adresse *http:// www.imedo.de/artikel/gesundheitswesen* finden Sie eine interaktive Version des Plakats. Die hohe Aufmerksamkeit der Aktion sorgte dafür, dass eine weitere Auflage mit aktualisiertem Zahlenmaterial erstellt wurde und auch in gedruckter Version zur Verfügung steht. Durch die sehr gut recherchierten Informationen wurde auch im Internet darüber berichtet und auf das Plakat verlinkt, zum Beispiel von Krankenkassen, Wikipedia, Nachrichtenportalen und Gesundheitsblogs. Erstellen Sie also für Ihren Linkbait möglichst interessante oder aufmerksamkeitserregende Inhalte. Denkbar ist hier auch das Anbieten von kurzweiligen Online-Spielen, z. B. die bekannte Moorhuhnjagd.

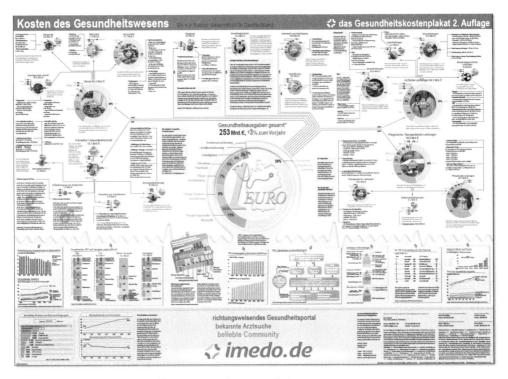

**Abbildung 12.27**  Linkbait »Kosten des Gesundheitswesens«

Eine zweite Möglichkeit für Linkbaits sind Charity-Aktionen. Beispiele gibt es hier viele für den ökologischen und sozialen Bereich. Einige Unternehmen fordern dazu auf, einen Button auf dem eigenen Blog oder der eigenen Homepage zu setzen, um damit eine Charity-Aktion zu unterstützen. Die Buttons zeigen dann auf die Webseiten der Unternehmen, und die Unternehmen unterstützen im Gegenzug eine Wohltätigkeitsorganisation wie den WWF, Greenpeace oder soziale Projekte. Als Beispiel können Sie sich die Aktion »Mach's grün!« von kaufDA (*http://www.kaufda.de/umwelt/co2-neutral/*) anschauen, bei der Sie als Blog-Inhaber Ihren Blog mit dem Setzen eines Buttons $CO_2$-neutral machen können (siehe Abbildung 12.28).

**Abbildung 12.28** Button für die Aktion »Mach's grün!« von kaufDA.de

Ähnlich ist auch die Aktion »Gimahhot rettet das Klima« (*http://www.gimahhot.de/klimaschutz*) aufgebaut, bei der für jeden gesetzten Button 10 Euro an den WWF gespendet werden. Aber auch die Charities selbst können aktiv werden. Der Verein »Aktion Deutschland Hilft« stellte z. B. ein Deutschlandbanner für Websites zur Fußball-WM zur Verfügung und ließ sich darüber verlinken (siehe Abbildung 12.29).

Ein dritter Ansatz für gute Linkbaits sind Gewinnspiele. Regen Sie die Leute im Netz an, über Sie zu berichten. Jeder Beitrag nimmt dann an einer Verlosung teil. Im optimalen Fall schlagen Sie also mit Linkbait-Aktionen immer zwei Fliegen mit einer Klappe. Sie erreichen erhöhte Aufmerksamkeit für Ihre Website und sorgen gleichzeitig für weitere Links auf Ihre Website und somit für eine bessere Suchmaschinenoptimierung. Wichtig für einen erfolgreichen Linkbait ist eine gute Pressearbeit und Aktivität im Bereich Social Media wie Facebook oder Twitter, um die Reichweite der Aktion zu steigern. Wie Sie Social Media richtig für solche Aktionen nutzen können, lesen Sie in Kapitel 4, »Social-Media-Marketing und Online-PR«.

**Abbildung 12.29** Linkbait Weltmeisterschaftsband

### 12.4.4 Gute und schlechte Links

Jetzt kennen Sie viele gute Methoden, um an Backlinks für Ihre Website zu gelangen. Sie haben auch gesehen, dass dies ein mühsamer Weg ist. Aber die Mühe lohnt sich! Wir warnen an dieser Stelle davor, sich den Weg zu vereinfachen und sich die Mühen zu ersparen. Ein schneller Weg wäre z. B., das Angebot an Backlinks bei eBay zu prüfen (siehe Abbildung 12.30). Sie sehen dort Links, die Ihnen paketweise angeboten werden. Davon ist abzuraten, weil die Links meist eine geringe Qualität haben, teilweise auf irrelevanten Seiten gesetzt werden und für ein unnatürliches Linkwachstum sorgen. Hinzuweisen ist an dieser Stelle auch noch einmal auf die Google-Richtlinien für Webmaster (*http://www.google.com/support/webmasters/bin/answer.py?hl=de&answer=35769*). Nehmen Sie sich die Zeit, und werfen Sie einen Blick in das Dokument, um die Regeln der Suchmaschinenbetreiber besser zu verstehen.

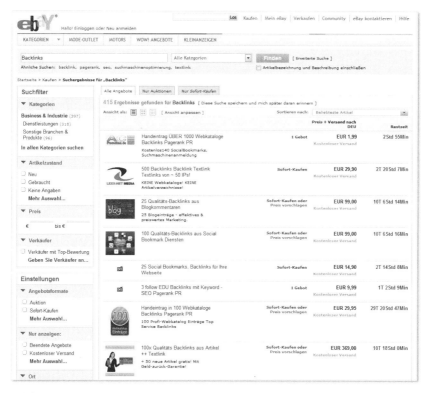

**Abbildung 12.30**  Backlink-Angebot bei eBay

Erwähnt seien hier auch Link-Marktplätze, bei denen Sie Links für ein bestimmtes Thema einkaufen können. Bekannte Vertreter sind teliad (*http://www.teliad.de/*), TextLinkAds (*http://www.text-link-ads.com/*) und LinkLift (*http://www.linklift.de/*). Auf den Marktplätzen kommen Linksuchende (»Advertiser«) mit potenziellen Linkgebern (»Publisher«) zusammen und können eine Kooperation vereinbaren. Meist handelt es sich dabei um eine thematisch geordnete Datenbank an Websites, aus denen man nach verschiedenen Kriterien auswählen kann. Bei der Preisgestaltung haben sich auf den Marktplätzen monatliche Beträge in Höhe von wenigen Euro bis zu mehreren 100 Euro durchgesetzt. Die Buchung und Linksetzung geschieht in der Regel recht unkompliziert. Natürlich ist dies eine schnelle Methode, um teilweise auch recht gute Links zu kommen. Google kommuniziert aber klar in seinen Richtlinien, dass gekaufte Links nicht zulässig sind. Im schlimmsten Fall heißt das, dass Sie aus dem Google-Index für eine gewisse Zeit ausgeschlossen werden. Dieses sollten Sie unbedingt vermeiden. Die Sichtbarkeit bei Google kann für einen gewissen Zeitraum bis auf null zurückgehen. Dies sehen Sie gut in Abbildung 12.31 mit einer Abstrafungszeit von mehreren Wochen für eine ungenannte Website.

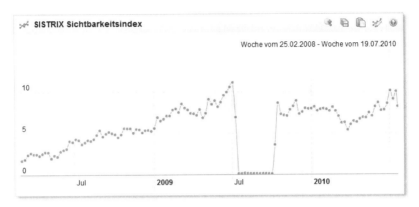

**Abbildung 12.31** Sichtbarkeit einer Domain mit Abstrafung

Trotzdem soll an dieser Stelle auch erwähnt werden, dass es beim Kaufen oder Mieten von Links nicht um eine rechtlich verbotene Handlung geht. Die einzige »Bestrafung« kann von den Suchmaschinenbetreibern selbst ausgehen und dafür sorgen, dass Ihre Website in den Suchmaschinen nicht mehr auffindbar ist. Daher können Sie auf eigene Verantwortung auch einiges ausprobieren.

Vom massenweisen Eintragen in Webkatalogen und Bookmarking-Diensten raten wir an dieser Stelle ab. Sie haben dadurch keine Vorteile. Warnen wollen wir Sie auch vor Links aus dem Ausland. Einzelne Links sind sicherlich nicht schädlich, aber Massen von ausländischen Links können Ihrem Link-Profil schaden und Ihre Rankings nachhaltig beeinträchtigen.

## 12.5    Weitere Optimierungsmaßnahmen

Die Suchmaschinen bieten heutzutage auch noch weitere Möglichkeiten an, mit denen Sie gefunden werden können. Dies betrifft zum Beispiel Bilder, Videos, Nachrichten, Blogartikel und Produkte. Sollten Ihnen hier passende Angebote zur Verfügung stehen, lohnt sich eine Optimierung dieser Inhalte.

### 12.5.1    Lokale Suche

Wenn Sie ein lokales Geschäft oder ein Filialnetz haben, dann können Sie dies in die lokale Suche der Suchmaschinen eintragen. In Google Maps sehen Sie dann Ihren Standort mit der Angabe weiterer Informationen, Ihrer Webadresse und Bildern. Weiterhin lohnt sich dieser Eintrag, da bei einer lokalen Suchanfrage, z. B. nach »Zahnarzt Berlin«, auch gleich eine Karte mit Zahnärzten in der Nähe von Berlin angezeigt wird (siehe Abbildung 12.32). Zudem haben Sie in der lokalen Suche auch die Möglichkeit, Werbeanzeigen zu schalten. Wenn Sie lokal aktiv sind, lohnt sich diese Investition. Wie Sie die Anzeigen buchen können, erfahren Sie in Kapitel 11, »Suchmaschinenwerbung (SEM)«.

**Abbildung 12.32** Google-Suchergebnisseite mit Maps-Integration

Ihren Eintrag bekommen Sie über das Programm *Google Places* (früher *Google Branchencenter*) unter der Adresse *http://www.google.com/local/add/login*. Dieser Eintrag ist kostenfrei, und Sie sollten diese Möglichkeit nutzen, da Sie damit die Informationen, die Google über Ihr Unternehmen anzeigt, selbst bestimmen können (siehe Abbildung 12.33). Zur Verifikation Ihrer Angaben schickt Google Ihnen eine Karte, oder Sie nehmen die Verifikation per Telefon vor.

Ihren Eintrag sollten Sie ganz bewusst vornehmen und die Angaben genau überdenken. Wie würde ein Kunde lokal nach Ihrem Angebot suchen? Bleiben wir bei unserem Beispiel »Zahnarzt Berlin«, oder wäre es vielleicht besser, einen Stadtteil auszuwählen, wie z. B. »Zahnarzt Prenzlauer Berg, Berlin«? Versetzen Sie sich also in die Lage des Suchenden. Bei Benutzern, die in Ihrer direkten Nähe nach Ihnen suchen, ist die Wahrscheinlichkeit höher, dass Sie Ihre Kunden oder – hier am Beispiel des Zahnarztes – Ihre Patienten werden. Außerdem haben Sie den Vorteil, dass Sie nicht mit mehreren Hundert Angeboten in den Suchergebnissen konkurrieren, sondern mit deutlich weniger Angeboten in Ihrem Ortsteil. Geben Sie also die passenden Informationen in Google Places ein. In Abbildung 12.34 sehen Sie optimierte lokale Einträge für den Begriff »Lasik Berlin«.

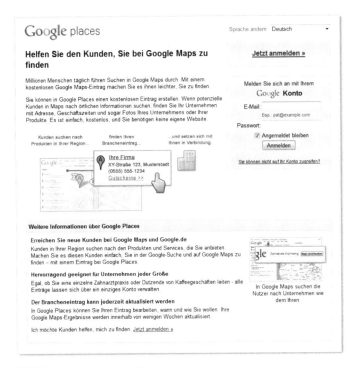

**Abbildung 12.33** Google Places

**Abbildung 12.34** Optimierte Einträge in Google Maps

### 12.5.2 Bildersuche

Auch für visuelle Inhalte bieten die Suchmaschinen spezielle Funktionen an. Sie können zum Beispiel gezielt nach Bildern suchen. Sollten Sie eigenes Bildmaterial zur Verfügung haben, können Sie dies auch den Suchmaschinen zur Verfügung stellen und darüber Besucher auf Ihre Website bekommen. Gerade über die veränderte Darstellung der Suchmaschinenergebnisse bei *google.de* werden die Kategorien wie Bilder- und Videosuche deutlicher. In der linken Spalte der Suchergebnisseite sehen Sie passende Suchfilter aus den verschiedenen Kategorien. So können Besucher gezielt nach Bildern oder Videos suchen. In Abbildung 12.35 sehen Sie die Ergebnisseite der Bildersuche für den Begriff »Gardasee«.

**Abbildung 12.35**  Google-Suchergebnisseite für Bilder

### 12.5.3  Produktsuche

Wenn Sie einen Online-Shop haben und Waren über das Internet verkaufen, empfiehlt sich auch die Google Produktsuche (siehe Abbildung 12.36). Sie können hier Ihren Warenkatalog übermitteln und zusätzlich Besucher auf Ihr Angebot hinweisen. Nutzer haben hier den Vorteil, Produkte in verschiedenen Online-Shops vergleichen zu können. Händler können über das Google Merchant-Center Produktdaten im .csv- oder XML-Format hochladen und werden dann in der Produktsuche angezeigt.

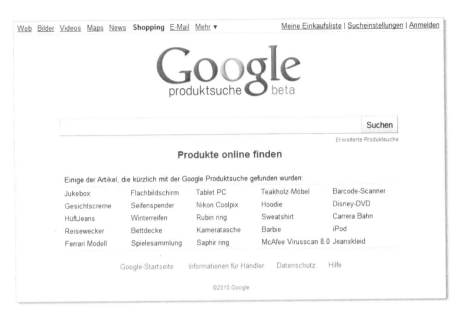

**Abbildung 12.36**  Google Produktsuche

Die Ergebnisse der Produktsuche finden Sie auch, wenn Sie in Google nach Begriffen suchen, die eine gewisse Kaufabsicht erkennen lassen. In Abbildung 12.37 sehen Sie ein Beispiel für den Suchbegriff »jacken kaufen«.

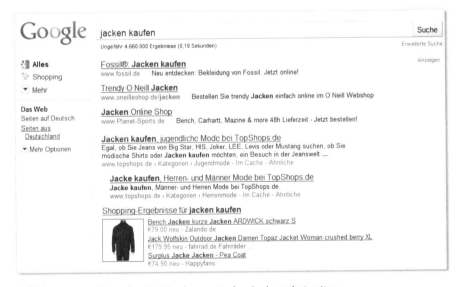

**Abbildung 12.37**  Shopping-Einblendungen in den Suchergebnisseiten

Drei Produkte von verschiedenen Online-Shops und eine Produktabbildung werden Ihnen hier angezeigt. Wenn Sie also hier gelistet sind, haben Sie direkt Klicks auf Ihr Angebot von Kunden, die Interesse an diesem Produkt haben. Jetzt müssen Sie diese nur noch überzeugen, das Produkt zu kaufen, und schon haben Sie weiteren Umsatz mit Ihrem Shop gemacht.

Leider stehen in Deutschland bei Yahoo und Bing noch keine eigenen Produktsuchen zur Verfügung. Hier wird die Produktsuche über Partner vorgenommen. Bei Yahoo übernimmt dies Kelkoo, bei Bing wird Ciao eingebunden. Bei beiden Anbietern können Sie auch Produkte hochladen. Sie zahlen dann aber Klickpreise. Dies kann sich aber durchaus lohnen, wenn aus diesen Klicks Käufe entstehen.

### 12.5.4 News und Blogs

Wenn Sie über ein redaktionelles Angebot verfügen, empfiehlt sich die Nutzung von Nachrichten-Suchmaschinen und Blogsuchen. Eine der wichtigsten Suchmaschinen im Nachrichtenbereich ist Google News (siehe Abbildung 12.38). Hier werden aktuelle Artikel aus allen Themengebieten gesammelt. Durch den Klick auf einen Artikel gelangen Besucher direkt auf die Website des Nachrichtenanbieters.

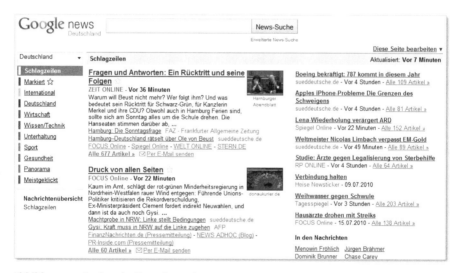

**Abbildung 12.38** Google News-Startseite

Um in die Google News aufgenommen zu werden, müssen Sie einige technische und organisatorische Voraussetzungen erfüllen:

▸ Die Artikel-URLs müssen eindeutig und dauerhaft auffindbar sein. So sollte also jeweils ein Artikel unter einer eigenen URL liegen. Diese URL muss dann auch dauerhaft diesen Artikel beinhalten und darf nicht wechseln.

▶ Die URL sollte eine mindestens 3-stellige Zahl beinhalten. Es sollte aber auch keine Jahreszahl wie z. B. 2011 vorkommen. Daher empfehlen wir 5-stellige IDs. Wenn Sie eine XML-News-Sitemap nutzen, können Sie auf die IDs verzichten.

▶ Bei Artikeln, die nur mit Registrierung oder gegen Bezahlung aufrufbar sind, müssen Sie beachten, dass die Google News Crawler Ihre Inhalte trotzdem lesen können. Zudem können Sie für Leser, die über Google News kommen, die Artikel freigeben, damit die Besucher nicht von der kostenpflichtigen Registrierung abgeschreckt werden.

▶ Artikel-Überschriften sollten Sie eindeutig formulieren und auch im `<title>`-Tag und in der `<h1>`- oder `<h2>`-Überschrift verwenden.

Eine weitere optionale, aber vor allem für große Nachrichtenseiten empfehlenswerte Anforderung ist das Einreichen einer News-Sitemap. Dies ist eine XML-Datei, die Ihre Nachrichtenartikel enthält. Sie haben damit den Vorteil, dass die Artikel schneller aufgefunden und in die News-Suche aufgenommen werden können. Vor allem im schnelllebigen Nachrichtengeschäft ist dies von Vorteil. Zudem können Sie weitere Meta-Daten übergeben. Wie die XML-Datei programmiert werden muss, ist bei Google genau unter *http://www.google.com/support/news_pub/bin/answer.py?hl=de&answer=74288* beschrieben.

In die XML-Datei brauchen Sie nur die Artikel der letzten zwei Tage aufzunehmen. Alle älteren Artikel bleiben 30 Tage in den Google News gelistet. Ein Nachrichtenartikel in der XML-News-Sitemap hat dann z. B. folgenden Eintrag:

```xml
<?xml version="1.0" encoding="UTF-8"?>
<urlset xmlns="http://www.sitemaps.org/schemas/sitemap/0.9"
xmlns:news="http://www.google.com/schemas/sitemap-news/0.9">
 <url> <loc>http://www.example.org/business/article55.html</loc>
 <news:news>
 <news:publication>
 <news:name>The Example Times</news:name>
 <news:language>en</news:language>
 </news:publication>
 <news:access>Subscription</news:access>
 <news:genres>PressRelease, Blog</news:genres>
 <news:publication_date>2008-12-23</news:publication_date>
 <news:title>Companies A, B in Merger Talks</news:title>
 <news:keywords>business, merger, acquisition, A, B</news:keywords>
 <news:stock_tickers>NASDAQ:A, NASDAQ:B</news:stock_tickers>
 </news:news>
 </url>
</urlset>
```

Wenn Sie die News-Sitemap erstellt haben, können Sie diese über die Google Webmaster-Tools einreichen. Dort können Sie auch einstellen, dass es sich um eine News-Sitemap handelt. Mit der Abfrage `site:website.de` in Google News können Sie abfragen, welche Artikel von einer Website aufgenommen wurden. So bekommen Sie einen guten Überblick, wie andere Websites und Nachrichtenportale die News-Suche von Google nutzen. *welt.de*, *sueddeutsche.de*, *focus.de*, *bild.de* und *rp-online.de* sind deutsche Websites, die sehr gut in Google News vertreten sind.

Ein weiterer Vorteil ergibt sich aus der Integration der Nachrichten in die normale Websuche bei Google, was als *Universal Search* bezeichnet wird. Wenn Sie nach einem aktuellen Thema suchen, z. B. nach dem Dauerbrenner-Thema »iphone«, sehen Sie auch Suchergebnisse aus Google News – in Abbildung 12.39 sogar an erster Stelle direkt nach den AdWords-Anzeigen. Sie können sich sicher vorstellen, dass hier sehr viele Klicks auf die Nachrichten zustande kommen.

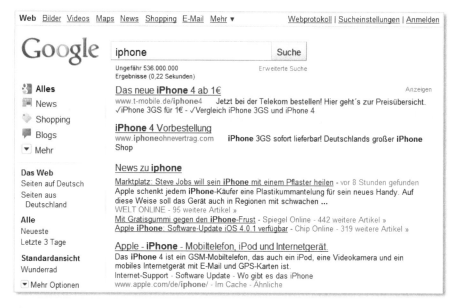

**Abbildung 12.39** News-Einblendungen in der Google-Suche

Wenn Sie ein Blog betreiben, empfiehlt sich zudem die Aufnahme in die Google Blogsuche (siehe Abbildung 12.40). Dies geschieht meist automatisch, da die meisten Blogs auch einen RSS-Feed der Artikel anbieten. Ein RSS-Feed fasst die Artikel Ihres Blogs zusammen und stellt diese in einem Standard-Format der Allgemeinheit zur Verfügung. Diesen RSS-Feed nutzt auch Google für die Blogsuche. Ob Ihr Blog bereits auffindbar ist, können Sie mit der Abfrage `site:ihrblog.de` prüfen.

**Abbildung 12.40**  Google Blogsuche

## 12.6    Website-Relaunch und Domain-Umzug

Ein wichtiger Punkt, der auch zum Thema Suchmaschinenoptimierung gehört, sind Website-Relaunches und Domain-Umzüge. Beide Fälle können im Leben einer Website auftreten und haben für die Suchmaschinenoptimierung Konsequenzen. Auf beide Fälle wollen wir im Folgenden näher eingehen. Was gibt es also bei einem Relaunch der Website zu beachten?

### 12.6.1    SEO-konformer Website-Relaunch

Ein Relaunch oder Redesign einer Website bedeutet aus Nutzer- und Suchmaschinensicht immer eine größere Umstellung. Daher müssen viele Punkte beachtet werden, um keine Besucher zu verlieren. Wir wollen daher einige Problemfälle betrachten und Lösungsmöglichkeiten aufzeigen.

**Problemfall 1: Änderung der URL-Struktur**

Eines der größten Probleme beim Relaunch stellt die Änderung der URL-Struktur dar. Wir empfehlen Ihnen, die URL-Struktur möglichst nicht zu ändern, da dies Konsequenzen für Ihr Ranking hat. Alte Inhalte wären nicht mehr unter der gleichen Adresse aufrufbar, und bestehende Links zeigen danach auf tote oder falsche Seiten. Lässt sich die URL-Änderung nicht vermeiden, sollten Sie auf Weiterleitungen zurückgreifen. Mit sogenannten *301-Redirects* können Sie jede alte URL auf eine neue URL umleiten. Dies ist nötig, damit Sie gewonnen Rankings nicht verlieren.

**Problemfall 2: Änderung der internen Linkstruktur**

Die interne Verlinkung Ihrer Webseiten untereinander ist ein sehr wichtiger Punkt in der Suchmaschinenoptimierung. Die Suchmaschinen-Crawler können sich damit zum einen durch Ihre Seite bewegen und zum anderen erkennen, welche Seiten am wichtigsten sind. Achten Sie daher auf Ihr bestehendes Verlinkungskonzept, und bilden Sie es so gut wie möglich auch auf der neuen Website ab.

**Problemfall 3: Löschen von alten Seiten**

Häufig kommt es vor, dass mit dem Relaunch alte Seiten gelöscht werden oder einfach nicht beachtet oder umgezogen werden. Schlecht ist das insbesondere für Seiten mit wertvollen Backlinks und Seiten mit gutem Ranking. Verschaffen Sie sich vor dem Relaunch einen Überblick über die meistbesuchten URLs Ihrer Website und die URLs mit den meisten Backlinks. Die bestbesuchten Seiten Ihrer Website finden Sie über Ihr eingesetztes Web-Analytics-Tool, z. B. Google Analytics, oder über die Auswertung Ihrer Server-Statistiken. Häufig werden die Seiten, auf denen ein Besucher als Erstes auf Ihrer Website landet, als Einstiegsseiten bezeichnet. In Google Analytics finden Sie diese unter CONTENT • BELIEBTESTE ZIELSEITEN. In Abbildung 12.41 sehen Sie eine Auswertung dazu. Legen Sie also besonderes Augenmerk auf die Top-Einstiegsseiten, und sorgen Sie dafür, dass diese auch nach dem Relaunch aufrufbar sind. Klicken Sie sich zudem durch Ihre neue Seite, um »tote« Links zu finden und diese korrigieren zu können. Sollte das Löschen der wichtigen URLs trotzdem nötig sein, können Sie Weiterleitungen auf die neue oder eine andere passende Seite anlegen.

**Abbildung 12.41** Einstiegsseiten in Google Analytics

Und welches sind Ihre am besten verlinkten Seiten? Dies können Sie mithilfe verschiedener SEO-Tools ermitteln. Teilweise sind diese Tools allerdings kostenpflichtig. Einen kleinen Einblick bekommen Sie mit dem OpenSiteExplorer (*http://www.opensiteexplorer.org/*). Geben Sie einfach Ihre Domain ein, und schauen Sie sich die Ergebnisse unter TOP PAGES an. Abbildung 12.42 zeigt die Ergebnisse für *www.bild.de*.

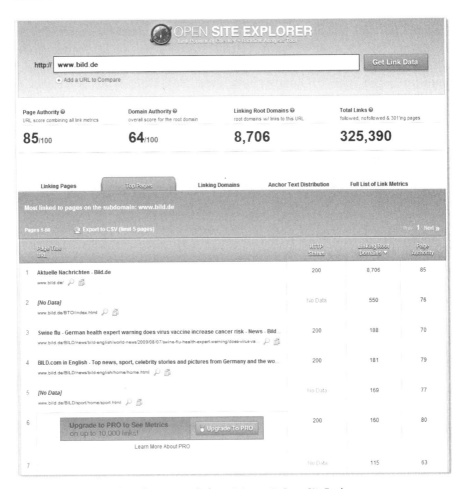

**Abbildung 12.42** Analyse der meistverlinkten Seiten mit OpenSiteExplorer

Im kostenpflichtigen SISTRIX-Tool sieht die Analyse ähnlich aus (siehe Abbildung 12.43). Anhand der angegebenen Liste können Sie nun sehen, welche URLs häufig verlinkt wurden, und können sicherstellen, dass diese Seiten bestehen bleiben oder eine Weiterleitung nach dem Relaunch bekommen. Am sichersten ist es, sich nach dem Relaunch die Liste noch einmal vorzunehmen und die verschiedenen URLs durchzuklicken, um zu testen, ob die richtigen Inhalte erscheinen. Somit stellen Sie sicher, dass Ihnen keine Backlinks verloren gehen.

| Top-Linkziele auf bild.de | | |
|---|---|---|
| Pfad | Unt. Domains | Alle Links |
| www.bild.de/ ⌷ | 728 ⊞ | 18.174 ⊞ |
| bild.de/ ⌷ | 34 ⊞ | 64 ⊞ |
| film.bild.de/ ⌷ | 34 ⊞ | 71 ⊞ |
| bilddirdein.bild.de/ ⌷ | 15 ⊞ | 0 ⊞ |
| wap.bild.de/ ⌷ | 11 ⊞ | 294 ⊞ |
| www.bild.de/BILD/digital/technikwelt/2008/09/12/befreipho... ⌷ | 11 ⊞ | 0 ⊞ |
| horoskope.bild.de/ ⌷ | 10 ⊞ | 0 ⊞ |
| www.bild.de/BILD/news/home/news.html ⌷ | 10 ⊞ | 0 ⊞ |
| www.bild.de/BILD/sport/fussball/bundesliga/home/bundeslig... ⌷ | 10 ⊞ | 0 ⊞ |

**Abbildung 12.43**  Top-Linkziele auf bild.de (Quelle: SISTRIX Toolbox)

### Problemfall 4: Wechsel des Web-Hostings

Eventuell wollen Sie mit dem Relaunch der Website auch das Web-Hosting ändern, also den Server wechseln, auf dem Ihre Webseiten liegen. Dies ist häufig der Fall, wenn der Server zu klein geworden ist in Bezug auf Speicherplatz oder Geschwindigkeit der Seitenauslieferung. Außerdem können technische Anforderungen einen Wechsel des Web-Hostings nötig machen. Ein solcher Wechsel bringt immer technische Probleme mit sich. Daher ist es ratsam, sich professionelle Unterstützung zu holen oder zu schauen, ob Sie beim gleichen Web-Hosting-Anbieter bleiben und einen größeren Server anfordern können.

### Problemfall 5: Neue technische Systeme

Mit einem Relaunch geht oft einher, dass neue technische Systeme im Hintergrund verwendet werden, z. B. ein neues Content-Management-System (CMS) oder eine neue Shop-Software. Bei einem Wechsel solcher Systeme tauchen meist Probleme auf, da sie auf verschiedenen Konzepten beruhen und möglicherweise unterschiedlich programmiert sind. Sichtbar wird das z. B. an einer geänderten URL-Struktur. Besonders der Wechsel auf eine komplett in Flash erstellte Seite sollte gut überlegt sein, da Suchmaschinen diese in der Regel nicht auswerten können. Damit verschenken Sie das Potenzial der Suchmaschinenoptimierung.

Haben Sie auch ein Augenmerk auf Ihre Navigation. Achten Sie darauf, dass die Suchmaschinen-Robots über Ihre Navigationslinks auf die Unterseiten Ihrer Website gelangen können. Häufig kommen bei größeren Websites und Online-Shops AJAX- und JavaScript-Navigationen zum Einsatz. Sorgen Sie dafür, dass die Links trotzdem im HTML-Code als <a>-Tags gekennzeichnet sind. Nur damit stellen Sie sicher, dass die Crawler Ihre internen Links finden und weiter verfolgen.

**Problemfall 6: Änderung des Domain-Namens**

Öfter kommt es vor, dass mit dem Relaunch einer Website auch der Domain-Name wechselt. Solch eine Änderung sollte natürlich im Vorherein gut überlegt sein, da sich Nutzer und auch die Suchmaschinen an den Domain-Namen gewöhnt haben. Sollte der Domain-Wechsel aber dennoch gewünscht sein, müssen Sie einige Punkte aus SEO-Sicht beachten, um Ihre Website weiterhin in den Suchmaschinen gut zu präsentieren. Im folgenden Abschnitt erklären wir Ihnen die notwendigen Schritte.

Um die beschriebenen Probleme, die mit einem Relaunch einer Website zusammenhängen können, zu verhindern, empfehlen wir Ihnen, die einzelnen Punkte so früh wie möglich zu berücksichtigen. Natürlich ergeben sich aus einem Relaunch auch Chancen für eine nutzer- und suchmaschinenfreundlichere Website, z. B. in einer verbesserten Navigationsstruktur. Wenn also ein Relaunch ansteht, dann nutzen Sie gleich die Gelegenheit für die weitere Suchmaschinenoptimierung der Website.

## 12.6.2 SEO-konformer Domain-Umzug

Obwohl wir davon abraten, den Domain-Namen Ihrer Website zu wechseln, kann es trotzdem notwendig werden, einen Wechsel vorzunehmen, beispielsweise wenn sich der Firmenname ändert. Wenn dies der Fall ist, sollten Sie einige wichtige Punkte beachten, damit Sie weiterhin gut in den Suchmaschinen zu finden sind und keine Besucherverluste hinnehmen müssen. Sollten Sie im Rahmen des Domain-Umzugs auch ein Redesign Ihrer Seite vornehmen, empfehlen wir Ihnen, zuerst den Domain-Umzug durchzuführen und erst danach das Redesign der Website vorzunehmen. Sie vermeiden es so, Ihre Nutzer zu verwirren, und können auch auf Fehler besser reagieren, als wenn Sie beides, Domain-Umzug und Redesign, in einen Schritt angehen. Für den suchmaschinenkonformen Domain-Umzug sollten Sie folgende Schritte beachten:

1. Zuerst sollten Sie auf der neuen Domain alle Inhalte bereitstellen. Am besten in der gleichen URL-Struktur, wie die Website auch unter der alten Domain aufgebaut war. Sorgen Sie zudem dafür, dass alle internen Links auf die neue Domain zeigen.

2. Ihre alte und neue Domain sollten Sie in den Google Webmaster-Tools registrieren und verifizieren. Dieses haben Sie wahrscheinlich schon für Ihre bestehende Seite vorgenommen. Richten Sie dies auch für die neue Domain ein. In Abschnitt 12.2.2, »Die Website bei Suchmaschinen registrieren«, können Sie noch einmal nachlesen, wie Sie die Verifikation vornehmen können.

3. Legen Sie Weiterleitungen von Ihrer alten Domain auf die neue Domain und Unterseiten an. Diese Weiterleitungen nennen sich *301-Redirects* und geben dem Server an, dass die URL permanent umgezogen ist. Jede alte URL sollte einen eigenen Redirect auf die entsprechende neue URL bekommen, damit Sie die Rankings übernehmen können. Ihr technischer Ansprechpartner kann Ihnen diese 301-Weiterleitungen anlegen. Bitte testen Sie die Weiterleitungen mit verschiedenen URLs Ihrer alten Domain.

4. In den Google Webmaster-Tools können Sie dann den Domain-Umzug angeben. Die Funktion finden Sie unter WEBSITE-KONFIGURATION • ADRESSÄNDERUNG. In Abbildung 12.44 sehen Sie das entsprechende Formular.

5. Für große, komplexe Websites empfiehlt sich auch der Einsatz einer XML-Sitemap für die neue Domain. Damit können Suchmaschinen die neuen URLs noch schneller durchsuchen.

6. Schauen Sie nun regelmäßig auf Ihre Rankings in Suchmaschinen, und werfen Sie einen Blick in den Bereich DIAGNOSE der Google Webmaster-Tools. Dort sehen Sie, ob Probleme mit der neuen Domain auftreten.

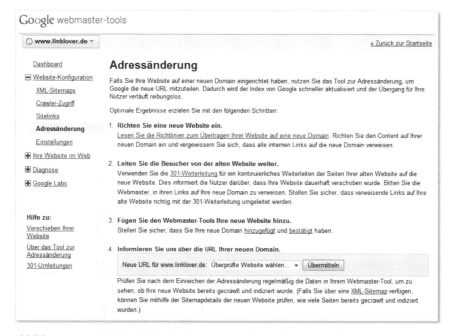

**Abbildung 12.44** Website-Adressänderung in Google Webmaster-Tools

Lassen Sie auch externe Verlinkungen auf Ihre alte Domain ändern. Kontaktieren Sie einfach Ihre Linkgeber, und bitten Sie um die Änderung des Links auf die neue Domain. Einen aus Suchmaschinensicht erfolgreichen Domain-Umzug hat die Website der Zeitschrift »Apotheken Umschau« vorgenommen. Hier wurde von der alten Adresse *gesundheitpro.de* auf *apotheken-umschau.de* gewechselt. In der Auswertung zur Sichtbarkeit der Domain in der Suchmaschine *google.de* mit der SISTRIX Toolbox erkennen Sie den erfolgreichen Domain-Wechsel. Die Website konnte damit die guten Rankings auf die neue Domain übertragen.

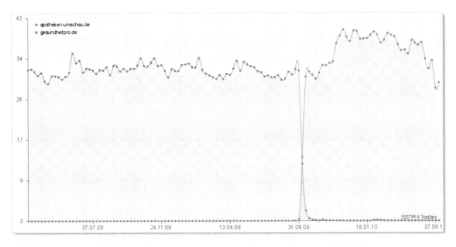

**Abbildung 12.45** Sichtbarkeit nach einem Domain-Umzug (Quelle: SISTRIX Toolbox)

## 12.7 Gebote und Verbote

Zu guter Letzt wollen wir noch auf die Gebote und Verbote in der Suchmaschinenoptimierung eingehen. Durch viel Unwissenheit entsteht auch eine gewisse Unsicherheit. Wenn Sie die Gebote und Verbote beachten, so befinden Sie sich auf der sicheren Seite und können von einem nachhaltigen Besucherstrom aus Suchmaschinen profitieren.

### 12.7.1 Suchmaschinen-Richtlinien

Wenn Sie mit der Suchmaschinenoptimierung beginnen, sollten Sie sich zuerst die Richtlinien für Webmaster durchlesen. Alle großen Suchmaschinenanbieter verfügen über solche Leitfäden. Die Richtlinien für Google finden Sie unter *http://www.google.com/support/webmasters/bin/answer.py?hl=de&answer=35769*.

Es werden sowohl Richtlinien zu Gestaltung und zum Inhalt von Websites als auch zur Technik gegeben. Ebenso wichtig sind die Qualitätsrichtlinien, nach denen sich Webmaster richten müssen. Damit möchte Google die Qualität der eigenen Suchergebnisse sicherstellen und nur Websites auflisten, die den Kriterien entsprechen.

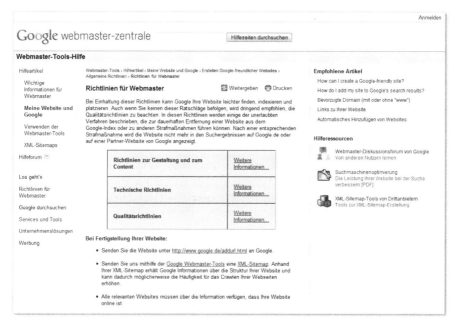

**Abbildung 12.46** Googles Richtlinien für Webmaster

### 12.7.2 Black-Hat vs. White-Hat SEO

Wenn Sie schon etwas tiefer in die SEO-Materie eingestiegen sind und regelmäßig Blogs und Foren zum Thema lesen, ist Ihnen sicher schon einmal der Begriff *Black-Hat SEO* untergekommen. Black-Hat SEO bezeichnet Methoden der Suchmaschinenoptimierung, die gegen die Richtlinien der Suchmaschinen verstoßen. Alle sauberen Methoden werden als *White-Hat SEO* bezeichnet. Da es wie immer auch eine Grauzone gibt, taucht auch der Begriff *Grey-Hat SEO* häufiger auf. Sicher sind Sie jetzt gespannt auf die dunklen Methoden der Suchmaschinenoptimierung. Seien Sie aber noch einmal ausdrücklich vor diesen Methoden gewarnt. Häufig sind diese kurzfristig erfolgreich. Mittelfristig werden Sie damit aber in größere Probleme geraten. Daher werden wir auch nicht tiefer auf dieses Gebiet eingehen, da wir Sie vor schlechten Erfahrungen bewahren wollen.

Die häufigsten Black-Hat-Methoden sind das *Cloaking* und großflächiges automatisiertes Linkbuilding. Cloaking (von »to cloak« – »verhüllen«) bezeichnet das Irreführen des Suchmaschinen-Crawlers, indem diesem andere Inhalte geboten werden als normalen Benutzern, die die Seite ansehen. Dies kann aufgrund des *User-Agents*, den ein Webbrowser als Erkennung übermittelt, relativ einfach programmiert werden. Kommt der Crawler *Googlebot* auf die Website, bekommt dieser andere Inhalte zu sehen, als wenn normale Webbrowser die Webseite aufrufen. Suchmaschinen können diese Manipulationsversuche erkennen, indem sie die Website ohne ihren speziellen User-Agent besuchen. Unterscheidet sich dann das Ergebnis, droht Ihnen der Ausschluss aus den Suchergebnissen.

Automatisierter Linkaufbau ist entstanden, weil externe Verlinkungen immer wichtiger wurden für das Ranking in Google und Co. Wenn Sie als Website-Betreiber keine Zeit und Muße für das manuelle Sammeln von Links haben, behelfen Sie sich natürlich mit automatischen Methoden. So können automatisiert hundertfach Artikel mit Backlinks erstellt werden oder Blog-Kommentare und Foren automatisch befüllt werden. Hierbei können Sie aber schnell in das Visier der Suchmaschinenbetreiber geraten. Daher raten wir Ihnen, die Finger davon zu lassen, wenn Sie nicht mit den Konsequenzen rechnen wollen.

### 12.7.3 Verbote

Als Verbote gelten also alle Maßnahmen, die gegen die Richtlinien der Suchmaschinenbetreiber verstoßen. Einige spezielle Maßnahmen, die massive Auswirkungen haben, haben wir Ihnen als Black-Hat-Methoden beschrieben. Hiervon sollten Sie für Ihre Website Abstand nehmen. Weitere ähnliche Methoden wollen wir Ihnen hier vorstellen. Sie sind ebenfalls nicht zur Nachahmung gedacht und sollten vermieden werden.

#### Keyword-Stuffing

Das Keyword-Stuffing bezeichnet die Überoptimierung der Keyword-Dichte. Hierbei werden wichtige Suchbegriffe so häufig in einem Text und auf der gesamten Webseite genutzt, dass es als Manipulation der Suchergebnisse angesehen wird.

#### Versteckte Links und Texte

Über versteckte Links und Texte können ebenfalls Suchergebnisse manipuliert werden. Sie können z. B. viel mehr Text in den HTML-Code Ihrer Website schreiben, als Sie wirklich anzeigen. Dadurch täuschen Sie Inhalte vor, die Sie dem Nutzer gar nicht anbieten. Gleiches gilt für Links. Sie könnten z. B. Links an dubiose Websites von Ihrer Website verkaufen. Damit Nutzer diese Links nicht sehen müssen, können Sie diese verstecken, indem Sie z. B. die Schriftfarbe der Hintergrundfarbe anpassen. Auch diese Methoden sind für die Suchmaschinenbetreiber aber leicht zu erkennen und nicht zu empfehlen.

**Übermäßiges Link-Building**

Versuchen Sie nicht krampfhaft, mit allen möglichen und unmöglichen Methoden Links zu sammeln. Besonders von automatisiertem Link-Building, wie es im vorigen Abschnitt beschrieben wurde, raten wir ab. Behalten Sie also Ihr gutes Bauchgefühl beim Linkaufbau. Versetzen Sie sich in die Lage eines Suchmaschinenbetreibers, und versuchen Sie die Links aus dessen Sichtweise zu bewerten. Somit werden Sie schnell erkennen, was gute und was schlechte Links sind.

Wir hoffen, Ihnen damit einige gute Hinweise zum Umgang mit Suchmaschinen gegeben zu haben. Begeben Sie sich an die Suchmaschinenoptimierung für Ihre Website. Mit den richtigen Maßnahmen werden Sie lange vom Erfolg profitieren und können sich bald über die ersten guten Rankings und langfristig an einem hohen Besucheraufkommen durch Suchmaschinennutzer freuen.

*»Es ist nicht genug, zu wissen, man muss auch anwenden;*
*es ist nicht genug, zu wollen, man muss auch tun.«*
*– Johann Wolfgang von Goethe*

# 13 Kompakt: Suchmaschinenwissen

In diesem Kapitel möchten wir Ihnen, wie der Name schon sagt, wichtige Aspekte aus dem Bereich Suchmaschinen und Suchmaschinenmarketing kompakt zusammenstellen. Darüber hinaus werden wir Ihnen einige unserer Meinung nach empfehlenswerte Literatur- und Web-Quellen vorstellen. Sollte der Bedarf bestehen, sich tiefer in bestimmte Themen einzuarbeiten, möchten wir Ihnen diese Quellen an Herz legen. Sie sind zum aktuellen Zeitpunkt erhältlich bzw. online – aber der Markt verändert sich schnell, und das gilt auch für die dazugehörige Literatur. Über unsere Website *www.website-guide.de* werden wir Sie aber auch diesbezüglich auf dem Laufenden halten.

## 13.1 Veranstaltungstipps zu Suchmaschinen

In den letzten Jahren haben sich einige Messen, Seminare und Treffen zum Thema Suchmaschinenoptimierung und Online-Marketing etabliert. In einigen Städten finden regelmäßige Stammtische zu den Themenbereichen statt. Außerdem können Sie in Portalen wie XING an Diskussionen zu Spezialthemen teilnehmen. Wichtige Veranstaltungen stellen wir Ihnen hier in aller Kürze vor:

▸ **Search Engine Strategies** (*http://www.searchenginestrategies.com/*): Die SES ist eine internationale mehrtägige Veranstaltung zum Thema Suchmaschinenmarketing in den Städten San Francisco, Hong Kong, Chicago, Berlin, London, San Diego, Amsterdam, New York und Toronto. Jährlich finden sich in diesen Städten die Experten zu Workshops und Konferenzen zusammen.

▸ **SEMSEO** (*http://semseo.abakus-internet-marketing.de/*): Eine vergleichsweise kleine Veranstaltung, die sich im SEO-Umfeld etabliert hat, findet jährlich in Hannover statt. Die von der Online-Agentur ABAKUS ins Leben gerufene Veranstaltung bietet zum Abschluss des Konferenzprogramms die SEO-Klinik, bei der Suchmaschinenoptimierer Websites öffentlich unter die Lupe nehmen.

▸ **SMX** (*http://smxmuenchen.de/*): Die Search Marketing Expo in München ist eine von mehreren weltweiten SMX-Events. Dort werden die Themen Suchmaschinenwerbung und Suchmaschinenoptimierung diskutiert. Es gibt Fachvorträge, und man kann mit den Experten bei der abschließenden Branchenparty networken.

▸ **AdWords Days** (*http://www.vnr-akademie.de/adwordsdays/*): Die neue Veranstaltung richtet sich insbesondere an Interessenten zum Bereich Google AdWords. In der Site-Klinik können Sie Landing Pages von Experten auf ihre Wirksamkeit überprüfen lassen.

▸ **SEO Campixx** (*http://www.seo-campixx.de/*): Mit knapp 400 Teilnehmern verfolgt die Veranstaltung ein alternatives Konzept im Vergleich zu großen Messen und Konferenzen. In diversen Workshops werden in kleiner Runde SEO-relevante Themen besprochen.

Denkt man ein paar Jahre zurück, so gab es Berufe wie den *SEO-Manager* oder Bereiche wie das *Campaign-Management Google AdWords* noch nicht. In Deutschland gibt es zurzeit keinen klassischen Studiengang, der sich ausschließlich mit Suchmaschinenmarketing auseinandersetzt. Sie sind also darauf angewiesen, sich selbst aus- und weiterzubilden. Den ersten Schritt haben Sie bereits mit der Lektüre dieses Buches getan. Der Suchmaschinenriese Google bietet beispielsweise Lernmaterial und Zertifizierungen. Diese unterteilen sich in Grundlagen sowie Suchmaschinenmarketing, Display-Werbung, Berichtserstellung und Analyse für Fortgeschrittene.

Empfehlenswert ist darüber hinaus der Blick auf die englischsprachige Literatur, wie Blogs und Tutorials, die zum Teil qualitativ hochwertig sind. Einige davon stellen wir Ihnen im Folgenden in aller Kürze vor. Bei der rasanten Entwicklung im Internet-Marketing ist das A und O jedoch, konsequent am Ball zu bleiben. Unser Tipp: Abonnieren Sie sich Newsletter und RSS-Feeds von diesen Seiten. Mit Feedreadern wie zum Beispiel *Netvibes.com* oder dem Google Feedreader behalten Sie so den Überblick.

## 13.2 Wissen to go

In guter »To-go«-Manier haben wir Ihnen im Folgenden die Themen zusammengestellt, die Sie für die Bereiche Suchmaschinen, Suchmaschinenoptimierung und Suchmaschinenwerbung im Kopf behalten sollten. Dieses To-go-Wissen steht Ihnen als Download auch auf unserer Website *www.website-guide.de* zur Verfügung.

### 13.2.1 Suchmaschinen to go

► Suchmaschinen werden von der Mehrheit der Internetnutzer als Einstiegspunkt zum Surfen im Internet genutzt. Google hat dabei in Deutschland einen Marktanteil von über 90 %, gefolgt von Bing und Yahoo.

► Suchmaschinen durchsuchen mit ihren Crawlern das Internet und indexieren Webseiten für ihren Gesamtkatalog an Seiten. Die meisten Suchmaschinen funktionieren als Volltextsuchmaschinen und analysieren somit den gesamten Inhalt einer Website.

► Suchmaschinen unterliegen ständiger Weiterentwicklung. So wurden in den letzten Monaten die Suchergebnisseiten immer weiter ausgebaut und mit Zusatzinformationen und -funktionen ausgestattet. Außer den Suchergebnissen finden Sie auch Anzeigen, aktuelle Nachrichten, Bilder, Produkte und lokale Ergebnisse auf den Ergebnisseiten der Suchmaschinen.

► Durch die starke Nutzung von Suchmaschinen und somit ihrer hohen Reichweite, allen voran bei Google, sind sie ein wichtiger Online-Marketing-Kanal, um Internetnutzer für das eigene Angebot zu erreichen.

► Die höchste Aufmerksamkeit erreichen Sie im oberen Drittel der ersten Seite der Suchergebnisse.

► Alle großen Suchmaschinen bieten dem Webmaster an, seine Website anzumelden und Informationen zum Status der Website über eigene Tools abzufragen.

### 13.2.2 Suchmaschinenwerbung (SEM) to go

► Die großen Suchmaschinen bieten zusätzlich zu den sogenannten organischen Suchergebnissen auch die Möglichkeit, Werbeanzeigen zu schalten. Diese erscheinen am rechten Seitenrand und zum Teil auch auf den Top-Positionen über den ersten Suchergebnissen. Die Anzeigenbereiche sind leicht farblich hinterlegt und mit »Anzeige« beschriftet. Das Werbeprogramm des Marktführers Google heißt Google AdWords. (Die folgenden Hinweise beziehen sich daher auf Google AdWords).

► Auch wenn die Bezeichnung SEM (Search Engine Marketing), die auch die Suchmaschinenoptimierung (SEO) umfasst, weit verbreitet ist, wird die Suchmaschinenwerbung, also die Anzeigenschaltung bei den Suchergebnissen, korrekterweise als SEA (Search Engine Advertising) bezeichnet.

► Im Vergleich zu anderen Marketing-Möglichkeiten im Internet bieten Anzeigen mithilfe von Keywords geringe Streuverluste und erreichen den Nutzer genau in dem Moment, in dem er etwas sucht.

▶ Grundlegend beim Keyword-Advertising ist die Recherche nach relevanten und zum Angebot passenden Suchbegriffen. Eine gute Recherchequelle ist dabei das Google Keyword-Tool. Darüber hinaus existieren noch zahlreiche weitere Hilfsmittel und Tools, die herangezogen werden können.

▶ Werbetreibende legen für ihre Anzeigen bestimmte Keywords fest und erstellen dazu passende Anzeigen, um ihre Werbebotschaft zu übermitteln. Diese Anzeigen bestehen aus vier Zeilen: dem Anzeigentitel, dem Anzeigentext in Zeile zwei und drei und schließlich der Anzeigen-URL. Zusätzlich wird eine Ziel-URL festgelegt, die den Nutzer, der eine Anzeige anklickt, auf die Website des Werbetreibenden leitet.

▶ Von großer Bedeutung ist die Relevanz zwischen Suchanfrage, Anzeige und Landing Page. Google bewertet die Anzeigen mit dem sogenannten Qualitätsfaktor (*Quality Score*), der auch ausschlaggebend für die Positionierung der Anzeige ist und in die Kostenberechnung einfließt.

▶ Suchmaschinenwerbung ist auch unter dem Begriff CPC-Marketing bekannt, da der Werbende erst dann bezahlt, wenn eine Anzeige angeklickt wird (Cost-Per-Click). Sie haben die Möglichkeit, ein Tagesbudget festzulegen, das von dem Werbesystem nicht überschritten wird und Ihnen damit Kostenkontrolle gewährleistet. Da die Qualität einer Anzeige besonders wichtig ist, wird die Anzeigenposition nicht allein über den Klickpreis bestimmt. Das bedeutet: Anzeigenpositionen lassen sich durch Geld allein nicht kaufen.

▶ Im Werbesystem werden Ihnen Kennzahlen, zum Beispiel die Conversionrate, zur genauen Leistungskontrolle ausgewiesen. So ist es möglich und auch unbedingt empfehlenswert, die Kampagnen regelmäßig zu überprüfen und Feinjustierungen vorzunehmen.

▶ Neben den Textanzeigen können Sie weitere Werbeformate, wie Image-Anzeigen, Videoanzeigen oder mobile Anzeigen auf anderen Websites im sogenannten Display-Netzwerk (früher unter dem Namen Content-Netzwerk bekannt) aussteuern.

▶ Einige Unternehmen beschäftigen spezielle Online-Marketing-Agenturen für die Organisation von Suchmaschinenwerbung. Grundsätzlich kann sich aber jeder Website-Betreiber ein Werbekonto erstellen und Anzeigen schalten.

### 13.2.3 Suchmaschinenoptimierung (SEO) to go

▶ Suchmaschinenoptimierung (SEO) teilt sich in die Bereiche On-Page-Optimierung und Off-Page-Optimierung. Der Begriff On-Page beschreibt alle Optimierungsmaßnahmen direkt auf Ihrer Website. Off-Page-Optimierung dagegen bezeichnet alle Maßnahmen, die außerhalb Ihrer eigenen Website stattfinden.

▶ Grundlegend für die Arbeit in der Suchmaschinenoptimierung ist die Keyword-Recherche. Hierbei werden passende Suchbegriffe recherchiert und analysiert, damit Sie im Folgeschritt auf die richtigen Keywords optimieren können.

▶ Die Bewertung von Keywords erfolgt anhand des monatlichen Suchvolumens, der Conversionrate und der Wettbewerbsintensität des Suchbegriffs. Wichtige Hilfsmittel sind das Google Keyword-Tool und eigene Web-Analytics-Systeme.

▶ Wichtig ist eine grundlegende Optimierung Ihrer gesamten Website. Dies bezieht sich vor allem auf die Informationsarchitektur und Navigationsstruktur der Website. Dazu gehört auch eine passende URL-Struktur der Seite. Arbeiten Sie hier von Anfang an ein gutes und klares Konzept aus.

▶ Wenn die Struktur der gesamten Seite steht, können Sie beginnen, einzelne Seiten zu optimieren. Wählen Sie den passenden Suchbegriff und bis zu zwei weitere ähnliche Begriffe, und bringen Sie diese im Text und in Überschriften unter. Achten Sie auch auf das `<title>`-Tag und das Meta-Tag `"description"`. Diese sollten ebenfalls sinnvoll mit den Suchbegriffen gefüllt werden.

▶ In der Off-Page-Optimierung machen Sie Ihre Website im Internet bekannt. Links von anderen Webseiten können als Empfehlung für Ihre Website dienen.

▶ Überlegen Sie sich, wie Sie Verlinkungen zu Ihrer Website bekommen können. Denken Sie z. B. an Lieferanten, Kunden, Kooperationspartner oder Presseartikel. Zudem können Sie mit interessanten Inhalten Aufmerksamkeit und Links auf sich ziehen.

▶ Vermeiden Sie SEO-Methoden, die als Spam angesehen werden oder gegen die Richtlinien der Suchmaschinen verstoßen.

## 13.3 Literatur

Sie haben noch Platz im Buchregal? Dann empfehlen wir Ihnen folgende Literatur zum Thema Suchmaschinen im Allgemeinen sowie Suchmaschinenoptimierung und -werbung im Besonderen.

▶ **Beck, Alexander: Google AdWords. 2. Aufl., Heidelberg 2009**
Wie Sie eine komplette Google AdWords-Werbekampagne aufsetzen – von der Kontoerstellung bis zu den kleinen Stellschrauben der Optimierung –, das können Sie in den praxisnahen Anweisungen von Alexander Beck nachlesen. Da die Funktionsweisen des Werbeprogramms sehr anschaulich beschrieben werden, ist das Buch insbesondere für Neueinsteiger empfehlenswert.

- **Jacobson, Howie: AdWords für Dummies. Machen Sie mit den besten Suchbegriffen Ihre Website für mehr Kunden attraktiv, Weinheim 2008**
  Auch in der »Dummies«-Reihe ist ein Buch zum Thema Google AdWords erhältlich. In gewohnt lockerem Schreibstil führt der Autor recht amüsant durch die diversen Kampagnen-Einstellungen. Da es bereits 2008 in der ersten Auflage erschienen ist, sind einige Neuerungen von Google in diesem Buch jedoch nicht enthalten.

- **Google Inc.: Improving Online Conversions for Dummies, Chichester 2010**
  Unter *http://www.google.com/intl/en/landing/conversion/dummies.html* bietet Google ein englisches eBook für »Dummies« zum Thema Conversion-Optimierung an.

- **Goodman, Andrew: Google AdWords. Erreichen Sie Millionen gezielter neuer Kundenkontakte, München 2010**
  Das Anfang 2010 in zweiter Auflage erschienene Handbuch gibt hilfreiche Tipps für Ihre AdWords-Kampagnen. Auf über 400 Seiten beschreibt der Autor und Geschäftsführer einer Marketing-Agentur, was Sie tun müssen, um mehr aus Ihrer Werbekampagne herauszuholen.

- **Fischer, Mario: Website Boosting 2.0. Suchmaschinenoptimierung, Usability, Online-Marketing, 2. Aufl., Heidelberg 2009**
  Das Buch »Website Boosting« von Prof. Mario Fischer behandelt alle Themen des Online-Marketings und der Usability für Websites in kurzweiliger Leseform. Inzwischen können Sie »Website Boosting« auch als zweimonatiges Magazin abonnieren, um der schnellen Entwicklung im Internet gerecht zu werden.

- **Promny, Thomas: Grundlagen der Suchmaschinenoptimierung.**
  **It's not a trick – It's knowledge, Hamburg 2009**
  Die »Grundlagen der Suchmaschinenoptimierung« vom SEO-Spezialisten Thomas Promny sind als eBook und auch in Papierform zu erhalten. Wir empfehlen diese Lektüre allen, die im SEO-Bereich aktiv werden möchten. Als kurze Einstiegsliteratur umreißt es alle wichtigen Themen der On-Page- und Off-Page-Optimierung.

- **Reischl, Gerald: Die Google-Falle. Die unkontrollierte Weltmacht im Internet, Wien 2008**
  Wer sich speziell mit dem Suchmaschinengigant Google auseinandersetzen möchte, dem sei dieses Buch (und auch der nächste Literaturtipp) empfohlen. Gerald Reischl warnt vor der Macht des Unternehmens, insbesondere was die Datenbestände anbelangt.

- **Jarvis, Jeff: Was würde Google tun? Wie man von den Erfolgsstrategien des Internet-Giganten profitiert, München 2009**
  Dieses Buch ist eher ein Gegenpol zu der Sichtweise Gerald Reischls Google-Falle. Jeff Jarvis beschreibt, wie man von den Erfolgsstrategien Googles profitieren kann (so auch der Untertitel). Empfehlenswert ist es daher, beide Bücher zu lesen, um sich selbst eine Meinung zu bilden.

- **Erlhofer, Sebastian: Suchmaschinen-Optimierung. Das umfassende Handbuch, 5. Aufl., Bonn 2011**
  Dieses Buch ist inzwischen in der fünften Auflage erschienen und behandelt vor allem die technischen Aspekte der Suchmaschinenoptimierung. So werden Webentwicklern sowohl Anleitungen für die optimale Seitengestaltung gegeben als auch für die Ranking-Optimierung von Websites.

- **Google Inc.: Search Engine Optimization Starter Guide, Mountain View 2010**
  Auch Google selbst liefert Literatur zur Suchmaschinenoptimierung. In dem eBook (*http://www.google.com/webmasters/docs/search-engine-optimization-starter-guide.pdf*) werden die wichtigsten SEO-Ratschläge aus Google-Sicht beschrieben. Nicht zuletzt verschafft sich Google mit den Hinweisen zur Suchmaschinenoptimierung auch besser durchsuchbare Websites und lenkt damit die Programmierung von Webseiten in die gewünschte Richtung.

- **Anderson, Chris: The Long Tail. Nischenprodukte statt Massenmarkt, München 2009**
  Das Buch »The Long Tail« ist die Basis der Long-Tail-Theorie im Suchmaschinenmarketing. Es beschreibt die Nachfragesituation eines Marktes und wie diese im Internet effektiv genutzt werden kann. Die Grundaussage: Durch das breite Angebot von vielen, gering nachgefragten Produkten können mehr Umsätze erzeugt werden als mit wenigen, aber dafür sehr stark nachgefragten Produkten (Topsellern).

- **Enge, Eric; Spencer, Stephan; Fishkin, Rand; Stricchiola, Jessie C.: The Art of SEO. Mastering Search Engine Optimization, Sebastopol 2010**
  Eine Buchempfehlung aus dem amerikanischen Raum ist «The Art of SEO». Die vier praxiserfahrenen Autoren beschäftigen sich in dem Buch eingehend mit der Suchmaschinenoptimierung – sowohl mit strategischen als auch operativen Fragestellungen. Auch die Frage, wie man das Thema SEO in einem Unternehmen aufbaut, wird von vielen Seiten beleuchtet.

## 13.4    Surf-Tipps: Online-Magazine, Blogs und Podcasts

Durch die rasante Entwicklung sind Internet-Blogs für das Thema Suchmaschinenmarketing die Hauptinformationsquelle. Wir haben Ihnen hier eine Liste an ausgewählten Blogs und Online-Magazinen zusammengestellt, die wir persönlich schätzen und regelmäßig lesen. Sie können sich z. B. einen Feedreader einrichten, um alle neuen Blogbeiträge auf einen Blick zu sehen. Auch Microsoft Outlook und andere Mailprogramme kennen diese Funktion.

### 13.4.1    Blogs und Online-Magazine

▶ **Suchradar** (*http://www.suchradar.de/*): Das Suchradar-Magazin erscheint alle zwei Monate und wird zum kostenlosen Download angeboten. Behandelt werden insbesondere Themen aus dem Bereich SEO und SEM, aber auch andere angrenzende Bereiche, wie beispielsweise Social Media, kommen nicht zu kurz. Wer keine aktuelle Ausgabe verpassen möchte, abonniert den Newsletter.

▶ **Die Internetkapitäne** (*http://www.internetkapitaene.de/*): Das SEM/SEO-Blog der Online-Agentur Bloofusion bietet immer wieder tiefe Einblicke in die Erkenntnisse aus der täglichen Arbeit im Suchmaschinenmarketing und gibt Tipps für die eigene Website.

▶ **SISTRIX Blog** (*http://www.sistrix.de/news/*): Die SISTRIX GmbH vom SEO-Experten Johannes Beus liefert im eigenen Blog regelmäßig analytische Ergebnisse aus der Welt der Suchmaschinenoptimierung. Dazu gehört z. B. ein »IndexWatch«, der die Auf- und Absteiger in der organischen Suche von Google analysiert. Zudem gibt es häufig Tests und Analysen zum Thema SEO.

▶ **SEOmoz Blog** (*http://www.seomoz.org/blog*): Wer richtig tief in die SEO-Szene einsteigen will, der sollte sich das amerikanische SEOmoz Blog zu Gemüte führen. Täglich gibt es hier neue Beiträge zum Thema SEO, z. B. auch den »Whiteboard Friday« mit dem Experten Rand Fishkin.

▶ **Google    Webmaster-Zentrale**    (*http://googlewebmastercentral-de.blogspot.com/*): Das Webmaster-Blog von Google ist erste Anlaufstelle für alle Websitebetreiber, die in der Suchmaschine gefunden werden möchten. Regelmäßig gibt es hier neue Ankündigungen zu Erweiterungen für das Crawling und die Indexierung von Webseiten.

▶ **Google Inside AdWords** (*http://adwords-de.blogspot.com/*): Hier verkündet der Suchmaschinenriese selbst regelmäßig seine Neuigkeiten, die sich auf das Werbeprogramm AdWords beziehen. Diese Meldungen können Sie sich auf Wunsch auch per E-Mail zuschicken lassen. Unter *@InsideAdWordsDE* können Sie per Twitter mit aktuellen Nachrichten auf dem Laufenden bleiben.

- **Google Watchblog** (*http://www.googlewatchblog.de/*): Mit dem unabhängig betriebenen Google Watchblog bleiben Sie »up to date«, was die Entwicklungen des Suchmaschinengiganten anbelangt. Alle Neuerungen und Presseberichte werden hier aufgegriffen und diskutiert.

- **Search Engine Land** (*http://searchengineland.com/*): Wenn Sie beim Thema Suchmaschinen und Suchmaschinenmarketing immer auf dem neusten Stand sein möchten, finden Sie bei Search Engine Land die richtige Quelle. Die englischsprachige internationale Website liefert tägliche mehrere Nachrichten, Konferenzberichte und Experteninterviews.

- **Search Engine Journal** (*http://www.searchenginejournal.com/*): Ein weiteres englischsprachiges Magazin, das sich dem Suchmaschinenmarketing widmet. Hier werden weniger aktuelle Nachrichten besprochen, sondern eher Suchmaschinenwissen und operative Vorgehensweisen zur Optimierung vermittelt.

### 13.4.2  Webinare, Video-Tutorials und Podcasts

Inzwischen haben sich zum Thema Suchmaschinenmarketing auch multimediale und interaktive Inhalte entwickelt. So gibt es zu einzelnen Themenblöcken spezielle Online-Seminare, sogenannte *Webinare*, und Video-Tutorials. Podcasts bieten zudem regelmäßig Audioinhalte zu diversen Themenbereichen an.

- **Google AdWords Webinare** (*http://adwords.google.com/support/aw/bin/ static.py?hl=de&page=webinars.cs*): Die Online-Seminare werden kostenlos angeboten und von AdWords-Experten durchgeführt. Innerhalb von 30 bis 60 Minuten werden dabei unterschiedliche Spezialthemen im Bereich Google AdWords sowohl für Anfänger als auch für Fortgeschrittene angeboten. Sie haben dabei die Möglichkeit, direkt Ihre Fragen einzubringen. Darüber hinaus können Sie auf der Webseite verschiedene Themen kompakt zusammengestellt abrufen. Insbesondere für Neulinge auf dem Gebiet SEA ist dies ein hilfreiches Lernangebot.

- **Google AdWords Hilfeforum** (*http://www.google.com/support/forum/p/ adwords?hl=de&utm_source=HC&utm_medium=leftnav&utm_campaign= adwords*): In diesem Forum zum Werbeprogramm von Google können Sie an diversen Diskussionen teilnehmen, Fragen stellen oder Antworten posten.

- **Google AdWords Learning Center** (*http://adwords.google.com/support/aw/ bin/static.py?hl=de&page=examstudy.cs*): Das Learning Center bietet eine gute Möglichkeit, sich optimal auf das Zertifizierungsprogramm von Google vorzubereiten. Sie können kostenfrei auf alle Lernmaterialien zugreifen und Ihr Wissen erweitern und überprüfen.

- **Googles YouTube Channel** (*http://www.youtube.com/user/Google*): Viele hilfreiche, erklärende Videos rund um das gesamte Google-Angebot finden Sie in dem speziellen YouTube-Channel der Suchmaschine. Egal ob es sich nun um das neu erschienene Google TV handelt, um Vorträge bei Google oder Einblicke in die Arbeit bei Google – hier gibt es viel zu sehen.

- **Radio4SEO** (*http://www.radio4seo.de/*): Der deutsche Podcast Radio4SEO ist eine gute Informationsquelle, um auf dem Laufenden zu bleiben. Die Sendungen drehen sich nicht ausschließlich um SEO, sondern auch um angrenzende Themen wie SEM und Social Media. Hören Sie mal rein.

- **WebmasterRadio** (*http://www.webmasterradio.fm/*): Möchten Sie ständig auf dem neusten Stand sein? Dann sollten Sie regelmäßig das amerikanische WebmasterRadio hören. Hier werden durch Experten kontinuierlich aktuelle Themen für Website-Betreiber besprochen.

## 13.5 Tools

Bitte beachten Sie, dass insbesondere Google seine Tools regelmäßig überarbeitet und erweitert. Wir werden Sie über Neuerungen auf unserer Website *www.website-guide.de* auf dem Laufenden halten.

- **Google Keyword-Tool** (*https://adwords.google.com/select/KeywordToolExternal*): Dieses Tool ist eines der hilfreichsten Werkzeuge für Ihre Arbeit im Bereich Suchmaschinenmarketing. Das Keyword-Tool steht Ihnen auch direkt in Ihrem AdWords-Konto unter WERBECHANCEN • TOOLS zur Verfügung. Wenn Sie ein Wort, eine Wortgruppe oder eine URL in das Eingabefeld tippen und dann das Tool starten, werden Ihnen umfangreiche Informationen zu den entsprechenden Begriffen angezeigt, darunter monatliche Suchanfragen, Suchtrends und Schätzungen zum durchschnittlichen CPC. Unter ERWEITERTE OPTIONEN können Sie neben Standorten und Sprachen beispielsweise auch die mobile Suche auswählen. Achten Sie darauf, welche Keyword-Option am linken Seitenrand ausgewählt ist. Unter diesen Ergebnissen werden Ihnen weitere, sogenannte Keyword-Sets angezeigt, die beispielsweise Synonyme des Suchbegriffs sind.

- **Google Traffic Estimator** (*https://adwords.google.de/select/TrafficEstimatorSandbox*): Mit dem Google Traffic Estimator stellt Google Ihnen ein nützliches Werkzeug zur Verfügung, um eine Schätzung zu einzelnen Suchbegriffen (Keywords) zu erhalten. Wenn Sie also beispielsweise einen Begriff oder eine Wortgruppe eingeben, erhalten Sie eine Schätzung zu den voraussichtlichen Suchanfragen, zum durchschnittlichen CPC, zu täglichen Klicks, der geschätzten Anzeigenposition, dem Wettbewerb, den lokalen Suchtrends und nicht zu vergessen, den geschätzten täglichen Kosten. Alle Informationen können Sie herunterladen. Sie können das Tool auch direkt aus Ihrem Google AdWords-Konto heraus aufrufen.

▶ **Google Trends** (*http://www.google.de/trends*): Mit diesem Tool lassen sich, wie der Name schon sagt, bestimmte Trends bei einzelnen Suchanfragen ausfindig machen. Der Suchbegriff *Winterreifen* wird beispielsweise besonders oft im Oktober eingegeben, während die Suche in den anderen Monaten des Jahres 2009 vergleichsweise eher gering ausfiel. Sie können die Anfrage nach Ländern, Regionen und Jahren filtern und sowohl Suchbegriffe als auch Websites abrufen. Auch hier bietet die Google-Hilfe weitere Informationen zum Tool.

▶ **AdWords Editor** (*http://www.google.com/intl/de/adwordseditor/*): Der AdWords Editor ist ein kostenloses Tool, das Ihnen sowohl für Mac als auch für Windows zum Download zur Verfügung steht. Mit dieser Anwendung ist es möglich, AdWords-Kampagnen offline zu bearbeiten und Änderungen anschließend in das Konto hochzuladen. Ein hilfreiches Tool, gerade bei umfassenden Änderungen.

▶ **SISTRIX Toolbox** (*http://www.sistrix.de/*): In deutschen SEO-Kreisen ist die SISTRIX Toolbox wohl das beliebteste Tool. Die vom SEO-Experten Johannes Beus entwickelte Toolbox liefert verschiedene Funktionalitäten für die Suchmaschinenoptimierung einer Website, z. B. wird über einen Sichtbarkeitsindex visualisiert, wie gut eine Domain bei google.de gefunden wird. Zudem können Rankings und Backlinks analysiert werden.

▶ **Searchmetrics Suite** (*http://www.searchmetrics.com/*): Für die Suchmaschinenoptimierung großer Websites empfiehlt sich der Einsatz der Searchmetrics Suite. Das komplexe System überwacht ein großes Set an Keywords und Domains für verschiedene Länder. Eine Einstiegsversion steht mit Searchmetrics Rapid zur Verfügung. Zu Searchmetrics gehören auch die kostenlosen Tools unter *www.linkvendor.com*, mit denen Sie beispielsweise Ihre Website mit anderen Websites nach SEO-Gesichtspunkten vergleichen können.

▶ **SearchStatus Plugin für Firefox** (*http://www.quirk.biz/searchstatus*): Mit dem Plugin SearchStatus für den Firefox-Browser können Sie einige nützliche SEO-Funktionen und Informationen, wie die Keyword-Dichte, die Anzahl an Links auf einer Seite und Nofollow-Links, abrufen.

▶ **SEOQuake** (*http://www.seoquake.com*): Das Firefox-Plugin SEOQuake liefert wichtige Kennzahlen für die Suchmaschinenoptimierung. Sie können die Ergebnisse in den Suchmaschinen darüber mit Zusatzinformationen erweitern. Das Tool zeigt Ihnen unter anderem den Google PageRank, indexierte Seiten und das Domainalter an.

▸ **OpenSiteExplorer** (*http://www.opensiteexplorer.org/*): Der von der amerikanischen Firma SEOmoz angebotene OpenSiteExplorer bietet Ihnen einen genauen Einblick in die Backlink-Struktur von Websites. Basiskennzahlen stehen Ihnen hier kostenlos zur Verfügung. Mit einem bezahlten Account bekommen Sie noch detailliertere Informationen zu einzelnen Links.

▸ **Web Developer Toolbar** (*http://chrispederick.com/work/web-developer/*): Mit der Ergänzung der Web Developer Toolbar für den Firefox können Sie Ihre eigene und fremde Websites hinsichtlich technischer Aspekte, wie beispielsweise CSS-Formatierungen oder HTML-Markups, untersuchen.

▸ **Google Webmaster-Tools** (*http://www.google.de/webmasters/*): Die Webmaster-Tools von Google sind die erste Anlaufstelle für Website-Betreiber, die ihre Seite optimieren wollen. Hier zeigt Google für Ihre Website wichtige Kennzahlen an, weist auf Fehler hin und zeigt, mit welchen Suchanfragen Sie gefunden werden.

▸ **Free Monitor for Google** (*http://www.cleverstat.com/en/google-monitor-query.htm*): Dieses kostenfreie Tool ermöglicht Ihnen das Analysieren von Suchmaschinenpositionen für einzelne Keywords. Sie können hiermit Ihre wichtigsten Suchbegriffe überwachen.

## 13.6 Checkliste

Manchmal sieht man den Wald vor lauter Bäumen nicht, oder es stellt sich eine sogenannte Betriebsblindheit ein. Mit unseren Checklisten können Sie wichtige Punkte Ihrer Arbeit überprüfen. Sie stehen Ihnen zudem zum Download auf unserer Website *www.website-guide.de* zur Verfügung.

### 13.6.1 Checkliste Suchmaschinenoptimierung (SEO)

| |
|---|
| Ist Ihre Website bereits in Google auffindbar? (`site:`-Abfrage) |
| Haben Sie Ihre Website in den Google Webmaster-Tools angemeldet? |
| Haben Sie eine suchmaschinenfreundliche Informationsarchitektur und URL-Struktur? |
| Vermeiden Sie Session-IDs in URLs? |
| Sind wichtige Unterseiten und die Startseite gut innerhalb Ihrer Website verlinkt? |
| Sind Meta-Informationen wie das `<title>`-Tag und das Meta-Tag `"description"` optimal hinsichtlich Eindeutigkeit, Länge und Keywords gewählt? |

**Tabelle 13.1** SEO-Checkliste

Nutzen Sie Text-Links für die Navigation?

Nutzen Sie die passenden Suchbegriffe auf Ihrer Website häufig genug (Keyword-Dichte) und in wichtigen HTML-Tags wie z. B. Überschriften?

Sind Bilder auf Ihrer Website mit passenden `alt`-Attributen versehen?

Bieten Sie qualitative Inhalte und Service-Angebote auf Ihrer Website?

Sind alle Links auf Ihrer Website funktionstüchtig? Vermeiden Sie »tote« Links.

Haben Sie eine Strategie erarbeitet, wie Sie mehr Aufmerksamkeit und Links im Internet zu Ihrer Website bekommen?

**Tabelle 13.1**  SEO-Checkliste (Forts.)

## 13.6.2  Checkliste SEO-konformer Relaunch

Bleibt die URL-Struktur erhalten, d. h., sind die gleichen Inhalte unter derselben URL wieder auffindbar? Falls das nicht möglich ist: Wurden entsprechende Weiterleitungen eingerichtet?

Sind alle Inhalte für Suchmaschinen-Crawler noch auffindbar und indexierbar? Checken Sie die *robots.txt* und das Meta-Tag `"robots"` auf den wichtigsten Einstiegsseiten.

Haben Sie das Auftreten von doppelten Inhalten auf verschiedenen URLs vermieden?

Überprüfen Sie alle Links auf Ihrer Website auf Funktionstüchtigkeit.

Nutzen Sie XML-Sitemaps? Dann prüfen und aktualisieren Sie diese für die neue Website.

Ist Ihre 404-Fehlerseite nutzerfreundlich gestaltet? Im Zuge eines Relaunchs können Fehler auftreten. Die Fehlerseite sollte aber nützliche Hinweise zur weiteren Navigation bieten.

Sind alle Tracking-Pixel weiterhin auf der Website, damit das Web-Analytics-System auch künftig funktioniert?

**Tabelle 13.2**  Checkliste für einen SEO-konformen Relaunch

## 13.6.3  Checkliste Suchmaschinenwerbung (SEM)

Haben Sie eine detaillierte Keyword-Recherche durchgeführt und Schlüsselwörter identifiziert, die zu Ihrem Angebot passen? Berücksichtigen Sie Keyword-Optionen wie Broad, Phrase und Exact Match?

Ergänzen Sie regelmäßig Ihre Keyword-Liste um neue, relevante Begriffe?

**Tabelle 13.3**  SEM-Checkliste

Sind ausschließende Keywords (*Negatives*) festgelegt worden?

Ist Ihr AdWords-Konto sinnvoll strukturiert und in verschiedene Anzeigengruppen unterteilt?

Haben Sie Ihre Länder-, Sprach- und Budgeteinstellungen überprüft? Passt die Reichweite zu Ihrem Unternehmen? Ist das eingestellte Budget ausreichend?

Überprüfen Sie die Einstellungen zur Anzeigenauslieferung.

Haben Sie für jede Anzeigengruppe mindestens zwei Anzeigen formuliert, die eine attraktive Werbebotschaft transportieren?

Haben Sie an sinnvollen Stellen innerhalb Ihrer Anzeigen mit der *Dynamic Keyword Insertion* gearbeitet?

Haben Sie passende Landing Pages ausgewählt, die ebenfalls das entsprechende Keyword bzw. Angebot enthalten?

Haben Sie auch das Display-Netzwerk für Ihre Kampagne in Betracht gezogen und Keywords für das Display-Netzwerk in einer eigenen Kampagne angelegt?

Haben Sie Websites identifiziert, die im Display-Netzwerk gute und weniger gute Ergebnisse erzielen, und entsprechende Anpassungen vorgenommen?

Haben Sie zur Erfolgskontrolle Ihrer Anzeigen Conversion-Ziele definiert und einen Conversion-Code in die entsprechenden Websites integriert?

Überprüfen Sie in regelmäßigen Abständen die Ergebnisse Ihrer Anzeigen, und nehmen Sie entsprechende Optimierungsmaßnahmen vor?

Nehmen Sie Maßnahmen vor, um den Qualitätsfaktor zu erhöhen?

**Tabelle 13.3**  SEM-Checkliste (Forts.)

*»Es ist wichtig, Menschen in ihrer eigenen Sprache anzusprechen.«*
*– Lee Iacocca*

# 14    Zielgruppen und Targeting

In den vorangegangenen Kapiteln haben wir Ihnen verschiedene Wege gezeigt, wie Sie durch Online-Marketing und die Auffindbarkeit in Suchmaschinen Besucher auf Ihre Website lenken. Sicher wird es Sie interessieren, welche Benutzer Ihre Website aufsuchen, um die verschiedenen Bedürfnisse der Besucher zu befriedigen. Wir möchten Ihnen in diesem Kapitel beschreiben, wie Sie Ihre Website-Nutzer analysieren und in Zielgruppen aufteilen. Dabei werden wir auch näher darauf eingehen, wie Sie das Online-Marketing über Targeting-Methoden optimieren können, um zielgerichtet potenzielle Kunden anzusprechen.

## 14.1    Welche Besucher sind auf der Website?

Durch vielfältige Methoden haben Sie die Möglichkeit, mehr über Ihre Besucher zu erfahren. In erster Linie werden dafür Web-Analytics-Systeme genutzt, die die Aufrufe der Website analysieren. Dadurch werden wertvolle Informationen erhoben, um Ihre Nutzerschaft besser einschätzen zu können. Ein weiteres Mittel, um mehr über Ihre Besucher herauszufinden, sind Befragungen, die Sie z. B. online durchführen können.

Da Nutzer unterschiedliche Bedürfnisse haben, ist es wichtig, diese in Gruppen zu segmentieren, um besser auf die einzelnen Anforderungen eingehen zu können. Als Kriterien für eine Segmentierung werden verschiedene Eigenschaften der Benutzer herangezogen. Hierzu zählen folgende Bereiche:

- ▸ geografische Herkunft und Sprache der Nutzer
- ▸ technische Ausstattung (z. B. mobile Benutzer)
- ▸ Nutzerverhalten (z. B. neue vs. wiederkehrende Besucher und Intensität der Website-Nutzung)
- ▸ soziodemografische Daten (z. B. Geschlecht, Familienstand und Alter)

Schauen wir uns also einige Kriterien für die Segmentierung Ihrer Nutzer genauer an.

### 14.1.1 Geografische Herkunft und Sprache der Nutzer

Woher kommen also die Nutzer, die Ihre Website besuchen? Das kann die Frage sein, aus welchem Land oder aber aus welcher Stadt die Nutzer kommen. In Google Analytics können Sie bis auf Städteebene detailliert herausfinden, woher die meisten Nutzer stammen. Sie finden die Auswertung unter Besucher • Karten-Overlay. Dort können Sie in der Weltkarte auf das gewünschte Land klicken. Durch einen weiteren Klick auf eine Stadt erhalten Sie Detailinformationen zur Entwicklung des Besucheraufkommens aus dieser Stadt (siehe Abbildung 14.1).

**Land/Gebiet - Details:**
Germany
11.12.2010 - 10.01.2011

Besuche

Verkleinern

Besuche
1 ▨▨▨▨▨▨ 85

**Aus diesem Land/Gebiet kamen 242 Besuche über 59 Städte.**

**Abbildung 14.1** Regionale Analyse in Google Analytics

Wenn Sie die regionale Herkunft interessiert, möchten Sie wahrscheinlich auch die Sprache der Nutzer kennen, die Ihre Website aufsuchen. Leider können Sie diese Information nicht so einfach abfragen. Sie können natürlich schauen, aus welchen Ländern die Nutzer kommen, und dann Rückschlüsse auf die Sprache ziehen, die aber recht ungenau ausfallen. Denken Sie z. B. an Länder wie die

Schweiz, wo mehrere Sprachen gesprochen werden, oder die USA mit einem hohen spanisch sprechenden Anteil der Bevölkerung. Als Hilfsmittel kann die Spracheinstellung im Browser herangezogen werden. Diese können Sie mit Ihrem Web-Analytics-Tool herausfinden. In Google Analytics finden Sie die Auswertung unter BESUCHER • SPRACHE (siehe Abbildung 14.2). Da deutsche Nutzer aber teilweise Webbrowser in englischer Sprache nutzen, werden auch hier die Daten verzerrt.

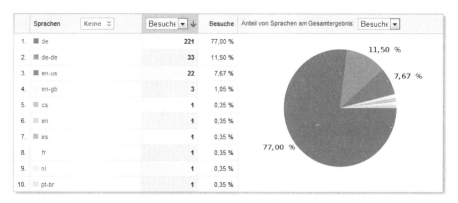

**Abbildung 14.2** Browser-Sprachen der Nutzer

Damit haben Sie die Möglichkeit, Ihre Besucher in Regionen oder nach Sprachen einzuteilen. Stellen Sie z. B. fest, dass viele türkisch sprechende Personen Ihre Website aufrufen, können Sie diesen Nutzern eventuell eine eigene Sprachversion der Website zur Verfügung stellen.

### 14.1.2 Technische Ausstattung

Sie können Ihre Nutzer weiterhin nach ihrer technischen Ausstattung segmentieren. Besonders wichtig ist dies, um mobile Nutzer von normalen Internetsurfern zu unterscheiden. Sie können sich Betriebssysteme, Browsernutzung und Bildschirmauflösungen Ihrer Besucher in Google Analytics unter BESUCHER • BROWSERFUNKTIONEN anzeigen lassen. In Abbildung 14.3 sehen Sie die Auswertung der Betriebssysteme der Nutzer einer Website. Es fällt auf, dass auch mobile Betriebssysteme, wie iPhone und Android, auftauchen. Die Website wird offensichtlich auch mobil verwendet. Die Nutzung durch mobile Endgeräte können Sie sich zudem separat unter BESUCHER • MOBIL • MOBILGERÄTE anzeigen lassen. Als Website-Betreiber sollten Sie in diesem Fall also testen, wie Ihre Website mobil angezeigt wird, und gegebenenfalls überlegen, eine für Mobilgeräte optimierte Website anzubieten.

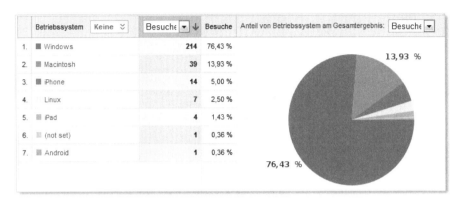

| | Betriebssystem | Keine ⌄ | Besuche ▾ ↓ | Besuche | Anteil von Betriebssystem am Gesamtergebnis: | Besuche ▾ |
|---|---|---|---|---|---|---|
| 1. | ■ Windows | | 214 | 76,43 % | | |
| 2. | ■ Macintosh | | 39 | 13,93 % | | |
| 3. | ■ iPhone | | 14 | 5,00 % | | |
| 4. | Linux | | 7 | 2,50 % | | |
| 5. | ■ iPad | | 4 | 1,43 % | | |
| 6. | ■ (not set) | | 1 | 0,36 % | | |
| 7. | ■ Android | | 1 | 0,36 % | | |

13,93 %

76,43 %

**Abbildung 14.3** Betriebssysteme der Nutzer

Hinsichtlich technischer Aspekte könnten Sie ebenfalls analysieren, mit welcher Bandbreite die Besucher surfen und welchen Telekommunikationsanbieter die Nutzer verwenden. Durch die inzwischen weite Verbreitung von schnellen DSL-Netzen steht diese Fragestellung allerdings nicht mehr im Vordergrund. Trotzdem können Sie unter BESUCHER • NETZWERKEIGENSCHAFTEN • VERBINDUNGSGESCHWIN-DIGKEITEN einen Blick auf die Zahl der Nutzer mit langsamen Internetverbindungen werfen. Sollte diese Zahl anteilsmäßig noch sehr hoch sein, weil Sie z. B. viele Nutzer aus ländlichen Regionen haben, sollten Sie Ihre Website auf möglichst geringe Ladezeiten optimieren.

### 14.1.3 Nutzerverhalten

Eine entscheidende Frage ist das Verhältnis zwischen neuen und wiederkehrenden Besuchern. Wiederkehrende Benutzer werden im Englischen als *Returning Visitor* bezeichnet. Wenn Sie Google Analytics installiert haben, können Sie diese Werte unter BESUCHER • NEU UND WIEDERKEHREND abfragen. Sie erhalten dann eine Auswertung über die prozentuale Aufteilung der beiden Besuchertypen (siehe Abbildung 14.4). Es gibt dabei keinen Optimalwert, den Sie erreichen sollten. Wichtiger ist, die Tendenz zu erkennen, in welche Richtung sich dieser Wert auf Ihrer Website bewegt. Ein hoher Wert bei den wiederkehrenden Besuchern spricht dabei für Ihr Angebot. Nutzer suchen Ihre Website demnach gerne regelmäßig auf. Trotzdem kann auch ein ansteigender Wert an neuen Besuchern ein gutes Zeichen sein. Starten Sie z. B. eine Werbekampagne, steigt automatisch die Zahl der neuen Besucher, da nun viele Personen erstmals in den Kontakt mit Ihrer Seite kommen. Wenn Sie eine hohe Anzahl an neuen Benutzern haben, ist es wichtig, zu überlegen, wie Sie diese zu wiederkehrenden Nutzern machen können (mehr dazu erfahren Sie in Kapitel 15, »Kundenbindung (CRM)«).

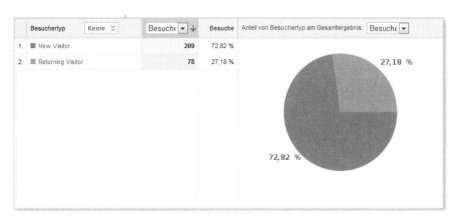

**Abbildung 14.4** Anteil neuer und wiederkehrender Nutzer einer Website

Ein wichtiges Kriterium, nach dem Sie Ihre Nutzer segmentieren können, ist die Intensität der Nutzung. So werden Sie wahre »Power-User« identifizieren, die sich lange auf Ihrer Website aufhalten, und Nutzer, die Ihre Website schnell wieder verlassen. Die Segmentierung können Sie über die Kennzahlen zur Verweildauer oder zur Anzahl der Seitenrufe vornehmen. Die Verweildauer (oder auch Besuchszeit oder »Time-on-Site«) wird in Sekunden angegeben und misst die Zeit, wie lange ein Nutzer Ihre Website besucht hat. Sie ist ein guter Indikator dafür, wie interessant Nutzer Ihre Seite finden. In Google Analytics finden Sie die Entwicklung der Kennzahl unter BESUCHER • BESUCHERTRENDS • BESUCHSZEIT AUF WEBSITE. Ein ebenso guter Indikator ist die durchschnitte Anzahl von Seitenaufrufen während eines Website-Besuchs. Den Trend dieser Kennzahl für Ihre Website können Sie unter BESUCHER • BESUCHERTRENDS • DURCHSCHNITTLICHE ANZAHL AN SEITENAUFRUFEN finden. Darüber können Sie nun die Besucher segmentieren, indem Sie bestimmte Bereiche festlegen und die Nutzer in Gruppen klassifizieren. Google Analytics nimmt diese Segmentierung für Sie vor, wie Sie in Abbildung 14.5 sehen. Diese Auswertung finden Sie in Google Analytics unter BESUCHER • BESUCHERTREUE • DAUER DES BESUCHS. Wie Sie bemerken, ist die Verweildauer der meisten Besucher auf dieser Website recht kurz. Hier finden die Nutzer nicht die gewünschten Informationen oder werden nicht auf der Seite gehalten.

In diesem Zusammenhang spricht man auch von Absprung- oder Abbruchraten (*Bouncerate*). Sie sollten die Benutzergruppe der »Bouncer« kontinuierlich beobachten. Die nötigen Zahlen dazu finden Sie unter BESUCHER • BESUCHERTRENDS • ABSPRUNGRATE. Diese Zahl sollten Sie im Auge behalten und überlegen, wie Sie diesen Wert reduzieren können. Weitere Informationen über Ihre Besucher bekommen Sie zudem, wenn Sie sich den Traffic der Website im Tagesverlauf anschauen. Die Auswertung für eine andere Website im Analysetool Webtrekk (*www.webtrekk.de*) zeigt, wie sich das Besucheraufkommen im Verlauf eines Tages verhält (siehe Abbildung 14.6).

| Dauer des Besuchs | | 11.12.2010 - 10.01.2011 ▼ |
| --- | --- | --- |
| **Die meisten Besuche dauerten: 0-10 Sekunden.** | | |

| Dauer des Besuchs | Besuche mit dieser Dauer | Prozentualer Anteil aller Besuche |
| --- | --- | --- |
| 0-10 Sekunden | 222,00 | ▓▓▓▓▓▓▓▓▓▓▓▓▓▓▓▓ 79,29 % |
| 11-30 Sekunden | 11,00 | ▓ 3,93 % |
| 31-60 Sekunden | 8,00 | ▌ 2,86 % |
| 61-180 Sekunden | 11,00 | ▓ 3,93 % |
| 181-600 Sekunden | 16,00 | ▓ 5,71 % |
| 601-1.800 Sekunden | 11,00 | ▓ 3,93 % |
| 1.801+ Sekunden | 1,00 | | 0,36 % |

**Abbildung 14.5**  Verweildauer auf einer Website

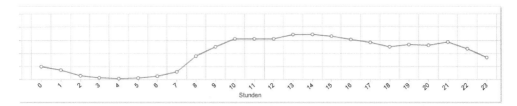

**Abbildung 14.6**  Besucheraufkommen während eines Tages

Die Besucherzahl der Beispiel-Website ist tagsüber ziemlich konstant. Ab acht Uhr steigt der Traffic an und nimmt erst ab zehn Uhr abends wieder ab. Sie können daraus ablesen, dass Besucher sowohl zu gewöhnlichen Arbeitszeiten als auch nach Feierabend diese Seite nutzen. Ergeben sich daraus eventuell verschiedene Nutzergruppen? Diese Analyse finden Sie in Webtrekk unter BESUCHER • ZEIT • STUNDEN und in Google Analytics unter BESUCHER • BESUCHERTRENDS • BESUCHE, wenn Sie dann die Stundenansicht wählen.

### 14.1.4  Soziodemografische Daten

Sicher interessieren Sie auch die soziodemografischen Daten Ihrer Nutzer. Dazu gehören z. B. Alter, Geschlecht, Familienstand und Nettoeinkommen. Leider können Sie diese Informationen nicht einfach über ein Web-Analytics-System ausfindig machen, da diese technisch nicht erfasst werden. Einige dieser Daten können Sie eventuell über die eigene Mitglieder- oder Kundendatenbank abfragen. Hier sind Sie aber auf Nutzer beschränkt, die diese Daten preisgeben. In einer Kundendatenbank werden oftmals auch nur die Daten von Käufern erfasst. Nicht-Käufer entgehen Ihnen also somit in Ihrer Besucherstatistik. Dies kann die Daten unter Umständen deutlich verzerren. Als ersten Ansatz können Sie die Daten des Dienstes *Alexa.com* nutzen. Auf der Website des Anbieters können Sie eine Domain eintragen und bekommen wichtige Kennzahlen zu der Website angezeigt. Unter dem Reiter AUDIENCE finden Sie die Analyse soziodemografischer Daten (siehe Abbildung 14.7). Allerdings sind auch diese Daten mit Vorsicht zu genießen, da die Erhebungsmethode eher technikaffine Menschen umfasst.

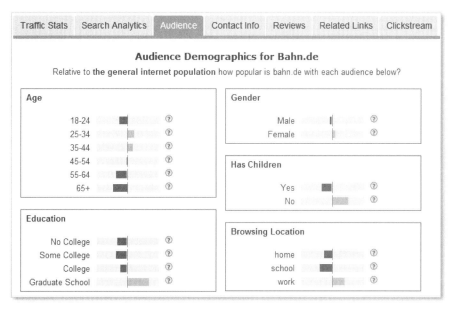

**Abbildung 14.7**  Soziodemografische Daten aus Alexa für bahn.de

Eine andere Methode sind Online-Panels, also Untersuchungen von größeren Nutzergruppen mit höherer statistischer Relevanz. Spezialisierte Anbieter sind in diesem Zusammenhang z. B. ComScore (*http://www.comscore.com/ger/*), Nielsen (*http://de.nielsen.com/*) und die GfK (*http://www.gfk.com/*). Diese Marktforschungsinstitute beobachten das Internet-Nutzerverhalten und geben Studien heraus, die Sie meist kostenpflichtig anfordern können. Betreiben Sie eine sehr große Website, können diese Informationen aber durchaus lohnenswert sein.

Eine weitere Methode zur Erhebung von Nutzerdaten sind Befragungen, die Sie auch selbst durchführen können. Damit haben Sie die Möglichkeit, Informationen zu erhalten, die Sie nicht über ein Web-Analytics-Tool herausfinden können. Daher empfiehlt es sich, in regelmäßigen Abständen Umfragen auf der Website durchzuführen. Ein empfehlenswertes und einfach zu bedienendes Umfragetool ist SurveyMonkey (*http://de.surveymonkey.com/*). Sie können hier eine Befragung erstellen und den Besuchern Ihrer Website einblenden. Die Umfrage kann individuell zusammengestellt und ausführlich analysiert werden. Überlegen Sie sich also sinnvolle Fragestellungen, und führen Sie die Befragung in regelmäßigen Abständen durch. In Kombination mit den Web-Analytics-Daten können Sie sich so ein detailliertes Bild über Ihre Website-Besucher machen.

Sie kennen nun verschiedene Methoden, wie Sie erfahren, welche Besucher Ihre Website aufrufen. Eine allgemeine Marketing-Erkenntnis besagt, dass es günstiger ist, einen Kunden zu halten, als einen neuen zu gewinnen. Daher ist es wichtig, die Besucher, die Sie jetzt näher kennen, auf der Website zu halten oder ihnen Anreize zum Wiederkehren zu schaffen. Nicht alle Besucher der Website sind gleich, und Ihre Besucher haben daher unterschiedlichen Wert für Sie. Aus diesem Grund werden wir uns als Nächstes anschauen, welche Besucher besonders wertvoll für Sie sind und wie Sie diese sinnvoll gruppieren. Hierbei spricht man oft von Zielgruppen.

## 14.2 Zielgruppen: Typologie der Website-Besucher

Wie Sie gesehen haben, befinden sich auf der Website ganz unterschiedliche Besucher. Um die jeweiligen Gruppen optimal zu bedienen, empfiehlt sich eine Segmentierung in Zielgruppen. Wichtig ist dabei der Wert der Website-Besucher. Wenn Sie z. B. einen Online-Shop betreiben, sind besonders Käufer für Ihr Unternehmen von hohem Wert. Sie können also Käufer und Nicht-Käufer unterscheiden. Die Zielgruppe der Käufer können Sie nun genau analysieren. Wer sind die Käufer? Woher kommen diese Besucher? Wie haben sie sich auf der Website verhalten?

Besonders wichtig für die Segmentierung der Besuchergruppen ist die Absicht, mit der ein Nutzer auf Ihre Website kommt. Im Englischen wird dies als *User Intent* bezeichnet. Sie müssen sich also die Fragen stellen, was Nutzer wollen, und können so Zielgruppen bilden. Daraus werden häufig Zielgruppentypologien entwickelt, in denen die Nutzer aufgrund ihrer Eigenschaften in bestimmte Gruppen eingeteilt werden. Die gesamte deutsche Internetnutzerschaft wird z. B. in der Studie »Communication Networks« von Focus Medialine typisiert (*http://www.medialine.de/*). Somit ergeben sich verschiedene Web-Typen, die Sie in Abbildung 14.8 sehen. Sie können also überlegen, welche dieser Typen Sie ansprechen möchten, und eine ähnliche Typologie für Ihre eigene Website erstellen.

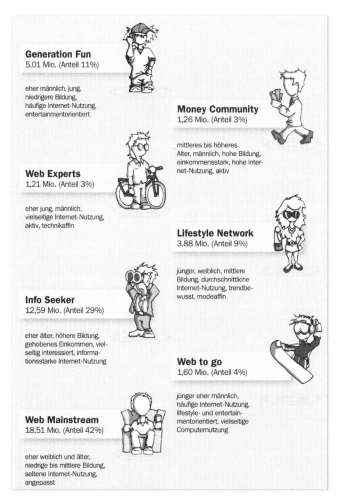

**Abbildung 14.8**  Web-Typen (Quelle: Focus Medialine)

Als Betreiber eines Forums oder einer Community sind besonders aktive Nutzer wertvoll. Diese tragen mit Beiträgen und häufiger Interaktion zum Leben in der Community bei. Sie können diese Personen über die Anzahl der Seitenaufrufe oder die Verweildauer auf der Website klassifizieren. Zudem können Sie diese Nutzeraktivität auf der Website selbst anzeigen und somit andere Benutzer zu mehr Aktionen anregen, da dadurch ein Wettbewerb unter den Nutzern entsteht. Dies wird z. B. auf der Rezeptseite *www.chefkoch.de* genutzt, um Anreize für neue Beiträge zu schaffen (siehe Abbildung 14.9). Hierbei werden Punkte für verschiedene Aktionen auf der Website vergeben, und je nach Punktestand steigt man in der Hierarchie vom »Tellerwäscher« bis zum »Sternekoch« auf. Dieses Verfahren ist auch als *Scoring-Modell* bekannt.

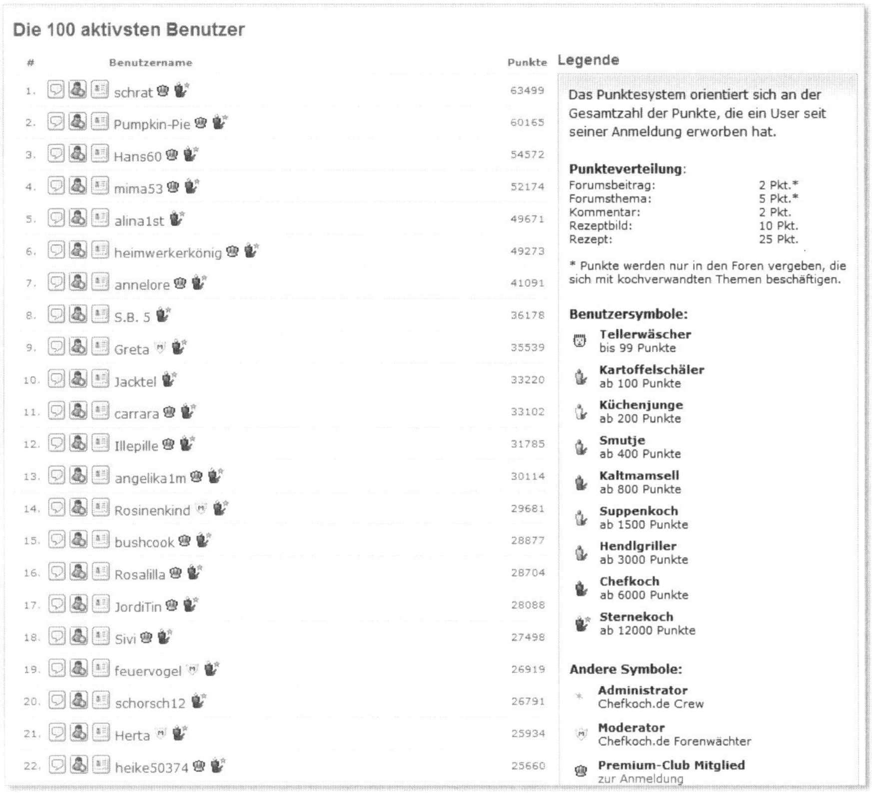

**Die 100 aktivsten Benutzer**

| # | Benutzername | Punkte |
|---|---|---|
| 1. | schrat | 63499 |
| 2. | Pumpkin-Pie | 60165 |
| 3. | Hans60 | 54572 |
| 4. | mima53 | 52174 |
| 5. | alina1st | 49671 |
| 6. | heimwerkerkönig | 49273 |
| 7. | annelore | 41091 |
| 8. | S.B. 5 | 36178 |
| 9. | Greta | 35539 |
| 10. | Jacktel | 33220 |
| 11. | carrara | 33102 |
| 12. | Illepille | 31785 |
| 13. | angelika1m | 30114 |
| 14. | Rosinenkind | 29681 |
| 15. | bushcook | 28877 |
| 16. | Rosalilla | 28704 |
| 17. | JordiTin | 28088 |
| 18. | Sivi | 27498 |
| 19. | feuervogel | 26919 |
| 20. | schorsch12 | 26791 |
| 21. | Herta | 25934 |
| 22. | heike50374 | 25660 |

**Legende**

Das Punktesystem orientiert sich an der Gesamtzahl der Punkte, die ein User seit seiner Anmeldung erworben hat.

**Punkteverteilung:**

| | |
|---|---|
| Forumsbeitrag: | 2 Pkt.* |
| Forumsthema: | 5 Pkt.* |
| Kommentar: | 2 Pkt. |
| Rezeptbild: | 10 Pkt. |
| Rezept: | 25 Pkt. |

\* Punkte werden nur in den Foren vergeben, die sich mit kochverwandten Themen beschäftigen.

**Benutzersymbole:**

**Tellerwäscher**
bis 99 Punkte

**Kartoffelschäler**
ab 100 Punkte

**Küchenjunge**
ab 200 Punkte

**Smutje**
ab 400 Punkte

**Kaltmamsell**
ab 800 Punkte

**Suppenkoch**
ab 1500 Punkte

**Hendlgriller**
ab 3000 Punkte

**Chefkoch**
ab 6000 Punkte

**Sternekoch**
ab 12000 Punkte

**Andere Symbole:**

**Administrator**
Chefkoch.de Crew

**Moderator**
Chefkoch.de Forenwächter

**Premium-Club Mitglied**
zur Anmeldung

**Abbildung 14.9** Punktesystem für Nutzer bei chefkoch.de

Über solche Systematiken ergibt sich ein bestimmter Kundenwert für jeden Nutzer. Als Fachbegriff hat sich dafür der *Customer Lifetime Value* (CLV) gebildet. Dieser gibt an, welchen (monetären) Wert ein Kunde oder Nutzer auf Ihrer Website hat. Damit können z. B. Online-Shops sehr genau den Wert eines Kunden einschätzen, indem sie schauen, wie häufig Käufe wiederholt und welche Warenkorbumsätze erzielt werden. Neben dem Scoring-Modell und der Customer-Lifetime-Analyse gibt es die ABC-Kundenanalyse. Bei dieser werden Kunden oder Website-Besucher in drei Gruppen aufgeteilt. So gibt es A-, B- und C-Kunden. A-Kunden haben den größten Wert für Ihr Unternehmen. A-Kunden sind die oberen 20 Prozent der Besucher nach Kundenwert. C-Kunden sind die unteren 20 Prozent. Alle Besucher dazwischen sind B-Kunden. Die prozentualen Abgrenzungen können Sie für Ihre ABC-Einteilung der Website-Besucher aber selbst anpassen.

Besondere Beachtung sollten Sie auch mobilen Nutzern schenken. Diese bilden ein weiteres wichtiges Segment in Ihrer Zielgruppen-Typologie. Diese Nutzer müssen anders bedient werden als normale Website-Besucher. Zudem können

Sie einen hohen Kundenwert haben, da mobile Nutzer eher jüngeres und kaufkräftiges Publikum darstellen. Eine weitere Gruppe, die Sie nicht vergessen dürfen, sind die sogenannten »Bouncer« auf Ihrer Website, die nur eine einzige Seite aufrufen und diese dann sofort wieder verlassen. Diese Nutzer sind nicht besonders wertvoll und gehören damit nicht zu Ihrer gewünschten Zielgruppe. Trotzdem zählen diese Nutzer mit in die Typologie Ihrer Website-Nutzer. Verwenden Sie das ABC-Modell zur Segmentierung Ihrer Besucher, so können Sie die Bouncer als C-Kunden filtern.

Aus den verschiedenen erwähnten Kriterien können Sie nun eine eigene Typologie Ihrer Benutzer, z. B. ähnlich der Focus Medialine Studie, erstellen oder eines der verschiedenen Kundenbewertungsmodelle anwenden. Damit bekommen Sie eine gute Übersicht darüber, wer Ihre Website besucht, und erhalten unterschiedliche Zielgruppen. Mit der Vergabe von Kundenwerten können Sie entscheiden, welche Benutzer zu Ihrem Unternehmensziel beitragen. Diesen Nutzern sollten Sie erhöhte Aufmerksamkeit schenken.

## 14.3 Targeting: Gewünschte Besucher erreichen

Über den Kundenwert können Sie nicht nur bestehende Kunden einschätzen, sondern auch Rückschlüsse auf neue potenzielle Kunden ziehen. Sie können beispielswiese erkennen, woher Ihre besonders wertvollen Nutzer kamen, und dort mehr Werbung betreiben, um gerade diese Zielgruppen anzusprechen. Sie versuchen also, nur gewünschte Besucher zu gewinnen. Dies erreichen Sie über das sogenannte *Targeting* von Zielgruppen.

Die Vorteile des Targetings ergeben sich aus der Minimierung von Streuverlusten durch auf die Nutzer zugeschnittene Werbung. Hierbei erhöhen sich die Klickraten und Conversion-Ziele, wie z. B. der Kauf von Produkten. Zudem wird die Effizienz Ihrer Werbekampagnen maximiert, da Sie weniger Budget für irrelevante Werbung ausgeben. Außerdem schaffen Sie mit guten Targeting-Methoden generell eine größere Akzeptanz gegenüber Werbung, da diese meist nicht mehr als lästig empfunden wird, wenn sie eine sinnvolle Ergänzung darstellt.

Das Targeting von Zielgruppen kann manuell und automatisiert über verschiedene Methoden erfolgen. Wie Sie Werbung auf Websites zielgruppenorientiert einblenden können, beschreiben wir in den nächsten beiden Abschnitten.

### 14.3.1 Manuelles Targeting

Gewünschte Nutzer erhalten Sie z. B. über eine gezielte Mediaplanung, wenn Sie Bannerwerbung schalten. Mediaplanung bezeichnet das Vorgehen, wie intensiv auf welchen Websites oder anderen Medien geworben wird. Im Vorfeld einer Werbekampagne wird also ein Mediaplan erstellt. Werben Sie nur auf Seiten, die auch Ihrer Zielgruppe entsprechen. Damit wird sich die Kundenqualität automatisch verbessern, da hier die Wahrscheinlichkeit höher ist, die richtigen Personen anzutreffen. Zu diesem Zweck stellen Websites und Vermarkter ihre Mediadaten zur Verfügung, mit denen sie nachweisen, welche Nutzergruppen sich auf der Website befinden. Stellen Sie sich vor, Sie sind verantwortlich für die Website des Automobilherstellers Porsche. Sie haben sehr viele Besucher auf Ihrer Internetseite, aber nur wenige interessieren sich für den Kauf der Autos. Sie betreiben auch Online-Marketing, aber die Benutzer halten sich immer noch stark zurück. Hier sollten Sie einen Blick auf die Traffic-Quellen werfen, woher Ihre Besucher kommen. Werben Sie auf den richtigen Seiten für Ihre anvisierte Zielgruppe? Wenn Sie nun den Entschluss fassen, andere Webseiten für die Werbung auszuwählen, schauen Sie in die Mediadaten verschiedener Websites und vergleichen die Angaben zu Nutzerstruktur mit den Daten Ihrer gewünschten Zielgruppe. Im genannten Fall der Automarke werden Sie z. B. bei *manager-magazin.de* fündig, denn da gibt es Personen im passenden Alter und mit entsprechendem Haushaltsnettoeinkommen (siehe Abbildung 14.10).

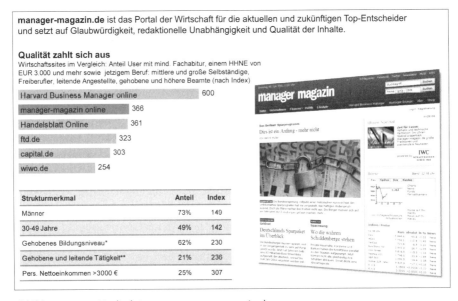

**Abbildung 14.10**  Mediadaten von manager-magazin.de

Mit dem Google AdPlanner von der aufgekauften Firma DoubleClick (*http://www.google.com/adplanner/*) können Sie verschiedene Websites auf Ihre Zielgruppen und Nutzeraufkommen überprüfen. Außerdem können Sie auch direkt nach Zielgruppen suchen. In unserem Beispiel definieren wir also als Zielgruppe Personen aus Deutschland, im Alter zwischen 35 und 64, männlichen Geschlechts und mit dem Interesse an der Marke Porsche. Daraufhin erscheint eine Ergebnisliste mit potenziellen Websites, die Sie in Abbildung 14.11 sehen. Diese könnten Sie nun direkt über das Tool von Google buchen.

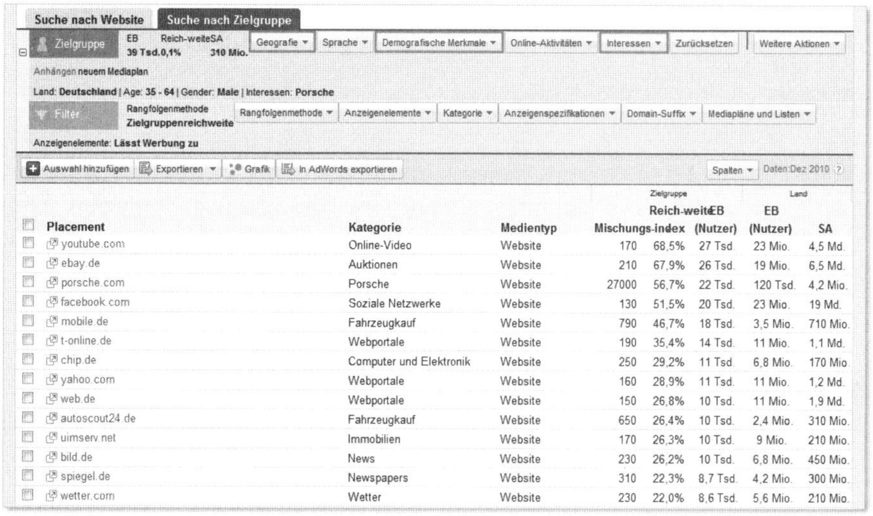

| Placement | Kategorie | Medientyp | Mischungs-index | Zielgruppe Reich-weite (Nutzer) | EB (Nutzer) | Land EB SA |
|---|---|---|---|---|---|---|
| youtube.com | Online-Video | Website | 170 | 68,5% 27 Tsd. | 23 Mio. | 4,5 Md. |
| ebay.de | Auktionen | Website | 210 | 67,9% 26 Tsd. | 19 Mio. | 6,5 Md. |
| porsche.com | Porsche | Website | 27000 | 56,7% 22 Tsd. | 120 Tsd. | 4,2 Mio. |
| facebook.com | Soziale Netzwerke | Website | 130 | 51,5% 20 Tsd. | 23 Mio. | 19 Md. |
| mobile.de | Fahrzeugkauf | Website | 790 | 46,7% 18 Tsd. | 3,5 Mio. | 710 Mio. |
| t-online.de | Webportale | Website | 190 | 35,4% 14 Tsd. | 11 Mio. | 1,1 Md. |
| chip.de | Computer und Elektronik | Website | 250 | 29,2% 11 Tsd. | 6,8 Mio. | 170 Mio. |
| yahoo.com | Webportale | Website | 160 | 28,9% 11 Tsd. | 11 Mio. | 1,2 Md. |
| web.de | Webportale | Website | 150 | 26,8% 10 Tsd. | 11 Mio. | 1,9 Md. |
| autoscout24.de | Fahrzeugkauf | Website | 650 | 26,4% 10 Tsd. | 2,4 Mio. | 310 Mio. |
| uimserv.net | Immobilien | Website | 170 | 26,3% 10 Tsd. | 9 Mio. | 210 Mio. |
| bild.de | News | Website | 230 | 26,2% 10 Tsd. | 6,8 Mio. | 450 Mio. |
| spiegel.de | Newspapers | Website | 310 | 22,3% 8,7 Tsd. | 4,2 Mio. | 300 Mio. |
| wetter.com | Wetter | Website | 230 | 22,0% 8,6 Tsd. | 5,6 Mio. | 210 Mio. |

**Abbildung 14.11** Google AdPlanner

Ähnliche Tools zur Mediaplanung bieten auch die AGOF (*http://www.agof.de/*), IVW (*http://www.ivw.de/*) und andere Marktforschungsinstitute an. Wie wir schon erwähnt haben, nutzen Besucher das Internet und Ihre Website zu unterschiedlichen Tageszeiten. Dies können Sie sich im Targeting zunutze machen, da Sie häufig die Möglichkeit haben, Kampagnen zeitlich einzustellen. Sie können also z. B. überlegen, ob Sie nur morgens oder nur abends Anzeigen schalten möchten, damit Sie die richtigen Zielgruppen erreichen. Zudem haben Sie die Möglichkeit, thematisches und regionales Targeting durchzuführen. Sie können also bestimmte Websites oder einzelne Rubriken mit Werbung belegen, die Ihr Thema umfassen. Im regionalen Targeting können Sie Anzeigen auf lokalen Medien schalten und erreichen so Ihre regionale Zielgruppe. Viele große Tageszeitungen gibt es nur in bestimmten Städten, wie z. B. das Hamburger Abendblatt (*http://www.abendblatt.de/*) oder den Berliner Tagesspiegel (*http://www.tagesspiegel.de/*). Diese Medien sollten Sie also vorrangig für Werbung in Betracht ziehen, wenn Sie ein regionaler Anbieter sind.

Manuelles Targeting sollten Sie auch beim E-Mail-Marketing vornehmen. Dies erreichen Sie am besten durch Selektion Ihrer Mail-Empfänger. Unterscheiden

Sie also Mail-Kampagnen z. B. nach Geschlecht oder Alter. Auch hier können Sie ein regionales Targeting vornehmen, wenn Sie über entsprechende Adressangaben verfügen.

Sie kennen nun verschiedene Möglichkeiten, wie Sie Ihre Zielgruppe noch effizienter ansprechen können. Das manuelle Targeting kann aber viel Aufwand bedeuten, daher wurden Methoden für automatisiertes Targeting entwickelt, die wir Ihnen im nächsten Schritt vorstellen.

### 14.3.2 Automatisiertes Targeting

Da im Online-Marketing sehr zahlenbasiert und technisch gearbeitet wird, entstanden neue Targeting-Methoden, die noch mehr Effizienz als manuelles Targeting versprechen. Die verschiedenen Methoden möchten wir Ihnen im Folgenden kurz vorstellen.

#### Geo-Targeting

Benutzer lassen sich anhand der IP-Adresse ihres Computers automatisiert lokalisieren. Diese Information kann bis auf Stadtgrenzen genau angeben, von wo Sie eine Website aufrufen. Dadurch können Anzeigen regional passend ausgeliefert werden. Dies ist besonders wichtig bei lokalen Angeboten, wie z. B. großen Freizeitbädern. Befindet sich dieses in Hamburg, macht es wenig Sinn, es in München zu bewerben. Daher lohnt es sich, die Anzeigen regional auszurichten. Die Lokalisierung eines Nutzers kann auch über die GPS-Koordinaten des Handys oder über WLAN-Netze erfolgen. Diese Informationen sind genauer als die IP-Adresse. Viele Werbeprogramme und Vermarkter bieten das automatisierte Geo-Targeting bereits an.

#### Semantisches Targeting

Mittels *semantischem Targeting* kann Werbung thematisch passend zum Inhalt einer Website ausgeliefert werden. Durch die thematische Ähnlichkeit von Inhalt und Werbeanzeige kann eine Anzeigenschaltung zu höherer Effizienz führen. Benutzern werden z. B. in Reiseberichten passende Anzeigen für eine Hotelreservierung angezeigt. Das bekannteste Beispiel sind die kontextsensitiven Anzeigen von Google AdWords und AdSense. Über das Google Display-Netzwerk kann die kontextsensitive Werbung über thematische Begriffe ausgesteuert werden. Website-Betreiber können diese Werbeform über das Google AdSense-Programm in ihre Website integrieren. Aber auch in der Suchmaschinenwerbung (SEM) wird semantisches Targeting verwendet. Hierbei werden Anzeigen zu bestimmten Suchbegriffen geschaltet. Die Anzeigen erscheinen nur, wenn Personen nach den entsprechenden Begriffen suchen. Damit entsteht auch ein semantisches Targeting.

### Social Targeting

Beim *Social Targeting* wird mit hinterlegten Daten eines Nutzers gearbeitet. dies geschieht vor allem in Social Networks, wo Nutzer viele Daten von sich preisgeben, wie z. B. Alter, Geschlecht, Familienstand oder Interessen. So kann personalisierte Werbung erstellt werden, die meist zielgenau auf den Nutzer zutrifft und damit eine hohe Klickwahrscheinlichkeit hat. Der Vorteil liegt darin, dass keine mathematisch und technisch komplexen Berechnungen stattfinden müssen. Zudem kann eine Kampagne in Echtzeit an neue Zielgruppen angepasst werden. Ein Vorreiter sind hier die *Facebook Ads*, die an die eigenen Interessen angepasst auf Facebook eingeblendet werden. Haben Sie also »Online-Marketing« in Ihren Interessen angegeben, bekommen Sie, wie Sie in Abbildung 14.12 sehen, die passende Werbung angezeigt.

**Abbildung 14.12**  Personalisierte Facebook-Anzeigen

### Predictive Behavioral Targeting

Das *Predictive Behavioral Targeting* funktioniert auf Grundlage von gesammelten Nutzerdaten, indem bestimmte Profile für Nutzergruppen erstellt werden und dazu passende Werbung ausgeliefert wird. Es werden Interessensgebiete von Nutzergruppen erkannt und mit soziodemografischen Daten wie Alter, Geschlecht und Einkommen aus Befragungen angereichert. Mittels statistischer Modelle und Algorithmen können somit Verhaltensmuster erkannt werden. Es können also bestimmte Zielgruppen gebildet werden, die ein übereinstimmendes Nutzerprofil haben. Dadurch lässt sich das Nutzerverhalten einer Person voraussagen und können passende Angebote geliefert werden. Bekannte Software-Anbieter auf diesem Gebiet sind z. B. die Firmen nugg.ad (*http://www.nugg.ad/*) und AudienceScience (*http://www.audiencescience.de/*).

### Re-Targeting

Noch einen Schritt weiter geht das sogenannte *Re-Targeting*. Hierbei werden Nutzer, die bereits auf Ihrer Website waren und diese wieder verlassen haben, zur Rückkehr aufgefordert. Es werden also Werbebanner eingeblendet, die noch einmal auf das Angebot hinweisen. Dies nutzen vor allem Online-Shops, wenn sich Besucher nur Produkte angeschaut, aber nicht gekauft haben. Über eine Datenbank wird dann identifiziert, welche Produkte angesehen wurden. Daraufhin können dieselben und ähnliche Produkte in Form von Bannern eingeblendet werden. Es entsteht somit ein individuelles Werbemittel, was eine höhere Klickwahrscheinlichkeit aufweist als unspezifische Banner an gleicher Stelle. Als Spezialist auf diesem Gebiet hat sich die Firma Criteo (*http://www.criteo.com/*) etabliert. Auch Google bietet inzwischen in seinem Werbeprogramm AdWords das Re-Targeting von Zielegruppen an. Bei Google wird diese Targeting-Methode als *Remarketing* bezeichnet.

**Abbildung 14.13**  Individuelles Re-Targeting-Banner

Sie kennen nun diverse Möglichkeiten, wie Sie qualitativ hochwertige Nutzer auf Ihre Website leiten und ermitteln können, welche Zielgruppen auf Ihrer Website vertreten sind. Sie können nun mit Maßnahmen zur Kundenbindung Besucher auf Ihrer Website halten oder zum Wiederkehren animieren. Die verschiedenen Möglichkeiten dafür beschreiben wir im nächsten Kapitel.

*»Wir sehen unsere Kunden wie die geladenen Gäste einer Party,*
*auf der wir die Gastgeber sind.«*
– Jeff Bezos (Amazon-Gründer)

# 15   Kundenbindung (CRM)

Neben den Online-Marketing-Maßnahmen, die Internet-Nutzer auf Ihre Website bringen, hat die Kundenbindung eine besondere Bedeutung. Nachdem Benutzer das erste Mal Kontakt mit Ihrer Website hatten, sollten diese zu weiteren Besuchen der Internetseite angeregt werden. Dieser Prozess wird als *Customer Relationship Management (CRM)* bezeichnet. Eine gute Kundenbeziehung steht dabei im Mittelpunkt. Hier spielt das Sprichwort »Der Kunde ist König« eine besondere Rolle. Das Kundenbeziehungsmanagement ist vor allem deshalb von besonderer Bedeutung, da es leichter und effizienter ist, einen bestehenden Kunden zu halten, als einen neuen Kunden zu gewinnen.

## 15.1   Kundenorientierte Inhalte und Mehrwerte schaffen

Kundenbindung erreichen Sie am einfachsten durch gute Inhalte auf Ihrer Website. Bieten Sie den Nutzern, was sie erwarten, und sie werden wiederkommen. Dies ist natürlich leichter gesagt als getan. Schenken Sie der Kundenbindung erhöhte Aufmerksamkeit, da die nächste Website nur einen Klick entfernt ist und Internetnutzer schnell von Seite zu Seite springen.

Sie können eine hohe Kundenbindung auf der Website erreichen, wenn Sie auf die einzelnen Zielgruppen eingehen und sie entsprechend ihrer Erwartungen bedienen. Gehen Sie also auf die Wünsche der Nutzer intensiv ein, und überlegen Sie, wie Sie diese Personen optimal durch Ihre Website führen. Dies schaffen Sie insbesondere durch eine übersichtliche und benutzerfreundliche Seitengestaltung. Mittels interessanten, aktuellen oder unterhaltsamen Inhalten können Sie die Aufmerksamkeit der Nutzer gewinnen, damit sie länger auf der Website verweilen. Denken Sie zudem an Mehrwerte, die Ihre Website liefern kann, z. B. über zusätzliche Tools. Es geht also in der Kundenbindung darum, Nutzer möglichst lange auf der Website zu halten oder Anreize für wiederholte Besuche zu schaffen.

Schauen wir uns als Beispiel Wetter-Websites wie wetter.com oder wetter.de an. Diese können sich über hohe Nutzerzahlen freuen und gehören damit zu den größeren Websites im Netz. Leider weisen diese Websites große Abbruchraten und eine kurze Verweildauer der Besucher auf, weil Nutzer schnell die Information finden, die sie suchen – nämlich die aktuelle Wettervorhersage. Wie Sie in Abbildung 15.1 sehen, werden die Websites daher mit vielen Werbeflächen belegt, um von dem Besucheraufkommen zu profitieren. Betreiber von Wetterseiten sollten also überlegen, wie sie die Kunden besser auf der Website halten können. Die Kundenerwartung wird durch das Anzeigen des aktuellen Wetters und einer Vorhersage erfüllt. Dies macht einen wiederholten Besuch der Website sehr wahrscheinlich. Es ist aber schwer, die Nutzer länger auf der Website zu halten. Sie sollten als Mittel zur Kundenbindung daher Mehrwerte für die Nutzer bieten. Im Beispiel funktioniert dies durch Wetterwarnungen, Videos und Vorhersagen für einen längeren Zeitraum.

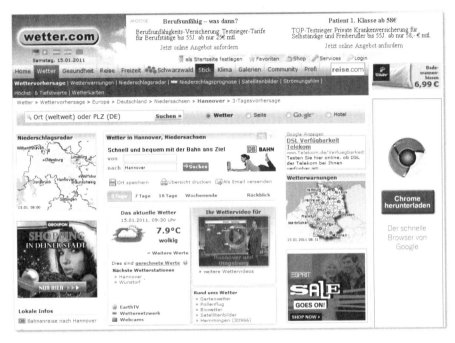

**Abbildung 15.1** Die Website wetter.com

Für eine optimale Kundenbindung auf Ihrer Website sollte die Nutzerführung sehr gut durchdacht sein. Schauen Sie sich über Ihr Web-Analytics-Tool die Einstiegs- und Ausstiegsseiten Ihrer Website an. Auf den meistgenutzten Einstiegsseiten sollten Sie weiterführende Elemente einbauen, damit die Nutzer zum Weiterklicken animiert werden. Sie sehen eine gute Lösung bei ImmobilenScout24.de (siehe

Abbildung 15.2), die innerhalb der Suchfunktion in der rechten Spalte Alternativen zum Suchergebnis anbietet. Nutzer finden dort Wohnungen für benachbarte Regionen und unter EMPFOHLENE SUCHEN ähnliche Suchvorgänge. Diese Funktion hilft Besuchern beim weiteren Navigieren, falls sie in den Suchergebnissen nicht fündig geworden sind.

**Abbildung 15.2** Weiterführende Inhalte bei ImmobilienScout

Häufige Ausstiegsseiten sollten Sie ebenso betrachten. Wie können Sie hier die Nutzer vom Abbruch des Website-Besuchs abhalten? Oftmals wird in Online-Shops der Website-Besuch auf Produktdetailseiten abgebrochen, da z. B. Produkte nicht mehr in der richtigen Größe verfügbar sind oder bei genauerem Hinsehen doch nicht den Erwartungen entsprechen. Daher müssen hier Anreize geschaffen werden, um die Personen trotzdem weiterhin auf der Website zu halten. Im Online-Shop der Modemarke Hugo Boss (*http://store-de.hugoboss.com/*) sehen Sie zwei Ansatzmöglichkeiten dafür (siehe Abbildung 15.3). Zum einen wird eine Art Blätterfunktion angeboten, mit der man im Katalog vor und zurück gehen kann, zum anderen werden weitere Produktempfehlungen gegeben. Damit wird das Interesse des Nutzers geweckt, weitere Seiten zu besuchen. Hugo Boss fügt sogar drei Kategorien ein: eigene Produktempfehlungen, zuletzt angesehene Produkte und ähnliche Produkte.

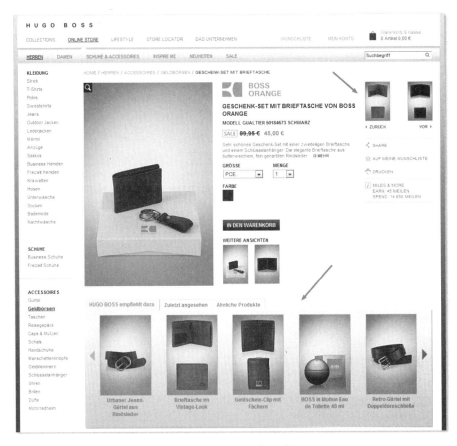

**Abbildung 15.3** Produktdetailseite im Hugo Boss Online-Shop

Ein heißer Kandidat für hohe Abbruchraten sind die Ergebnisseiten der internen Suche. Viele Websites bieten dem Nutzer diese Suchfunktion an, um Inhalte leicht zu aufzufinden. Nur wenige Website-Betreiber schauen sich aber selbst die Ergebnisse genau an, die ihre Suche ausliefert. Sie werden aber selbst schon öfter die Erfahrung gemacht haben, dass Sie nicht das Richtige per Suche gefunden haben. Schauen Sie also als Betreiber einer größeren Website, was die Nutzer in die eigene Suche eingeben, und bieten Sie die passenden Suchergebnisse an. Denken Sie hierbei auch an mögliche Falschschreibweisen. Eine Lösung bei zu vielen Suchergebnissen ist die Möglichkeit, die Liste einzuschränken, wie Sie in Abbildung 15.4 sehen.

Achten Sie in der internen Suche zudem auf Begriffe, die Personen suchen könnten, obwohl sie direkt nichts mit Ihren Inhalten zu tun haben. Bei einer Website wie *sueddeutsche.de* könnte dies z. B. der Begriff »Redaktion« oder »Werbung schalten« sein. Überlegen Sie sich, welche Absicht der Nutzer hat, und geben Sie ihm das gewünschte Ergebnis. Wenn Sie hier tiefer in die Materie einsteigen, können Sie sich vorstellen, wie komplex Suchmaschinen wie Google sind. Sie haben gesehen, dass Sie eine hohe Kundenbindung über den Aufbau Ihrer Website erreichen können. Mehr zum benutzerfreundlichen Aufbau von Websites erfahren Sie in Kapitel 16, »Usability – Benutzerfreundliche Websites«.

**Abbildung 15.4**   Interne Suchergebnisse bei sueddeutsche.de

## 15.2   Elektronische Kundenbindung (E-CRM)

Für die Kundenbindung stehen im Online-Marketing noch weitere Instrumente zur Verfügung. So können Sie mit technischen Maßnahmen dafür sorgen, dass Kunden länger auf Ihrer Website verbleiben oder wiederkommen. Um eine kundenindividuelle Ansprache vorzunehmen, wird das Customer Relationship Management automatisiert. Dieses bezeichnet man als E-CRM, also elektronisches Kundenbeziehungsmanagement. Das Ziel ist es dabei, nicht mehr auf Zielgruppen, sondern auf einzelne Zielpersonen einzugehen. Dies wird als

*One-to-One-Marketing* bezeichnet. Jeder Kunde soll individuell angesprochen werden, und seine Erwartungen sollen bestmöglich erfüllt werden. Vorreiter für die Umsetzung von umfassenden E-CRM-Maßnahmen ist der Anbieter Amazon, den wir uns im Folgenden genauer anschauen werden. Die Startseite von *amazon.de* wird, wenn Sie angemeldet sind, komplett auf Sie zugeschnitten, wie Sie in Abbildung 15.5 sehen.

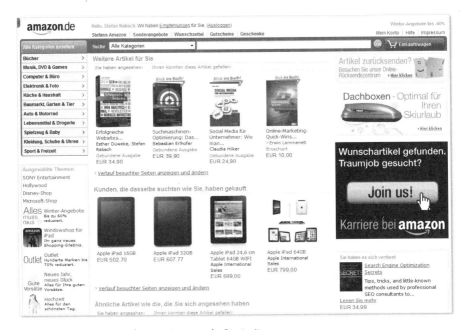

**Abbildung 15.5** Personalisierte Amazon.de-Startseite

Dafür nutzt Amazon ein komplexes CRM-System und eine umfassende Kundendatenbank. Es wird aufgezeichnet, welche Produkte Sie sich innerhalb Ihres Besuches ansehen, welche Produkte schon gekauft wurden und welche auf Ihrem Wunschzettel stehen. Kundendaten werden also kontinuierlich gesammelt und ständig analysiert. Dadurch ist es möglich, in Echtzeit die Website anzupassen, und es entsteht ein individuelles Targeting des Kunden für eine größtmögliche Effizienz der Website. Auf Produktdetailseiten werden zusätzlich verschiedene alternative oder ergänzende Produkte angeboten. So wird mithilfe der Kunden- und Produktdatenbank untersucht, welche Produkte häufig zusammen gekauft werden (siehe Abbildung 15.6).

Im selben Zug werden Produktpakete zusammengestellt, die man kombiniert mit einem Klick in den virtuellen Einkaufswagen legen kann. Damit erreicht Amazon zudem ein *Cross-Selling* von Produkten, bei dem ergänzende Artikel verkauft werden, die beim Kunden nicht im Vordergrund seines Kaufwunschs standen (siehe Abbildung 15.7). Schauen Sie sich eine Produktseite bei Amazon genauer an, werden Ihnen noch mehr solcher Elemente auffallen, die den Abverkauf von Artikeln unterstützen.

**Abbildung 15.6** Produktempfehlung auf Grundlage der Kundendatenbank

**Abbildung 15.7** Produktpakete bei Amazon

Bei solchen E-CRM-Maßnahmen ist die Performance-Analyse von entscheidender Bedeutung. So werden die Klicks und Aktionen der Nutzer ständig analysiert. Bewirkt eine Einblendung oder ein Produkt keine Reaktion beim Benutzer, wird es beim nächsten Seitenaufruf sofort ausgetauscht. Damit werden die zur Verfügung stehenden Flächen auf der Website optimal genutzt. Auf der Amazon-Startseite bekommen Sie zudem zum Teil eine Box mit Artikeln aus Ihrem Wunschzettel angezeigt. Mit der Überschrift »Sie haben es sich verdient« wird Aufmerksamkeit beim Benutzer erregt und ein passendes, gewünschtes Produkt angezeigt (siehe Abbildung 15.8). Damit erhöht sich die Wahrscheinlichkeit einer Bestellung.

**Abbildung 15.8** Produktempfehlung aus dem eigenen Wunschzettel

Amazon verfolgt somit auf der Website eine konsequente Kundenbindung mit ständig angepassten Angeboten für den Nutzer. Durch technische Systeme entsteht somit automatisiert ein One-To-One Marketing, was Sie sonst nur von einer guten Beratung in einem lokalen Geschäft kennen, in dem Sie Stammkunde sind. Die CRM-Maßnahmen von Amazon beschränken sich nicht nur auf die Website, sondern werden auch im E-Mail-Marketing genutzt. Haben Sie sich für den Newsletter-Service bei Amazon registriert, bekommen Sie individuelle Mails mit aktuellen Angeboten zugesendet. Schauen Sie sich nun bestimmte Produktgruppen genauer an, erhalten Sie nach einigen Tagen eine entsprechende Mail, die genau diese Produkte enthält. In Abbildung 15.9 sehen Sie die Reaktion per E-Mail, wenn Sie zuvor nach Bohrmaschinen von Bosch gesucht haben. Damit erhalten Sie ein individuelles Angebot zur passenden Zeit, und ein Kauf wird wahrscheinlicher stattfinden als ohne diese Mail.

**Abbildung 15.9** Individuelle Mail mit Produktempfehlungen von Amazon

Solche umfassenden CRM-Lösungen, wie Amazon sie einsetzt, erfordern sehr viel Entwicklungsarbeit und kommen daher nicht für jeden Website-Betreiber infrage. Neue Shop-Systeme, wie z. B. Magento, xt:Commerce oder Intershop, enthalten aber bereits solche Funktionalitäten und sollten daher entsprechend eingesetzt werden.

## 15.3 Weitere Instrumente der Kundenbindung

Für die Kundenbindung stehen Ihnen noch weitere Maßnahmen zur Verfügung, die Sie für Ihre Website einsetzen können. Dies sind insbesondere Maßnahmen, mit denen Sie dauerhaft eine Kundenbeziehung aufbauen können und die Nutzer zum wiederholten Website-Besuch anregen können. Einige lohnenswerte Maßnahmen, die Sie für Ihre Website zusätzlich anbieten können, möchten wir Ihnen an dieser Stelle kurz beschreiben.

### 15.3.1 Blogs, Foren und Social Media

Mit eigenen Blogs und Foren können Sie zur Kundenbindung beitragen, indem Sie in einen Dialog mit den Nutzern treten oder ihnen eine Plattform zum Austausch mit anderen Kunden geben. Vor allem Hilfeforen sind hier bei technischen Themen beliebt. Gehen Sie dabei intensiv auf die Fragen der Kunden ein, so kann eine hohe Bindung an das Unternehmen und die Website erfolgen. Ziehen Sie auch die Einführung und Betreuung eines eigenen Unternehmensblogs (*Corporate Blog*) in Erwägung. Sie können darüber interessierte Nutzer mit Neuigkeiten versorgen und die Kommunikation mit ihnen aufnehmen. Mittels RSS-Feeds und E-Mail-Benachrichtigung können Sie die Interessenten über neue Meldungen informieren. Ein erfolgreich umgesetztes Unternehmensblog ist das FRoSTA-Blog des gleichnamigen Herstellers für Tiefkühlkost (*http://www.frostablog.de/*). Hier wird über Neuigkeiten der Firma und des Produktsortiments berichtet und die Kommunikation mit dem Endkunden angeregt.

Nutzen Sie zur Kundenkommunikation zusätzlich Social-Media-Dienste wie Facebook oder Twitter. Mit dem Anlegen einer Facebook-Fanpage oder eines Twitter-Accounts ist die Arbeit aber nicht getan. Planen Sie kontinuierlich ausreichend Zeit ein, um mit Ihren Kunden in Kontakt zu treten. Mehr über die Möglichkeiten des Social-Media-Marketings erfahren Sie in Kapitel 4, »Social-Media-Marketing und Online-PR«.

**Abbildung 15.10** FRoSTA-Blog

## 15.3.2 Newsletter und Re-Targeting

Besonders Newsletter eignen sich für die Kundenbindung an eine Website. Durch den regelmäßigen Versand werden die Empfänger immer wieder auf das eigene Angebot hingewiesen. Der Newsletter sollte dabei immer einen Mehrwert für den Kunden darstellen, damit er nicht Gefahr läuft, abbestellt zu werden. Dies kann z. B. durch Sonderangebote und exklusive Inhalte erreicht werden. Einen rein informativen Newsletter bietet das IT-Nachrichtenportal heise online (*www.heise.de*) und ist in Abbildung 15.11 zu sehen. Hier werden Anreize geschaffen, damit Leser die Website besuchen. Wie Sie Newsletter als Instrument des E-Mail-Marketings und als Kundenbindungsmaßnahme nutzen können, beschreiben wir ausführlich in Kapitel 3, »Direkte Ansprache – Wirksames E-Mail- und Newsletter-Marketing«.

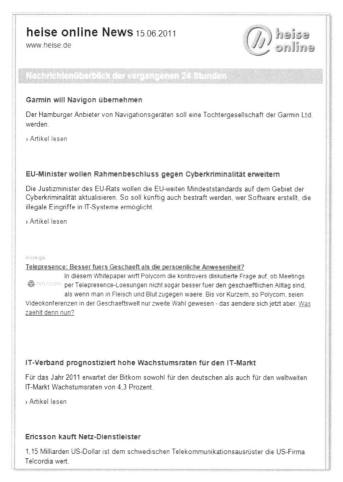

**Abbildung 15.11** Der Newsletter des Nachrichtenportals heise.de

In Kapitel 14, »Zielgruppen und Targeting«, haben wir verschiedene Targeting-Möglichkeiten angesprochen. Über das sogenannte *Re-Targeting*-Verfahren können Sie ebenfalls Kundenbindung erzeugen. Mit dieser Methode können Sie Nutzer identifizieren, die bereits Ihre Website aufgesucht haben, und zum wiederholten Besuch auffordern. Dies nutzen insbesondere Online-Shops, um Nicht-Käufer zu einem Kauf zu bewegen.

### 15.3.3 Bonusprogramme

Bonusprogramme kennen Sie wahrscheinlich durch Anbieter wie Payback, DeutschlandCard oder Miles&More von Lufthansa. Viele Unternehmen nutzen diese Programme, um mehr Kundenbindung zu erreichen. Mit jeder Transaktion, z. B. einem Kauf im Supermarkt oder der Buchung eines Mietwagens, können Punkte gesammelt werden. Diese Punkte können anschließend in Prämien umgetauscht werden. Die großen Bonusprogramme haben viele Kooperationspartner.

Als Website-Betreiber haben Sie die Möglichkeit, sich den Bonusprogrammen anzuschließen. So können auch beim Online-Kauf Punkte gesammelt werden. Viele Online-Aktionspartner nehmen bereits an den Programmen von Payback und DeutschlandCard teil (siehe Abbildung 15.12).

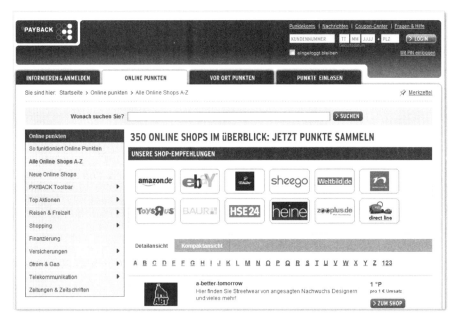

**Abbildung 15.12**  Online-Shops beim Bonusprogramm Payback

Überlegen Sie daher, ob Sie diese Bonusprogramme zur Kundenbindung oder zum Abverkauf für Ihr Unternehmen unterstützend einsetzen können. Sie haben zudem die Möglichkeit, ein eigenes Bonusprogramm nur für Ihr Angebot aufzubauen. Ein Beispiel für einen eigenen Kundenclub finden Sie bei Bambani, einem Shop für Kinderzubehör, unter *http://www.bambani.com/KundenClub/*. Die Erstellung eines eigenen Bonusprogramms erfordert aber relativ hohen Aufwand. Die Akzeptanz von großen Bonusprogrammen ist oftmals höher, da viele Partner integriert sind, bei denen Punkte gesammelt werden können. Entscheiden Sie selbst, ob Bonusprogramme für Sie ein gutes Instrument der Kundenbindung darstellen und welche Form am besten für Sie geeignet ist.

Sie haben nun einen Überblick darüber bekommen, welche Kundenbindungs-maßnahmen möglich sind, um Kunden auf der Website zu halten oder diese wieder auf die Seite zurück zu bekommen. Dabei haben wir schon angesprochen, wie wichtig die Benutzerfreundlichkeit einer Website für die Zufriedenheit Ihrer Kunden ist. Im folgenden Kapitel möchten wir uns daher intensiver mit dem Thema Benutzerfreundlichkeit beschäftigen, die in Fachkreisen als *Usability* bezeichnet wird.

*»Mache die Dinge so einfach wie möglich –*
*aber nicht einfacher.«*
*– Albert Einstein*

# 16 Usability – Benutzerfreundliche Websites

Haben Sie ein Lieblingsrestaurant? Wenn Sie sich einmal genau überlegen, warum Sie so gerne dorthin gehen, kommen Ihnen wahrscheinlich Dinge in den Sinn wie: ausgezeichnetes Essen, tolle Atmosphäre und schnelle, freundliche Bedienung. Sie fühlen sich dort einfach gut aufgehoben.

Übertragen auf das World Wide Web, werden Sie das auch kennen. Welche Websites im Internet sind Ihre Lieblingsseiten, und welche Websites besuchen Sie besonders oft? Diese Online-Präsenzen bieten Ihnen Informationen oder Produkte – also einen Mehrwert – auf eine benutzerfreundliche Art und Weise: keine langen Ladezeiten und auch kein mühevolles Suchen, weil die Seiten gut strukturiert sind und Sie sich problemlos orientieren können. Sie fühlen sich auf diesen Websites wohl und kommen gerne zurück. Vielleicht haben Sie ein solches Phänomen auch schon bemerkt, wenn Sie im Web recherchiert haben: Eigentlich wollten Sie nur mal schnell etwas nachschauen, und plötzlich sind Sie ganz vertieft in die Inhalte. Hier funktioniert Usability erstklassig.

Damit auch Ihr Internetauftritt zur Lieblingsseite einer Vielzahl von Benutzern wird, sollten Sie genau dies anstreben: Die Besucher sollen den Aufenthalt auf Ihrer Website als angenehm empfinden. Im Fachjargon wird dieses Nutzungserlebnis als *User Experience* (*UX*) bezeichnet. Besucher sollen, ähnlich wie in ihrem Lieblingsrestaurant, mit Ihren Angeboten zuvorkommend »bedient« werden. Ihre Website sollte Ihr Angebot schnell und besonders (benutzer-)freundlich anbieten.

Um dieses Behagen hervorzurufen, sind im Restaurant verschiedene Dinge nötig: Sie sollten beispielsweise einen schnellen Überblick über die Speisekarte erhalten, Ihr Lieblingsgericht problemlos finden, das Essen muss wirklich gut sein, die Bedienung sollte schnell und freundlich sein, Ihre Fragen sollten beantwortet werden, und die Dekoration sollte angenehm und nicht überladen wirken.

Für ein Restaurant klingt das schön und gut, aber wie schaffen Sie das mit Ihrer Website? Wenn Sie das interessiert, sollten Sie unbedingt weiterlesen.

In diesem Kapitel servieren wir Ihnen als Aperitif die Bedeutung von Benutzerfreundlichkeit und Barrierefreiheit. Im Hauptgang erfahren Sie, welche Prinzipien Sie bei Ihrer Website berücksichtigen sollten, damit sie zu einer Wohlfühloase in der Internetwüste wird. Dazu reichen wir Ihnen wichtige Aspekte der Gestaltungslehre (Farblehre und Wahrnehmungsgesetze). Zum Nachtisch haben wir Ihnen neben wichtigen Geboten der Usability zu diesem Thema vertiefende Literatur- und Online-Tipps zusammengestellt.

Guten Appetit!

## 16.1 Benutzerfreundlichkeit (Usability)

Bevor Sie sich den ersten Happen zu Gemüte führen, gehen wir noch einmal einen Schritt zurück. Wie ist das Restaurant eigentlich zu Ihrem Lieblingsrestaurant geworden (wenn wir einmal davon absehen, dass es Ihnen vielleicht empfohlen wurde)? Bei der Vielzahl von Gaststätten und Lokalen steht der Restaurantbesitzer vor einer Herausforderung: Wenn sein Gasthaus schon von außen nichtssagend und unscheinbar aussieht, die Speisekarte nicht ansprechend ist und für Hungrige gar nicht erkennbar ist, dass hier ein ausgezeichneter Koch am Werk ist, werden die Gäste fernbleiben.

Ein ähnliches Szenario spielt sich im Internet ab: Benutzer, die auf einer Website landen und sich dort nicht wohlfühlen oder nicht das finden, was sie suchen, werden sehr schnell wieder verschwinden. In der Literatur unterscheiden sich die Zeitangaben diesbezüglich nur geringfügig. Festzuhalten ist, dass Benutzer innerhalb von wenigen Sekunden die Entscheidung fällen, auf einer Website zu bleiben oder diese wieder zu verlassen.

Der Anspruch, die Lieblingsseite vieler Benutzer zu werden, ist nicht nur eine »Frage der Höflichkeit«, wie es der amerikanische Usability-Experte Steve Krug bezeichnet, sondern Ihnen können potenzielle Kunden entgehen. Wie er in seinem Buch *Don't make me think* beschreibt, sollte der Otto Normalbesucher keine Denkarbeit leisten müssen, um eine Website zu verstehen, denn »wenn etwas zu schwer zu benutzen ist, benutzt man es nicht«.

Nach einer Marktstudie der AGOF (Arbeitsgemeinschaft Online Forschung) vom März 2010 surfen 97,7 % der Nutzer im Internet, um Produktinformationen zu recherchieren. 87,1 % (das entspricht 38 Millionen Nutzern) schließen einen Kaufprozess auch ab. Ein ansprechender und angenehmer Webauftritt ist für Sie also auch aus wirtschaftlicher Perspektive durchaus erstrebenswert. In der Betriebswirtschaft würde man so etwas als *Win-Win-Situation* bezeichnen: Der Benutzer profitiert, weil er einen Mehrwert durch Ihre Website erhält und sich dort wohlfühlt bzw. sein Bedürfnis befriedigen kann, und Sie profitieren durch mehr Benutzer und gegebenenfalls auch erhöhte Einnahmen. Usability wird damit zu einem Erfolgsfaktor für Ihren Internetauftritt.

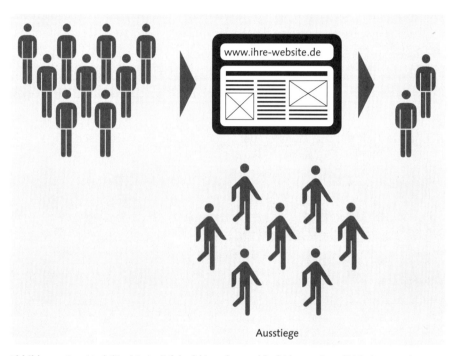

Ausstiege

**Abbildung 16.1**  Usability ist ein Erfolgsfaktor, denn schlecht benutzbare Websites werden schnell wieder verlassen.

Was bedeutet aber nun Benutzerfreundlichkeit, auch *Usability* genannt? Usability wird mit Begriffen wie *Bedienbarkeit, Benutzbarkeit, Benutzerfreundlichkeit* und auch *Verwendbarkeit* übersetzt. In Deutschland wird mittlerweile zunehmend der Begriff *Usability* verwendet. Alle Bezeichnungen beziehen sich dabei auf den Dialog zwischen Mensch und Maschine, in diesem Fall der Website. Benutzer interagieren mit einer Website: Das Lesen der Inhalte, Scrollen auf der Seite, Klicken von Links oder Absenden von Suchanfragen verdeutlicht, dass Menschen eine Website »benutzen«. Das macht auch der Ausdruck Usability selbst schon deutlich: Usability setzt sich zusammen aus den Wörtern *to use* (benutzen) und *ability* (Möglichkeit), bezeichnet also die Möglichkeit, etwas zu benutzen. Das bedeutet andersherum: eine Website, die nicht nutzbar ist, ist auch unbrauchbar und kann dementsprechend nicht zum Erfolg führen.

Machen Sie also Ihre Website »usable«, und schenken Sie Ihren Besuchern ein positives Surferlebnis, damit sie gerne zurückkehren und Ihre Kunden werden. Im Zusammenhang mit dem Begriff Usability wird oftmals auch die Bezeichnung *Ease of Use verwendet*, was so viel bedeutet wie *Bedienkomfort* oder eben auch *Benutzerfreundlichkeit*. Bei der Beschäftigung mit Usability steht also der Benutzer im Mittelpunkt.

Usability wurde auch von der Internationalen Standardisierungsorganisation (ISO) definiert. In der DIN EN ISO 9241, die vom Deutschen Institut für Normung (DIN) herausgegeben wurde, liest sich diese Definition so:

*Usability ist das Ausmaß, in dem ein Produkt durch bestimmte Benutzer in einem bestimmten Nutzungskontext genutzt werden kann, um bestimmte Ziele effektiv, effizient und zufriedenstellend zu erreichen.*

Abbildung 16.2 soll den Zusammenhang noch einmal verdeutlichen.

**Abbildung 16.2** Begriffserklärung Usability

Das klingt zunächst einmal nach grauer Theorie. Im Klartext bedeutet dies, Websites so klar verständlich und bedienbar wie möglich zu gestalten. Denn wie soll ein Besucher Ihr Angebot nutzen, wenn er Ihre Seite nicht versteht oder sie nur mit großer Mühe verwenden kann? Mark Pearrow, Autor verschiedener Usability-Bücher, sagte treffend:

»*User centered design (UCD) is an keystone of good Website Usability*«,

was so viel bedeutet wie:

»Anwenderbezogenes Design ist der Schlüssel zu einer guten Website-Usability.«

Die vielen Variablen innerhalb der Definition (bestimmte Benutzer, bestimmter Nutzungskontext und bestimmte Ziele) lassen schon erkennen, dass sich nur schwer Faustregeln festhalten lassen. Wie so oft gilt es, jeden Einzelfall individuell zu betrachten, ganz nach dem Motto »It depends« (sinngemäß: »Es kommt darauf an«). Dennoch werden wir Ihnen im Folgenden einige Prinzipien erläutern, die auf den Großteil von Websites zutreffen und von vielen Usability-Tests belegt wurden.

**Usability vs. User Experience**

Wie wir bereits eingangs beschrieben haben, hängen die beiden Begriffe *Usability* und *User Experience* eng miteinander zusammen, sind aber nicht das Gleiche. Während Usability die Benutzbarkeit in einer Situation anspricht, meint die User Experience ein Nutzererlebnis, das sowohl gut als auch schlecht sein und sich auf Bereiche vor und nach der Nutzung beziehen kann. Neben der Usability spielen bei dem Nutzererlebnis auch die Aspekte *Look* und *Feel* eine wichtige Rolle. Somit nimmt die Usability nur einen Teil innerhalb der User Experience ein (siehe Abbildung 16.3).

Während mit dem Look vorrangig gestalterische Aspekte gemeint sind und diese sehr subjektiv wahrgenommen werden, ist mit Feel vor allem die Reaktion der Website auf eine Interaktion gemeint, also beispielsweise ein Hinweis oder eine Sanduhr, wenn Daten geladen werden.

**Abbildung 16.3** User Experience

Wahrscheinlich sind Sie jetzt hochmotiviert, die ersten Schritte zu unternehmen, um Ihre Website benutzerfreundlich zu gestalten. Wir müssen Ihnen aber gleich zu Beginn eine Illusion rauben: Sie können Usability trotz diverser Checklisten und Prüfverfahren für Ihre Website *nicht gewährleisten*. Sie sprechen mit Ihrem Internetauftritt eine riesige Zahl an Benutzern an, die ganz unterschiedlich sein können: So kann sowohl ein technisch versierter Teenager genauso gut Ihre Website besuchen wie Ihre achtzigjährige Großmutter. Auch die technischen Voraussetzungen können grundlegend unterschiedlich sein: Breitband-Internetverbindungen stehen beispielsweise sehr alten und langsamen Computern gegenüber. Denken Sie auch an behinderte oder körperlich beeinträchtigte Surfer – auch sie sollten Ihre Website bequem benutzen können (mehr dazu im folgenden Abschnitt).

Wie der Koch in Ihrem Lieblingsrestaurant stehen Sie nun vor einer Herausforderung: Es muss allen schmecken. Ob es Ihren Gästen schmeckt, finden Sie nur heraus, wenn Sie sie fragen (oder wenn Ihr Restaurant regelmäßig voll besetzt ist). Sie sollten daher Usability-Tests durchführen (lesen Sie dazu Kapitel 18, »Testverfahren«), um die Bedienbarkeit Ihrer Website zu verbessern. Konzentrieren Sie sich auf Ihre Gäste, dann wird Ihr Restaurant bzw. Ihre Website zum Erfolg.

## 16.2   Abgrenzung Barrierefreiheit (Accessibility)

Vielleicht können Sie sich noch an den letzten Stromausfall bei Ihnen zu Hause erinnern? Plötzlich ist es stockfinster, und Sie tappen sprichwörtlich im Dunkeln. In derartigen Situationen wird schnell bewusst, wie unbeholfen man ist, wenn man in seiner Sinneswahrnehmung eingeschränkt ist.

Hier setzt *Barrierefreiheit (Accessibility)* an, die sich damit beschäftigt, Anwendungen so zur Verfügung zu stellen, dass auch Menschen mit (körperlichen) Einschränkungen sie benutzen können. Dazu gehören beispielsweise blinde oder sehbehinderte Nutzer, taube und motorisch beeinträchtigte Surfer sowie Menschen, die Schwierigkeiten haben, sich zu konzentrieren. Gerade für sie ist der Computer eine Möglichkeit, sich zu integrieren und am gesellschaftlichen Leben teilzuhaben.

**Behinderte Menschen in Deutschland**

Wie viele Menschen genau betroffen sind, ist schwer zu sagen. Laut Angaben des Deutschen Blinden- und Sehbehindertenverbands e.V. (DBSV, *http://www.dbsv.org*) werden blinde und sehbehinderte Menschen in Deutschland gar nicht erfasst. Zu DDR-Zeiten wurden demnach auf Grundlage der Empfänger für Blindengeld jährlich Zahlen veröffentlicht. Im Zuge der Wiedervereinigung wurde diese Zahl auf ganz Deutschland hochgerechnet. Um auch die Sehbehinderten zu bestimmen, wurde mit Erfahrungswerten gerechnet. So nimmt man an, dass in Deutschland ca. 650.000 blinde und sehbehinderte Menschen leben. Wenn Sie sich jetzt bewusst machen, dass weitere Behinderungen hinzukommen, um die Gesamtzahl der behinderten Menschen zu bestimmen, stellen Sie fest, dass diese eine beachtliche Größe hat, die Sie als Website-Betreiber durchaus berücksichtigen sollten.

Machen Sie sich bewusst, dass Sie hier die Möglichkeit haben, mit zum Teil einfachen Anpassungen an Ihrer Website Menschen mit Behinderungen wesentlich zu helfen, da sie auf barrierefreie Websites angewiesen sind. Zudem bringt gerade diese Benutzergruppe ein hohes Kaufpotenzial mit. Von derartigen Verbesserungen werden jedoch all Ihre Besucher profitieren. So unterstützen Sie auch Benutzer, die eine Lese- oder Konzentrationsschwäche haben, veraltete

Geräte verwenden, durch äußere Einflüsse (wie beispielsweise Lärm) beeinträchtigt werden oder übermüdet und nur schwer aufnahmefähig sind.

Das Gesundheitsportal *www.imedo.de* bietet seinen Nutzern beispielsweise verschiedene Möglichkeiten, die Inhalte der Website anzusehen, z. B. per Lupe oder mit erhöhtem Kontrast (siehe Abbildung 16.4).

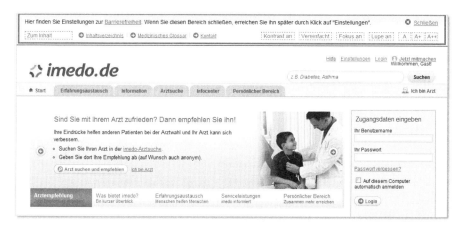

**Abbildung 16.4**  Einstellungen zur Barrierefreiheit von www.imedo.de

Im Folgenden stellen wir Ihnen einige Möglichkeiten vor, wie Sie Ihre Website hinsichtlich der Barrierefreiheit optimieren können. Das muss nicht bedeuten, dass Sie Abstriche machen müssen, sondern es gilt, Ihre Inhalte allen Benutzern zugänglich zu machen. Wir können im Rahmen dieses Buches nicht auf alle Möglichkeiten detailliert eingehen, möchten Ihnen aber einige wichtige und wirkungsvolle Maßnahmen vorstellen. Sie sollten mit Ihrer Startseite und den frequentiertesten Webseiten beginnen und sich dann den untergeordneten Seiten widmen. Falls Sie keine Möglichkeit sehen, Ihre Seite anzupassen, können Sie anlog zu Newslettern eine reine Textversion Ihrer Website anbieten, was aber den Nachteil mit sich bringt, dass Sie sich um beide Versionen kümmern müssen.

### 16.2.1   7 Tipps, wie Sie die Barrierefreiheit Ihrer Website verbessern

Grundsätzlich sollten Sie den Inhalt Ihrer Website in eine Reihenfolge bringen, die auch beim Vorlesen per *Screenreader (Bildschirmlesesoftware)* sinnvoll und verständlich ist. Sollten Sie einmal die Möglichkeit haben, Ihre Website per Screenreader anzuhören, so nutzen Sie die Gelegenheit. Wenn man erst einmal erkannt hat, wie mühsam der Besuch einer Website für Nutzer mit eingeschränkten Sinnen sein kann, so sind die folgenden sieben Tipps wohlmöglich einfacher nachzuvollziehen.

### Tipp 1: Bedienung

Gestalten Sie Ihre Inhalte so, dass sie per Tastatur und ohne Mausbedienung einfach zu erreichen sind. Integrieren Sie auf den einzelnen Webseiten einen Link, der zum Hauptinhalt führt, um eine bessere Orientierung innerhalb der Website zu ermöglichen. Bei Links sollten Sie generell darauf achten, dass Sie einen präzisen Linktext verwenden, der angibt, wohin die Verlinkung führt. Blinde Benutzer sind in der Regel auf *Screenreader* angewiesen und entscheiden nach den ersten gehörten Wörtern, ob sie einen Link verwenden oder zu einem anderen Seitenbereich wechseln.

### Tipp 2: Text

Gerade bei Texten sollten Sie auf eine klare Struktur achten. Markieren Sie beispielsweise Überschriften und Tabellen mit den üblichen HTML-Codes, sprich, verwenden Sie ein `<h1>`-Tag für eine Überschrift erster Ordnung. Halten Sie Ihre Texte möglichst kurz, und formulieren Sie sie leicht verständlich. Bedenken Sie, dass Ihre Inhalte von Menschen mit unterschiedlicher Bildung, Intellekt und Erfahrung verstanden werden sollten. Bieten Sie eine einfache Möglichkeit, die Schriftgröße Ihrer Texte zu verändern. Achten Sie darüber hinaus darauf, dass Sie die Möglichkeit der Textvergrößerung nicht unterbinden, weil Sie feste Größen eingestellt haben.

### Tipp 3: Bilder

Verwenden Sie `alt`-Texte für Bilder, damit sie von Screenreadern gelesen werden können. Dies ist auch aus Sicht der Suchmaschinenoptimierung sinnvoll. Diese `alt`-Texte werden immer dann dargestellt, wenn ein Bild nicht angezeigt werden kann oder dies vom Browser unterbunden wird. Achten Sie, wie bereits erwähnt, auch bei der Verlinkung von Bildern auf beschreibende Linktexte. Zum Beispiel könnte die Integration eines Bildes mit dem Brandenburger Tor wie folgt aussehen:

```
<img src="brandenburgertor.jpg" alt="Das Brandenburger Tor in
Berlin"/>.
```

`alt`-Texte sollten nicht nur bei Bildern, sondern auch bei Symbolen oder Aufzählungszeichen Verwendung finden. Grundsätzlich ist Text aber Bildern vorzuziehen.

Sollten Sie eine Hintergrundfarbe oder ein Hintergrundbild innerhalb Ihrer Website verwenden, legen Sie ein besonderes Augenmerk auf ausreichend Kontrast. Wird jedoch die Lesbarkeit in Mitleidenschaft gezogen, raten wir Ihnen, Hintergrundbild oder -farbe wegzulassen.

**Tipp 4: Farben**

Generell sollten Sie beherzigen, keine Unterscheidungen aufgrund der Farbe darzustellen. (Farben-)Blinde Benutzer oder Menschen mit einer Rot-Grün-Sehschwäche können dies nicht wahrnehmen. Ergänzen Sie in solchen Fällen eindeutige Beschriftungen.

**Tipp 5: Formulare**

Gestalten Sie Ihre Formulare so, dass sie beim Vorlesen durch einen Screenreader durch eine logische Positionierung der Eingabefelder und der entsprechenden Beschriftungen (z. B. »PLZ eingeben«) verständlich sind. Prüfen Sie das Springen zum nächsten Feld per Tabulator-Taste.

**Tipp 6: Filme und Animationen**

Dank verbesserter Technik können blinde und sehbehinderte Menschen nun auch Filme oder (Flash-)Animationen »sehen«. Dies funktioniert aber nur, wenn Sie für Videos inhaltsreiche Zusammenfassungen hinterlegen. Bei Flash benötigt jedes Element eine passende Beschreibung. Gehen Sie mit animierten Darstellungen jedoch sparsam um, und verwenden Sie diese nur, wenn sie für die Benutzer einen wesentlichen Mehrwert schaffen. Insbesondere Flimmern sollte vermieden werden. Bei Epileptikern können Flimmer-Effekte einen Anfall verursachen. Zudem empfinden die meisten Besucher Flimmern als störend, daher sollten Sie generell darauf verzichten.

**Tipp 7: HTML und CSS**

Content und dessen Formatierung (also HTML und CSS) sollten getrennt angelegt werden, da eingeschränkte Benutzer das CSS im Browser deaktivieren können, um sich eine für sie lesbare Seite anzeigen zu lassen. Überprüfen Sie im Allgemeinen, ob Ihre Seite auch für Behinderte zugänglich ist, die beispielsweise Scripts oder Applets deaktiviert haben, und stellen Sie die Inhalte per Text dar.

## 16.2.2 Hilfsmittel für Behinderte

Neben individuellen Einstellungen der Farbwiedergabe, der Helligkeit, des Kontrastes oder der Fenstergröße können auch größere Monitore sehbehinderten Menschen helfen, eine Website besser zu benutzen. Es gibt aber noch weitere Hilfsmittel, die bei der Benutzung von Websites unterstützen. Einige möchten wir kurz vorstellen.

Wie wir schon kurz angerissen haben, sind sogenannte Screenreader Programme zur Sprachausgabe von Websites. Der Text einer Website wird den Benutzern vorgelesen. Aktuell ist JAWS von Freedom Scientific (*http://www.freedomsci.de/*) ein weitverbreitetes und viel genutztes Screenreader-Programm.

Mit der sogenannten *Braille-Zeile* ist ein spezielles Endgerät gemeint, das den Bildschirmtext in der Blindenschrift Braille wiedergibt. Oftmals wird bei der Verwendung die Braille-Zeile mit einem Screenreader kombiniert, da die Inhalte so gehört und getastet und somit besser aufgenommen werden können.

Menschen, deren Sehkraft eingeschränkt ist, nutzen bestimmte Einstellungen des Betriebssystems oder auch spezielle Programme, die z. B. Bildschirminhalte deutlich vergrößern. Auch Großschrifttastaturen, also Tastaturen, deren Beschriftung wesentlich größer dargestellt ist, können die Bedienung des Computers vereinfachen.

Weitere Details zu Computerhilfen für blinde und sehbehinderte Menschen finden Sie beispielsweise unter *http://www.incobs.de/*.

### 16.2.3 Gesetze

Seit 1994 ist in Artikel 3 des Grundgesetzes Folgendes verankert:

»*[..] Niemand darf wegen seiner Behinderung benachteiligt werden.*«

Zudem hält das Gesetz zur Gleichstellung behinderter Menschen bzw. das Behindertengleichstellungsgesetz (BGG) in seinem §4 Barrierefreiheit Folgendes fest:

»*Barrierefrei sind [...] Systeme der Informationsverarbeitung, akustische und visuelle Informationsquellen und Kommunikationseinrichtungen, sowie andere gestaltete Lebensbereiche, wenn sie für behinderte Menschen in der allgemein üblichen Weise, ohne besondere Erschwernisse und grundsätzlich ohne fremde Hilfe zugänglich und nutzbar sind.*«

2002 gab das Bundesministerium der Justiz die »Verordnung zur Schaffung barrierefreier Informationstechnik nach dem Behindertengleichstellungsgesetz«, auch BITV (Barrierefreie Informationstechnik-Verordnung) genannt, heraus. Aktuell sind Websites der Behörden der Bundesverwaltung zur Einhaltung dieser Verordnung verpflichtet, bei allen anderen Websites ist die Umsetzung freiwillig. Folgende, hier zitierte Bedingungen wurden festgelegt:

▸ Für jeden Audio- oder visuellen Inhalt sind geeignete äquivalente Inhalte bereitzustellen, die den gleichen Zweck oder die gleiche Funktion wie der originäre Inhalt erfüllen.

▸ Texte und Grafiken müssen auch dann verständlich sein, wenn sie ohne Farbe betrachtet werden.

▶ Markup-Sprachen (insbesondere HTML) und Stylesheets sind entsprechend ihrer Spezifikationen und formalen Definitionen zu verwenden.

▶ Sprachliche Besonderheiten wie Wechsel der Sprache oder Abkürzungen sind erkennbar zu machen.

▶ Tabellen sind mittels der vorgesehenen Elemente der verwendeten Markup-Sprache zu beschreiben und in der Regel nur zur Darstellung tabellarischer Daten zu verwenden.

▶ Internetangebote müssen auch dann nutzbar sein, wenn der verwendete Benutzeragent neuere Technologien nicht unterstützt oder diese deaktiviert sind.

▶ Zeitgesteuerte Änderungen des Inhalts müssen durch die Nutzerin/den Nutzer kontrollierbar sein.

▶ Die direkte Zugänglichkeit der in Internetangeboten eingebetteten Benutzerschnittstellen ist sicherzustellen.

▶ Internetangebote sind so zu gestalten, dass Funktionen unabhängig vom Eingabegerät oder Ausgabegerät nutzbar sind.

▶ Die Verwendbarkeit von nicht mehr dem jeweils aktuellen Stand der Technik entsprechenden assistiven Technologien und Browsern ist sicherzustellen, soweit der hiermit verbundene Aufwand nicht unverhältnismäßig ist.

▶ Die zur Erstellung des Internetangebots verwendeten Technologien sollen öffentlich zugänglich und vollständig dokumentiert sein, wie z. B. die vom World Wide Web Consortium entwickelten Technologien.

▶ Der Nutzerin, dem Nutzer sind Informationen zum Kontext und zur Orientierung bereitzustellen.

▶ Navigationsmechanismen sind übersichtlich und schlüssig zu gestalten.

▶ Das allgemeine Verständnis der angebotenen Inhalte ist durch angemessene Maßnahmen zu fördern.

Alle Bedingungen werden detailliert beschrieben und sind beispielsweise unter *http://www.gesetze-im-internet.de/bitv/anlage_8.html* (Originaltext BGBl. I 2002, 2655 – 2662) vollständig nachzulesen.

Um Barrieren abzubauen, wurde vom *World Wide Web Consortium* (W3C) (*http://www.w3.org/*) eine Initiative namens Web Accessibility Initiative (WAI) ins Leben gerufen. Und falls Sie jetzt denken, »Es reicht mit den Begriffen und Abkürzungen« – falsch gedacht. Denn die WAI präsentierte im Jahr 1999 die sogenannten WCAG, die Web Content Accessibility Guidelines 1.0, die Sie in englischer Sprache unter folgender URL nachlesen können: *http://www.w3.org/TR/WCAG10/*.

Die aktuelle Version, nämlich die WCAG 2.0, wurde Ende 2008 herausgegeben, da insbesondere technische Aspekte überholt waren (*http://www.w3.org/TR/WCAG20/*). Demnach sollen Websites nach dem POUR-Prinzip gestaltet sein:

- ▶ P – perceivable: wahrnehmbar
- ▶ O – operable: bedienbar
- ▶ U – understandable: verständlich
- ▶ R – robust: robust

Die vier Prinzipien beziehen sich auf die Richtlinien der WCAG 2.0, die Sie in deutscher Übersetzung unter *http://www.w3.org/Translations/WCAG20-de/* im Detail lesen können.

### 16.2.4  Zertifikate

Im Bereich Barrierefreiheit werden regelmäßig besonders gute Websites ausgezeichnet. So haben beispielsweise die Initiative Aktion Mensch und die Stiftung Digitale Chancen 2003 den *BIENE-Award* (BIENE ist die Abkürzung für »Barrierefreies Internet eröffnet neue Einsichten«) ins Leben gerufen. Hier werden jährlich die besten barrierefreien Internet-Angebote ausgezeichnet (*http://www.biene-award.de/*).

Weiterhin gibt es von der DIN CERTCO, der Zertifizierungsorganisation des Deutschen Instituts für Normung e.V. (DIN) ein Prüfsiegel. Besonders der BVDW (Bundesverband Digitale Wirtschaft e.V.) bemängelte jedoch, dass die Prüfkriterien aufgrund der schnelllebigen Veränderung von Websites regelmäßig angepasst werden müssen.

BIK, ein Gemeinschaftsprojekt der DIAS GmbH mit verschiedenen Blinden- und Sehbehindertenverbänden, bietet den sogenannten BITV-Test (*http://www.bitv-test.de/*), der in 52 Prüfschritten die Barrierefreiheit testet und Teil des Zertifizierungsprogramms der DIN CERTCO ist.

## 16.3  Usability – der Benutzer steht im Fokus

Sie wissen nun um die Wichtigkeit von Usability und Accessibility und was genau unter diesen Begriffen zu verstehen ist. Die Benutzer Ihrer Website, deren Wünsche und Erwartungen stehen im Mittelpunkt. Wer aber sind die Besucher, wie verhalten sie sich und was erwarten sie von Ihrem Webauftritt?

Um diese Fragen zu klären, schauen wir uns noch einmal die Definition von Usability genauer an. Darin heißt es: bestimmte Benutzer, bestimmter Nutzungskontext und bestimmte Ziele effektiv, effizient und zufriedenstellend erreichen.

### 16.3.1   Bestimmte Benutzer

Wir haben es bereits schon einmal angerissen: Bei der Benutzergruppe Ihrer Website handelt es sich um eine heterogene Gruppe. Ihre Benutzer können ganz unterschiedlichen Altersklassen angehören, unterschiedliche Erfahrungen und Vorkenntnisse mit dem Web mitbringen und körperlich beeinträchtigt sein. Je genauer Sie Ihre Zielgruppe kennen, desto besser können Sie sich auf sie einstellen und sie optimal »bedienen«.

Obwohl es nach einer Datenerhebung der Arbeitsgemeinschaft Media-Analyse über 50 Millionen Internetnutzer in Deutschland gibt (Stand Sommer 2010), kommen immer wieder Internet-Anfänger hinzu. Bedenken Sie im Hinblick auf Ihre Website, dass sie sowohl für erfahrene Benutzer als auch für Neulinge im Internet klar und einfach zu bedienen sein muss.

Der Suchmaschinengigant Google hat diesen Punkt in seine Unternehmensphilosophie aufgenommen, die Sie unter *http://www.google.com/corporate/today.html* nachlesen können. Bei Google heißt das: *»Focus on the user and all else will follow.«* Sinngemäß bedeutet das so viel wie: »Konzentriere dich auf den Benutzer, der Rest kommt von allein.«

### 16.3.2   Bestimmter Nutzungskontext

Im Zusammenhang mit dem Nutzungskontext sind zwei Aspekte zu berücksichtigen:

1. Was ist die Zielsetzung der Website?
2. In welcher Situation besucht ein Benutzer die Website – bzw. salopp ausgedrückt: Wie ist der Benutzer drauf?

Um Ersterem gerecht zu werden, muss der Benutzer auf Anhieb erkennen können, was der Kern einer Website ist. Gute Websites ziehen die Benutzer schon beim ersten Anblick an. Denken Sie also bei der Gestaltung Ihrer Website daran: Für den ersten Eindruck gibt es keine zweite Chance. Insbesondere wenn der Einstieg auf Ihre Website eine Suchmaschine war (ein Benutzer also beispielsweise bei Google eine Suchanfrage gestellt hat und Ihre Website eines der Suchergebnisse war), entscheiden die Benutzer innerhalb weniger Sekunden, ob sie auf der Website bleiben oder sie wieder verlassen. Stellen Sie also den Nutzen Ihres Angebots heraus. Ihre Aufgabe als Website-Betreiber ist es, Ihren Internetauftritt so einfach und klar verständlich wie möglich zu gestalten. Wie schon der Nobelpreisträger für Literatur George Bernard Shaw sagte:

*»Bildung kann man dadurch beweisen, dass man die kompliziertesten Dinge auf einfache Art zu erläutern versteht.«*

Wird Usability berücksichtigt und gut umgesetzt, fällt dies nicht (negativ) auf, ist sie hingegen schlecht, wird dies bemängelt. Obwohl Usability immer erlebt wird, werden meistens nur schlechte Umsetzungen wahrgenommen.

Der zweite Aspekt im Zusammenhang mit dem Nutzungskontext ist die Situation, in der die Benutzer auf Ihre Website treffen. Die Gegebenheiten, unter denen die Benutzer im Web unterwegs sind, können sehr vielfältig und sehr unterschiedlich sein. Das Verhalten der Benutzer ist sowohl situations- als auch tagesformabhängig. Zeitdruck und auch das Vertrauen in eine Website können eine wichtige Rolle spielen. Das kennen Sie sicherlich von sich selbst: Manchmal stehen Sie unter Zeitdruck, ein anderes Mal surfen Sie eher zum Zeitvertreib, mal sind Sie gut gelaunt, ein anderes Mal schlecht drauf.

In den meisten Fällen sind die Benutzer in Eile und haben weder Zeit noch Muße, lange Ladezeiten in Kauf zu nehmen oder mehrfach auf Websites zu suchen, bis sie eine Lösung ihres Problems gefunden haben. Mit wenigen Klicks können sie eine andere Website aufrufen, auf der sie freundlicher empfangen und besser bedient werden. Bei der Masse an Websites im Internet (aktuell sind das immerhin einige Milliarden) ist das eine ernst zu nehmende Angelegenheit, die Sie sich als Website-Betreiber zu Herzen nehmen sollten.

Nach dem Usability-Experten Jakob Nielsen ist der ZURÜCK-Button das Navigationselement, das vom Benutzer am zweihäufigsten geklickt wird (nach dem Klicken von Hypertext-Links). Bei dieser Sicherheit – nämlich mit sehr wenig Aufwand schnell wieder zum Ausgangspunkt zurückzukehren – fackeln die Benutzer nicht lange, wenn eine Website nicht dem entspricht, was sie suchen und erwarteten. Sie wägen nicht lange das Für und Wider ab, sie entscheiden sich für die erstbeste Möglichkeit.

### Satisficing – die erstbeste Option

Seien Sie ehrlich: Wie oft haben Sie bereits eine Gebrauchsanleitung vollständig gelesen? Das werden die wenigsten von Ihnen mit einem klaren »Das mache ich immer.« beantworten. Haben Sie sich beispielsweise eine neue Digitalkamera gekauft, möchten Sie gleich drauflosknipsen und nicht erst alle Einstellung zur Belichtung und Fokussierung lesen. Das Phänomen, von dem hier die Rede ist, kennen Sie möglicherweise unter dem Begriff »trial and error« (Versuch und Irrtum). Viele Menschen möchten Dinge direkt ausprobieren und »benutzen«, ganz nach dem Motto »learning by doing«.

Viele Benutzer verhalten sich im Internet ähnlich und möchten ihre Ansprüche zufriedenstellend erfüllt wissen. Sie überfliegen Websites und wählen nicht zwangsläufig die beste Option, sondern die erstbeste Option. Einerseits geht das viel schneller, als verschiedene Möglichkeiten zunächst zu überdenken und abzuwägen, zum anderen ist es auch überhaupt kein Problem, falls man mit seiner Annahme falschliegt: Ein Klick, und man ist wieder in der Ausgangssituation.

Das bedeutet nicht, dass Benutzer grundsätzlich alles ausprobieren, um an ihr Ziel zu kommen. Neben den Benutzern, die Ihre Website wieder verlassen, wenn sie nicht »funktioniert«, gibt es auch diejenigen, die den Fehler bei sich suchen. Sie versuchen sich weiter auf Ihrer Website, weil sie keine Alternative kennen oder den Aufwand einer erneuten Suche meiden möchten. Meistens ist dies mit einer steigenden Frustration verbunden.

Einige Benutzer geben nach wie vor komplette URLs in das Suchfeld von Suchmaschinen ein. Nicht etwa, weil das so gedacht ist, sondern vielmehr, weil es funktioniert und sie auch auf diese Weise zu ihrem Ziel kommen. Nach Steve Krug wollen Menschen nicht zwangsläufig wissen, *wie* sie zu ihrem Ziel kommen, sie wollen vor allem, *dass* sie zu ihrem Ziel kommen. Steigen Sie beispielsweise in Ihr Auto, um von A nach B zu fahren, dann möchten Sie primär in B ankommen und nicht unbedingt wissen, wie Ihr Auto funktioniert. Wenn Sie bequem B erreichen, werden Sie auch bei der nächsten Fahrt mit dem Auto fahren (oder dies zumindest in Erwägung ziehen). Benutzer, die auf Ihrer Website landen, bringen zunächst ein gewisses Maß an Interesse mit; sie haben meistens eine positive Grundstimmung. Enttäuschen Sie sie nicht durch schwer bedienbare und undurchdringliche Websites – oder gehen Sie noch in Restaurants, in denen Sie schon ein Haar in der Suppe gefunden haben?

Die Erwartungshaltung an eine Website hängt aber auch von den Zielen ab, die ein Benutzer erreichen möchte, und kann daher sehr unterschiedlich sein. Angenommen, Sie stehen unter Zeitdruck und brauchen schnell bestimmte Informationen von einer Website. Dann kann ein Flash-Intro, also eine Animation per Flash, die beim Aufrufen einer Website angezeigt wird, eher negativ wirken. Vielleicht haben Sie selbst solch eine Situation schon erlebt. Surfen Sie allerdings im Web, um unterhalten zu werden, so kann ein derartiges Intro auch imponieren.

### 16.3.3 Bestimmte Ziele effektiv, effizient und zufriedenstellend erreichen

Im Folgenden möchten wir Ihnen die drei Eigenschaften der Definition, wie Ziele erreicht werden sollen, näher erläutern.

#### Effektivität

Zunächst ist die Rede von Effektivität. Für den Benutzer steht die Frage »Kann ich mit dieser Website mein Ziel erreichen?« im Mittelpunkt. Es gilt, den Benutzer bei seiner Zielerreichung optimal zu unterstützen. Betreiben Sie beispielsweise einen Online-Shop, so können diverse Hilfestellungen, wie die Angabe einer Service-Telefonnummer oder ein Link zu häufig gestellten Fragen, hilfreich sein. Helfen Sie Ihrem potenziellen Kunden so präzise und umfassend wie möglich. Such-

und Sortiermöglichkeiten können ein Beispiel dafür sein. Bei einer Suchfunktion können Suchvorschläge unterstützen.

### Effizienz

Zusätzlich zur effektiven Zielerreichung, soll ein Ziel auch effizient erreicht werden. Dabei ist der Aufwand gemeint, den ein Benutzer aufbringen muss, um sein Bedürfnis zu befriedigen. Muss ein Interessent sehr lange warten, bis sich Elemente oder sogar die gesamte Website aufgebaut haben, oder verirrt er sich innerhalb einer unübersichtlichen Navigation, dann kann von Effizienz keine Rede sein.

---

**Die 3-Klick-Regel**

Vielleicht haben Sie schon mal von der sogenannten *3-Klick-Regel* gehört, die besagt, dass Benutzer maximal dreimal klicken sollten, um das zu finden, wonach sie suchen. Andernfalls würden sie die Website enttäuscht wieder verlassen. Organisatorisch würde das bedeuten, dass Websites eine möglichst flache Struktur aufweisen müssen (darauf gehen wir im Folgenden noch näher ein). Flache Strukturen bedeuten wiederum, dass von einem einzelnen Ausgangspunkt viele Auswahlmöglichkeiten bestehen. Es gilt also, dem Benutzer nicht möglichst viele Mausklicks abzunehmen, sondern möglichst viel Denkarbeit.

Wie wir bereits beschrieben haben, sollten Sie versuchen, dem Benutzer ein positives Erlebnis zu verschaffen. Wenn Ihnen eine Website gefällt und Sie sich dort wohlfühlen und Ihr Ziel erreichen, werden Sie wahrscheinlich nicht die Klicks zählen, die Sie zur Zielerreichung benötigt haben. Die 3-Klick-Regel beschreibt also einen wichtigen Sachverhalt, unserer Meinung nach geht es aber vielmehr darum, dass dem Benutzer die Klicks leichtfallen, und nicht um die Quantität der Klicks. Sollten die Benutzer hingegen bei den einzelnen Aktionen unsicher sein, auf Seiten gelangen, die sie nicht erreichen wollten, oder Inhalte sehen, die sie nicht erwartet haben oder die sie nicht interessieren, dann werden sie die Website aller Wahrscheinlichkeit nach und ohne gute Erinnerung schnell verlassen.

---

Wir möchten das noch einmal an einem bildhaften Vergleich festmachen: Stellen Sie sich vor, Sie spazieren durch den Wald und benutzen einen Ihnen unbekannten Weg. Ständig stoßen Sie dort auf große Steine und dicke Baumstämme, die Ihnen den Weg versperren oder Ihren Spaziergang maßgeblich beeinträchtigen. Sie müssen die Steine umgehen und die Baumstämme überwinden, was Ihnen sehr viel Mühe bereitet. Wahrscheinlich werden Sie zunehmend daran denken, dass es besser gewesen wäre, einen alternativen Weg zu gehen. Sie sind sich jedoch schon sicher: Diese Route werden Sie nicht noch einmal laufen. Sofern Sie Ihr Ziel problemlos erreichen, ist es Ihnen lieber, einen Weg zu gehen, der weder Steine noch Baumstämme, also keinerlei Hindernisse hat, auch wenn dieser möglicherweise ein Stückchen länger ist.

So ist es auch im Web: Die Benutzer sollten das Gesuchte schnell und problemlos erreichen können. Wenn Sie als Website-Betreiber sowohl Usability als auch Accessibility und gelernte Konventionen (mehr dazu folgt in Abschnitt 16.4, »Konventionen«) berücksichtigen, so ebnen Sie Ihren Benutzern einen geraden Weg ohne Hindernisse. Fangen Sie also gleich an, Steine aus dem Weg zu räumen.

**Zufriedenheit**

Auch der dritte Aspekt der Definition – die Zufriedenheit der Nutzer – ist ausschlaggebend. Es stellt sich die Frage: Fühlt sich der Besucher auf der Website wohl? Wenn wir zurück an das Eingangsbeispiel eines Restaurantbesuchs denken, werden Sie das Lokal wohl nur ein zweites Mal aufsuchen, wenn Sie zufrieden waren. Dies ist sicherlich eine subjektive Wahrnehmung und kann daher von Benutzer zu Benutzer unterschiedlich sein. Jedoch gilt auch hier: Der Benutzer steht im Mittelpunkt.

---

**Feature Creep**

Achten Sie darauf, Ihre Website nicht mit zu vielen Funktionen zu überladen (in der Webentwicklung wird dies *Feature Creep* genannt). Nutzer sollten eine leicht verständliche, übersichtliche Website vorfinden und deren Hauptfunktionalität direkt erkennen.

---

Wir werden Ihnen in den nächsten Abschnitten einige Prinzipien vorstellen, die Sie hinsichtlich Usability, Barrierefreiheit und Konventionen berücksichtigen sollten. Viele Hinweise werden Ihnen sofort einleuchten. Wenn Sie aber mal genau darauf achten, werden Sie feststellen, dass selbst die plausibelsten Dinge auf vielen Websites nicht berücksichtigt werden. In solchen Fällen wird unnötig Potenzial verschenkt.

## 16.4 Konventionen

Sie wissen nun, dass Sie es mit einer Gruppe von Benutzern zu tun haben, die diverse Ansprüche an eine Website stellen und die unterschiedliche Erfahrungen und Grundvoraussetzungen mitbringen. Zudem sollten Sie berücksichtigen, dass Benutzer sich Dinge merken, sie erlernen und sie nach einer Weile sogar in erlernter Weise erwarten. Die Rede ist von sogenannten *Konventionen (Usage Patterns)*. Konventionen sind wie ungeschriebene Gesetze und haben sich mit der Zeit entwickelt. Eine der bekanntesten Konventionen ist das Einkaufswagensymbol. Aber auch ein Briefsymbol wird als E-Mail-Funktion erkannt, während ein kleines Häuschen als »Home« bzw. »Startseite« bekannt ist. Logos werden beispielsweise an der oberen linken Website-Ecke erwartet.

Es gibt viele dieser Konventionen, die sich bisher unterschiedlich stark durchgesetzt haben. Allgemein kann man sagen, dass Elemente von größerer Bedeutung sind, wenn sie groß angezeigt werden, bzw. von geringerer Bedeutung, wenn sie kleiner dargestellt werden. Denken Sie an die Parallele zur Textdarstellung in der Tageszeitung: Es wird erwartet, dass der Name der Zeitung oben bzw. oben links steht. Darüber hinaus werden Schlagzeilen wesentlich größer dargestellt als der folgende Text.

**Design versus Funktion**

Im Zusammenhang mit Konventionen gibt es oftmals Uneinigkeit: Es kommt vor, dass Webdesigner sich Konventionen widersetzen und etwas ganz Neues, Innovatives entwerfen, um ihrer kreativen Aufgabe gerecht zu werden. Bedenken Sie jedoch, dass Konventionen einfach sind. Und was einfach ist, wird sofort verstanden und gerne benutzt. Wer also gegen Konventionen verstößt, geht das Risiko ein, dass die Art und Weise der Darstellung zwar neu und kreativ ist, aber nicht verstanden wird. Schon haben Sie Ihren Benutzern wieder einen Stein in den Weg oder ein Haar in die Suppe gelegt. Der Königsweg besteht also darin, Konventionen zu beachten, aber dennoch neue Webdesigns zu entwerfen. Sollten Sie jemals vor der Entscheidung für das eine oder das andere stehen, raten wir Ihnen dazu, sich für die Konventionen zu entscheiden. Denn Benutzer möchten, wie der Name schon sagt, etwas benutzen. Für sie sind Konventionen unheimlich hilfreich. Elemente müssen nicht lange gesucht werden, sie befinden sich dort, wo sie erwartet werden. Das verschafft eine gewisse Sicherheit und Vertrautheit. Werden Erwartungen bzw. erlernte Konventionen missachtet, bedeutet das für den Benutzer Denkarbeit und erneutes Lernen. Ist er dazu nicht bereit, besteht die Gefahr, dass er die Website verunsichert wieder verlässt.

Aus diesem Grund ist auch Konsistenz ein wichtiges Kriterium. So sollten beispielsweise Navigationselemente (die wir in Abschnitt 16.6, »Die Navigation«, noch detaillierter beschreiben) auf allen Seiten in gleicher Weise dargestellt werden. Eine Navigation wird horizontal im oberen Seitenbereich und vertikal am linken Seitenrand erwartet. Auch eine Suchfunktion sollte konstant an der gleichen Website-Position verwendet werden. Suchelemente werden ebenfalls im oberen Seitenbereich erwartet. Eine weitere Konvention sind Links. Benutzer haben gelernt, das Begriffe, die blau und unterstrichen dargestellt werden, Hypertext-Links sind. Wurde ein Link besucht, wird er als solcher gekennzeichnet (z. B. durch farbliche Änderung). Weitere Informationen zur Verwendung von Links und Buttons finden Sie in Abschnitt 16.8, »Buttons und Links«.

Um Ihnen die Relevanz von Konventionen zu veranschaulichen, sehen Sie in Abbildung 16.5 die gleiche Website, mit dem Unterschied, dass rechts einzelne Elemente anders positioniert bzw. anders dargestellt wurden als links. Welche würde Seite Ihnen auf Anhieb eher zusagen?

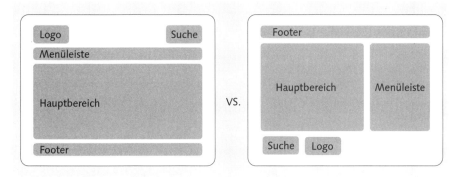

**Abbildung 16.5** Welcher Websiteaufbau ist Ihnen geläufiger?

Wie Sie sehen, kann es unter Umständen sehr verwirrend sein, wenn erlernte Konventionen nicht eingehalten werden. Das kennen Sie vielleicht auch aus anderen Alltagssituationen. Wenn Sie beispielsweise in den Supermarkt gehen, nachdem dort Regale umgestellt und Produkte umsortiert wurden, müssen Sie sich zunächst zurechtfinden und neu orientieren. Sie haben sich daran gewöhnt, dass die Einkaufswagen am Eingang stehen und die Zigaretten an der Kasse zu kaufen sind. Ist dies plötzlich nicht mehr so, heißt es nachdenken. Ihr Ziel sollte es also sein, Websites erwartungskonform zu präsentieren.

## 16.5 Strukturierung der Website

Wenden wir uns also der Organisation Ihrer Website zu. In diesem Zusammenhang wird häufig der Begriff *Informationsarchitektur* (IA) verwendet. Nach Wikipedia bedeutet das:

»*Informationsarchitektur bezeichnet die Konzeption und Definition der Struktur eines Informationssystems, meist eines Computersystems, sowie der für den Nutzer des Systems möglichen Interaktionen und schließlich der An- und Zuordnung sowie die Benennung der in dem System enthaltenen Informationseinheiten und Funktionen.*«

Damit ist also gemeint, dass alle Informationen einer Website strukturiert und entsprechend benannt werden (was auch als *Labeling* bezeichnet wird). Sie kategorisieren also den Inhalt Ihrer Website in verschiedene Rubriken und vergeben entsprechende Bezeichnungen. Mit einer guten Informationsstruktur helfen Sie Ihren Benutzern, Inhalte problemlos zu finden und Ihre Website einfach zu benutzen. Eine gute Informationsstruktur ist damit wesentlicher Bestandteil auf dem Weg zum Website-Erfolg.

### 16.5.1 Website-Struktur ist nicht gleich Navigation

Während die Website-Struktur die Inhalte einer Website in logische Bereiche ein-teilt und das Verhältnis der Seiten zueinander bestimmt, ist die Navigation die Möglichkeit für die Benutzer, zu den einzelnen Bereichen zu gelangen bzw., wie der Name schon sagt, zu navigieren.

#### Sitemap

Wahrscheinlich sind Ihnen *Sitemaps* von Websites geläufig. Eine Sitemap stellt listenartig dar, welche Seiten eine Website beinhaltet. In Abbildung 16.6 sehen Sie einen Ausschnitt der Sitemap der Website *www.bundespraesident.de*.

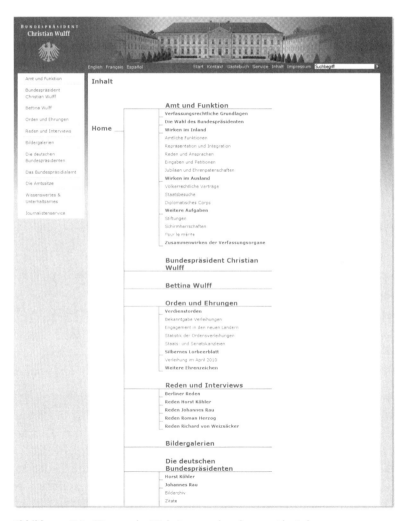

**Abbildung 16.6** Sitemap der Website www.bundespraesident.de

Was ist aber nun der Unterscheid zwischen einer Navigation und einer Sitemap? Nehmen wir einmal das Beispiel Impressum oder AGB. Diese beiden Webseiten werden wahrscheinlich in der Sitemap aufgeführt, müssen aber nicht zwangsläufig einen Platz in der Navigation einnehmen. AGB und Impressum können, wie im folgenden Beispiel von www.lufthansa.de beispielsweise auch im *Footer* (der Fußzeile) der Website angeordnet sein (siehe Abbildung 16.7).

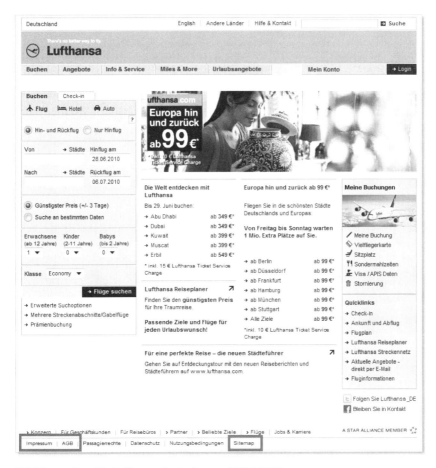

**Abbildung 16.7**  Die Lufthansa-Startseite vom 27.06.2010

### 16.5.2  Methoden zur Website-Strukturierung

Wir gehen in diesem Buch davon aus, dass Sie bereits eine Website besitzen. Sollten Sie aber die vorhandene Struktur nach dem Lesen dieses Kapitels für überarbeitungswürdig halten, möchten wir Ihnen einige Tipps zur Strukturierung nicht vorenthalten.

Es gibt verschiedene Herangehensweisen, wie Sie die Inhalte Ihrer Website strukturieren. Abzuraten ist von dem *Top-Down-Vorgehen*. Dabei wird mit der Konzeption der Startseite begonnen, und die einzelnen Themen werden dann verschiedenen Rubriken zugeordnet. In der Regel bleibt bei dieser Methode aber immer mal der ein oder andere Themenbereich übrig. Der wird dann oftmals notdürftig in die Navigation gepresst, was in den meisten Fällen zulasten der Usability geht.

Aus diesem Grund möchten wir Ihnen einige Praktiken vorstellen, wie Sie eine gute Informationsstruktur erarbeiten.

Eine Methode ist das sogenannte *Card-Sorting*. Dabei werden alle Themen auf einzelne Karteikarten geschrieben. Danach werden zusammengehörige Inhalte auf einen Kartenstapel gelegt. Sie sehen schon sehr früh bestimmte Strukturen, die sich herauskristallisieren. Vergeben Sie dann für jeden Kartenstapel einen übergeordneten Begriff (Label). Die gleiche Vorgehensweise können Sie auch mit Anhängern Ihrer Zielgruppe durchführen, das heißt, Sie fordern Ihre Benutzer auf, Ihre Website-Inhalte in für die Benutzer verständliche und zusammengehörige Stapel zu sortieren. Mehr zu Usability-Tests lesen Sie in Kapitel 18, »Testverfahren«.

Darüber hinaus können auch *Wireframes* (auch *Mockups* genannt) hilfreich sein. Ein Wireframe bezeichnet den Entwurf eines Designs, in diesem Fall Ihrer Website. Es handelt sich dabei zunächst um ein Modell, das heißt, es ist noch recht abstrakt und grafisch nicht vollendet. Statische Wireframes bieten sich bei einzelnen Webseiten an, während dynamische Wireframes das Navigieren von einer zu nächsten Webseite veranschaulichen. Sie bestehen dementsprechend aus mehreren Seiten, die miteinander zusammenhängen. In Abbildung 16.8 sehen Sie ein Beispiel für einen dynamischen Wireframe.

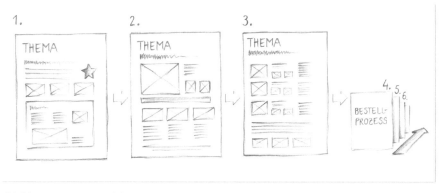

**Abbildung 16.8** Beispiel für einen dynamischen Wireframe

**Rapid Prototyping**

Unter Rapid Prototyping versteht man im Zusammenhang mit Websites die schnelle Erstellung eines Prototyps, der verschiedenen Stakeholdern (Interessensvertretern, wie z. B. Benutzern, Entwicklern, Designern) zur Abstimmung vorgelegt und anschließend entsprechend ihrer Wünsche angepasst wird.) In iterativen Entwicklungsprozessen, die aus den drei sich wiederholenden Phasen Entwicklung–Abstimmung–Anpassung bestehen, können so die einzelnen Ansprüche schon früh integriert werden.

Nachdem Sie Ihre Website-Inhalte grob eingeteilt haben, sollten Sie die Feingliederung vornehmen. So können Sie beispielsweise nach Themen, Zielgruppen oder Lösungen sortieren, je nachdem, welcher Ansatz für Ihr spezielles Angebot am sinnvollsten ist.

**Strukturebenen**

Ähnlich wie die Organisationsstruktur in Unternehmen kann auch eine Website unterschiedliche Ebenen beinhalten. Abgesehen von ausgefallenen Strukturen spricht man dann von flachen oder tiefen Site-Strukturen. Bevorzugen Sie eher tiefe Site-Strukturen, so gibt es viele Unter- und Unterunter-Seiten. Für den Benutzer hat das die Konsequenz, dass er auf einer besuchten Website wenige Auswahlmöglichkeiten hat, aber diverse Ebenen (siehe Abbildung 16.9).

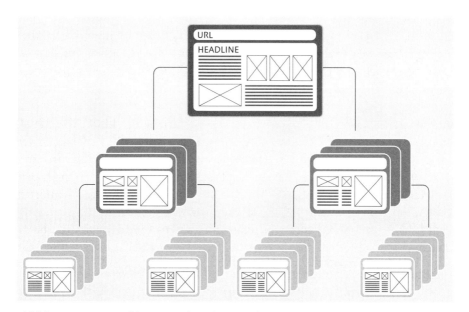

**Abbildung 16.9** Beispiel für eine tiefe Website-Struktur

Andersherum hat ein Benutzer auf einer Website mit einer flachen Site-Struktur viele Auswahlmöglichkeiten und wenige Unterebenen (siehe Abbildung 16.10).

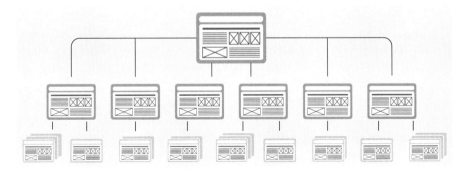

**Abbildung 16.10**   Beispiel einer flachen Site-Struktur

Bezüglich der Website-Strukturen gibt es keine allgemeingültigen Regeln, die einzuhalten sind. Solange der Benutzer problemlos die Inhalte der Website erreichen kann, ist alles denkbar. An dieser Stelle sei aber darauf hingewiesen, dass aus Gründen der Suchmaschinenoptimierung flache Hierarchien zu bevorzugen sind. Beim Crawlen taucht der Bot nicht gern in die Tiefen einer Website hinab.

### Die magische Sieben

Machen wir einen Ausflug in die Welt des menschlichen Gehirns. Wir können und möchten hier keine medizinischen Erkenntnisse wiedergeben, sondern auf sehr vereinfachte Art und Weise das menschliche Gehirn beleuchten. Das menschliche Gehirn lässt sich in drei Bereiche einteilen: das Langzeitgedächtnis, das Kurzzeitgedächtnis und das sensorische Gedächtnis. Während Letzteres die Informationen der Sinnesorgane verarbeitet, werden im Langzeitgedächtnis Informationen abgespeichert, die zu einem späteren Zeitpunkt wieder abgerufen werden können. So können Sie sich beispielsweise an die Namen Ihrer früheren Klassenkameraden erinnern, auch wenn Sie sich über Jahre nicht gesehen haben. Mit dem Kurzzeitgedächtnis speichern wir – wie der Name schon sagt – Informationen nur kurz, also temporär ab. Können wir an bestimmte Dinge anknüpfen und halten wir diese für wichtig, dann werden sie ins Langzeitgedächtnis befördert.

Nach dem Psychologen George A. Miller (»*The Magical Number Seven, Plus or Minus Two: Some Limits on Our Capacity for Processing Information*«) können Menschen maximal sieben (plus/minus zwei) Informationen gleichzeitig aufnehmen, was auch als sogenannte *Millersche Zahl* bezeichnet wird. Bei allen Dingen, die darüber hinaus gehen, wird es schwierig.

Sicherlich gibt es Menschen mit besonderer Gedächtnisleistung, wir sprechen hier aber von dem Gros der Menschen. Was hat das aber mit Ihrer Website zu tun? Sie sollten die magische Sieben bei der Strukturierung Ihrer Website im Hinterkopf haben. Versuchen Sie, dem Benutzer nicht mehr als sieben Auswahlmöglichkeiten innerhalb einer Navigation zu bieten (siehe Abbildung 16.11). In der Kürze der Zeit kann er den Überblick über seine Optionen nicht behalten und wirkt bei einer Vielzahl an Alternativen überfordert.

**Abbildung 16.11** Der Online-Shop für Schuhe hält sich vorbildlich an die magische Grenze von sieben Auswahlmöglichkeiten.

### 16.5.3 Typen von Webseiten

Sie wissen nun, wie Sie Ihre Website strukturieren sollten. Bevor wir uns im Folgenden der Navigation widmen, also der Art und Weise, wie Benutzer die einzelnen strukturierten Bereiche Ihrer Website erreichen, schauen wir uns noch die verschiedenen Arten von Webseiten an. Es gibt sicherlich einige Ausnahmen, doch auf die meisten Websites treffen folgende drei Webseiten-Typen zu:

▶ die Homepage/Startseite

▶ die Kategorieseite

▶ die Detailseite

Die Menge an Kategorie- und Detailseiten hängt von der Informationsstruktur der Website ab. Je nachdem, wie viele Ebenen eine Website enthält, können diese ganz unterschiedlich sein. Sonderfälle bilden darüber hinaus Seiten, die Formulare beinhalten. Diese werden wir in Abschnitt 16.9, »Formulare« genauer beleuchten. Zusätzlich gibt es noch sogenannte Landing Pages. Diese »Landeseiten« schauen wir uns im Detail in Kapitel 17, »Aus Besuchern Käufer machen – User konvertieren«, an.

#### Die Startseite (Homepage)

An die Homepage oder auch Startseite werden sehr viele Anforderungen gestellt. Zum einen soll sie die Zielgruppe ansprechen, sie abholen und den Kern der Seite vermitteln. Sie soll eine Botschaft transportieren, Lösungen, Angebote und den Gesamtzusammenhang aufzeigen, seriös und glaubhaft auftreten. Der Besucher muss die Hierarchie der Website erkennen können, sollte sich durch die Inhalte angesprochen fühlen und auch in andere Website-Bereiche eintauchen können.

Aus der Sicht der Suchmaschinenoptimierung ist die Aufgabe der Homepage im Regelfall, mit der Marke (dem *Brand*) eine gute Positionierung in Suchmaschinen zu erreichen.

Sie merken, die Gestaltung einer Startseite ist ein komplexes Thema, bei dem oft Einschränkungen oder Kompromisse gemacht werden müssen, um allem gerecht zu werden. Die Homepage hat insofern eine Sonderrolle inne. Auch eine Navigation auf der Startseite kann von der Navigation auf den Unterseiten abweichen. Eine unterschiedliche Darstellungsweise bedeutet aber nicht, dass sich die Bereiche inhaltlich unterscheiden sollten. Auch wenn die Navigation auf der Homepage eine andere ist, sollte die Struktur und Kennzeichnung dieselbe sein wie auf den restlichen Webseiten. In Abbildung 16.12 sehen Sie als Beispiel die Startseite des Online-Shops Trigema.

**Abbildung 16.12**  Die Startseite www.trigema.de

### Die Kategorieseite

Die Kategorieseiten (oder Rubrikseiten) sind vergleichbar mit den Rubriken einer Zeitung. So ist beispielsweise Ihre Tageszeitung in unterschiedliche Rubriken (in der Verlagswelt »Bücher« genannt) eingeteilt. Auch Websites und besonders Webshops lassen sich im Regelfall in Kategorien einteilen. Aus SEO-Sicht wird bei Kategorieseiten angestrebt, mit bestimmten Keywords eine gute Suchmaschinen-positionierung zu erreichen. Dem Nutzer soll so eine bessere Orientierung ermöglicht werden. Er erhält einen besseren Überblick über das Angebot. Unterstützen Sie ihn dabei, diese Angebotsübersicht nach seinem Suchbedürfnis zu überblicken und zu filtern.

Abbildung 16.13 zeigt als Beispiel die Kategorieseite »Sportbekleidung« von *www.trigema.de* mit der Auswahl »Sportmode für Damen«.

**Abbildung 16.13** Kategorieseite Sportbekleidung im Online-Shop Trigema

### Die Detailseite

Angelehnt an Online-Shops können Sie sich wahrscheinlich schon ausmalen, was mit einer Detailseite gemeint ist. Hier wird ein bestimmtes Produkt im Detail vorgestellt. Die Produktseite sollte den Informationsdurst des Nutzers zum Produkt stillen, d. h., hier sollte er Antworten auf seine Fragen zum Produkt erhalten. Präsentieren Sie Ihr Angebot möglichst ansprechend, stellen Sie Vorteile heraus, und machen Sie es so greifbar wie möglich (z. B. durch verschiedene Bilder, Zoom-Möglichkeiten, Blickwinkel etc.). Vergessen Sie darüber hinaus nicht, eine Möglichkeit zum Kauf anzubieten. In unserem vorangegangenen Beispiel könnte dies eine Produkt-Detailseite sein, wie Sie sie beispielhaft in Abbildung 16.14 sehen.

**Abbildung 16.14** Produktdetailseite im Online-Shop Trigema

Die Einteilung nach Kategorie- und Detailseiten entspricht nicht nur dem Aufbau von Online-Shops. Sie können diese auch auf andere Websites adaptieren. So ist beispielsweise eine Kategorieseite einer Informations-Website wie *www.zeit.de* der Bereich Wirtschaft (siehe Abbildung 16.15). Ein einzelner Artikel entspricht dann einer Detailseite.

**Abbildung 16.15**  Auswahl einer Kategorie auf www.zeit.de

### 16.5.4  Was darf nicht fehlen, was sollten Sie vermeiden?

Wenn wir wieder zurück an unser Lieblingsrestaurant denken, was sollte nun unbedingt auf der Speisekarte stehen? Wir betrachten im Folgenden insbesondere Websites, die Produkte verkaufen (E-Commerce), was aber nicht bedeutet, dass die meisten angesprochenen Aspekte nicht auch auf andere Websites anwendbar sind.

Beginnen wir mit den Gerichten, die auf keinen Fall fehlen dürfen, bevor wir uns diejenigen anschauen, die Sie besser nicht anbieten sollten.

#### Kontaktdaten und Impressum

Insbesondere dann, wenn Sie einen Webshop betreiben, sollten Sie Kontaktdaten gut sichtbar angeben, an die sich Ihre Besucher wenden können. Denken Sie an reale Geschäfte, wo (im Optimalfall) immer Verkaufspersonal zur Verfügung steht, um Fragen zu beantworten und im Kaufprozess behilflich zu sein. Idealerweise geben Sie mehrere Kontaktwege an, wie es beispielsweise bei Otto (*http://www.otto.de*) der Fall ist (Abbildung 16.16).

**Abbildung 16.16**  Kontaktmöglichkeiten bei otto.de

Mit wenigen Ausnahmen (bei Unsicherheit diesbezüglich sollten Sie mit einem Juristen sprechen) sind alle Websites laut §6 »Allgemeine Informationspflichten« des Teledienstgesetzes (TDG) dazu verpflichtet, »leicht erkennbar, unmittelbar erreichbar und ständig verfügbar« ein Impressum anzugeben. Wenn Sie einen derartigen Link in die Navigation oder in den Footer (Fußbereich Ihrer Website) integrieren, sollten Sie diese Vorgaben ausreichend erfüllen. Inhaltlich sind für das Impressum folgende Punkte vorgeschrieben:

- Name und Anschrift (bei juristischen Personen zusätzlich der Vertretungsberechtigte)
- Kontaktmöglichkeiten (Adresse und E-Mail)
- bei Tätigkeiten mit behördlicher Zulassung die zuständige Aufsichtsbehörde
- das Handels-, Vereins-, Partnerschafts- oder Genossenschaftsregister, in das Sie eingetragen sind, inklusive der entsprechenden Registernummer
- bei bestimmten Berufen die entsprechende Kammer, die gesetzliche Berufsbezeichnung und der Staat, der diese vergeben hat, sowie die Bezeichnungen der berufsrechtlichen Regelungen und deren Zugang
- gegebenenfalls Ihre Umsatzsteueridentifikationsnummer

Wenn Sie Meinungsbildung beispielsweise durch Kommentare zulassen oder Geschäftsabschlüsse tätigen, müssen weitere Angaben gemacht werden. Wir empfehlen Ihnen, Ihr Impressum von einem Juristen überprüfen zu lassen. Verstöße können zu hohen Geldbußen führen. In Kapitel 3, »Direkte Ansprache – Wirksames E-Mail- und Newsletter-Marketing«, finden Sie zudem einen entsprechenden Auszug aus dem Telemediengesetz. Sollten Sie das Analyse-Tool Google Analytics verwenden, muss dies ebenfalls im Impressum ausgewiesen sein. Google stellt dafür einen Hinweistext zur Verfügung. Diesen können Sie unter *http://www.google.com/intl/de_ALL/analytics/tos.html* finden.

Schnelle Hilfestellung finden Sie unter *http://www.net-and-law.de/de/netlaw/ webimpressum/assistent.php*. Hier wird Ihnen nach der Angabe einiger Informationen ein Muster-Impressum vorgeschlagen.

### Besser vermeiden: Jegliche Ablenkungen

Vermeiden Sie Dinge, die vom Wesentlichen ablenken. Wenn Sie jetzt dieses Buch in der Hand haben, dann sehen Sie selbstverständlich die Wörter auf der aufgeschlagenen Seite. Sie nehmen darüber hinaus aber noch sehr viel mehr wahr: Da sind zum Beispiel Dinge in der Umgebung und Geräusche. Diese werden aber vom menschlichen Gehirn weitestgehend ausgeblendet. Bewegungen sind jedoch schwieriger auszublenden. Bei Bewegungen sind wir sehr schnell abgelenkt und schauen auf, um festzustellen, ob wir in irgendeiner Art reagieren müssen.

Online verhält es sich ähnlich. Sehen wir sich bewegende Elemente am Monitor, obwohl wir eigentlich konzentriert einen Text lesen möchten, so ist unsere Aufmerksamkeit eingeschränkt. Website-Betreiber machen sich diesen Effekt oft zunutze und verwenden gerade sich bewegende Elemente, um die Aufmerksamkeit der Besucher darauf zu lenken. Sie halten Ihren Besuchern Dinge sprichwörtlich unter die Nase, die sie unter Umständen nicht sehen möchten und die daher eher störend wirken.

Sogenannte *Pop-Ups*, also Elemente, die aufspringen bzw. »aufpoppen« und Teile des geöffneten Browserfensters überlagern, sind nur ein Beispiel dafür, was Benutzer oftmals als störend empfinden können. Vermeiden Sie sie so weit wie möglich, oder gehen Sie äußerst sparsam damit um. Viele Benutzer verwenden derweil *Pop-Up-Blocker*, um derartige Störungen von vornherein auszuschließen.

## 16.6   Die Navigation

Wie bereits gesagt wurde, ist die Informationsarchitektur das Grundgerüst einer Website. Die Navigation dient dem Besucher dazu, die einzelnen Bereiche zu erreichen. Würde es keine Navigation geben, wüsste der Benutzer weder, wie vielfältig eine Website ist, noch wo er sich befindet. Viele Webseiten würden unentdeckt bleiben, wenn sie nicht mithilfe von Links verknüpft sind oder Benutzer möglicherweise die Webseite per URL aufrufen. Die Nutzer würden sich verloren fühlen, da sie sich räumlich nicht orientieren können und nicht wissen, wo sie sind. Wenn die Zusammenhänge fehlen, bleibt den Besuchern oftmals nur der ZURÜCK-Button übrig, der einer der meistgeklickten Links auf Websites ist. Auch *Lesezeichen* (*Bookmarks*) werden in solchen Situationen gerne zur Hilfe genommen. Eine gute Navigation kann also schon auf den ersten Blick Vertrauen schaffen. Sie sollte Hierarchie-Ebenen leicht erkennen lassen und den Benutzern ein Gefühl für die Breite und Tiefe der Website vermitteln. Kernthemen sollten bereits innerhalb der Navigation deutlich werden.

Rufen Sie sich in Erinnerung, dass die Benutzer Ihrer Website oftmals in Eile sind und aufgrund dessen die Inhalte nicht lesen, sondern nur überfliegen. Je einfacher und verständlicher eine Navigation ist, desto besser lässt sie sich bedienen, was zur Zufriedenheit der Benutzer führt.

Sie kennen das vielleicht aus dem Urlaub: Sie sind in einem fremden Land angekommen, dessen Sprache Sie nicht beherrschen, und möchten zu Ihrem Hotel. Naheliegend sind zwei Möglichkeiten: Entweder Sie lesen Straßenschilder und machen sich allein auf den Weg, oder Sie fragen jemanden. Ähnlich verhält es sich im Internet: Benutzer, die eine fremde Website besuchen, können entweder per Navigation versuchen, ihr Ziel zu erreichen, oder sie verwenden Hilfen, wie beispielsweise eine Suchfunktion. Usability-Experte Jakob Nielsen unterscheidet zwischen *such-dominanten* und *link-dominanten* Benutzern. Die Gruppe der such-dominanten Benutzer präferiert das Verwenden der Suchfunktion auf einer Website. Die link-dominanten Besucher browsen selbst mithilfe von Links durch eine Website. Selbstverständlich gibt es auch Menschen, die sowohl das eine als auch das andere Verhalten aufweisen. Wir werden uns beide Möglichkeiten genauer anschauen und Ihnen Tipps aufzeigen, wie Sie eine gute Navigation und Suchfunktion anbieten können.

Eine Navigation hat grundsätzlich zwei Aufgaben: Sie soll dem Benutzer anzeigen, wo er sich innerhalb einer Website befindet und ihn darüber hinaus dabei unterstützen, das Gesuchte problemlos zu finden. Damit ist eine Navigation für den Benutzer für die Interaktion mit der Website ein wesentlicher Bestandteil. Bevor wir uns den Navigationsarten zuwenden, widmen wir uns noch kurz den Bezeichnungen der Navigation und der einzelnen Seitenbereiche.

Es ist elementar wichtig, dass sich die Benutzer unter den einzelnen Begriffen etwas vorstellen können. Verglichen mit der Offline-Welt wäre eine schlechte Navigationsbezeichnung wie ein Verkehrsschild, das Ihnen unbekannt ist und von dem Sie nicht wissen, was Sie damit anfangen sollen. So kann es schnell zu Unfällen kommen. Verwenden Sie daher bekannte Bezeichnungen bei Navigationsbereichen, und kreieren Sie keine neuen exotischen Ausdrücke, die erst beim zweiten Hinsehen einleuchten. Überlegen Sie sich, welche Bedeutungen (*Semantik*) die Begriffe in Ihrer Navigation noch haben können und was Benutzer darunter verstehen könnten. Beachten Sie, dass die Bezeichnungen in der Navigation in keinem weiteren Zusammenhang stehen, sondern alleine eine eindeutige Aussagekraft haben sollten.

### 16.6.1 Navigationsarten

Es werden verschiedene Arten von Navigationen unterschieden. Bitte beachten Sie, dass es in der Literatur keine einheitliche Begriffsbezeichnung für die verschiedenen Navigationsarten gibt.

▶ globale Navigation (auch: Hauptnavigation, persistente Navigation)

▶ lokale Navigation

▶ Breadcrumb-Navigation (Brotkrumenpfade)

▶ Sonderfall: die Suchfunktion

**Die globale Navigation**

Die globale Navigation, die auch als *Hauptnavigation* oder *persistente Navigation* bezeichnet wird, ist eine Konstante, die sich auf jeder Webseite einer Website in gleicher Art und Positionierung befinden sollte. Ausnahmen können hier die Startseite oder auch Formulare bilden.

Die Navigation zeigt an, dass sich der Benutzer noch auf derselben Seite befindet, und bietet ihm die Möglichkeit, sich zu orientieren.

Nach Steve Krug beinhaltet die globale Navigation fünf Elemente:

1. Zum einen eine *Website-Kennung*, beispielsweise ein Logo, das sich für gewöhnlich am linken oberen Seitenrand befindet.

2. Zudem sollte der Benutzer immer die Möglichkeit haben, *zurück* zum Start zu gehen. Oftmals wird dies durch die Verlinkung des Logos gelöst oder auch einem Home- bzw. Startseite-Button. In Fachkreisen herrscht Uneinigkeit darüber, welche der beiden Varianten die bessere ist. Viele Benutzer haben inzwischen gelernt, dass die Website-Kennung bzw. das Logo einer Seite mit der Startseite verlinkt ist. Unterscheidet sich die Startseite extrem von den restlichen Webseiten, dann macht zusätzlich auch ein Startseiten-Link Sinn.

3. Drittens sollte eine *Suchfunktion* nicht fehlen. Wir haben die such-dominanten Benutzer bereits angesprochen und gehen im Folgenden noch genauer auf sie ein.

4. Als viertes Element sind die *Sektionen/Rubriken* zu nennen. Sie heißen zum Teil auch *Hauptsektionen* oder *primäre Navigation*. Damit sind die Kategorien gemeint, die Sie unter anderem bei der Website-Strukturierung festgelegt haben. In der Struktur der Website sind die Sektionen die erste Ebene. Sie sollten bei der Erarbeitung Ihrer Seitenstruktur die Sektionen nicht weniger berücksichtigen. Viele Besucher steigen über Suchmaschinen in Ihre Website ein und gelangen direkt auf eine Unterseite. Bieten Sie ihnen auch hier eine konsistente Navigation und optimale Orientierungshilfe.

5. Zu guter Letzt beinhaltet die globale Navigation die sogenannte *Hilfsnavigation* (auch *Utilitys* genannt). Damit sind Links gemeint, die dem Benutzer dabei helfen, die Website zu benutzen. Dazu gehören Links wie LOGIN, DATENSCHUTZ, HILFE oder Ähnliches. Obwohl sie auch auf jeder Seite platziert sein sollten, ist die Gewichtung geringer, was meistens durch eine kleinere Darstellung zum Ausdruck gebracht wird. Von mehr als fünf Utilitys ist abzuraten.

In Abbildung 16.17 und Abbildung 16.18 sehen Sie als Beispiele die Umsetzung der globalen Navigation auf den Seiten *www.tchibo.de* und *www.conrad.de*.

**Abbildung 16.17**   Die globale Navigation von Tchibo

**Abbildung 16.18**   Die Website-Navigation bei Conrad

### Die lokale Navigation

Die lokale Navigation befindet sich oftmals am linken Webseitenrand. Sie enthält die Webseiten, die zu einem bestimmten Bereich gehören. In folgendem Beispiel des Bundesministeriums für Finanzen, sind alle Unterseiten zum Thema Steuern in der lokalen Navigation zu finden (siehe Abbildung 16.19). Wichtig ist, dass sich die zugehörige globale Navigation dabei nicht verändert dass in diesem Beispiel also weiterhin der globale Navigationsbereich »Wirtschaft und Verwaltung« erhalten bleibt (und ausgewählt dargestellt wird).

**Abbildung 16.19**   Lokale Navigation auf der Internetpräsenz des Bundesministeriums für Finanzen

### Die Breadcrumb-Navigation

Erinnern Sie sich an das Märchen von Hänsel und Gretel? Die beiden Kinder wurden von ihren Eltern aus finanzieller Not im Wald ausgesetzt. Zuvor konnte der Junge aber die Pläne seiner Eltern belauschen und legte weiße Steine den Weg entlang, um zurück nach Hause zu finden. Das Vorhaben der Eltern ging nicht auf, weshalb sie einen erneuten Versuch unternahmen. Diesmal streute Hänsel Brotkrumen, die allerdings von Vögeln gefressen wurden. Daraufhin verlaufen sich die Geschwister im Wald und entdecken schließlich das Hexenhaus. Den Rest der Geschichte kennen Sie wahrscheinlich. Angelehnt an dieses Märchen ist die Bezeichnung *Breadcrumb* entstanden. Diese Art der Navigation zeigt dem Benutzer den Pfad von der Startseite zur aktuellen Seite an.

**Abbildung 16.20** Breadcrumb-Navigation am Beispiel der Website www.blume2000.de

Wie Sie an dem Beispiel aus Abbildung 16.20 erkennen, wird die Breadcrumb-Navigation in Kombination mit der globalen Navigation verwendet. In der Regel wird der Brotkrumenpfad unterhalb der Hauptnavigation angezeigt. Es wird eine kleinere Schriftart verwendet, und die einzelnen Schritte werden mit dem Zeichen »>« voneinander getrennt. Zum Teil wird der Pfad mit dem Hinweis »Sie befinden sich hier« angereichert und/oder fett dargestellt. Es lässt sich darüber streiten, ob ein solcher Hinweis notwendig ist. Wichtig ist aber, dass dem Benutzer deutlich wird, wo bzw. auf welcher Seitenebene er sich im virtuellen Raum befindet. Heben Sie daher die aktuelle Seite beispielsweise farbig, fett oder mit Symbolen hervorgehoben ab.

### Sonderfall: Die Suchfunktion

Für die such-dominanten Benutzer Ihrer Website ist eine Suchfunktion entscheidend. Wenn Sie sich mit der Suchfunktion auf Ihrer Website beschäftigen, sollten Sie immer im Hinterkopf haben, dass die Suchergebnisse elementar für den Produktverkauf bzw. den Kern Ihrer Website sind.

Die Suchfunktion ist also eine Ergänzung zum Navigieren per Menü und bietet sich insbesondere bei komplexen und umfangreichen Websites an. Sie ermöglicht es, auf direktem Wege beispielsweise eine Produktdetailseite aufzurufen. Bei kleineren Websites mit weniger Inhalten wird möglicherweise keine Suchfunktion benötigt. Das hängt aber von einer übersichtlichen Navigation ab, die dem Nutzer einfache Einstiegswege eröffnet.

Prinzipiell sollte eine Suchfunktion problemlos zu finden sein. Anstatt einen Menüpunkt SUCHE innerhalb der Navigation zu platzieren, sollten Sie ein offensichtliches Eingabefeld vorziehen, das auf jeder Webseite an gleicher Position zu finden ist. Etabliert haben sich die Positionen im oberen rechten – zum Teil auch oberen linken – Webseiten-Bereich. Eine gut funktionierende Suche kann das Vertrauen eines Benutzers in die Webseite unterstützen. »Gut« bedeutet dabei, dass die Suche schnell möglichst präzise Suchergebnisse ausgeben sollte. Die Funktionsweise einer Suche ist mittlerweile weitestgehend bekannt und muss in den meisten Fällen nicht näher erläutert werden. Für äußerst komplexe Websites können klare Tipps und Instruktionen dennoch hilfreich sein. Ihr Ziel sollte es sein, eine Suchfunktion zur Verfügung zu stellen, die so einfach wie möglich zu bedienen ist.

Im Allgemeinen besteht eine Suchfunktion lediglich aus einem Eingabefeld, das für alle Möglichkeiten genügend Zeichen aufnehmen können sollte. Achten Sie also auf eine ausreichende Größe des Eingabefeldes. Nach einer älteren Studie von Jakob Nielsen sind 27 Zeichen ideal. Zusätzlich befindet sich hinter dem Eingabefeld ein Button, dessen Bezeichnung beispielsweise SUCHE heißt. Das klingt erst mal einleuchtend, dennoch werden hier immer wieder Usability-Fehler begangen. Verwenden Sie also beispielsweise keine unklaren Bezeichnungen. Wenn ein Benutzer auf Ihre Website kommt und etwas suchen möchte, dann schwebt in seinem Kopf vermutlich das Wort »Suche«. Selbst wenn Sie nur geringfügig andere Formulierungen verwenden, gehen Sie das Risiko ein, dass Ihre Benutzer, wenn auch nur kurz, überlegen müssen.

Sie können den Benutzer bei seiner Suche unterstützen, indem Sie eine *Autosuggest*-Funktion integrieren. Sie kennen diese Funktion wahrscheinlich von der

Google-Suche. Hier wird schon bei der Eingabe der ersten Buchstaben in das Suchfeld eine Vorschlagsliste angezeigt, die sich mit jedem weiteren eingegebenen Zeichen entsprechend verfeinert. Hilfreich ist hier zudem die Angabe der Treffer pro vorgeschlagenem Wort.

Idealerweise werden auch Rechtschreib- oder Tippfehler erkannt, und es werden Suchergebnisse (mit der richtigen Schreibweise) ausgeliefert. Sogenannte *phonetische Suchfunktionen* können dem Besucher die Suche erleichtern: Hier werden verschiedene Schreibweisen, Rechtschreibfehler und Mehrfachzuordnungen berücksichtigt.

Sollten Sie in Erwägung ziehen, Ihren Benutzern verschiedene Suchoptionen anzubieten, sollten Sie bedenken, dass Ihre Benutzer dann nachdenken müssen, welche Suchoption sie verwenden. Für einen Großteil der Anwender von Suchfunktionen sind diverse Kategorien und Optionen überfordernd. Wenn Sie dennoch der Meinung sind, dass Benutzer Suchfilter angeben können sollten, kann ein Link ERWEITERTE SUCHE (zusätzlich zur Schnellsuche) eine mögliche Lösung sein.

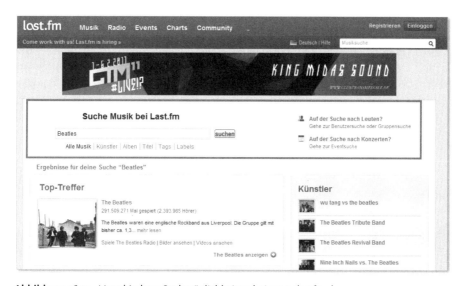

**Abbildung 16.21**  Verschiedene Suchmöglichkeiten bei www.lastfm.de

Die Website *www.lastfm.de* löst die Aufgabe mit einer Suchfunktion, die bei der Eingabe Suchvorschläge anbietet und zudem eine Musiksuche (nach Künstler, Alben etc. filterbar), eine Benutzer- oder Gruppensuche sowie eine Eventsuche anbietet (siehe Abbildung 16.21).

Für ein positives Nutzererlebnis ist die Funktionsweise der Suche elementar. Zum einen sollte die Suche möglichst schnell Ergebnisse liefern. Stellen Sie daher sicher, dass die Abfragen nicht zu lange dauern. Vorbildlich arbeitet auch hier die Google-Suche. So erhalten Sie beispielsweise bei der Suchanfrage »Schuhe« ungefähr 18.900.000 Ergebnisse in 0,23 Sekunden (Angaben, die von Google unter dem Sucheingabefeld angezeigt werden). Zum anderen zählt die Qualität der Suchergebnisse bzw. die Präzision der Suche. Geben Sie beispielsweise ein einzelnes Suchfeld an (ohne die Auswahlmöglichkeit weiterer Kategorien), so geht der Besucher davon aus, dass global und ohne Einschränkung gesucht wird. So sollte also das Suchen nach Begriffen genauso möglich sein wie das Suchen nach Artikelnummern (besonders relevant für Nachbestellungen), sofern es sich bei der Website um einen Online-Shop handelt. Dementsprechend sollten dann auch die Suchergebnisse aussehen. Das Paradebeispiel liefert der Online-Shop *amazon.de*.

Auch die Darstellung der Suchergebnisse ist entscheidend. Allgemein sollten diese so übersichtlich wie möglich präsentiert werden. Eine große Anzahl an Suchergebnissen ist wenig hilfreich, wenn sie nicht benutzerfreundlich aufbereitet wird. Das kann zum einen geschehen, indem die Ergebnisse in einer Liste angezeigt werden, deren beste Ergebnisse weiter oben stehen. Darüber hinaus gibt es auch die sogenannte Galeriedarstellung, die Sie in Abbildung 16.22 sehen. Verschiedene Filter- und Sortiermöglichkeiten helfen dem Benutzer, das für ihn beste Ergebnis schneller zu identifizieren. Zudem kann eine Auswahl an verschiedenen Darstellungen (z. B. Liste oder Galerie) und der Menge der Suchergebnisse (z. B. 10, 20 oder 50 Ergebnisse pro Seite) hilfreich sein. Zeigen Sie dem Benutzer die Anzahl der Gesamt-Treffer an. Dies dient der Entscheidungsfindung, ob die Suche mit einer detaillierteren Suchabfrage neu ausgeführt wird oder ob die Suchergebnisse durchgesehen werden.

Während die Gewichtung der Suchergebnisse per Liste eine Rolle spielt, wird die Aufmerksamkeit der Benutzer bei der Darstellung per Galerieansicht gleichmäßig auf die Suchergebnisse verteilt.

### Analyse der Logfiles und »Best Bets«

Insbesondere die genaue *Logfile*-Analyse kann nützliche Ergebnisse für die Optimierung der internen Suche liefern. Logfiles sind Dateien, die Aktionen und Prozesse Ihrer Website wiedergeben – Ihr Webmaster kann Ihnen bei der Beschaffung dieser Daten sicherlich behilflich sein.

Mithilfe solcher Logfiles können Sie ermitteln, welche Suchanfragen die Benutzer Ihrer Website stellen. Filtern Sie insbesondere die Top-Suchbegriffe heraus. Vielleicht können Sie temporäre Veränderungen feststellen und Ihr Angebot dahingehend anpassen? Wir empfehlen Ihnen, die eigene Suchfunktion auch selbst zu verwenden. Das ist eine weitere Möglichkeit, Fehlerquellen oder Schwachstellen zu identifizieren. Sollten Sie feststellen, dass wichtige Bereiche und Begriffe besonders häufig gesucht werden, so kann es sinnvoll sein, diese fest in der Navigation zu verankern, um das Nutzererlebnis zu optimieren.

Es kann auch sinnvoll sein, die Suchergebnisse zu optimieren. Auf Ihrer eigenen Website können Sie durchaus Einfluss darauf nehmen, was als Erstes angezeigt werden soll, was auch als *Best Bets* bezeichnet wird. Hoa Loranger und Jakob Nielsen empfehlen, eine Auflistung der besten Ergebnisse für verschiedene Suchabfragen zu hinterlegen. Wird eine solche Suchabfrage gestartet, erscheinen erst die Best Bets, dann die algorithmisch berechneten Ergebnisse.

Schauen Sie sich die Suchergebnisse für die häufigsten Suchanfragen an, und fügen Sie gegebenenfalls Spitzentreffer Ihrer Best-Bets-Liste hinzu.

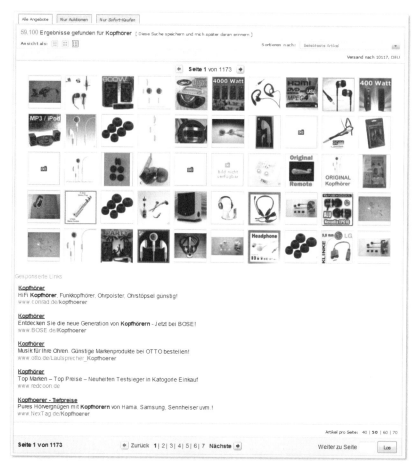

**Abbildung 16.22** Beispiel für die Darstellung der Suchergebnisse zum Suchbegriff »Kopfhörer« bei eBay

Im Zusammenhang mit der Darstellung von vielen Suchergebnissen (oder Datenmengen) fällt oftmals auch das Wort *Paginierung*. Dabei werden die Informationen auf verschiedene Seiten aufgeteilt und mittels Seitennummerierung dargestellt. Benutzer können vor- und zurückblättern. Paginierung wird oftmals bei Online-Shops angewendet, um eine Vielzahl an Suchergebnissen darzustellen, die sonst nicht auf eine Webseite gepasst hätten. Aus Sicht der Suchmaschinenoptimierung ist es dabei wichtig, dass auch die Unterseiten für die Suchmaschinen erreichbar sind.

Eine erfolglose Suche kann für den Besucher sehr unbefriedigend sein. Teilen Sie dem Suchenden mit, dass die Suchabfrage keine Treffer erzielen konnte, und bieten Sie ihm Hilfestellungen. Das können Tipps sein, wie eine erneute Suche aussehen kann. Zudem kann es auch sinnvoll sein, alternative Suchergebnisse anzuzeigen.

### 16.6.2 Navigationsstile

Neben den einzelnen Navigationsarten haben sich auch verschiedene Navigationsstile entwickelt, die wir Ihnen im Folgenden vorstellen möchten.

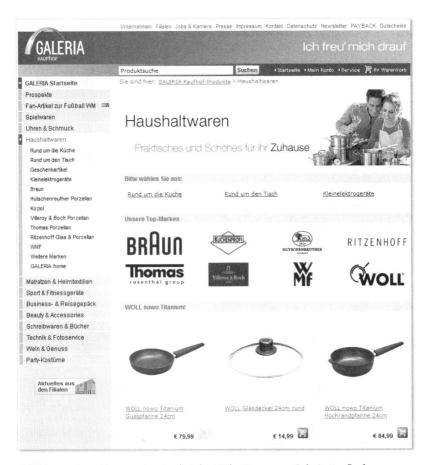

**Abbildung 16.23** Listennavigation bei der Webpräsenz von Galeria Kaufhof

### Listen-Navigation

Die wohl naheliegendste Form der Darstellung verschiedener Bereiche stellt eine Liste dar, die horizontal oder vertikal angeordnet sein kann. Unterbereiche, wie zum Beispiel die lokale Navigation, werden kleiner dargestellt, um die verschiedenen Website-Ebenen bzw. die Tiefe der Website anzudeuten, wie Sie am Beispiel der Navigation bei Galeria Kaufhof sehen können (siehe Abbildung 16.23).

### Auswahlmenüs, Dropdown-Menüs und Rollover-Menüs

Eine andere Darstellungsart sind Auswahlmenüs, die Sie wahrscheinlich von der Sprach- oder Länderauswahl her kennen.

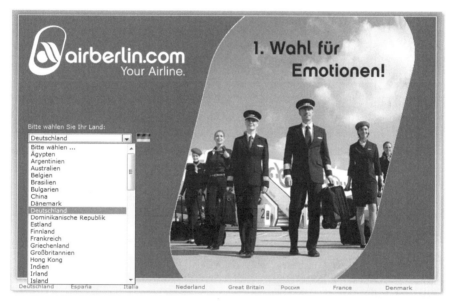

**Abbildung 16.24**   DropDown-Menü bei airberlin.de

Auswahlmenüs können auch angezeigt werden, wenn Sie mit der Maus über einzelne Elemente fahren oder auf diese klicken. Dann werden Ihnen weitere Auswahloptionen angezeigt, wie Sie in Abbildung 16.25 auf der Website von DHL sehen. Auswahlmenüs sind eine praktische Möglichkeit, um viele Inhalte platzsparend anzuzeigen.

Hier wird zudem eine weitere Funktion deutlich: die sogenannten *Tooltips*. Sie erscheinen, wenn Sie mit der Maus einige Zeit über einem Element verharren. Dann wird ein kleines Hinweisfenster angezeigt, das eine kurze Beschreibung beinhaltet. Bei der nächsten Mausbewegung verschwindet der Hinweis. Im DHL-Beispiel sehen Sie, dass sich ein weiteres Hinweisfenster geöffnet hat, mit der

Beschriftung »Logistik«. Tooltips zählen nicht unbedingt zu Navigationsstilen, können aber durchaus hilfreich sein. Sie können via HTML, CSS oder JavaScript umgesetzt werden.

**Abbildung 16.25** Dropdown-Menü bei DHL

Achten Sie bei der Verwendung von Dropdown-Menüs darauf, dass sie dem Benutzer deutlich werden, ohne dass er darüber nachdenken muss. Zudem sollten sie nicht gleich wieder verschwinden, bevor der Benutzer die Möglichkeit hatte, eine Auswahl zu treffen. Berücksichtigen Sie bei der Darstellung per Dropdown-Menü, dass die Unterbereiche für die Benutzer erst ersichtlich werden, wenn das Menü aufgeklappt ist. Scannt ein Besucher Ihre Website, kann er also noch nicht sehen, welche Themen sich noch in den einzelnen Ebenen verbergen.

### Registernavigation

Bei der Registernavigation werden verschiedene Reiter, angelehnt an die Offline-Welt, dargestellt. Sie kennen bestimmt Schubladen, die verschiedene Register enthalten und oftmals in Arztpraxen zu finden sind.

Auf Websites wird dieser Effekt aufgegriffen, indem Registerkarten angedeutet werden und Räumlichkeit vermitteln. Wichtig bei der Gestaltung von Registern ist die optische Hervorhebung des ausgewählten Reiters. Das kann zum Beispiel durch eine andere Farbe geschehen, die von Rubrik zu Rubrik unterschiedlich ist. Bei jedem Wechsel des Benutzers in eine andere Rubrik bzw. einen anderen Themenbereich sollte der entsprechende Reiter bereits hervorgehoben sein.

**Abbildung 16.26** Registernavigation der Airline Germanwings

**Tagclouds**

Tagclouds beinhalten eine Sammlung von Schlagworten, die in unterschiedlicher Größe und durcheinander dargestellt werden. Je nachdem, wie groß ein einzelner Begriff innerhalb der Schlagwort-Wolke dargestellt wird, desto beliebter oder bedeutender ist dieses Thema auf der jeweiligen Website. Ein Beispiel für eine Tagcloud zeigt Abbildung 16.27 anhand der Online-Präsenz des Handelsblatt (*http://www.handelsblatt.com*).

**Abbildung 16.27** Beispiel für eine Tagcloud auf www.handelsblatt.com

**Klappmenüs, Ziehharmonika bzw. Akkordeon**

Als Klappmenü, Ziehharmonika oder auch Akkordeon bezeichnet man die hilfreiche Funktion von aufklappbaren Elementen. Wie Sie beispielsweise im Service-Bereich des Versandhandels Otto (*www.otto.de*) unter FAQ sehen, können hier die Antworten zu einzelnen Bereichen per Klick auf- und zugeklappt werden. Das spart nicht nur Platz, sondern ist auch überschaubarer für den Benutzer. Voraussetzung und daher möglicher Nachteil ist, dass der Benutzer erst aktiv das Akkordeon aufklappen muss, um die Inhalte zu sehen. Ansonsten bleiben sie ihm verborgen. Aus Sicht der Suchmaschinenoptimierung kann der Einsatz von Klappmenüs kritisch sein, denn oftmals werden mit diesem Hilfsmittel viele Themenbereiche angesprochen. Dabei ist es schwierig, eine gewisse Keyword-Dichte zu erreichen. Bedenken Sie zudem, dass die Klappfunktion nicht funktioniert, wenn Benutzer JavaScript deaktiviert haben. In diesem Fall werden alle Inhalte im aufgeklappten Zustand dargestellt. Den ersten Bereich des Akkordeons kann man bereits aufklappen.

Das hat den Vorteil, dass der Benutzer direkt sieht, dass ihn Inhalte hinter den Bereichen erwarten, auch wenn er ein Plus- oder Minuszeichen (zum Aufklappen des Menüs) zunächst nicht wahrnimmt (siehe Abbildung 16.28).

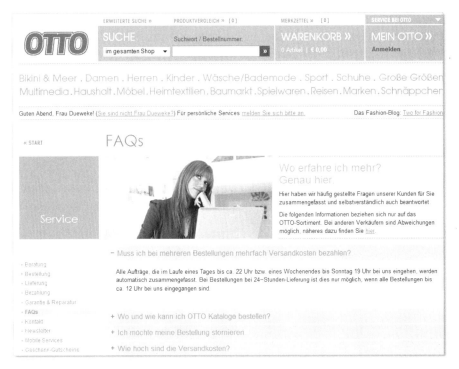

**Abbildung 16.28**  Klappmenü bei Otto

## 16.7    Texten für das Netz

Ein Zitat von Willi Brandt lautet: »*Die besten Reden sind die, die nicht gehalten werden. Die zweitbesten sind die scharfen, die drittbesten die kurzen.*« Der frühere Bundeskanzler beschreibt hier das, was wir allgemein unter der Redewendung »langer Rede kurzer Sinn« verstehen.

Überfordern Sie Ihre Benutzer nicht mit endlos langen Texten. Das Lesen am Monitor ist anstrengender als auf Papier. Zwar lesen nach einer Studie von eResult 60 % der Benutzer Texte häufiger am Bildschirm. Dennoch ist erwiesen, dass Menschen am Monitor langsamer lesen und zudem die Augen schneller ermüden. Darüber hinaus wissen Sie, dass die Benutzer es meistens eilig haben, Texte nur überfliegen (scannen) und innerhalb weniger Sekunden entscheiden, die Website möglicherweise wieder zu verlassen.

Die meisten Besucher »lesen« Websites also nicht, sondern überfliegen diese. Sie scannen die Inhalte und suchen nach der Lösung ihres Problems oder Bedürfnisses. Sie kennen das bestimmt vom »Zappen« im Fernsehen oder vom »Durchblättern« in Zeitschriften. Sie schalten rasant durch die einzelnen Kanäle oder überfliegen die Seiten von Magazinen. Sie stoppen erst, wenn Ihr Blick an etwas Interessantem haften bleibt. Und diesen Effekt gilt es hervorzurufen: Fangen Sie das Interesse des Besuchers ein, indem Sie ihm interessante, spannende Angebote liefern. Beginnen Sie mit den wichtigsten Informationen, und gehen Sie dann ins Detail. Nicht jeder Besucher Ihrer Website wird die Inhalte komplett lesen.

### Die umgekehrte Pyramide von Nielsen

Nach Jakob Nielsen sollte der Textaufbau der Form einer umgekehrten Pyramide ähneln. Das bedeutet, die Zusammenfassung mit den elementarsten Informationen, die sich zumeist im Schlussteil eines Textes wiederfinden, werden an den Anfang gesetzt, Detail- und Hintergrundinformationen folgen. Dahinter steht die Überlegung, dass Leser, auch wenn sie nur den Anfang eines Textes lesen, die wichtigsten Informationen aufnehmen können. Sie kennen dieses Prinzip bestimmt aus der Zeitung.

Exemplarisch sehen Sie dieses Pyramidenmodell in Abbildung 16.29.

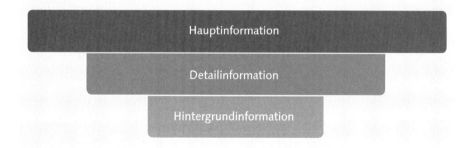

**Abbildung 16.29**  Pyramidenartiger Textaufbau nach Jakob Nielsen

Versuchen Sie sich insgesamt möglichst kurz zu fassen und kurze Sätze zu formulieren. Strukturieren Sie Ihre Inhalte durch Zwischenüberschriften, und heben Sie wichtige Abschnitte hervor. Berücksichtigen Sie, dass es unterschiedliche Möglichkeiten gibt, wie Besucher in Ihre Website einsteigen. Inhalte sollten daher in sich geschlossen sein und sich nicht über verschiedene Seiten hinweg aufbauen. Versuchen Sie, den Benutzer abzuholen und anzusprechen, und vermeiden Sie passive Formulierungen. Vielmehr sollten Sie aktiv und so spannend wie möglich schreiben. Stellen Sie Ihr Angebot klar und deutlich dar. Stellen Sie den Nutzen Ihres Angebotes heraus, und übermitteln Sie Ihre Kernbotschaft. Alle Elemente der Webseite sollten dazu beitragen.

Dabei können Sie sich an den sieben Ws orientieren eine Fragetechnik, die insbesondere von Journalisten angewandt wird (dies ist aber nicht bei jedem Inhalt notwendig): Beantworten Sie auf der Webseite,

- wer
- was
- wo
- wann
- wie und
- warum

Ihr Angebot verwenden sollte. Damit sollten Sie die Kernfragen der Interessenten beantwortet haben. Sie können das Ganze noch mit Referenzen oder Testsiegeln untermauern. Insgesamt sollte klar werden, was das Angebot für den Benutzer persönlich bedeutet und worin seine individuellen Vorteile bestehen.

Stellen Sie sich einen direkten Dialog vor, indem Sie gleich zur Sache kommen. Vermeiden Sie überflüssige Beschreibungen, und entfernen Sie Füllwörter und Füllsätze, die keinen Mehrwert bieten. Konzentrieren Sie sich auf nützliche Informationen für Ihre Besucher.

Halten Sie es beim Texten mit Arthur Schopenhauer (deutscher Philosoph, 1788–1860):

*»Jedes überflüssige Wort wirkt seinem Zweck gerade entgegen.«*

Dass Sie dabei die deutsche Rechtreibung und auch die Regeln der Grammatik beachten, sollte nicht extra erwähnt werden müssen. Tippfehler wirken unseriös, Sie riskieren damit das Vertrauen Ihrer Besucher. Prüfen Sie Ihre Texte daher selbst, über ein Lektorat oder per Rechtschreibprüfung von Textverarbeitungsprogrammen.

Wie im wahren Leben sollten Sie Ihre Wortwahl an Ihr Gegenüber anpassen: So werden Sie beispielsweise mit Kleinkindern anders sprechen als mit Ihrem Chef. Die sprachliche Anpassung an Ihre Zielgruppe sollte aber in keinem Fall aufgesetzt wirken, da sonst schnell ein unglaubwürdiger Eindruck entsteht. Allgemein sollten Sie wenig Fach- und Fremdwörter verwenden und diese im Zweifelsfall erklären. Geben Sie sich nicht der Illusion hin, dass englische Bezeichnungen zwangsläufig verstanden werden. Eine Datenerhebung des Instituts für Demoskopie Allensbach im Jahr 2007 ergab, dass fast die Hälfte der Befragten Englisch »überhaupt nicht gut/gar nicht« verstehen.

Fordern Sie keine unnötige Denkarbeit von Ihren Besuchern, und bleiben Sie bei klaren, unmissverständlichen deutschen Bezeichnungen. Vermeiden Sie zudem zwei- und mehrdeutige Begriffe. Auch Fachbegriffe, die Ihnen vielleicht eindeutig vorkommen mögen, sind nicht jedem Besucher geläufig. Setzen Sie keine Vorkenntnisse voraus, sondern bieten Sie, wenn nötig, kleine Hinweise und Hilfestellungen.

**Ein Tipp**

Wenn Ihre neunzigjährige Großmutter Ihre Webseite problemlos versteht, dann liegen Sie mit Ihren Formulierungen meistens richtig.

Im Allgemeinen sollten Bezeichnungen einheitlich verwendet werden. Verschiedene Schreibweisen, wie beispielsweise bei dem Begriff *E-Mail* (der manchmal auch als *email, eMail, Email* auftaucht) sollten Sie möglichst vermeiden. Bleiben Sie auch innerhalb Ihrer Formulierungen konstant, und bezeichnen Sie Ihre *Startseite* beispielsweise nicht abwechselnd auch als *Home, Homepage, Einstieg* oder *Start* – oder wie kürzlich gesehen als *Zuhause*.

Was die Seitenlänge anbelangt, gibt es sowohl für sehr kurze als auch für lange Webseiten *Best-Practise*-Beispiele (Musterbeispiele). Sollten Sie jedoch eine lange Webseite planen und vom Besucher viel Scrollen verlangen, können Links, die zum Anfang der Seite springen, hilfreich sein. Seitliches Scrollen sollten Sie eher vermeiden. Nach einer Studie von Jakob Nielsen im Frühjahr 2010 liegt 80 % der Aufmerksamkeit der Benutzer »above the fold« also im sichtbaren Bereich. Obwohl die Benutzer scrollen, liegt nur 20 % der Aufmerksamkeit »below the fold«, also unter dem sichtbaren Webseitenbereich. Je länger die Seite ist, desto wichtiger wird deren Strukturierung.

Sie sollten Ihren Besuchern also das Überfliegen der Inhalte so leicht wie möglich machen. Verwenden Sie daher Überschriften, Unterüberschriften und Absätze mit den dafür vorgesehenen HTML-Tags `<h1>` bis `<h6>`. An sinnvollen Stellen kann es sich auch anbieten, mit Auflistungen zu arbeiten. Listen können schneller erfasst werden als Text und werden von Besuchern gerne gelesen, da sie auf übersichtliche und prägnante Weise Informationen darstellen.

Wichtige Satzbausteine können fett hervorgehoben werden. Bilder und Grafiken sind ein gutes Mittel, um lange Texte auf Webseiten aufzulockern. Vergeben Sie jeweils Bildunterschriften, und verlinken Sie, sofern es sinnvoll ist, auch die integrierten Darstellungen. Vergessen Sie dabei nicht, auch Image-Tags zu vergeben, die das Bild oder die Grafik beschreiben. Dies ist sowohl für die Verwendung von Screenreadern als auch aus der Sicht der Suchmaschinenoptimierung wichtig.

Da das Lesen am Monitor für die Augen sehr anstrengend sein kann, drucken sich viele Besucher Webseiten-Texte aus. Bieten Sie daher eine Druckversion an, beispielsweise als PDF. Dabei ist es für den Benutzer hilfreich, die Dateigröße des PDFs zu kennen. Verlinken Sie auch eine kostenlose Version eines PDF-Readers. Alternativ können Sie auch HTML-Druckversionen anbieten.

Um dennoch ein angenehmes Lesen am Monitor zu ermöglichen, sollten Sie darauf achten, dass Sie Ihre Inhalte lesbar darstellen. Wählen Sie eine Schriftgröße, die auch ohne Lupe erkennbar ist und nur von wenigen Besuchern verändert werden muss, und stellen Sie sicher, dass die Schriftgröße ebenfalls veränderbar ist. Wenn Sie eine Schrift mit Serifen (mehr dazu finden Sie in Abschnitt 16.13.3, »Typografie«) verwenden, sollten Sie Ihre Texte etwas größer darstellen. Entscheiden Sie sich möglichst für eine websichere Schrift, die problemlos von unterschiedlichen Systemen dargestellt werden kann. Sie sollten darüber hinaus auf angenehme Kontraste achten und optimalerweise schwarze Schrift auf weißem Hintergrund verwenden. Von heller Schrift auf hellem Hintergrund ist eher abzuraten. Auch Hintergrundbilder können dazu führen, dass die Inhalte nur noch schlecht lesbar sind. Wählen Sie einen ausreichend großen Zeilenabstand, und berücksichtigen Sie, dass die Verwendung von Blocksatz zu unausgeglichenen Textbildern führen kann.

Zu guter Letzt noch einige Hinweise aus der Perspektive der Suchmaschinenoptimierung: Wie Sie in Abschnitt 12.3.2, »Inhalte optimieren« im Detail lesen können, sollten Sie innerhalb Ihrer Texte wichtige Keywords verwenden. Streuen Sie diese sowohl in Überschriften, Zwischenüberschriften und im Text. Integrieren Sie wichtige Keywords auch im Title-Tag und der Meta-Description Ihrer Website. Steigen Sie in das Kapitel 12, »Suchmaschinenoptimierung (SEO)«, ein, wenn Sie Näheres dazu erfahren möchten.

## 16.8 Buttons und Links

Eine der Errungenschaften und Grundlage des World Wide Web sind die Links. Durch die Technik der Links müssen Sie nicht von Seite zu Seite blättern, sondern können gleich an inhaltlich relevanter Stelle in eine andere Website oder Webseite eintauchen.

Sie als Website-Betreiber müssen dabei eins im Auge behalten: Die Benutzer dürfen zu keiner Zeit orientierungslos durch Ihre Seite irren. In Abschnitt 16.6, »Die Navigation«, haben wir dieses Thema bereits angesprochen. Aber auch bei der Verwendung von Links und Buttons sollten Sie einige Hinweise beachten: Machen Sie Ihre Website nicht zu einem Ratespiel. Wenn Sie Links verwenden, sollten diese für den Nutzer auch erkennbar sein. Vielleicht denken Sie jetzt, das sei vollkommen logisch und es sei überflüssig, dies zu erwähnen. Leider kommt es immer noch häufig vor, dass Links nicht als solche gekennzeichnet werden.

Dabei ist es so einfach: Links sind blau und unterstrichen (oder zumindest eins von beidem). Daran haben sich die Benutzer inzwischen gewöhnt, und sie wissen, dass sie auf derartige Dinge klicken können und weitergeleitet werden. Andersherum sollten auch nur die Textpassagen als Link gekennzeichnet sein, die wirklich eine Verlinkung darstellen. Vermeiden Sie daher die Verwendung von blauer (und unterstrichener) Schrift. Um dem Benutzer eine Hilfe zu geben, welche Links er bereits besucht hat, werden diese Links in der Regel andersfarbig angezeigt.

Achten Sie auch bei der Wahl der Linktexte darauf, dass dem Benutzer angezeigt wird, was ihn mit einem Klick auf den Link erwartet. Wählen Sie dabei aussagekräftige Formulierungen. »Hier klicken« ist wenig hilfreich für Ihre Benutzer. Es sollte auch nur so viel Text wie nötig als Linktext verwendet werden. Sehr lange Linktexte sind nicht besonders gut lesbar. Und auch hier sollten Sie Aspekte aus der Suchmaschinenoptimierung im Kopf haben: Im Linktext können und sollten wichtige Keywords verwendet werden.

Ähnlich verhält es sich mit Buttons: Auch diese sollten so dargestellt werden, dass sie offensichtlich klickbar sind und Benutzer nicht darüber nachdenken müssen. Es reicht nicht aus, dass sich der Mauszeiger (*Cursor*) von einem Pfeil in eine zeigende Hand verwandelt, wenn Sie ihn über den Begriff ziehen (*Rollover-* bzw. *Mouseover-Effekt*).

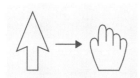

**Abbildung 16.30** Der Cursor verändert sich, wenn Sie mit der Maus über ein klickbares Element fahren.

Vielmehr sollte offensichtlich dargestellt sein, dass es sich um ein klickbares Element handelt. Zudem sollten Sie auch anzeigen, ob dieses Element gerade aktiv oder inaktiv ist – beispielsweise durch unterschiedliche Farbgebung. Legen Sie Wert auf eine möglichst einheitliche Darstellung Ihrer Buttons, und seien Sie vorsichtig bei Positionsveränderungen.

Auch das Thema Konsistenz spielt bei Links und Buttons eine Rolle: Zeigen Sie dem Benutzer schon mit entsprechenden Beschriftungen, dass er auf der richtigen Zielseite gelandet ist. So sollte ein Link oder Button mit der Bezeichnung PRODUKTDETAILS auch zu einer Seite führen, deren Überschrift »Produktdetails« lautet. So machen Sie dem Benutzer die Orientierung leichter: Er weiß, was passiert, wenn er auf einen Link/Button klickt, und dies wird bestätigt, wenn er auf der entsprechenden Zielseite landet. Arbeiten Sie mit Ankern, wenn der entsprechende Inhalt weiter unten auf einer langen Zielseite steht. So springt der Benutzer gleich zu dem für ihn relevanten Inhalt.

Gehen Sie sparsam mit Links um, die auf andere Seiten verweisen. Sie möchten Ihren Benutzern Ihre Angebote präsentieren und nicht die eines anderen Anbieters. Derartige Verweise können gut am Ende einer Webseite verwendet werden. Bei deren Betätigung sollte sich ein neues Browserfenster öffnen, damit die Benutzer immer noch die Möglichkeit haben, dieses zu schließen und auf Ihrer Seite zu verweilen.

Zusammenfassend kann man sagen: Die Verwendung von Links und Buttons sind kein Such- und Ratespiel. Zeigen Sie so offensichtlich wie möglich, was klickbar ist und wohin der Klick führt.

## 16.9   Formulare

Sie kennen das bestimmt aus dem Alltag: Formulare sind bürokratisch und machen nicht besonders viel Spaß. Am liebsten schiebt man sie zur Seite und vermeidet sie, wenn es möglich ist. Ähnlich verhält es sich auch im Internet.

Obwohl uns Formulare fast überall im Netz begegnen (z. B. bei Newsletter-Anmeldungen, Logins, Bestellungen etc.), sollten Sie sie nur dort einsetzen, wo es wirklich nötig ist, da sie oftmals einen unpersönlichen Charakter haben. Es ist besonders wichtig, dass Sie sich mit der Gestaltung von Formularen auseinandersetzen, sofern Sie welche auf Ihrer Website verwenden. Dies kann zwar sehr zeitaufwendig sein, aber die Mühe lohnt sich, wenn Sie bedenken, dass ausgefüllte (Bestell-)Formulare Ihnen auch einen wirtschaftlichen Erfolg bringen können. Denn gerade Formulare haben starken Einfluss auf Ihre Konversionsrate und somit auf Ihren Erfolg.

Das gesamte Thema Formulargestaltung ist recht komplex. Formulare müssen individuell und abgestimmt auf die jeweilige Zielgruppe gestaltet werden. Daher gehen wir an dieser Stelle nur auf die elementarsten Punkte ein, die Sie beachten sollten.

Zunächst einmal sollten Sie Ihre Formulare so kurz wie möglich halten. Vermeiden Sie jegliches Nebenrauschen, also alle Elemente, die den Benutzer vom Ausfüllen des Formulars ablenken könnten. Fragen Sie sich bei jedem Eingabefeld, ob Sie diese Informationen von Ihrem Benutzer wirklich benötigen oder ob Sie auch ohne sie auskommen oder diese gegebenenfalls zu einem späteren Zeitpunkt, beispielsweise auf einer Bestätigungsseite, abfragen können. So müssen Sie beispielsweise nicht verschiedene Kontaktmöglichkeiten eines Interessenten erfragen, wie beispielsweise eine Rufnummer und eine E-Mail-Adresse. Hier sollten Sie nicht beide Informationen als Pflichtangabe abfragen, sondern möglicherweise die Benutzer entscheiden lassen, auf welche Art und Weise sie kontaktiert werden möchten.

Vermeiden Sie zudem möglichst auch das Abfragen von Informationen, die Benutzer erst suchen müssen. Oder kennen Sie beispielsweise all Ihre Kundennummern auswendig? Wenn Sie zu viele Informationen abfragen, erhöhen Sie das Risiko, dass falsche Angaben gemacht werden oder die Absprungrate in die Höhe schnellt. In beiden Fällen ist Ihnen damit nicht geholfen.

Wie bei der Navigation sollten Sie auch hier Wert auf die Bezeichnung der Eingabefelder legen. Die Benutzer sollten sofort wissen, welche Informationen von ihnen verlangt werden. Sowohl kleine Symbole neben der Beschriftung als auch ein präziser Text, der angezeigt wird, wenn man mit dem Mauszeiger über ein Eingabefeld fährt, können Ihre Benutzer hier unterstützen.

Auch die Art und Weise, wie die Informationen einzugeben sind, sollte so eindeutig und einfach wie möglich sein. Denken Sie an einen persönlichen Dialog aus der Offline-Welt, und geben Sie, sofern nötig, Hilfestellung zu den einzelnen Eingabefeldern. So können Sie kurze Erläuterungen beispielsweise zur Eingabe einer Telefonnummer oder eines Passwortes geben und erklären, welche Zeichen und Schreibweisen möglich und welche nötig sind. Sie kennen wahrscheinlich Beispiele für die Eingabe von Geburtsdaten, die so oder ähnlich aussehen: [TT] [MM] [JJJJ]. Stellen Sie derartige Hinweise unmittelbar in der Nähe des entsprechenden Eingabefeldes dar. Treiben Sie es aber mit Hinweisen nicht auf die Spitze, denn derartige Vorgaben können für die Benutzer auch lästig sein. Während der Registrierung bei der Community meinVZ sehen Sie beispielsweise die Hilfestellung zur Angabe des Geburtstags (siehe Abbildung 16.31). Zudem erscheint ein Hilfetext, wenn ein Nutzer mit dem Mauszeiger über das entsprechende Eingabefeld fährt.

Markieren Sie Pflichtfelder, also die Angaben, die Sie unumgänglich von den Benutzern benötigen. Gehen Sie mit Pflichtfeldern aber ebenfalls möglichst sparsam um. Ihre Benutzer werden sich bei den einzelnen Eingaben fragen, wofür Sie diese Informationen von ihnen benötigen.

Auch die Länge der Eingabefelder spielt eine Rolle. So sollten Sie schon bei der Formulargestaltung darauf achten, dass die Felder in etwa so lang sind, wie vermutlich die Eingaben der Benutzer sein werden. Sowohl zu lange als auch zu kurze Eingabefelder können verwirrend sein, da sich die Benutzer fragen, was sie wohl zu viel oder zu wenig angegeben haben.

**Abbildung 16.31** Die Registrierung bei meinVZ.net

Wenn Sie Ihren Benutzern eine Auswahl an Möglichkeiten innerhalb Ihres Formulars bereitstellen möchten (z. B. Ortsangaben, Jahreszahlen etc.), kann dies beispielsweise per Dropdown-Menü geschehen. Achten Sie aber darauf, Ihre Optionen alphabetisch oder in einer sinnvollen Art und Weise zu sortieren, damit Benutzer eine schnelle Auswahl treffen können. Wägen Sie das Für und Wider bei dieser Variante aber genau ab: Einerseits werden Sie als Website-Betreiber wahrscheinlich valide Daten erhalten. Andererseits sollten Sie aber bedenken, dass die Benutzer das Schreiben unterbrechen müssen und bei einer sehr umfangreichen Auswahl möglicherweise sogar das Scrollen nicht vermeiden können.

In einigen Fällen kann es sinnvoll sein, Formulare dynamisch zu gestalten. Das bedeutet, dass Angaben, die Benutzer während des Besuchs auf Ihrer Website gemacht haben, schon im Formular in den entsprechenden Eingabefeldern eingetragen sind. Das kann für die Benutzer erheblich den Aufwand verringern, muss aber individuell entschieden werden. Wir weisen Sie darauf hin, dass sogenannte Default-Werte, also die Angaben, die übernommen werden, wenn nichts anderes eingegeben wird, wohl überlegt sein sollten. Andernfalls können schnell Fehler auftreten.

Ähnlich wie in einem Verkaufs- oder Beratungsgespräch sollten Sie auch bei Formularen so gut wie möglich mit den Benutzern kommunizieren und ihnen Rückmeldung zu ihren Eingaben geben. Es gibt verschiedene Möglichkeiten, wie Sie Ihren

Benutzern signalisieren, dass ihre Eingabe korrekt war. Wie Sie in Abbildung 16.32 sehen, besteht eine Möglichkeit darin, dem Benutzer beispielsweise per grünem Häkchen und der Anzeige »OK« zu vermitteln, dass seine Eingabe korrekt ist.

Sollte es sich um eine fehlerhafte Eingabe handeln, so teilen Sie dies dem Benutzer auch mit. Die Fehlermeldungen sollten dabei zum einen deutlich machen, um welche Eingabe es sich im Formular handelt, und diese entsprechend hervorheben. Zum anderen sollten Fehlermeldungen so formuliert sein, dass sie den Fehler präzise beschreiben, und auch Verbesserungsvorschläge beinhalten. Trennen Sie Fehlermeldungen auch in ihrer Darstellung vom restlichen Formularinhalt, indem Sie beispielsweise die Schriftfarbe Rot verwenden. Stellen Sie sicher, dass die korrekten Eingaben erhalten bleiben, sonst muten Sie Ihrem Benutzer doppelten Aufwand zu.

Mithilfe von AJAX oder JavaScript besteht die Möglichkeit, schon bei der Eingabe der Daten zu überprüfen, ob die Angaben valide sind. Der Benutzer erhält also schon sehr frühzeitig eine Rückmeldung vom System, wie Sie am Beispiel des Kurznachrichtendienstes Twitter (*www.twitter.com*) sehen können.

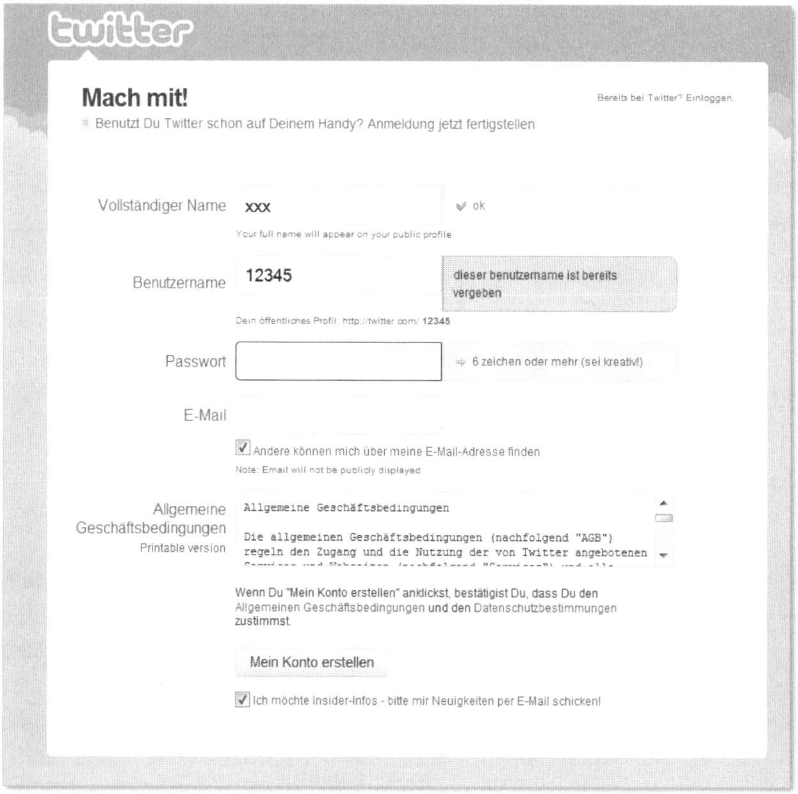

**Abbildung 16.32** Anmeldeformular bei Twitter

Beachten Sie zudem, dass viele Surfer der Preisgabe von persönlichen Daten im Internet skeptisch gegenüberstehen. Je nachdem, um welche Art eines Formulars es sich handelt, muss zudem aus juristischen Gründen die Zustimmung zu AGB und Datenschutz von Benutzern eingeholt werden. Dies geschieht meist per Checkbox, also über ein Kästchen, das per Mausklick angehakt wird. Verstärken Sie aber noch zusätzlich das Vertrauen Ihrer Benutzer und Ihren seriösen Eindruck, indem Sie kurz erläutern, was mit den persönlichen Daten geschieht und wozu sie verwendet werden. So können Hinweise nach dem Motto »Ihre Daten werden nicht an Dritte weitergegeben« eine gewisse Sicherheit schaffen. Ebenfalls unterstützend kann die erneute Auflistung der Vorteile Ihres Angebotes im Formular sein, um Zweifeln des Users entgegenzuwirken, die beim Ausfüllen aufkommen können.

---

**Captchas**

Sogenannte *Captchas* haben Sie wahrscheinlich schon einmal beim Absenden von Formularen gesehen: Das sind die verschwommen bzw. verzogen dargestellten Buchstaben und Zeichen, die Sie entziffern und in ein Eingabefeld übertragen sollen. Sie dienen als Spam-Schutz und sollen verhindern, dass Formulare automatisiert von Programmen ausgefüllt werden. Bieten Sie Ihren Benutzern eine kurze Erklärung, warum sie sich mit diesem Zeichenrätsel auseinandersetzen sollen.

**Abbildung 16.33** Beispiel eines Captchas beim Google Keyword-Tool

Beenden Sie Ihr Formular mit einer klaren Handlungsaufforderung, die aus einem Button mit eindeutiger Beschriftung besteht, z. B. Absenden. Auch hier kann es vorteilhaft sein, wenn dieser Button »above the fold«, also noch im sichtbaren Monitorbereich, liegt. Wir raten Ihnen aber davon ab, lange Formulare zusammenzuquetschen, beispielsweise durch verkürzte Eingabefelder oder durch Weglassen von wichtigen Hinweisen, nur damit das Formular vollständig zu sehen ist. In diesen Fällen raten wir Ihnen, Ihr Formular auf mehrere Seiten aufzusplitten. Zeigen Sie dann dem Benutzer an, welche und wie viele Schritte noch folgen bzw. an welcher Stelle des Ausfüllens er sich befindet. Was Sie wahrscheinlich intuitiv machen werden: Teilen Sie Ihr Formular in inhaltlich zusammengehörige Abschnitte ein, beispielsweise in Kontaktinformationen, Zahlungsinformationen usw., und gruppieren Sie diese Eingabefelder entsprechend.

---

**Umstritten: Der Reset-Button oder Reset-Link**

Umstritten ist die Verwendung eines Reset-Buttons oder -Links, der das Löschen aller bisher getätigten Eingaben hervorruft und häufig in besonders langen Formularen Anwendung findet. Usability-Experte Jakob Nielsen, ein Gegner der Reset-Funktion, ist der Auffassung:

*»The Web would be a happier place if virtually all Reset buttons were removed. This button almost never helps users, but often hurts them.«*

Wir raten Ihnen dazu, sich genau zu überlegen, ob Sie einen derartigen Button oder Link benötigen, da Reset-Buttons oft mit dem eigentlichen Bestätigungs-Button des Formulars verwechselt werden und hohes Frustrationspotenzial bergen. Unserer Meinung nach kommen die meisten Formulare sehr gut ohne diese Funktion aus. Falls Sie dennoch ein Reset verwenden möchten, empfehlen wir Ihnen, den ABSENDEN- und den RESET-Button möglichst weit entfernt voneinander zu positionieren und die Buttons auch in der Darstellung voneinander abzugrenzen. So können Sie beispielsweise für Ihren Formularabschluss einen Button und als Reset-Funktion einen weniger auffälligen Link verwenden.

---

Ist das Formular vollständig ausgefüllt und alles in bester Ordnung, so vermitteln Sie dem Benutzer, was als Nächstes passiert. Dies können Erfolgsnachrichten wie »Vielen Dank, wir haben Ihre Bestellung erhalten« sein oder auch Hinweise, dass die Übermittlung der Daten einen Augenblick dauert, bevor es weitergeht. Andernfalls sind Benutzer oftmals irritiert und befürchten, dass ihre Eingaben nicht optimal verarbeitet wurden. Sie können sich schon vorstellen, was dann passiert? Genau, der beliebte ZURÜCK-Button wird geklickt.

Stellen Sie also sicher, dass Sie Ihren Benutzern, Kunden oder Interessenten jeweils deutlich machen, was als Nächstes passiert. Sprechen Sie sie, sofern Ihnen die entsprechenden Informationen vorliegen, dann persönlich an.

Im gesamten Ablauf sollten Sie Ihren Benutzern zu jeder Zeit die Möglichkeit bieten, eine Beratung in Anspruch zu nehmen, beispielsweise durch die Angabe von Servicenummern.

Wenn Sie beispielsweise einen Online-Shop betreiben, sollten Sie darauf achten, Informationen von Ihren Bestandskunden nicht mehrfach abzufragen. Eine gute Möglichkeit bietet hier eine Login-Lösung, bei der der Benutzer nur bei der ersten Bestellung seine kompletten Informationen eintragen muss, bei erneuten Bestellungen aber auf seine bereits getätigten Angaben zurückgreifen kann. Dies erspart Zeit und Mühe. Sie kennen diesen Vorgang vielleicht von Bestellungen bei dem Online-Shop von *amazon.de*. Hier haben Sie nach dem Login Zugriff auf Ihre persönlichen Daten und können diese jederzeit anpassen.

Zu guter Letzt möchten wir Ihnen noch ans Herz legen, Ihre Formulare und deren Funktionalität regelmäßig zu testen. So kann allein die Beschriftung oder die Reihenfolge der Eingabefelder schon die Conversionrate beeinflussen. Sowohl Nutzerbefragungen als auch Mouse-Tracking-Tools und weitere Testverfahren, die wir Ihnen in Kapitel 18, »Testverfahren«, detaillierter vorstellen werden, können besonders aufschlussreiche Ergebnisse liefern.

## 16.10 Bilder und Grafiken

Kennen Sie den Ausdruck »Bleiwüste«? Er stammt ursprünglich vom Druckverfahren Bleisatz und beschreibt einen schlecht leserlichen Text, der mit engen Zeilenabständen kaum strukturiert ist und keine Bildelemente enthält – eben eine Wüste aus Buchstaben ist. Und damit sind wir beim Thema, denn Bilder und Grafiken können Texte erheblich auflockern. Das sollten Sie sich bei der Gestaltung Ihrer Website zunutze machen. Denn Bilder übermitteln Informationen schneller als Text und transportieren zudem eine bestimmte Atmosphäre. Darüber hinaus prägen sich Bilder oftmals besser ein als Textinformationen. Bilder können auch Ihre Marke transportieren und unterstützen.

Auch komplexe Zusammenhänge und die Verwendung von Produkten kann mittels Bildern gut dargestellt werden. Produktdetails und Bilder, die Produkte im Einsatz zeigen, können das Produktverlangen verstärken. Dies können Sie sich besonders bei Online-Shops zunutze machen.

Gerade weil Bilder viel bewirken, kann die Bildauswahl aufwendig und schwierig sein, ist aber besonders wichtig. Achten Sie darauf, dass Sie realistische Bilder verwenden. Legen Sie Wert auf einen einheitlichen Stil. In der Regel sollten verschiedene Bildcharaktere nicht miteinander kombiniert werden, also beispielsweise Schwarz-Weiß-Darstellungen mit farbigen Fotos zusammen verwendet werden. Auch bei der Verwendung von Bildern und Grafiken sollten Sie einige Punkte zugunsten der Usability berücksichtigen. Gerade in diesem Bereich ist es allerdings schwierig, allgemeingültige Aussagen zu treffen. Wir möchten im Folgenden aber auf einige elementare Aspekte näher eingehen.

Große Bilder verursachen unter Umständen lange Ladezeiten, und lange Ladezeiten sind gleichzusetzen mit langen Wartezeiten für den Benutzer. Vermeiden Sie diese Situation, indem Sie mit Grafikprogrammen die Bildgröße entsprechend anpassen. Für die Darstellung im Internet benötigen Sie nicht die Auflösungen, die im Printbereich erforderlich sind.

**Abbildung 16.34** Apple arbeitet geschickt mit dem Einsatz von Bildern.

Auch die Quantität des Einsatzes von Bildern spielt eine Rolle. Überladen Sie Ihre Webseiten nicht mit einer Bilderflut, die vom eigentlichen Inhalt Ihrer Seite ablenkt. Hintergrundbilder können ebenso Unruhestifter sein. Generell sollten Sie jeweils den Gesamteindruck Ihrer Webseite beurteilen und auch mögliche Werbeeinblendungen berücksichtigen, die dem Besucher noch zusätzlich angezeigt werden. Deshalb sollten Sie oder Ihr Webdesigner bei der Erstellung Ihrer Website möglichst auch keine sogenannten AdBlocker verwenden, also Programme, die Werbeeinblendungen unterbinden. Es gibt viele Studien zu dem

Einsatz von Bildern auf Websites und deren unterschiedlicher Wirkung. So können gespiegelte Bilder, verschiedene Bildpositionierungen oder unterschiedliche Bildausschnitte die Benutzerhandlungen maßgeblich beeinflussen. So wurde in einer Eyetracking-Studie herausgefunden, dass Besucher einer Website in die Richtung schauen, in die die dargestellten Personen schauen (siehe Abbildung 16.35). Das bedeutet, wenn der Blick geradeaus gerichtet ist, schauen Nutzer die Personen direkt an. Ist der Blick der dargestellten Person in eine andere Richtung gewendet, so schauen die Nutzer ebenfalls auf diese Elemente. Somit können also Gesichter den Blickverlauf von Besuchern beeinflussen.

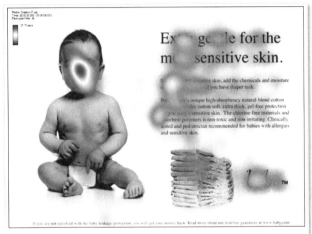

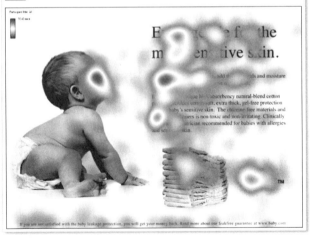

**Abbildung 16.35** Eyetracking-Beispiel von http://usableworld.com.au/

Hier empfehlen wir Ihnen, verschiedene Bilder zu testen, um die mit der besten Wirkung zu analysieren.

Bildunterschriften, besonders diejenigen, die Zusatzinformationen liefern, helfen Ihren Benutzern, die Thematik zu erfassen, ohne zwangsläufig den gesamten Content lesen zu müssen.

Einen Sonderfall stellen Web-Shops und deren Produktdarstellungen dar. Hier gilt es, dem Benutzer das Angebot im digitalen Raum so greifbar wie möglich zu machen. Denken Sie an ein Geschäft, in dem Sie die Waren mit verschiedenen Sinnen wahrnehmen können. Im Internet müssen Bilder einen Großteil dieser Gefühle und Wahrnehmungen transportieren. So kann es sinnvoll sein, Produktabbildungen aus verschiedenen Perspektiven und mit Zoom-Funktion zur Verfügung zu stellen.

Bei der Verwendung von Bildern und Grafiken möchten wir abschließend noch einmal auf unsere Hinweise aus Sicht der Suchmaschinenoptimierung hinweisen, die Sie in Abschnitt 16.15, »SEO und Usability«, finden.

## 16.11 Multimedia (Audio, Video)

Multimediale Anwendungen, wie der Einsatz von Audio- und Videodateien, können einer Website einen lebendigen Charakter verleihen. Inzwischen begegnen uns audiovisuelle Beiträge vermehrt beim Surfen im Netz und sind dabei unterschiedlich hilfreich für unsere Bedürfnisse. Auch hier variieren die Aussagen je nach Ziel der Webseite und angesprochener Zielgruppe und sind nicht allgemeingültig.

Sie als Website-Betreiber sollten sich also die Frage stellen: Wertet ein Video oder eine Audiodatei den Kern der Webseite auf, und unterstützt sie ein positives Nutzererlebnis? Dann sollten Sie den Einsatz näher in Betracht ziehen. Bestimmte Abläufe können per Video beispielsweise sehr gut erläutert werden und das Lesen von langen Texten ersparen. Verneinen Sie aber diese Frage, raten wir Ihnen, Ihre Website lieber ohne multimediale Anwendungen zu präsentieren.

| **Screencasts** |
| --- |
| Sogenannte *Screencasts* sind Filme, die Prozesse und Abläufe darstellen und beschreiben. Sie geben eine Anleitung und zeigen, wie beispielsweise eine Software zu benutzen ist. Im weitesten Sinne kann man sich darunter eine audiovisuelle Gebrauchsanweisung vorstellen. |

Oftmals wird das von Adobe Systems entwickelte Format Flash Video verwendet. Wie bereits gesagt, stehen Benutzer aber häufig unter Zeitdruck, weshalb ihnen

Flash-Intros negativ auffallen können. Zudem ist die Erstellung von multimedialen Inhalten unter Umständen auch sehr kostenintensiv, was aus wirtschaftlicher Sicht ebenfalls berücksichtigt werden sollte. Videos, die für das Internet erstellt werden, sollten kurze Clips sein, da die Aufmerksamkeit der Nutzer im interaktiven Web schnell abschweift. Bei der Auswahl entsprechender Video-Player kommen zudem Usability-Aspekte ins Spiel. Während Vimeo (*http://vimeo.com/*) als schlanker Player gilt, bieten YouTube und andere Anbieter durchaus vielfältigere Funktionen.

Sie sind beim Surfen wahrscheinlich auch schon mal auf einer Website mit Hintergrundmusik gelandet. Meistens reagieren Benutzer genervt und suchen die Funktion, mit der sie den Sound ausstellen können. Überlegen Sie sich also wirklich gut, ob Sie Musik benötigen oder eher Ihre Benutzer damit belästigen, und bieten Sie eine offensichtliche Abschaltmöglichkeit an. Im Gegensatz dazu können Sounds gut dafür eingesetzt werden, wenn falsche Eingaben gemacht werden. Dann unterstützt Sound die Aufmerksamkeit der Benutzer. Wägen Sie hier gut ab. Wir empfehlen Ihnen, sich im Zweifelsfall gegen Musik zu entscheiden.

Produktvideos sind auch hier gesondert zu betrachten: Sie können den Kaufprozess unterstützen, da sie näher an das Erlebnis in einem realen Geschäft kommen, als es statische Websites ohne multimediale Anwendungen schaffen. Produktdetails können besser herausgestellt und in Aktion gezeigt werden.

## 16.12 Technische Aspekte

Sicherlich haben die Benutzer auch gewisse Erwartungen an die Websites, die sie besuchen. Vor allem möchten sie das Gesuchte schnell finden. Und »schnell« bedeutet in diesem Fall einerseits, dass die Seiten schnell geladen werden, und andererseits, dass die Nutzer sich gut orientieren können und in wenigen Schritten zu dem Gesuchten finden. Wenn weder das eine noch das andere funktioniert, verärgern Sie den Benutzer.

Stellen Sie sich vor, Sie sitzen in besagtem Lieblingsrestaurant und warten unglaublich lange auf Ihr Essen. Und wenn es dann endlich serviert wird, stellen Sie fest, dass der Kellner Ihnen das falsche Essen bringt. Sie sind natürlich doppelt frustriert. So ist es auch in der virtuellen Welt: Sollte Ihre Website sehr lange Ladezeiten haben und dem Benutzer dann nicht das liefern, was er erwartet hatte, verärgern Sie ihn gleich zweifach.

Auch für Google spielt die Ladezeit einer Website eine zunehmend wichtigere Rolle. Da sie bei dem Werbeprogramm AdWords mit in den Qualitätsfaktor einfließt (siehe Kapitel 11, »Suchmaschinenwerbung (SEM)«), ist sie auch ein Ranking-Kriterium für die Reihenfolge der Suchergebnisse. Wenn Sie sich nicht sicher sind, wie Ihre Website bei der Beurteilung der Ladezeit abschneidet, können Sie das relativ einfach überprüfen.

---

**Überprüfung der Ladezeit**

Im Internet gibt es eine Reihe von kostenlosen Tools, mit denen Sie die Ladezeit Ihrer Website kontrollieren können. Wir haben Ihnen zwei Tools als Beispiele ausgewählt, die sich größtenteils in der Darstellung der Ergebnisse unterscheiden. Unter *http://www.gaijin.at/olsloadtime.php* können Sie Ihre Website-Ladegeschwindigkeit analysieren und erhalten unter Umständen auch Verbesserungsvorschläge. Eine weitere Möglichkeit, die Ladezeit einer Website zu testen bietet *Pingdom* unter *http://tools.pingdom.com/*.

---

## 16.13 Design-Aspekte

Haben Sie dieses Buch aufgrund seines Aussehens gekauft? Die Beurteilung nach dem Aussehen kommt durchaus vor – auch bei Websites. In diesem Abschnitt nehmen wir Sie mit auf einen kurzen Ausflug in die Welt der Designer und Kreativen. Damit eine Website angenehm und harmonisch erscheint, müssen einige wichtige Gestaltungs- und Wahrnehmungsregeln berücksichtigt werden, die wir Ihnen im Folgenden näherbringen möchten. Sie werden danach kein Designexperte sein, aber Sie werden wichtige Grundprinzipien der Gestaltung kennen und können sich diese für Ihre Seite zunutze machen. Wenn Sie darüber hinaus mehr zum Thema (Web-)Design erfahren möchten, geben wir Ihnen in unseren Literaturtipps einige Empfehlungen. Beachten Sie bei allen Designregeln, dass sie zugunsten der Usability gebrochen werden können. Für alle hier gezeigten Beispiele gilt: Es gibt sicherlich Gegenbeispiele, wir sind hier aber von der breiten *Masse* ausgegangen.

Generell wurden mit der Entwicklung des Internets nicht alle Maximen des Designs über den Haufen geworfen, sondern eine Vielzahl ebenfalls verwendet. So bleibt ein Farbkreis auch im Web ein Farbkreis, und Gesetzmäßigkeiten aus Layout-Gestaltung und Typografie werden weiterhin berücksichtigt. Unterschiede gibt es aber dennoch: Stellen Sie sich einmal vor, man könnte in einer aufgeschlagenen Zeitung Texte heranzoomen, scrollen und direkt zu anderen themenrelevanten Artikeln springen. Die Formate im Printbereich sind – im Gegensatz zum Web – aber starr. Nutzen Sie die Flexibilität im Web, um die Besucher bestmöglich zu bedienen. Das Design spielt auch eine besondere Rolle, wenn es um den Wiedererkennungswert und die Markenbildung geht. Achten Sie hier besonders auf einen einheitlichen Auftritt und eine konsequente Verwendung. Wir schildern Ihnen im Folgenden in aller Kürze Wahrnehmungsgesetze und empfehlen Ihnen, diese bei der Website-Gestaltung zu berücksichtigen, um Irritationen seitens Ihrer Besucher zu vermeiden. Ihr Einfluss und ihre Wirkung sollten nicht unterschätzt werden.

### 16.13.1 Die Wahrnehmungsgesetze

**Figur und Grund**

Dieses Wahrnehmungsgesetz beschreibt die Differenzierung von Wichtigem und Unwichtigem, in diesem Fall von Vordergrund und Hintergrund. Durch dieses Filtern tritt eine Figur hervor, die in der Regel geschlossen ist, während der die Figur umgebende Hintergrund keine Begrenzung hat und sich auch in Farbe und Helligkeit von der Figur unterscheidet.

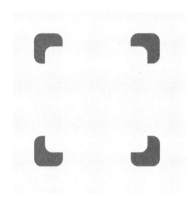

**Abbildung 16.36**  Figur und Grund

**Nähe**

Nähe verbindet. Dieses Wahrnehmungsgesetz besagt, dass Elemente, die näher aneinander positioniert sind und geringe Abstände haben, als zusammengehörig wahrgenommen werden. Positionieren Sie also auf Ihrer Website inhaltlich zusammengehörige Elemente auch nah beieinander. Dies trifft beispielsweise sowohl bei Formularen als auch generell bei der Gruppierung von Elementen zu.

**Abbildung 16.37**  Gesetz der Nähe

Eine Zusammengehörigkeit lässt sich allein aus der Positionierung der einzelnen Wörter in der Brandeins-Navigation (*www.brandeins.de*) erkennen:

brand eins Online

brand eins Neuland    brand eins Wissen    [                    ]  Suchen

| Magazin | Online-Extras | Kiosk | Anzeigen | Unternehmen | Kontakt |
|---|---|---|---|---|---|
| Aktuelle Ausgabe | Hintergrund | Einzelverkauf | Mediainformationen | Geschichte & Philosophie | Briefe an brand eins |
| Archiv | Dossiers | Abonnement | Mediaberater | Medien AG | Ansprechpartner |
| Gewinnspiel | Was wurde aus | brand eins hören | Kleinanzeigen | Presse | Impressum |
| Cover des Jahres | Veranstaltungen | Extras und Bücher | | Partner | AGB & Datenschutz |
| | | iPad und E-Books | | | |

**Abbildung 16.38**  Durch Nähe und Abstand werden Zugehörigkeiten deutlich

### Ähnlichkeit

Nicht nur die Nähe, auch die Ähnlichkeit verbindet. So werden Elemente, die sich ähnlich sind (und dies kann sich sowohl auf die Größe, Form oder Farbe als auch auf die Helligkeit beziehen), ebenfalls als zusammengehörig wahrgenommen, wie Sie es in Abbildung 16.39 sehen. Achten Sie also bei Ihrer Website darauf, dass ähnliche Dinge auch in ähnlicher Art und Weise dargestellt werden.

**Abbildung 16.39**  Gesetz der Ähnlichkeit

Der Mobilfunkanbieter o2 (*www.o2online.de*) stellt Tarife mit monatlichen Gebühren anders dar, als den Tarif ohne monatliche Gebühren.

**Abbildung 16.40**  Darstellung der unterschiedlichen Tarife bei o2.

### Geschlossenheit

Menschen ergänzen wenn nötig Dinge, um bevorzugt geschlossene Formen zu sehen, auch wenn diese gar nicht dargestellt werden. Dieses Phänomen ist auch unter dem Begriff *Gestaltschluss* oder *Gestaltzwang* geläufig. Das Gesetz der Geschlossenheit besagt, dass Linien, die eine geschlossene Form bilden, eher als zusammengehörig erfasst werden. Besonders in der Logogestaltung findet dieses Wahrnehmungsgesetz Anklang. Achten Sie bei Ihrer Website-Gestaltung also unbedingt auf eine ganzheitliche Betrachtung Ihrer Seite, da geschlossene Formen hinzuinterpretiert werden können. In Abbildung 16.41 können Sie gut erkennen, dass Elemente, die beispielsweise ein Quadrat umschließen, als eine Einheit erfasst werden.

**Abbildung 16.41**  Gesetz der Geschlossenheit

### Prägnanz bzw. Einfachheit

Für dieses Wahrnehmungsgesetz wird auch die Bezeichnung *Gesetz der guten Gestalt* verwendet. Menschen bevorzugen Formen, die sich eindeutig vom Hintergrund abheben bzw. von anderen Formen unterscheiden. Dabei gilt es, Elemente so präzise und einfach darzustellen wie möglich. Menschen bevorzugen einfache Dinge. In Abbildung 16.42 werden Sie wahrscheinlich einen Kreis und ein Rechteck erkennen und keine zusammengehörige Figur. Wir versuchen, möglichst einfache Dinge wahrzunehmen. Eliminieren Sie auf Ihrer Website alles Überflüssige, und konzentrieren Sie sich auf das Wesentliche.

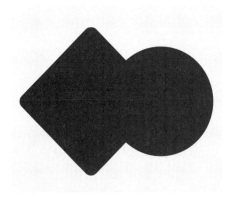

**Abbildung 16.42**   Gesetz der Prägnanz

Nehmen Sie auf der Seite der Berliner Verkehrsbetriebe (*www.bvg.de*) zwei rechteckige Bilder oder ein zusammenhängendes Bild wahr?

**Abbildung 16.43**   Die Website der Berliner Verkehrsbetriebe (BVG)

### Fortsetzung

Menschen suchen beim Betrachten nach Linien, um sich an ihnen zu orientieren. Werden Linien erkannt, so werden diese auch fortgeführt. Eine Linie, die sich beispielsweise mit einer anderen Linie kreuzt, wird trotzdem weiterverfolgt. Berücksichtigen Sie bei Ihrer Website, dass eine Reihe von Elementen unterbewusst weitergeführt wird. Dieses Wahrnehmungsgesetz ist auch unter der Bezeichnung *Prinzip des guten Verlaufs* bekannt.

**Abbildung 16.44**  Gesetz der Fortsetzung

Folgen Ihre Augen auch dem Bogen, den die einzelnen Kontaktlinsen-Kategorien bei *linsenplatz.de* bilden?

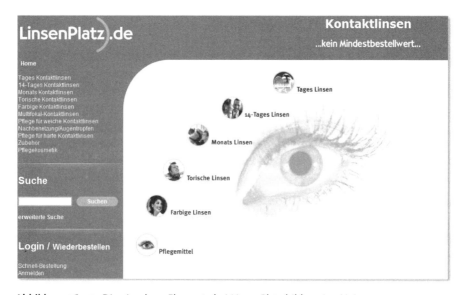

**Abbildung 16.45**  Die einzelnen Elemente bei LinsenPlatz bilden eine Linie

### Symmetrie

Wir empfinden Elemente, die symmetrisch dargestellt werden, eher als zusammengehörig als asymmetrische. Besonders gut funktioniert dieser Effekt bei achsensymmetrischer Anordnung von Elementen. Berücksichtigen Sie dieses Gesetz besonders bei Texten im Spaltenlayout.

**Abbildung 16.46** Gesetz der Symmentrie

Auf *www.gala.de* werden die einzelnen Artikelanleser symmetrisch platziert.

**Abbildung 16.47** Symmetrische Anordnung der Elemente bei der Gala.

**Erfahrung**

Das Erfahrungsgesetz beschreibt den Umstand, dass Menschen Fehlendes hinzufügen und dabei auf ihren Erfahrungsschatz zurückgreifen. Insbesondere bei Icons funktioniert dieser Effekt sehr gut. Eine extrem reduzierte Darstellung wird (bei guten Icons) dennoch vom Betrachter in ihrer Aussage verstanden.

**Abbildung 16.48** Gesetz der Erfahrung

Weltbild verwendet dieses Gesetz beispielsweise, um die portofreie Lieferung im Zusammenhang mit einer Buchbestellung hervorzuheben.

**Abbildung 16.49** Gesetz der Erfahrung bei www.weltbild.de

**Gemeinsames Schicksal**

Das Wahrnehmungsgesetz des gemeinsamen Schicksals sollten Sie besonders bei der Animation berücksichtigen, da es sich mit Bewegungen von Figuren befasst und daher auch den Namen *Gesetz der gemeinsamen Bewegung* trägt. Es besagt, dass Elemente, die sich ähnlich schnell in die gleiche Richtung bewegen, als Einheit aufgefasst werden.

### 16.13.2 Farben

Wir können in diesem Buch leider nicht das komplette Thema Farbenlehre behandeln, da es äußerst komplex ist. Wir möchten aber in diesem Abschnitt auf einige wichtige Aspekte näher eingehen. Die Wahrnehmung von Farbe ist natürlich sehr subjektiv und kann von Mensch zu Mensch unterschiedlich empfunden werden. Darum gibt es weder Richtig noch Falsch.

Sie kennen bestimmt den Ausdruck »Signalfarbe«. Ein häufiges Beispiel ist hier die Farbe Rot, die insbesondere Gefahr vermittelt. Farben haben also eine (subjektive) Wirkung und können Gefühle hervorrufen oder verstärken. Blau vermittelt in der Regel einen seriösen Eindruck und wirkt beruhigend, aber kalt. Gelb hingegen ist eine warme Farbe, die einen heiteren, möglicherweise aber auch nervösen Eindruck schaffen kann. Farben dienen also dazu, eine bestimmte Atmosphäre zu vermitteln. Sie sollten sich daher über die Farbwahl für Ihre Website im Vorfeld Gedanken machen. Auch die Quantität an Farbverwendung hat ihre Wirkung. So »brüllen« viele grelle Farben auf einer Website Sie eher an und haben Marktschreier-Qualitäten, während sehr wenige oder keine Farben zurückhaltend und leise »sprechen.« Mit Bedacht ausgewählte Farben sprechen klar und deutlich.

Farben können auch Kontraste verstärken. Besonders die sogenannten Komplementärfarben haben diese Wirkung. Sie liegen sich im Farbkreis gegenüber, beispielsweise Rot und Grün oder Blau und Orange. Diese Komplementärfarben begegnen Ihnen regelmäßig im Alltag, z. B. bei Ampeln.

Achten Sie bei der Verwendung von Farben für Text auf eine gute Lesbarkeit und auf eine möglichst einheitliche Verwendung der Farben. Grelle Farben oder schlechte Kontraste können für den Betrachter sehr anstrengend sein. Gerade bei Über- und Zwischenüberschriften bietet sich die Hervorhebung durch Farben an. Im Internet gibt es zahlreiche Tools, mit denen Sie die Verwendung von Farben z. B. hinsichtlich ausreichender Kontraste überprüfen können. Ein entsprechendes Tool ist beispielsweise der »Color Contrast Checker«, der Ihnen unter *http://webaim.org/resources/contrastchecker/* zur Verfügung steht. Mit *http:// www.vischeck.com/* können Sie sich eine Simulation Ihrer Website anzeigen lassen, wie Menschen mit Sehschwächen bzw. eingeschränkter Farbwahrnehmung Ihre Seite betrachten.

### 16.13.3 Typografie

Ein weiterer Design-Aspekt der Website-Gestaltung betrifft die Typografie. Auch hier können wir aufgrund der Komplexität des Themas nur auf einzelne wichtige Punkte näher eingehen. Betonen möchten wir eine gewisse Konsistenz, was die Schriftart und die Schriftgröße anbelangt: Vermeiden Sie die Verwendung von zu vielen unterschiedlichen Schriftarten und Größen, da Sie sonst eine unangenehme Unruhe und möglicherweise einen unseriösen Eindruck bewirken.

**Fonts (Schriftarten)**

Mit der Schriftart (*Font*), die Sie innerhalb Ihrer Website verwenden, können Sie die Wirkung der Texte beeinflussen. Es kann Probleme verursachen, wenn Sie Schriftarten in Ihre Website einbetten, da diese von verschiedenen Browsern unterschiedlich angezeigt werden könnten. Halten Sie sich besser an die sogenannten *websicheren Schriften*. Das sind Schriftarten, die in HTML zur Verfügung stehen, standardmäßig bei den meisten Betriebssystemen installiert sind und dementsprechend identisch angezeigt werden.

Darüber hinaus gibt es die Möglichkeit des sogenannten *Image Replacements*. Hier gibt es wiederum einige Varianten. Im Grunde geht es aber darum, den üblichen HTML-Text durch eine Bilddatei zu ersetzen. So bleibt zwar die Darstellung unabhängig vom Browsertyp gleich, jedoch können Grafiken im Browser auch deaktiviert werden und längere Ladezeiten nach sich ziehen. Darüber hinaus kann diese Methode negative Auswirkungen aus SEO-Sicht haben. Das Image Replacement ist also mit Vorsicht zu genießen.

Schauen Sie sich daher einige websichere Schriften und deren Wirkung im Folgenden genauer an:

- ▸ **Times**: Diese Schriftart zählt zu den meistverwendeten Fonts überhaupt. Sie hat sogenannte Serifen, das sind kleine Striche an den Buchstabenenden. Times wird der Schriftklasse der Antiqua-Schriften zugeordnet und hat eine seriöse Ausstrahlung.
- ▸ **Arial**: Arial wird der Kategorie Sans-Serif-Schrift (auch Groteskschriftart) zugeordnet, weil sie keine Serifen enthält. Ihr Auftritt ist moderner und schlichter als der von Times. In der Lesbarkeit stehen sich die beiden Fonts aber in nichts nach. Unsere Empfehlung an dieser Stelle: Verwenden Sie bei kleinen Schriftgrößen eher die serifenlose Arial.
- ▸ `Courier`: Die Schriftart Courier stammt aus den Zeiten der Schreibmaschine und stellt alle Zeichen im gleichen Abstand voneinander dar. Die breite Schrift Courier wirkt zum Teil überholt.
- ▸ **Verdana**: Diese Schriftart wurde entwickelt, um eine optimale Darstellung am Bildschirm zu ermöglichen und eine gute Lesbarkeit zu gewährleisten. Die Optik wirkt klar und unaufdringlich.

### Akzente setzen (Hervorhebungen)

Sie haben verschiedene Möglichkeiten, einzelne Passagen Ihrer Texte hervorzuheben. Sie verlieren jedoch Ihren Effekt, wenn Sie sie nicht sparsam einsetzen. Die Trivialste ist wahrscheinlich die Fett-Darstellung. Verwenden Sie hier jedoch bevorzugt die *Bold*-Variante Ihrer Schriftart, die die fetten Buchstaben optimal darstellt, und klicken Sie nicht einfach auf den aus Textverarbeitungsprogrammen bekannten »Fett«-Button. Mit diesem werden die Buchstaben einfach nur dicker angezeigt, während die Bold-Variante auch Proportionen und Abstände berücksichtigt.

> **Achtung: Keine Unterstreichungen**
>
> Vermeiden Sie es, Textstellen durch Unterstreichung zu betonen. Benutzer gehen bei unterstrichenen Wörtern womöglich von einem Link aus und sind irritiert, wenn sie nicht weitergeleitet werden.

Innerhalb der Navigation Ihrer Website oder bei Einzelwörtern besteht auch die Möglichkeit, mit Versalien, also Großbuchstaben zu arbeiten. Es ist aber nicht ratsam, Versalien für einen längeren Text einzusetzen, da dies zulasten der Lesbarkeit geht.

### Strukturierung

Wie wir schon mehrfach erwähnt haben, sind gut strukturierte Texte besonders wichtig. Arbeiten Sie daher mit Überschriften und Zwischenüberschriften. Verwenden Sie Absätze bei neuen inhaltlichen Aspekten, und machen Sie Ihren Benutzern das Erfassen der Webseite so leicht wie möglich. Sehr lange Texte können Benutzer davon abhalten, sich mit der Seite auseinanderzusetzen. Aufzählungslisten sind schneller zu erfassen als ausformulierter Text. Sie müssen nicht zwangsläufig mit *Bulletpoints* (Aufzählungspunkten) beginnen, sondern können auch durch kleine Symbole und Icons aufgelockert werden. Für einige Zusammenhänge bieten sich Tabellen an, eine andere Möglichkeit sind (Info- oder Hinweis-)Kästen, wie Sie sie aus diesem Buch hier kennen.

## 16.14 Komposition und Positionierung der Elemente

Nachdem Sie jetzt die unterschiedlichen Prinzipien der Wahrnehmung kennen, gehen wir nun in aller Kürze auf einzelne Kompositionselemente ein. Wie schon Albert Einstein sagte: »*Nichts kann existieren ohne Ordnung.*« Wenn Sie beim Arrangieren Ihrer Website-Objekte auf die folgenden Punkte achten, können Sie die Bedeutung einzelner Bereiche hervorheben, eine Hierarchie der Elemente hervorrufen, bestimmte Aspekte mehr oder weniger betonen und den Kern Ihrer Website deutlicher herausstellen. Der Benutzer sollte auf den ersten Blick erkennen, was er auf der Website tun kann. Wie Sie bereits in Abschnitt 16.6, »Die Navigation«, erfahren haben, unterstützen Sie dies beispielsweise durch eine klare, visuelle Hierarchie.

Wie Sie wissen, ist der erste Eindruck einer Website der entscheidende. Möchten Sie seriös auftreten, achten Sie darauf, den Benutzer nicht mit einer Reizüberflutung zu überfordern. Wählen Sie zum Beispiel keine zu grellen Farben oder blinkenden Elemente, das hat Marktschreier-Qualität. Vermeiden Sie aber auch visuelle Überflutung bzw. *visuelles Rauschen* (*Visual Noise*) durch eine Fülle an Elementen und Informationen, die von der eigentlichen Aussage ablenken.

Legen Sie ein besonderes Augenmerk auf eine gewisse Konsistenz. Eine einheitliche Gestaltung untermauert Ihren (Marken-)Auftritt und unterstützt den Wiedererkennungswert. Zudem sollten Sie die Benutzer nicht durch Elemente irritieren, die beispielsweise ihre Position verändern oder gänzlich verschwinden. Vielmehr sollte es Ihr Ziel sein, dem Benutzer ein vertrautes Terrain zu bieten, in dem er sich zurechtfindet.

**Das F-Muster**

Nach Jakob Nielsen ähnelt der Blickverlauf von Benutzern einer Website dem Buchstaben »F« und verläuft also zunächst horizontal und schließlich vertikal (*F-shaped pattern*). Der Blickverlauf kann selbstverständlich variieren und besteht nicht zwangsläufig aus zwei waagerechten und einem vertikalen Blick. Es können durchaus auch E- oder L-Formen entstehen. Sicher ist jedoch, dass die Seite schnell überflogen wird. Zudem sollten Sie, wie schon angesprochen wurde, besonders wichtige Informationen an den Anfang Ihrer Seite stellen.

### Linien

Wie Sie schon gelesen haben, sucht das menschliche Auge Linien in Bildern und Grafiken. Auch wenn diese nicht vorhanden sind, suchen wir Fluchtlinien zur Orientierung. Daher legen Grafiker im Gestaltungsprozess oft (Linien-)Raster an und richten einzelne Formen danach aus, um eine angenehme Bildkomposition zu schaffen.

### Größe und Position

Wenn Sie einzelne Elemente größer als andere darstellen, werden sie vom Betrachter in der Regel als wichtiger eingestuft. Auch die Platzierung von Objekten auf der Website spielt eine Rolle und kann, wenn sie auffallend anders ist, an Bedeutung gewinnen.

**Paper Prototyping**

Zeichnen Sie die einzelnen Website-Elemente jeweils auf ein Stück Papier oder drucken Sie Ihre Wireframes aus, und schneiden Sie die einzelnen Objekte aus. Dann probieren Sie durch Verschieben der Papiere in der Anordnung der Objekte herum, bis Sie eine zufriedenstellende Variante gefunden haben. Diese sogenannte *Paper-Prototyping*-Methode kann unter Umständen zeitsparender sein, als verschiedene Entwürfe am Computer zu erstellen, und ist besonders bei der Teamarbeit eine gute Möglichkeit zur Entwicklung einer Website.

### Kontrast

Gegensätzlichkeit steigert den Kontrast. So können Elemente in vielerlei Hinsicht Kontrast erzeugen: beispielsweise in Farbigkeit (hell/dunkel), Größe (klein/groß), Nähe (nah/fern) und Form (rund/eckig). Websites, die mit Kontrasten arbeiten, können vom Betrachter oftmals besser überflogen werden.

### Leserichtung und sichtbarer Bereich

In unserem Kulturkreis gehen wir von einer Leserichtung von links nach rechts aus. Berücksichtigen Sie diesen Verlauf bei der Positionierung Ihrer Website-Elemente. Wie Sie schon bei den Wahrnehmungsgesetzen der Nähe und Geschlossenheit (siehe Abschnitt 16.13.1) gelesen haben, sollten Sie Objekte, die zusammengehören, auch entsprechend anordnen.

Dabei sollten Sie die wichtigsten Objekte »above the fold« arrangieren. Damit ist aber nicht gemeint, dass Sie den sichtbaren Website-Bereich mit Informationen vollstopfen sollten (siehe den folgenden Abschnitt zu Whitespace und Simplicity).

Sie sollten bedenken, dass Ihre Nutzer unterschiedliche Bildschirmgrößen verwenden. Um einen größtmöglichen Teil der Betrachter zufriedenzustellen, sollten Sie von einer Bildschirmgröße von 1024 × 768 Pixel ausgehen. Um auf Nummer sicher zu gehen, können Sie bei der Website-Gestaltung auch die Größe 800 × 600 Pixel testen, denn nicht alle Nutzer öffnen Ihre Browserfenster vollständig. Bedenken Sie außerdem, dass Bilder die Leserichtung der Benutzer beeinflussen können.

### Whitespace und Simplicity

Mit dem Begriff *Whitespace* (oder *Negative Space*) sind Leerräume bzw. Freiräume gemeint. Whitespace ist also das Nichtvorhandensein von Inhalten. Damit sind beispielsweise Bereiche zwischen Elementen auf einer Website gemeint, wie Zeilenabstände und Umrandungen. Websites, die nach dem Motto »Weniger ist mehr« mit viel Whitespace gestaltet werden, sollen einen minimalistisch schlichten, aber professionellen Eindruck vermitteln und den Benutzern ein einfacheres Scannen ermöglichen. Aber auch dann, wenn Sie kein Fan von Whitespace sind, sollten Ihre Seiten nicht überladen wirken und die Betrachter überfordern. Um Reizüberflutung und Unruhe zu vermeiden, sollten Sie Whitespace und Simplicity bei der Website-Gestaltung beherzigen. Zwischen den vielen aufdringlichen und überladenen Websites kann dies für Besucher durchaus »erholsam« sein. Sie sollten das Ganze aber auch nicht auf die Spitze treiben, sonst können Websites auch verlassen und freudlos aussehen.

Stellen Sie sich vor, Sie ziehen in eine sehr kleine Wohnung um. Wahrscheinlich werden Sie erst einmal alles aussortieren, was nicht unbedingt untergebracht werden muss. Zudem werden Sie die Wände vermutlich weiß oder sehr hell streichen, damit die Räume größer wirken. Ähnlich können Sie mit Ihrer Website verfahren. Finden Sie heraus, was den Kern Ihrer Seite wirklich transportiert, und entfernen Sie überflüssige Elemente. Der französische Autor Antoine de Saint-Exupéry war der Ansicht, »*Perfektion haben wir nicht dann erreicht, wenn man nichts mehr hinzufügen kann, sondern wenn man nichts mehr weglassen kann.*« Denken Sie mal an die Startseite der Suchmaschine Google, die sowohl Whitespace als auch Simplicity veranschaulicht.

### Goldener Schnitt

Vielleicht können Sie sich noch an diesen Begriff aus dem Kunstunterricht erinnern. Der Goldene Schnitt, der auch als »göttliche Teilung« bezeichnet wird, beschreibt eine bestimmte Aufteilung von Flächen mit dem Ziel, einen möglichst ästhetisch ansprechenden (Bild-)Eindruck zu schaffen. Ein Bild wird dabei in rechteckiger Form dargestellt und die Breite annähernd in zwei Drittel zu einem Drittel aufgeteilt. Der genaue Wert liegt bei 61,8 % der Breite. Zur Berechnung dieses Proportionsgesetzes können Sie die Breite durch 1,62 (bzw. 1,61803…) teilen. Dazu können Sie auch diverse kostenfreie Tools im Netz verwenden. Wie Sie in Abbildung 16.50 sehen, ergeben sich mit dem Goldenen Schnitt immer ein Quadrat und ein Rechteck.

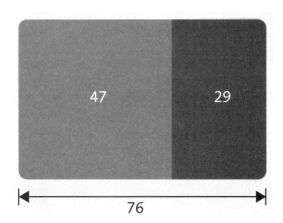

**Abbildung 16.50**  Beispiel für den Goldenen Schnitt (76:1,62 = 46,9)

In diesem Zusammenhang möchten wir auch die sogenannte Drittelregel kurz erwähnen. Hier wird die rechteckige Bildfläche sowohl horizontal als auch vertikal in Drittel geteilt. An den Schnittpunkten der Trennlinien sollten die Objekte platziert werden, die besondere Aufmerksamkeit erfordern.

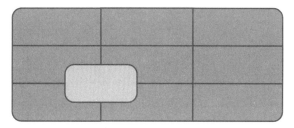

**Abbildung 16.51**  Die Drittelregel

### Layouts

Man unterscheidet zwischen starren, dynamischen und elastischen Layouts. Starre oder auch feste Layouts verändern sich nicht in ihrer Ansicht, egal mit welcher Monitorgröße die Website betrachtet wird. Bei größeren Ausgabegeräten entsteht also viel Leerraum. Dynamische Layouts hingegen passen sich der Monitorgröße an. Unschön können hier aber Inhalte aussehen, die sich dadurch über die gesamte Website erstrecken und schlechter zu lesen sind. Elastische Layouts verändern sich proportional je nach Schriftgröße, d. h., vergrößert oder verkleinert man den Text, vergrößert bzw. verkleinert man auch proportional alle anderen Elemente auf der Website. Machen Sie sich bei der Website-Gestaltung also auch Gedanken zu der Art des Layouts, und beziehen Sie verschiedene Browser, die einen Seitenzoom ermöglichen, in Ihre Überlegungen mit ein. Prüfen Sie zudem, ob der Text, den Sie verwenden, bei unterschiedlichen Seitenbreiten lesbar bleibt, denn zu breite Texte sind schlecht lesbar. Das ist auch der Grund, warum beispielsweise in Zeitungen mit Spalten gearbeitet wird. Mit etwa acht bis zwölf Wörtern pro Zeile sollten Sie ganz gut liegen.

Bedenken Sie, dass insbesondere lange Seiten, bei denen die Benutzer viel scrollen müssen, gut strukturiert werden müssen. Hier kann es in einigen Fällen sinnvoll sein, sogenannte Top-Links zu integrieren, über die der Leser wieder an den Seitenbeginn springen kann.

Wenn Sie als Website-Betreiber nicht die einzige Person sind, die Entscheidungen bezüglich des Webdesigns Ihres Online-Auftritts fällt, so haben Sie vielleicht schon festgestellt, dass eine Website oftmals die Ansprüche von verschiedenen Menschen und somit unterschiedlichen Positionen erfüllen muss. So treffen Designer, Entwickler, Marketing-Fachleute und Produktmanager ihre Entscheidungen aus unterschiedlichen Blickwickeln.

Wie wir schon mehrfach betont haben, gibt es kaum Pauschalaussagen, und der beste Weg ist meistens das Testen. Dennoch möchten wir im Folgenden noch den Zusammenhang zwischen Website-Design und Suchmaschinenoptimierung genauer beleuchten.

## 16.15 SEO und Usability

Suchmaschinenoptimierung und Usability sind nicht unbedingt zwei gegensätzliche Perspektiven. Wenn Sie sich anschauen, wie Besucher auf Ihre Seite gelangen, werden Sie wahrscheinlich feststellen, dass auch Suchmaschinen den Traffic zu Ihrer Internetpräsenz steuern. So wird ein Benutzer, der einen bestimmten Suchbegriff in eine Suchmaschine eingibt, zu Ihnen geleitet, wenn die Suchmaschinen Ihre Website für ausreichend relevant für dieses Thema erachtet. Auf Ihrer Website sollte der Benutzer dann das entsprechende Suchwort wiederfinden. So ist es beispielsweise aus dem Usability-Blickwinkel wichtig, dem Benutzer das Gefühl zu geben, dass er auf der richtigen Website gelandet ist. Auch aus SEO-Sicht ist die Verwendung der entsprechenden Keywords auf der Website ausschlaggebend, da dadurch die Positionierung der Website bei der Suchmaschine beeinflusst werden kann.

Sie sollten also darauf achten, dass Sie mit häufig nachgefragten Keywords innerhalb Ihrer Navigation, Ihrer Überschriften und in Ihren Texten arbeiten. So erfüllen Sie auch die Erwartungen der Besucher. Einem Nutzer sollte schnellstmöglich klar werden, was er auf dieser Seite tun kann und wo er für seine Bedürfnisse relevante Inhalte findet. Auch Bezeichnungen von Links sollten so eindeutig wie möglich gewählt werden. Versuchen Sie, auch wenn der vorgesehene Platz begrenzt ist, entsprechende Bezeichnungen zu verwenden und nicht auf Synonyme auszuweichen.

Themen und Produkte, die durchgehend relevant sind, sollten auch entsprechend fest in der Navigation enthalten sein. Verstecken Sie wichtige Themen nicht in untergeordneten Bereichen Ihrer Navigation. Sie sind sowohl für Ihre Benutzer als auch für Suchmaschinen schwerer zu finden. In solchen Fällen bieten Tag Clouds (siehe Abschnitt »Tagclouds« auf Seite 561) eine gute Möglichkeit oder aber die Anzeige der frequentiertesten Bereiche, z. B. der meistgelesenen Artikel. Darüber hinaus kann es aber auch sinnvoll sein, vorübergehende Themen für kurze Zeit in die Navigation aufzunehmen. Gerade bei Events kann man für den Zeitraum mit einem erhöhten Suchvolumen rechnen. Sie sollten dann aber auch entsprechende Inhalte bieten, um Benutzer nicht zu verärgern. Die Tools *Google Trends* und *Google Insights for Search* bieten eine Möglichkeit, die Nachfrage zu zeitlicher Relevanz anzeigen zu lassen. Sie sollten schon bei der Entwicklung

Ihrer Website darauf achten, dass Sie temporäre Navigationspunkte integrieren können und auch Erweiterungen Ihres Angebotes vornehmen können.

Abschließend möchten wir Ihnen noch drei beispielhafte Überschneidungspunkte von Design und SEO darstellen.

Mit gutem Design können Sie Ihre Besucher (emotional) ansprechen. Gute Inhalte und gutes Design führen zu erhöhter Aufmerksamkeit, das Scrollen und das Browsen nehmen zu. Auch die Bereitschaft, die Seite weiterzuempfehlen, steigt. Aus Suchmaschinensicht profitieren Sie, da die Benutzer dann eher bereit sind, Ihre Website zu verlinken, teilzunehmen, Lesezeichen zu setzen usw.

Wenn Sie ausgezeichnete Grafiken erstellen und auf Ihrer Website integrieren, können Sie diese sehr gut als Linkbait verwenden. Sollte Ihre Website ein Forum oder eine Community sein, kann gutes Design anregen, an ihr teilzunehmen. Sie sollten Ihre Mitglieder mit Elementen versorgen, die sie auf Ihrer Website integrieren können um auf Ihre eigene Website hinzuweisen.

## 16.16 Usability-Gebote

Wir haben Ihnen zum Ende dieses Kapitels einige wichtige Usability-Gebote zusammengestellt. Diese erheben weder den Anspruch auf Vollständigkeit noch sind sie Pauschalaussagen. Es ist jeweils individuell zu entscheiden, ob diese Gebote für Ihre Website sinnvoll sind. Sie geben aber zumindest eine Richtung vor und bieten Denkanstöße. Prüfen Sie Ihre Website, und merzen Sie schwerwiegende Usability-Fehler aus.

▶ **Gebot 1: Du sollst alle Benutzer ausreichend bedienen**
Die Benutzer Ihrer Website können gänzlich unterschiedlich sein, diverse technische Voraussetzungen haben, körperlich eingeschränkt sein, unterschiedliche Erfahrungen mitbringen oder sich in besonderen Situationen befinden. Berücksichtigen Sie eine barrierefreie Gestaltung Ihrer Website (siehe Abschnitt 16.2, »Abgrenzung Barrierefreiheit (Accessibility)«), und machen Sie Ihre Inhalte einer möglichst breiten Besuchergruppe zugänglich.

▶ **Gebot 2: Du sollst eine einfache Orientierung ermöglichen**
Bieten Sie Ihren Benutzern eine logische Seitenstruktur, innerhalb der sie sich orientieren können und wichtige Keywords wiederfinden. Achten Sie darauf, dass insbesondere die Navigation nicht von anderen Elementen überlagert wird und somit nicht verwendet werden kann. Verwenden Sie Ihre Struktur einheitlich, damit Benutzer auch auf Unterseiten wissen, dass sie noch auf Ihrer Website surfen. Die Benutzer müssen den Kern der Website schnell

erfassen können. Ihnen muss klar werden, was sie auf der Seite tun können und wie sie zu weiteren Informationen gelangen. Gerade bei komplexen Websites sollten Sie eine leicht ersichtliche Suchfunktion anbieten. Verstecken Sie keine Inhalte durch leicht übersehbare Links. Links sollten klar als solche erkennbar sein (in der Regel blau und unterstrichen), und sie sollten ihre Farbe ändern, nachdem sie angeklickt wurden. Arbeiten Sie mit sprechenden Linktexten, und prüfen Sie Ihre verwendeten Links, damit sie nicht ins Leere führen. Den Nutzern sollte jederzeit bewusst sein, wo sie sich befinden. Zeigen Sie ihnen die aktive Seite unterschiedlich zu den inaktiven Seiten an. Breadcrumbs (siehe Abschnitt 16.6.1, »Navigationsarten«) können insbesondere bei umfangreichen Websites ebenfalls als Orientierungshilfe dienen. Verlinken Sie Ihr Logo, denn viele Benutzer haben inzwischen gelernt, dass sie darüber zur Startseite gelangen. Halten Sie sich möglichst an erlernte Konventionen.

▶ **Gebot 3: Du sollst den Benutzern Inhalte optimal präsentieren**
Stellen Sie Ihren USP (*Unique Selling Proposition*, Alleinstellungsmerkmal) in den Vordergrund, und heben Sie die Vorteile Ihres Angebotes hervor. Fassen Sie sich dabei so präzise und knapp wie möglich, und vermeiden Sie Smalltalk und überflüssige Umschreibungen. Halten Sie Ihre Inhalte aktuell und kompakt. Strukturieren Sie Ihren Content, um ein einfaches Scannen der Seiten zu ermöglichen, und unterstützen Sie Ihre Aussagen durch eine einheitliche Bildsprache. Überprüfen Sie die Darstellung Ihrer Inhalte in gängigen Browsern, und machen Sie eine Qualitätssicherung. Benutzer sind schnell verärgert, wenn Inhalte nur mit bestimmten Programmen zugänglich sind oder wenn von ihnen zu viele Informationen abgefragt werden, bevor sie etwas tun können.

▶ **Gebot 4: Du sollst eine angenehme Atmosphäre schaffen**
Visuelles Rauschen und Reizüberflutung sind zu vermeiden. Legen Sie hingegen Wert auf eine angenehme, unaufdringliche Atmosphäre. Farben sollten dezent und einheitlich verwendet werden. Berücksichtigen Sie bei der Gestaltung Ihrer Website bekannte Wahrnehmungsgesetze (siehe Abschnitt 16.13.1). Achten Sie auf ausreichend Whitespace und Simplicity.

▶ **Gebot 5: Du sollst den Benutzer nicht stören oder irritieren**
Vermeiden Sie Pop-Up-Elemente, die das Browsen Ihrer Benutzer unterbrechen und erheblich stören. Besucher sind verärgert über Kontrollverluste, die entstehen, wenn sie Inhalte angezeigt bekommen, die nicht aufgerufen wurden. Multimediale Inhalte sollten vom Benutzer selbst gesteuert werden können. Benutzer verbinden mit Pop-Ups größtenteils Werbung und schließen sie schnellstmöglich. Zudem erweitern viele Benutzer ihre Browser um Pop-Up-Blocker, sodass Inhalte nicht angezeigt werden. Vermeiden Sie bestmöglich

jegliche irritierenden Elemente, die vom eigentlichen Inhalt ablenken. Das können bestimmte Farbkombinationen sein, die ein Flimmern hervorrufen, aber auch Elemente, die ihre Position verändern oder gänzlich verschwinden.

▸ **Gebot 6: Du sollst Benutzer nicht warten lassen**
Überprüfen Sie die technischen Aspekte, und vermeiden Sie lange Ladezeiten, die beispielsweise durch die Verwendung von großen Bilddateien hervorgerufen werden können. Bei Downloads und multimedialen Inhalten sollten Sie daher die Dateigröße und Abspiellänge angeben und Benutzer über Warte- bzw. Ladezeiten informieren.

▸ **Gebot 7: Du sollst deine Benutzer nicht aufdringlich ausfragen**
Verlangen Sie Ihren Besuchern nur die Informationen ab, die Sie unbedingt benötigen. Formulare sollten so knapp wie möglich gehalten und gut strukturiert sein. Achten Sie auf eine präzise Bezeichnung und eine ausreichende Größe der Eingabefelder. Das Ausfüllen von Formularen sollte vollständig per Tastatur möglich sein, d. h., Benutzer sollten Tabulatortasten zum Springen in das nächste Eingebfeld verwenden können und auch die Enter-Taste zum Abschicken des Formulars. Geben Sie bei mehrseitigen Formularen auch die noch folgenden Schritte an. (Details zu Formularen finden Sie in Abschnitt 16.9)

▸ **Gebot 8: Du sollst mit dem Benutzer kommunizieren**
Geben Sie Ihren Benutzern Rückmeldungen, wenn sie mit der Website interagieren. Zeigen Sie an, was als Nächstes passieren wird, und schaffen Sie möglichst positive Nutzererlebnisse. Zeigen Sie Fehlermeldungen bei falschen Eingaben an, die Hilfestellungen und Lösungsmöglichkeiten bieten.

▸ **Gebot 9: Du sollst Vertrauen schaffen**
Zeigen Sie sich hilfsbereit. Benutzer sollten jederzeit eine einfache Möglichkeit haben, mit Ihnen Kontakt aufzunehmen. Dies gilt insbesondere bei Online-Shops. Treten Sie als Website-Betreiber nicht anonym auf, sondern schaffen Sie größtmögliche Transparenz.

▸ **Gebot 10: Du sollst deine Benutzer wieder bedienen**
Einige Funktionen erleichtern es den Benutzern, Ihre Seite erneut aufzurufen. So können Sie Bookmarking-Möglichkeiten integrieren, Newsletter und RSS-Feeds anbieten. Halten Sie Ihre Benutzer auf dem Laufenden. Auch die Möglichkeit zur Weiterempfehlung sei hier erwähnt.

*»Ich will niemanden verführen, ich will überzeugen.«*
*– Edith Cresson, französische Politikerin*

# 17 Aus Besuchern Käufer machen – User konvertieren

Der Atem ist ruhig, der Blick fokussiert, der Bogen gespannt. Sportler beim Bogenschießen sind Konzentrationskünstler und haben genau ein Ziel vor Augen: Sie möchten wortwörtlich ins Schwarze treffen. Alle Ablenkung muss ausgeblendet werden. Das Einzige, was zählt, ist der Pfeil in der Mitte der Zielscheibe.

Dieser Vergleich passt gut zu unserer Thematik. Sie als Website-Betreiber sind der Bogenschütze, die Besucher Ihrer Website entsprechen dem Pfeil, und das Ziel, das Sie mit Ihrer Website erreichen möchten, ist der Mittelpunkt der Zielscheibe, das Bull's Eye – ein Volltreffer. Genau darum geht es in diesem Kapitel: Wie schaffen Sie es, den Besucherstrom auf Ihrer Website so zu leiten, dass die Benutzer Ihr Website-Ziel erreichen? Die Antworten sind natürlich abhängig von den anvisierten Zielen und den verschiedenen Websites. Darum muss immer individuell betrachtet werden, welche Optimierungsmaßnahme im Einzelfall sinnvoll erscheint. Wir möchten Ihnen im Folgenden einige Maßnahmen vorstellen, die Sie auf jeden Fall in Betracht ziehen und überdenken sollten.

Wie die Sportler sich aufwärmen, so werden wir uns zum Aufwärmen zunächst die Begrifflichkeiten genauer ansehen und uns mit einem leichten Stretching dem Conversion-Optimierungsprozess widmen. Bei richtiger Pulsfrequenz schauen wir uns die Elemente einer Landing Page und den Entscheidungsprozess der Zielgruppe detaillierter an. Danach wenden wir uns der Disziplin der Landing-Page-Optimierung zu. Krempeln Sie also die Ärmel hoch, es wird möglicherweise schweißtreibend.

## 17.1 Begrifflichkeiten

Gerade im Online-Marketing wird eine Vielzahl von zumeist englischen Fachbegriffen verwendet. Einige leuchten sofort ein, bei anderen kann der Eindruck von

»Fachchinesisch« entstehen. Damit keine Missverständnisse auftreten, möchten wir uns zunächst einige Begrifflichkeiten näher anschauen, bevor wir uns dann – Achtung, Fachbegriff – der *Conversionrate Optimization* widmen.

### Conversion

Dieser Begriff tauchte bereits in einigen vorherigen Kapiteln auf, soll aber hier noch einmal genauer beleuchtet werden: Eine *Conversion* bezeichnet eine gewünschte, messbare Handlung, die von einem Benutzer durchgeführt wird. Angenommen, Sie möchten mit Ihrer Website erreichen, dass sich viele Besucher für Ihren Newsletter anmelden. Jeder Besucher, der sich nun in das Newsletter-Formular einträgt und dieses abschickt, tätigt eine Conversion bzw. konvertiert. Seine Wurzeln hat das Wort »Conversion« im Lateinischen. Es kommt von »convertere«, was »wenden« bedeutet. In der Religion wird das Wort Konversion ebenfalls verwendet und bedeutet dort den Übertritt zu einer anderen Konfession. Übertragen auf das Web, kann man von einem Übertritt eines Interessenten in die Gruppe der Käufer sprechen, sofern es sich um einen Online-Shop handelt. Es gilt also, wie die Kapitelüberschrift schon sagt, aus Besuchern Käufer zu machen.

Eine Conversion kann ganz unterschiedlicher Natur sein und wird von Ihnen als Website-Betreiber bestimmt. Sie hängt davon ab, was das Ziel Ihrer Website ist. Verkaufen Sie beispielsweise über Ihren Internet-Auftritt Wein, dann kann eine Conversion auch darin bestehen, dass ein interessierter Besucher Ihrer Website eine Bestellung abgibt. Sind Sie beispielsweise Betreiber einer Community, kann eine Conversion gänzlich anders aussehen und kann beispielsweise die Anmeldung zur Gemeinschaft sein. Auch Klicks auf Werbemittel können als Conversion angesehen werden.

### Conversionrate (CR)

Die *Conversionrate* (zu Deutsch *Konversionsrate*) bezeichnet das Verhältnis von Besuchern auf Ihrer Website zu den Besuchern, die eine gewünschte Handlung ausführen, also eine Conversion tätigen. Ziehen wir nochmals das Beispiel von einem Produktverkauf heran, dann ist die Conversionrate das Verhältnis zwischen allen Besuchern auf Ihrer Website zu den Käufern auf Ihrer Website. Die Formel sieht also wie folgt aus:

*Conversionrate = Käufer / Besucher*

Abbildung 17.1 veranschaulicht diese Begrifflichkeiten.

Conversionrate im Online-Shop:
Besucher werden Käufer

www.ihrewebsite.de

Besucher

Käufer

**Abbildung 17.1** Begrifflichkeiten

Die Bestimmung der Conversionrate ist wichtig, um die Wirksamkeit von Werbemaßnahmen beurteilen zu können. Ob eine Conversionrate gut oder schlecht ist, hängt letztendlich damit zusammen, ob Sie als Website-Betreiber Ihre Ziele erreichen und wirtschaftlich profitabel agieren.

Abhängig von der Branche, in der Sie tätig sind, und auch von der Art Ihres Website-Ziels bzw. Ihrer Conversion, können die Raten gänzlich unterschiedlich sein. So ist beispielsweise für die Anmeldung zu einem kostenlosen Newsletter eine höhere Conversionrate zu erwarten als für den Kauf eines Produktes im hohen Preissegment, da ein Nutzer hier eine weitaus höhere Hürde überwinden muss.

### Der Conversion-Trichter (Conversion Funnel)

So wie sich die Art der Conversion unterscheiden kann, so kann auch der Weg, den ein Website-Besucher durch Ihre Website nimmt, um eine Conversion zu erreichen, unterschiedlicher Natur sein (dieser Weg ist auch unter dem Namen *Conversion-Pfad* oder *Customer Journey bekannt*). Dies hängt damit zusammen, dass die Besucher unterschiedliche Interessen verfolgen und diverses Grundwissen bei dem Besuch Ihrer Website mitbringen.

Für Website-Betreiber ist die Analyse des *Conversion-Trichters* (auf Neudeutsch *Conversion Funnel*) besonders interessant. In Abbildung 17.2 sehen Sie einen exemplarischen *Conversion-Trichter*, der den Weg von einer Landing Page (siehe Abschnitt 17.4) bis zur Conversion beschreibt. Wie für einen Trichter üblich, wird dieser in vertikaler Richtung immer schmaler, denn auf dem Weg zu einer Conversion verringern sich üblicherweise die Besucher. Wie Sie es schaffen, dass viele Besucher konvertieren, möchten wir Ihnen auf den nächsten Seiten beschreiben.

**Exemplarischer Conversion-Trichter**

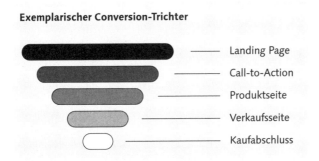

**Abbildung 17.2**  Beispiel Conversion-Trichter (Conversion Funnel)

In diesem beispielhaften Conversion-Trichter gelangen die Besucher zunächst auf eine sogenannte *Landing Page*. Die interessierten Besucher folgen der Handlungsaufforderung dieser Seite (dem *Call-to-Action*) und erreichen somit eine Produktseite. Alle anderen Besucher, deren Interesse nicht angesprochen wurde, verlassen die Landing Page wieder. Die Besucher, die nach einem derartigen Produkt gesucht haben und dieses kaufen möchten, gelangen daraufhin auf die Verkaufsseite. Einige von diesen Besuchern sind von Ihrem Angebot überzeugt und tätigen dort eine Conversion.

### Conversionrate Optimization (CRO)

»Schon wieder ein Fremdwort!« werden Sie jetzt vielleicht denken. Aber dieses sollten Sie sich besonders gut merken, denn es hat sich in letzter Zeit zunehmend in den Köpfen von Unternehmern und Website-Betreibern festgesetzt. Die Rede ist von der *Conversionrate-Optimierung*. Was das ist?

Die Conversionrate Optimization (Optimierung der Konversionsrate) befasst sich mit sämtlichen Maßnahmen, die die Conversionrate einer Website steigern. Wenn Sie sich die Formel der Conversionrate noch einmal ins Gedächtnis rufen, bedeutet das im Klartext, mehr Besucher zu konvertieren, sprich in vielen Fällen:

aus Besuchern mehr Käufer zu machen. So zielen Maßnahmen darauf ab, die Abbruchrate im Kaufprozess (sofern die definierte Conversion ein Kauf ist) zu verringern. Anders ausgedrückt: Die Conversionrate-Optimierung befasst sich mit Maßnahmen, die bei gleichbleibendem Besucheraufkommen (Traffic) die Conversions steigern. In Abbildung 17.3 wird dieser Begriff nochmals auf einen Blick ersichtlich.

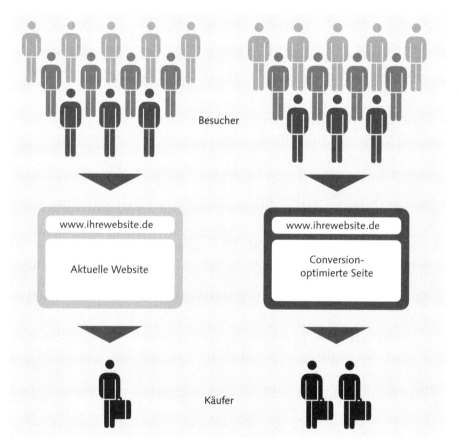

**Abbildung 17.3** Conversionrate Optimization (CRO)

Die Conversionrate-Optimierung gewinnt zunehmend an Bedeutung, und viele Unternehmen erkennen das wirtschaftliche Potenzial, das in ihr steckt. CRO-Experte Tim Ash meint im Online-Magazin *Suchradar* (Ausgabe Juli 2010):

»*I would not be surprised to see a ›Director of Landing Page Optimization‹, ›Chief Conversion Officer‹ or similar roles emerge within companies or interactive agencies.*«

Er bringt damit zum Ausdruck, dass es ihn nicht überraschen würde, in nächster Zeit neue Berufsfelder speziell für diesen Bereich zu entdecken. Erfolgreich werden also weniger die Websites und Unternehmen sein, deren Optimierungsstrategie rein auf eine Traffic-Steigerung abzielt, sondern vielmehr diejenigen, die auch an Ihrer Conversionrate arbeiten. Hat diese eine akzeptable Rate erreicht, kann durch gezielte Maßnahmen der Besucherstrom einer Website erhöht werden.

**Google Conversion Professionals**

Dass sich auch der Suchmaschinengigant Google mit der Conversion-Optimierung befasst, beweist sein Zertifizierungsprogramm *Google Conversion Professionals* (*www.google.de/gcp*). Hier erhalten ausgewiesene Experten in Sachen AdWords ROI und Website Conversions ein Zertifikat. Auf diese Weise bekommen Unternehmen eine Hilfestellung bei der Suche nach einem passenden Berater.

Im Zusammenhang mit der CRO sind verschiedene Themenbereiche involviert, denn es gilt herauszufinden, was den Besucher davon abhält, ein Produkt zu kaufen bzw. eine Conversion durchzuführen. Experten gehen davon aus, dass etwa 97 % der Besucher einer Website den Internetauftritt wieder verlassen und keine Conversion tätigen – eine ernüchternde Zahl die untermauert, wie viel Potenzial in der Conversion-Optimierung steckt. Hier geht es um eine übergeordnete Disziplin, die diverse Themenbereiche involviert. So kommen psychologische und technische Aspekte ins Spiel, die Usability (siehe Kapitel 16, »Usability – Benutzerfreundliche Websites«) kann optimiert werden, ebenso wie die Funktionen einer Website oder beispielsweise die Ladegeschwindigkeit. Die Stellschrauben sind also sehr vielfältig.

Die CRO ist keine Aufgabe, die sich, einmal erledigt, für immer abhaken lässt. Stattdessen ist sie als Prozess zu verstehen, denn das Umfeld von Websites ist dynamisch, und äußere Umstände können sich verändern.

## 17.2 Warum ist die Conversionrate so wichtig?

Schauen wir uns zur Beantwortung dieser Frage eine (fiktive) Beispielrechnung an. Angenommen, Sie messen auf Ihrer Website einen Besucherstrom von 10.000 Besuchern pro Monat. Aktuell verzeichnen Sie eine Conversionrate von 1 %, das bedeutet, dass 100 Besucher in Ihrem Online-Shop etwas kaufen. Nehmen wir an, dass Sie mit Ihrer Website das Ziel verfolgen, Bücher zu verkaufen, und dass der durchschnittliche Warenkorb etwa 25 Euro beträgt. Dann nehmen Sie durch diese 100 Käufer 2500 Euro ein.

Stellen Sie sich nun vor, Sie können durch verschiedene Optimierungsmaßnahmen Ihre Conversionrate auf 1,5 % erhöhen, also einen Anstieg von 0,5 % erzielen – wir wollen nicht überheblich sein. Dann sieht die Rechnung so wie in Tabelle 17.1 aus.

| | vorher | nachher |
|---|---|---|
| Besucher | 10000 | 10000 |
| Conversionsrate | 1% | 1,5% |
| Käufer | 100 | 150 |
| Ø Warenkorb | 25 Euro | 25 Euro |
| Einnahmen | 2500 Euro | 3750 Euro |

**Tabelle 17.1** Beispielrechnung für eine gesteigerte Conversionrate

An dieser sehr einfachen, aber deutlichen Beispielrechnung sehen Sie, dass eine Steigerung der Conversionrate wesentlichen Einfluss auf die Umsatzgenerierung Ihrer Website hat. In der Realität müssten Sie noch berücksichtigen, dass Sie gewonnene Kunden auch halten und zum Wiederkauf bewegen können.

**Tipp: Conversionrate-Rechner**

Unter *http://www.wsimarketing.de/convertcustomers.aspx* finden Sie einen Conversion-Rechner. Tragen Sie hier die Besucherzahl Ihrer Website ein, die Anzahl der Bestellungen und die durchschnittliche Bestellhöhe. Mit dem Bewegen eines Schiebereglers können Sie sehen, welchen Einfluss die Conversionrate auf Ihren Website-Erfolg hat. Einen ähnlichen Rechner in englischer Sprache finden Sie unter *http://www.bplans.com/business_calculators/conversionratecalculatorwindow.cfm*.

**»Ja«-Sager, »Nein«-Sager und »Jein«-Sager**

Geben Sie sich jedoch nicht der Illusion hin, dass eine Conversionrate von 100 % erreichbar wäre, dass also alle Besucher Ihrer Website genau die gewünschte Handlung ausführen würden. Die Besucher sind gänzlich unterschiedlich, und Sie werden es nicht jedem recht machen können. Für einige wird Ihr Produkt bzw. Angebot nicht infrage kommen (»Nein«-Sager), andere hingegen werden es beziehen (»Ja«-Sager). Es gibt aber noch einen dritten Teil von Besuchern, die der Experte Tim Ash als »Maybes« bezeichnet, also die »Jein«-Sager. Sie kommen als Käufer in Frage, sind aber noch nicht vollständig überzeugt. Und hier wird es interessant: Genau dieser Anteil an Interessenten ist die Stellschraube zu einer höheren Conversionrate.

In Anlehnung an die Darstellung in Tim Ashs Buch »Landing Page Optimization« sehen Sie in Abbildung 17.4 den Sachverhalt noch einmal verdeutlicht.

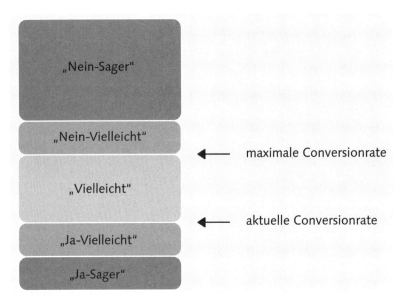

**Abbildung 17.4** Ja-Sager, Nein-Sager und Jein-Sager nach Tim Ash

Das Ziel ist also die Überzeugung der Unentschlossenen, insbesondere der Gruppe »Ja-Vielleicht« und »Vielleicht«, um mit einer Website erfolgreich zu sein.

Oftmals ist die Conversionrate-Optimierung in Unternehmen und bei Website-Betreibern noch kein etablierter Prozess. Häufig werden große Budgets für Traffic-steigernde Maßnahmen freigegeben, aber die CRO-Optimierung kommt trotz ihres Einflusses auf den Umsatz häufig zu kurz. Wie Sie nun wissen, ist jedoch deren Wichtigkeit nicht zu unterschätzen. Fangen Sie daher noch heute an zu optimieren.

## 17.3 Der Prozess der Conversionrate-Optimierung

Sie kennen nun die genaue Bedeutung der Fachbegriffe, und Ihnen ist auch die Relevanz der Conversionrate und von deren Optimierung bewusst. Da wird es sicherlich einleuchten, dass CRO kein Parallelprojekt ist, das man mal »ebenso nebenbei« abwickeln kann. Die Conversionrate-Optimierung ist, ähnlich wie die Usability-Optimierung (siehe Kapitel 16, »Usability – Benutzerfreundliche Websites«) und der Einsatz der Testverfahren (siehe Kapitel 18, »Testverfahren«), ein wiederkehrender Prozess, mit dem Sie eigentlich nie fertig sind. Das hört sich möglicherweise nach Sisyphusarbeit an, aber wenn Sie bedenken, welchen Einfluss die CRO auf Ihren (monetären) Erfolg haben kann, so sollte dieser Punkt doch motivieren. Darum sollten Sie auch nicht zu lange mit der CRO warten. Aber wie fangen Sie nun an, Ihre Website zu verbessern, um erfolgreicher zu sein?

Wir schauen uns dazu zunächst den allgemeinen Conversion-Optimierungsprozess an. Im Anschluss gehen wir dann näher auf die Gestaltung einer Landing Page und deren Optimierung ein – immer mit dem Ziel, die Conversionrate zu steigern und insgesamt erfolgreicher zu sein.

### 17.3.1 Phasen im Conversionrate-Optimierungsprozess

#### 1. Schwachstellen aufdecken

Um etwas zu verbessern, sollte man zunächst relevante Sachverhalte kennen bzw. analysieren. Grundsätzlich ist es daher wichtig, dass Sie mit dem Besucherverhalten auf Ihrer Website vertraut sind. Sie sollten sich ein genaues Bild darüber verschaffen, wie die Conversions auf Ihrer Website entstehen, und sich über Ihre Zielgruppe so gut wie möglich im Klaren sein.

Versuchen Sie, Besucher zu segmentieren, die sich ähnlich verhalten, analysieren Sie die häufigsten Einstiegsseiten, und schauen Sie sich an, über welche Kanäle Sie die meisten Conversions erzielen. Überprüfen Sie auch die Webseiten, die eine vergleichsweise hohe Bouncerate aufweisen. Versuchen Sie möglichst viele Fragen zu klären: Was reizt die Besucher wohlmöglich an Ihrem Angebot, welche Fragen haben die Interessenten, wie seriös und glaubwürdig wirkt Ihr Angebot, und was ist Ihr bester Vertriebskanal?

Eine Kernfrage aber lautet: Was hält Interessenten von einer Kaufentscheidung ab? Hand aufs Herz: Wie oft haben Sie sich schon mit Ihren Kunden und Interessenten unterhalten? Fragebögen zur Kundenmeinung sind nur eine Möglichkeit, die hier Abhilfe schaffen kann. Mithilfe von Webanalyse-Tools (siehe dazu auch Kapitel 20, »Web-Analytics – Websites unter die Lupe genommen«) können Sie das Verhalten von Benutzern auf Ihrer Website analysieren und auswerten. Schauen Sie sich Ihren Conversion-Trichter an, und analysieren Sie die Pfade Ihrer Website-Besucher. Wo springen die Besucher ab, und was sind kritische Stellen in Ihrem Conversion-Pfad. Zudem können Heatmaps und Clickmaps verschiedener Webseiten Optimierungspotenzial ans Tageslicht bringen. Die Schwierigkeit wird nicht darin bestehen, die Daten zusammenzutragen, sondern vielmehr darin, die Bedeutung der Daten und deren Zusammenhänge zu erkennen.

Angenommen, Sie betreiben einen Online-Shop und stellen in Ihrer Analyse-Phase fest, dass kaum ein Besucher auf Ihren JETZT KAUFEN-Button klickt. Der erste Schritt ist getan, Sie haben eine Schwachstelle aufgedeckt.

### 2. Gegenmaßnahmen überlegen

Doch das Erkennen von Schwachstellen ist noch nicht des Pudels Kern. Die Herausforderung liegt nun darin, eine Vermutung aufzustellen, warum Nutzer nicht auf diesen Button klicken. Es könnte sein, dass der Button zu klein ist, die Farbe wenig auffällig, der Button nicht im sichtbaren Bereich der Seite positioniert ist, sondern *below the fold*, dass die Bezeichnung »Jetzt kaufen« nicht ansprechend genug ist und vieles mehr. Sie merken schon, es gibt vielfältige Möglichkeiten, und wir sprechen hier auch von Vermutungen, solange diese Hypothesen noch nicht mit messbaren Zahlen belegt werden können. Schauen Sie sich zudem Ihre Mitbewerber an, und lassen Sie Bedürfnisse aus anderen Perspektiven in Ihre Überlegungen einfließen. Nun besteht die Schwierigkeit darin, die Vermutung herauszugreifen, die Ihnen am wahrscheinlichsten erscheint. Beispielsweise gehen Sie davon aus, dass die Positionierung des Buttons nicht optimal ist. Auf Grundlage dieser Annahme sollten Sie sich eine Optimierungsmaßnahme überlegen, die eine Steigerung von angenommenen x% hervorruft. In diesem Fall möchten Sie den schlecht sichtbaren Button beispielsweise »above the fold« platzieren.

### 3. An die Arbeit

Daraufhin folgt die Umsetzung der Optimierungsmaßnahme. Legen Sie dabei fest, was wie und wo verändert werden sollte. Berücksichtigen Sie dabei auch Auswirkungen auf andere Elemente und Webseiten.

### 4. Überprüfen

Es gilt nun die Frage zu beantworten, ob die Optimierungsmaßnahmen erfolgreich sind. Daher macht es Sinn, schon vor der Umsetzung bzw. währenddessen (in Form von A/B-Tests und multivariaten Tests) die Maßnahmen zu evaluieren. (Mehr Informationen zu Testverfahren finden Sie in Kapitel 18, »Testverfahren«).

### Fazit

Zusammenfassend und sehr plakativ ausgedrückt, lässt sich also der Prozess folgendermaßen festhalten:

→*Was ist nicht gut?* → *Was kann ich dagegen tun?* → *Etwas dagegen tun* → *Hat es geholfen?*

Abbildung 17.5 zeigt den Prozess der Conversionrate-Optimierung auf einen Blick.

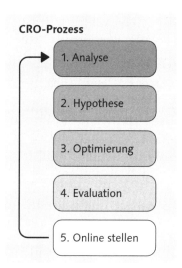

**CRO-Prozess**

1. Analyse

2. Hypothese

3. Optimierung

4. Evaluation

5. Online stellen

**Abbildung 17.5** Der CRO-Prozess

### 17.3.2 LPO ist nicht gleich CRO

Um eins deutlich hervorzuheben: Die sogenannte *Landing-Page-Optimierung (LPO)* ist nicht dasselbe wie die *Conversion-Optimierung (CRO)*. Während die Landing-Page-Optimierung sich mit der Verbesserung einer einzelnen Seite – nämlich der Landing Page – befasst, bezieht sich die Conversionrate-Optimierung auf Maßnahmen, die die gesamte Website umfassen und das Ziel anstreben, die Conversionrate zu steigern.

Um etwas konkreter zu werden, möchten wir im Folgenden näher auf die Begrifflichkeit der Landing Page und auf deren Optimierung eingehen. Viele Maßnahmen der Landing-Page-Optimierung sind dabei auch für andere Webseiten anwendbar.

## 17.4 Die Landing Page

Eine Landing Page oder zu Deutsch *Landeseite* ist die Seite, auf der ein Benutzer »landet«, wenn er beispielsweise einen Link, ein Werbemittel oder ein Suchergebnis anklickt. Das bedeutet, dass der Besucher auf eine spezielle Seite gelenkt wird, um eine bestimmte Benutzeraktion oder ein bestimmtes Ergebnis hervorzurufen. Wenn Sie an unser Eingangsbeispiel mit dem Bogenschützen denken, dann übernimmt die Landing Page sozusagen das Lenken des Pfeils auf die Zielscheibe, und zwar im besten Fall in deren Mittelpunkt. Die Landing Page ist also die Verbindung zwischen dem Zugang zur Website (z. B. ein Werbemittel) und der Conversion (siehe Abbildung 17.6). Somit ist die Landing Page von großer Bedeutung. Sie soll den Interessenten abholen und zur Conversion führen.

Wichtig ist daher ein konsistenter roter Faden, der einen Zusammenhang zwischen Zugang, Landing Page und tatsächlichem Abschluss herstellt. Ist kein Zusammenhang zwischen Zugang und Landing Page gegeben, kann das unter Umständen für den Besucher verwirrend sein, und er verlässt die Seite wieder. Geben Sie Ihren Interessenten daher das Gefühl, dass sie auf Ihrer Seite genau richtig sind. Ansonsten geben Sie möglicherweise viel Geld für eine (z. B. Banner- oder AdWords-)Kampagne aus, ohne jedoch Umsatz zu generieren. Achten Sie besonders bei AdWords-Kampagnen darauf, dass bestimmte Schlüsselwörter, die im Anzeigentext verwendet werden, auch auf der Landing Page vorkommen, um die Zusammengehörigkeit zu unterstreichen.

Insbesondere bei Online-Shops wird das Ziel verfolgt, ein bestimmtes Produkt zu verkaufen. Daher steht in der Regel eben dieses Produkt im Mittelpunkt der Zielseite. Die Landing Page ist also mit einem Verkäufer in einem Geschäft vergleichbar. Er möchte dem Interessenten ein Produkt oder eine Dienstleistung näherbringen, dessen Vorteile aufzeigen und ihn zum Kauf bewegen. Jegliche Ablenkungen von der eigentlichen Handlungsaufforderung – das kann sogar die Navigation betreffen – sollten daher weitestgehend vermieden werden. Ein Verkäufer im Geschäft erwähnt ja auch nicht laufend, wo der nächste Ausgang ist.

**Abbildung 17.6** Eine Landing Page knüpft an den Zugang an und führt im Optimalfall zu einer Conversion.

Eine Landing Page kann eine bestehende Seite einer Website sein oder eine speziell für eine bestimmte Thematik erstellte Website. So gibt es beispielsweise Landing Pages, die speziell für ein Gewinnspiel gestaltet wurden und daher auch nur temporär eingesetzt werden. Sie legen letztendlich fest, welche Seite eine Landing Page und somit ein Einstieg in Ihre Website ist. So kann sowohl eine Startseite, eine Suchergebnisseite, eine Kategorie- oder Detailseite als auch eine speziell entwickelte Landing Page zum Einsatz kommen. Letztere hat den enormen Vorteil, dass sie gezielt auf Besucherbedürfnisse abgestimmt werden kann. Wie wir bereits in Kapitel 11, »Suchmaschinenwerbung (SEM)«, erwähnt haben, liefern spezielle Landing Pages die besten Ergebnisse.

### Die Startseite ist keine optimale Landing Page

Stellen Sie sich vor, Sie geben eine Zieladresse in Ihr Navigationsgerät ein. Aber anstatt dass Ihr Navigationsgerät Sie zu der eingegebenen Straße und Hausnummer navigiert, werden Sie nur bis zum entsprechenden Ortschild geleitet und müssen sich ab da selbst orientieren. Das ist frustrierend, und das ist es im übertragenen Sinne auch im Internet.

Nehmen wir beispielsweise an, Sie erhalten einen Newsletter, in dem ein Produkt beworben wird, das Ihr Interesse weckt. Sie klicken auf den angegebenen Link in der E-Mail und landen auf der Startseite eines Ihnen unbekannten Online-Shops. Von dort aus müssen Sie sich, wenn Sie nicht schon abgeschreckt sind, selbst auf den Weg zu dem Produkt machen. Vielen Interessenten ist dies zu aufwendig, und sie verlassen die Website an dieser Stelle.

Besser als die eigentliche Startseite wäre in diesem Fall die entsprechende Produktdetailseite oder auch eine spezielle Landing Page. Hier besteht die Möglichkeit, den Interessenten abzuholen und seinen Erwartungen gerecht zu werden.

Wie in diesem Beispiel deutlich wird, bietet sich die Startseite in den meisten Fällen nicht als Landing Page an. Eine Ausnahme beispielsweise ist TV- oder Radio-Werbung, innerhalb derer die Startseite angegeben bzw. genannt wird. Dennoch wird die Startseite in der Praxis auch im Netz oftmals als Landing Page verwendet. Auch Suchergebnisseiten oder Kategorieseiten sind keine besonders gute Wahl. Angenommen, Sie klicken auf ein Banner, das Jogging-Schuhe zum Aktionspreis bewirbt. Wenn Sie nun auf dieses Werbemittel klicken und auf die Kategorieseite »Sportschuhe« geleitet werden, so stehen Sie als Suchender vor der Herausforderung, unter Tennisschuhen, Fussballschuhen, Basketballschuhen und Laufschuhen die beworbenen Joggingschuhe zu finden. Auch auf der entsprechenden Produktdetailseite kann es sein, dass das Angebot mit dem Aktionspreis nicht ersichtlich wird. Aus diesem Grund ist es empfehlenswert, eine eigens für diese Aktion erstellte Landing Page zu verwenden. Diese Seiten werden zum Teil unter einer speziellen Domain gehostet. Sie sollte dem Interessenten genau die beworbenen Schuhe und entsprechenden Sonderkonditionen anbieten. Damit wirken Sie hohen Absprungraten zumeist entgegen. Landing Pages spielen also eine entscheidende Rolle für den Erfolg einer Kampagne.

Je nachdem, in welchem Gesamtkontext die Landing Page eingesetzt wird, kann auch deren Gestaltung gänzlich unterschiedlich sein. Grundsätzlich wird bei einer Landing Page versucht, den Erwartungen der Besucher gerecht zu werden. Dies ist kein leichtes Unterfangen, daher können sogenannte *Landing Page Tests* durchgeführt werden. Wir werden uns dem Thema Landing-Page-Optimierung in Abschnitt 17.7 widmen.

Benutzer können auf sehr verschiedenen Wegen auf eine Landing Page gelangen. Das kann wie bereits erwähnt beispielsweise eine Werbekampagne sein, in der diverse Werbemittel (beispielsweise Banner) zum Einsatz kommen. Darüber hinaus werden Landing Pages auch im Bereich der Suchmaschinenwerbung eingesetzt, bei den sogenannten Pay-Per-Click-Kampagnen (mehr zu diesem Thema lesen Sie in Kapitel 11, »Suchmaschinenwerbung (SEM)«). Denkbar sind ebenso Links in E-Mail-Kampagnen, Blogposts oder Pressemitteilungen. Abbildung 17.7 veranschaulicht diese Zugänge.

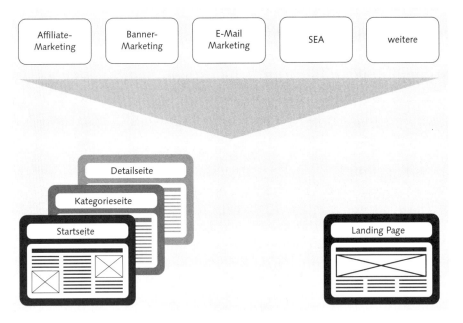

**Abbildung 17.7** Zugänge zu einer Landing Page

Darüber hinaus kommen auch Offline-Zugänge in Frage, die Sie sicherlich auch schon gesehen haben. Das kann beispielsweise ein Plakat sein, auf dem eine Webadresse angezeigt wird, ebenso wie TV- oder Radiobeiträge und alle Arten von Printmedien, z. B. Flyer. Während die Zugänge bei Online-Medien gut nachzuvollziehen und transparent sind (über sogenannte *Referrer*), ist dies bei Offline-Zugängen deutlich schwieriger, da hier der Nutzer einen Medienbruch überwinden muss. Aus diesem Grund wird vorzugsweise mit leicht zu merkenden URLs gearbeitet. Zudem können Codes genannt werden, die dann auf der Landing Page von Nutzern eingegeben werden sollen. Auf diese Weise ist auch hier ein Tracking möglich. Mehr dazu lesen Sie in Kapitel 20, »Web-Analytics – Websites unter die Lupe genommen«. Die Herausforderung besteht aber immer darin, die

Interessenten mit einer Landing Page so abzuholen, dass sie eine Conversion durchführen.

Auch inhaltlich lassen sich verschiedene Arten von Landing Pages unterscheiden. Zum einen kann es insbesondere im E-Commerce um Produktverkauf oder bestimmte Dienstleistungen gehen. Landing Pages können auch Gewinnspiele oder bestimmte Aktionen beinhalten. Aber nicht nur Online-Shops verwenden Landing Pages. Auch Websites, bei denen es um Informationen, wie beispielsweise Communitys und Zeitungen geht, können Landing Pages verwenden. Solche Landing Pages bieten beispielsweise Themenspecials. Abbildung 17.8 und Abbildung 17.9 zeigen zwei Beispiele, bei denen es einmal um Produktverkauf und das andere Mal um ein Themenspecial geht.

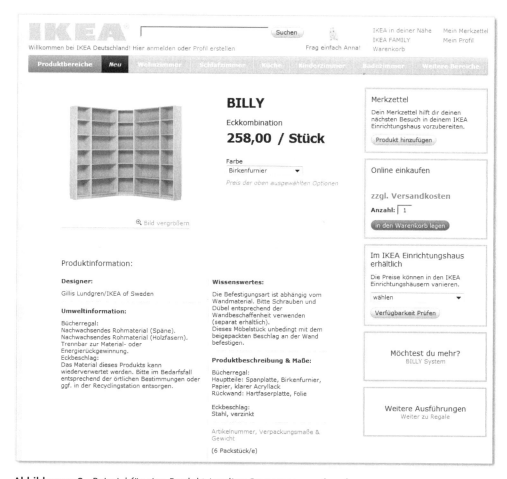

**Abbildung 17.8**  Beispiel für eine Produkt-Landing-Page von www.ikea.de

**Abbildung 17.9** Schreibwettbewerb bei National Geographic – Landing Page zu einem Themenspecial

Um Missverständnisse zu vermeiden, möchten wir kurz auf weitere Bezeichnungen eingehen, die häufig in Verbindung mit der Thematik Landing-Page-Optimierung verwendet werden, jedoch unterschiedliche Bedeutungen haben:

▸ **Microsite**: Eine sogenannte *Microsite* ist eine wenig komplexe Website. Sie wird in der Regel unter anderer Domain und parallel zu der Hauptwebsite geführt und kann gänzlich unterschiedlich strukturiert und gestaltet sein. Verglichen mit dem TV-Bereich, kann man sich eine Mircosite wie eine Sondersendung zu einem Spezialthema vorstellen. Ähnlich wie Landing Pages, finden Microsites häufig Verwendung bei Produkteinführungen oder temporären Maßnahmen.

▸ **Brückenseite**: Die Brückenseite (auch *Doorway Page*, *Jump Page*, *Gateway Page*, *Bridge Page* oder *Satellitenseite* genannt) ist eine Zwischenseite, die aus Gründen der Suchmaschinenoptimierung bestimmte Keywords enthält, um eine gute Auffindbarkeit bei Suchmaschinen zu erreichen. Besucher werden von dort auf die eigentliche Hauptseite weitergeleitet. Je nachdem, wie die Brückenseiten gestaltet sind, können sie von Suchmaschinen ausgeschlossen werden. Mehr zu Manipulationsversuchen lesen Sie in Kapitel 12, »Suchmaschinenoptimierung (SEO)«.

▸ **Splash-Page**: Splash-Pages sind Ihnen wahrscheinlich auch schon einmal begegnet. Das sind diejenigen Websites, denen ein (Flash-) Intro vorausgeht, das Sie häufig mit dem Link SKIP INTRO überspringen können.

## 17.5 Elemente einer Landing Page

Welche Inhalte sind aber nun unverzichtbar für eine Landing Page? Leider ist dies allgemein nicht festzulegen, da es immer auf den Gesamtkontext und das individuelle Website-Ziel ankommt. Dennoch scheinen sich Experten bei einigen Elementen größtenteils einig zu sein. Wir möchten Ihnen im Folgenden sieben Kern-Elemente einer Landing Page vorstellen. Diese Elemente müssen nicht zwangsläufig Inhalt Ihrer Landing Page sein, aber Sie sollten sie bei der Erstellung Ihrer Landeseite in Betracht ziehen.

Sollten Sie sehr unterschiedliche Produkte oder Informationen anbieten, macht es in einigen Fällen Sinn, verschiedene Landing Pages zu erstellen. Nur so können Sie gezielt auf die Bedürfnisse und Erwartungen der Zielgruppe eingehen, wichtige Keywords integrieren und die Interessenten bestmöglich abholen. Eine klare Zieldefinition sollte am Anfang jeder Umsetzung stehen.

Darüber hinaus spielt selbstverständlich auch der Besucher der Landing Page eine bedeutende Rolle. Welche Erwartungen hat der Nutzer Ihrer Landing Page, und was ist seine Absicht? Möchte er sich nur umsehen und informieren, oder ist er tatsächlich auf der Suche nach einem speziellen Produkt und bringt eine Kaufabsicht mit? Wird er auf dem Weg zur Conversion abgelenkt oder unterbrochen? Mit einer guten Landing Page können Sie die Motivation Ihrer Interessenten unterstützen, ein Produkt zu beziehen bzw. eine Conversion durchzuführen.

### 17.5.1 Die 7 Elemente einer Landing Page

Im Folgenden betrachten wir eingehender einige Elemente, die eine Landing Page ausmachen können:

- Headline
- Heroshot
- Fließtext
- Aufzählung
- Leadtext
- Trustelement
- Call-to-Action

**Headline**

Die Überschrift (Headline) spielt eine entscheidende Rolle. Ihre Aufgabe ist es, dem Benutzer zu zeigen, dass er auf einer für ihn und sein Bedürfnis hilfreichen Seite gelandet ist. Darüber hinaus muss sie so formuliert sein, dass das Interesse des Benutzers zum Weiterlesen geweckt wird. Wie schaffen Sie es nun, dieses auch in der Zeitungsbranche bekannte Prinzip umzusetzen? Gute Headlines erwischen den Leser oft emotional. Er ist beispielsweise ergriffen, interessiert oder belustigt und somit angeregt, weiterzulesen. Eine gute Headline hat also das Ziel, das Interesse des Besuchers zu wecken und ihn auf der Website zu halten.

Wenn Sie eine Landing Page für eine AdWords-Kampagne gestalten, dann ist es sinnvoll, wie bei Ihrem Anzeigentext auch, das Keyword in der Headline aufzugreifen. Dies spannt den roten Faden von Anzeigentext zur Landing Page und schafft zudem einen Wiedererkennungswert. Stellen Sie möglichst schon mit der Headline den Kundennutzen explizit in den Vordergrund.

**Heroshot**

Der sogenannte *Heroshot* beschreibt ein Bildelement auf der Landing Page, das den Inhalt unterstützt. Da sich Menschen Bilder gut einprägen können, ist der Heroshot ein hilfreiches Element auf einer Landing Page. Der »Held«, der den Kundennutzen schafft, wird also bildhaft dargestellt. Ist Ihr Ziel beispielsweise, ein Produkt zu verkaufen, so präsentieren Sie es, ähnlich einem Schaufenster. In diesem Zusammenhang wird auch der Fachbegriff *Key Visual* verwendet. Je nach Werbeziel können dies auch Stimmungsbilder sein oder Abbildungen, mit denen sich die Betrachter identifizieren können. Wir gehen später noch genauer auf den Effekt der Zugehörigkeit ein, aber schon an dieser Stelle sei erwähnt, dass Menschen sich an anderen Menschen, besonders an erfolgreichen, attraktiven Personen, orientieren. Zeigt ein Heroshot also Personen, die bestimmte Produkte verwenden, kann dies verkaufsfördernd auswirken. Der Benutzer soll eine für ihn vorteilhafte Situation assoziieren, die durch das Angebot hervorgerufen wird. Heroshots können also das Verlangen nach dem Produkt oder Angebot steigern.

Heroshots können Benutzer auf emotionaler Ebene ansprechen und dienen zudem als *Eye-Catcher*, d. h., sie ziehen die Aufmerksamkeit auf sich. Haben Sie schon mal ein Bild gesehen, bei dessen Betrachtung Sie dachten, »Ich kann nicht wegsehen.« oder »Diese Augen schauen mich direkt an.«? In diesem Fall sind die Heroshots sehr gut gewählt worden und entfalten ihre psychologische Wirkung. Betrachter erwidern den Blick von Personen. Studien haben gezeigt, dass Menschen dem Blickverlauf von Personen auf Bildern folgen. Schaut beispielsweise ein »Hero« zu dem angepriesenen Produkt, so werden auch die Blicke der Betrachter auf dieses Produkt gelenkt. Das können Sie sich bei der Auswahl Ihres Heroshots zunutze machen.

**Abbildung 17.10** Beispiel für einen Heroshot bei www.brands4friends.de

Unabhängig vom Inhalt des Heroshots ist der anzustrebende Effekt immer derselbe: Analog zu dem AIDA-Modell (siehe Kapitel 11, »Suchmaschinenwerbung (SEM)«) geht es darum, Aufmerksamkeit und Interesse zu wecken, im besten Fall auch das Verlangen zu steigern und den Betrachter zu einer Aktion zu (ver-)führen. Durch die psychologische Wirkung können Heroshots die Conversionrate maßgeblich unterstützen.

Stellen Sie sicher, dass Heroshot und weiterer Inhalt aufeinander abgestimmt sind. Achten Sie darauf, dass die Bildsprache in dem Prozess Zugang → Landing Page → Conversion einheitlich und aufeinander abgestimmt ist.

**Fließtext**

Der Benutzer möchte ein Problem lösen oder ein bestimmtes Bedürfnis befriedigen. Formulieren Sie Ihren Fließtext also aus der Perspektive des Suchenden. Nicht Ihr Angebot, sondern sein Mehrwert steht im Mittelpunkt. Arbeiten Sie den Kundennutzen klar heraus, und sprechen Sie beispielsweise nicht von »wir liefern«, sondern von »Sie profitieren«.

Einige Benutzer scannen Ihre Landing Page nach den Schlüsselbegriffen, die sie noch von der Suchanfrage und der Anzeige her im Kopf haben. Ein Benutzer, der auf eine Landing Page gelangt, schaut zunächst, ob er hier richtig ist. Findet er ein entsprechendes Keyword, kann er für sich abhaken, dass diese Seite zumindest einen Zusammenhang zu seinem Schlüsselbegriff hat. Aus diesem Grund ist es empfehlenswert, Keywords auch in den Fließtext zu integrieren und das Produktversprechen Ihrer Anzeige erneut aufzugreifen. Machen Sie es diesen Benutzern leicht, und heben Sie die Schlüsselbegriffe zum Beispiel fett hervor. Kombinieren Sie die Keywords mit Ihren Verkaufsargumenten oder weiteren Begriffen wie *gratis*, *kostenlos* oder *unverbindlich*, wenn diese auf Ihr Angebot zutreffen.

Achten Sie darauf, den Benutzer mit dem Fließtext in Richtung Conversion zu steuern. Innerhalb des Fließtextes sollten alle Fragen des Benutzers beantwortet und jegliche Bedenken ausgeräumt werden. Dies ist elementar, um die Kaufentscheidung des Interessenten zu unterstützen. Beschreiben Sie wichtige Details, und fragen Sie sich, was den Benutzer davon abhalten könnte, sich für Ihr Produkt zu entscheiden, und lassen Sie keine Zweifel zu. Bieten Sie dem Benutzer vielmehr bildhafte Beschreibungen Ihres Angebots, stellen Sie die Vorteile deutlich heraus, und zeigen Sie auf, dass Ihr Angebot seine Bedürfnisse befriedigt.

Stellen Sie die wichtigsten Informationen an den Anfang des Fließtextes, und beachten Sie, dass diese möglichst *above the fold* zu sehen sind. Achten Sie auf einen gut strukturierten Fließtext, der sowohl Überschriften als auch Teilüberschriften enthält. Die Sätze sollten kurz und prägnant sein. Ebenso sollte der gesamte Fließtext möglichst kurz sein. Versuchen Sie, ihn auf das Wesentliche zu verkürzen, denn verglichen mit Printmedien ist die Lesegeschwindigkeit im Web langsamer und die Augen ermüden schneller. Vermeiden Sie Fremdwörter und Fachausdrücke, wenn Sie nicht sicher sind, dass jeder Leser sie versteht.

**Aufzählung**

Benutzer unterscheiden sich in der Art, wie sie eine Webseite betrachten: So lesen beispielsweise einige Benutzer Texte vollständig, andere wiederum gar nicht, und wieder ein anderer Teil scannt den Text. In diesem Zusammenhang werden zwei Fachbegriffe unterschieden. Das *Skimmen* beschreibt das Überfliegen einer Website und die Suche nach visuellen Anziehungspunkten. Das Scannen verläuft ähnlich, aber schon etwas genauer. So werden beispielsweise Bildunterschriften, fett markierte Passagen und Links wahrgenommen.

---

**Fitts' Law**

1954 formulierte Paul Fitts ein Gesetz, das die Zeit beschreibt, die benötigt wird, um ein Ziel, wie beispielsweise den Klick auf einen Button, zu erreichen. Sie wird berechnet mit der Funktion aus der Entfernung zum Ziel (Button) und der Größe des Ziels. Um die Mathematiker unter Ihnen zufriedenzustellen, zeigen wir hier die vielfach modifizierte Formel:

$T = a+b\ log2\ (1+D/W)$

$T$ (oder auch $MT$) bezeichnet die *Movement Time*, $a$ beschreibt den zeitlichen Abschnitt, während $b$ die dem Gerät anhaftende Geschwindigkeit beschreibt. $D$ entspricht der Distance (Distanz) und $W$ der Width (Breite).

---

Sie wecken das Interesse derjenigen Benutzer, die keinen Text lesen, mit dem Heroshot. Den Benutzern, die den Text vollständig lesen, bieten Sie mit dem Fließtext notwendige Informationen. Mit Aufzählungslisten können Sie sehr gut diejenigen Benutzer ansprechen, die Ihre Seite scannen (siehe Abbildung 17.11). Damit die Vorteile Ihres Angebotes dennoch in der Kürze der Zeit schnell ersichtlich werden, sollte die Aufzählungsliste nicht mehr als 7 Punkte beinhalten. Rufen Sie sich die magische Sieben aus Kapitel 16, »Usability – Benutzerfreundliche Websites«, ins Gedächtnis, oder lesen Sie diesen Abschnitt erneut.

**Abbildung 17.11**   Fünf Vorteile werden in diesem Beispiel von »Ab in den Urlaub« am rechten Seitenrand präsentiert.

Zudem zeigen Sie mit Aufzählungen, dass Sie den Mehrwert Ihres Angebotes auf den Punkt bringen können. Stellen Sie daher den Kundennutzen Ihres Angebotes in der lesefreundlichen Form einer Aufzählung dar. Der versprochene Mehrwert ist somit sehr prägnant auf einen Blick ersichtlich. Priorisieren Sie Ihre Aufzählung nach Wichtigkeit, und stellen Sie den größten Vorteil an den Anfang, den zweitgrößten an das Ende. Sie unterstreichen den Mehrwert, den Ihr Angebot verschafft, wenn Sie statt Bulletpoints (also Punkten als Aufzählungszeichen) Elemente verwenden, die mit Positivem assoziiert werden. Dies können beispielsweise grüne Häkchen (wie in Abbildung 17.11) oder Pluszeichen sein.

### Leadtext

Wie bereits beschrieben, benötigt nicht jede Landing Page zwangsläufig einen Leadtext. Jedoch gerade bei erklärungsbedürftigen Produkten reicht eine Aufzählung unter Umständen nicht aus. Im Leadtext sollten weitere Angaben zum Angebot gemacht und dessen Vorteile benannt werden. Sie bedienen damit diejenigen Besucher, die Texte auf Webseiten lesen und nicht nur punktuell scannen. Der Leadtext sollte mögliche Fragen, die ein Interessent mitbringt, beantworten. Stellen Sie sich auch hier die Frage: Warum könnte ein Nutzer das Angebot nicht beziehen wollen? Mehr zum Texten im Netz erfahren Sie in Kapitel 16, »Usability – benutzerfreundliche Websites«

### Trust

Bedenken Sie, dass durchaus Benutzer auf Ihre Landing Page gelangen werden, die noch nie von Ihnen und Ihrem Angebot gehört haben. Zudem können sie durch die verschiedenen Wege zu Ihrer Website auch in tieferen Ebenen einsteigen und müssen nicht zwangsläufig über die Startseite zu Ihnen gekommen sein. In der fremden Umgebung muss der Besucher daher zunächst einmal Vertrauen gewinnen. Er fragt sich vermutlich, ob er an ein seriöses Angebot geraten ist, ob die Qualität des Angebotes wirklich das hält was es verspricht, ob der angegebene Preis berechtigt ist, ob seine Daten bei Ihnen sicher sind oder ob er eine zusätzliche Beratung in Anspruch nehmen kann. Verglichen mit der realen Welt, können Sie sich vorstellen, dass sich ein potenzieller Kunde plötzlich in der Elektroabteilung eines Kaufhauses wiederfindet, ohne dass er weiß, in welchem Geschäft er sich eigentlich befindet.

Mit den folgenden Elementen können Sie derartigen Zweifeln entgegenwirken und Ängste abbauen: Stellen Sie sich vor, und zeigen Sie, wer hinter Ihrem Angebot steckt. Dies kann beispielsweise durch einen »Über uns«-Link gelöst werden. Auch ein Foto Ihrer Geschäftsführung mit Unterschrift kann Vertrauen schaffen. Geben Sie Kontaktdaten und – falls vorhanden – Ihre Service-Telefonnummer für mögliche Nachfragen an. In unserem Beispiel mit dem Kaufhaus würde auch ein Mitarbeiter Hilfe anbieten.

Präsentieren Sie Aussagen Dritter, da deren Glaubwürdigkeit enorm ist. Dies können Testimonials sein (also positive Kundenmeinungen zu Ihrem Unternehmen oder Angebot), ebenso wie Auszeichnungen und Siegel, wie beispielsweise das von Trusted Shops (*http://www.trustedshops.de*). Auch wenn Sie die Logos von Kreditinstituten oder der Presse implementieren, kann das die Conversionrate enorm steigern. Nennen Sie Testergebnisse und Studien oder Erwähnungen in Fachzeitschriften (z. B. von Stiftung Warentest), und geben Sie Referenzen an. Integrieren Sie Sicherheitsgarantien, geben Sie Ihre Datenschutzbestimmungen an, und erwähnen Sie Rückgaberechte (siehe Abbildung 17.12).

**Abbildung 17.12**   Vertrauensbildende Elemente auf www.misterspex.de

Wenn Sie die Möglichkeit haben, Ihre Landing Page zu personalisieren und somit direkt auf den Benutzer abzustimmen, sollten Sie dies nutzen. Insgesamt sollten Sie Wert auf das Gesamterscheinungsbild legen. Häufig werden Sie bei der Auswahl einer Landing Page auf eine bestehende Seite Ihrer Webseite zurückgreifen. Hier ist der Gestaltungsspielraum insofern begrenzt, als dass sich das Design an Ihrer gesamten Website orientiert. Die Landing Page muss aber nicht zwingend am Stil Ihrer Website orientiert sein. In manchen Fällen macht eine vom restlichen Webauftritt losgelöste Zielseite durchaus Sinn (wie eingangs bereits erwähnt wurde). Design und Inhalte sollten aber immer auf das Werbemittel abgestimmt sein und für einen guten ersten Eindruck sorgen. Für einen seriösen Auftritt sind Rechtschreibfehler ein absolutes Tabu. Lassen Sie also auch Ihre Landing Pages Korrektur lesen.

Werbung sollte, wenn überhaupt, nur äußerst gut bedacht auf einer Landing Page zum Einsatz kommen und auf keinen Fall störend wirken. Der seriöse und vertrauenserweckende Eindruck wird dadurch gegebenenfalls in Mitleidenschaft gezogen. Die werbenden Elemente sollten als solche gekennzeichnet sein. Wir empfehlen Ihnen jedoch, auf Werbung auf Ihrer Landing Page komplett zu verzichten.

Es ist ratsam, die sogenannten Trust-Elemente dort zu integrieren, wo möglicherweise Zweifel aufkommen könnten, denn dort ist ihre Wirkung besonders effektiv. Beinhaltet Ihre Landing Page beispielsweise ein Formular und werden Benutzerdaten abgefragt, sollten Sie genau dort mit Trust-Elementen arbeiten. Die Angst vor Datenmissbrauch ist eine Hemmschwelle, die der Benutzer zunächst überwinden muss. Daher sollten Sie nahe dem Eingabefeld hervorheben, dass die Dateneingabe sicher ist und Informationen beispielsweise nicht weitergegeben werden.

### Call-to-Action (CTA)

Der sogenannte *Call-to-Action* beschreibt eine klare Handlungsaufforderung und ist das Zentrum Ihrer Landing Page. Analog zum AIDA-Modell (siehe Kapitel 11, »Suchmaschinenwerbung (SEM)«) entspricht der Call-to-Action dem letzten Schritt des theoretischen Ansatzes.

Eine gut strukturierte Zielseite führt den Blickverlauf des Benutzers zu der Anweisung, die ihm unmissverständlich zu verstehen gibt, was als Nächstes zu tun ist. Steve Krug bringt es mit dem Titel seines Buches auf den Punkt: »Don't make me think«.

**Abbildung 17.13**   Der CTA-Button »Skype herunterladen« bei www.skype.com

Wie in einem realen Verkaufsgespräch haben Sie nun alle Vorzüge Ihres Angebotes erläutert und möchten den Interessenten dazu bewegen, eine gewünschte Handlung zu tätigen (siehe Abbildung 17.13). Seien Sie dabei also so eindeutig wie möglich. Ausrufungszeichen unterstreichen die Aufforderung zusätzlich (Imperativ). Gestalten Sie Ihre Handlungsaufforderung auffällig, und machen Sie sie zu einem Blickfang (*Eye-Catcher*). Unabhängig von Ihrem Conversion-Ziel sollte der Call-to-Action beim Betrachten der Seite klar hervorgehoben sein. Von Animationen ist jedoch abzuraten, da derartige Darstellungen oftmals als Werbung wahrgenommen vom Benutzer ausgeblendet werden. Platzieren Sie Ihren Call-to-Action möglichst im sichtbaren Bereich der Website, also *above the fold*, und wiederholen Sie die Handlungsaufforderung bei längeren Landing Pages.

> **Tipp: Der Second Call-to-Action**
>
> Es kann auch sinnvoll sein, mit einem sogenannten *Second Call-to-Action* zu arbeiten. Das bedeutet, dass ergänzend zu der primären Handlungsaufforderung, ein zweiter, aber weniger prominent dargestellter Call-to-Action eingesetzt wird. Nehmen wir einmal an, Sie vertreiben über Ihren Online-Shop Uhren. Die Besucher, die sich noch nicht zu einem Kauf entschließen können, können mit einer Handlungsaufforderung bedient werden, die eine weniger große Hürde darstellt. Das kann zum Beispiel die Anmeldung zu Ihrem regelmäßig erscheinenden Newsletter sein. So haben Sie zwar Ihr primäres Ziel (den Uhrenverkauf) nicht erreicht, den Interessenten aber dennoch an sich gebunden und können ihn zu einem späteren Zeitpunkt möglicherweise überzeugen und zum Kauf bewegen. Selbstverständlich ist eine sekundäre Handlungsaufforderung von der jeweiligen Website und dem anvisierten Ziel abhängig. Berücksichtigen Sie dabei aber, dass ein Second Call-to-Action auch eine Ablenkung vom primären Ziel darstellt.

**Abbildung 17.14** Beispiel für einen Second-CTA auf www.toptarif.de: die Newsletter-Anmeldung

Achten Sie darauf, dass Button- und Linktexte das beschreiben, was im nächsten Schritt passiert, und geben Sie Ihren potenziellen Kunden somit Sicherheit. Die richtige Wortwahl kann entscheidenden Einfluss auf die Conversionrate haben. Waren Sie möglicherweise bei Online-Käufen auch schon einmal verunsichert, ob Sie nun in dem aktuellen Schritt eine Bestellung abschließen oder ob noch ein weiterer Schritt im Bestellprozess folgt? Vermeiden Sie daher grundsätzlich Formulierungen wie Hier klicken. Dies ist für den Besucher nicht eindeutig. Achten Sie vielmehr darauf, dass Sie entsprechende Buttons und Links mit einem Call-to-Action versehen, wie beispielsweise »Jetzt kaufen!«.

Weitere Anreize können den Benutzer zusätzlich dazu bewegen, eine Conversion durchzuführen. So können Sie beispielsweise bei einem Produktverkauf zum einen eine Knappheit (*Scarcity*) der Menge betonen (z. B. nur noch fünf Artikel auf Lager) oder andererseits eine zeitliche Limitierung unterstreichen (z. B. Aktion nur noch drei Tage). Äußerst geschickt wurde diese Knappheit bei dem neuen Apple iPhone 4 ausgenutzt. Selbstverständlich führt eine Lieferzeit von mehreren Wochen nicht unbedingt zur Zufriedenheit der Kunden, dennoch impliziert der enorme Andrang auf das Smartphone, dass dieses Produkt einfach gut sein muss.

Das Kommunizieren von Erfolgen kann bei Benutzern den psychologischen Effekt hervorrufen, ebenfalls vom Produktnutzen profitieren zu wollen. Zugehörigkeit ist ein weiterer Aspekt, den Menschen anstreben. So können Menschen bewusst oder unbewusst beeinflusst werden, wenn sie sehen, was andere Menschen tun. Denken Sie beispielsweise an den Online-Shop von Amazon, der Ihnen Produkte vorschlägt, die andere Kunden bereits gekauft haben. Bestseller sind ein weiteres Beispiel, da sie verdeutlichen, dass schon viele Menschen sich für dieses Produkt entschieden haben. Oder Communitys, die anzeigen, wie viele Mitglieder sich bereits angemeldet haben. Menschen möchten dazugehören. Stimulieren Sie also Ihre Besucher, zu konvertieren (siehe Abbildung 17.15).

**Abbildung 17.15** Zeitliche Limitierung und Zugehörigkeit werden auf der linken Seite des Citydeal-Angebots vermittelt.

Auch Zusatzangebote können Anreize schaffen, die zur gewünschten Handlung führen. Dazu gehören zum Beispiel Rabatte oder der Erlass von Versandkosten oder Gratisbeigaben.

Wie Sie wahrscheinlich schon vermuten, gilt auch hier das Motto: testen, testen, testen. So können Sie hilfreiche Ergebnisse ermitteln, ob beispielsweise ein Link oder ein Button eine höhere Conversionrate erzielt, wie ein Call-to-Action-Button für Ihr Werbeziel aussehen sollte (Farbe, Größe, Form etc.) oder wie die Aufforderung zu formulieren ist.

### 17.5.2 Weitere relevante Aspekte für eine Landing Page

Neben den beschriebenen sieben Elementen sollten Sie noch einige weitere Hinweise bei der Gestaltung Ihrer Landing Page beachten. Zunächst einmal gilt es, den Benutzer auf Ihrer Zielseite zu halten. Er muss sich auf Ihrer Landing Page gut aufgehoben fühlen und sollte zur Conversion geleitet werden. Sie haben bereits viel Energie dafür aufgebracht, den Benutzer auf Ihre Seite zu führen. Jetzt sollten Sie ihn nicht kurz vor dem Ziel (der Conversion) wieder verlieren.

Bieten Sie ihm daher so wenig Ablenkung und Ausstiegsmöglichkeiten wie möglich. Präsentieren Sie vielmehr die Lösung, nach der der Benutzer sucht. Eliminieren Sie alle Inhalte, die nicht zu der gewünschten Handlung führen, und zeigen Sie möglichst keine Werbung oder weitere Angebote aus Ihrem (Produkt-)Portfolio. Achten Sie darauf, dass Sie möglichst wenige Verlinkungen integrieren, die von der Website wegführen. Wenn es sich nicht vermeiden lässt, Links zu verwenden, dann sollten sich diese in einem neuen Tab oder Fenster öffnen, damit der Benutzer die Landing Page weiterhin geöffnet hat.

Überfordern Sie Ihre Interessenten nicht mit einer Vielzahl von Optionen und Informationen. Bei der Hauptnavigation gehen die Meinungen auseinander. Während einige Experten der Meinung sind, sie als Orientierungshilfe weiterhin anzuzeigen, argumentieren Gegenstimmen, sie biete zu viele Ausstiegsmöglichkeiten. Allgemeingültig lässt sich dies nicht festlegen, und Sie sollten hier testen, um eine für Sie passende Variante zu finden. Sie sollten die navigationslose Variante aber zumindest in Betracht ziehen, da gerade die Navigation einen aufmerksamkeitsstarken Bereich einnimmt, der wohlmöglich auch anders gut genutzt werden könnte.

Eine klare Struktur ist also ebenfalls elementar für eine Landing Page. Ein Benutzer urteilt innerhalb von wenigen Sekunden, ob die Seite für ihn interessant ist oder nicht. Neben der inhaltlichen Relevanz spielt auch die Anordnung der Elemente eine wichtige Rolle. Positionieren Sie alle Elemente so, dass sie den Benutzer zum Call-to-Action leiten. Wenn Sie sich nicht sicher sind, sortieren Sie zunächst Ihre Elemente. Stellen Sie sich dazu die Frage, welche Komponenten die Conversion gezielt unterstützen und unabdingbar sind. Dies können bei einem Produktkauf beispielsweise ein Formular sowie ein Bestell-Button sein. Alle anderen Bestandteile werden unter Zusatzinformationen verbucht. Dazu zählen unter anderem die Trust-Elemente. Nun gilt es, die Bereiche so anzuordnen, dass ein klarer Lesefluss möglich wird. Der typische Blickverlauf eines Benutzers ähnelt nach Jakob Nielsen einem »F« (*F-Shaped Pattern*), das heißt, der Benutzer wandert zunächst zweimal horizontal über die Seite, danach am linken Seitenrand vertikal entlang. Dieser Blickverlauf geschieht unbewusst, die Aufmerksamkeit liegt danach zumeist in der Mitte der Seite. Es kann daher sinnvoll sein, alle

Conversion-Elemente zentral anzuordnen und alle unterstützenden Komponenten in die Seitenbereiche zu verlagern. Dies ist aber wieder individuell zu entscheiden und kann nicht als Standardlösung dienen.

Machen Sie es Ihren potenziellen Kunden so einfach wie möglich, und greifen Sie erlernte Konventionen auf. Beispielsweise haben sich Benutzer daran gewöhnt, dass Links im World Wide Web blau und unterstrichen dargestellt werden. Dies sollten Sie auch im Umkehrschluss beachten und nur Links derartig darstellen. Weitere Hinweise zu Konventionen lesen Sie in Kapitel 16, »Usability – Benutzerfreundliche Websites«.

Abhängig von dem jeweiligen Werbeziel und Angebot kann auch die Länge einer Landing Page ganz unterschiedlich ausfallen. Nachvollziehbarerweise ist bei einem Standardprodukt weniger Überzeugungsarbeit nötig als bei einem komplizierten oder extrem kostspieligen Produkt. Eine Newsletter-Anmeldung wird also weniger Argumente benötigen als beispielsweise ein Versicherungsabschluss, wo die Landing Page zwangsläufig etwas länger ausfallen wird. Ihr Angebot sollte jedoch immer klar und schnell ersichtlich sein.

Es gibt *Best-Practise*-Beispiele (also Erfolgsbeispiele) für sehr conversionstarke lange wie auch kurze Landing Pages. Insbesondere in den USA sieht man häufiger sehr lange Landing Pages (die zum Teil auch als *Scrollpages* bezeichnet werden). Als Advertiser (Werbetreibender) müssen Sie den richtigen Umfang für Ihre Zielseite finden. Halten Sie sich an den Grundsatz: so viele Informationen wie nötig, aber so wenige wie möglich. Sollte sich herausstellen, dass Ihre Landing Page recht lang wird, sollten Sie, wie bereits erwähnt, Ihren Call-to-Action an verschiedenen Stellen wiederholen. Dies liegt darin begründet, dass ein Benutzer mit einer Kaufabsicht einen Bestell-Button immer vor Augen haben sollte und ihn nicht suchen muss, wenn er dann genügend Informationen erhalten hat und zur Conversion bereit ist.

> **Tipp: Überprüfen Sie unterschiedliche Browser!**
>
> Benutzer verwenden unterschiedliche Browser. Daher sollten Sie Ihre Website in den verschiedenen gängigen Browsern testen und überprüfen, ob die Darstellung Ihren Vorstellungen entspricht und wichtige Elemente im sichtbaren Bereich dargestellt werden. Die meistgenutzten Browser sehen Sie in Abbildung 17.16. Die Zahlen basieren auf einer Erhebung mit dem Analysetool Webtrekk (*www.webtrekk.de*).

Ein weiterer technischer Hinweis bezieht sich auf die Verwendung von Flash-Animationen. Versuchen Sie, diese weitestgehend auf Ihrer Landing Page zu vermeiden, da bei diesem Dateiformat nicht sichergestellt ist, dass alle Besucher es problemlos darstellen können. Sie sollten auch deren Ladezeiten berücksichtigen.

**Abbildung 17.16** Browsernutzung im September 2010

### 17.5.3 Sonderfall: Formulare

Eine Besonderheit stellen Formulare dar. Viele Advertiser begehen hier den Fehler und fragen alle für sie wichtigen Informationen ab. Sie vergessen dabei, sich in die Lage des Benutzers zu versetzen. Die Eingabe benötigt eine gewisse Zeit, und der Benutzer ist oftmals ungeduldig. Höchstwahrscheinlich fragt er sich, warum er diese Angaben machen soll, und bricht im ungünstigsten Fall eine Conversion-Handlung ab. Stellen Sie sich also bei jedem Eingabefeld die Frage: »Brauche ich diese Informationen unbedingt?«. Nehmen wir einmal das Beispiel für ein Auswahlfeld »Herr« oder »Frau« innerhalb der Abfrage einer Anschrift. In den meisten Fällen lässt sich anhand des Vornamens genau erkennen, um welches Geschlecht es sich handelt. Wägen Sie selbst ab, ob Sie in den wenigen Fällen von Vornamen wie beispielsweise »Kim« eine Trefferquote von 50 % riskieren möchten oder Benutzer gegebenenfalls von vornherein durch viele Abfragen möglicherweise abschrecken.

Viele Benutzer sind äußerst sensibel, was ihre persönlichen Daten anbelangt. Sie fürchten beispielsweise den Missbrauch ihrer Zahlungsinformationen oder Spam. Geben Sie Ihren potenziellen Kunden daher vielmehr ein Gefühl von Sicherheit. Reduzieren Sie Ihre Formular-Abfragen auf das Allernötigste, und bieten Sie diverse Zahlungsmöglichkeiten an. Überlegen Sie sich darüber hinaus die Verwendung von Pflichtfeldern gut. Studien zufolge sind Benutzer eher auf einer Folgeseite dazu bereit, weitere Angaben zu machen, als wenn diese Information als optionales Feld schon auf der Landing Page abgefragt wird. Liegt beispielsweise der Fall vor, dass sowohl die Angabe einer E-Mail als auch der kompletten Anschrift vonnöten ist, sollten Sie testen, auf der ersten Seite nur die E-Mail-Adresse und erst auf der Bestätigungsseite die Anschrift abzufragen.

Die Danke-Seite eines Formulars bietet sich im Übrigen hervorragend zum Upselling (also dem Anbieten von einer hochwertigeren Variante des Angebotes) an. Hier können Sie auch Ihren Newsletter oder Gutscheine anpreisen und zum Weiterempfehlen anregen. Darüber hinaus kann die Zufriedenheit der Benutzer an dieser Stelle gut erfragt werden. Weitere Informationen zur Gestaltung von Formularen finden Sie in Kapitel 16, »Usability – benutzerfreundliche Websites«.

### 17.5.4 Selbstkontrolle

Sie haben inzwischen eine ganze Menge über wichtige Elemente einer Landing Page erfahren. Aber wie sieht es nun in der Praxis aus? Machen Sie einmal einen Selbsttest: Klicken Sie auf verschiedene Banner oder Werbeanzeigen, sehen Sie sich die entsprechenden Landing Pages an, und bewerten Sie diese für sich. Wie wir schon eingangs verdeutlicht haben, sind die beschriebenen Elemente keine unbedingte Notwendigkeit, und letztendlich spricht eine gute Conversionrate für eine gute Landing Page. Sie werden jedoch vermutlich erstaunt sein, wie viele Webseiten auch die grundlegenden Dinge einer Landing Page nicht berücksichtigen – und damit vorhandenes Potenzial vermutlich nicht voll ausschöpfen.

### 17.5.5 Messung von Landing Pages

Bevor wir uns nun näher der Zielgruppe zuwenden, möchten wir noch kurz auf einige wichtige Kennzahlen eingehen, die mit Landing Pages im Zusammenhang stehen. Zunächst einmal ist die *Bouncerate* zu nennen. Die Bouncerate beschreibt, wie hoch der Anteil an Besuchern ist, die auf eine Webseite gelangen und sofort wieder gehen. »Sofort« meint dabei wenige Sekunden, sodass man davon ausgehen kann, dass die Besucher auch nicht lesen bzw. sich informieren.

Sie sind also nicht interessiert an der Webseite und verlassen diese wieder. Damit ist die Bouncerate eine Absprungrate. Wie Sie sich schon denken können, ist eine hohe Bouncerate also ungünstig für Ihre Landing Page.

Im Gegensatz dazu ist eine hohe *Click-Through-Rate (CTR)* bei Landing Pages wünschenswert. Die Click-Through-Rate beschreibt die Klicks im Verhältnis zu den Impressions. Damit gibt sie Auskunft über die Wirksamkeit Ihrer Landing Page, wenn Sie sich beispielsweise die CTR Ihres Call-to-Action-Buttons ansehen. Denn diejenigen Besucher, die auf den CTA-Button klicken, sind potenziell an Ihrem Angebot interessiert. Damit hat die Landing Page ihre Aufgabe erfüllt.

Zudem spielt die Ladezeit von Landing Pages eine wichtige Rolle. Überprüfen Sie daher regelmäßig diesen Zeitfaktor. Sicherlich sind auch die Optik und Angaben zu Umsatz und ROI Kriterien für die Beurteilung einer Landing Page. Darüber hinaus können Sie Ihre Landing Page auch mithilfe von verschiedenen Testverfahren wie Eyetracking und Mousetracking überprüfen. Welche Testverfahren es gibt und wie sie üblicherweise verwendet werden, lesen Sie in detaillierter Form in Kapitel 18, »Testverfahren«.

## 17.6 Der Entscheidungsprozess der Zielgruppe

Sie haben nun viele wichtige Elemente und Aspekte kennengelernt, die Sie für Ihre Landing Page in Betracht ziehen sollten. Dennoch kommt es auf die Entscheidung des Benutzers an, ob er eine Conversion durchführt oder nicht. Im realen Leben kann ein Schaufenster noch so ansprechend gestaltet, das Personal noch so gut geschult und der Service erstklassig sein – die letztendliche Entscheidung trifft der Besucher.

Sie kennen das vielleicht von sich selbst: Wenn Sie einkaufen, dann wägen Sie das Für und Wider eines Produktes ab, bis Sie letztendlich eine Entscheidung für oder gegen das Angebot fällen. Manchmal geht das in Sekundenschnelle, und manchmal kann es schon ein Weilchen dauern. Nichts anderes geschieht im Internet. Benutzer durchlaufen einen Entscheidungsprozess, und Sie als Website-Betreiber können diesen Entscheidungsprozess mehr oder weniger stark beeinflussen.

Aus diesem Grund möchten wir uns in diesem Abschnitt den Entscheidungsprozess der Zielgruppe genauer ansehen und Ihnen wichtige Werkzeuge an die Hand geben, die Ihnen dabei helfen, die Entscheidung Ihrer potenziellen Kunden positiv zu beeinflussen.

### 17.6.1  Vertrauen schaffen und glaubwürdig sein

Für den ersten Eindruck gibt es sprichwörtlich keine zweite Chance. Das bedeutet, dass Nutzer eine Website wieder verlassen, wenn sie ihnen uninteressant oder unseriös erscheint. Sie als Website-Betreiber stehen nun vor der Herausforderung, dass Sie kurzweilig Aufmerksamkeit von Ihren potenziellen Kunden geschenkt bekommen und sich von anderen Angeboten abheben müssen. Innerhalb dieser kurzen Zeit müssen Sie sowohl das Interesse des potenziellen Kunden wecken als auch als der Anbieter auftreten, der seine Bedürfnisse erfüllen kann – besonders dann, wenn er Ihre Website noch nicht kennt.

Zwei wesentliche Merkmale sind dabei Vertrauen und Glaubwürdigkeit. Hat ein Benutzer kein Vertrauen in eine Website oder erscheint sie ihm unglaubwürdig, wird er mit hoher Wahrscheinlichkeit keine Conversion durchführen. Laut dem Landing-Page-Experten Tim Ash haben Sie 15 Millisekunden Zeit, um Vertrauen zu vermitteln und eine hohe Abbruchrate zu vermeiden und so die Conversionrate positiv zu beeinflussen. So sollten Sie allen möglichen Befürchtungen, die ein Interessent mitbringt, mit überzeugenden Argumenten entgegentreten. Im besten Fall lassen Sie Ängste gar nicht erst entstehen, indem Sie beispielsweise schon im Vorfeld Angaben zu Transaktionen, Lieferungen und Rückgaberechten machen. Im World Wide Web haben Sie jedoch nicht die gleichen Möglichkeiten wie in einem realen Verkaufsgespräch. Wie schaffen Sie es also, Vertrauen aufzubauen und glaubwürdig aufzutreten?

Wenn Sie an mögliche Elemente einer Landing Page zurückdenken, haben wir Ihnen bereits unter »Trust« (in Abschnitt 17.5.1, »Die 7 Elemente einer Landing Page«) einige Möglichkeiten aufgezeigt, Vertrauen zu schaffen. Insbesondere Empfehlungen anderer Kunden können sich positiv auf das Kaufverhalten auswirken. Fragen Sie Ihre Kunden daher aktiv danach, wie sie Ihren Service bewerten. Negative Aspekte sollten Sie umgehend ausbessern und positive Kundenmeinungen anderen Besuchern zugänglich machen. Derartige Aussagen stehen bei Interessenten hoch im Kurs. Sie verdeutlichen, welche Erfahrungen andere Personen in der gleichen Situation gemacht haben. Wenn diese Erfahrungen positiv sind, schafft das Vertrauen. Denn Menschen passen sich gerne an und orientieren sich an anderen vermeintlich erfolgreichen Personen – besonders wenn die Empfehlenden den Interessenten ähnlich sind. Wie im Bereich des Neuromarketings herausgefunden wurde (mehr dazu erfahren Sie in Abschnitt 17.6.3), kaufen Menschen eher von Verkäufern, die ihnen ähneln. Dies sollten Sie insbesondere bei der Auswahl Ihrer Heroshots beherzigen und diese auf Ihre Zielgruppe abstimmen.

Auch Institutionen können einen Beitrag zur Vertrauensbildung leisten: So sind die Meinungen von anderen Unternehmen für Website-Besucher interessant.

Zeigen Sie also Ihre Referenzen. Zudem können auch Pressestimmen zur Vertrauensbildung beitragen. Preise und Auszeichnungen haben eine starke Wirkung. Im Prinzip leiht man sich an dieser Stelle die Akzeptanz von bekannten Marken. Haben Sie keine Scheu, sich mit Lorbeeren zu schmücken. In Abbildung 17.17 präsentiert das Kreditportal Smava sowohl Test-Siegel als auch Presselogos und Kundenmeinungen.

**Abbildung 17.17** Smava arbeitet mit Trust-Elementen.

Stellen Sie derartige Trust-Symbole nicht ans Ende Ihrer Seite, wo sie wohlmöglich schnell übersehen werden. Sie sollten *above the fold* platziert werden.

Auch Marken können vertrauensbildend wirken und Ängste minimieren. Manche Benutzer tendieren dann dazu, eher ein Marken-Produkt zu beziehen als ein unbekanntes, nach dem Motto: »Der gute Ruf muss ja irgendwoher rühren.« Aber nicht jeder Anbieter genießt einen hohen Bekanntheitsgrad und hat eine geläufige Marke. Marken müssen aufgebaut und gepflegt werden – keine Aufgabe, die von heute auf morgen zu erledigen ist.

Ebenso wie ein klarer Markenauftritt spielt auch ein ansprechendes Design eine entscheidende Rolle. In diesem Zusammenhang hat sich auch der Fachbegriff *Credibility Based Design* entwickelt, also Design, das die Glaubwürdigkeit unterstützt. Ein ansprechendes, klares und professionelles Design kann einen guten Eindruck hervorrufen. Denken Sie an Gottfried Kellers »Kleider machen Leute«. Einige Gestaltungsgrundlagen haben wir bereits in Kapitel 16, »Usability – Benutzerfreundliche Websites«, beschrieben. Die Untersuchung *Aestetics and credibility in web site design* von David Robins und Jason Holmes zeigte, dass die Ästhetik einer Seite das Vertrauen ihrer Besucher in ihre Glaubwürdigkeit beeinflusst. Wie ästhetisch eine Website ist, hängt dabei von dem subjektiven Empfinden der Betrachter ab und kann also von Person zu Person unterschiedlich sein. Versuchen Sie daher, Ihren Besuchern eine klare und übersichtliche Website zu präsentieren, und vermeiden Sie einen Überfluss an Elementen und Auswahlmöglichkeiten, die schnell überfordern. Stellen Sie sich immer die Frage: Unterstützt das Design meine Handlungsaufforderung? Wenn nicht, sollten Sie es dringend überarbeiten.

## 17.6.2 Überzeugung

Gehen wir noch einmal zurück zu unserem Beispiel mit dem Verkaufsgespräch in der realen Welt. Können Sie sich beispielsweise einen Autoverkäufer vorstellen, der nicht versucht, Sie zu dem Kauf eines Wagens zu bewegen? Dabei gilt es, überzeugende Argumente gezielt einzusetzen. Der wohl schon oft gehörte Ausspruch »Überzeugen Sie sich selbst« suggeriert schon, dass es an Überzeugung nicht mangeln darf. Auch in der Online-Welt und für Websites gilt die gleiche grundlegende Frage: Wie überzeugen Sie Ihre Kunden von Ihrem Angebot? Wenn Sie sich den Conversion-Prozess Ihrer Website anschauen, müssen Sie sich die Frage beantworten, welche Antworten ein Kunde zu welcher Zeit erwartet.

In diesem Zusammenhang hat sich auch der Fachausdruck *Persuasive Design (überzeugendes Design)* entwickelt. Falls Sie jetzt denken, Sie haben mit guter Usability schon Ihren Teil zur Überzeugungsarbeit geleistet, ist dies weit gefehlt. Im Unterschied zur Usability, die darauf abzielt, Dinge einfach und problemlos zu benutzen, geht es beim Persuasive Design darum, die Besucher zu bewegen, etwas überhaupt zu benutzen bzw. angestrebte Ziele umzusetzen. Angenommen, Sie haben einen Haufen dreckiges Geschirr in Ihrer Küche und Ihr Ziel ist sauberes Geschirr, dann geht es bildlich gesprochen bei der Usability darum, wie Sie nun einfach und bequem das Geschirr sauber bekommen, nachdem Sie sich entschlossen haben, es zu reinigen. Eine mögliche Lösung wäre hier z. B. ein Geschirrspüler. Beim Persuasive Design geht es aber darum, dass Geschirr überhaupt sauber zu bekommen, d. h., sich selbst (oder auch andere) davon zu überzeugen, das Geschirr sauber zu machen.

Beim Persuasive Design von Websites gibt es nun verschiedene Ansätze. Da dieses Konzept noch in den Kinderschuhen steckt, lassen sich an dieser Stelle keine allgemeingültigen Tipps festhalten. Aber gehen Sie einmal von sich selbst aus. Wir bleiben einmal bei dem Beispiel mit dem dreckigen Geschirr. Wie lassen Sie sich nun dazu bewegen, das Geschirr sauber zu machen? Zum einen sind hier die intrinsische und die extrinsische Motivation zu nennen. Bei der *intrinsischen Motivation* treibt einen ein innerer Wille an. Beispielsweise sind Sie einfach genervt, wenn Sie das dreckige Geschirr sehen und Ihre Küche komische Gerüche annimmt. Bei der *extrinsischen Motivation* hingegen versprechen Sie sich eine Reaktion auf Ihre Handlung. Beispielsweise werden Sie belohnt, wenn Sie endlich abgewaschen haben, oder bestraft (in welcher Form auch immer), wenn Sie das Geschirr weiterhin dreckig lassen. Auch im Web können Sie mit intrinsischer und extrinsischer Motivation arbeiten. Im ersten Fall können Sie eine Handlung beispielsweise so angenehm wie möglich oder sogar spielerisch aufbereiten, dass sie nicht mehr als Aufgabe, sondern als Spaß verstanden wird. Zum zweiten Fall, der extrinsischen Motivation, gehören zum Beispiel Anerkennung, Zugehörigkeit und Bestätigung. Beim Persuasive Design lautet das Motto also: Jedes Pixel soll überzeugen.

Weiterhin ist das Prinzip der Gegenseitigkeit zu nennen. Es beruht darauf, dass Beschenkte das Gefühl haben, etwas zurückgeben zu müssen. Dabei sind sie oftmals großzügig und überschreiten den Wert des eigentlichen Geschenks. So kann es sinnvoll sein, kostenlose Informationen oder einen kostenlosen Versand zu bieten. Die Kopplung an eine Mindestbestellmenge oder Ähnliches vernichtet jedoch diesen Gegenseitigkeitseffekt schnell.

### 17.6.3 Neuromarketing

Verschiedenste Fachbereiche beschäftigen sich schon seit Jahren mit der Überzeugungskraft. Sowohl Psychologen als auch Verhaltensökonomen und Neurowissenschaftler zählen zu diesen Fachkreisen. Obwohl der Begriff noch relativ neu ist, wird er schon viel diskutiert. Neuromarketing ist ein spezieller Bereich des Marketings, der sich damit beschäftigt, was potenzielle Kunden überzeugt, sich für oder gegen ein Produkt bzw. eine Dienstleistung zu entscheiden. Dabei wird insbesondere untersucht, welche Gehirnbereiche beim Anblick von verschiedenen Angeboten stimuliert werden. Hier wird eine Brücke zwischen den Gehirnaktivitäten und dem beobachtbaren Verhalten geschlagen. Es geht also darum, was im Entscheidungsprozess im Gehirn abläuft und wie man diese Abläufe beeinflussen kann. Diskussionen, auf die wir hier nicht weiter eingehen werden, entstehen dabei hinsichtlich der Manipulation von Menschen.

Bei den Untersuchungen im Neuromarketing kommen sogenannte »Hirnscanner« zum Einsatz, was die Kosten der Forschung oftmals in die Höhe treibt. Das im Fachjargon als *fMRT* (funktionale Magnet-Resonanz-Tomografie) bezeichnete Verfahren zeigt die Gehirnareale an, die in bestimmten Situationen beansprucht werden. Dies ist möglich, da die entsprechenden Hirnbereiche dann stärker durchblutet werden. Welche Emotionen bei der Testperson hervorgerufen werden, kann im Verlauf der Untersuchung nicht exakt festgestellt werden, wohl aber, wie stark ausgeprägt diese sind und ob sie positiv oder negativ sind.

Ein äußerst prominentes Experiment wurde vom Forscherteam McClure, Read, Tomlin, Cypert und Montague 2004 veröffentlicht. Dabei handelte es sich um einen Blindtest zwischen Coca-Cola und Pepsi. Ohne die Marke zu kennen, konnte man feststellen, dass Pepsi besser abschnitt. Als die Marke den Testpersonen bekannt gegeben wurde, wurden bei der Marke Coca-Cola deutlich mehr Gehirnregionen beansprucht als bei Pepsi. Dieses Beispiel macht die Diskrepanz zwischen Verstand und Verhalten deutlich. Hier setzt das Neuromarketing an.

Inzwischen konnten schon diverse wichtige Erkenntnisse gewonnen werden. Einige davon möchten wir kurz ansprechen, ohne dabei den Anspruch auf Vollständigkeit zu erheben:

▸ **Menschliche Entscheidungen werden überwiegend unbewusst getroffen.** Nur ein kleiner Part geschieht bewusst. Laut Martin Lindstrom, dem Autor des Buches »Buyology: Warum wir kaufen, was wir kaufen«, erfolgen 85 % der Entscheidungen, die Menschen treffen, unbewusst. Das beschreiben auch Dirk Held und Christian Scheier in ihrem Buch »Wie Werbung wirkt. Erkenntnisse des Neuromarkting«: In einem Experiment konnte festgestellt werden, dass Amerikaner dreimal häufiger französischen Wein kaufen, wenn französische Hintergrundmusik gespielt wird. Wird hingegen deutsche Hintergrundmusik gespielt, wurde dreimal mehr deutscher Wein verkauft. Die Käufer konnten sich dabei nicht bewusst an die Hintergrundmusik erinnern. Viele Signale laufen also unbewusst ab, und Käufer können sie in den meisten Fällen nicht in Worte fassen.

  Eine weitere Untersuchung zeigte ähnliche Ergebnisse. So wurden Probanden befragt, ob sie durch die Warnhinweise auf Zigarettenschachteln abgeschreckt seien und weniger rauchen würden. Dies wurde zumeist bejaht. Die Gehirnscans konnten dies jedoch nicht bestätigen. Demzufolge regten die Warnhinweise ein Gehirnareal an, das auch als Suchtzentrum gilt und das Verlangen – in diesem Fall nach einer Zigarette – auslöst.

▸ **Menschen passen sich anderen Menschen an.** Sie können dieses Verhalten in Ihrem täglichen Umfeld beobachten. Die Lautstärke der Stimme passt sich an ein leise sprechendes Gegenüber an, der Gang wird langsamer, wenn man neben älteren Leuten geht. Wenn Sie dies lesen und Gäääähhnen müssen, können Sie die Spiegelneuronen, die dafür verantwortlich sind, selbst erleben. Auf das Kaufverhalten bezogen bedeutet dies, dass Menschen sich daran orientieren, was andere schon gekauft haben.

- **Menschliche Entscheidungen sind emotional.** Salopp ausgedrückt verkaufen Sie keine Produkte, sondern Gefühle. Insbesondere Marken werden oft an Gefühle gekoppelt. Untersuchungen belegen, dass beim Betrachten starker Marken die gleichen Gehirnregionen aktiviert werden wie bei dem Betrachten von religiösen Bildern. Oder achten Sie einmal darauf, auf welche Zeit viele (Deko-)Uhren in Geschäften gestellt sind. Oftmals ist es zehn Minuten nach zehn oder zehn vor zwei – weil die Zeiger einer analogen Uhr so mit einem lachenden Gesicht in Verbindung gebracht werden und positive Emotionen hervorrufen.

- **Sinneseindrücke beeinflussen Entscheidungen.** Einige Unternehmen machen sich diese Erkenntnis zunutze. So werden bestimmte Düfte (wie z. B. Vanille) eingesetzt, um das Kaufverhalten zu stimulieren (in diesem Fall das von Damenbekleidung). Das ist auch der Grund, warum in einigen Supermärkten Backautomaten zu finden sind. Nach Ergebnissen von Neurowissenschaftlern regt der Backduft Kunden an, mehr zu kaufen. Kommen Sinneseindrücke (sehen, hören, riechen, tasten, schmecken) gleichzeitig im Gehirn an, können sie sich gegenseitig beeinflussen und verstärken.

Abschließend lässt sich festhalten, dass das Neuromarketing das Potenzial mitbringt, gewisse Prozesse besser zu verstehen. Es wird aber nicht dazu führen, Maßnahmen zu entwickeln, die eine Person unweigerlich zu einem Kauf bewegen. Dazu ist das Gehirn viel zu komplex und sind die Menschen zu unterschiedlich.

### 17.6.4 Häufige Fehler vermeiden

Bevor wir uns verschiedenen Testverfahren widmen, möchten wir Ihnen zunächst noch häufige Fehler im Zusammenhang mit Landing Pages vorstellen, die es zu vermeiden gilt. Gehen Sie diese elementaren Aspekte durch, wenn Sie Ihre Landing Page bewerten, und stellen Sie sicher, dass Sie keinen dieser Fehler begehen. Manchmal steckt man sehr viel Arbeit in eine Landing Page und verliert sich in Details, sodass schließlich grundlegende Dinge vergessen werden. Mit diesen Punkten sollte das nicht mehr der Fall sein:

- **Sie haben keinen klaren Call to Action.** Zeigen Sie Ihren Besuchern, was sie tun können, um ihr Bedürfnis zu stillen. Alle Elemente Ihrer Landing Page sollten auf eine klare Handlungsaufforderung hinführen, die auch visuell hervorgehoben wird.

- **Sie erfüllen nicht die Erwartungen der Besucher.** Benutzer kommen mit einem bestimmten Anspruch auf Ihre Website. Treffen Sie mit Ihrem Angebot die Erwartungen der Suchenden, und ist Ihr Produkt relevant genug? Hier ist insbesondere der rote Faden zwischen Suche, Werbemittel und Website ausschlaggebend. Innerhalb von Bruchteilen von Sekunden entscheiden sich Besucher, ob eine Seite für sie von Interesse ist, und verlassen diese gegebenenfalls wieder. Dies hat maßgeblichen Einfluss auf die Conversionrate. Verwenden Sie daher entsprechende Keywords auf der Landing Page.

▸ **Ihre Landing Page beinhaltet zu viele Ablenkungen und Auswahlmöglichkeiten.** Sie möchten mit Ihrer Website ein Ziel erreichen. Machen Sie sich erneut klar, welches das ist, und überprüfen Sie, ob es Elemente gibt, die nicht zu diesem Ziel führen. Überfordern Sie Ihre Besucher nicht mit zu vielen Entscheidungsmöglichkeiten. Machen Sie sich klar, dass jedes Pixel Ihrer Website dazu beiträgt, eine Conversion durchzuführen oder den Benutzer von eben dieser abhält. Konzentrieren Sie sich auf diejenigen Elemente, die zu einer Conversion hinführen, und eliminieren Sie alle weiteren.

▸ **Sie treten nicht glaubwürdig/vertrauenserweckend auf.** Was könnte Nutzer davon abhalten, Ihr Produkt zu kaufen bzw. auf Ihr Angebot einzugehen? Hier spielt besonders das Vertrauen eine große Rolle. Die sogenannte Credibility (Glaubwürdigkeit) schlägt sich oftmals in der Kennzahl der Abbruchrate nieder.

▸ **Sie kommunizieren nicht klar bzw. die Landing Page beinhaltet zu viel Text.** Inhalt und Gestaltung der Landing Page sollten klar und eindeutig den Kundennutzen und die Handlungsaufforderung übermitteln. Präsentieren Sie Produktvorteile und deren Mehrwert. Hier steht die Frage im Mittelpunkt: Welchen Wert hat das Produkt oder Angebot für den Nutzer, und wie lukrativ ist es? Dies ist das A und O für die Conversionrate-Optimierung. Vermitteln Sie mithilfe psychologischer Aspekte Dringlichkeit. Schreiben Sie keine Romane, sondern bringen Sie den Mehrwert kurz und prägnant auf den Punkt.

▸ **Sie fragen zu viele Informationen ab.** Dies bezieht sich auf Formulare. Fragen Sie wirklich nur die Informationen ab, die Sie zwangsläufig benötigen. Alles andere können Sie zu einem späteren Zeitpunkt erfragen, da es sich sonst negativ auf Ihre Conversionrate niederschlagen könnte. Überlegen Sie sich genau, ob eine Registrierung vor einem Kaufabschluss notwendig ist. In vielen Fällen kann eine optionale Registrierung positiven Einfluss auf die Conversionrate nehmen. Helfen Sie dem Nutzer, und füllen Sie bekannte Informationen im Formular bereits aus (*prefill*).

▸ **Sie halten Ihre Versprechen nicht.** Achten Sie darauf, dass Sie die Versprechen, die Sie innerhalb Ihres Werbemittels geben, auch auf der Landing Page einhalten. Der rote Faden sollte nicht durchtrennt werden.

Um Kunden zu halten, sollten Sie auch Wert darauf legen, was nach einer Conversion geschieht. Das beginnt mit einer »Danke-Seite«. Klickt ein Nutzer auf »Bestellung absenden«, sollte ihm umgehend mitgeteilt werden, dass seine Handlung erfolgreich war. Bedanken Sie sich bei Ihrem neu gewonnenen Kunden für das entgegengebrachte Vertrauen, und erläutern Sie, wie die nächsten Schritte aussehen. Informieren Sie ihn beispielsweise, wann die Lieferung voraussichtlich eintreffen wird und an wen er sich bei weiteren Fragen wenden kann. Kunden bewerten einen Kaufprozess bis zum Eintreffen der Ware oder dem Erhalt einer Dienstleistung. Die einzelnen Schritte sollten also genauestens überprüft werden. Denn nur zufriedene Kunden werden zu Stammkunden und empfehlen Sie gerne weiter.

## 17.7    Landing-Page-Optimierung (LPO)

Sie kennen nun die schwerwiegendsten Fehler einer Landing Page und wichtige überzeugende Elemente und Vorgehensweisen. In diesem Abschnitt möchten wir uns der Optimierung Ihrer Landing Page widmen, kurz gesagt der LPO. Die Bezeichnung Landing-Page-Optimierung bezieht sich auf die Effizienz der Landeseite. Wie gut eignet sie sich als Brücke zwischen Werbemittel und Ziel? Holt sie Besucher optimal ab, und leitet sie diese zu einem definierten Ziel?

Die Verbesserung Ihrer Landeseite ist ein iterativer Prozess, denn *die* funktionierende Landing Page gibt es nicht. Wie Sie vielleicht schon vermuten, kommt hier auch das Testen von Landing Pages ins Spiel. Testen Sie verschiedene Varianten von Landing Pages, um zu ermitteln, welche Seite die besten Ergebnisse hervorruft. Integrieren Sie die Landing-Page-Optimierung als festen Bestandteil in Ihre Arbeitsabläufe.

Wie gehen Sie dafür nun am besten vor? Wir haben Ihnen bereits einige wichtige Kennzahlen genannt, die mit Landing Pages in Verbindung stehen. Ermitteln Sie also die bestehenden Schwachstellen, indem Sie sich beispielsweise die Bouncerates und Click-Through-Rates (CTR) genauestens ansehen. Bouncerates sollten innerhalb einer Verbesserung also sinken, während die CTR ansteigen sollten. Dabei sollten Sie selbstverständlich auch die Conversionrate nicht außer Acht lassen. Die Verweildauer kann Auskunft darüber geben, wie interessant die Inhalte auf Ihrer Landing Page für die Benutzer sind. Eine hohe Verweildauer kann ein Indiz dafür sein, dass die Inhalte genau gelesen und angesehen werden. Insbesondere bei Online-Shops spielen weitere Kennzahlen, wie die Anzahl an Leads und Sales sowie das Aufrufen des Warenkorbs, eine besondere Rolle. Welche Möglichkeiten es für die Analyse derartiger Kennzahlen gibt, lesen Sie in Kapitel 20, »Web-Analytics – Websites unter die Lupe genommen«. Gerade bei Online-

Shops sollten Sie Kaufprozesse so simpel wie möglich halten, einen klaren und kurzen Prozess anstreben und unnötige Schritte eliminieren.

---

**Tipp: Landing Page Analyzer**

Wenn Sie in wenigen Minuten einige Tipps zu Ihrer Landing Page erhalten möchten, können Sie das Tool *Landing Page Analyzer* (*http://visualwebsiteoptimizer.com/landing-page-analyzer/*) verwenden. Sie geben die entsprechende URL in die Eingabezeile ein und beantworten 21 Fragen. Anschließend erhalten Sie Hinweise zu den Aspekten Relevanz, Motivation, Call-to-Action, Ablenkung und Unterbrechung.

---

Vergessen Sie dabei nicht, immer den Gesamtkontext im Auge zu haben. Eine Landing Page stellt die Verknüpfung zwischen Werbemittel und Ziel dar. Eine isolierte Betrachtung wäre aus diesem Grund also wenig sinnvoll. In Kapitel 18, »Testverfahren«, stellen wir Ihnen Testmöglichkeiten vor, die Sie auch für Ihre Landing Pages verwenden können.

*»Ihre Website wird in jedem Fall auf Usability getestet.*
*Wenn Sie es nicht selbst tun, dann tun es Ihre Kunden.«*
*– Jakob Nielsen (Usability-Experte)*

# 18    Testverfahren

Mussten Sie schon das ein oder andere Mal mit verschiedenen Interessensvertretern (*Stakeholdern*) über die Gestaltung Ihrer Website diskutieren? Oder waren Sie schon einmal hin- und hergerissen, welches Layout oder welche Funktion für die Zielerreichung Ihrer Website die bessere wäre? Mithilfe von Tests und soliden Daten lassen sich klare Aussagen zur Leistungsoptimierung treffen. Oftmals sind die Ergebnisse verblüffend und belehren uns eines Besseren, denn das Verhalten der Besucher lässt sich nicht mit Sicherheit voraussagen. Es bringt also nichts, sich in endlosen Diskussionen zu verlieren. Sie sollten nicht annehmen, dass Entwickler und Projektmanager wissen, was Benutzer wollen. Sie können sich ihres Fach- und Hintergrundwissens nicht entledigen und eine objektive Beurteilung einer Website abgeben – noch weniger, wenn sie an der Entwicklung der Site beteiligt waren. In diesem Zusammenhang spricht man auch von der sogenannten *Highest Paid Person's Opinion (HiPPO)*. Die HiPPO, also die Meinung des Ranghöchsten, muss aber nicht die richtige sein – letztendlich entscheiden die Besucher der Website über deren Erfolg. Ihnen bleibt also nichts anderes übrig, als Ihre Website zu testen, um Schwachstellen aufzudecken.

Ohne Tests lassen sich keine Pauschalaussagen darüber treffen, was Besucher wollen, denn ihre Absichten, der Gesamtkontext, die Branche und die Websites ergeben ein äußerst dynamisches Umfeld. Lassen Sie besser Ihre Benutzer entscheiden, und fangen Sie an zu testen. So können Sie herausfinden, welche Bedürfnisse auf Kundenseite bestehen, und können Ihre Website dahingehend verbessern.

Zur sogenannten *Website Optimization*, also der Leistungssteigerung Ihrer Website, können verschiedene Testverfahren zum Einsatz kommen. Diese können unterschiedlich umfangreich, aufwendig und kostspielig sein. Wir möchten Ihnen im Folgenden einige dieser Testmöglichkeiten vorstellen. Jedoch ist das Website-Testing ein weites Feld, und es gibt Experten, die sich allein darauf spezialisiert haben. Wir können im Rahmen dieses Buches leider nur auf einige Testverfahren eingehen, möchten Ihnen aber unsere Literaturtipps in Kapitel 19 ans Herz legen, sollten Sie Bedarf an weiterführenden Informationen haben.

Alle Testmethoden lassen sich in einen fortlaufenden Optimierungsprozess eingliedern. Wie Sie in Abbildung 18.1 sehen, ist die Optimierung einer Website ein Kreislauf – man ist quasi nie fertig und betreibt nie eine perfekte Website. Das geht schon deswegen nicht, weil sich diverse Nebenbedingungen und somit auch die Anforderungen an eine Website ändern können. Das können zum Beispiel das Wetter sein sowie Feiertage, soziale, politische, wirtschaftliche und auch sportliche Ereignisse. Ebenso können Trends innerhalb der Branche und technologischer Fortschritt Einfluss auf das Benutzerverhalten haben.

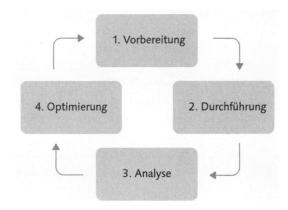

**Abbildung 18.1** Der Test-Prozess: Vorbereitung, Durchführung, Analyse, Optimierung

Wie Sie sehen können, ist das hier dargestellte, sehr vereinfachte Vorgehen der Optimierung ein iterativer Prozess. Daher können Sie auch Ihre Website als einen dynamischen Schauplatz ansehen, der anhand verschiedener Testergebnisse laufend weiterentwickelt werden kann.

Wir werden uns in diesem Kapitel verschiedenen Testmethoden widmen sowie Besonderheiten und Schwierigkeiten aufzeigen. Jedoch schon zu Beginn möchten wir Ihnen Folgendes ans Herz legen: Es ist wichtig, dass Sie überhaupt testen! Oder fallen Ihnen auf Anhieb etablierte Produkte ein, die sich keiner Prüfung unterziehen mussten? Auch in anderen Branchen hat das Testen von Produkten einen festen Platz gefunden, um monetären Verlusten und Image-Schäden vorzubeugen.

Ein Hinweis noch, bevor es losgeht: Im Folgenden wird zum Teil der Begriff *User* verwendet. Er ist gleichzusetzen mit den *Benutzern* Ihrer Website, wird aber in Fachkreisen üblicherweise in der englischen Version verwendet.

# 18.1    Usability-Tests – Homemade vs. Outsourcing

Innerhalb von Usability-Tests soll überprüft werden, ob eine Website tatsächlich auf den Nutzer ausgerichtet und für ihn einfach nutzbar ist. Die wenigsten Benutzer sind bereit, sich lange mit einer Website zu befassen, die äußerst undurchsichtig und kompliziert zu benutzen ist. So stehen die Fragen im Raum: Kann sich der Besucher schnell orientieren, sind die Inhalte entsprechend aufbereitet, und weiß er sofort, was der Kern der Website ist?

Aussagekräftige Antworten auf diese Fragen bekommen Sie nur, wenn Sie Ihre Website entsprechend testen. Das Ziel der Tests ist es, Probleme in der Nutzbarkeit aufzudecken. Als positiver Effekt lässt sich an dieser Stelle festhalten, dass eine hohe Nutzerfreundlichkeit oftmals auch größere Kundentreue bedingt.

Grundsätzlich können User- und Expertentests unterschieden werden. Bei Usertests wird das Verhalten der Benutzer auf einer Website beobachtet (dies kann auch mithilfe von A/B-Tests und multivariaten Test geschehen, wie Sie in Abschnitt 18.2 und den folgenden lesen können), während bei Expertentests Spezialisten Schwachstellen aufdecken sollen. Wir werden in diesem Kapitel auf beide Varianten detailliert eingehen.

---

**Beta-Tests vs. Usability-Tests**

Sie kennen vielleicht sogenannte Beta-Tests einiger Unternehmen. Sie starten bei einer Produkt-Veröffentlichung zunächst mit einer Beta-Version. Die Beta-Version ist eine noch unfertige (Neu-)Entwicklung. Damit soll überprüft werden, ob die neue Anwendung bzw. das neue Produkt tadellos funktioniert bzw. ob und welche Probleme bei der Anwendung auftreten. Beta-Tests zielen insbesondere auf technische Aspekte ab. Neben dem Testen in der Entwicklungsphase mit ausgewählten Personen, hat sich auch eine öffentlich zugängliche Beta-Version inzwischen etabliert. Dabei wird die Entwicklung direkt den Endkunden zur Verfügung gestellt.

Im Gegensatz dazu wird mit einem Usability-Test geprüft, wie einfach sich eine Website nutzen lässt – der Test ist daher insbesondere auf den Inhalt der Seite bezogen.

---

## 18.1.1    Expertentests

Wenn Sie den Entschluss gefasst haben, Ihre Seite zu testen, ist schon mal ein sehr wichtiger Schritt getan. Nun müssen Sie entscheiden, ob Sie Usability-Tests selbst durchführen möchten, oder für diesen Zweck Experten beauftragen. Oftmals ist dies eine Budget-Frage, jedoch müssen Tests nicht teuer sein, wie der Usability-Experte Jakob Nielsen betont. In beiden Fällen sollten Sie sich jedoch darauf einstellen, dass Ergebnisse frustrieren können. Man kann sich manchmal nicht vorstellen, welche Schwierigkeiten Nutzer mit einer Website haben, in dessen Erstellung sehr viel Zeit und Mühe geflossen sind. Aber sehen Sie es positiv: Nur wer Fehler erkennt, kann diese auch verbessern.

Sollten Sie sich dafür entscheiden, die Aufgabe des Website-Testens in die Hände eines Experten zu legen, können Sie sich zunächst zurücklehnen und die Profis arbeiten lassen. Es haben sich hier verschiedene Methoden etabliert, auf zwei davon möchten wir im Folgenden näher eingehen.

### Cognitive Walkthrough

Zunächst einmal ist der sogenannte *Cognitive Walkthrough* (kognitiver Durchgang) zu nennen. Hier versetzt sich der Experte in die Lage eines Benutzers, ähnlich wie ein Schauspieler, der sich in seine Rolle einfindet, und durchläuft gezielt definierte Handlungsabläufe. Dabei steht die Frage im Raum, ob der Nutzer diesen Weg auch gegangen wäre. Der Experte macht sich bei jedem Prozess-Schritt Notizen und vermerkt Schwachstellen (auch *Failure Stories* genannt), die auf Seiten des Benutzers auftreten könnten (siehe Abbildung 18.2).

**Abbildung 18.2**  Funktionsweise des Cognitive Walkthrough

Beispiele für derartige Prozesse können Einkaufsprozesse sein oder das Ausfüllen von bestimmten Formulare, z. B. von Registrierungs- oder Buchungsformularen. Ein Charakteristikum des Cognitive Walkthrough ist also, dass das Augenmerk auf einen bestimmten Prozess und nicht auf die gesamte Anwendung gerichtet wird. Das Ziel dieser Methode ist, Schwachstellen zu ermitteln und Hilfestellung bei der Optimierung zu geben.

Gerade bei diesem Vorgehen ist die Auswahl eines geeigneten Fachmanns entscheidend für die Ergebnisse. Achten Sie darauf, dass Ihr Spezialist viel Web-Erfahrung, gute Menschenkenntnis und Empathie mitbringt sowie in gestaltungspsychologischen Erkenntnissen bewandert ist. Es ist empfehlenswert und in der Praxis bewährt, dass bis zu fünf Experten unabhängig voneinander einen Cognitive Walkthrough machen.

### Heuristische Evaluation

Die zweite Methode, die wir Ihnen vorstellen möchten, ist die sogenannte *heuristische Evaluation*. Sie wurde 1990 von Rolf Molich und Jakob Nielsen entwickelt. Anhand verschiedener Aspekte, den Heuristiken, analysieren verschiedene Experten (empfohlen sind dabei drei bis fünf) unabhängig voneinander eine Website. Mithilfe dieser Methode sollen nach Nielsen drei Viertel aller Schwachstellen identifiziert werden können. Folgende Heuristiken (hier sinngemäß übersetzt) sind dabei festgelegt worden:

1. *Simple and natural dialogue* (einfacher und natürlicher Dialog)
2. *Speak the users' language* (die Sprache des Benutzers treffen)
3. *Minimize the users' memory load* (die Gedächtnisleistung der Benutzer minimieren)
4. *Consistency* (Konsistenz/Einheitlichkeit)
5. *Feedback* (Rückmeldung)
6. *Clearly marked exits* (klar gekennzeichnete Ausgänge)
7. *Shortcuts* (Tastenkürzel; das bedeutet: Erfahrene Benutzer sollten Shortcuts benutzen können, die weniger geübte Nutzer jedoch nicht irritieren dürfen.)
8. *Precise and constructive error messages* (präzise und konstruktive Fehlermeldungen)
9. *Prevent errors* (Fehlervermeidung)
10. *Help and documentation* (Hilfe und Dokumentation)

Anschließend werden die identifizierten Schwachstellen zusammengetragen, bewertet, priorisiert und im Optimalfall mit einem Lösungsvorschlag versehen.

Es gibt noch zahlreiche weitere Methoden, die in diesem Zusammenhang angewandt werden können. Einige stellen wir Ihnen am Ende dieses Kapitels in Abschnitt 18.7 kurz dar. Da die Ergebnisse von Expertentests extrem abhängig von der Expertise der Fachleute sind, empfehlen wir Ihnen, eine Kombination aus Experten- und Usertests durchzuführen. Prinzipiell können die Methoden aber einzeln angewendet werden.

### 18.1.2   Usertests

Usertests können ihrerseits nochmals unterschieden werden, und zwar in Tests, die in Testlabors durchgeführt werden (z. B. das Eye-Tacking, siehe Abschnitt

18.1.3) oder in den eigenen vier Wänden. Bei Letzterem sollten Sie jedoch eine ruhige, ungestörte Atmosphäre gewährleisten. Der Ort ist abhängig vom Test-Umfang und der notwendigen Technik für den Test.

**Schnell und einfach**

Sie können zu jeder Zeit im Entwicklungsprozess einer Website schnell und einfach Tests durchführen. Obwohl sie vielleicht etwas rudimentär wirken, können sie doch elementare Schwachstellen entblößen. Sie kennen das vielleicht: Manchmal sieht man den Wald vor lauter Bäumen nicht. Dann kann es sinnvoll sein, die zu testende Website auszudrucken und einer beliebigen Person zu zeigen und diese zu fragen, ob sie den Kern der Seite erkennt.

Der Ablauf eines Usertests lässt sich in folgende Phasen einteilen:

- Vorbereitungsphase
- Testphase
- Auswertungsphase
- Optimierungsphase

**Die Vorbereitungsphase**

Innerhalb der Vorbereitungsphase gilt es, Versuchspersonen zu akquirieren. Es ist wünschenswert, dass diese so gut wie möglich der anvisierten Zielgruppe der Website entsprechen. Jedoch ist dies kein Muss und wird zum Teil überbewertet. Wir empfehlen, eher mehrfach mit beliebigen Personen Tests durchzuführen, als nur einmalig zu testen und dafür mit äußerst sorgfältig ausgewählten Probanden. Damit schließen wir uns der Meinung vieler Experten an. Um elementare Fehler einer Website aufzudecken, reichen nach Jakob Nielsen und Steve Krug schon drei bis fünf Personen aus, was den Rekrutierungsaufwand recht gering halten sollte. Für Ihre Website können Sie also auch bedenkenlos Verwandte oder Bekannte fragen.

Nielsen fand heraus (nachzulesen unter *http://www.useit.com/alertbox/20000319.html*), dass Tests mit fünf Benutzern ca. 85 % aller Website-Probleme aufdeckten, während fünfzehn Benutzer annähernd alle Probleme identifizieren können. Die schwerwiegendsten Probleme werden üblicherweise von den ersten beiden Benutzern entdeckt, die weiteren Benutzer bestätigen diese in der Regel und finden weitere Schwachstellen. Wenn Sie Tests nur mit zwei Benutzern durchführen, wird oftmals die Hälfte der Schwachstellen erkannt.

Usertests müssen nicht zwangsläufig teuer sein. Wie Sie in Abbildung 18.3 sehen können, machen Sie den größten Sprung zwischen null und einem Benutzer. Das bedeutet, dass jeder noch so kleine Test besser ist als gar keiner.

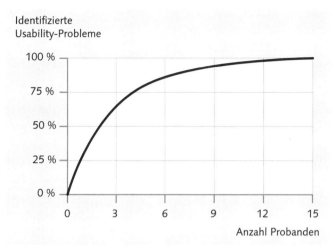

Identifizierte
Usability-Probleme

**Abbildung 18.3** Anzahl der Testpersonen (eigene Darstellung in Anlehnung an Jakob Nielsen)

Weiterhin sollten Sie, um aussagekräftige Ergebnisse zu erhalten, jedoch Personen ausschließen, die an der Umsetzung der Website beteiligt waren. Wenn Sie den Testpersonen eine Aufwandsentschädigung bieten, verdeutlichen Sie die Wertschätzung ihrer Meinung. Sie können mit den ausgewählten Probanden schon vor der eigentlichen Testphase Gespräche führen, um den Kenntnisstand und Erfahrungen zum Thema bzw. zum Produkt zu erfragen. Auch die Auswahl eines Versuchsleiters muss nicht aufwendig sein. Ratsam ist es aber, eine geduldige Person auszuwählen, die sich während des Tests äußerst zurückhält. Dennoch gilt nach wie vor das Motto: Prinzipiell kann jeder Tests durchführen.

Auch der Ort, an dem Usability-Tests durchgeführt werden können, ist grundsätzlich frei wählbar. Achten Sie jedoch darauf, dass bereits vor dem Test genau festgelegt wird, was dem Probanden am Bildschirm gezeigt werden soll. Bereiten Sie den Test-Computer so vor, dass keine historisch gespeicherten Daten Einfluss auf den Test nehmen können, indem Sie beispielsweise entsprechende Cookies löschen und den Cache leeren. Es bietet sich an, den Testablauf per Videokamera zu filmen. So können Sie Reaktionen der Testpersonen im Nachgang analysieren. Denken Sie in der Akquise-Phase daran, die Einwilligung der Probanden einzuholen, und schenken Sie der Kamera während des Tests keine Aufmerksamkeit.

**Die Testphase**

Die Testphase besteht darin, dass der Proband typische Aufgaben auf der Website erledigen soll, mit dem Ziel, Schwachstellen und Unklarheiten zu identifizieren. Diese Aufgaben können beispielsweise darin bestehen, Kontaktdaten herauszufinden, ein bestimmtes Produkt (sofern es sich um einen Online-Shop handelt) in den Warenkorb zu legen oder den Kern einer Seite zu beschreiben. Die Aufgaben können in ihrer Schwierigkeit zunehmen. Dies ist sinnvoll, damit sich die Testperson zunächst an die fremde Situation gewöhnen kann. Achten Sie jedoch darauf, nicht zu viele Vorgaben zu machen, damit der Tests nicht zu realitätsfern ausfällt.

Die Testperson wird aufgefordert, laut zu denken (auch bekannt unter dem Begriff *Thinking aloud*), das heißt, ihre Gedanken bei der Benutzung der Website zu kommentieren. Der Testleiter hat dabei die Aufgabe, den Probanden kontinuierlich zu ermutigen, seine Gedanken in Worte zu fassen. Dies ist unter anderem wichtig, um seine Handlungen nachvollziehen zu können. Der Vorteil von lautem Denken ist: Sie erfahren, was der Benutzer spontan denkt, erwartet, sucht, empfindet usw. Es ist nicht möglich, derartige Erkenntnisse im nachgelagerten Interview zu erörtern, da sie dann nicht mehr spontan sind und sich die Probanden unter Umständen auch weniger genau an die Situation erinnern. Greifen Sie jedoch auf keinen Fall in die Versuche der Probanden, die Aufgabe zu lösen, ein. Hilfestellungen sind ein absolutes Tabu.

Zudem kann auch das sogenannte *Teaching Back* angewandt werden. Dabei wird eine Gruppe von Testpersonen gleichmäßig aufgeteilt. Ein Teil hat zunächst die Aufgabe, sich die zu testende Website genau anzusehen, und soll anschließend dem zweiten Teil der Probanden erklären, was man auf der Site tun kann. Anhand der Erklärungen erfahren Sie, ob und wie gut der Kern der Webseite erkannt wurde.

In der Regel sieht auch der Versuchsleiter die Website auf einem eigenen Bildschirm und sitzt der Testperson gegenüber. Zudem kann Test-Software zum Einsatz kommen, die den gesamten Testablauf auf dem Bildschirm per Video aufzeichnet. Hier gibt es zahlreiche kostenpflichtige, aber auch Freeware-Programme, die das leisten. Diskussionen vor und innerhalb des Usability-Tests sind ausgeschlossen. Der Versuchsleiter beobachtet die Handlung des Probanden und macht sich optimalerweise Notizen. Das Beobachten und Protokollieren kann auch auf zwei Personen aufgeteilt werden.

Stellen Sie sicher, dass allen Testpersonen die gleichen Aufgaben gestellt werden, und überfordern Sie die Probanden nicht mit zu vielen Aufgaben. Oftmals findet im Anschluss eine Nachbefragung statt, die sich inhaltlich auf das Produkt oder vergleichbare Produkte bezieht.

### Die Auswertungsphase

Innerhalb der Auswertungsphase werden Notizen und Videodaten aller Testpersonen ausgewertet, die beobachteten Schwachstellen analysiert und idealerweise mit dem Entwickler bzw. Projektteam besprochen. Im Anschluss daran wird oftmals ein Gesamtreport mit den gewonnenen Erkenntnissen erstellt. Häufig auftretende Probleme, die per Usertests identifiziert werden können, sind zum Beispiel:

▶ unübersichtliche Navigation und eine überladene Website

▶ unpräzise Bezeichnungen, die dazu führen, dass Testpersonen nicht das finden, was sie suchen

▶ Es wird nicht klar, welche Möglichkeiten der Benutzer mit der Seite hat.

▶ technische Defizite, die durch Falscheingaben der Testpersonen entstehen (z. B. Fehlermeldungen bei Formularen)

Insbesondere die ersten beiden Punkte können zu einem Orientierungsverlust der Benutzer führen und sollten unbedingt verbessert werden.

Sie sollten bei der Auswertungsphase jedoch berücksichtigen, dass Probanden eben auch nur Menschen sind und gänzlich unterschiedlich auf Situationen reagieren. So kann es beispielsweise sein, dass Versuchspersonen durch die ungewohnte Testsituation extrem aufgeregt sind. Vielleicht sind sie aber auch schüchtern oder desinteressiert. Es kann zudem der *Hawthorne-Effekt* eintreten, wonach Probanden ihr Verhalten ändern, wenn sie wissen, dass sie beobachtet werden. Hier sind vielfältige Verhaltensweisen möglich, und ein Test kann niemals alle Situationen abbilden.

### Die Optimierungsphase

Anhand der Ergebnisse aus einem Usability-Test können nun Optimierungsmaßnahmen an der Website vorgenommen werden. Priorisieren Sie dafür die Schwachstellen, je nachdem, wie schwerwiegend sie sind. Zu diesen Problemen müssen anschließend entsprechende Lösungsvorschläge erarbeitet werden, und es muss festgelegt werden, welche davon sukzessive umzusetzen sind. Im Mittelpunkt sollte die Frage stehen: Was ist der Kern der Website, und was soll der Benutzer hier tun können? Achten Sie dabei darauf, dass es oftmals sinnvoller ist, Elemente zu reduzieren oder sogar zu entfernen, als Erklärungsversuche zu ergänzen. Kürzen Sie lange Schritte sinnvoll ab, und ersparen Sie Ihren Benutzern unnötige Arbeit. Denken Sie jedoch bei allen Veränderungen daran, dass diese auch Auswirkungen auf andere Seiten(-Bereiche) haben können.

Wie wir eingangs beschrieben haben, ist das Website-Testing ein Kreislauf. Sie sollten also nach der Behebung der Probleme einen weiteren Testlauf ansetzen, der möglicherweise bisher unentdeckte Schwachstellen ans Tageslicht bringt. Wie schon kurz angerissen, kann es in einigen Fällen sinnvoll sein, verschiedene Testmethoden miteinander zu kombinieren.

### 18.1.3  Eyetracking

Mit dem *Eyetracking* ist die Analyse der Blickbewegung gemeint. Sie wird auch als *Okulografie* bezeichnet. Wir bewegen die Augen unbewusst beim Betrachten einer Website. Der sogenannte *Scanpfad* (also der Blickverlauf der Augen) ist daher ein Indiz dafür, welche Seitenelemente höhere Bedeutung haben. Aufgrund der notwendigen Technik wird Eyetracking häufig in speziellen Labors durchgeführt. Dabei kommen spezielle Hilfsmittel und -geräte zum Einsatz, die die Blickbewegung der Betrachter bzw. der Testpersonen per Video aufnehmen. Diese Geräte werden *Eyetracker* genannt und können sowohl mobilen Charakter haben als auch externe Geräte sein. So können beispielsweise Helmkameras (auch *Head-mounted Eyetracker* genannt) zum Einsatz kommen, die auf dem Kopf des Probanden befestigt werden. Eine Kamera ist dabei auf die Pupillen der Testperson gerichtet und zeichnet den Blickverlauf auf.

Zu den externen Geräten, die auch als *Remote Eyetracker* bezeichnet werden, gehören freistehende sowie installierte Kameras. Sie werden in der Regel neben oder unter dem Monitor angebracht oder können in den Bildschirm integriert sein. Einerseits ermöglicht dies eine sehr realistische Testsituation, andererseits sollten die Probanden dennoch darauf hingewiesen werden, sich nicht zu stark zu bewegen. Bei den externen Augenkameras werden die Augen der Testperson anvisiert und deren Blickverlauf verfolgt und aufgezeichnet (siehe Abbildung 18.4).

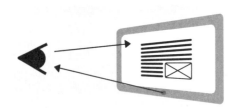

**Abbildung 18.4**  Prinzip des Eyetrackings

Je nachdem, welcher Eyetracker-Typ zur Anwendung kommt, kann eine annähernd realistische Situation ermöglicht werden, die auch gewisse Bewegungsfreiheit zulässt. Dennoch empfiehlt es sich, auch hier dem Probanden z. B. in Vortests die Möglichkeit zu geben, sich zunächst mit der ungewohnten Situation anzufreunden.

Nach dem Einstellen und Kalibrieren der Eytracker und gegebenenfalls einem Vortest beginnt die eigentliche Testphase. Ähnlich wie bei einem User-Test stellt ein Testleiter dem Probanden Aufgaben und beobachtet Aktionen und Reaktionen der Versuchsperson. Die dabei entstehenden Daten werden aufgezeichnet und analysiert.

Da das Eyetracking durchaus seinen Preis haben kann, wurden mit der Zeit spezielle Programme entwickelt, die derartige Tests simulieren sollen. Wir sind der Meinung, dass solche Programme »echtes« Eyetracking nicht ersetzen können und allenfalls eine zusätzliche Möglichkeiten bieten, eine Website zu analysieren. Das liegt beispielsweise schon allein daran, dass es nicht möglich ist, den Nutzerkontext zu berücksichtigen oder verschiedene Besuchertypen zu unterscheiden.

Unabhängig davon, welcher Eytracker-Typ zum Einsatz kommt, ist es mit den Aufzeichnungen des Blickverlaufs möglich, diese auf die Website zu übertragen. Innerhalb der Website-Optimierung besteht das Ziel darin, zu ermitteln, welche Seitenbereiche oder Elemente wie intensiv angesehen wurden und welche gar keine Beachtung fanden. Dabei sind die Kennzahlen Zeit und das fokussierte Element bzw. der fokussierte Bereich elementar. Deren Analyse gibt Aufschluss darüber, welche Bereiche und Inhalte für den Nutzer besonders interessant und wichtig sind und wie sich der Besucher orientiert. Die Ergebnisse werden in der Regel in einem Bericht dargestellt, der diejenigen Bereiche der Website farbig kennzeichnet, die besonders intensiv angesehen werden. Mithilfe einer derartigen Auswertung erhalten Sie Informationen darüber, was wahrgenommen wird (*Hot Spot Analysis*), wo der Blick der Testpersonen haften bleibt und was daher möglicherweise besonders interessant ist (*Area of Interest*) und wie der Blickverlauf (*Visual Guiding*) aussieht. Auf dieser Grundlage können Sie Ihre Website entsprechend modifizieren und versuchen, den Blickverlauf der Benutzer weitestgehend zu lenken, um Ihr Website-Ziel zu erreichen. Die Erkenntnisse können insbesondere schon in der frühen Entwicklungsphase von Websites sehr hilfreich sein. So können Sie bereits Layout- und Seitenentwürfe testen.

Obwohl das Eyetracking durch den Einsatz spezieller Technik (meistens in einem Labor) auch ein gewisses Budget erfordert, können die Ergebnisse äußerst aussagekräftig sein und sind aktuell durch andere Testverfahren nicht zu ermitteln (z. B. Blickverlauf, Fokussierung einzelner Elemente und Seitenbereiche etc.).

## 18.1.4 Mouse-Tracking und Klicktracking

Ein weiteres Testverfahren stellt das Mouse-Tracking dar. Dabei wird, wie der Name vermuten lässt, die Bewegung des Mauszeigers aufgezeichnet. Spezielle Untersuchungen haben ergeben, dass etwa ein Drittel der Internetnutzer die Maus beim Lesen einer Website mit bewegt. So kann man es sich in Tests zunutze machen, dass einige Benutzer ihre Aufmerksamkeit quasi mit dem Mauscursor anzeigen. Mouse-Tracking lässt sich auf verschiedene Arten durchführen: zum einen gibt es das sogenannte *Remote-Mouse-Tracking*. Hier ist es notwendig, eine entsprechende Software auf dem Test-Rechner zu installieren. Dies kann aber auch ohne spezielle Software aufgenommen werden (*nicht-reaktives Mouse-Tracking*). Die dritte Variante ist die Durchführung von Mouse-Tracking in einem speziellen Testlabor.

Werden insbesondere die Klicks per Maus auf einer Website untersucht, spricht man auch von *Klicktracking*. So können Sie beispielsweise Usability-Probleme identifizieren, da Sie sehen, ob und wo Benutzer klicken, obwohl ein Klick von Ihnen gar nicht angestrebt wurde.

Die Ergebnisse können in unterschiedlicher Form dargestellt werden. Oftmals kommen hier sogenannte *Heatmaps*, *Clickmaps* oder *Movementmaps* zum Einsatz.

---

**Drei »Maps« im Vergleich: Heatmaps, Clickmaps und Movementmaps**

**Heatmaps:** Stellen Sie sich eine Wärmebildkamera vor. Mit derartigen Kameras werden besonders warme Bereiche farbig hervorgehoben. Ähnlich funktioniert das Prinzip der Heatmaps. Sie zeigen in unterschiedlich farbigen Abstufungen, welche Bereiche einer Website besonders interessant für die Probanden bzw. Nutzer waren und welche weniger Beachtung fanden. Extrem hoch frequentierte Bereiche werden mit einem kräftigen Rotton dargestellt. Zahlreiche Anbieter, wie beispielsweise CrazyEgg (*www.crazyegg.com*), Clicktale (*www.clicktale.com*) oder der AttentionWizard von SiteTuners (*http://attentionwizard.com*) bieten ihre Analysen unter anderem in Form von Heatmaps an.

**Clickmaps:** Eine Clickmap zeigt an, welche Elemente von Besuchern einer Website angeklickt wurden. Es können auch Elemente angezeigt werden, die nicht verlinkt sind, aber von den Besuchern angeklickt wurden, weil sie eine Verlinkung vermuteten. Auch Klickmaps können in Form einer Heatmap dargestellt werden.

**Movementmaps:** Innerhalb von Movementmaps werden die Bewegungen der Maus durch den Benutzer erfasst. Diese werden nach dem gleichen Prinzip wie bei einer Heatmap dargestellt, derzeit aber noch von wenigen Anbietern angeboten.

Darüber hinaus gibt es die **Scrollingmaps** (z. B. von *www.m-pathy.com*). Diese recht neue Darstellungsweise zeigt an, inwiefern Besucher auf einer Website scrollen und wie weit.

---

Abbildung 18.5 zeigt ein Beispiel für eine Heatmap, die mit dem Webanalyse-Tool Webtrekk (*www.webtrekk.de*) auf der Seite knigge.de aufgezeichnet wurde.

Die Darstellung zeigt deutlich, dass der ZURÜCK-Button und auch das Eingabefeld vergleichsweise oft benutzt werden.

---

**Speedy Gonzales – die schnellste Maus von Mexiko**

Die Computermaus ist ein viel benutztes Eingabegerät und legt täglich einen weiten Weg zurück. Obwohl Sie selbst die Maus nur wenige Zentimeter bewegen, ist die Strecke am Monitor schon um einiges länger. Wenn Sie wissen möchten, wie lang die Wegstrecke ist, die Ihre Computermaus täglich zurücklegt, können Sie Tools wie das Mousotron (*http://www.pcwelt.de/downloads/tools_utilities/sonstiges/38684/mousotron/*) verwenden.

---

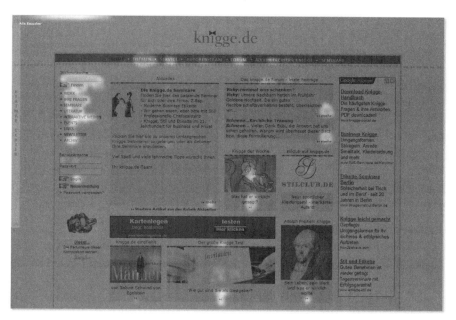

**Abbildung 18.5** Heatmap von knigge.de

## 18.2 A/B-Test

Sogenannte *A/B-Tests* (zum Teil auch als *Split-Run-Tests* bezeichnet) haben das Ziel, zwischen zwei unterschiedlichen Variablen die bessere zu identifizieren. Der Name beruht auf der Aufteilung der Zielgruppe. Die gesamte Gruppe wird gleichmäßig unterteilt in eine Gruppe A und eine Gruppe B. Dementsprechend bekommt die erste Gruppe eine Variable zu sehen, nämlich die Ausgangsversion, während die Gruppe B eine andere Variable, nämlich die zu testende Version, angezeigt bekommt. Schließlich wird analysiert, welche Variante besser funktioniert, das heißt, welche Version die besseren Ergebnisse erzielt (siehe Abbildung 18.6). Durch das Aufteilen der Zielgruppe und das zeitgleiche Testen, werden Einflussfaktoren (z. B. Wetter, Feiertage, Events etc.) berücksichtigt, die bei einem Test, der nacheinander abliefe, die Ergebnisse beeinflussen würde. Anschließend kann die Gewinnerseite verwendet und ein neuer Test gestartet werden.

Schauen wir uns dieses Verfahren an einem Beispiel an: Angenommen, Sie vertreiben Produkte über Ihre Website und möchten herausfinden, wie der Bestell-Button benannt werden sollte. In Ihrer Ausgangsversion heißt der Button »Absenden«. Sie erstellen eine zweite Version des Buttons und nennen ihn »Jetzt bestellen«. Innerhalb Ihres A/B-Tests wird nun der »Absenden«-Button an 50 % der Besucher dieser Webseite ausgeliefert. Die anderen 50 % sehen den »Jetzt bestellen«-

Button. Wenn Sie nun die Bestelldaten innerhalb des Testzeitraums analysieren, können Sie feststellen, welche Variante besser funktioniert, und diese Variante nach abgeschlossenem Test für die gesamte Zielgruppe verwenden.

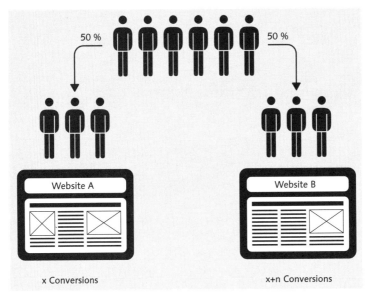

**Abbildung 18.6** Exemplarische Funktionsweise eines A/B-Tests

**Wichtig: Nur ein Element testen**

Damit Ihre Ergebnisse aussagekräftig bleiben, ist es grundlegend wichtig, dass Sie innerhalb eines A/B-Tests immer nur eine Variable testen. Sie können den Test auch um mehrere Varianten erweitern. Dann entsteht beispielsweise aus einem A/B-Test ein A/B/C/D-Test. Hier spricht man auch von *A/B/n-Tests*. Wie gesagt ist es aber elementar, jeweils nur ein Element (hier könnten das beispielsweise 4 verschiedene Varianten einer Webseiten-Überschrift sein) gegeneinander zu testen, alle anderen Elemente der Webseite sollten aber bei allen vier Versionen identisch sein. Vergleichen Sie nicht Äpfel mit Birnen, sondern immer nur Äpfel mit Äpfeln und Birnen mit Birnen. Andernfalls sollten Sie sich für einen multivariaten Test entscheiden, den wir im Folgenden noch beschreiben werden.

Neben einzelnen Elementen können Sie auch eine komplett neue Version der gesamten Webseite gegen Ihre Ausgangsseite testen, beispielsweise eine Login-Seite mit völlig anderem Layout. Bei der Auswertung können Sie hier aber nur bestimmen, welche Seite die besseren Ergebnisse hervorgerufen hat – nämlich mehr Benutzer, die sich eingeloggt haben. Sie können keine Aussage darüber treffen, welches Element auf der Seite dafür ausschlaggebend war. Nachteilig können hier erhöhte Erstellungskosten für die neue Variante sein.

Testen Sie hingegen einzelne Elemente in Ihrem Gesamtkontext, können Sie zwar nicht herausfinden, wie die Leistung dieses Elements in einem anderen Zusammenhang aussieht, aber Sie können die Leistung des Elements selbst analysieren.

Es kann sinnvoll sein, von groß nach klein zu testen. Das heißt: Sie beginnen Ihre Tests mit zwei völlig unterschiedlichen Webseiten. Sobald Sie die bessere Webseite identifizieren konnten (beispielsweise stellt sich heraus, dass Version B besser funktioniert), verfeinern Sie Ihre Tests. Sie verwenden nun als Ausgangsversion die Webseite B und testen ein einzelnes Element, beispielsweise ein Bild, wieder in zwei Varianten. Alles andere bleibt in Ihrem neuen Test gleich. In einem derartigen Testverlauf können Sie Ihre Webseite kontinuierlich verbessern.

### Raten Sie mal!

Die Website *http://whichtestwon.com/* stellt einen wöchentlichen A/B-Test vor und lädt Besucher ein, zu raten, welche Variante die besseren Ergebnisse erzielt.

Für alle Experten in Sachen Statistik unter Ihnen ist es selbstverständlich, dass zwei Faktoren entscheidend sind, um aussagekräftige und statistisch relevante Ergebnisse zu erhalten: der Traffic, der auf die Testseiten führt, und die Differenz der jeweiligen Conversionrate. Die meisten Test-Tools berücksichtigen eine statistische Signifikanz. Sie können zusätzlich aber auch beispielsweise folgende Tools verwenden, um die Relevanz der Ergebnisse zu ermitteln: *http://visualwebsiteoptimizer.com/ab-split-significance-calculator/* oder *http://www.splittester.com/*. Dies kann auch hilfreich sein, wenn Sie ohne Tool manuell testen.

Ist der Traffic sehr gering oder sind die Conversionraten zu ähnlich, kann dies Auswirkungen auf die Testdauer haben. Klare Unterschiede werden sich schneller feststellen lassen als leichte Nuancen der Leistungssteigerung. Brechen Sie einen aktiven Test jedoch nicht zu früh ab. In diesem Fall können bestimmte Tools eine Hilfestellung sein, die die verbleibende voraussichtliche Testdauer errechnen. Eines dieser Tools ist unter *http://visualwebsiteoptimizer.com/ab-split-test-duration/* erreichbar. Auch Google bietet den sogenannten *Website Optimizer Duration Calculator* an (*http://www.google.com/analytics/siteopt/siteopt/help/calculator.html*).

### Tipp: Kombinieren Sie

Kombinieren Sie verschiedene Testverfahren, wie beispielsweise das Mousetracking mit einem nachgelagertem A/B-Test. Mithilfe der Analyse des Blickverlaufs können Sie Schwachstellen ermitteln. Optimieren Sie diese, und prüfen Sie anschließend Ihre Maßnahmen per A/B-Test. Lassen Sie auch die Ergebnisse von Nutzerbefragungen mit in Ihre A/B-Tests einfließen.

## 18.3 Multivariate Tests

Im Gegensatz zu einem A/B-Test werden bei einem sogenannten *multivariaten Test* (MVT) mehrere Versionen von Elementen erstellt, die in Kombinationen diverse Seitenvarianten bilden. So können Sie beispielsweise für eine Webseite verschiedene Produktbilder, verschiedene Überschriften, verschiedene Button-Beschriftungen und verschiedene Farben testen. Abbildung 18.7 soll dies noch einmal verdeutlichen.

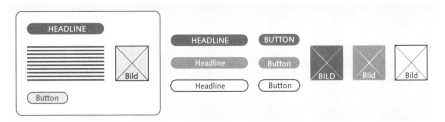

**Abbildung 18.7**  Verschiedene Testelemente in einem multivariaten Test

Kombinieren Sie diese Möglichkeiten nun miteinander, erhalten Sie eine Vielzahl an Website-Varianten.

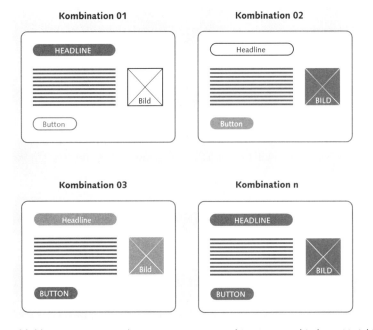

**Abbildung 18.8**  Der multivariate Test: Die Kombination verschiedener Variablen ergibt diverse Testvarianten.

Man unterscheidet dabei das *Full Factorial Design* und das *Fractional Factorial Design* (auch *Taguchi-Methode* genannt). Während beim *Full Factorial Design* alle möglichen Kombinationen getestet werden, werden beim *Fractional Factorial Design* nur einige der möglichen Kombinationen in den Test aufgenommen.

Je nach Methodik werden die einzelnen Kombinationen gegeneinander getestet, in dem sie der Zielgruppe gleichmäßig verteilt angezeigt werden. So kann die beste Kombination der Elemente ermittelt werden. Dies ist aber nur möglich, wenn Sie sich im Vorfeld überlegt haben, wie das entsprechende Webseiten-Ziel definiert ist. Das können beispielsweise Verkäufe oder auch Buttonklicks etc. sein. Hier ist jeweils die Conversionrate entscheidend, also das Verhältnis von Besuchern insgesamt und Besuchern, die eine gewünschte Handlung ausführen.

Sowohl bei einem A/B-Test als auch bei einem multivariaten Test sollte die Ausgangsvariante (Kontrollvariante) mit in den Test einbezogen werden. Andernfalls ist die Veränderung zur Ausgangslage nicht zu bewerten.

### Der Gesamtzusammenhang

Sie können sich multivariate Tests in etwa wie mehrere A/B-Tests in einem Test vorstellen. »Warum«, werden Sie sich jetzt vielleicht fragen, »kann ich dann nicht einfach mehrere A/B-Tests machen?« Hier geht es um Abhängigkeiten, Zusammenhänge und den Gesamtkontext.

Angenommen, Sie führen einen A/B-Test durch mit dem Ergebnis, dass für Ihre Seite graue Schriftfarbe auf Buttons am besten funktioniert. In einem weiteren A/B-Test probieren Sie verschiedene Buttonfarben aus, und die Ergebnisse zeigen, dass Grau als Hintergrundfarbe die beste Wirkung hat. Was wäre nun die logische Konsequenz? Genau, graue Schrift auf einem grauen Button – das macht in Kombination aber wenig Sinn und würde voraussichtlich auch zu weniger guten Ergebnissen führen. (Eine anschauliche Erklärung dazu finden Sie von Henner Heistermann auf der Seite *www.shopstrategie.de.*)

Mithilfe eines multivariaten Tests hätten Sie diese offensichtlich ungünstige Kombination schnell erkannt. Behalten Sie beim Testen also stets im Hinterkopf, dass auch ungünstige Kombinationen auftreten können. Spielen Sie diese daher vor dem Testen gedanklich durch, oder entscheiden Sie sich im Zweifelsfall für einen multivariaten Test.

Insbesondere bei A/B-Tests und multivariaten Tests sollten Sie berücksichtigen, dass es einige unkontrollierbare Variablen gibt, auf die Sie keinen Einfluss nehmen können. So kann beispielsweise ein Konkurrent innerhalb Ihres Testzeitraums den Preis seines Angebotes drastisch ändern. Das kann unter Umständen Auswirkungen auf Ihre Testergebnisse haben.

## 18.4 (Technische) Umsetzung von Tests

Sie kennen nun einige Testverfahren, aber wie genau sind sie anzuwenden? Wenn Sie sich entschließen, Expertentests durchzuführen, brauchen Sie sich keine Gedanken zu machen, denn die Spezialisten übernehmen die Tests. Anders verhält es sich, wenn Sie selbst Tests durchführen möchten. Wir haben bereits die Abläufe (Vorbereitung, Durchführung, Analyse und Optimierung) kurz angerissen. Jetzt möchten wir insbesondere auf einige technische Aspekte eingehen, die sich beispielsweise auf die Auslieferung der verschiedenen Testvarianten auf die Zielgruppe beziehen.

**Abbildung 18.9** Das Website-Optimierungstool von Google

Es gibt zahlreiche Tools, die sich für das Testen von Websites anbieten, eines davon ist der *Visual Website Optimizer* (*http://visualwebsiteoptimizer.com/*). Viele Tracking-Tools (mehr dazu erfahren Sie in Kapitel 20, »Web-Analytics – Websites unter die Lupe genommen«) bieten ebenfalls das Abbilden von A/B-Tests und multivariaten Tests an. Wenn Sie also ein Analyse-Tool verwenden, dann bringen Sie in Erfahrung, ob diese Möglichkeit besteht. Eine weitere bekannte Möglichkeit bietet zudem der kostenlose *Google Website Optimizer* (zu Deutsch: das *Google Website-Optimierungstool; http://www.google.de/website-optimizer*). Darüber hinaus gibt es vielfältige kostenlose und kostenpflichtige Alternativen. Wir beschränken uns hier aber auf die Google-Lösung.

Registrieren Sie sich zunächst für das Optimierungstool, oder melden Sie sich mit Ihrem bestehenden Google-Konto an (siehe Abbildung 18.9).

Um einen Test anzulegen, müssen Sie sich zunächst entscheiden, ob Sie einen A/B-Test oder einen multivariaten Test durchführen möchten. Entscheiden Sie sich beispielsweise für einen A/B-Test, zeigt Google Ihnen in einer kurzen Checkliste, was zu tun ist, nämlich: die zu testenden Seiten auswählen bzw. Testversionen erstellen und eine Conversion-Seite definieren. Das ist die Webseite, die ein Besucher erreicht, wenn er die von Ihnen gewünschte Handlung ausgeführt hat. Angenommen, Sie möchten eine Website testen, auf der Besucher einen Download machen können, dann wäre die Bestätigungsseite, dass der Download erfolgreich war, Ihre Conversion-Seite.

Dann legen Sie Ihren Test an, indem Sie eine Benennung angeben und die Test-Seiten und die Conversion-Seite hinterlegen (siehe Abbildung 18.10).

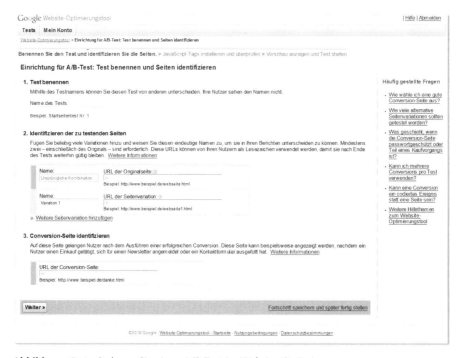

**Abbildung 18.10** So legen Sie einen A/B-Test im Website-Optimizer an.

Das Tool übernimmt die Aussteuerung der Test-Varianten an die Zielgruppe. Dies geschieht per JavaScript-Code, der in den Quelltext der Testvarianten integriert werden muss. Ihr Webmaster kann Ihnen dabei mit Sicherheit behilflich sein. Zudem stellt Google eine Installationsanleitung zur Verfügung, die Sie unter *http://www.google.de/intl/de/websiteoptimizer/beginnersguide/installation.html* finden. Im letzten Schritt können Sie sich eine Vorschau des Tests anzeigen lassen und schließlich den Test starten.

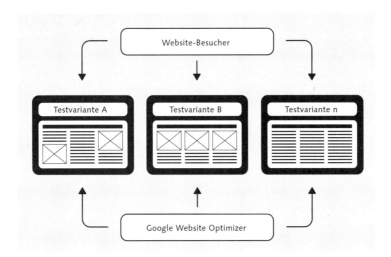

**Abbildung 18.11** Funktionsweise des Google Website-Optimierungstools

Handelt es sich um einen A/B-Test, so wird einem Besucher dann eine der beiden (bei einem A/B/n-Test bzw. multivariaten Test eine der angelegten) Webseiten angezeigt. Cookies stellen sicher, dass dieser Nutzer auch bei einem Folgebesuch die entsprechende Seite angezeigt bekommt. Dies ist wichtig, da sonst die Gefahr besteht, Benutzer zu verwirren. Stellen Sie sich vor, Sie führen einen Test durch, der unterschiedliche Preisangaben eines Produkts beinhaltet. Ohne Cookies bestände das Risiko, dass der gleiche Besucher sowohl die Variante A als auch bei einem Folgebesuch die Variante B und damit zwei unterschiedliche Preise für das gleiche Produkt zu sehen bekommt. Haben Benutzer allerdings JavaScript bzw. Cookies deaktiviert, kann dies nicht sichergestellt werden. Erfahrungsgemäß machen das aber die wenigsten Surfer.

Das Website-Optimierungstool hält nun fest, welche Variante die besten Leistungen erzielt, und stellt Ihnen die Angaben in einem Bericht zur Verfügung. Hier sehen Sie unter anderem, wie hoch die Möglichkeit einer Variante ist, die Ausgangsversion zu übertreffen. Google stellt Ihnen in seiner Hilfe Informationen zur Verfügung, wie derartige Berichte zu interpretieren sind.

Wir empfehlen Ihnen, Ihren Test nicht zu früh zu beenden und zunächst ausreichend Zahlenmaterial zu sammeln. Wie weiter oben beschrieben, gibt es einige Tools, die Sie zur Hilfe nehmen können, um die Zeit bis zur statistischen Relevanz auszurechnen. Sollten die Ergebnisse nicht aussagekräftig sein, kann das verschiedene Gründe haben: Entweder haben zu wenige Menschen die Seite besucht, oder die Testvarianten waren zu ähnlich, um einen Unterschied feststellen zu können.

Haben Sie durch einen Test aber deutliche Ergebnisse erzielen können, geht es nun an die Optimierung der Website. In diesem Fall können Sie nun die bessere Variante als Ausgangsversion verwenden und weitere Tests durchführen.

> **Tipp: Vor-Testen mittels Landing-Page-Test**
>
> Manchmal bietet es sich an, parallel zum normalen Website-Betrieb einen Test zu fahren. Dies kann beispielsweise der Fall sein, wenn Sie größere Eingriffe an Ihrer Startseite vornehmen möchten. Dann kann es Sinn machen, die Startseite als Testseite »nachzubauen« und weitere Varianten zu erstellen. Statt des organischen Traffics, der weiterhin auf Ihre Startseite geleitet wird, können Sie nun bezahlten Traffic (beispielsweise über AdWords-Kampagnen) auf Ihre Test-Startseite und deren Varianten lenken. So läuft Ihre Website im Normalbetrieb, und Sie können parallel dazu überprüfen, welche Änderungen an Ihrer Startseite zu guten Ergebnissen führen. Sobald Sie aussagekräftige Testergebnisse erhalten, können Sie diese auf Ihrer eigentlichen Startseite umsetzen und haben damit das Risiko minimiert, dass die Änderungen möglicherweise negative Effekte nach sich ziehen. Weitere Informationen zu Landing-Page-Tests erhalten Sie in Kapitel 17, »Aus Besuchern Käufer machen – User konvertieren«.

## 18.5 Die Qual der Wahl

Grundsätzlich kann jede Website getestet werden. Die Auswahl der zu testenden Webseiten hängt aber auch mit den Zielen zusammen, die Sie mit den Seiten erreichen möchten. Streben Sie beispielsweise eine hohe Abonnentenzahl an Newslettern an, so könnten Sie Ihr Registrierungsformular genauestens testen. In diesem Fall kämen die Eingabefelder, deren Beschriftung, die Auswahl der Pflichtangaben und vieles mehr in Betracht.

Schon im Entwicklungsprozess können die ersten Prototypen Tests durchlaufen. Dies können sowohl zunächst die Skizzen auf Papier oder beispielsweise die ersten HTML-Entwürfe sein. Das Ziel ist es, zu ermitteln, ob schon in diesem Stadium ersichtlich wird, was der Kern der Website ist.

Wie Sie im Testkreislauf am Anfang des Kapitels sehen konnten, geht einem Test eine Vorbereitung voraus. Dies können z. B. die Analyse bestimmter Kennzahlen oder auch die Ergebnisse aus vorangegangenen Tests sein. Es macht wenig Sinn, nur des Testens wegen zu testen. Ein Test ohne Annahme bzw. angestrebtes Ergebnis ist nicht zielführend und kann sowohl unnötig Zeit als auch Geld kosten. Zudem besteht die Gefahr, die Benutzer auf der Website zu verwirren, die (unbewusst) in den Test involviert sind. Spielen Sie nicht mit Ihren potenziellen Kunden, und bereiten Sie besser Ihre Tests sorgfältig vor. Analysieren Sie auf Basis von Kennzahlen Schwachstellen wie Ausstiege oder Abbrüche oder eine insgesamt schlechte Leistung hinsichtlich Ihrer gewünschten Conversion. Hier lohnt es sich, den sogenannten *Conversion Funnel* genau anzusehen, also den Weg, den Benutzer gehen oder gehen sollten, um eine gewünschte Handlung zu tätigen. Die direkte Messbarkeit derartiger Kennzahlen ist eine der großen Vorteile von Online-Medien im Vergleich zu klassischen Medien. Sie können natürlich auch Ergebnisse aus der klassischen Marktforschung hinzuziehen.

Sicherlich muss individuell entschieden werden, welche Webseiten getestet werden sollten. Abhängig vom jeweiligen Ziel ist auch der Traffic der Webseite entscheidend. Eine Webseite, die sich gut zum Testen anbietet, hat eine Kombination aus hohem Traffic und schlechter Leistung. Legen Sie insbesondere Wert auf Ihre Vertriebskanäle: Schauen Sie sich Ihre gut besuchten Landing Pages an – ebenso wie die Seiten mit den höchsten Abbruchraten.

Während es sich anbietet, umfangreiche Modifikationen bei Webseiten zu testen, die schlechte Leistung erzielen, kann es bei Webseiten mit guter Leistung sinnvoll sein, einzelne Elemente zu testen. Letztere können zum Beispiel verschiedene (Produkt-)Bilder, Überschriften, Layouts oder Buttons sein. Sie können zudem verschiedene Produktvarianten testen (beispielsweise eine Standard- und eine Premium-Version), Testimonials anzeigen oder die Argumentation verändern, warum Ihr Produkt verwendet werden sollte. Auch sogenannte *USPs (Unique Selling Propositions,* Alleinstellungsmerkmale), beispielsweise der Fokus auf Qualität oder einen besonders günstigen Preis, können ebenso getestet werden wie spezielle Anreize, z. B. Garantien. Testen Sie verschiedene Preise und Argumente, warum ein Nutzer sofort reagieren sollte (z. B. »nur noch 2 Stück verfügbar«).

**Die Anzahl der Testversionen**

Ein weiteres hilfreiches Tool zeigt Ihnen entweder die Anzahl an Testversionen oder auch (wie die bereits erwähnten Tools) die Länge des Tests an. Der sogenannte *Landing Page Calculator* ist unter *http://www.marketo.com/b2b-marketing-resources/best-practices/landing-pages/landing-page-calculator.php* zu erreichen und fragt zunächst die Anzahl der Conversions ab, um dann eine entsprechende Berechnung zu starten.

Gerade Elemente, die direkten Einfluss auf die Conversion haben, bieten sich für Tests an. So können bereits kleine Änderungen an einem *Call-To-Action*-Button (ein Button mit einer Handlungsaufforderung wie beispielsweise »Jetzt kaufen«) große Wirkung zeigen. Dem Testen sind keine Grenzen gesetzt.

## 18.6  Wann, wenn nicht jetzt?

Nehmen Sie diese Überschrift als Motto. Wenn Sie eine Website umsetzen, bietet es sich an, schon im Entwicklungsprozess Tests (zeitlich) einzuplanen. In der Praxis werden Tests allerdings häufig gar nicht oder erst nach der Umsetzung angedacht. Jedoch zahlt sich frühes Testen langfristig aus: Schwachstellen, die in einem sehr frühen Entwicklungsstadium erkannt wurden, können oftmals mit wesentlich weniger Aufwand verbessert werden als Probleme, die erst erkannt werden, wenn eine Website bereits online ist. Um dann Schwachpunkte auszubessern, kann sich der Zeitaufwand schon enorm erhöhen. Das ist auch der Grund, warum sich Tests innerhalb des Entwicklungsprozesses lohnen: Obwohl sie zunächst die Umsetzung einer Website verlängern und Kosten verursachen, werden aufwendigere Verbesserungen im Nachhinein zum Teil vermieden, und Ihnen bleiben viel höhere Kosten erspart. Wir empfehlen daher ein iteratives und kontinuierliches Test-Vorgehen, das in Abbildung 18.12 noch einmal visualisiert wird.

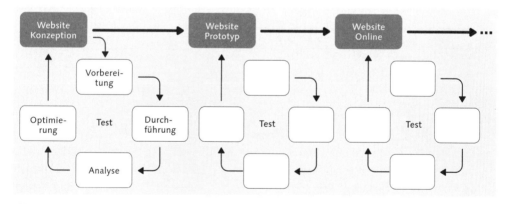

**Abbildung 18.12**  Iteratives Testen

So können Sie schon mit einem kleinen Test innerhalb der Konzeptionsphase mehr erreichen als mit einem umfangreicheren Test nach der Umsetzung einer Website. Im übertragenen Sinne bieten Sie Ihren Besuchern in jeder Iterationsphase einen neuen bzw. überarbeiteten Webseiten-Vorschlag an und stellen fest, ob diese Ihren Vorschlag annehmen oder nicht.

## 18.7 Weitere Testmöglichkeiten

Abschließend möchten wir Ihnen noch einige weitere Testmethoden kurz und in zufälliger Reihenfolge vorstellen, ohne den Anspruch auf Vollständigkeit zu erheben. Wir können in diesem Rahmen nicht näher auf die einzelnen Verfahren eingehen und verweisen an dieser Stelle nochmals auf unsere Literaturtipps zu diesem Thema.

### Befragungen/Interviews

Bei Befragungen werden, wie der Name schon sagt, Testpersonen zur Website befragt. Dies kann sowohl direkt als auch per Telefon oder Videokonferenz geschehen. Sie sollten aber berücksichtigen, dass die Angaben nicht zwangsläufig mit dem tatsächlichen Verhalten auf der Website übereinstimmen müssen. Zudem können beispielsweise Schwachstellen innerhalb der Bedienung oder die Aufnahme von Informationen mit Befragungen nur schwer ermittelt werden. Befragungen stellen daher eine wichtige Methode dar, die aber besonders in Kombination mit anderen Testverfahren wirksam ist, z. B. innerhalb der Nachbesprechung eines Usability-Tests.

### Fokusgruppe

Innerhalb einer sogenannten Fokusgruppe, die in der Regel aus bis zu 10 Probanden und einem Moderator besteht, werden unter anderem Erwartungen an die Website diskutiert. Dieses Verfahren kommt oftmals in der Entwicklungsphase einer Website zum Einsatz. Nachteilig ist, dass nicht ermittelt wird, wie die Personen tatsächlich eine Website verwenden.

### Evaluation/Fragebögen

Nachdem sie mit einer Website gearbeitet haben, erhalten Probanden einen Fragebogen, können an einer Online-Befragung teilnehmen oder werden direkt befragt. Hier gilt es zu berücksichtigen, dass Antworten auf Fragebögen oftmals zu positiv ausfallen. Wie auch die Befragung kann eine Evaluation einen Usability-Test nicht ersetzen und bietet sich daher insbesondere in Kombination mit anderen Methoden an.

### Checklisten

Im Internet stehen zahlreiche (zum Teil sehr allgemein gehaltene) Checklisten zur Verfügung, mit denen eine Website überprüft werden kann. Checklisten können sowohl von Laien als auch von Experten verwendet werden.

### Online-Panels

Bei Online-Panels registrieren sich Probanden auf einer entsprechenden Website und stimmen der Teilnahme an Testverfahren zu. Testpersonen erhalten oftmals einen Anreiz (*Incentive*), um an einem Online-Panel teilzunehmen. Sie führen dann Tests und eine anschließende Bewertung per Formular selbstständig durch. Der Aufwand für den Anbieter der zu testenden Website ist entsprechend gering, jedoch sind Personen, die an Online-Panels teilnehmen, oftmals sehr computer- und internetaffin.

### Tagebuchmethode

Wie bei einem persönlichen Tagebuch schreiben Probanden bei dieser Methode einen täglichen Bericht über Ihre Nutzung einer Website und deren Schwierigkeiten. Wichtig ist dabei, dass wirklich regelmäßig und zeitnah in festen Abständen protokolliert wird.

### Online-Usability-Test

Bei Online-Usability-Tests kann die Testperson ebenfalls von zu Hause aus eine Website testen. Im Unterschied zum Online-Panel ist sie jedoch mit dem Testleiter (telefonisch und per Internet) verbunden, der die Aktionen mitverfolgen kann. Dem geringem Testaufwand stehen jedoch technische Voraussetzungen gegenüber sowie der Nachteil, dass nicht alle Schwachstellen einer Website mit dieser Methodik aufgedeckt werden können.

### Card Sorting

Das Card Sorting (siehe auch Kapitel 16, »Usability – Benutzerfreundliche Websites«) kommt insbesondere dann zum Einsatz, wenn die Struktur einer Website überprüft werden soll. Testpersonen werden gebeten, Begriffe auf Karteikarten in eine für sie verständliche Struktur zu sortieren. Sie können die Struktur auch testen, indem Sie die Website-Struktur in Kartenstapeln darstellen und Probanden bitten, einen entsprechenden Bereich auszuwählen, hinter dem sich ihrer Meinung nach ein bestimmter Begriff verbirgt.

### Logfile-Analyse

Bei der Logfile-Analyse werden Traffic-Daten des Servers ausgewertet. Zahlreiche Analyse-Tools können Sie hier unterstützen. Somit können Sie beispielsweise Ein- und Ausstiegsseiten, Verweildauer, Bouncerates, Traffic und weitere Kennzahlen analysieren und die Schwachstellen optimieren. Mehr dazu erfahren Sie auch in Kapitel 20, »Web-Analytics – Websites unter die Lupe genommen«.

»Unser Wissen ist ein Tropfen, was wir nicht wissen, ist ein Ozean.«
– Isaac Newton

# 19 Kompakt: Kunden halten und konvertieren

Nach den vorangegangenen Kapiteln möchten wir auf den folgenden Seiten wieder die wichtigsten Themen in einer kurzen Zusammenfassung zur Verfügung stellen. Zudem weisen wir auf empfehlenswerte Literatur- und Online-Quellen hin, die sich für die Vertiefung der einzelnen Themen besonders gut eignen. Beginnen möchten wir zunächst mit themenrelevanten Veranstaltungen und Wettbewerben:

▶ **Conversion Conference** (*www.conversionconference.de/*)
2010 erstmals in Deutschland abgehalten, ist die Conversion Conference eine internationale Konferenz, die auch in San Francisco, Washington DC und London stattfindet. Renommierte Experten aus der Branche berichten zwei Tage lang über Tipps und Tricks rund um das Thema Conversionrate und deren Optimierung. Testverfahren sind ebenso ein Themengebiet wie Usability. Hier bietet sich auch ausreichend Gelegenheit zum Networking.

▶ **Conversion Rate Forum** (*www.conversionrate-forum.de*)
Die eintägige Veranstaltung findet in unterschiedlichen deutschen Städten statt und beschäftigt sich umfassend mit dem Thema Conversionrate und deren Optimierung. Besonders Agenturen und Tool-Anbieter informieren hier über ihre Lösungen.

▶ **Conversion.Summit und Conversion.Camp** (*www.conversionsummit.org*)
»Keine Sponsoren. Keine Vertriebs-Slides. Kein Blabla.« Damit wird die Veranstaltung in Frankfurt am Main beworben, die mit hochkarätigen Experten besetzt ist.

▶ **UXcamp Europe** (*www.uxcampeurope.org*)
»No spectators, just participants!« lautet das Motto der UXcamp. In einer recht informellen Art und Weise werden Workshops zu den Themen Usability, Informationsarchitektur und Interaction-Design abgehalten. Dies ist keine Frontalveranstaltung, und Sie kommen schnell mit anderen Teilnehmern ins Gespräch.

▶ **CRM-Expo** (*www.crm-expo.com*)
Kundenbeziehungsmanagement steht im Mittelpunkt dieser Messe in Nürnberg. Themenschwerpunkte sind neben Software- und Callcenter-Lösungen beispielsweise auch Kampagnenmanagement und Außendienststeuerung.

▶ **Der Biene-Award** (*www.biene-award.de*)
Diese Auszeichnung fällt eher aus dem Rahmen der hier genannten Veranstaltungen und Seminare. Der Wettbewerb kürt die besten barrierefreien Websites und wird von der Aktion Mensch und der Stiftung Digitale Chancen durchgeführt. Die Websites werden anhand verschiedenster Kriterien in mehreren Stufen und einem Praxistest hinsichtlich Barrierefreiheit überprüft. Die Auszeichnung zählt zu den wichtigsten auf diesem Gebiet.

## 19.1 Wissen to go

Wenn Sie aus Zeitmangel die einzelnen Kapitel nicht vollständig durchlesen können oder sich einen schnellen Überblick über die verschiedenen Themengebiete verschaffen möchten, dann wenden Sie sich unserem »Wissen to go« zu. Hier haben wir Ihnen eine Kurzfassung zusammengestellt, um besonders wichtige Aspekte nochmals ins Gedächtnis zu rufen.

### 19.1.1 Zielgruppen und Targeting to go

▶ Zielgruppen sind die unterschiedlichen Nutzer, die Sie auf Ihrer Website haben möchten. Zielgruppen entstehen durch die Segmentierung der Kunden oder Besucher anhand verschiedener Kriterien.

▶ Kriterien für die Zielgruppen-Segmentierung sind geografische Herkunft und Sprache der Nutzer, technische Ausstattung, Nutzerverhalten und soziodemografische Daten.

▶ Mobile Website-Nutzer sind eine spezielle Zielgruppe auf Ihrer Website und sollten gesondert von den normalen Website-Besuchern behandelt werden.

▶ Unterscheiden Sie Ihre Nutzergruppe nach neuen und wiederkehrenden Besuchern. Daran erkennen Sie, wie hoch der Anteil an Nutzern ist, die Ihre Website wiederholt aufsuchen. Dies spricht für die Qualität Ihrer Website.

▶ Sozidemografische Daten, wie Alter und Geschlecht, sind technisch nur schwer zu erfassen. Um diese Informationen über Ihre Website-Nutzer zu erhalten, eignen sich Online-Panels und Befragungen auf der Website.

▶ Nutzertypologien dienen zur Segmentierung der Besucher und verdeutlichen die gemeinsamen Kriterien, die auf sie zutreffen.

▶ Über Scoring-Modelle, Customer Lifetime Value und ABC-Kundenanalysen können Nutzer anhand Ihres Kundenwerts in Zielgruppen eingeteilt werden.

▶ Über manuelles und automatisiertes Targeting von Online-Maßnahmen erreichen Sie die gewünschten Zielgruppen.

▶ Manuelles Targeting geschieht über geschickte Mediaplanung, geografische und zeitliche Planung von Kampagnen und über thematische oder regionale Einschränkung von Online-Werbung.

▶ Im E-Mail-Marketing kann Targeting verwendet werden, um die Empfänger eines Mailings segmentiert, z. B. abhängig vom Geschlecht, zu erreichen.

▶ Automatisiertes Targeting umfasst das ortsabhängige Geo-Targeting, semantisches Targeting, Social Targeting, Predictive Behavioral Targeting und Re-Targeting. Damit stehen umfassende technische Möglichkeiten zur Verfügung, um Zielgruppen optimal zu erreichen.

### 19.1.2   Kundenbindung (CRM) to go

▶ Mit Kundenbindung sind bei Websites das Halten von Nutzern auf der Website und Maßnahmen zur Rückgewinnung von Besuchern gemeint. Dies wird als *Customer Relationship Management* (CRM) bezeichnet.

▶ Sie halten Besucher auf der Website, indem Sie kundenorientierte Inhalte bieten und Mehrwerte für die Nutzer schaffen. Einstiegs- und Ausstiegsseiten sollten genau analysiert und auf niedrigere Abbruchraten hin optimiert werden.

▶ Bieten Sie Website-Nutzern eine komfortable Suchfunktion auf Ihrer Seite, damit Inhalte leicht gefunden werden können. Dabei sollten Sie der Qualität der Suchergebnisse besondere Aufmerksamkeit widmen.

▶ Elektronische Kundenbindung (E-CRM) erfolgt aufgrund von Kunden- und Nutzungsdaten. Hierbei wird mit technischen Mitteln ein One-To-One Marketing erreicht. Jeder Kunde soll möglichst individuell angesprochen werden.

▶ E-CRM kann für das E-Mail-Marketing genutzt werden, um kundenindividuelle Mailings zu erstellen.

▶ Weitere Kundenbindungsmaßnahmen umfassen die Kommunikation mit Nutzern, z. B. über Blogs, Foren und Social-Media-Plattformen.

▶ Über regelmäßige Newsletter und Re-Targeting-Methoden können Nutzer gezielt angesprochen und auf die Website zurückgeholt werden.

▶ Bonusprogramme sind eine weitere Form der Kundenbindung. Über Anbieter wie Payback und DeutschlandCard können Kunden Punkte sammeln und später gegen Prämien eintauschen. Dadurch findet eine Bindung an Unternehmen statt. Website-Betreiber haben die Möglichkeit, eigene Bonusprogramme aufzubauen oder sich den bekannten Anbietern anzuschließen.

### 19.1.3 Usability to go

▶ Mit dem Begriff *Usability* ist so viel wie Bedienbarkeit und Benutzerfreundlichkeit gemeint. Bezieht sie sich auf Websites, spricht man daher von *Web Usability. User Experience* ist nicht mit Usability gleichzusetzen, denn sie bezeichnet das Nutzererlebnis.

▶ Usability trägt zum Website-Erfolg bei, denn wenn Websites nicht oder nur schwer nutzbar sind, reagieren die Besucher oftmals mit dem Verlassen einer Website.

▶ Accessibility (Barrierefreiheit) zielt darauf ab, dass Websites auch für Menschen mit (körperlichen) Einschränkungen nutzbar und zugänglich sein sollten.

▶ Nutzer haben mit dem Surfen im Netz einige Dinge gelernt – diese sind zu Konventionen geworden, die auch von den Surfern erwartet werden. So gehen viele Benutzer davon aus, dass ein Logo in der oberen linken Ecke einer Webseite zu finden ist. Eine Missachtung von Konventionen kann zur Verwirrung führen.

▶ Die Strukturierung einer Website und die leichte Orientierung spielen eine große Rolle innerhalb der Web Usability. Der Nutzer sollte immer wissen, wo er sich gerade befindet und wie er zu gewünschten Informationen navigieren kann.

▶ Texte sollten für die Nutzer aufbereitet werden, damit sie schnell die gewünschten Informationen erhalten. So sollten Sie mit Überschriften, Zwischenüberschriften, Absätzen, Auflistungen und Farb- oder Fett-Markierungen arbeiten. Viele Besucher überfliegen eine Website nur und lesen nicht die Einzelheiten.

▶ Buttons und Links sollten als solche erkennbar dargestellt werden und eine klare Handlungsaufforderung beinhalten.

▶ Gute Formulare sind möglichst kurz gehalten und fragen nur die Informationen ab, die tatsächlich erforderlich sind.

▶ Bilder sollten mit Bedacht ausgewählt werden, da sie häufig große Aufmerksamkeit auf sich ziehen.

▶ Von großer Bedeutung ist eine schnelle Ladezeit, denn Besucher sind ungeduldig. Legen Sie hier also ein besonderes Augenmerk auf die Geschwindigkeit Ihrer Site.

▸ Berücksichtigen Sie verschiedene Gestaltungsgesetze, wählen Sie passende Farben und Schriften, und berücksichtigen Sie Whitespace (freie Flächen), sodass Sie eine stimmige Website zur Verfügung stellen.

### 19.1.4 Conversionrate-Optimierung to go

▸ Die *Conversionrate Optimization* (Optimierung der Konversionsrate) befasst sich mit sämtlichen Maßnahmen, die die Conversionrate einer Website steigern, ohne den Traffic zu steigern. Damit spielt sie eine wichtige Rolle für den Erfolg einer Website.

▸ Der CRO-Prozess ist ein Kreislauf, angefangen vom Aufdecken der Schwachstellen, über die Umsetzung von Optimierungsmaßnahmen bis hin zu deren Überprüfung.

▸ Die Landing-Page-Optimierung ist nur ein Teilbereich der CRO, denn sie befasst sich ausschließlich mit der Verbesserung von Landing Pages, während sich die Conversion-Optimierung auf die gesamte Website bezieht.

▸ Die Landing Page beschreibt die Seite, auf die ein Nutzer gelangt, wenn er auf ein Werbemittel geklickt hat. Die Landing Page hat damit die Aufgaben, den Benutzer anzuholen und ihn zu einer definierten Handlung (der Conversion) hinzuführen. Ablenkungen und eine Vielzahl an Ausstiegsmöglichkeiten für den Nutzer sind daher zu vermeiden.

▸ In vielen Fällen ist es sinnvoll, spezielle Landing Pages anzulegen, denn es sollte ein roter Faden zwischen Nutzerbedürfnis, Werbemittel und Landing Page entstehen. Die Startseite einer Website ist damit keine gute Landing Page.

▸ Landing Pages können gänzlich unterschiedlich gestaltet sein, denn auch die Ziele von Werbemaßnahmen können sich deutlich unterscheiden. Einige Elemente werden von vielen Experten empfohlen, hier muss aber individuell entschieden werden. Diese Elemente sind: Headline, Leadtext, Fließtext, Heroshot, Aufzählung, Trust-Element und Call-to-Action.

▸ Formulare sollten kurz und knapp gehalten sein (siehe Usability).

▸ Vertrauen, Relevanz, Überzeugung und Glaubwürdigkeit sind ausschlaggebende Kriterien für den Erfolg einer Landing Page.

### 19.1.5 Testen to go

▸ Mithilfe von Tests können Sie erfahren, welche Bedürfnisse Ihre Nutzer haben. So müssen Sie Ihre Entscheidungen nicht mit Mutmaßungen begründen oder aus dem Bauch heraus fällen.

▸ Der Testprozess ist ein Kreislauf, der aus der Vorbereitung, Durchführung, Analyse und Optimierung besteht.

▸ Tests sollten in die Arbeit mit Ihrer Website eingeplant werden.

▸ Einige Tests können Sie selbst mit zum Teil geringem Aufwand durchführen, andere sollten Sie eher Experten überlassen. Wichtig ist jedoch, dass Sie überhaupt testen.

▸ Zu bekannten User-Tests zählen neben Befragungen beispielsweise das Mouse- und das Klicktracking. Bei dem Mousetracking werden Blickbewegungen des Nutzers analysiert, bei dem Klicktracking das Klickverhalten.

▸ Bei einem sogenannten A/B-Test werden zwei verschiedene Elemente oder Websites einer Besuchergruppe gezeigt. Die Hälfte sieht Version A, die andere Hälfte sieht Version B. So kann bei gleichen Rahmenbedingungen festgestellt werden, welche Version zu besseren Ergebnissen führt.

▸ Eine weitere Möglichkeit bieten multivariate Tests. Dabei werden mehrere Versionen von Elementen erstellt, die in Kombination diverse Seitenvarianten bilden.

▸ Ein kostenloses Tool zur Umsetzung von A/B- oder multivariaten Tests bietet der Google Website Optimizer bzw. das Website-Optimierungstool.

▸ Tests sollten nicht zu früh beendet werden, damit Sie statistisch relevante Ergebnisse erhalten.

▸ Nehmen Sie keine Veränderungen an laufenden Test vor.

▸ Testen Sie bei A/B-Tests immer gegen eine aktuelle Version (d. h., Version A ist der Status quo, Version B ist eine neue Variante).

▸ Testen Sie iterativ, d. h., werten Sie einen abgeschlossenen Test aus, nehmen Sie entsprechende Änderungen vor, und testen Sie erneut.

## 19.2   Literatur

Gerade zu den Themen Usability und Conversion-Optimierung gibt es sehr gute, teils englischsprachige Fachliteratur, die wir Ihnen nicht vorenthalten möchten. Wir listen Ihnen im Folgenden nur einige wenige, aber exzellente Bücher von Experten innerhalb der Branche auf. Ein Blick in die Bücher lohnt sich auf jeden Fall, wenn Sie sich näher mit dem Thema beschäftigen möchten.

▸ **Krug, Steve: Don't make me think! Web Usability: Das intuitive Web, 2. Aufl. Heidelberg 2006**
Unbedingt lesenswert. Ohne zu viel Fachjargon beschreibt Krug sehr verständlich, worauf es bei guter Usability von Websites ankommt. Durch viele

anschauliche Beispiele werden die einzelnen Aspekte nachvollziehbar und schlüssig erklärt. Zudem ist auch eine Anleitung für die Durchführung von Nutzertests zu finden.

▶ **Ash, Tim: Landing Pages – Optimieren, Testen, Conversions generieren, Frechen 2009**
Tim Ash, in Fachkreisen auch als »Franz Beckenbauer der Conversion-Optimierung« bezeichnet, reiht sich mit seinem Werk ebenfalls in die Gruppe der Autoren exzellenter Fachliteratur ein. Mit einer Vielzahl an Beispielen gespickt, beschreibt er von der Landing-Page-Erstellung über die Optimierung und das Testen umfassend, was Sie auf dem Gebiet beachten sollten. Auch die Erklärung zum Google Website Optimizer kommt nicht zu kurz.

▶ **Eisenberg, Bryan, Quarto-von Tivadar, John, Davis, Lisa T., Crosby, Brett: Always Be Testing: The Complete Guide to Google Website Optimizer, Indianapolis, Indiana 2008**
Dieses Werk in englischer Sprache sei all denjenigen unter Ihnen ans Herz gelegt, die sich für das Testen mit dem Google Website Optimizer entschlossen haben. Die Autoren gelten als hochkarätige Experten auf ihrem Gebiet und bieten den Lesern ein praktisch orientiertes Handbuch mit vielen hilfreichen Tipps.

▶ **Eisenberg, Bryan, Eisenberg, Jeffery, Davis, Lisa T.: Call to Action: Secret Formulars to Improve Online Results, Nashville, Tennessee 2005/2006**
Ein weiteres Eisenberg-Werk in englischer Sprache, das einen guten Überblick und viele hilfreiche Tipps zu Optierungsmöglichkeiten im Bereich der Conversion-Optimierung gibt.

▶ **Chak, Andrew: Submit Now: Designing Persuasive Websites, USA 2003**
Überzeugende Websites stehen im Mittelpunkt dieses englischsprachigen Buches. Beginnend mit Informationen zur menschlichen Entscheidungsfindung, zeigt der Autor, auf welche Art und Weise Websites überzeugend gestaltet werden können.

▶ **Loveday, Lance, Niehaus, Sandra: Web Design for ROI: Turning Browsers Into Buyers & Prospects Into Leads, Berkeley 2008**
Die Autoren dieses Werkes bringen zwei wichtige Themenfelder zusammen: zum einen die Website-Gestaltung, zum anderen wirtschaftliche Ziele. In diesem Buch erfahren Leser, was sie bei der Gestaltung Ihrer Website beachten sollten, um einen größtmöglichen Return on Investment (ROI) zu erhalten.

- **Nielsen, Jakob: Designing Web Usability, 2. Aufl., München 2001**
  Das Urgestein der Web Usability, Jakob Nielsen, bringt in seinem umfangreichen Werk seinen Lesern mit vielen Beispielen wichtige Aspekte der Web-Usability näher. Da das Buch 2001 erschien, sind einige Punkte bereits allein des technischen Fortschritts wegen überholt.

- **Nielsen, Jakob, Loranger, Hoa: Web Usability, München 2006**
  Zusammen mit der Usability-Expertin Hoa Loranger verdeutlicht Jakob Nielsen in diesem Werk, welche Aspekte der Web Usability zu berücksichtigen sind, und untermauert dies mit Ergebnissen aus einer Vielzahl an Nutzertests.

- **Jacobsen, Jens: Website Konzeption: Erfolgreiche Websites planen, umsetzen und betreiben, München 2009**
  Das bereits in fünfter Auflage erschienene Buch bietet einen guten Überblick über den Prozess der Website-Planung, -Gestaltung und -Umsetzung. Hierbei geht der Autor auch auf Usability-Tests ein und gibt hilfreiche Tipps für Betreiber von Online-Shops.

## 19.3    Surf-Tipps: Websites und Blogs

Selbstverständlich sind auch im World Wide Web interessante Quellen zur Vertiefung in die Thematik zu finden. Besonders bei der dynamischen Entwicklung im Web sind die Internetquellen leichter auf dem aktuellsten Stand zu halten. Welche Websites besonders lohnenswert sind, zeigen wir Ihnen im Folgenden:

- **Jakob Nielsens Usability Website** (*www.useit.com*)
  Der erste Blick mag wohl erschrecken, dennoch sind die Inhalte von Jakob Nielsen besonders im Bereich der Nutzerfreundlichkeit unbedingt lesenswert. Zudem bietet der Usability-Guru einen regelmäßigen Newsletter an.

- **Benutzerfreunde** (*www.benutzerfreun.de*)
  Auf seiner Website beschreibt der Buchautor Jens Jacobsen den Prozess der Planung und Umsetzung von benutzerfreundlichen Websites. Einmal im Monat erscheint der kostenlose Newsletter, in dem sich der Autor einem speziellen Thema widmet.

- **Google Website Optimizer Forum**
  (*http://www.google.com/support/forum/p/websiteoptimizer?hl=en*)
  Das englischsprachige Forum von Google bietet eine gute Hilfestellung für alle Fragen rund um das Website-Optimierungstool. Die vielfältigen Diskussionen sind in die Themen Technik, Testen und API unterteilt.

▶ **Google Conversion Room Blog** (*http://conversionroom-de.blogspot.com/*)
Unter dem Motto »Tipps zum Tracking und Verbessern von Conversions im
Netz« finden Sie in dem Google-Blog aktuelle Beiträge rund um das Thema
Conversion-Optimierung.

▶ **Das Usabilityblog** (*www.usabilityblog.de*)
Mit einer umfangreichen Liste an Autoren bietet das Usabilityblog eine bunte
Mischung an aktuellen Beiträgen zur Nutzerfreundlichkeit im Netz.

▶ **Fit für Usability** (*http://www.fit-fuer-usability.de/*)
Die Info-Website zum Thema Usability wird in Kooperation mit dem Fraun-
hofer Institut geführt und bietet Lesern verschiedene Beiträge zur Nutzerfreundlichkeit von Websites und Umfragen.

▶ **User Interface Engineering** (*www.uie.com*)
Die Website des Unternehmens User Interface Engineering bietet neben hilfreichen Informationen auch eine Rubrik »Podcasts«.

▶ **KonversionsKraft** (*www.konversionskraft.de*)
Analysen, Checklisten, Hintergründe und Trends sind nur einige der Katego-
rien, die auf KonversionsKraft behandelt werden. Die Website wird von der
Web Arts AG betrieben, die sich auf Conversion-Optimierung spezialisiert hat.

▶ **Conversiondoktor** (*www.conversiondoktor.de*)
Gabriel Beck ist der »Conversion Doktor« für Websites. Er veröffentlicht regelmäßig interessante Beiträge auf seinem gleichnamigen Blog.

▶ **German Usability Professionals' Association** (*http://germanupa.de/*)
Auf der Website des deutschen Berufsverbandes der Usability und User Experience Professionals können Sie sich über Neuigkeiten informieren und Kontakt zu Usability-Experten aufnehmen.

## 19.4    Tools

Es gibt eine Vielzahl an empfehlenswerten Tools, die die Arbeit mit Ihrer Website
erleichtern. Wir können leider nur auf einige wenige Tools näher eingehen:

▶ **Google Website-Optimierungstool**
(*http://www.google.com/intl/de/websiteoptimizer*)
Das bereits in unserem Kapitel ausführlich erklärte Tool von Google, das Website-Optimierungstool, bietet eine kostenlose und recht einfache Möglichkeit,
einzelne Elemente oder ganze Websites zu testen.

▶ **Omniture Test&Target**
(*http://www.omniture.com/de/products/conversion/testandtarget*)
Mit diesem Produkt von Omniture können Sie wie beim Google Website-Optimierungstool verschiedene Varianten Ihrer Website testen, jedoch ist dieses Tool kostenpflichtig.

▶ **UserTesting** (*www.usertesting.com*)
Falls Sie unter Zeitdruck stehen und schnell Usability-Feedback zu Ihrer Website erhalten möchten, bietet UserTesting.com Hilfe. Hier geben Sie Informationen zu Ihrem Test an und erhalten umgehend Rückmeldungen von Nutzern, die Ihre Website unter die Lupe genommen haben. Das Tool soll bald für weitere Länder zur Verfügung stehen. Ähnliche Möglichkeiten zu Usability-Tests bieten *www.realusertest.de*, *www.userzoom.com* und eine Vielzahl weiterer Anbieter.

▶ **Wave** (*wave.webaim.org*)
Zur Überprüfung Ihrer Website auf Barrierefreiheit können Sie das Tool Wave verwenden. Es zeigt Ihnen Schwachstellen hinsichtlich der Accessibility auf und gibt an entsprechenden Stellen Hinweise für die Optimierung.

▶ **CrossBrowserTesting** (*http://crossbrowsertesting.com*)
Mit diesem Tool können Sie Ihre Websites in unterschiedlichen Browsern auf Fehler überprüfen.

## 19.5 Checklisten

Maßnahmen zu Kundenbindung, Usability und Testverfahren können sehr umfangreich sein. Damit Sie keine wichtigen Punkte vergessen, haben wir für wichtige Themen Checklisten für Sie zusammengestellt, die Sie für sich und Ihre Website abhaken können.

### 19.5.1 Checkliste Zielgruppen und Targeting

Haben Sie die Besucher Ihrer Website aufgrund von Web-Analytics-Daten schon genauer analysiert?

Wissen Sie, woher Ihre Besucher stammen und welche Sprache sie sprechen?

Kennen Sie den Anteil mobiler Nutzer auf Ihrer Website?

**Tabelle 19.1** Checkliste zu Zielgruppen und Targeting

Haben Sie einen Überblick darüber, wie viele neue und wie viele wiederkehrende Besucher auf Ihrer Website sind?

Wissen Sie, wie intensiv Ihre Website hinsichtlich Verweildauer und Seitenaufrufen genutzt wird?

Können Sie Ihre Nutzer hinsichtlich soziodemografischer Daten, wie Alter und Geschlecht, unterscheiden?

Wenn Sie eine große Website betreiben: Haben Sie Informationen aus Online-Panels zu den Benutzern Ihrer und fremder Websites?

Haben Sie schon eine Befragung Ihrer Nutzer vorgenommen?

Kennen Sie alle Absichten und Erwartungen Ihrer Nutzer?

Haben Sie Ihre Website-Besucher schon in Zielgruppen segmentiert und eine Typologie der Nutzer erstellt?

Ermitteln Sie einen Kundenwert z. B. auf Basis eines Scoring-Modells, dem Customer Lifetime Value oder der ABC-Kundenanalyse?

Richten Sie Ihr Marketing auf die Zielgruppen passend aus, z. B. durch eine individuelle Mediaplanung oder zeitliches und regionales Targeting?

Haben Sie oder Ihre Dienstleister an die Methoden des automatisierten Targetings gedacht, z. B. Geo-Targeting, Social Targeting und Re-Targeting?

**Tabelle 19.1** Checkliste zu Zielgruppen und Targeting (Forts.)

## 19.5.2 Checkliste Kundenbindung (CRM)

Schaffen Sie Kundenbindung auf Ihrer Website durch interessante Inhalte und Mehrwerte für Nutzer?

Erfüllen Sie Erwartungen der unterschiedlichen Zielgruppen auf der Website?

Analysieren Sie kontinuierlich Abbruchraten und Verweildauer auf Ihrer Website?

Optimieren Sie die Nutzerführung auf der Website?

Untersuchen Sie häufige Einstiegs- und Ausstiegsseiten auf Optimierungspotenziale?

Bieten Sie eine interne Suche an, und überprüfen Sie die Ergebnisse regelmäßig?

Nutzen Sie bereits Methoden der elektronischen Kundenbindung, wie kundenindividuelle Websites, persönliche Produktempfehlungen oder maßgeschneiderte Newsletter?

Betreiben Sie Kundenkommunikation über Blogs, Foren oder Social-Media-Kanäle, wie Facebook und Twitter?

**Tabelle 19.2** Checkliste zur Kundenbindung (CRM)

Haben Sie regelmäßige Newsletter als Kundenbindungsmaßnahme in Erwägung gezogen?

Nutzen Sie die Möglichkeiten des Re-Targetings, um Besucher zu Käufern zu machen?

Stellen Bonusprogramme für Sie eine Alternative in der Kundenbindung dar? Wenn ja, nutzen Sie ein eigenes Kundenprogramm oder Anbieter wie Payback und DeutschlandCard?

**Tabelle 19.2** Checkliste zur Kundenbindung (CRM) (Forts.)

### 19.5.3 Checkliste Usability

Halten Sie die im Web üblichen Konventionen ein?

Gelangt der Besucher mit einem Klick auf Ihr Logo auf die Startseite?

Bieten Sie eine übersichtliche Navigation, die Besuchern eine einfache Orientierung ermöglicht?

Liefert Ihre Suche (sofern Sie eine Suchfunktion anbieten) entsprechende Suchergebnisse? Fehlermeldungen sollten im Allgemeinen den Fehler konkret beschreiben und eine wirkliche Hilfestellung bieten.

Bieten Sie dem Besucher Rückmeldungen, d. h., weiß er immer, was als Nächstes passieren wird?

Sind Links und Buttons als solche erkennbar?

Setzen Sie multimediale Inhalte mit Bedacht ein, und vermeiden Sie weitestgehend Ton?

Sind Ihre Texte für die Besucher entsprechend aufbereitet, d. h., haben Sie eine angenehme Textstruktur mit Zwischenüberschriften, Absätzen und Hervorhebungen geschaffen, und verwenden Sie eine angemessene Textlänge?

Wurden Ihre Texte auf korrekte Rechtschreibung überprüft?

Nennen Sie Dinge beim Namen, und vermeiden Sie exotische Wortkreationen?

Verwenden Sie Bezeichnungen einheitlich?

Haben Sie die Gestaltungsgesetze berücksichtigt?

Haben Sie angemessene Schriftgrößen und Kontraste gewählt?

Sind Ihre Formulare kurz und knapp, und fragen Sie nur die nötigsten Informationen ab?

Können Nutzer auf einfachem Wege Ihre Kontaktdaten einsehen?

**Tabelle 19.3** Checkliste zur Usability

Ist Ihre 404-Fehlerseite entsprechend aufbereitet, sodass sie Nutzern Hilfestellungen gibt?

Haben Sie Ihre Website in verschiedenen gängigen Browsern überprüft?

Beinhaltet Ihr Impressum alle notwendigen Angaben?

Ist Ihre Website auch für Menschen nutzbar, die in einer bestimmten Weise eingeschränkt sind?

**Tabelle 19.3** Checkliste zur Usability (Forts.)

### 19.5.4 Checkliste Conversion-Optimierung

Haben Sie eine passende, relevante Landing Page ausgewählt oder gegebenenfalls speziell für Ihre Werbemaßnahme erstellt?

Haben Sie Wert auf einen roten Faden zwischen Benutzerbedürfnis, Werbemittel und Landing Page gelegt?

Ist Ihre Landing Page klar und übersichtlich strukturiert, und bietet sie dem Besucher eine schnelle Orientierung?

Stellen Sie den Kundennutzen und die Vorteile Ihres Angebotes deutlich heraus?

Beinhaltet Ihre Landing Page wichtige überzeugende Elemente, z. B. Siegel, Garantien, Referenzen?

Fordern Sie Ihre Besucher mit einem klaren Call-to-Action zu einer Handlung auf, und stellen Sie sie nicht vor zu viele Handlungs- und Auswahlmöglichkeiten?

Sind die wichtigsten Elemente und insbesondere der Call-to-Action im sichtbaren Bereich der Seite (»above the fold«) positioniert?

Wiederholen Sie Ihre Handlungsaufforderung bei längeren Landing Pages im nicht-sichtbaren Bereich der Seite (»below the fold«)?

Habe Sie Ausstiegs- und Ablenkungsmöglichkeiten weitestgehend entfernt?

Haben Sie sichergestellt, dass Ihre Landing Page keine Werbeanzeigen enthält?

Treten Sie glaubwürdig und vertrauensvoll auf? Stellen Sie sich die Frage: Was könnte einen Nutzer davon abhalten, zu konvertieren und beispielsweise ein Produkt zu kaufen?

Fragen Sie bei Formularen wirklich nur die wichtigsten Informationen ab?

Bieten Sie eine Danke-Seite nach durchgeführter Conversion, die weitere Schritte erläutert?

**Tabelle 19.4** Checkliste zur Conversion-Optimierung

### 19.5.5 Checkliste Testen

Ist die Durchführung von Tests in Ihre Arbeitsabläufe integriert?

Haben Sie anhand Ihrer Website-Analyse festgelegt, welche Schwachstellen Sie testen und verbessern möchten?

Haben Sie ein klares Testziel definiert?

Haben Sie sich für ein angemessenes Testverfahren entschieden?

Können Sie den Test selbst durchführen, oder bietet sich ein Test durch Experten an?

Haben Sie Ihren User-Test ausreichend vorbereitet (Probanden akquiriert, Aufgaben entwickelt, technische Vorbereitungen getroffen)?

Greifen Sie während der Testphase nicht in den User-Test ein?

Haben Sie Ihre Testergebnisse ausgewertet und entsprechende Optimierungsmaßnahmen vorgenommen?

Führen Sie nach der Umsetzung von Optimierungsmaßnahmen erneut Tests durch?

Haben Sie eine Kontrollgruppe festgelegt (bei einem A/B-Test z. B. die Ausgangsseite A)?

Testen Sie nur eine Variante, um aussagekräftige Ergebnisse zu erhalten?

Haben Sie sichergestellt, dass ein aktiver Test nicht verändert wird?

Konnten in der Testlaufzeit ausreichend Daten gesammelt werden, um ein statistisch relevantes Ergebnis zu erhalten?

Werten Sie die Ergebnisse aus, und gleichen Sie diese mit Ihrem Test-Ziel ab?

**Tabelle 19.5**  Checkliste zum Thema Testen

*»80% of the time you/we are wrong about*
*what a customer wants/expects from our site experience.«*
*– Avinash Kaushik*

# 20 Web-Analytics – Websites unter die Lupe genommen

Um eine erfolgreiche Website aufzubauen, ist es unerlässlich, Ziele festzulegen, mit denen Sie den Erfolg messen können. Beim Messen der Ziele helfen Ihnen besonders die Web-Analytics-Methoden und -Werkzeuge. Aber nicht nur das Messen von Erfolg, sondern auch das Nutzen der Daten für die Optimierung Ihrer Website steht beim Thema Web-Analytics auf der Agenda. So können Sie z. B. das Klickverhalten Ihrer Website-Benutzer analysieren oder Abbruchraten kontrollieren. Analog zum Begriff Web-Analytics werden die Bezeichnungen *Web-Controlling* oder *Web-Analyse* im deutschen Sprachgebrauch genutzt.

Mit Web-Analytics-Methoden können Sie Besucher und Kunden besser verstehen, Online-Marketing effizienter gestalten und die Website-Usability optimieren. Hinzu kommt die Wettbewerbsanalyse: Es ist natürlich gut zu wissen, wo Sie selbst mit Ihrer Seite stehen, noch wichtiger ist aber meist der Vergleich mit dem Wettbewerb. Auch hier gibt es Möglichkeiten und Tools, um einen Vergleich mit anderen Websites herzustellen. Auf diese gehen wir in Abschnitt 20.4, »Wettbewerbsanalyse – Wie gut sind andere?«, näher ein.

Die Grundlage für das Arbeiten im Web-Analytics-Bereich stellen Zahlen dar. Es gibt eine ganze Reihe unterschiedlicher Kennzahlen für das Thema, die wir als Erstes näher erklären werden.

Zusammenfassend halten wir fest, dass Sie mit Web-Analytics folgende wichtige Fragen klären:

▸ Wie viele Nutzer besuchen meine Website?

▸ Wie verhalten sich Besucher auf der Website?

▸ Erreiche ich meine Marketingziele effektiv und effizient?

▸ Wo sind Schwachstellen auf der Website, die es sich lohnt zu optimieren?

▸ Wie stehe ich im Vergleich zu meinen Mitbewerbern?

## 20.1 Wichtige Kennzahlen für die Web-Analyse

Sie erkennen, dass es bei der Web-Analyse um viele Zahlen geht, die wir Ihnen hier vorstellen wollen. Die Kennzahlen werden meist einheitlich verwendet, können aber in den verschiedenen Tools unterschiedlich benannt sein, da sich zum Teil andere Begriffe in Deutschland gegenüber den USA etabliert haben. »Traffic« ist ein gängiger und häufig benutzter Begriff für das Besucheraufkommen auf einer Website. Diesen Begriff verwenden wir auch in diesem Buch sehr oft. Die wichtigsten Kennzahlen für das Besucheraufkommen haben wir an dieser Stelle zusammengefasst.

---

**Wichtige Kennzahlen zum Besucheraufkommen**

▸ **Page Impression** (*PI*)
Die Kennzahl Page Impression bezeichnet einen Seitenaufruf durch einen Nutzer.

▸ **Visit**
Als Visit wird der Besuch einer Website bezeichnet. Je nach Definition endet ein Visit nach 30 Minuten. So kann beispielsweise ein Besucher mehrere Besuche an einem Tag absolvieren. Die Anzahl an Visits gibt an, wie häufig eine Website aufgesucht wird.

▸ **(Unique) Visitor**
Ein Visitor ist ein Besucher einer Website. Der *Unique Visitor* ist ein eindeutig identifizierter Besucher. Die Kennzahl *Visitor* zählt zu den wichtigsten Kennzahlen im Online-Marketing.

---

Wahrscheinlich werden Ihnen bei intensiver Beschäftigung mit dem Thema Web-Analytics noch weitere Kennzahlen, wie *Bouncerate*, *Conversionrate*, *CTR* und *Verweildauer* auffallen. Diese Kennzahlen nutzen wir auch in diesem Buch, und wir beschreiben die einzelnen Begriffe im entsprechenden Abschnitt. In unserem Glossar am Ende des Buches können Sie jederzeit Fachbegriffe nachschlagen. Die Conversionrate besprechen wir auch ausführlich in Kapitel 17, »Aus Besuchern Käufer machen – User konvertieren«, an.

Der große Vorteil bei Online-Medien ist die genaue Messbarkeit über Web-Analytics-Systeme. So können z. B. Werbekampagnen online viel genauer gesteuert und analysiert werden als beispielsweise Anzeigen in Zeitschriften. Machen Sie sich daher diese Eigenschaft zunutze, und messen Sie Ihren Erfolg! Kennzahlen können bei der Messung mit unterschiedlichen Tools abweichen. Dies kann z. B. durch unterschiedliche Positionen des Trackingpixels oder verschiedene Messmethoden vorkommen.

Web-Analytics-Kennzahlen sind zudem von verschiedenen Einflussfaktoren anhängig. Das kann z. B. das Wetter sein, das die Internet-Nutzung stark beeinflusst, oder Ereignisse wie die Fußball-Weltmeisterschaft, die die Nutzung von

Informationsportalen kurzzeitig stark beeinflussen können. Beachten Sie diese Einflüsse, wenn Sie z. B. Daten aus verschiedenen Jahren oder Monaten vergleichen. Hinzu kommt, dass Zusammenhänge in den Kennzahlen bestehen. So steigen z. B. die Page Impressions einer Website, wenn die Visit-Zahlen steigen. Betrachten Sie daher besser relative Zahlen statt absoluter Werte. Es ist also nicht nur wichtig, die Gesamtzahl der Seitenaufrufe (PI) zu kennen, sondern auch die Anzahl der Seitenaufrufe pro Website-Besuch (Visit).

## 20.2    Web-Analyse-Tools im Einsatz

Grundlage für die Arbeit im Bereich Web-Analytics sind diverse Tools und Programme. Zu jeder Website gehört auch ein Web-Analytics-System, das den Traffic messen und analysieren kann. Die meisten bekannten Tools arbeiten bei der Erfassung von Website-Aufrufen mit sogenannten *Trackingpixeln* und *JavaScript-Logging*. Über eine integrierte kleine Bilddatei, die der Nutzer mit der Seite aufruft, wird der Besuch erfasst. Zudem werden über JavaScript-Codes weitere Daten des Nutzers ermittelt. Außerdem kommen Cookies zum Einsatz, die auf den Rechnern der Nutzer gespeichert werden und später wieder ausgelesen werden können. Zusätzlich zu diesen häufig verwendeten Methoden können Sie sich auch die Logfiles Ihres Webservers anschauen und analysieren. Dies wird als *Logfile-Analyse* bezeichnet.

### 20.2.1    Anbieter und Unterschiede

Für den Bereich Web-Analytics gibt es inzwischen mehrere spezialisierte Software-Anbieter. Das bekannteste und meistgenutzte Tool ist hierbei Google Analytics. Durch die kostenlose Nutzung, unkomplizierte Installation und einfache Bedienung hat sich die Analyse-Software schnell verbreitet. Aber auch andere Anbieter spielen eine wichtige Rolle. Besonders große Websites und Online-Shops setzen auf komplexe und kostenpflichtige Systeme. Die Hauptgründe für den Einsatz eines komplexen Web-Analytics-Systems liegen in der Echtzeitanalyse, einem Rohdaten-Export oder besseren Segmentierungsmöglichkeiten der Website-Besucher. Auch Klickketten und Konversionsraten können zum Teil besser ausgewertet werden. Nicht zuletzt kann auch der Grund sein, dass Sie Ihre Daten auf einem deutschen Server speichern möchten, der den strengen Datenschutzbestimmungen Deutschlands unterliegt.

Damit Sie einen Überblick über die verschiedenen Anbieter bekommen, haben wir hier eine kurze Zusammenfassung zusammengestellt, die aber durch die schnelle Marktentwicklung keinen Anspruch auf Vollständigkeit erhebt. Sie bekommen damit aber einen Einblick in die verschiedenen Angebote. Die Preise für kostenpflichtige Tools sind meist von den Seitenaufrufen (Page Impressions) abhängig und bewegen sich zwischen 100 bis zu mehr als 50.000 Euro pro Jahr für große Websites mit mehr als 10 Millionen Seitenaufrufen pro Monat.

---

**Web-Analytics-Anbieter**

▸ **Google Analytics** (*http://www.google.com/intl/de_ALL/analytics/*)
Das aktuell meistgenutzte Web-Analyse-Tool wird vom Suchmaschinenriesen Google kostenlos angeboten und bietet eine einfache Installation und Nutzeroberfläche. In Deutschland steht das Tool seit einiger Zeit wegen Datenschutzbedenken in der Kritik.

▸ **Yahoo Web Analytics** (*http://web.analytics.yahoo.com/*)
Auch der Suchmaschinenanbieter Yahoo bietet ein eigenes Analytics-Tool kostenlos an. Früher war das Produkt unter dem Namen *IndexTools* erhältlich.

▸ **Webtrekk** (*http://www.webtrekk.com/de/*)
Ein junges Unternehmen aus Berlin, das insbesondere große deutsche Websites und Shops analysiert. Die Software positioniert sich als Web-Analytics-Data-Warehouse, mit der das Nutzerverhalten analysiert werden kann.

▸ **Omniture** (*http://www.omniture.com/de/*)
Ein häufig genutztes System, vor allem für große Websites. Seit dem Kauf durch die Firma Adobe wird das Produkt als *Adobe Online Marketing Suite* angeboten.

▸ **Piwik** (*http://de.piwik.org/*)
Ein recht neues Web-Analytics-System, das als Open-Source-Projekt aufgebaut wurde. Da es auch kostenlos zu nutzen ist, positioniert sich die Software als Alternative zu Google Analytics.

▸ Weitere Anbieter sind **Nedstat** (*http://www.nedstat.de/*), **econda** (*http://www.econda.de/*), **etracker** (*http://www.etracker.com/de/*), **CoreMetrics** (*http://www.coremetrics.de/*) und **Webtrends** (*http://www.webtrends.com/*).

---

Der Markt der Web-Analyse-Tools ist ständig in Bewegung, und es kündigt sich in den kommenden Jahren eine Konsolidierungsphase an, die bereits 2010 mit der Übernahme von Omniture durch Adobe und von Nedstat durch das Marktforschungsunternehmen ComScore begann. Schaut man sich die Nutzung der verschiedenen Tool auf den Top 1000 der deutschen Domains an, die von AddSugar erhoben und unter *http://www.web-analytics-tools.com/* veröffentlicht wird, ergibt sich das Verhältnis aus Abbildung 20.1.

Sie sehen recht deutlich, dass Google Analytics auch auf den deutschen Top-Domains sehr gut vertreten ist und dass die großen, kostenpflichtigen Tools wie Site Catalyst von Omniture oder etracker erst mit Abstand auf Platz zwei und drei folgen. Viele große Websites setzen mehrere Tools gleichzeitig ein, um eine bessere Vergleichsmöglichkeit zu bekommen. Besonders bei Geschäftsmodellen, die von der Website abhängen, ist dies auch zu empfehlen. Ansonsten kann es bei Ausfall des Tracking-Systems passieren, dass Sie Ihre Online-Marketing-Aktivitäten quasi im Blindflug vornehmen müssen.

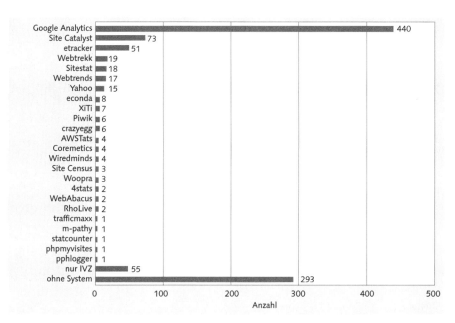

**Abbildung 20.1**  Web-Analytics-Systeme der Top 1000 .de-Domains

---

**Tipp**

Welche Website welches Web-Analytics-Tool einsetzt, können Sie unter *http://www. web-analytics-tools.com/de/wer_nutzt_was.php* abfragen.

## 20.2.2  Web-Analytics einrichten

Die Einrichtung von Web-Analytics-Werkzeugen geht in den meisten Fällen recht einfach und unproblematisch. Wir zeigen Ihnen an dieser Stelle beispielhaft die Einrichtung des weit verbreiteten Google Analytics für unsere Website zum Buch. Falls Sie selbst noch kein Analyse-Tool verwenden, empfehlen wir Ihnen, sich ebenfalls bei dem kostenfreien Tool zu registrieren. Sie können die Einrichtung Schritt für Schritt mit unserem folgenden Leitfaden vornehmen.

### Google-Konto erstellen

Sollten Sie noch kein Google-Konto mit einer Mail-Adresse haben, richten Sie sich einfach ein neues Konto ein. Mehr als eine bestehende Mail-Adresse, ein Passwort und das Akzeptieren der Nutzungsbedingungen brauchen Sie dafür nicht (siehe Abbildung 20.2). Sie erhalten dann eine E-Mail von Google, in der Sie den Bestätigungslink anklicken müssen, um sich als Inhaber der Adresse zu verifizieren.

**Abbildung 20.2**  Google-Konto erstellen

### Bei Google Analytics anmelden

Rufen Sie jetzt die Google-Analytics-Startseite auf, z. B. indem Sie danach googeln oder die Adresse *http://www.google.com/intl/de/analytics/* eingeben (siehe Abbildung 20.3).

**Abbildung 20.3**  Die Website von Google Analytics

Mit dem Klick auf Zugriff auf Analytics gelangen Sie zur Anmeldung für das Analyse-Tool. Klicken Sie weiter auf Anmeldung, so erscheint die Seite aus Abbildung 20.4, auf der Sie nun die Adresse Ihrer Website, den Namen des Google-Analytics-Kontos und die Zeitzone angeben.

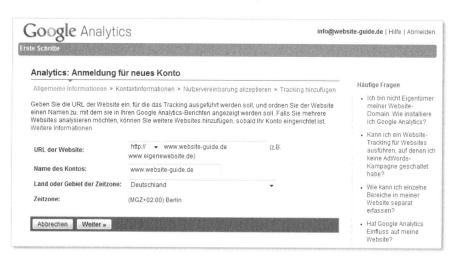

**Abbildung 20.4**  Anmeldung eines neuen Analytics-Kontos

In einem weiteren Schritt werden Sie aufgefordert, noch Ihren Namen und das Land anzugeben. Im Anschluss müssen Sie die allgemeinen Geschäftsbedingungen akzeptieren. Damit haben Sie ein Analytics-Konto angelegt und bekommen einen Tracking-Code für Ihre Website angezeigt. Bauen Sie diesen nun in Ihre Website ein. Dazu kopieren Sie den angegebenen Quellcode und fügen ihn dann in jede zu analysierende Seite direkt vor dem schließenden </head>-Tag ein. Wie das genau aussieht, sehen Sie in folgendem Beispiel:

```
<script type="text/javascript">
 var _gaq = _gaq || [];
 _gaq.push(['_setAccount', 'UA-18502817-1']);
 _gaq.push(['_trackPageview']);
 (function() {
 var ga = document.createElement('script'); ga.type = 'text/
javascript'; ga.async = true;
 ga.src = ('https:' == document.location.protocol ? 'https://ssl' :
'http://www') + '.google-analytics.com/ga.js';
 var s = document.getElementsByTagName('script')[0];
s.parentNode.insertBefore(ga, s);
 })();
</script>
```

Sobald Sie diesen Quellcode in Ihre Website eingebaut haben, können Sie mit der Web-Analyse loslegen. Die Aufrufe Ihrer Website werden von nun an mitgezählt und analysiert. Diese Informationen können Sie abrufen, indem Sie sich bei Google Analytics mit Ihrem Nutzerkonto einloggen. Sie sehen dann eine Übersicht aller mit Ihrem Konto verknüpften Websites, die über Google Analytics erfasst werden. Zusätzlich bekommen Sie auch erste Basisinformationen zu den einzelnen Websites, wie z. B. die Anzahl der Besuche oder die durchschnittliche Besuchszeit in den letzten 30 Tagen angezeigt (siehe Abbildung 20.5).

**Abbildung 20.5** Übersicht in Google Analytics

Um weitere Informationen zu einer Website zu erhalten, klicken Sie auf BERICHTE ANZEIGEN. Daraufhin erscheint ein sogenanntes *Dashboard*, also eine Übersicht mit den wichtigsten Kennzahlen (siehe Abbildung 20.6). Sie sehen als Erstes den Traffic-Verlauf der letzten 30 Tage, in dem Sie erkennen, wie viele Besuche auf Ihrer Website jeden Tag stattfanden. Weiterhin sehen Sie die wichtigsten Kennzahlen zur Nutzung Ihrer Website und Sie erfahren, aus welchem Land die Besucher kamen. Sie finden dort auch die wichtigsten Zugriffsquellen, die Auskunft darüber geben, wie die Leute zu Ihrer Website gelangt sind (siehe auch Abschnitt 20.3.1). In der BOX CONTENT-ÜBERSICHT sehen Sie die am meisten aufgerufenen Seiten Ihrer Internetpräsenz. Dies sind die wichtigsten Seiten Ihrer Website, auf die Sie besonderes Augenmerk legen sollten.

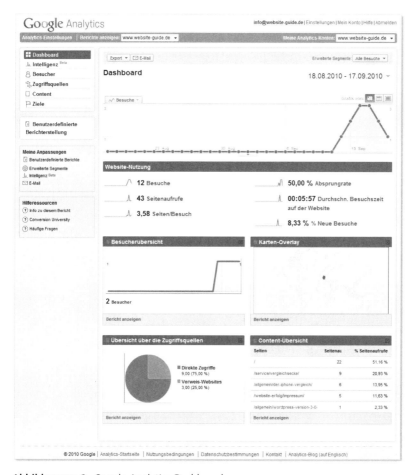

**Abbildung 20.6**  Google Analytics Dashboard

## 20.3    Auswertung des Besucherverhaltens

Der Analyse des Besucherverhaltens sollten Sie besondere Aufmerksamkeit schenken. Sicher wollen Sie wissen, woher die Nutzer auf Ihre Website kommen und was diese am meisten interessiert. Hilfreich sind ebenso Informationen, wer Ihre Besucher auf der Website sind. Sie können Besucher über die Nutzungsdaten z. B. in Zielgruppen segmentieren. Darauf sind wir bereits in Kapitel 14, »Zielgruppen und Targeting«, näher eingegangen. Eine weitere Frage, die es zu analysieren gilt, ist, was die Nutzer auf Ihrer Website machen. Welche Inhalte werden angeschaut, und welche Aktionen werden durchgeführt? Schauen wir uns also die einzelnen Punkte Schritt für Schritt an.

### 20.3.1　Wie gelangen die Besucher auf Ihre Website?

Eine der wichtigsten Fragen, die Sie sich stellen sollten ist, wie Internetnutzer auf Ihre Website gelangen oder zukünftig gelangen sollen. In den vorherigen Kapiteln des Buches wurden schon einige Quellen aufgeführt, woher die Besucher kommen können, z. B. über Suchmaschinen, über Banner oder Social-Media-Aktivitäten. Einen ersten Überblick über die Zugriffsquellen, die häufig auch als *Kanäle* bezeichnet werden, liefert Ihnen die Übersicht des Google Analytics Dashboards. Sie sehen dort die Anteile von Suchmaschinen, direkten Zugriffen und Verweis-Websites (siehe Abbildung 20.7). Direkte Zugriffe kommen durch Benutzer, die Ihre Internetadresse direkt in den Browser eingeben und zur Website gelangen. Die direkten Zugriffe können auch durch Lesezeichen (Bookmarks) zustande kommen. *Verweis-Websites* sind Websites, über die Besucher zu Ihrer eigenen Website gelangen, z. B. über Links oder integrierte Banner. Diese Seiten werden auch als *Referrer* bezeichnet.

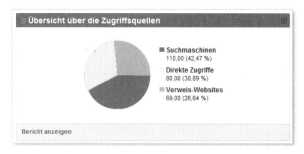

**Abbildung 20.7**　Auswertung der Zugriffsquellen

Anhand der Anteile können Sie sehen, wie sich die Zugriffsquellen verteilen. Im Beispiel finden Sie eine ziemlich ausgeglichene Auswertung, d. h., die Website wird über Suchmaschinen, direkte Eingabe der Adresse und verweisende Websites aufgerufen. In der Auswertung der Zugriffsquellen gibt es aber keine optimale Verteilung, nach der Sie sich richten sollten. Die Verteilung kann von Website zu Website sehr unterschiedlich sein. Haben Sie z. B. eine bekannte Marke als Firmennamen, wird die Website auch sehr häufig direkt aufgerufen. Bei unbekannten Marken oder Websites ist der Anteil der direkten Zugriffe meist sehr gering. Wenn Sie aktiv im Bereich Suchmaschinen durch Anzeigenschaltung (*SEA*, siehe Kapitel 11, »Suchmaschinenwerbung (SEM)«) oder Optimierung (*SEO*, siehe Kapitel 12, »Suchmaschinenoptimierung (SEO)«) unterwegs sind, wird sich dies auch in den Zugriffsquellen widerspiegeln. Haben Sie viele Kooperationen mit Partnerseiten oder werden Links von großen Websites auf Ihre Website gesetzt, sehen Sie diese Auswirkungen im Anteil der Verweis-Websites. Da dies aber relative Zahlen sind, sind die Anteile natürlich abhängig davon, wie stark Sie die unterschiedlichen Traffic-Quellen bereits nutzen. Deswegen eignen sich die prozentualen Anteile nicht als Zielvorgaben, da sie zu abhängig von den verschiedenen anderen Faktoren sind. Leider bekommen Sie auch keine Vergleichswerte der Traffic-Quellen mit dem Wettbewerb, so dass Sie sich daran orientieren könnten. Wir empfehlen Ihnen, einfach die verschiedenen Traffic-Quellen auszuprobieren und die für Sie besten Kanäle zu nutzen.

Um weitergehende Informationen zu den Traffic-Quellen zu bekommen, klicken Sie im Dashboard-Bereich auf BERICHT ANZEIGEN oder wählen im linken Navigationsmenü ZUGRIFFSQUELLEN. Sie erhalten damit weitere Informationen zu den einzelnen Traffic-Kanälen. Insbesondere sehen Sie detailliert, von welchen einzelnen Quellen die Besucher kommen (siehe Abbildung 20.8). Sie können beispielsweise sehen, wie viele Besucher aus den organischen Suchergebnissen bei Google kommen (GOOGLE (ORGANIC)) oder aus den Anzeigen (GOOGLE (PAID)). Auch andere Websites, von denen Besucher direkt auf Ihre Website gelangen, werden hier angezeigt.

**Abbildung 20.8** Übersicht über die Zugriffsquellen in Google Analytics

Zudem werden Ihnen hier auch die wichtigsten Suchbegriffe angezeigt, über die Besucher auf die Website gelangen. Diese geben wichtige Hinweise darauf, zu welchen Suchbegriffen Ihre Website gefunden wird und wie hoch die Nachfrage nach diesen Begriffen ist. Diese Auswertung kann wiederum im Bereich der Suchmaschinenwerbung verwendet werden.

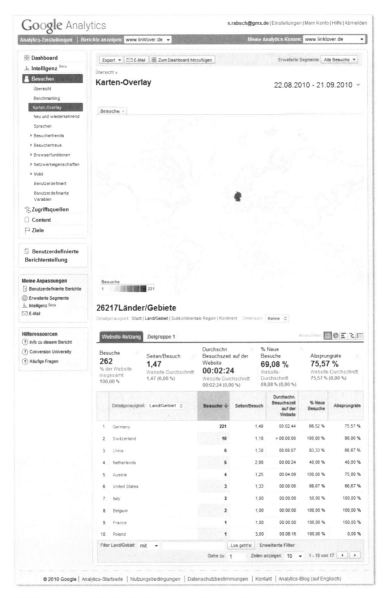

**Abbildung 20.9** Länder-Analyse in Google Analytics

Bei der Frage, woher Ihre Besucher kommen, ist es auch wichtig zu wissen, aus welchem Land diese kommen. Diese Information ist besonders für die Wahl der Sprache der Website ausschlaggebend. Haben Sie z. B. eine englische Website, aber ein Großteil der Nutzer kommt aus spanischsprachigen Ländern, sollten Sie die Website auch in Spanisch anbieten. Im KARTEN-OVERLAY von Google Analytics unter dem Menüpunkt BESUCHER finden Sie die Übersicht, woher die Besucher stammen (siehe Abbildung 20.9).

Inzwischen können Sie sogar analysieren, aus welchen Städten die Besucher kommen, indem Sie bei DETAILGENAUIGKEIT die Option STADT auswählen. Diese Auswertung (siehe Abbildung 20.10) ist aufgrund von IP-Adressdatenbanken möglich, welche die IP-Adressen für die entsprechenden Städte verzeichnen. Sehen Sie hier z. B. eine verstärkte Nutzung aus bestimmten Orten, können Sie über eine stärkere regionale Ausrichtung nachdenken und z. B. spezielle Shopping-Angebote für einzelne Orte anbieten.

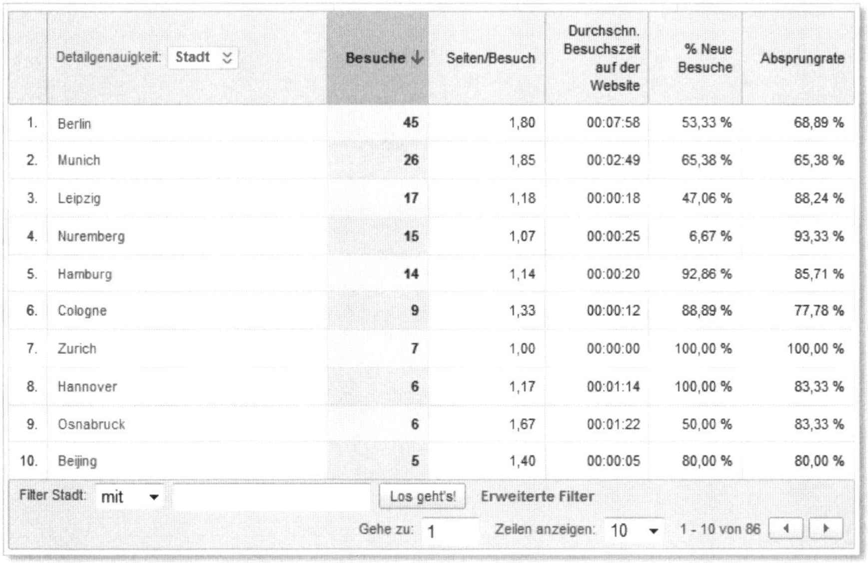

| | Detailgenauigkeit: Stadt ⌄ | Besuche ↓ | Seiten/Besuch | Durchschn. Besuchszeit auf der Website | % Neue Besuche | Absprungrate |
|---|---|---|---|---|---|---|
| 1. | Berlin | 45 | 1,80 | 00:07:58 | 53,33 % | 68,89 % |
| 2. | Munich | 26 | 1,85 | 00:02:49 | 65,38 % | 65,38 % |
| 3. | Leipzig | 17 | 1,18 | 00:00:18 | 47,06 % | 88,24 % |
| 4. | Nuremberg | 15 | 1,07 | 00:00:25 | 6,67 % | 93,33 % |
| 5. | Hamburg | 14 | 1,14 | 00:00:20 | 92,86 % | 85,71 % |
| 6. | Cologne | 9 | 1,33 | 00:00:12 | 88,89 % | 77,78 % |
| 7. | Zurich | 7 | 1,00 | 00:00:00 | 100,00 % | 100,00 % |
| 8. | Hannover | 6 | 1,17 | 00:01:14 | 100,00 % | 83,33 % |
| 9. | Osnabruck | 6 | 1,67 | 00:01:22 | 50,00 % | 83,33 % |
| 10. | Beijing | 5 | 1,40 | 00:00:05 | 80,00 % | 80,00 % |

Filter Stadt: mit ▼ [ ] Los geht's! Erweiterte Filter

Gehe zu: 1 Zeilen anzeigen: 10 ▼ 1 - 10 von 86 ◄ ►

**Abbildung 20.10** Stadt-Analyse in Google Analytics

## 20.3.2 Was machen die Besucher auf Ihrer Website?

Nachdem Sie nun wissen, woher Ihre Besucher kommen, sollten Sie sich auch damit beschäftigen, was sie auf Ihrer Website machen. Aus diesen Informationen können Sie Schlussfolgerungen für die Optimierung Ihrer Seite ziehen. Besonders häufig aufgerufene Inhalte sollten Sie z. B. prominenter platzieren als Inhalte, die nur selten genutzt werden. Bei Online-Shops ist insbesondere das

Kaufverhalten auf der Website wichtig. Eine besondere Kennzahl ist hierbei die Conversionrate, die angibt, wie viele Käufe pro 100 Besucher stattfinden. Mit dieser Kennzahl haben wir uns bereits in Kapitel 17, »Aus Besuchern Käufer machen – User konvertieren«, näher beschäftigt.

Welche Seiten am meisten aufgerufen werden, finden Sie in Google Analytics unter CONTENT • BELIEBTESTE WEBSEITEN. Dort finden Sie die Übersicht an URLs mit der Anzahl der Seitenaufrufe für den voreingestellten Zeitraum von 30 Tagen (siehe Abbildung 20.11).

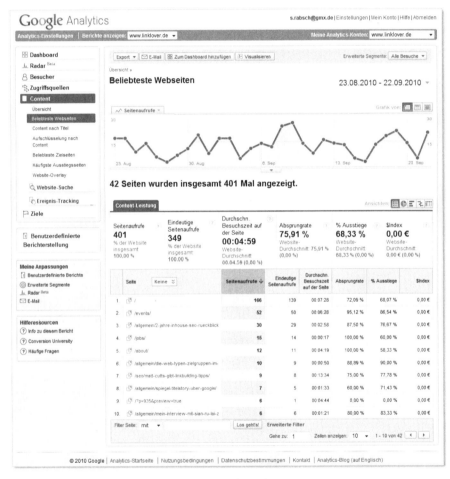

**Abbildung 20.11** Beliebteste Webseiten in Google Analytics

In den meisten Fällen steht hier die Startseite (»/«) an erster Stelle. Dies ist also Ihre wichtigste Seite, auf die Sie besonderes Augenmerk legen sollten. Häufig ist dies auch die erste Einstiegsseite für Ihre Website. Daher soll die Startseite die interessanten Inhalte aufzeigen und den Besucher tiefer in die Website leiten. Dies geschieht z. B. durch eine intuitive Navigation, die den Besucher durch die Inhalte leitet, und durch *Teaser-Flächen*, in denen auf die wichtigsten Themen hingewiesen wird oder die neusten Nachrichten angezeigt werden. Weitere häufig aufgesuchte Seiten sollten Sie regelmäßig auf Funktionalität und Inhalt prüfen. So können Sie Inhalte aktualisieren oder erweitern, damit Besucher weiterhin die gewünschten Informationen in hoher Qualität erhalten und Ihre Website in positiver Erinnerung behalten.

Das Nutzerverhalten haben wir uns bereits in Kapitel 14, »Zielgruppen und Targeting«, näher angeschaut. Nutzen Sie diese Erkenntnisse für die Einteilung Ihrer Besucher in Zielgruppen. Damit können Sie die verschiedenen Personen auf Ihrer Website besser kennenlernen und gezielt ansprechen.

## 20.4 Wettbewerbsanalyse – Wie gut sind andere?

Bisher haben Sie nur Ihre eigene Website analysiert. Interessant ist aber auch der Blick auf andere Seiten und der Vergleich mit Wettbewerbern. Leider bekommen Sie natürlich keinen so detaillierten Blick auf andere Seiten wie auf die eigene. Aber es gibt ein paar nützliche Hilfen, die ein ungefähres Bild der Entwicklung verschiedener Websites aufzeigen.

In Deutschland gibt es zwei Organisationen, die Web-Angebote unabhängig messen und die Ergebnisse veröffentlichen. Dies sind die IVW (Informationsgemeinschaft zur Feststellung der Verbreitung von Werbeträgern e.V.) und die AGOF (Arbeitsgemeinschaft Online Forschung e.V.). Beide Institutionen erfassen die Reichweite von Online-Portalen, auf denen Werbung geschaltet werden kann. Aber nicht jede Website nimmt an der Analyse teil, weil es entweder nicht notwendig ist – z. B. für Online-Shops – oder weil die Websites noch nicht so groß sind. Einen Großteil der redaktionellen Websites finden Sie aber in der Liste beider Anbieter. So werden von der IVW über 1000 Online-Werbeträger erfasst. Unter der Adresse *http://www.ivw.de/* können Sie sich das aktuelle Ranking der erfassten Websites anschauen. Als Kennzahl dient die Anzahl der Besuche (Visits) pro Monat. Damit Sie ein Gefühl für die Größe von bekannten Websites bekommen, haben wir Ihnen in Tabelle 20.1 die Top 10 der IVW-Erhebung zusammengetragen. Sie werden viele Seiten sicher kennen und auch regelmäßig aufsuchen.

| Angebot | Visits |
|---|---|
| T-Online | 446.291.837 |
| eBay | 348.288.660 |
| VZ-Netzwerke | 347.390.669 |
| MSN | 228.679.508 |
| Yahoo | 208.650.814 |
| Windows Live | 171.975.452 |
| Bild.de | 163.548.313 |
| ProSieben Online | 154.653.641 |
| wer-kennt-wen.de | 154.088.573 |
| Spiegel Online | 132.130.797 |

**Tabelle 20.1**  IVW-Online-Nutzungsdaten vom Dezember 2010

Ein ähnliches Bild liefert auch die AGOF in ihrer Erhebung. In den regelmäßig erscheinenden *internet facts* werden die Ergebnisse unter *http://www.agof.de/* veröffentlicht. Angegeben wird die Reichweite der Angebote hier in *Unique Usern* pro Monat, also eindeutig identifizierbaren Nutzern (siehe Abbildung 20.12).

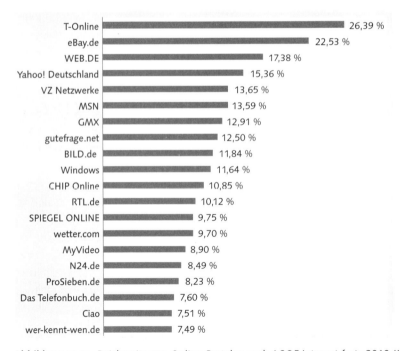

**Abbildung 20.12**  Reichweite von Online-Portalen nach AGOF internet facts 2010-II

Zur Untersuchung der Nutzung und Reichweite von Internet-Angeboten haben sich auch sogenannte *Panels* durchgesetzt, die gezielt das Nutzerverhalten von bestimmten Testgruppen analysieren und auswerten. In Deutschland ist z. B. *Nielsen NetRatings* ein bekanntes Online-Panel. Durch Befragungen und Analyse des Surf-Verhaltens im Internet entsteht somit ein umfassendes und genaues Bild. Die Studienergebnisse sind zwar kostenpflichtig, die Website gibt aber einen Einblick in die Daten (*http://de.nielsen.com/*). So werden z. B. regelmäßig die Top-10-Marken im Internet ermittelt, mit Angabe der Nutzerschaft (*Unique Audience*) und der Verweildauer (*Time per Person*). Hieran erkennen Sie gut, dass soziale Netzwerke wie Facebook viel längere Nutzungszeiten haben als Informationsangebote wie Wikipedia oder Shopping-Sites wie Amazon (siehe Tabelle 20.2).

| Rang | Marke | Nutzer [000] | Verweildauer nach Person (hh:mm:ss) |
|------|-------|--------------|-------------------------------------|
| 1 | Google | 37.987 | 01:05:52 |
| 2 | eBay | 21.762 | 02:11:07 |
| 3 | Microsoft | 20.585 | 00:42:58 |
| 4 | MSN/WindowsLive/Bing | 20.478 | 01:26:50 |
| 5 | YouTube | 18.537 | 01:00:08 |
| 6 | Wikipedia | 17.675 | 00:14:47 |
| 7 | Amazon | 17.368 | 00:28:13 |
| 8 | T-Online | 16.909 | 00:50:21 |
| 9 | Facebook | 15.456 | 02:40:28 |
| 10 | RTL Network | 13.879 | 01:18:23 |

**Tabelle 20.2** Die Top-10-Marken im Internet in Deutschland nach Nielsen (Quelle: The Nielsen Company, NetView)

Wenn Sie nicht über eine große Medien-Website verfügen, werden Sie sicher andere Zahlen interessieren. Als nützlich hat sich hier der Dienst *Google Trends for Websites* erwiesen, den Sie unter *http://trends.google.com/websites* erreichen. Damit haben Sie die Möglichkeit, verschiedene Websites zu vergleichen. Geben Sie einfach verschiedene Websites durch Kommas getrennt hintereinander ein. Zusätzlich können Sie ein Land und einen spezifischen Zeitraum angeben, um die Ergebnisse passend für sich zu filtern. Wenn Sie sich hier mit Ihrem Google-Konto anmelden, bekommen Sie noch ausführlichere Informationen und Zahlen im Diagramm. Im Beispiel aus Abbildung 20.13 haben wir drei große Reiseportale verglichen und können daran erkennen, wie sich der Traffic auf den Portalen verhält. Natürlich sind diese Zahlen mit Vorsicht zu genießen, da es sich nur um eine Hochrechnung handelt, die Google aus Daten seiner eigenen Quellen errechnet (z. B. aus der Google Toolbar). Aber eine Tendenz lässt sich meistens erkennen. So sehen Sie in Abbildung 20.13 deutlich die steigende Nachfrage an Urlaubsreisen ab Januar. Das Tool bieten Ihnen zudem Informationen, aus welchen Regionen die Besucher kamen, welche Websites sie noch zusätzlich besucht haben und welche Suchbegriffe verwendet wurden.

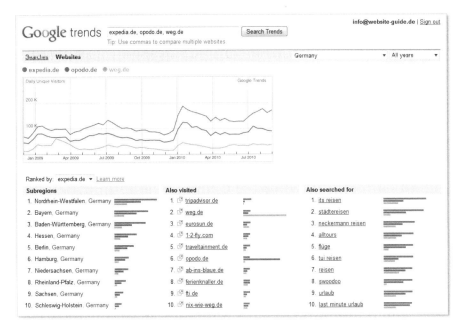

**Abbildung 20.13**　Google Trends for Websites

Vergleichende Informationen über verschiedene Websites bekommen Sie auch über den Dienst Alexa.com (*http://www.alexa.com/*). Alexa ist ein Tochterunternehmen von Amazon und erhebt mit einer eigenen Toolbar Nutzungsdaten. So kann ein Ranking der meistbesuchten Seiten aufgestellt werden, das Sie für Deutschland unter der Adresse *http://www.alexa.com/topsites/countries/DE* aufrufen können. Da die Daten nur über die eigene Toolbar ermittelt, aber nicht weiter verbreitet und eher von technikaffinen Menschen genutzt werden, ist die Auswertung mit Vorsicht zu genießen. Die von Alexa im Februar 2011 ermittelten Top-10-Seiten haben wir Ihnen hier aufgelistet:

1. google.de
2. facebook.com
3. google.com

4. youtube.com

5. ebay.de

6. wikipedia.org

7. amazon.de

8. spiegel.de

9. yahoo.com

10. bild.de

Alexa.com bietet zudem die Möglichkeit, detaillierte Informationen zu einer Website zu bekommen und einen Vergleich mit anderen durchzuführen. Klicken Sie dazu bei *http://www.alexa.com/* auf SITE INFO, und geben Sie die gewünschte Website mit dem Domain-Namen ein. Sie haben zusätzlich die Möglichkeit, andere Domains einzugeben, mit denen die Website verglichen werden soll. Schauen wir uns amazon.de genauer an und vergleichen es mit weiteren großen deutschen Online-Shops, erhalten wir die Auswertung aus Abbildung 20.14, sortiert nach dem *Alexa Traffic Rank*.

**Abbildung 20.14** Website-Analyse mit Alexa.com

Sie erkennen an der Auswertung, dass amazon.de einen weltweiten Traffic-Rang von 99 hat und in Deutschland auf Platz 7 steht. Zudem bekommen Sie unter

SITES LINKING IN auch Informationen zur Verlinkung der Domain, die eine Aussage über die Popularität ermöglicht und ein starkes Signal für das Ranking in Suchmaschinen ist. Weiterhin bekommen Sie Informationen zu den meistgenutzten Suchbegriffen (SEARCH ANALYTICS) und unter AUDIENCE soziodemografische Daten für die Zielgruppe der eingegebenen Website (siehe Abbildung 20.15).

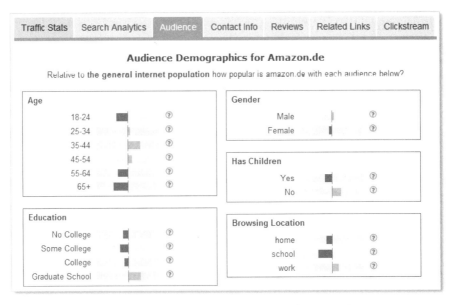

**Abbildung 20.15** Auswertung demografischer Daten einer Website mit Alexa.com

## 20.5 Web-Analytics für Fortgeschrittene

Sie kennen nun verschiedene Methoden der Web-Analyse und können Ihren Wettbewerb besser einschätzen. Nun tritt die Frage auf, wie Sie Web-Analytics weitergehend nutzen können. Wir wollen Ihnen an dieser Stelle einen kurzen Ausblick auf die weiteren Möglichkeiten geben, die Web-Analytics Methoden bieten können. Diese kommen inzwischen vor allem bei großen Websites zum Einsatz, um noch mehr aus der Website und dem Online-Marketing herausholen zu können.

### 20.5.1 Website-Optimierung

Um das Nutzerverhalten besser verstehen zu können, werden sogenannte *Heatmaps* (siehe Abbildung 20.16) und Mouse-Tracking eingesetzt. Damit werden die Klicks und Mausbewegungen der Nutzer erfasst und analysiert. Mithilfe dieser Informationen können Sie Rückschlüsse auf die optimale Gestaltung der

Website ziehen. In Kapitel 18, »Testverfahren«, zeigen wir Ihnen, wie Sie für Ihre Website mithilfe der verschiedenen Methoden Aussagen treffen können.

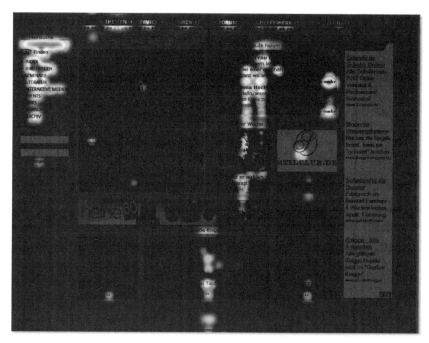

**Abbildung 20.16** Website-Optimierung über Heatmaps (Quelle: Webtrekk)

### 20.5.2 Klickketten-Analysen

Ein weitere Methode, die komplexe Berechnungen beinhaltet, sind Klickketten-Analysen. Darüber wird analysiert, welche Pfade Nutzer auf einer Website verfolgen und wo sie eventuell abbrechen. Darüber kann eine Segmentierung der Nutzer erfolgen, indem Sie schauen, wer in einem Bestellprozess bis zum Ende gekommen und damit zum Käufer geworden ist. Diesen Prozess erkennen Sie in Abbildung 20.17 anschaulich visualisiert über das Web-Analyse-System Webtrekk.

Außerdem können Klickketten für ein effizientes Online-Marketing analysiert werden. Es ist z. B. bekannt, dass Nutzer erst nach mehreren Website-Besuchen einen Kauf tätigen. Sie können nun aufgrund von Klickketten analysieren, welche Online-Marketing-Maßnahme letztlich zum Erfolg geführt hat, und können auch anderen Marketing-Kanälen einen Anteil am Erfolg zuweisen, wenn sie einen Beitrag zum Erreichen des Ziels geleistet haben.

So kann z. B. ein Nutzer zuerst über einen Suchergebniseintrag Ihre Website aufsuchen. Dann schaut er sich auf der Seite um und verlässt diese wieder. Nach ein paar Tagen kommt dieser Nutzer erneut auf Ihre Website, z. B. weil er Ihren Firmennamen googelt und auf Ihe AdWords-Anzeige klickt. In diesem Zug bestellt er auch die gewünschten Produkte. Mit den neuen Analysemethoden können Sie nun beiden Kanälen (SEO und SEM) einen Werbeerfolg zuschreiben.

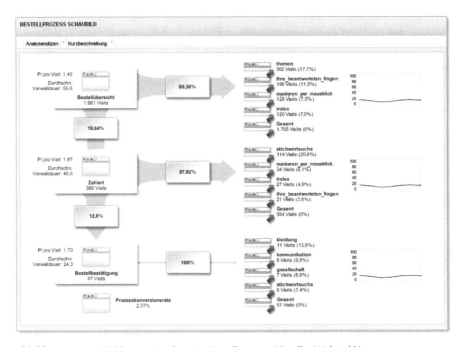

**Abbildung 20.17**  Klickketten-Analyse im Bestellprozess (Quelle: Webtrekk)

Ein weiteres aktuelles Thema im Bereich Web-Analytics ist die mobile Internet-Nutzung. Hierfür werden Mobile-Analytics-Methoden entwickelt, die z. B. auch die Nutzung von mobilen Apps auf Handys analysieren können. Einen Einblick in dieses neue Thema geben wir Ihnen in Kapitel 6, »Mobile Marketing«.

*»Die erste Million ist immer die schwerste.«*
*– Volksweisheit*

# 21 Wie kann ich mit meiner Website Geld verdienen?

Erfolgreiche Websites zeichnen sich natürlich auch dadurch aus, dass mit ihnen Geld verdient werden kann bzw. in den meisten Fällen auch verdient werden soll. So gibt es Geschäftsmodelle, die Umsätze allein über die Website erzielen, z. B. Online-Shops, reine Online-Magazine oder Communitys. Aber auch dann, wenn Sie Ihre Website »nur« zu Marketingzwecken aufgebaut haben, wollen Sie darüber indirekt Geld verdienen, indem mehr Besucher und potenzielle Kunden auf Sie aufmerksam werden.

In diesem Kapitel zeigen wir Ihnen Möglichkeiten auf, wie Sie mit Ihrer Website direkt Geld verdienen können. Die heute verfügbaren Technologien und Angebote führen dabei recht einfach zum Erfolg, sodass schnell die ersten Euros verdient sind. Wir gehen in den nächsten Seiten auf die verschiedenen Werbeformen ein, die Sie in Ihre Website integrieren können, um damit Umsätze zu erzielen. Eine wichtige Voraussetzung ist natürlich, dass Sie möglichst viele Besucher auf Ihrer Website haben, denn nur dann wird die Werbung auch gesehen und ausreichend oft angeklickt. Wie Sie Ihre Website bekannter machen können, haben Sie bereits in den ersten Teilen des Buchs gesehen.

Wenn Sie Werbung auf Ihrer Website betreiben möchten, stehen Ihnen verschiedene Möglichkeiten zur Verfügung. Die bekannteste Form ist sicherlich die Bannerwerbung, die Sie von vielen anderen Websites kennen. Bannerschaltung können Sie durch Affiliate-Marketing (siehe Abschnitt 21.1, »Affiliate-Marketing als Publisher«) und professionelle Vermarktung (siehe Abschnitt 21.5, »Für Fortgeschrittene: Professionelle Vermarktung und AdServer-Integration«) vornehmen. Häufig trifft man auf Webseiten auch die AdSense-Werbung von Google an, die wir in Abschnitt 21.2, »Google AdSense«, näher beschreiben. Auch In-Text-Werbung und Textlinks können eine Form der Generierung von Werbeeinahmen sein. Wichtig ist für alle Bereiche, dass Sie genügend Werbeflächen – sogenannte *AdSpaces* – auf Ihrer Website einplanen und bereitstellen. Neben der Integration von Online-Werbung besteht auch die Möglichkeit, Produkte oder Dienstleistungen direkt über das Internet zu verkaufen, um damit Geld zu verdienen. Diese Arten der Umsatzgenerierung werden als *transaktionsorientierte Geschäftsmodelle* bezeichnet. Die verschiedenen Möglichkeiten des Online-Handels beleuchten wir in Abschnitt 21.4, »E-Commerce mit Online-Shops«.

## 21.1 Affiliate-Marketing als Publisher

Affiliate-Marketing als einen großen Bereich des Online-Marketings haben wir schon in Abschnitt 2.2, »Eine Hand wäscht die andere – effektives Affiliate-Marketing«, ausführlich beschrieben. Als Website-Betreiber können Sie Affiliate-Marketing dazu nutzen, um direkte Einnahmen als Werbepartner zu erzielen. Affiliate-Marketing kommt auf vielen Websites zum Einsatz. Auf den folgenden Seiten zeigen wir Ihnen verschiedene Möglichkeiten, mit Affiliate-Marketing Geld zu verdienen.

### 21.1.1 Die verschiedenen Modelle des Affiliate-Marketings

Als sogenannter *Affiliate* stellen Sie Ihre Website den Werbepartnern zur Verfügung. Diese Werbepartner können dann z. B. Banner oder Textlinks bei Ihnen platzieren. Affiliate-Marketing wird meist leistungsorientiert vergütet. Das bedeutet zum Beispiel, wenn durch das Banner auf Ihrer Website ein Kauf beim Händler stattfindet, erhalten Sie eine Provision. Den Ablauf des Affiliate-Marketings aus Publisher-Sicht sehen Sie in Abbildung 21.1 als Schema verdeutlicht. Die Grundlagen dazu können Sie in Kapitel 2, »Online-Marketing – Werben im Internet«, nachlesen.

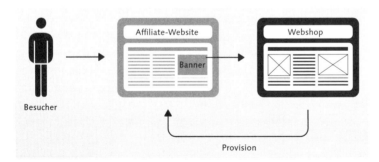

**Abbildung 21.1** Ablauf des Affiliate-Marketings

Zusätzlich gibt es im Konzept des Affiliate-Marketings die Partner-Netzwerke, die sich zwischen Affiliate und Merchant positionieren. Sie dienen als Mittler zwischen beiden Beteiligten und übernehmen die organisatorische Verwaltung, wie

z. B. die Rechnungsabwicklung. Die Affiliate-Netzwerke sind entstanden, weil es auf der einen Seite viele Advertiser gibt, auf der anderen Seite aber auch viele Publisher. Um diese zusammenzubringen, eignen sich die Partnernetzwerke wie Zanox (*http://www.zanox.com/de/*) oder affilinet (*http://www.affili.net/*).

Nur wenige Unternehmen betreiben ein eigenes Partnerprogramm, ohne ein Affiliate-Netzwerk als Mittler. Das bekannteste Beispiel dafür ist das Amazon-Partnerprogramm. Sie finden es unter der Adresse *https://partnernet.amazon.de/*. Sie können sich dort anmelden, um an dem Partnerprogramm teilzunehmen und darüber Einnahmen zu erzielen. Ein weiteres eigenständiges Partnerprogramm wird vom bekannten Marktplatz eBay angeboten. Unter *http://www.ebaypartnernetwork.com/* finden Sie die Funktionsweise des Affiliate-Programms und die Möglichkeiten, wie Sie eBay auf Ihrer Website bewerben können (siehe Abbildung 21.2).

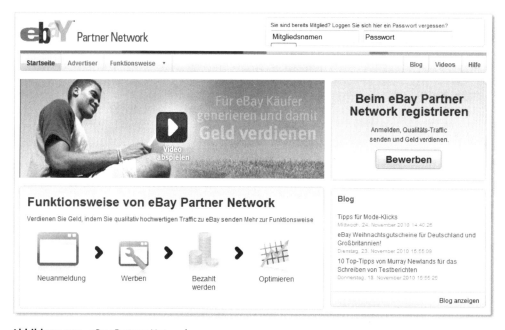

**Abbildung 21.2** eBay Partner Network

Andere Partnerprogramme finden Sie meist, wenn Sie die Website eines Werbetreibenden (*Advertisers*) aufrufen und nach einem Link namens »Partner« oder »Partnerprogramm« suchen. Dort finden Sie alle relevanten Informationen und Hinweise darauf, ob ein eigenes Affiliate-Programm angeboten oder mit einem Affiliate-Netzwerk zusammengearbeitet wird. Alternativ können Sie auf den Webseiten der Partnernetzwerke nachschauen, welche Programme angeboten werden. Verzeichnisse wie *http://www.100partnerprogramme.de/* zeigen Ihnen neue und passende Partnerprogramme (siehe Abbildung 21.3). Sie können dort Affiliate-Programme mit verschiedenen Kriterien suchen und vergleichen. Wichtige Kriterien sind z. B. das Vergütungsmodell, die Provisionshöhe und das Thema des Programms.

**Abbildung 21.3** Partnerprogramm-Suche bei 100partnerprogramme.de

Wenn Sie sich für ein Partnerprogramm entschieden haben, brauchen Sie sich nur bei dem Anbieter direkt oder über eines der Affiliate-Netzwerke anmelden und für das Programm mit Ihrer Website bewerben. Sollten Sie eine thematisch passende Seite haben und den Programmrichtlinien entsprechen, werden Sie schnell freigeschaltet und können mit dem Einbinden von Werbung beginnen. Der Advertiser bietet Ihnen verschiedene Werbemittel an, die Sie benutzen können. Wählen Sie die für Ihre Website passenden Werbemittel, und integrieren Sie diese in das Layout und den Inhalt (*Content*) Ihrer Seiten. Wichtig ist hierbei die richtige Verlinkung der Werbemittel zum Advertiser. Es werden spezielle Affiliate-Links als Ziel-URL verwendet, über die das *Tracking*, also die technische

Nachverfolgung der Klicks, erfolgt und die die Berechnung der Umsatzprovision gewährleisten. In Listing 21.1 sehen Sie ein Beispiel dafür, wie der HTML-Code beim Affiliate-Netzwerk affilinet aufgebaut ist.

```
<a href="http://partners.webmasterplan.com/
click.asp?ref=384734&site=1719&type=b40&bnb=40" target="_blank">
<img src="http://banners.webmasterplan.com/
view.asp?ref=384734&site=1719&b=40" border="0" alt="Host Europe
Webhosting - WebPack 3.0 - ab € 1,49*" width="468" height="60" /></a>
```

**Listing 21.1**  Beispiel-Code für einen Affiliate-Link

Am Anfang steht im `<a>`-Tag das Linkziel des Affiliate-Banners, das über den Server *webmasterplan.com* weitergeleitet wird und durch das die entsprechende Zielseite des Advertisers aufgerufen wird. Dadurch kann affilinet erkennen, dass ein Klick auf das Werbemittel stattfand. Im zweiten Teil sehen Sie im `<img>`-Tag den Aufruf des Werbemittels, der in diesem Fall ein Banner ist. Auch die Grafikdatei für das Banner kommt über den *webmasterplan*-Server. Damit kann vom Affiliate-Netzwerk festgestellt werden, wie häufig dieses Banner angezeigt wird und auf welchen Webseiten es eingebunden ist.

### 21.1.2  Ein Praxisbeispiel

Nehmen wir als Beispiel an, Sie betreiben eine Seite zum Thema Mountainbiking. Dann wäre es naheliegend, dass Sie z. B. Werbung für Fahrrad-Shops anbieten, bei denen Ihre Website-Besucher auf das Angebot hingewiesen werden und dieses auch kaufen können. Sie als Betreiber der Website begeben sich nun also auf die Suche nach Online-Shops und deren Partnerprogrammen. Ein entsprechendes Partnerprogramm finden Sie z. B. bei *fahrrad.de*. Dort lesen Sie die Teilnahmebedingungen für das Affiliate-Programm und können sich über verschiedene Netzwerke registrieren. In diesem Fall entscheiden wir uns für das Netzwerk *affilinet* und können die Details des Partnerprogramms einsehen (siehe Abbildung 21.4).

Wenn Sie mit dem Angebot und den Teilnahmebedingungen einverstanden sind, können Sie sich für das Programm anmelden. Nach kurzer Zeit sollten Sie eine Bestätigung des Advertisers bekommen und können mit der Auswahl von Werbemitteln beginnen. Bei den meisten Programmen steht Ihnen eine Vielzahl an Bannergrößen und -layouts zur Verfügung. Sie können also frei wählen, welches Werbemittel am besten in Ihre Seite passt, und es werbewirksam in Ihre Webseiten einbinden (siehe Abbildung 21.5).

**Abbildung 21.4**  fahrrad.de-Partnerprogramm bei affilinet

**Abbildung 21.5**  Beispiel-Banner aus dem fahrrad.de-Partnerprogramm

Eventuell möchten Sie jetzt noch Literatur-Empfehlungen anbieten. Dafür eignet sich z. B. das schon genannte Partnerprogramm von Amazon.de. Melden Sie sich dazu einfach unter *https://partnernet.amazon.de/* an, und registrieren Sie dort

Ihre Website. Ihnen stehen auch bei Amazon verschiedene Werbemittel zur Verfügung, die Sie integrieren können. Sie haben die Auswahl zwischen Einzeltitellinks, diversen Bannerformaten und *Widgets*, wie z. B. kontextsensitiven Produktempfehlungen oder Suchfeldern. Suchboxen können Sie zur Verfügung stellen, wenn Sie dem Nutzer eine Recherchemöglichkeit geben wollen. Beim Absenden des Suchformulars wird der Nutzer automatisch auf die Ergebnisseite von *amazon.de* geleitet. Entsteht über diesen Suchvorgang ein Kauf, werden Sie als Webseitenbetreiber entsprechend vergütet.

**Abbildung 21.6**   Beispiel-Widget: Amazon Suchfeld-Box

Sie können Ihren Nutzern aber auch direkt ausgewählte Produkte des Sortiments anbieten. Die Produktnummer müssen Sie vorher herausfinden. Wenn Sie nicht viel Zeit in die Buchrecherche investieren möchten, empfiehlt es sich, z. B. das Widget »Self-Optimizing-Links« zu nutzen, das die Werbelinks automatisch auf den Inhalt Ihrer Seite abstimmt. Wie Sie in Abbildung 21.7 sehen, können verschiedende Einstellungen vorgenommen werden, um die Anzeigenlinks auch dem Layout Ihrer Website anzupassen.

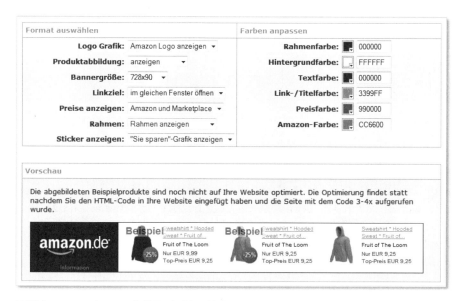

**Abbildung 21.7**   Amazon Self-Optimizing-Links

Wenn Sie alle Anpassungen nach Ihren Vorstellungen vorgenommen haben, erhalten Sie einen HTML-Code, den Sie an der entsprechenden Stelle Ihres Website-Codes einbauen können.

```
<script type="text/javascript"><!--
amazon_ad_tag = "websiteguide-21"; amazon_ad_width = "728"; amazon_
ad_height = "90";//--></script>
<script type="text/javascript" src="http://www.assoc-amazon.de/s/
ads.js"></script>
```

**Listing 21.2** HTML-Code für Amazon Partner-Widgets

Alternativ können Sie auch einzelne Produkte aus dem Amazon-Shop auswählen und direkt auf diese verlinken. Wählen Sie dazu im Partnerprogrammbereich von Amazon die Option EINZELTITELLINKS. Über eine Suchfunktion können Sie dann die gewünschten Produkte auswählen und über den Button LINK ERSTELLEN den individuellen Tracking-Code erzeugen (siehe Abbildung 21.8).

**Abbildung 21.8** Auswahl von Einzeltitel-Links beim Amazon-Partnerprogramm

Auch hier haben Sie die Möglichkeit, weitere Anpassungen am Werbemittel vorzunehmen. Sie können z. B. nur Textlinks anzeigen lassen oder auch eine Kombination aus Grafik, Text und Preis des Produkts. Legen Sie fest, ob der Preis angezeigt werden soll und ob beim Anklicken der Anzeige ein neues Fenster geöffnet werden soll (siehe Abbildung 21.9). Dies hat den Vorteil, dass beim Klick auf die Anzeige ein separates Browser-Fenster geöffnet wird. Wenn dies vom Nutzer wieder geschlossen wird, bleibt Ihre Website weiterhin sichtbar.

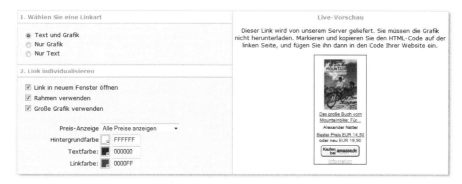

**Abbildung 21.9**  Anpassung von Einzeltitel-Links

Sie erhalten daraufhin den HTML-Code, den Sie in Ihre Website einbauen können:

```
<iframe src="http://rcm-de.amazon.de/e/cm?lt1=_
blank&bc1=000000&IS2=1&bg1=FFFFFF&fc1=000000&lc1=0000FF&t=websitegui
de-21&o=3&p=8&l=as1&m=amazon&f=ifr&asins=3767909839"
style="width:120px;height:240px;" scrolling="no" marginwidth="0"
marginheight="0" frameborder="0"></iframe>
```

**Listing 21.3**  HTML-Code für Amazon Einzeltitel-Links

Damit haben Sie erfolgreich die ersten Werbeplätze auf Ihrer Website belegt. Möchten Sie weitere Werbung schalten, empfiehlt sich das Google AdSense-Werbeprogramm, das auch eine Art des Affiliate-Marketing darstellt. Da dieses Programm in der Internet-Welt eine besonders herausragende Bedeutung hat, beschreiben wir es im Folgenden im Detail.

## 21.2    Google AdSense

Google AdSense ist das beliebte Anzeigenprogramm des Suchmaschinenriesen Google. Es wird von sehr vielen Websites im Internet genutzt, von ganz kleinen Seiten bis zu großen Online-Magazinen wie z. B. dem Tagesspiegel. Sie können einfach auf Ihrer Website Anzeigen schalten und verdienen mit jedem Klick auf die Anzeigen. Die Klickpreise variieren dabei von wenigen Cents bis zu einigen Euros pro Klick bei wettbewerbsintensiven Themen wie Versicherungen, Krediten oder ungewöhnlichen Themen wie Detektiven und Treppenliften. Im Folgenden werden wir Ihnen zeigen, wie Sie Google AdSense einrichten und auf Ihrer Website integrieren können. Außerdem geben wir Ihnen Tipps, wie Sie noch mehr aus den AdSense-Anzeigen herausholen können.

### 21.2.1 Google AdSense einrichten

Um an dem AdSense-Programm von Google teilzunehmen, brauchen Sie sich nur online unter der Adresse *http://www.google.de/adsense/* mit Ihren Daten anzumelden. Klicken Sie dazu auf den Button JETZT ANMELDEN. Sie erhalten dann ein Online-Formular, in dem Sie Angaben zu Ihrer Website und Kontaktinformationen machen. Wenn dies alles vollständig ausgefüllt ist und die Registrierung erfolgreich verlief, können Sie starten. Sobald Sie im Google AdSense-Bereich eingeloggt sind, sehen Sie Ihre Kontoübersicht (siehe Abbildung 21.10).

**Abbildung 21.10** Google AdSense-Kontoübersicht

Um jetzt Ihre Anzeigenflächen einzustellen, klicken Sie auf den Reiter MEINE ANZEIGEN. Sie können sich bei AdSense zwischen verschiedenen Werbeformen entscheiden, die Sie in Abbildung 21.11 in der linken Spalte sehen. CONTENT ist die Option, die Sie auswählen, wenn Sie Werbeanzeigen auf Ihrer Website integrieren wollen. Alternativ können Sie auch die Google-Suche einbinden, Ihren Daten-Feed oder ungenutzte Domains mit Werbung versehen und Anzeigen auf mobilen Webseiten schalten.

Die erste Option wird am häufigsten genutzt und ist sicher für Sie am interessantesten, da Sie damit Werbeflächen auf Ihrer Website anbieten können. Daher werden wir uns diese Funktion jetzt näher anschauen. Da wir in unserem Beispiel eine Anzeigenfläche auf unserer Website mit AdSense-Werbung belegen möchten, wählen wir die Option ANZEIGENBLÖCKE. Eine neue Werbefläche erstellen Sie nun, indem Sie auf NEUER ANZEIGENBLOCK klicken.

**Abbildung 21.11** Anzeigen-Setup bei Google AdSense

Content > Neuen Anzeigenblock erstellen

Name

Größe      728 x 90 - Leaderboard ▼

Anzeigentyp      Text & Image-/Rich Media-Anzeigen ▼

     Beispiele für Anzeigentypen und -größen anzeigen

Anzeigenstil      **Farbvorlage**
(nur AdWords-
Anzeigen)      Google-Standardvorlage ▼

| | | |
|---|---|---|
| Rahmen | # FFFFFF | **Anzeigentitel** |
| Titel | # 0000FF | Anzeigentext |
| | | www.werbeurl.de |
| Hintergrund | # FFFFFF | Google-Anzeigen |
| Text | # 000000 | |
| URL | # 008000 | |

Schriftart      Kontostandardeinstellung verwenden (AdSense-Standardschriftfamilie) ▼

Schriftgröße      Kontostandardeinstellung verwenden (AdSense-Standardschriftgröße) ▼

Stil der Ecken      ⌐ ⌐ ⌐

Benutzerdefinierte ⑦      Neuen benutzerdefinierten Channel erstellen
Channels

*Keine benutzerdefinierten Channels zum Hinzufügen vorhanden*      *Keine benutzerdefinierten Channels hinzugefügt*

Ersatzanzeigen ⑦      Anzeigen gemeinnütziger Organisationen einblenden ▼

**Speichern und Code abrufen** Abbrechen

**Abbildung 21.12** Neuen AdSense-Anzeigenblock erstellen

Sie geben dem Anzeigenblock nun einen eindeutigen Namen und haben dann verschiedene Möglichkeiten, das Layout der Anzeigen zu bestimmen (siehe Abbildung 21.12). Die wichtigste Einstellung ist hier das Anzeigenformat, mit dem Sie die GRÖSSE der Anzeigenfläche festlegen. Diese Größe muss zum Aufbau Ihrer Website passen. Planen Sie also passende Werbeflächen auf Ihrer Website ein. Es handelt sich dabei um verschiedene Standardformate, wie z. B. *Medium Rectangle* (300 × 250 Pixel), *Banner* (468 × 60 Pixel) oder *Skyscraper* (120 × 600 Pixel). Des Weiteren können Sie bestimmen, ob Sie nur Textanzeigen in dem Anzeigenblock zeigen möchten oder nur Image-Anzeigen, also Banner. Sie können auch beides zulassen. Dann entscheidet AdSense, welcher Anzeigentyp besser für Ihre Website funktioniert.

> **Tipp: AdSense-Anzeigenformate**
>
> Damit Sie sich ein Bild über die zur Verfügung stehenden Anzeigenformate machen können, finden Sie unter der Adresse *https://www.google.com/adsense/static/de/AdFormats.html* Beispiele zu allen angebotenen Werbemitteln und Größen.

Des Weiteren können Sie noch sogenannte *Channels* bestimmen. Diese Channels können Sie selbst definieren, und sie stehen für die Kategorisierung von Anzeigenplätzen. Zum Beispiel können Sie Ihre Website in Themen-Channels aufteilen. Damit erhalten Sie spezifischere Auswertungen, und Werbekunden können direkt in den festgelegten Channels Werbung bei Ihnen buchen. Sie können sich die Channels am besten veranschaulichen, wenn Sie auf eine Nachrichten-Website gehen. Hier finden Sie verschiedene Themen in Rubriken aufgeteilt. Rubriken könnten also z. B. Politik, Wirtschaft, Gesundheit oder Reisen sein. Diese Rubriken können Sie, wenn Sie Betreiber dieser Nachrichtenseite sind, als AdSense-Channels anlegen. Im ersten Schritt Ihrer AdSense-Aktivitäten für eine kleine Website ist dies aber nicht notwendig. Sollten Sie aber AdSense für eine größere Website einsetzen, empfehlen wir Ihnen, sich vorab Gedanken über die Kategorisierung der Channels zu machen. Sie profitieren mit einer guten Struktur von besseren Auswertungen.

Mit der Option ERSATZANZEIGEN können Sie wählen, was angezeigt werden soll, wenn AdSense keine passenden Anzeigen ermitteln kann. Haben Sie alle gewünschten Einstellungen vorgenommen, können Sie auf SPEICHERN UND CODE ABRUFEN klicken. Sie erhalten damit einen HTML-Code, den Sie an die ausgewählte Stelle auf Ihrer Website einbauen.

```
<script type="text/javascript"><!--
google_ad_client = "ca-pub-9688525200403472";
/* Test */
google_ad_slot = "8754515777";
```

```
google_ad_width = 728;
google_ad_height = 90;
//-->
</script>
<script type="text/javascript"
src="http://pagead2.googlesyndication.com/pagead/show_ads.js">
</script>
```

**Listing 21.4** Code für einen AdSense-Anzeigenblock

Wenn alles erfolgreich implementiert wurde, sehen Sie recht schnell auf Ihrer Website den ersten AdSense-Anzeigenblock. Dieser wird automatisch auf den Inhalt Ihrer Website abgestimmt, d. h., Sie sollten in den meisten Fällen thematisch passende Anzeigen auf Ihrer Website angezeigt bekommen. Ausnahmen können aber vorkommen, z. B. wenn das Thema nicht klar erkennbar ist oder die Website nur aus Bildern besteht.

| Herz Geschenkidee | Die eigene Sauna | Asics Schuhe & Bekleidung | Marken Sicherheitsschuhe |
|---|---|---|---|
| Hier finden Sie schöne interessante Geschenkideen & sparen bis zu 75%! | Spitzen-Qualität zu Werkspreisen Jetzt kostenlosen Katalog anfordern | in riesiger Auswahl, mit bis zu 33% Rabatt - hier kaufen Sie günstig! | Für Gewerbe und Privat, Geiz ist dumm, Qualität ist wichtig |
| www.Preisvergleich.de/Geschenk | www.Hofmann-Sauna.de | www.Sportpoint24.com/Asics | www.maxxicon.net |

Google·Anzeigen

**Abbildung 21.13** AdSense-Anzeigenblock mit Textlinks

---

**AdSense Premium Publisher**

Wenn Sie sehr hohe Besucherzahlen auf Ihrer Website erreichen und mehr als 10 Millionen Seitenaufrufe pro Monat zusammenkommen, qualifizieren Sie sich als AdSense Premium Publisher und können die Anzeigen individuell gestalten, also z. B. an den Schrifttyp und die Schriftfarbe Ihrer Website anpassen oder individuelle Anzeigengrößen erstellen. In den USA brauchen Sie sogar mehr als 20 Millionen Seitenaufrufe, da Sie dort auch mehr Personen erreichen können.

---

**Abbildung 21.14** Premium AdSense-Anzeigen auf tagesspiegel.de

Ihre AdSense-Einnahmen können Sie nun unter dem Reiter LEISTUNGSBERICHTE einsehen und auswerten (siehe Abbildung 21.15). Auch bei AdSense lohnt sich das Testen von Anzeigentypen, Größe und Positionen. Beobachten Sie nicht nur Ihre Einnahmen, sondern auch die Kennzahlen CTR (*Click-Through-Rate*) und die Anzeigenblock-Impressionen, eine Zahl, die angibt, wie häufig das Werbemittel angezeigt wurde. Damit können Sie beurteilen, wie gut die Anzeigen funktionieren.

**Abbildung 21.15** AdSense-Leistungsbericht

Überlegen Sie bei Ihren Tests, wie Sie die einzelnen Kennzahlen optimieren können. Einige Tipps zur Erhöhung Ihrer AdSense-Einnahmen geben wir Ihnen im folgenden Abschnitt.

### 21.2.2 Höhere Einnahmen mit Google AdSense

Um Ihre Einnahmen über AdSense-Anzeigen zu optimieren, haben Sie verschiedene Möglichkeiten. Zu den wichtigsten Faktoren gehören die Positionierung und das Layout der Anzeigen, z. B. bezüglich der farblichen Gestaltung, der Größe und des Anzeigentyps. Natürlich können Sie Ihre Umsätze auch steigern, indem Sie Ihre Seitenaufrufe erhöhen und damit die Wahrscheinlichkeit für

Anzeigenklicks erzeugen. Wie Sie dies erreichen können, haben wir in den vorherigen Kapiteln ausführlich beschrieben. Widmen wir uns also an dieser Stelle der Anzeigenoptimierung.

Wenn Sie noch nicht die Website-Größe eines AdSense Premium-Partners erreicht haben, müssen Sie mit den vorgegebenen Formaten experimentieren, um die Klickraten zu erhöhen. Am einfachsten geht dies durch die Positionierung der Anzeigen. Sie können auf einer Webseite bis zu drei Anzeigenblöcke positionieren. Jetzt können Sie sich überlegen, wo Ihre Website-Nutzer potenziell am häufigsten klicken. Erfahrungen haben gezeigt, dass besonders Anzeigen in der Nähe des Inhaltsbereichs sehr oft angeklickt werden. Durch die kontextsensitive Aussteuerung der AdSense-Anzeigen, die die Werbung an den Inhalt der Seite anpasst, ergeben sich meist relevante Zusatzinformationen oder Angebote. Haben Sie z.B. auf der Webseite einen Artikel zu den neusten Modetrends, bekommen Sie Werbung angezeigt, die auf Mode-Shops verweist. Daher ist es wahrscheinlich, dass auch Personen darauf klicken, weil sie sich für das Thema interessieren. In Abbildung 21.16 sehen Sie einen Artikel zu Kreuzfahrtreisen. Passend dazu wird zwischen dem Artikel eine Textlink-Anzeige zu einem Reiseanbieter angezeigt.

**Die Jungfernfahrt ist schon lange ausgebucht**

Auch beim Namen fühlt sich Cunard ganz der Tradition verpflichtet. Das neue Luxusschiff nennt sich wie das Original nur „Queen Elizabeth". Cunard orientiert sich damit an dem legendären Transatlantik-Liner von 1938. Die „Queen Elizabeth 2" dagegen stach erst 1969 in See und wurde 39 Jahre später, im Juni 2008, feierlich von Queen Elizabeth II. verabschiedet. Der Luxusdampfer liegt derzeit im Hafen von Dubai, dem Sitz der halbstaatlichen Bau- und Immobilienfirma Nakheel. Das Unternehmen plante ursprünglich, die „Queen Elizabeth 2" in ein Hotelschiff umzubauen.

Google-Anzeigen
**Queen Mary 2 Kreuzfahrt**
Transatlantik, Karibik, Weltreise Verfügbarkeit online + Bordguthaben
www.QueenCruises.com/queen_mary_2

Wie groß das Interesse an der neuen „Queen Elizabeth" ist, zeigt die hohe Nachfrage nach der Jungfernfahrt von Southampton zu den Kanarischen Inseln: Als der Verkauf dieser Passage vor einem Jahr freigeschaltet wurde, war sie innerhalb 29 Minuten und 14 Sekunden komplett ausgebucht. Das ist ein Rekord in der 170-jährigen Geschichte von Cunard.

**Abbildung 21.16**  Kontextsensitive AdSense-Anzeigen im Artikel

Wichtig ist natürlich auch das Format, also die Anzeigengröße. Bei Google AdSense steht eine große Auswahl an Anzeigenformaten zur Verfügung. Welche Größe Sie einsetzen, hängt unter anderem von Ihrer Website ab. Tendenziell wecken große Anzeigenflächen mehr Aufmerksamkeit, können aber leicht als Werbebanner ignoriert werden. Deswegen haben sich Textanzeigenblöcke etabliert, da diese meist nicht vordergründig einen Werbecharakter aufweisen und eher angeklickt werden.

Sie können pro Seite bis zu drei Anzeigenblöcke platzieren. Die Anordnung sollten Sie sich daher genau überlegen. Empfehlenswert ist ein Textanzeigenblock z. B. unterhalb eines Artikels. Wenn ein Artikel bis zum Ende gelesen wurde, können Sie somit weitere Links für die Benutzer anbieten, die dann mit relativ hoher Wahrscheinlichkeit angeklickt werden. Zudem spielt die Formatierung eine wichtige Rolle bei der Optimierung Ihrer Anzeigen. Insbesondere bei den Textanzeigenblöcken können Sie Farben und Schriftarten individuell gestalten. So empfiehlt sich eine Anpassung der Farben an das Layout Ihrer Website, damit die Anzeigen dem Inhalt Ihrer Seite ähneln. Besonders die Gestaltung der Anzeigen-Links sollte den normalen Links auf Ihrer Website angepasst werden, damit Sie die Klickraten erhöhen.

Nicht zuletzt gilt natürlich auch bei der Optimierung der Anzeigeneffizienz, dass ausführliches Testen die Einnahmen deutlich steigern kann. Das Testen verschiedener Anzeigen kann z. B. durch den Einsatz eines *AdServers* übernommen werden. Wie diese Programme funktionieren und wie Sie sie in Ihre Website integrieren können, zeigen wir Ihnen in Abschnitt 21.5.2. Beachten Sie bei der Optimierung Ihrer Anzeigeneffizienz immer Ihre Benutzer. Häufig ist es eine Abwägungsfrage, wo und wie Sie eine Anzeigenfläche integrieren. Verzichten Sie besser auf eine wenig Einnahmen bringende Anzeigenfläche, um damit aber die Kundenzufriedenheit zu steigern und mehr wiederkehrende Benutzer zu bekommen.

## 21.3    Der Link-Basar

Als weitere Einnahmequelle steht Ihnen das Verkaufen oder Vermieten von Links offen. Inzwischen haben sich einige Link-Marktplätze etabliert. Sie können sich dort mit Ihrer Website als Publisher anmelden und Linkplätze auf der Seite zur Verfügung stellen.

Bei der Linkplatzierung steht meist nicht die Klickrate im Vordergrund, sondern der Wert eines Links für die Suchmaschinenoptimierung. In Kapitel 12, »Suchmaschinenoptimierung (SEO)«, haben wir bereits beschrieben, welche positive Wirkung externe Links auf das Ranking einer Website haben. Da viele Seitenbetreiber und Online-Shops auf gut platzierte Suchergebnisse angewiesen sind, werden auch Links gekauft oder für eine bestimmte Zeit gemietet. Dies sind dann keine natürlich gesetzten Links mehr, und die Suchmaschinenbetreiber sehen sie als künstliche Beeinflussung des Rankings an. Daher warnen die Richtlinien der Suchmaschinen vor solchen Maßnahmen. Um diesen Methoden entgegenzuwirken, untersagen Suchmaschinen wie Google das Verkaufen von Links. Trotzdem handelt es sich um eine übliche Methode im Internet und soll hier als Einnahmequelle erwähnt werden.

Damit Sie Einnahmen über Ihre Website erzielen, können Sie nun also fremde Links auf Ihrer Website schalten. Wie kommen Sie aber an die zu setzenden Links? Am häufigsten geschieht dies durch Zwischenhändler wie die schon erwähnten Link-Marktplätze oder durch Anfragen von Online-Agenturen. Hin und wieder erhalten Sie vielleicht auch Verlinkungsanfragen direkt von Webseitenbetreibern. Wir empfehlen Ihnen, nur Links zu schalten, wenn die Seiten auch thematisch zu Ihrer Website passen und Sie mit gutem Gewissen auf die fremde Seite verlinken können.

Schauen wir uns also die Link-Marktplätze genauer an. Wie es auf einem Marktplatz üblich ist, treffen hier Anbieter und Nachfrager aufeinander (siehe Abbildung 21.17). In diesem Fall sind die Anbieter Webseitenbetreiber, die Linkplätze auf ihrer Seite zur Verfügung stellen. Diese werden meist als *Publisher* bezeichnet. Die Nachfrager sind Webseitenbetreiber, die auf der Suche nach Links sind und diese auf fremden Seiten platzieren wollen. Die Nachfrager werden auch *Advertiser* genannt.

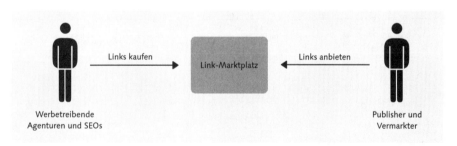

**Abbildung 21.17** Funktionsweise eines Link-Marktplatzes

In Deutschland sind drei Link-Marktplätze besonders bekannt: Teliad (*http://www.teliad.de/*), LinkLift (*http://www.linklift.de/*) und TextLinkAds bzw. InLinks (*http://www.inlinks.de/*). Bei diesen Marktplätzen können Sie sich anmelden und Ihre Website oder auch mehrere Websites registrieren. Meistens bekommen Sie dann einen Quellcode geliefert, den Sie in Ihre Website an der passenden Stelle einbauen können. Über diesen Code werden dann die Links vom Marktplatz ausgesteuert. Wenn ein neuer Link gesetzt wird, bekommen Sie eine Nachricht vom Marktplatzbetreiber. Sie haben immer die Möglichkeit, einen Link abzulehnen.

Wir raten Ihnen, diese Möglichkeit in Anspruch zu nehmen und zu prüfen, ob Sie den Link auch wirklich auf Ihrer Webseite anzeigen lassen wollen.

Der Advertiser zahlt pro Link meist einen monatlichen Betrag zwischen 8 und 80 Euro. In seltenen Fällen kann der Wert auch darüber liegen. Diese Umsätze teilen Sie sich als Publisher mit dem Marktplatzbetreiber. Die Einnahmen belaufen sich für Sie also pro Link auf ca. 5 bis 50 Euro pro Monat. Die Berechnung des Linkwerts ist von verschiedenen Faktoren abhängig und wird von den Marktplätzen vorgenommen. Der Preis wird vor allem aus dem Thema der Seite, der Anzahl der Backlinks, dem Traffic der Website und natürlich auch aus der Nachfrage der Advertiser bestimmt.

Die Abrechnung geschieht meist problemlos. Nach Ablauf eines kompletten Monats sehen Sie Ihre Einnahmen in den jeweiligen Weboberflächen der Marktplätze. In bestimmten Abrechnungsintervallen werden die Beträge auf Ihr Konto überwiesen.

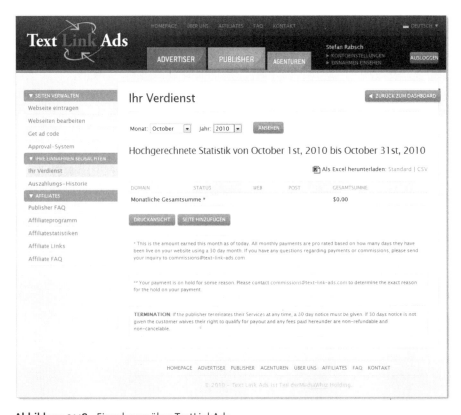

**Abbildung 21.18** Einnahmen über TextLinkAds

Sie sehen also, dass diese Einnahmeart recht unkompliziert verläuft. Vor allem Blogbetreiber verdienen sich hier ein Zubrot. Die ganz großen Beträge können Sie aber nicht erwarten, da Sie nur begrenzt viele Linkplätze zur Verfügung haben und Ihre Website bei zu starkem Linkverkauf schnell auffällt und Sie gegebenenfalls mit Abwertungen durch die Suchmaschinenbetreiber rechnen müssen.

## 21.4   E-Commerce mit Online-Shops

Natürlich können Sie mit Ihrer Website auch Geld verdienen, indem Sie direkt Waren oder Dienstleistungen darüber verkaufen. Dies geschieht über Online-Shops, die Sie in Ihre Website integrieren können (z. B. *http://shop.spiegel.de/*), oder die Website selbst ist ein reiner Online-Shop, wie z. B. *http://www.amazon.de/*. Wenn Sie also mit dem Gedanken spielen, Produkte über das Internet zu vertreiben, sollten Sie sich klarmachen, dass dies eine recht komplexe Angelegenheit werden kann. Denken Sie z. B. an Bestellprozesse, Zahlungsabwicklung inklusive Mahnwesen, Kundenservice-Hotlines und Lieferung der Waren. Das Internet erlaubt Ihnen aber, recht schnell einen Online-Shop aufzusetzen. So haben sich verschiedene Software-Lösungen und Dienstleister etabliert.

Möchten Sie einen eigenen Online-Shop starten, brauchen Sie gar nicht alles selbst zu programmieren. Es gibt inzwischen einige Software-Lösungen, die die meisten Anforderungen an einen Online-Shop erfüllen. Einige der bekanntesten Online-Shop-Systeme sind *xt-Commerce*, *Magento* und *Intershop*. Zur Unterstützung bei der Wahl des richtigen Shop-Systems haben wir Ihnen hier einige Fragen zusammengestellt, mit denen Sie die verschiedenen Lösungen vergleichen können.

▸   Wie viele Artikel und Kategorien können Sie anlegen?

▸   Können Produktabbildungen und Videos integriert werden?

▸   Welchen Zahlungsmethoden werden durch die Shop-Software angeboten?

▸   Welche Kosten sind mit der Installation und Betrieb der Software verbunden?

▸   Ist der Shop suchmaschinenoptimiert?

Online-Shops haben meist ein ähnliches Grundkonzept mit Produkten, Sortimentskategorien und Bestellprozessen. Vor allem größere Online-Shops können aber sehr individuelle Anforderungen haben. Daher muss die Shop-Software gut dazu passen. Haben Sie sich für eine Shop-Lösung entschieden, können Sie mit dem Einrichten des Online-Shops und der Software beginnen. Da dies aber viel technisches Wissen erfordert und für jedes Shop-System individuell ist, würde eine Beschreibung den Rahmen dieses Buches sprengen. Es gibt aber viele gute Informationsquellen im Internet und Bücher zu den verschiedenen Software-Lösungen. Damit sollte der Einstieg in das Online-Shopping gelingen.

Sie können auch auf fertige Lösungen zurückgreifen und innovative Shop-Konzepte nutzen. Möchten Sie z. B. Merchandising-Produkte für Ihr Unternehmen oder Ihren Verein zum Verkauf anbieten, können Sie sich bei Spreadshirt (*http://www.spreadshirt.de/*) einen eigenen Shop anlegen und in Ihre Seite integrieren (Abbildung 21.19). Ohne große technische und administrative Hürden haben Sie damit einen voll funktionsfähigen Online-Shop.

**Abbildung 21.19** Spreadshirt-Shops

Damit kennen Sie verschiedene Möglichkeiten, um mittels E-Commerce Umsätze zu erzielen. Als großer Website-Betreiber haben Sie die Möglichkeit, Einnahmen durch eine professionelle Werbevermarktung zu erreichen. Sie können damit den Traffic auf Ihrer Website monetarisieren, also zu Geld machen.

## 21.5 Für Fortgeschrittene: Professionelle Vermarktung und AdServer-Integration

Wenn Sie eine Website mit hoher Reichweite haben, das heißt, wenn sehr viele Nutzer regelmäßig Ihre Website besuchen, können Sie auch eine professionelle Vermarktung vornehmen. Von großen Webseiten spricht man bei einer Reichweite ab 0,5 bis 1 Millionen Seitenaufrufen (PI) pro Monat. Bei speziellen Nischenthemen können die Seitenaufrufe auch darunter liegen.

### 21.5.1  Professionelle Vermarktung

Die meisten großen Informationsportale im Internet überlassen die Anzeigen-schaltung Vermarktern, die sich um den Kontakt und Aufträge von Werbepart-nern kümmern. Die größten Vermarkter werden von der AGOF (Arbeitsgemein-schaft Online-Forschung) ermittelt.

| Vermarkter | AGOF-Rang | Reichweite in %[1] | Netto-Reichweite in Mio. Unique User |
|---|---|---|---|
| InteractiveMedia CCSP | 1 | 63,5 | 31,53 |
| TOMORROW FOCUS | 2 | 60,4 | 30,03 |
| SevenOne Media | 3 | 53,5 | 26,59 |
| United Internet Media | 4 | 51,9 | 25,79 |
| IP Deutschland | 5 | 50,5 | 25,09 |
| eBay Advertising Group | 6 | 49,2 | 24,47 |
| Yahoo! Deutschland | 7 | 47,2 | 23,47 |
| Axel Springer Media Impact | 8 | 45,9 | 22,80 |
| Ströer Interactive | 9 | 44,4 | 22,06 |
| Microsoft Advertising | 10 | 44,3 | 22,02 |

**Tabelle 21.1**  Die Top-10 der Vermarkter in Deutschland (Quelle: AGOF)

Teilweise sehen Sie schon am Namen des Vermarkters, welche Websites dahinter stehen. Sie können das Portfolio der vermarkteten Websites auf den Internetsei-ten der Vermarkter einsehen. InteractiveMedia vermarktet z. B. die Website T-Online.de; Tomorrow Focus vermarktet u. a. die Website Focus Online und HolidayCheck. SevenOne Media vermarktet z. B. die Websites der TV-Sender Pro7 (*prosieben.de*) und Sat1 (*sat1.de*), zusätzlich aber auch reine Online-Ange-bote, wie wetter.com und MyVideo.de.

Zusätzlich zur professionellen Vermarktung können Sie auch sogenannte Rest-platzvermarkter nutzen. Darüber können Einnahmen erzielt werden, wenn Wer-beflächen noch nicht an andere Werbetreibende verkauft wurden. Restplatzver-markter übernehmen hierbei die automatische Vermittlung von Werbetreiben-den an Website-Betreiber. Restplätze können z. B. über AdScale (*http://www.adscale.de/*) ausgesteuert werden.

---

1  bezogen auf Internet-User der letzten 3 Monate

### 21.5.2 Integration eines AdServers

AdServer übernehmen die automatische Aussteuerung von Werbemitteln auf Websites. Speziell bei sehr großen Websites empfiehlt sich ihr Einsatz. Zusätzlich zur Aussteuerung übernehmen die AdServer auch Optimierungsmaßnahmen für Werbeanzeigen, z. B. durch Targeting-Methoden, die Anzeigen zielgerichtet auf spezielle Kundengruppen ausliefern. Die Funktionsweise von AdServern haben wir bereits in Kapitel 2, »Online-Marketing – Werben im Internet«, genauer erläutert. Die drei größten Anbieter im deutschen Markt sind DoubleClick von Google (*http://www.google.de/doubleclick/*), Adition (*http://de.adition.com/*) und Adtech (*http://www.adtech.de/*). Auf ihren Referenzseiten sehen Sie, welche Websites diese Systeme einsetzen. Als Small-Business-Version können Sie DoubleClick auch auf kleineren Websites kostenlos verwenden. Eine alternative Open-Source-Lösung für einen AdServer hat OpenX (*http://www.openx.org/*) entwickelt.

Sollten Sie auf der Suche nach einem passenden AdServer sein, so seien Ihnen folgende Prüfkriterien ans Herz gelegt:

---

**Prüfkriterien für Ihre AdServer-Wahl**

▶ **Funktionen:** Welche Funktionalitäten bietet Ihnen der AdServer? Machen Sie sich im Vorfeld bewusst, welche Funktionen Sie benötigen, und fragen Sie gezielt nach.

▶ **Zuverlässigkeit:** Wie zuverlässig arbeitet der AdServer? Auch bei einem hohen Anfragevolumen sollte der AdServer Werbemittel schnell anzeigen.

▶ **Preis:** Wie hoch sind die Kosten? Der Anbieter sollte Ihnen die Konditionen genau erläutern. Darüber hinaus sollte der Support im Preis enthalten sein.

▶ **Testzugang:** Probieren geht über Studieren. Lassen Sie sich einen Testzugang zur Verfügung stellen, und arbeiten Sie mit der Benutzeroberfläche. Oftmals tauchen hier noch einige Fragen auf, und es lohnt sich, diese im Vorfeld zu klären.

▶ **(Daten-)Sicherheit:** Wer kann Ihre Daten einsehen, und wie sicher sind diese? Lassen Sie sich die Sicherheitsvorkehrungen genau beschreiben.

▶ **Targeting:** Welche Targeting-Methoden werden durch den AdServer angeboten? Gibt es die Möglichkeit des Frequency Capping?

---

Sie haben in diesem Kapitel verschiedene Methoden kennengelernt, wie Sie Geld mit Ihrer Website verdienen können. Nutzen Sie die verschiedenen Möglichkeiten, dann wird sich Ihre Website bald auch als monetärer Erfolg erweisen können.

# 22 Kompakt: Website-Maximizer

Die Besucher auf den folgenden Veranstaltungen zum Thema Web-Analytics und Geldverdienen im Internet lieben Zahlen und volle Bankkonten. Diese Veranstaltungen seien Ihnen ans Herz gelegt, wenn Sie sich tiefer mit der Thematik beschäftigen und Geschäftskontakte knüpfen möchten.

▶ **eMetrics** (*http://emetrics-summit.de/*)
Die Veranstaltung »eMetrics Marketing Optimization Summit« ist eine internationale Konferenz zum Thema Web-Analytics. In Deutschland findet sie parallel zur SMX (Search Marketing Expo) in München statt. Hier können Sie den Vorträgen der Webanalyse-Spezialisten folgen.

▶ **A4UEXPO** (*http://www.a4uexpo.com/europe/*)
Die sogenannte »Affiliate and Performance Marketing Conference & Exhibition« zählt zu den international bekanntesten Affiliate-Marketing-Konferenzen. In Europa findet sie in verschiedenen Städten statt, wie zum Beispiel in München. Als Affiliate-Publisher haben Sie hier die Möglichkeit, Vorträge zur Optimierung Ihrer Website zu besuchen.

▶ **Web Analytics Wednesday**
(*http://www.webanalyticsdemystified.com/wednesday/index.asp*)
Im Bereich Web-Analytics ist eine weltweite Veranstaltung entstanden, bei der sich mittwochs in verschiedenen Städten die Webanalytiker zusammenfinden. Die Website bietet eine Auflistung der verschiedenen Veranstaltungsorte.

▶ **Affiliate TactixX** (*http://www.affiliate-tactixx.de/*)
Nach eigenen Angaben richtet sich die »Affiliate TactixX« an Merchants, Publisher und Agenturen. Die Agentur explido Web Marketing unterstützt die parallel zur *Internet World Messe* stattfindende Veranstaltung.

## 22.1   Wissen to go

Wie kann ich noch mehr aus meiner Website herausholen? Diese Frage stellen sich viele Website-Betreiber. Mit Web-Analytics stehen Ihnen Methoden zur Verfügung, wie Sie Schwachstellen der Website aufdecken können. Ein anderer Bereich betrifft die Einnahmen. Wie können Sie hier mehr Umsätze mit der Website erzielen? Für beide Bereiche wollen wir Ihnen hier kompakte Informationen mit auf den Weg geben.

### 22.1.1   Web-Analytics to go

▸ Web-Analytics, zu Deutsch die *Web-Analyse* oder das *Web-Controlling*, ermittelt die Kennzahlen Ihrer Website und analysiert das Besucheraufkommen.

▸ Wichtige Kennzahlen sind *Page Impression* (Seitenaufrufe), *Visit* (Besuch) und *Visitor* (Besucher).

▸ Web-Analytics-Tools ermitteln Website-Aufrufe über Tracking-Pixel und Cookies. Dadurch können Nutzer und ihre technische Ausstattung erkannt werden.

▸ Das meistgenutzte Analytics-System ist Google Analytics. Große Websites setzen aber auch auf andere leistungsfähige Analyse-Systeme, wie z. B. Webtrekk, etracker und Omniture.

▸ Google Analytics steht kostenlos zur Verfügung und kann leicht in die Website integriert werden. Nutzen Sie diese Möglichkeit, falls Sie noch kein Web-Analytics-System einsetzen.

▸ Analysieren Sie das Nutzerverhalten Ihrer Website-Besucher hinsichtlich Zugriffsquellen, also woher die Nutzer kommen. Untersuchen Sie auch die Herkunft nach Land und Städten.

▸ Mittels Wettbewerbsanalysen über Alexa oder Google Trends können Sie fremde Websites hinsichtlich des Besucheraufkommens analysieren. Web-Statistiken liefern auch IVW und AGOF mit ihren Erhebungsmethoden für Werbetreibende.

▸ Fortgeschrittene Web-Analytics umfassen die Optimierung der Website z. B. mittels Heatmaps oder Mouse-Tracking. Komplexe Klickketten-Analysen geben Aufschluss über das Nutzerverhalten.

▸ Mit Mobile Analytics kann die mobile Internet-Nutzung und die Anwendung von Apps erfasst und analysiert werden.

### 22.1.2 Einnahmen erzielen to go

▸ Im Internet haben Sie vielfältige Möglichkeiten, über Ihre Website Einnahmen zu erzielen. Damit ergeben sich verschiedene Geschäftsmodelle, von rein werbefinanzierten Websites bis hin zu Online-Shops.

▸ Zur Generierung von Einnahmen können Sie als Publisher im Affiliate-Marketing auftreten. Über leistungsorientierte Provisionen werden Sie am Umsatz des Werbetreibenden beteiligt.

▸ Mit Google AdSense können Sie kontextsensitive Anzeigen auf Ihrer Website einbinden, die automatisch an den Inhalt Ihrer Webseiten angepasst werden. Sie erhalten für jeden Klick auf die Anzeigen, von Google einen Geldbetrag von wenigen Cent bis hin zu mehreren Euro.

▸ Sie können über den Verkauf von Links auf Ihrer Website Einnahmen erzielen. Für den Werbetreibenden dient dies der Suchmaschinenoptimierung. Achten Sie bei dieser Einnahmequelle aber auf die Richtlinien der Suchmaschinenbetreiber, da Ihre Website sonst Schaden nehmen kann.

▸ Mittels Online-Shops kann E-Commerce betrieben werden. Sie verkaufen also Waren über das Internet und erzielen damit Einnahmen.

▸ Große Websites lassen ihre Werbeflächen professionell vermarkten und erzielen darüber Einnahmen. Über AdServer können Werbeanzeigen gezielt ausgesteuert werden.

## 22.2 Literatur

Futter für Bücherwürmer: Die folgenden Publikationen bieten sich zur weiterführenden Lektüre und Vertiefung in das Thema Webanalyse und Monetarisierung von Websites an. Viel Spaß beim Schmökern.

▸ **Kaushik, Avinash: Web Analytics 2.0. The Art of Online Accountabiliy and Science of Customer Centricity, Indianapolis 2010**
Das neuste Werk des Analytics-Experten beschäftigt sich unter anderem mit Analysemethoden, die sich auf jüngere Bereiche wie Social Media und komplexes Kampagnentracking beziehen. Der Autor beschränkt sich dabei nicht auf Google Analytics, sondern gibt allgemein anwendbare Empfehlungen.

▸ **Kaushik, Avinash: Web Analytics. An Hour a Day, Indianapolis 2007**
Mit nur einer Stunde am Tag können Sie sich – wie der Titel bereits verrät – in das Thema Web-Analytics einarbeiten. Das populäre Buch ist mittlerweile in verschiedenen Sprachen erhältlich und hat sich zu einem Standardwerk entwickelt. Ein empfehlenswerter Trainingsbegleiter für den Einstieg und zur Vertiefung.

▸ **Aden, Timo: Google Analytics. Implementieren. Interpretieren. Profitieren,** 2. Aufl., München 2010

Timo Aden gibt der Leserschaft seines Buches einen umfassenden Leitfaden für die Nutzung von Google Analytics an die Hand. Von der Einrichtung über die Interpretation der Daten bis hin zu Optimierungsmaßnahmen deckt er den gesamten Prozess sowohl für Einsteiger als auch für Fortgeschrittene verständlich ab.

▸ **Ledford, Jerri L.: AdSense für Dummies: Googlen Sie sich reich, Weinheim** 2009

Wie es für die »Dummies«-Reihe üblich ist, erfahren Sie in diesem Buch auf lockere Art und Weise, wie Sie das Werbeprogramm Google AdSense in Ihre Website integrieren, um darüber Einnahmen zu erzielen. Tipps zur Optimierung sind auch vorhanden.

## 22.3 Surf-Tipps: Online-Magazine, Podcasts und Blogs

Informieren Sie sich auch online über die neusten Entwicklungen im Bereich Web-Analytics. Zudem gibt es viele lohnenswerte Blogs mit Tipps zum Steigerung der Website-Einnahmen.

▸ **Google AdSense Blog** (*http://adsense-de.blogspot.com/*)
Das offizielle deutsche AdSense-Blog von Google veröffentlicht regelmäßig Neuigkeiten rund um das Werbeprogramm des Suchmaschinengiganten. Laut Feedburner gibt es knapp 13.000 Interessenten des Blogs.

▸ **100Partnerprogramme** (*http://www.100partnerprogramme.de/*)
Auf dieser umfassenden Website finden Sie neben einer ausführlichen Partnerprogrammsuche zahlreiche Informationen sowohl für Merchants und Affiliates als auch für Agenturen.

▸ **Google Adsense Webinare**
(*http://www.google.de/support/adsense/bin/answer.py?hl=de&answer=22045*)
In den kostenlosen Online-Seminaren profitieren Teilnehmer am Wissenstransfer der AdSense-Experten von Google. Die Webinare befassen sich mit den Grundlagen der AdSense-Optimierung.

▸ **YouTube AdSense Deutschland Channel**
(*http://www.youtube.com/user/InsideAdSenseDE*)
Kurze Einführungen in das Thema AdSense erhalten Sie per Video im speziellen YouTube-Channel.

- **Blogs der deutschen Affiliate-Netzwerke**
  Interessante Informationen zu neuen Partnerprogrammen und Tipps zur Umsatzsteigerung bieten die verschiedenen Blogs der Affiliate-Netzwerke. Dazu gehören unter anderem Zanox (*http://blog.zanox.com/de/zanox/*) und affilinet (*http://www.affilinet-inside.de/*).

- **Amazon Partner-Blog** (*http://affiliate-blog.amazon.de/*)
  Der bekannte Online-Händler Amazon bietet mit seinem Partner-Blog Informationen zu seinem eigenen Partnerprogramm und aktuellen Aktionen sowie Rabatten.

- **Affiliateboy** (*http://www.affiliateboy.de/*)
  Markus Kellermann betreibt als »Affiliateboy« das gleichnamige Blog, das nach eigenen Angaben mit 7000 monatlichen Besuchern zu den größten Affiliate-Marketing-Portalen in Deutschland gehört.

- **Das Google Analytics Blog** (*http://analytics.blogspot.com/*)
  Im englischsprachigen Blog können Sie sich über die neusten Weiterentwicklungen des Analyseprogramms Google Analytics informieren. Zudem erfahren Sie mehr über neue Methoden der Web-Analyse.

- **Occam's Razor** (*http://www.kaushik.net/avinash/*)
  Das Blog von Avinash Kaushik, einem Google-Mitarbeiter und Experten auf dem Gebiet der Web-Analyse, zeichnet sich durch sehr tiefgründige und detaillierte Beiträge aus. Wir empfehlen die Lektüre daher eher Fortgeschrittenen.

## 22.4 Tools

Wir geben Ihnen an dieser Stelle einen kleinen Überblick über wichtige Web-Analytics-Tools und Werkzeuge für die Wettbewerbsanalyse. Damit haben Sie die Möglichkeit, fremde Websites hinsichtlich Traffic und Zielgruppe zu analysieren.

- **Google Analytics** (*http://www.google.com/analytics*)
  Google Analytics ist das bekannteste und meistgenutzte Analytics-System in der Praxis. Das kostenlose Tool kann einfach in die eigene Website integriert werden und Besucherströme messen. Aufgrund von Datenschutzbedenken stand Google Analytics zuletzt häufig in der Kritik.

- **Piwik** (*http://piwik.org/*)
  Die Open-Source-Alternative zu Google Analytics ist ebenfalls recht einfach in der Implementierung und Handhabung.

- **Webtrekk** (*http://www.webtrekk.de*)
  Das kostenpflichtige Tool Webtrekk bietet komplexe Analysemöglichkeiten des Nutzerverhaltens und verschiedenster Online-Marketingkampagnen.

- **Google Trends for Websites** (*http://trends.google.com/websites*)
  Google stellt mit diesem Tool eine Abfragemöglichkeit für den Traffic von Websites zur Verfügung. Damit ist es möglich, erste Aussagen zum Besucheraufkommen einer Website zu bekommen und sie mit anderen Seiten zu vergleichen. Wenn Sie sich mit einem Google-Konto einloggen, sehen Sie detailliertere Informationen.

- **Alexa** (*http://www.alexa.com/*)
  Mit Alexa steht ein weiteres Tool zur Verfügung, mit dem Sie Websites hinsichtlich des Besucheraufkommens untersuchen und vergleichen können. Zudem gibt es den Alexa-Rank, der angibt, an welcher Position sich eine Website bezüglich des Traffics weltweit oder im jeweiligen Land befindet. Je kleiner die Traffic-Rank-Zahl ist, desto besser steht die Website da.

## 22.5    Checklisten

Wir bieten Ihnen an dieser Stelle zwei Checklisten, die Ihnen helfen werden, keine wichtigen Punkte zu vergessen. Zum einen geht es um Fragestellungen zum Bereich Web-Analytics, zum anderen um eine Checkliste, wie Sie Einnahmen über Ihre Website erzielen können.

### 22.5.1    Checkliste Web-Analytics

Haben Sie ein Web-Analytics-System in Ihre Website integriert?

Gibt es eine Übersicht der für Sie wichtigsten Kennzahlen?

Kennen Sie die Entwicklung der wichtigsten Kennzahlen zum Besucheraufkommen?

Analysieren Sie regelmäßig das Nutzerverhalten auf Ihrer Website?

Kennen Sie die wichtigsten Traffic-Quellen, über die die Besucher auf Ihre Website gelangen?

Wissen Sie, aus welchen Ländern und Städten die Website aufgerufen wird?

Welche Seiten Ihrer Website werden am häufigsten aufgerufen?

Haben Sie Ihren Wettbewerb hinsichtlich Webseiteaufrufe im Blick?

**Tabelle 22.1**  Checkliste zu Web-Analytics

Haben Sie Ihre Website schon mittels Alexa und Google Trends analysiert?

Optimieren Sie Ihre Website anhand des Klickverhaltens, z. B. über Heatmaps?

Nutzen Sie Klickketten-Analysen, um das Nutzerverhalten besser zu verstehen?

Sind alle Tracking-Pixel auf der Website richtig integriert, damit das Web-Analytics-System zuverlässig funktioniert?

**Tabelle 22.1** Checkliste zu Web-Analytics (Forts.)

## 22.5.2 Checkliste Geld verdienen

Haben Sie schon geprüft, über welche Methoden Sie mit Ihrer Website Geld verdienen können?

Nutzen Sie bereits Affiliate-Marketing, um als Publisher Werbung zu schalten und darüber Einnahmen zu erzielen?

Kennen Sie das Werbeprogramm Google AdSense, und erzielen Sie darüber bereits Einnahmen?

Haben Sie Optimierungen an der Anzeigeneffizienz vorgenommen, z. B. über eine bessere Positionierung?

Haben Sie in Erwägung gezogen, Links auf Ihrer Website zu verkaufen oder zu vermieten? Sind Sie sich der Risiken bewusst?

Betreiben Sie einen eigenen Online-Shop, um Waren über die Website zu verkaufen?

Lassen Sie Ihre Website schon professionell vermarkten, wenn Sie bereits über sehr viele Besucher verfügen?

Haben Sie einen AdServer in Ihre Website integriert, um die Anzeigenauslieferung effizienter zu gestalten?

**Tabelle 22.2** Checkliste zum Thema Geld verdienen

*»Wir dürfen und werden das Internet nicht*
*als vorübergehende Spinnerei abtun.«*
*– Harvey Golub, CEO der American Express Company*

# 23   Meilensteine des Internet-Marketings

136 Minuten verbringen Nutzer ab 14 Jahren in Deutschland laut einer ARD/
ZDF-Onlinestudie (*http://www.ard-zdf-onlinestudie.de/index*) täglich im Netz.
Und das an knapp sechs Tagen die Woche.

Wie kein anderes Medium hat sich das Internet in unserem Alltag etabliert: So
können wir uns mit Freunden per E-Mail austauschen, unseren Urlaub buchen
und auch mal schnell nach Ladenschluss noch im World Wide Web wichtige Erle-
digungen machen. Zeitungen werden im Netz gelesen, Filme geschaut und Musik
gehört. Viele Menschen können sich das Internet nicht mehr wegdenken. Einige
machen Selbstexperimente und versuchen, eine Zeitlang ohne Internet auszu-
kommen. Greifbares Hab und Gut wird durch digitale Dienste ersetzt. So hat beispielsweise der Programmierer Kelly Sutton seinen Besitz größtenteils verkauft
und den sogenannten *Cult of Less* (*http://www.cultofless.com/*) gegründet. Auch
in der Literatur fasst diese Thematik zunehmend Fuß. So behandelt der vom
Focus-Magazin als Debattenantreiber betitelte Frank Schirrmacher beispielsweise
in seinem Werk »Payback« den Kontrollverlust über unser Denken. Und auch
Bestsellerautor Nicholas Carr befasst sich in seinem Buch »Wer bin ich, wenn ich
online bin… und was macht mein Gehirn so lange« mit der Materie.

Das Maß, in dem das Internet Einfluss auf unseren Alltag und unser Verhalten
genommen hat, lässt sich mit nichts vergleichen. Wo recherchieren Sie beispielsweise komplexe Problemstellungen und informieren Sie sich über Produkte und
Käufer-Meinungen, wenn Ihnen kein Internet zur Verfügung steht? Einige Studien belegen sogar das Suchtpotenzial des virtuellen Raums.

Inzwischen werden Tools und Applikationen entwickelt und zur Verfügung
gestellt, die Benutzer davon abhalten sollen, im Internet zu surfen. Eines davon
ist unter *http://macfreedom.com/* zu finden (siehe Abbildung 23.1). Hier können
Nutzer einen Zeitraum festlegen, in dem sie nicht in die Online-Welt abschweifen
können – quasi eine Art Selbstschutz, um konzentriertes Arbeiten zu ermöglichen.

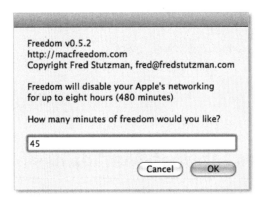

**Abbildung 23.1**  Eingabemaske von Macfreedom

Speziell für soziale Netzwerke gibt es ein ähnliches Tool namens Anti-Social (*http://anti-social.cc/*), das Websites wie beispielsweise Facebook und Twitter für einen bestimmten Zeitraum blockiert.

Aber wie entstand das Netz mit seinen Funktionen, die uns heutzutage oftmals selbstverständlich und zum Teil schon trivial erscheinen?

## 23.1  Eine Zeitreise

Schnallen Sie sich an, wir werden nun einen kleine Zeitreise unternehmen und uns einige wichtige Entwicklungsschritte des Internet-Marketings anzusehen. Diese Meilensteine haben dazu beigetragen, Online-Marketing zu dem zu machen, was es heute ist. Wenn Sie an einer ausführlicheren Beschreibung der Entwicklung des Internets interessiert sind, dann können Sie diese auf der Website *www.website-guide.de* nachlesen.

### 1971 – Die elektronische Post erblickt das Licht der virtuellen Welt

Im Jahr 1971 stellte Ray Tomlinson sein entwickeltes E-Mail-System vor. Ihm ist auch die Einführung des @-Zeichens zu verdanken. Weitestgehend unbekannt ist der Inhalt der ersten E-Mail. Obwohl heute annähernd jeder mit dem E-Mail-Versand und -Empfang vertraut ist, stieß Tomlinsons Errungenschaft damals aber auf wenig Anerkennung und brachte dem Entwickler auch keinen finanziellen Erfolg.

Das ist heute kaum vorstellbar, ist doch die E-Mail eine der meistgenutzten Funktionen in der heutigen Zeit und das E-Mail-Marketing ein häufig eingesetzter Marketing-Kanal im Internet.

### 1978 – Die erste Spam-Mail

Gary Thuerk, Computerverkäufer bei der amerikanischen Firma DEC, verschickte am 3. Mai 1978 600 E-Mails und verkaufte damit Computer im Wert von 12 Millionen Dollar. Kein Wunder, dass derartige Aktionen schnell Nachahmer fanden. Seither nimmt das Versenden von unerwünschten Nachrichten oftmals werbenden Charakters laufend zu. Nach Expertenschätzungen sind heutzutage über 90 % aller verschickten E-Mails sogenannter *Spam*.

### 1984 – Die erste E-Mail in Deutschland

Etwa vor drei Jahrzehnten, am 3. August 1984, wurde die erste E-Mail in Deutschland empfangen. Der elektronische Mail-Versand beeinflusst seitdem die Kommunikation der Menschen wesentlich. So ist auch der Rechtschreibfehler zu verzeihen, der sich in der Betreffzeile mit den Worten »Wilkommen in CSNET« einschlich. Laura Breeden aus Cambridge (Massachusetts) sandte das erste elektronische Schreiben an Michael Rotert, unter der Adresse *rotert@germany* an der Universität in Karlsruhe. Dieses Schreiben war schon einen Tag zuvor von der Plattform CSNET versendet worden. Als Carbon Copy (umgangssprachlich »in cc«) bekam der Informatiker Werner Zorn diese erste E-Mail ebenfalls zugeschickt. Seine Adresse lautet zorn@germany. Wie wir schon erwähnt haben, zählt die E-Mail heute zu den meistgenutzten Diensten im Internet.

### 1989 – Drei Buchstaben mit großer Bedeutung: WWW (World Wide Web)

Durch eine Anhäufung von Informationen wird es zunehmend schwerer, spezifische Daten wiederzufinden. Dieser Umstand war auch dem britischen Informatiker Tim Berners-Lee, der am Kernforschungszentrum CERN in der Schweiz arbeitete, ein Dorn im Auge. Im März 1989 schrieb er in *Information Management: A Proposal* ein Konzept für das World Wide Web. Websites sollen dabei per Browser auf jedem Computer aufgerufen werden können, und Informationen auf anderen Websites werden per Link miteinander verknüpft. Zusammen mit dem Informatiker Robert Cailliau konzipierte er die Hypertext Markup Language (HTML) und veröffentlichte diese im darauffolgenden Jahr. Die Tragweite der Erfindung von *HTML* und des *World Wide Web* wurde erst nach einiger Zeit erkannt. Das WWW wurde 2010 sogar für den Friedensnobelpreis vorgeschlagen.

### 1990 – Die Killerapplikation Webbrowser und die ersten Online-Shops

Die *National Science Foundation* beschloss 1990, das Internet zur kommerziellen Nutzung zu öffnen. Nun konnten auch Nicht-Profis auf das Netz zugreifen, was eine rasant wachsende Zahl an kommerziellen Angeboten nach sich zog. Aus diesem Grund wird der Webbrowser oftmals als *Killerapplikation* bezeichnet. Die ersten Online-Shops entstanden und boten ihre Produkte zunächst in Form von einfachen Listen an. Heute arbeiten Unternehmen daran, das Online-Shopping zum virtuellen Einkaufserlebnis zu gestalten.

### 1994 – Die ersten Suchmaschinen und das erste Banner

Mitte der Neunzigerjahre sprossen die ersten Suchmaschinen aus dem Boden des virtuellen Raums. So entstanden *Lycos* und *Yahoo* 1994, *Alta Vista* folgte 1995 und *Google* 1998.

Am 24. Oktober 1994 lieferte AT&T das erste Banner im Internet mit einer Größe von 8 KB auf der Website *hotwired.com* aus (siehe Abbildung 23.2).

**Abbildung 23.2** Der erste Banner im Internet (aus einem Beitrag auf www.tripple.net)

### 1995 – Soziale Netzwerke entstehen und die Gründung von Yahoo

*Classmates.com* zählt als Community für amerikanische Schulfreunde zu den ersten sozialen Netzwerken und wurde 1995 gegründet. Derartigen Websites wurde zunächst wenig Beachtung geschenkt. Erst Anfang des neuen Jahrtausends setzte eine Welle der sozialen Netzwerke ein.

In Kalifornien gründeten David Filo und Jerry Yang ebenfalls 1995 das Unternehmen *Yahoo*, das zunächst unter der Bezeichnung »Jerry and David's Guide to the World Wide Web« erreichbar war. 1996 entstand *Yahoo Deutschland* und ging im Oktober online. Im gleichen Jahr agierte das Unternehmen zudem an der Börse. Heute bietet Yahoo Dienste wie Yahoo Nachrichten, Yahoo Suche, Yahoo Mail und den Fotodienst Flickr (*http://www.flickr.com/*) an.

### 1996 – Das erste Affiliate-Partnerprogramm

Amazon startete sein Partnerprogramm im Juli 1996. Ausschlaggebend soll eine Unterhaltung auf einer Cocktailparty zwischen einer Hausfrau und Jeff Bezos, dem Amazon-Gründer gewesen sein. Heute zählt es zu den bedeutendsten Affiliate-Programmen auf dem Markt. Vor Amazon soll aber bereits das Unternehmen CDNOW 1994 mit einem Partnerprogramm gestartet sein.

### 1997 – Flash

1997 erschien die erste Version von *Flash*. Das Unternehmen *Macromedia*, das heute zu *Adobe Systems* gehört, bot mit dem Programm die Möglichkeit, Flash-Filme zu erstellen. Der große Vorteil der Flash-Dateien (Endung auf .swf) liegt einerseits in der Skalierbarkeit und andererseits in der kleinen Dateigröße.

Zudem profitiert man bei diesen Dateien von der Multimedialität, da Audio und Video hier kombiniert werden können.

### 1998 – Google-Gründung

Die frühere »Garagenfirma« der Studenten Larry Page und Sergey Brin wuchs schnell zu der mächtigsten Suchmaschine heran. Am 27. September 2010 feierte der Marktführer Google seinen 12. Geburtstag.

### 1999 – Virale Effekte

Große virale Effekte erzielte schon 1999 die »Moorhuhnjagd«. Das von der Werbeagentur von Johnnie Walker entwickelte Spiel verbreitete sich rasend schnell im Web. Es zählt daher zu den ersten viralen Kampagnen im Internet.

### 2000 – Googles Werbeprogramm AdWords

Google startete im Jahr 2000 sein Keyword-Advertising-Programm namens *Google AdWords*, das schnell zu einer großen Einnahmequelle heranwuchs. Näheres zur Suchmaschinenwerbung lesen Sie in Kapitel 11, »Suchmaschinenwerbung (SEM)«.

### 2003 – Das Web 2.0 und MySpace

Uneinigkeit herrscht darüber, wer den Begriff *Web 2.0* geprägt hat. So beschreiben einige Quellen, dass die Bezeichnung von Darcy DiNucci stamme, die ihn 1999 in einem Fachartikel zur Internetzukunft benutzte. Im *CIO*-Magazin soll der Begriff 2003 veröffentlicht und von diversen Autoren wiederverwendet worden sein. Darüber hinaus sagen andere Quellen, dass der Web-2.0-Begriff auf Craig Cline und Dale Dougherty zurückgehe, die im Jahr 2004 die »Web-2.0 Internetkonferenz« begründen. Tim O'Reilly brachte die Bezeichnung mit seinem Artikel »What is Web 2.0« 2005 erneut ins Gespräch. *Web 2.0* beschreibt dabei die veränderte Nutzung und Wahrnehmung des Internets. Insbesondere Interaktivität und Vernetzung sind damit gemeint. Da diese Möglichkeiten aber auf dem eigentlichen Grundprinzip des Internets beruhen, wird der Begriff Web 2.0 von Experten kritisiert.

Musik steht im Mittelpunkt der von Thomas Anderson und diversen Programmieren entwickelten Seite *MySpace*, die ebenfalls im Jahr 2003 veröffentlicht wurde. Nur zwei Jahre später ging die Seite für 580 Millionen US Dollar in den Besitz des Medienriesen Rupert Murdoch über.

### 2004 – Facebook, Google Mail und der Google-Börsengang

Das soziale Netzwerk *Facebook* wurde von den Harvard-Studenten Mark Zuckerberg, Eduardo Saverin, Dustin Moskovitz und Chris Hughes entwickelt. Ursprünglich sollte es die Studenten der Universität miteinander vernetzen, wurde aber mehr und mehr geöffnet, sodass sich heute jeder anmelden kann.

Im Jahr 2004 gind außerdem der Suchmaschinenanbieter Google an die Börse. Inhaber von Google-Aktien können sich heute glücklich schätzen: Die Wertpapiere zählen zu den wertvollsten überhaupt und lassen ihre Besitzer mitunter zu mehrfachen Millionären werden. Im gleichen Jahr bot Google auch sein Mail-Programm *Google Mail an*.

### 2005 – Google Maps und YouTube

Google Maps wurde 2005 veröffentlicht und wird seitdem kontinuierlich weiterentwickelt. Weiterhin startete das Videoportal *YouTube (http://www.youtube.com)*. Chad Hurley, Steve Chen und Jawed Karim, ehemalige Paypal-Mitarbeiter gründeten das Unternehmen, auf dessen Website man sich Videos ansehen und hochladen kann. Eines der ersten Videos auf der Plattform soll von einem der Gründer, Jawed Karim, im April 2005 selbst eingestellt worden sein und zeigt ihn im Zoo. Im Jahr 2006 übernahm Google das Videoportal für 1,65 Milliarden Dollar.

### 2006 – Digitales Gezwitscher

Der Kurznachrichtendienst *Twitter (http://twitter.com)*, der in Fachkreisen zum *Microblogging* gezählt wird, wurde 2006 gegründet. Mehr zu sozialen Netzwerken lesen Sie in Kapitel 4 »Social-Media-Marketing und Online-PR«.

### 2007 – Das iPhone auf dem deutschen Markt und Google Street View

Zur Erfindung das Jahres 2007 wurde das von Apple-Gründer Steve Jobs 2007 vorgestellten *iPhone* ernannt. Inzwischen ist seit Sommer 2010 die vierte Version des iPhones in Deutschland erhältlich.

Google Maps wurde 2007 durch Street View erweitert, und machte es möglich, sich in den USA auch Straßenansichten anzeigen zu lassen.

### 2008 – Der Indexriese Google und sein Browser Chrome

Google hatte 2008 nach eigenen Angaben (*http://googleblog.blogspot.com/2008/07/we-knew-web-was-big.html*) über eine Billion Dokumente in seinem Index erfasst. Im September des gleichen Jahres erschien der Browser *Google Chrome*.

### 2009 – Microsoft bringt Suchmaschine Bing heraus

Im Sommer 2009 machte Microsoft die Suchmaschine *Bing (http://www.bing.com)* der Öffentlichkeit zugänglich. Microsofts Ziel ist es, mit der Suchmaschine mit dem Marktführer Google zu konkurrieren. Betrachtet man die Marktanteile von Suchmaschinen, nimmt Bing den dritten Platz hinter Google und Yahoo ein. Im gleichen Jahr begannen Yahoo und Microsoft eine Kooperation, und seitdem setzt auch Yahoo die Suchmaschine Bing ein.

### 2010 – Google Street View in Deutschland und das iPad

In *Google Street View* gingen im Jahr 2010 Straßenfotos von mehreren deutschen Städten online. Kritisiert von Datenschützern, warf dies auch politische Diskussionen auf. Es gab daraufhin die Möglichkeit, gegen die Veröffentlichung von Bildern Einspruch einzulegen. Im Zuge dessen können die Aufnahmen unkenntlich gemacht werden.

Seit Frühjahr 2010 ist Apples *iPad* in Deutschland verfügbar. Der Tablet-Computer ähnelt einem vergrößerten iPhone und besitzt wie dieses einen Multitouch-Bildschirm. Das iPad macht insbesondere dem Kindle von Amazon Konkurrenz.

Die Entwicklungsschritte haben den Bereich Online-Marketing auf verschiedenste Art und Weise geprägt. Analysieren Sie genau, welche Marketing-Instrumente für Ihre Website sinnvoll eingesetzt werden können, um sie zum Erfolg zu führen, und seien Sie stets wachsam, welche weiteren Marketingkanäle in Zukunft entstehen.

## 23.2   Aktuelle Situation

Heute nutzen fast 70 Prozent der Deutschen, also etwa 50 Millionen Menschen ab 14 Jahren, das Internet. Nach Angaben der ARD/ZDF-Onlinestudie (*http://www.ard-zdf-onlinestudie.de/*) surfen 76 Prozent der Onliner sogar täglich im Netz. Nach Angaben der ARD/ZDF-Onlinestudien sieht die Entwicklung der Online-Nutzung im Zeitraum 1997 bis 2010 so aus wie in Tabelle 23.1 gezeigt.

| Gelegentliche Onlinenutzung | 1997 | 1998 | 1999 | 2000 | 2001 | 2002 | 2003 | 2004 | 2005 | 2006 | 2007 | 2008 | 2009 | 2010 |
|---|---|---|---|---|---|---|---|---|---|---|---|---|---|---|
| in % | 6,5 | 10,4 | 17,7 | 28,5 | 38,8 | 44,1 | 53,5 | 55,5 | 57,9 | 59,5 | 62,7 | 65,8 | 67,1 | 69,4 |
| in Millionen | 4,1 | 6,6 | 11,2 | 18,3 | 24,8 | 28,3 | 34,4 | 35,7 | 37,5 | 38,6 | 40,8 | 42,7 | 43,5 | 49,0 |
| Zuwachs gegenüber dem Vorjahr in % | – | 61 | 68 | 64 | 36 | 14 | 22 | 4 | 5 | 3 | 6 | 5 | 2 | 13 |

**Tabelle 23.1**   Entwicklung der Online-Nutzung im Zeitraum 1997 bis 2010

Etwa jeder fünfte Internetnutzer surft nach der Studie »Mobile Web Watch« von Accenture per Handy im Netz, was etwa 7,7 Millionen Menschen entspricht. Auch die Internet-Werbung legt drastisch zu. Nach einer Prognose des Online-Vermarkterkreises (OVK; *http://www.ovk.de/*) im Bundesverband Digitale Wirtschaft e.V. sollen sich die Bruttoeinnahmen auf etwa 4,6 Milliarden Euro für 2010 belaufen. Ein recht klarer Trend ist ersichtlich: Während Online wächst, hat der Printbereich Verluste zu verzeichnen.

Der Online-Handel (E-Commerce) verzeichnet im Jahr 2009 verkaufte Waren und Dienstleistungen im Wert von 15,5 Milliarden Euro, so der Webscope Panel der GFK (*http://www.gfk.com/group/index.de.html*), und ist daher ein starker Vertriebskanal. Experten sagen einen weiteren Anstieg des E-Commerce-Umsatzes voraus.

Im folgenden Kapitel wagen wir einen Blick in die Glaskugel und geben einen kurzen Ausblick auf die Zukunft.

*»Alles in allem wird deutlich, dass die Zukunft große Chancen bereithält – sie enthält aber auch Fallstricke. Der Trick ist, den Fallstricken aus dem Weg zu gehen, die Chancen zu ergreifen und bis sechs Uhr wieder zu Hause zu sein.«*
*– Woody Allen*

# 24    Ausblick

In den vergangenen Jahren bekamen immer mehr Menschen Zugang zum Internet. Das liegt zum einen an dem technischen Fortschritt, zum anderen an immer günstigeren Kosten, z. B. durch Internet-Flatrates oder frei verfügbare WLAN-Netze. Abbildung 24.1 macht dieses Wachstum deutlich.

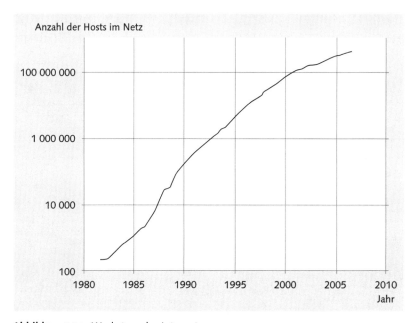

**Abbildung 24.1**   Wachstum des Internets

Nach Angaben der Internationalen Fernmeldeunion (ITU) in Genf beläuft sich die Zahl der Internetnutzer Ende 2010 auf über zwei Milliarden Menschen.

Eine zunehmende Vernetzung ist spürbar, nicht zuletzt durch die Entwicklung von Smartphones, die auch den mobilen Internetzugriff ermöglichen. Unternehmen und öffentliche Einrichtungen bieten vermehrt ihre Dienste per Internet an. Das kann eine einfache Pizza-Bestellung sein, die Abgabe der Steuererklärung oder die Anmeldung zu einem Studiengang.

Wie geht es also weiter? Lassen Sie uns einen Blick in die Glaskugel werfen und schauen, was die Zukunft bringt. Selbstverständlich möchten wir uns nicht anmaßen, die Zukunft voraussagen zu können. Es bilden sich jedoch einige Tendenzen heraus, deren Erwähnung durchaus lohnenswert ist.

Der Wirtschaftsexperte Philipp Kotler sieht derzeit insbesondere durch technische Neuerungen starke Veränderungen im Marketing. So sagt er in seinem neuen Buch: »In den vergangenen 60 Jahren hat sich Marketing vom Schwerpunkt auf dem Produkt (Marketing 1.0) zum Schwerpunkt auf dem Verbraucher (Marketing 2.0) hin entwickelt. Heute erleben wir, dass sich das Marketing erneut wandelt.« Im Fokus stünde nun der Mensch selbst. Die zunehmende Vernetzung, beispielsweise in sozialen Netzwerken, wirkt sich auf den Werbeeinsatz aus – was zählt, sind Konsumentenerfahrungen, so Kotler. Eines von vielen Beispielen sind die Kundenbewertungen in den Google-Suchergebnissen sowohl bei der Google-Produktsuche (siehe Abbildung 24.2) als auch bei den Werbeanzeigen.

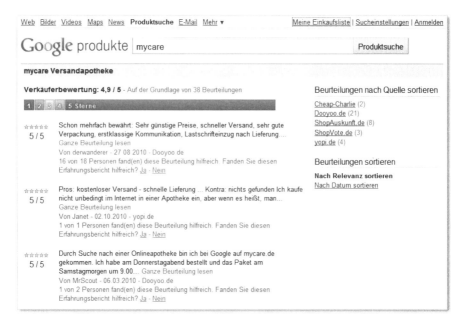

**Abbildung 24.2** Verkäuferbewertungen in der Google-Produktsuche

Für Website-Betreiber bietet es sich daher an, Kunden auch auf Seiten mit Bewertungsmöglichkeiten zu lenken, da diese wiederum von Suchmaschinen gefunden werden.

Um 17 % sollen die Werbeausgaben für den Online-Bereich jährlich in den USA ansteigen, so lautet eine Vorhersage des Marktforschungsinstituts Forrester. Der größte Anstieg entfällt auf den Bereich Social-Media-Marketing (+ 34 %), dicht gefolgt vom Mobile Marketing (+ 27 %). Den größten Anteil macht aber weiterhin das Suchmaschinenmarketing aus (siehe Abbildung 24.3).

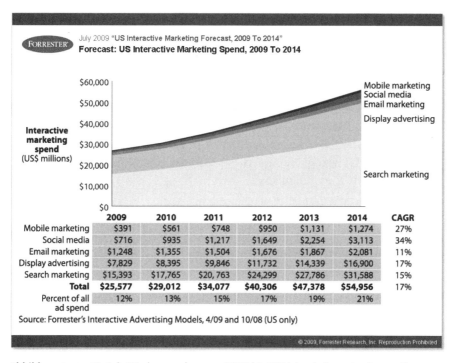

**Abbildung 24.3**  Digitale Werbeausgaben von 2009 bis 2014 (nach Forrester Forecast)

Die Unternehmensberater von PricewaterhouseCoopers prognostizieren in ihrem *German Entertainment and Media Outlook 2010–2014* eine Ablösung der Print-Anzeigen durch Online-Werbung. Für 2011 soll Online-Werbung sogar den TV-Bereich überholen und sich damit an die Spitze setzen.

Benutzer verbringen mehr Zeit online, und es zeichnet sich ab, dass Werbebudgets vermehrt dem Online-Bereich zugesprochen werden. Wie sieht es aber innerhalb der einzelnen digitalen Marketingkanäle aus?

- **Suchmaschinenmarketing (SEM)**: Durch verschiedenste Ergänzungen und Weiterentwicklungen von Suchmaschinen, insbesondere von Google, wird das Suchmaschinenmarketing zunehmend komplexer. Gerade mobile Anzeigen und das Geo-Targeting werden wohl im Bereich der Suchmaschinenwerbung an Bedeutung gewinnen.

- **Suchmaschinenoptimierung (SEO)**: Hier wird es wieder einen stärkeren Wettbewerb zwischen den Suchmaschinen Google und Bing geben. Auch Facebook könnte sich zu einer Suchmaschine entwickeln. Für die SEO-Ranking-Faktoren werden auch Social-Media-Aktivitäten eine größere Rolle spielen, sodass eine hohe Aufmerksamkeit in sozialen Medien wie Facebook oder Twitter zukünftig auch Vorteile in den Suchmaschinenergebnissen bringen könnte.

- **Mobile Marketing**: Wie die Prognosen verdeutlichen, zählt das Mobile Marketing zu den Bereichen, die tendenziell den größten Anstieg verzeichnen werden. Es werden verstärkt mobile Websites und Apps von Unternehmen entwickelt werden, um Kunden auch mobil bedienen zu können. Mobile Werbeanzeigen werden sich genauso etablieren, wie sie auch auf normalen Websites eingesetzt werden. Zusätzlich werden lokale Anzeigen kommen, die auf Ihren Standort abgestimmt sind.

- **Social-Media-Marketing**: Viele Unternehmen sehen im Bereich Social Media einen Marketingkanal, den sie zukünftig verstärkt nutzen werden. Facebook, Twitter und Co. etablieren sich damit als eine Möglichkeit, direkt mit potenziellen Kunden in Kontakt zu treten. Darüber hinaus können aktuelle Beiträge auch innerhalb der Suchmaschinenergebnisse in Echtzeit angezeigt werden.

- **Videomarketing**: Nicht nur, weil Videoportale wie YouTube an Zulauf gewinnen, sondern auch, weil Videos in Suchergebnissen erscheinen können, gewinnen sie für Werbetreibende an Bedeutung. Derzeit werden Sie wahrscheinlich noch vergleichsweise wenig Konkurrenz haben, wenn Sie mittels Videos werben.

- **E-Mail-Marketing**: Im E-Mail-Marketing sind keine größeren technischen Entwicklungen zu erwarten. Trotzdem wird in verschiedenen Prognosen davon ausgegangen, dass das E-Mail-Marketing noch intensiver genutzt wird. Die Herausforderungen für die Zukunft bestehen im optimalen Targeting auf die Empfängergruppe und in der Spam-Abwehr.

- **Web-Analytics**: Mithilfe verbesserter Datenanalysen lassen sich genaue Nutzerprofile erstellen, die einer zielgerichteten Kundenansprache dienen. Werbetreibende können auf Grundlage dessen die einzelnen Werbekanäle entsprechend ausbauen und optimieren. Marketingkampagnen können durch komplexe Klickkettenanalysen in Zukunft noch effizienter ausgesteuert werden.

▸ **Conversion-Optimierung (CRO):** Die CRO ist aktuell noch ein junger Bereich, gewinnt jedoch zunehmend an Bedeutung. Immer mehr Unternehmen und Website-Betreiber beschäftigen sich damit, ihre Seiten hinsichtlich einer verbesserten Konversionsrate zu optimieren.

Neben der personalisierten Nutzeransprache wird auch das Thema Datenschutz weiterhin wichtig bleiben. Nutzerinformationen sind zum einen für Werbetreibende unabdingbar, zum anderen stehen Unternehmen wie Google oder Facebook als »Datenkraken« weiterhin in der Kritik. Benutzer sollten unbedingt darauf achten, welche Daten sie von sich preisgeben, um nicht zum gläsernen Kunden zu mutieren. Es wird sich zudem zeigen, wie gefährlich Facebook für den Suchmaschinenriesen Google wird.

Auch die Übergänge zwischen Online- und Offline-Medien verschmelzen zunehmend. So wartet Google beispielsweise als Neuerung mit *Google TV* auf, was in Kürze weltweit angeboten werden soll. Dabei sollen TV und Internet eng miteinander verzahnt werden. *»Vieles von dem war vor wenigen Jahren noch Science-Fiction«*, sagte Eric Schmidt im September 2010 bei der Internationalen Funkausstellung in Berlin.

Um sich die beschriebenen Entwicklungen bewusst zu machen, noch ein abschließender Tipp: Schauen Sie doch mal einen alten James-Bond-Film an. Sie werden schmunzeln, wenn der Agent – anstatt sein Super-Smartphone zu zücken – in einer Telefonzelle verschwindet. Wer weiß, über welche Errungenschaften wir oder unsere Kinder demnächst schmunzeln werden. Was sich sicher sagen lässt: *Es bleibt in jedem Fall spannend.*

# Website-Glossar

Bei der Arbeit im Bereich Online-Marketing bzw. mit Ihrer Website werden Ihnen immer wieder verschiedene Fachbegriffe begegnen, die wir Ihnen im Folgenden kurz erläutern möchten. Sollten Sie bestimmte Begriffe vermissen, werfen Sie bitte einen Blick in unser Stichwortverzeichnis. Auch auf der Website zu diesem Buch, *www.website-guide.de,* finden Sie Erklärungen zu wichtigen Fachbegriffen.

**Accessibility** Accessibility ist auch unter dem Begriff *Barrierefreiheit* bekannt. Damit ist sowohl die Zugänglichkeit zur Website gemeint (z. B. die Wiedergabe von multimedialen Inhalten ohne entsprechende Voraussetzungen, wie etwa den Adobe Flash-Player) als auch die Nutzbarkeit für körperlich und geistig beeinträchtigte Besucher (z. B. durch das Vorlesen der Inhalte).

**Ad (Advertisement)** Ad bzw. Advertisement ist die englische Bezeichnung für eine Werbeanzeige. Im Internet sind damit in der Regel Banner gemeint.

**AdImpression (AI)** Eine AdImpression bezeichnet das Anzeigen eines Werbemittels, also einen Werbemittelkontakt.

**AdSense** AdSense ist ein häufig genutztes Werbeprogramm von Google, über das Werbetreibende Anzeigen auf anderen Websites schalten können. Website-Betreiber haben damit die Möglichkeit, über Klicks auf die Werbeanzeigen relativ einfach Einnahmen zu erzielen.

**AdServer** Ein AdServer ist ein spezieller Server, der Online-Werbemittel steuert und ausliefert. In der Praxis wird häufig sowohl die Hardware als auch die Software als AdServer bezeichnet. Über den AdServer sind ein genaues Targeting und ein exaktes Tracking möglich.

**AdWords** Google AdWords ist eines der meistgenutzten Werbeprogramme im Internet und die Haupteinnahmequelle für die Suchmaschine. Werbetreibende können über Keywords (Suchbegriffe) Anzeigen sowohl neben den Google-Suchergebnissen als auch auf anderen Websites schalten. Die Bezahlung erfolgt per Click (CPC).

**Affiliate** Als Affiliate wird ein Werbepartner bezeichnet, der Werbung auf seiner Website veröffentlicht und eine umsatzabhängige Provision erhält. Oftmals werden hier Affiliate-Programme genutzt. Die Vergütungsmodelle können unterschiedlichster Art sein, z. B. Cost-Per-Lead oder Cost-Per-Sale.

**Affiliate-Marketing** Affiliate-Marketing bezeichnet einen Teilbereich des Online-Marketings, bei dem Affiliates und Merchants eine partnerschaftliche Werbekooperation eingehen.

**Affiliate-Netzwerk** Ein Affiliate-Netzwerk vermittelt zwischen Affiliates und Merchants und steuert innerhalb von Affiliate-Marketing-Programmen den Austausch der Werbemittel, das Tracking und die Abrechnung.

**AIDA-Modell** Das AIDA-Modell ist ein bekanntes, theoretisches Marketingmodell zur Werbewirkung und Kaufentscheidung, das aus den vier Phasen Attention (Aufmerksamkeit), Interest (Interesse), Desire (Verlangen) und Action (Handeln) besteht.

**AJAX** AJAX (Asynchronous JavaScript and XML) bezeichnet die asynchrone Kommunikation zwischen Browser und Server. Ein erneutes Laden der Website bei Funktionsaufrufen ist daher nicht mehr notwendig.

**alt-Attribut** Das `alt`-Attribut ist ein Bestandteil von HTML. Zum einen werden `alt`-Attribute verwendet, um Bildern und Grafiken einen beschreibenden Text hinzuzufügen (aus Gründen der Barrierefreiheit), zum anderen beinhalten sie oftmals Keywords (aus Gründen der Suchmaschinenoptimierung).

**Ausstiegsseite** Eine Webseite, die als letzte Seite während eines Website-Besuchs aufgerufen wird – oder, anders gesagt, die Webseite vor dem Verlassen der Website

**Backlink** Backlink ist die Bezeichnung für einen eingehenden Link auf eine Website. Backlinks sind insbesondere für die Bewertung der Website für das Ranking in Suchmaschinen relevant.

**Banner** Banner sind grafische Werbemittel in unterschiedlichen Formaten und Arten. Klickt ein Interessent auf ein Banner, so wird er auf die Website des Werbetreibenden geleitet.

**Black-Hat SEO** Die sogenannten Back-Hat-SEO-Maßnahmen sind Aktionen, die gegen die Richtlinien der Suchmaschinenbetreiber verstoßen. Der »schwarze Hut« wurde ursprünglich von den Schurken im Western getragen; heute haben ihn im übertragenen Sinne solche Leute auf, die mit unzulässigen Mitteln arbeiten. Wir raten: Finger weg – Konsequenzen drohen!

**Blacklist** Als Blacklist bezeichnet man eine Liste mit nicht vertrauenswürdigen Internetadressen. Sie dient dazu, diese Adressen von Marketingmaßnahmen (z. B. im E-Mail-Marketing) auszuschließen.

**Blog** Ein Blog ist mit einem Online-Tagebuch vergleichbar, bei dem die verschiedenen Einträge in chronologischer Abfolge veröffentlicht werden. Der Blogautor wird Blogger genannt. Leser von Blogs haben in der Regel die Möglichkeit, die Einträge zu kommentieren.

**Bouncerate** Die sogenannte Bouncerate bezeichnet die Abbruchrate. Gelangt ein Besucher beispielsweise über Google auf Ihre Website und schließt er diese wieder, ohne eine weitere Seite aufgerufen zu haben, dann spricht man von einem Bounce. Die Rate gibt an, wie viel Prozent aller Besucher, die auf Ihre Webseite gelangen, sich so verhalten.

**Brand** Brand ist der englische Begriff für eine Marke.

**Brand Awareness** Brand Awareness bedeutet übersetzt Markenbekanntheit.

**Button** Als Button wird zum einen ein Bannerformat, zum anderen ein klickbares Bedienelement auf der Website bezeichnet.

**Click-Fraud** Click-Fraud ist die englische Bezeichnung für Klickbetrug. Dabei handelt es sich um Maßnahmen (z. B. automatische Programme), mit denen Betrüger versuchen, die Abrechnung über Cost-Per-Click-Programme zu beeinflussen. So werden z. B. Anzeigen von Mitbewerbern extrem oft angeklickt, um das Erreichen des Tagesbudgets zu beschleunigen.

**Click-Through-Rate (CTR)** Die Click-Through-Rate beschreibt das Verhältnis der Anzahl derjenigen Benutzer, die auf eine Anzeige geklickt haben, zu der Anzahl der Werbeeinblendungen. Die Berechnungsformel lautet:

*Anzeigenklicks / AdImpressions × 100.*

Die CTR ist eine bedeutende Kennzahl zur Leistungsbeurteilung einer Anzeigenkampagne und wird umgangssprachlich auch als Klickrate bezeichnet.

**Clicktracking** Clicktracking ist eine Methode zur Messung des Klickverhaltens auf Websites. Häufig wird dieses mittels sogenannter Heatmaps zur besseren Visualisierung dargestellt.

**Cloaking** Das Vortäuschen falscher Tatsachen wird Cloaking genannt. So zeigt ein Website-Betreiber Nutzern eine andere Website als dem Crawler einer Suchmaschine. Damit wird versucht, eine bessere Platzierung in Suchmaschinenergebnissen zu erreichen. Cloaking zählt zu den Black-Hat-SEO-Taktiken.

**Content-Management-System (CMS)** Ein Content-Management-System ist ein zentrales Software-System zur Erstellung und Verwaltung von Website-Inhalten.

**Conversion** Mit dem Begriff Conversion wird das Erreichen eines Werbeziels beschrieben. Dieses Ziel kann je nach Website unterschiedlich sein und beispielsweise in einem Produktverkauf, einer Anmeldung, einer Anfrage oder einer Registrierung bestehen.

**Conversionrate** Die Conversionrate gibt das Verhältnis aller Benutzer zu den Benutzern an, die eine Conversion (also die gewünschte Handlung) ausgeführt haben. Gehen wir von einem Kauf als Conversion aus, berechnet sich die Conversionrate folgendermaßen:

*Käufer / Besucher × 100 in %*

Die Conversionrate ist für Advertiser neben den Kosten die wichtigste Kennzahl.

**Cookie** Ein Cookie ist eine Textdatei, die zur Identifizierung des Nutzers dient. Es wird auf dessen Rechner gespeichert. Der Nutzer kann in den Browsereinstellungen die Cookies zulassen oder sperren. Sind sie zugelassen, hat der Werbetreibende die Möglichkeit, Cookie-Informationen zur eigenen

Website, wie z. B. besuchte Webseiten und Aktionen, auszulesen. Damit kann auch festgestellt werden, ob der Benutzer die Seite bereits zuvor aufgerufen hat. Auf diese Weise kann ein Werbetreibender individuelle Angebote ermöglichen.

**Cost-Per-Click (CPC)** Cost-Per-Click bedeutet übersetzt Kosten pro Klick« und ist ein Abrechnungsmodell, bei dem nur Kosten anfallen, wenn ein Benutzer auf eine Anzeige klickt. Dieses Abrechnungsmodell wird beispielsweise bei dem Werbeprogramm Google AdWords eingesetzt.

**Cost-Per-Lead (CPL)** Cost-Per-Lead ist ein Abrechnungsmodell auf Grundlage von gewonnenen Kontaktanfragen. Es kommt häufig im E-Mail-Marketing vor.

**Cost-Per-Mille (CPM)** Im Gegensatz zum CPC-Preismodell fallen beim CPM-Preismodell auch dann Kosten an, wenn Ihre Anzeige nur ausgeliefert, aber nicht angeklickt wird. Sie bezahlen hier einen Betrag für 1000 Sichtkontakte Ihrer Werbeanzeige. Das CPM-Modell entspricht dem aus dem klassischen Marketing bekannten Abrechnungsverfahren nach dem Tausender-Kontakt-Preis (TKP).

**Cost-Per-Order (CPO)** Cost-Per-Order ist die Bezeichnung für die Werbekosten pro Bestellung (Order).

**Crawler** Als Crawler werden die Programme der Suchmaschinen bezeichnet, die das Internet durchsuchen. Damit wird eine Datenbank an relevanten Internetseiten erstellt.

**Crossmedia-Marketing** Der Begriff beschreibt medienübergreifende Marketing-Maßnahmen, z. B. eine inhaltlich aufeinander abgestimmte Werbekampagne in Print-, TV- und Online-Medien.

**Customer-Relationship-Management (CRM)** Im Deutschen wird Customer-Relationship-Management auch als *Kundenbeziehungsmanagement* bezeichnet. Es beschreibt die Organisation von Maßnahmen zur Kundenbindung. Dazu zählt insbesondere eine genaue Dokumentation. Mit einem CRM-System ist eine individuelle Kundenansprache möglich.

**Deep Link** Ein Hyperlink, der auf eine Unterseite der Webseite führt, also in eine tiefere Ebene (»deep«, engl. für »tief«).

**Disclaimer** Ein Disclaimer ist ein Hinweis, der auf vielen Websites angegeben wird. Hier distanziert sich der Website-Betreiber von der Haftung für die Inhalte der verlinkten Websites.

**Domain** Die Domain ist der eindeutige Name, unter der eine Website im Internet aufgerufen wird. Sie gilt weltweit und setzt sich aus einer Top Level Domain (TLD) und einer Second Level Domain zusammen, zum Beispiel: *www.ihre-website.de.* Die Top Level Domain ist dabei die Endung des Domain-Namens, in diesem Fall ».de«. Die Second-Level-Domain beschreibt den Zwischenteil zwischen *www* und TLD, hier also »ihre-website«.

**Double-Opt-In-Verfahren** Das Double-Opt-In-Verfahren bezeichnet die doppelte Bestätigung einer Anmeldung, beispielsweise zu einem Newsletter oder einem Mitgliederbereich. Mit dem Double-Opt-In-Verfahren sichert sich der Website-Betreiber rechtlich ab, dass keine unaufgeforderten E-Mails (Spam) verschickt werden. Der Nutzer wiederum kann schon bei der Bestätigungs-E-Mail entscheiden, ob er dieser zustimmt oder nicht.

**Duplicate Content (DC)** Duplicate Content beschreibt doppelte Inhalte auf verschiedenen Webseiten. Aus Gründen der Suchmaschinenoptimierung sollte Duplicate Content vermieden werden, da Suchmaschinen generell einzigartige Inhalte bevorzugen.

**E-Commerce** E-Commerce (Electronic Commerce) bezeichnet den Handel im Internet. Die gehandelten Waren können digitaler Natur oder greifbar sein. Daher ist auch deren Distribution online oder offline möglich.

**Einstiegsseite** Die Einstiegsseite ist die erste Seite, die ein Nutzer während seines Website-Besuchs sieht. Dies muss nicht zwangsläufig die Startseite sein, da es z. B. über Suchmaschinen und andere Kanäle vielfältige Einstiege in eine Website geben kann. Die Einstiegsseite ist das Gegenstück zur Ausstiegsseite.

**E-Mail (Electronic Mail)** Die elektronische Post zählt zu den meistgenutzten Anwendungen im Netz. Über diesen digitalen Weg können Texte und Dateien innerhalb kürzester Zeit übermittelt werden. Häufig werden auch Spam-E-Mails, sprich unangeforderte elektronische Post, verschickt.

**Eye-Catcher** Der sogenannte Eye-Catcher ist auch unter den Namen *Blickfänger, Störer* oder *Hingucker* bekannt. Dies sind in der Regel Bilder oder Grafiken, die die Aufmerksamkeit der Betrachter auf sich ziehen sollen.

**Eyetracking** Das Eyetracking ist eine Analysemöglichkeit, bei der Augenbewegungen beim Betrachten einer Website per Kamera verfolgt und ausgewertet werden.

**Flash** Mithilfe des Dateiformats Flash werden multimediale und interaktive Inhalte (auch Videos) in Webseiten eingebunden. Die Wiedergabe von Flash-Dateien setzt voraus, dass der Adobe Flash-Player als Plug-in im Browser installiert ist. Flash-Intros werden zum Teil beim Aufruf einer Website verwendet, indem Animationen oder Filme automatisch abgespielt werden. Mit einem »Skip Intro«-Link kann das Abspielen häufig übersprungen werden.

**Frame** Als Frame (engl. für »Rahmen«) wird ein HTML-Element bezeichnet, mit dem eine Webseite in verschiedene Bereiche segmentiert werden kann. Frames gelten im Webdesign als veraltet, unter anderes auch deshalb, weil Sie eine Website, die mithilfe von Frames erstellt wurde, nicht für Suchmaschinen optimieren können.

**Frequency Cappping (FC)** Mittels Frequency Capping (das auch einfach als »Capping« bezeichnet wird) kann ein Werbetreibender die Aussteuerung von Werbemitteln für einen individuellen Nutzer genau begrenzen. Das bedeutet, er kann festlegen, wie oft ein einzelner Nutzer ein bestimmtes Werbemittel zu sehen bekommt.

**Geo-Targeting** Geo-Targeting bezeichnet die lokale Aussteuerung von Werbemitteln an Nutzer. Dies geschieht z. B. über die Analyse der IP-Adresse oder über GPS-Koordinaten. So hat beispielsweise ein in Berlin ansässiger Anbieter die Möglichkeit, seine Werbeanzeigen auch nur in Berlin auszuliefern und damit die richtige Zielgruppe anzusprechen sowie Streuverluste zu verringern.

**GPS (Global Positioning System)** Das Global Positioning System ermittelt über Satelliten die aktuelle, metergenaue Position eines Autos oder Handys.

**Guerilla-Marketing** Guerilla-Marketing bezeichnet ungewöhnliche und große Aufmerksamkeit erregende Werbekampagnen. Oftmals sind diese Maßnahmen von hoher Kreativität und wenig Budget geprägt.

**Heatmap** Eine Heatmap zeigt (ähnlich dem Bild einer Wärmebildkamera) verschieden stark frequentierte Bereiche einer Webseite in unterschiedlichen Farbstufungen ab. Die Heatmap kann beispielsweise Klick- oder Blickverläufe darstellen.

**HTML** HTML (vollständiger Hypertext Markup Language oder kurz Hypertext) ist die Auszeichnungssprache, mit der eine Website erstellt wird. Damit ist es möglich, die Inhalte wie Texte, Bilder und Hyperlinks in eine für das Internet geeignete Struktur zu bringen.

**Hyperlink** Ein Hyperlink (umgangssprachlich auch Link) ist eine Verknüpfung zu einer anderen Webseite und ist damit die Basis des Internets.

**Impression** Die Kennzahl Impression gibt an, wie oft ein Werbemittel (AdImpression) oder eine Webseite (Page Impression) angezeigt wurde.

**IP-Adresse** Eine IP-Adresse ist eine eindeutige Kennzeichnung eines Computers im Internet. Sie ist vergleichbar mit der Telefonnummer, denn einzelne Bereiche der IP-Adresse sind einem speziellen Netzwerk-Bereich zugewiesen, ähnlich wie bei einer Telefonnummer die Ortsvorwahl.

**JavaScript** JavaScript ist eine für die Programmierung von Websites und Webanwendungen gebräuchliche Skriptsprache. JavaScript lässt sich vom Benutzer im Browser deaktivieren. Dies sollten Werbetreibende berücksichtigen, wenn sie beispielsweise mithilfe von JavaScript programmierte Elemente, wie Formulare, verwenden.

**Keyword** Keywords sind Schlüsselwörter und die Bezeichnung für Suchbegriffe. Suchbegriffe können aus einem oder mehreren Wörtern bestehen. Recherche und Analyse von Keywords sind elementar beim Suchmaschinenmarketing, also bei Suchmaschinenwerbung und -optimierung.

**Keyword-Advertising** Keyword-Advertising sind auf Keywords basierende Werbemaßnahmen; *siehe* Suchmaschinenwerbung.

**Keyword-Dichte** Die Keyword-Dichte (engl. »Keyword Density«) gibt an, wie häufig ein Schlüsselbegriff in einem Text vorkommt.

**Landing Page** Eine Landing Page ist die Webseite, auf der ein Nutzer »landet«, nach dem er auf ein Werbemittel geklickt hat. Die Landing Page kann eine speziell zu diesem Zweck erstellte oder eine vorhandene Webseite des Werbetreibenden sein. Charakteristisch ist eine Handlungsaufforderung, da die Landing Page die Aufgabe hat, einen Nutzer zu einer definierten Handlung zu bewegen.

**Launch** Als Launch wird der Start oder auch das »Going live« einer Website bezeichnet. Daher spricht man von einem Relaunch, wenn eine Website zu großen Teilen neu überarbeitet wird.

**Layer Ads** Layer Ads sind eine bestimmte Art von Werbemitteln. Sie legen sich beim Aufrufen einer Webseite teilweise oder vollständig über den Inhalt.

**Lead** Der Begriff Lead kommt aus dem Englischen (»to lead«, dt. »führen«) und beschreibt das Heranführen eines Nutzers an eine gewünschte Handlung. So kann bei dem Ziel Produktverkauf beispielsweise der Erhalt der Interessenten-Kontaktadresse als Lead angesehen werden. Einige Werbekampagnen werden pro Lead vergütet.

**Linkbuiling** Unter Linkbuilding versteht man den Aufbau von Backlinks für die Suchmaschinenoptimierung. Linkbuilding gehört zu den sogenannten Offpage-Maßnahmen.

**Logfile** Ein Logfile ist die Datei, mit der ein Webserver die Aufrufe einer Website und von deren Unterseiten inklusive Klicks protokolliert.

**Merchant** Ein Werbetreibender wird auch als *Advertiser* oder *Merchant* bezeichnet. Der Begriff Merchant (engl. für »Kaufmann« oder »Händler«) wird hauptsächlich im Bereich Affiliate-Marketing verwendet.

**Meta-Tags** Meta-Tags werden im Kopfbereich einer HTML-Seite verwendet. Sie geben weitere Informationen über den Inhalt einer Seite. Zu den wichtigsten Meta-Tags gehören: `"description"`, `"keywords"`, `"robots"` und `"author"`.

**Microsite** Microsites sind kleine Websites innerhalb einer Werbekampagne, die parallel zu der Haupt-Website betrieben werden können. Sie haben daher eine eigene URL und kommen beispielsweise bei der Neueinführung eines Produktes und zum Teil auch nur temporär zum Einsatz.

**Mouseover** Allgemein beschreibt der Begriff Mouseover eine Veränderung, die eintritt, wenn ein Nutzer mit der Maus über ein Element fährt. Beispielsweise kann ein kurzer Beschreibungstext zu einem Bild angezeigt werden.

**Off-Page-Optimierung** Die Off-Page-Optimierung ist ein Teil der Suchmaschinenoptimierung. Hierbei geht es um SEO-Maßnahmen, die außerhalb der eigenen Website stattfinden, wie zum Beispiel um Linkaufbau.

**On-Page-Optimierung** Im Gegensatz zur Off-Page-Optimierung versteht man unter On-Page-Optimierung SEO-Maßnahmen, die sich auf die eigene Website beziehen. Das können beispielsweise Quellcode-Optimierung, interne Verlinkung und Content-Optimierung sein.

**Page Impression (PI)** Die Kennzahl Page Impression bezeichnet einen Seitenaufruf (auch Page View genannt) durch einen Nutzer.

**PageRank** Der PageRank ist eine vom Suchmaschinenbetreiber Google entwickelte Kennzahl, die den Verlinkungsgrad einer Website auf einer Skala von 0 bis 10 angibt, wobei 10 der höchste Wert ist. Dabei spielt sowohl die Qualität als auch die Quantität der Verlinkungen eine Rolle.

**Pay Per X (PPX)** PPX ist der Oberbegriff für verschiedene Abrechnungsmodelle im Internet. So kann eine Werbekampagne beispielsweise pro Lead (PPL), pro Sale (PPS) und pro Klick (PPC) abgerechnet werden.

**Performance-Marketing** Der Begriff Performance-Marketing bezeichnet Online-Werbemaßnahmen, die leistungsorientiert auf Grundlage ihrer messbaren Werte abgerechnet werden.

**Pixel** Ein Pixel ist ein digitaler Bildpunkte und darüber hinaus eine Maßeinheit für Bilder und Grafiken in der Informatik. Im Bereich Web-Analytics kommt der Begriff im Zusammenhang mit Tracking-Pixeln vor.

**Pop-Under** Ein Pop-Under ist ein Werbemittel, das unter einer Website geöffnet wird. Der Besucher sieht das Werbemittel, wenn er die Website schließt.

**Pop-Up** Im Gegensatz zum Pop-Under-Werbemittel taucht ein Pop-Up über einer geöffneten Webseite auf. Unterschiedlichste Tools blockieren inzwischen die Anzeige von Pop-Ups.

**Pull-Marketing** Beim Pull-Marketing (engl. »to pull«, dt. »ziehen«) geht die Informationsanfrage vom Interessenten aus. Das heißt, dieser sucht aktiv nach entsprechenden Inhalten.

**Push-Marketing** Beim Push-Marketing verteilt ein Advertiser Werbeanzeigen an eine passive Empfängergruppe und nimmt Streuverluste in Kauf.

**Ranking** Die Reihenfolge der Ergebnisse einer Suchmaschinenanfrage wird als Ranking bezeichnet. Das erste Ergebnis »rankt« demzufolge auf Platz 1.

**Redirect** Die Weiterleitung einer Webseite zu einer anderen Webseite wird allgemein als Redirect bezeichnet. Dies ist beispielsweise dann der Fall, wenn ein Website-Betreiber eine neue URL verwendet.

**Referrer** Als Referrer wird eine Website bezeichnet, von der aus ein Benutzer Ihre Website besucht hat, also der Ausgangspunkt. Das kann beispielsweise auch eine Suchmaschine oder ein Werbebanner sein.

**Rendite (ROI)** Die Rendite, auch Return on Investment (ROI) genannt, gibt Ihnen an, ob sich eine Investition für Sie gelohnt hat. Es ist das Verhältnis der Werbeausgaben zu den erzielten Einnahmen. Die Berechnungsformel lautet: *(Umsatz – Kosten) / Kosten*

**Reichweite** Die Reichweite beschreibt die Anzahl der Personen, die mit einem Werbeträger in einem bestimmten Zeitraum erreicht wurden. Die Reichweite kann prozentual oder absolut angegeben werden.

**RSS-Feed** Mithilfe eines RSS-Feeds – der häufig auf Blogs zum Einsatz kommt – bekommt ein Nutzer Änderungen einer Website per Abonnement geliefert, ohne die jeweilige Website regelmäßig aufrufen zu müssen.

**SERP (Search Engine Result Page)** Als SERPs werden die Suchmaschinen-Ergebnisseiten bezeichnet, die Ihnen angezeigt werden, wenn Sie nach einem bestimmten Begriff gesucht haben.

**Single-Opt-In-Verfahren** Das Single-Opt-In-Verfahren beschreibt im Gegensatz zum Double-Opt-In-Verfahren die Anmeldung eines Nutzers ohne dessen Bestätigung. Der Werbetreibende riskiert ungültige Anmeldungen und sollte daher das Double-Opt-In-Verfahren verwenden.

**Sitemap** Eine Sitemap beschreibt die Seitenstruktur einer Website. Diese kann sowohl Nutzern zur Orientierung diesen als auch Suchmaschinen bei der Indexierung helfen. Sitemaps werden im HTML- oder XML-Format erstellt.

**Skyscraper** Ein Werbemittel im Hochformat mit 120 × 600 Pixel wird Skyscraper genannt und zählt zu den Standard-Werbemitteln im Banner-Marketing. Etwas breiter ist der Wide Skyscraper mit 160 × 600 Pixeln.

**Social Bookmarking** Das Social Bookmarking beschreibt Online-Dienste, mit denen Nutzer ihre Internet-Lesezeichen (Bookmarks) abspeichern können. Teilweise werden diese Dienste zum Zweck der Suchmaschinenoptimierung (aus-)genutzt.

**Spam** Spam bezeichnet die unaufgeforderte Zusendung von werblichen E-Mails, die leider recht häufig vorkommt.

**Subdomain** Eine Subdomain ist eine Domain, die in der Hierarchie unterhalb der Second-Level-Domain angeordnet ist. *tippspiel.spiegel.de* ist beispielsweise eine Subdomain von der Website *spiegel.de*. Subdomains werden genutzt, um eigenständigen Inhalten einer Website ein eigene, kurze URL zuzuweisen.

**Suchmaschinenmarketing (Search Engine Marketing, SEM)** Suchmaschinenmarketing (SEM) ist der Oberbegriff für Suchmaschinenoptimierung (SEO) und Suchmaschinenwerbung (SEA). Fälschlicherweise wird SEM in der Praxis häufig für SEA verwendet.

**Suchmaschinenoptimierung (Search Engine Optimization, SEO)** Die Suchmaschinenoptimierung teilt sich auf in On-Page- und Off-Page-Maßnahmen und hat zum Ziel, die Auffindbarkeit und das Ranking einer Website in Suchmaschinenergebnissen zu verbessern.

**Suchmaschinenwerbung (Search Engine Advertising, SEA)** Mit SEA sind Werbeanzeigen innerhalb von Suchmaschinen gemeint. Eines der meistgenutzten Werbeprogramme ist dabei Google AdWords. Hier werden Werbeanzeigen auf Grundlage von Keywords ausgesteuert, und die Abrechnung erfolgt pro Klick.

**Targeting** Mit dem Begriff Targeting wird das gezielte Aussteuern von Werbemitteln an Internetnutzer beschrieben, um Streuverluste zu verringern. Das kann beispielsweise auf Grundlage soziodemografischer Daten geschehen, wie z. B. Alter oder Geschlecht.

**Tausender-Kontakt-Preis (TKP)** Diese Kennzahl gibt den Preis an, den ein Werbetreibender für 1000 Einblendungen (Werbemittelkontakt) einer Werbeanzeige zu zahlen hat. Dieses Abrechnungsmodell kommt aus der klassischen Werbung und wird im Englischen mit CPM (Cost-Per-Mille) bezeichnet.

**Tracking-Pixel** Über Tracking-Pixel werden Internet-Werbeangebote analysiert. Diese Pixel werden vom Nutzer geladen, ohne dass er sie bemerkt, und ermöglichen das Erfassen von Nutzeraktionen und Seitenaufrufen.

**Traffic** Was auf Englisch »Verkehr« bedeutet, beschreibt im Zusammenhang mit dem WWW das »Verkehrsaufkommen« auf einer Website – also die Nutzerzahlen des Webangebots.

**Unique Visitor** Auf Grundlage von Cookies können einzelne Besucher als eindeutige identifizierbareNutzer erkannt und erfasst werden. Man verwendet für diese Nutzer meist den englischen Begriff Unique Visitor. Anhand der Zahl an Unique Visitors kann eine genauere Ermittlung der Reichweite realisiert werden.

**URL (Uniform Resource Locator)** Die URL ist die eindeutige Adresse einer Website, wie beispielsweise *http://www.ihre-website.de.*

**Usability** Usability bezeichnet die Nutzbarkeit oder Benutzerfreundlichkeit einer Website. Nutzer sollen sich problemlos zurechtfinden und Funktionen einfach nutzen können.

**User-Agent** Findet ein Besuch auf Ihrer Website statt, so gibt sich der Benutzer mit einem User-Agent zu erkennen. Aus dieser Information können Sie herauslesen, mit welchem Betriebssystem oder Browser die Seite aufgerufen wurde. Dadurch können zum Beispiel Handys oder Suchmaschinenroboter identifiziert werden.

**Verweildauer** Mit dem Begriff Verweildauer wird die Zeit eines Nutzers auf einer Website beschrieben. Dies bezieht sich auf die erste aufgerufene Webseite bis zum Verlassen der Website. Die Länge kann ein Indikator für die Relevanz (von Benutzerbedürfnis und Inhalt) der Website sein.

**Visit** Als Visit wird der Besuch einer Website bezeichnet. Je nach Definition endet ein Visit nach 30 Minuten. So kann beispielsweise ein Besucher mehrere Besuche an einem Tag absolvieren. Die Anzahl an Visits gibt an, wie häufig eine Website aufgesucht wird.

**Visitor** Ein Visitor ist ein Besucher einer Website. Der Unique Visitor ist ein eindeutig identifizierter Besucher. Die Kennzahl Visitor zählt zu den wichtigsten Kennzahlen im Online-Marketing.

**Web 2.0** Als Web 2.0 werden interaktive Angebote bezeichnet, die den Nutzer in Handlungen einbeziehen. Dazu zählen vor allem Blogs, Communitys und Social-Media-Seiten wie Facebook und Twitter.

**Web-Hosting** Der Begriff Web-Hosting beschreibt das Bereitstellen von Speicherplatz für eine Website.

**Webserver** Der Webserver ist ein Computer, der die angefragte Webseite an den Browser ausliefert.

**White-Hat SEO** White-Hat SEO ist das Gegenstück zum Black-Hat SEO: Damit sind alle richtlinienkonformen Optimierungsmaßnahmen gemeint.

**Zielgruppe** Die Zielgruppe (oder auch Target Group) ist Ihre potenzielle Kundschaft, die mit Werbemaßnahmen erreicht werden soll.

# Index

123people  272
301-Redirect  464, 469
3PAS  366
7search.com  297

## A

A/B/n-Test  654
A/B-Test  653
    statistisch relevante Ergebnisse  655
    Testdauer  655
    Variablen  654
Abbruchrate  493, 508
ABC-Kundenanalyse  498
Abgelehnte Anzeigen  353
ab-in-den-urlaub.de  233
Ablenkung  626
Abmahnung  121
Abmeldefunktion  112
Abmelderate  106, 114, 119
Above the fold  370, 565, 618, 623
Abrechnungsmodell  374
Abrisszettel  219
Absender  109
Absender-Adresse  109, 117
Absprungrate  493
Abuse Complaint Rate  119
Accessibility  431, 524
Action  318
Ad Sitelink  368
AdBlocker  79
AdClicks  73
AdImpressions  73
Adition  724
AdMob  199
Adobe Systems  736
AdRequest  74
Adressdatenbank  108
Adresskauf  108
AdSense  297
    Anzeigenblock  715
    Einnahmen  716
    Premium Publisher  715
AdServer  72, 718, 724
    Integration  722

AdSpaces  703
Adtech  724
Advertiser  81, 705, 719
AdWords  297
    Aktivierungsgebühr  300
    Analyse und Optimierung  303
    Änderungsprotokoll  308
    Ausrichtung auf Zielgruppe  301
    Click Fraud  304
    Competition-Kicks  304
    Content-Werbenetzwerk  303
    Conversion  390
    Conversion-Prozess  393
    Conversion-Tracking  303, 390
    Display-Werbenetzwerk  303
    Flexibilität  300
    Kenntnisse und Abhängigkeiten  302
    Keyword-Auswahl  303
    Klickbetrug  304
    Kontakt zur Zielgruppe  300
    Konto anlegen  306
    Kontostruktur  308
    Kontozugriff  308
    Kosten  373
    Kostenkontrolle  301
    Leistungsmessung  303, 360, 390
    Messbarkeit  301
    Optimierung  390
    Path to Conversion  393
    Preis  300
    Prognose  301
    Reichweite  300
    Remarketing  504
    Schnelligkeit  300
    Start  737
    Tagesbudget  301
    Traffic  301
    Vorauszahlung und Nachzahlung  307
    Zahlungsinformationen  307
    Zahlungsmöglichkeiten  307
    Zeitaufwand  303
AdWords Discounter  375
AdWords Editor  408
    Shortcuts  410
AdWords vs. AdSense  411

AdWords-Benutzeroberfläche
  alte 299
AdWords-Konto 305
  Festlegung der Währung 307
  mehrere AdWords-Konten 309
  Mehrfach-Anmeldung 306
  Multiple Sign-In 306
  Starter- und Standard-Edition 307
  Struktur 308
Affiliate 704
Affiliate Service Provider 84
Affiliate-Banner 707
Affiliate-Link 82, 706
Affiliate-Marketing 80, 703, 704
  Agenturen 88
  Datenbank-Tracking 91
  Funktionsweise 81
  Gefahren (und Verbote) 95
  Marktentwicklung und -ausblick 97
  Modelle 704
  Pay-Per-Action 93
  Pay-Per-Airtime 94
  Pay-Per-Click-Out 94
  Pay-Per-Lead 93
  Pay-Per-Order 93
  Pay-Per-Sale 93
  Pay-Per-Sign-Up 94
  Pay-Per-View 94
  Pixel-Tracking 92
  Session-Tracking 91
  Tracking 89
  Vergütungsmodelle 93
  Werbemittel 88
Affiliate-Netzwerk 84, 704
Affiliate-Partnerprogramm
  erstes 736
affilinet 84, 705
Agentur 407
AGOF 192, 262, 695, 723
  mobile facts 198
AIDA-Modell 318, 617
AJAX 431, 467
Aktivierungslink 121
A-Kunde 498
Alexa.com 495, 698
alt-Attribut 433, 436
AltaVista 271
Amazon 510, 697
  Partnerprogramm 705

Anbieterkennzeichnung 122
Anderson, Chris 288
Android 491
Anfängerfehler vermeiden 30
Anmeldeformular 104
Anti-Social 734
Anzeigen 344
  bezahlte 294
  kontextsensitive 502
Anzeigenblock 714
Anzeigenerweiterung 366
  Ad Sitelink 366
  Produkterweiterung 366
  Seitenlink 366
  Standorterweiterung 366
  Telefonerweiterung 366
Anzeigenformat 358, 717
Anzeigengruppe 309
Anzeigenplanung 388
Anzeigenpreis 227
Anzeigenschaltung 354
  anfrageabhängige 386
  kontinuierlich 385
  leistungsabhängig 354
  leistungsunabhängig 354
  mobil 189
Anzeigentext 344, 349
  Einfluss 350
Anzeigen-URL 346, 351
Anzeigen-Vorschau-Tool 396
App 189, 192, 196, 198
  analysieren 206
  eBay 202
  Entwicklung 199
  kaufDA 204
  kostenpflichtige 192, 203
  teuerste 204
App-Store 196
  Apple 196
Area of Interest 651
Arial 588
Armed Angels 218
Ask Jeeves 271, 297
Ask sponsored Listing 297
Ask.com 271, 272
  Sponsored Links 298
ask.com 297
ASP 84

Ästhetik 633
AT&T 297
Attention 318
Aufmerksamkeit 318
Aufzählung 618
Ausrichtung
  auf Zielgruppe 311
Ausstiegsseite 506, 507
Auszahlungsgrenze 85
Auszeichnung 621
Automatische Gebotseinstellung 387
Auto-optimierter CPC 383
Autosuggest 554

# B

Backlink 449
  Struktur 446
  Tools 445
Badge 595
Baidu 263
Ballack 233
Bandbreite 492
Banner 714
  erstes 736
  Standardformate 714
Bannerart 66
  animiert 67
  Fakebanner 71
  Pop-Under-Banner 70
  Pop-Up-Banner 70
  Rich-Media-Banner 68
  statisch 67
  Sticky Ad 70
  transaktiv 68
  VideoAd 70
  Videobanner 70
Bannerblindheit 66
Bannerformat 71, 200
Bannergröße 71
Bannermarketing 63, 64, 246
  Abrechnungsmodelle 78
  Checkliste 256
  Click-Through-Rate 66
  Cost-Per-Mille 78
  CPM 78
  Erfolgsmessung 66
  Kennzahlen 66
  Klickrate 66
  Marktvolumen 80
  Monitoring 77
  Tag 73
  TAI 78
  Tausender-Kontakt-Preis 78
  Thousand Ad Impressions 78
  TKP 78
Bannermarketing-Fehler 50
  nervende Formate 51
  schlechte Bannerwahl 51
  schlechte Landing Page 52
  veraltete Werbemittel 52
  Zielgruppenausrichtung 50
Bannerschaltung 703
  mit Google AdWords 73
Bannerwerbung 64, 297, 703
Bannerwirkung 64
Barrierefreiheit 524, 595
  Barrierefreie Informationstechnik-
    Verordnung 528
  Bedienung 526
  Behinderte Menschen in Deutschland 524
  Behindertengleichstellungsgesetz 528
  bestimmte Benutzer 531
  bestimmter Nutzungskontext 531
  BGG 528
  Bilder 526
  BITV 528
  Farben 527
  Filme und Animationen 527
  Formulare 527
  Gesetze 528
  Hilfsmittel für Behinderte 527
  HTML und CSS 527
  Text 526
  Zertifikate 530
Baumstruktur 429
Befragung 489, 495, 664
Behavioural Targeting 75
bellnet 448
below the fold 324, 370, 565
Benutzer
  soziodemografische Daten 494
  wiederkehrender 492
Benutzerfreundlichkeit 521
Berichte 399
  Bericht zur Placement-Leistung 399
  Suchbegriffe 399

Berichterstellung und Tools  308
Best Bet  556
Bestellprozess  701, 721
Besucher
  *Analyse*  489
  *geografische Herkunft*  490
  *gewünschter*  499
  *Herkunft*  693
  *neuer*  492
  *Sprache*  490
  *technische Ausstattung*  491
  *Typologie*  496
Besucheraufkommen  494, 682
  *Kennzahlen*  682
Besucherstatistik  495
Besuchertyp  492
Besucherverhalten  689, 693
  *Analyse*  689
Besuchszeit  493
Beta-Version  643
Betreffzeile  109
Betriebssystem
  *mobiles*  491
Bid Management  407
BIENE-Award  530
Bild  458
Bild und Grafik  574
Bildersuche  296, 433, 458
Bildschirmlesesoftware  525
Billboard Van  217
Bing  270, 296, 738
  *Webmaster Center*  423
  *Webmaster-Center*  427
Bingbot  274
BITKOM  191
B-Kunde  498
BlackBerry  190, 198, 214
Black-Hat SEO  471
Blacklist  117
Blendtec  222
Blog  126, 461, 513
  *Arten*  127
  *Aufmerksamkeit*  128
  *Themes*  128
Bloggen  126
Blogger  265
Blogmarketing
  *Erfolgsfaktoren*  128

  *Foren vs. Blogs*  130
  *Kommentare und Feedback*  130
Blogmonitoring  129
Blogosphäre  126
Blogpost  126
  *schreiben*  129
Blogroll  126
Blogsuche
  *Icerocket*  127
Bold  588
Bonusprogramm  515
Bookmark  303, 438, 549, 690
Bouncerate  119, 493, 629, 630, 682
Braille-Zeile  528
Brainstorming  215
Brand Awareness  64
Brand Bidding  343
Branding mit AdWords  323
Branding-Kampagne  302
Breadcrumb-Navigation  553
Bridge Page  615
Brin, Sergey  275
Broad Match Modifier  339
Browser
  *Sprache*  491
Browser Chrome  738
Brückenseite  615
Budgetplanung  106
Bulk-Bearbeitung  409
Bundesverband Digitale Wirtschaft  297, 302
Buttons und Links  566
BVDW  230, 297, 302, 415

## C

Call-to-Action  602, 622
Captcha  331, 572
Card Sorting  540, 665
ccTLD  421
Certified Senders Alliance  118
Channel  714
Charity-Aktionen  453
Checkliste  664
C-Kunde  498
Class-C-Popularität  444
Clickmap  652
Click-Through-Rate  276, 630, 716

Clipfish  178
Clipfish TV  178
Cloaking  471
CLV  498
CMS  441, 467
Cognitive Walkthrough  644
Community  142, 145
ComScore  261
Content
    *is King*  418
Content-Management-System  467
Content-Werbenetzwerk  315
Conversion  600
Conversion Funnel  601, 662
Conversion-Optimierung  609, 745
    *Checkliste*  679
    *Potenzial*  604
Conversion-Optimierungstool  384
Conversion-Pfad  601
Conversionrate  287, 600, 682, 694
    *Beispielrechnung*  604
    *Formel*  600
    *länderspezifische Unterschiede*  601
Conversionrate Optimization  602
Conversionrate-Optimierung  602, 671
Conversionrate-Optimierungsprozess
    *Gegenmaßnahmen überlegen*  608
    *Phasen*  607
    *Schwachstellen aufdecken*  607
    *überprüfen*  608
    *Umsetzung*  608
Conversionrate-Rechner  605
Conversion-Tracking  301
Conversion-Trichter  393, 601
Conversion-Ziel  499
Cookie  90
Cookie Dropping  96
Cookie Spamming  96
Cookie Spreading  96
Cookie Stuffing  96
Cookie-Tracking  89
Corporate Blog  127, 513
Corporate Design  227
Corporate Twitter  136
Cost-Per-Acquisition  384
Cost-Per-Click-Modell  325
Cost-Per-Engagement-Modell  141
Cost-Per-Order  109, 384

Courier  588
CPA-Preismodell  384
CPC  286
CPC-Modell  325, 374
CPE  141
CPM-Preismodell  383
CPO  109
CR  600
Crawlability  431
Crawler  274
    *Zugriff*  425
Crawling  180, 273, 274, 428, 432
    *Fehler*  426
    *Prozess*  274
    *Rate*  432
Credibility  637
Credibility Based Design  632
CRM  505, 669
CRM-Lösung  513
CRM-System  112, 510
CRO  602, 609
    *LPO ungleich CRO*  609
Cross-Channel-Marketing  232
Crossmedia
    *Bildverarbeitung*  242
    *Inhalte*  242
    *Kampagnen*  233
    *Kampagnenaufbau*  226
    *Kampagnenplan*  227
    *Publishing*  241
    *Redaktion*  242
Crossmedia-Marketing  225, 252
    *Checkliste*  260
    *Instrumente*  225
Crossmedia-Publishing  241
    *Synergieeffekte*  243
Cross-Selling  510
CSS  433
CTA  622
CTR  276, 630, 716
Cuil  272
Cult of Less  733
Cursor  567
Customer Journey  601
Customer Lifetime Value  498
Customer Relationship Management  112,
    505, 509

## D

Danke-Seite  629, 638
Dashboard  425
Datei
  *Benennung*  442
Dateiname
  *sprechender*  433
Datenmissbrauch  120
Datenschutz  120
Datenschutzbestimmungen  683
Datenschutzgrundsätze  120
DDV  124
Delicious  269, 449
DENIC  420
Design-Aspekt  579
Desire  318
Detailseite  546
Deutscher Dialogmarketing Verband  124
DeutschlandCard  515
Die Google Falle  325
Direkter Zugriff  690
Direktmarketing  99
Direktnachrichten  135
Display-Marketing  64
Display-Netzwerk  315
  *Funktionsprinzip*  317
  *Keywords*  319
  *Placements*  319
  *Verhalten von Keywords und Placements*
  320
Display-Websites  315
Distributionskanal  232
DKI  356
DMOZ  261, 448
DN  135
Domain  346
  *Alter*  419, 422
  *Name*  419
  *Umzug*  464, 468
Domain-Name
  *Änderung*  468
Domain-Popularität  444
Domain-Wahl  31
Don't make me think  622
Doorway Page  615
Doppelter Inhalt  436
Doppeltes Cookie  96
DoubleClick  297, 500, 724

Double-Opt-In-Verfahren  121
Drittelregel  592
Druckversion  436
Duplicate Content  171, 436
Durchschnittlicher CPA  384
Dynamic Keyword Insertion  348
  *häufige Fehler*  357

## E

Ease of Use  522
eBay  202
  *Partnerprogramm*  705
Echtzeitanalyse  683
E-Commerce  704, 721
Ecosia  272
E-CRM  509
Ego Bidding  376
Ehrenkodex
  *E-Mail-Marketing*  124
Eigenversand  118
Eindeutiger Nutzer  696
Einfachheit  583
Einflussfaktor  682
Einstiegspunkt  429
Einstiegsseite  465, 506
Elmo Lewis  318
E-Mail
  *erste*  734
  *erste E-Mail in Deutschland*  735
  *HTML-Format*  115
  *Impressum*  112
  *inhaltliche Gestaltung*  110
  *Personalisierung*  112
  *Provider*  118
  *Text-Format*  115
  *Versender*  118
  *Zustellbarkeit*  117
E-Mail Kampagne
  *Inhalt*  109
E-Mail-Empfänger
  *aufbauen*  104
E-Mail-Kampagne  99
  *Planung*  106
  *testen*  108, 116
E-Mail-Marketing  28, 99, 247, 512, 744
  *Anbieter*  117
  *Checkliste*  257
  *Ehrenkodex*  124

*Erfolgskontrolle* 119
*juristische Aspekte* 120
*Targeting* 501
*Tracking-Möglichkeiten* 119
E-Mail-Marketing-Fehler 50
*Absender und Betreff* 53
*fehlende Angaben und Funktionen* 53
*fehlender Mehrwert* 54
*Formatwahl* 52
*unpassende Versandfrequenz* 54
E-Marketing 25
Empfehlungsmarketing 209, 214
Entscheidungsprozess der Zielgruppe 630
ePaper 242
Erfahrung 586
Erfolg 681
*messen* 681
Erfolgskontrolle 108
ERGO Versicherung 228, 236
Eric Schmidt 745
etracker 684
Evaluation 664
Event-Marketing 226
Exalead 272
Excite 272
Expertentest 643
*heuristische Evaluation* 645
Extrinsische Motivation 634
Eye-Catcher 110, 617
Eyetracker 650
Eyetracking 281, 650
*mit Simulator* 651

## F

Facebook 142, 230, 298
*Gefällt mir* 145, 155
*Gründung* 737
*I like* 155
*in Zahlen* 143
*Places* 204
*Profil-Vorschau* 144
*Questions* 145
*Quit Facebook Day* 144
Facebook Ads 151, 298, 503
*Engagement-Anzeigen* 152
*Event Engagement Ad* 152
*Fan Engagement Ad* 152
*Homepage Ads* 152
*Rest-Of-Site Ad* 152
*Zeichenlimitierung* 152
Facebook Apps 154
Facebook Connect 155
Facebook Deals 145
Facebook Fanpage 148
Facebook Markup Language 149
Facebook Open Graph 154
Facebook OpenGraph
*soziale Plugins* 155
Facebook Page
*Kommunikation* 149
*Statistiken* 149
*Tipps* 148
Facebook Pages 148
Facebook Unternehmensprofil 148
Facebook-Marketing 147
FAD 151
Failure Story 644
Farbe 586
Farbenlehre 586
Farbkreis 587
Farbwirkung 587
Farmville 143, 155
Feature Creep 535
Fehlerseite 373
Fernsehwerbung 234
Figur und Grund 580
Filo, David 269
Fireball 272
First Page Bid 381
Fitts' Law 619
Flash 431, 736
*erste Version* 736
Flash-Cookie 91
Flashmob 210
Flickr 269
Fließtext 618
Flurry 196, 206
Flyer 218
fMRT 634
F-Muster 590
Fokusgruppe 664
Follower 134
Font 587
Footer 539
Footer-Bereich 419

Formular  568, 628
  *Reset-Button*  573
  *Reset-Link*  573
Fortsetzung  583
Forum  130, 513
F-Profil  282
Fractional Factorial Design  657
Fragebogen  664
Frames  433
Freigabestatus  353
Frequency Capping  77, 324
F-Shaped Pattern  590, 626
Full Factorial Design  657
funktionale Magnet-Resonanz-Tomografie
  634

## G

Gadget-Anzeige  366
Gateway Page  615
Gebot für die erste Seite  381
Gebotssimulator  375
Gehirn  634
Geld verdienen  703
Gemeinsames Schicksal  586
Geo-Targeting  75, 502
Gerald Reischl  325
Geschäftsmodell  703
Geschlossenheit  582
Gesetz der gemeinsamen Bewegung  586
Gesetz der guten Gestalt  583
Gestaltschluss  582
Gestaltzwang  582
Gewinnspiel  450, 453
Gladwell, Malcom  288
Glaubwürdigkeit  631
Global Market Finder  314
Golden Triangle  282
Goldener Schnitt  592
Goldenes Dreieck  282
Googeln  268
Google  261, 262, 264
  *AdPlanner*  500
  *AdSense*  502, 711
  *AdWords*  265, 418
  *Aktien*  264
  *Alerts*  451
  *Android*  198

  *Blogsuche*  450
  *Books*  265
  *Börsengang*  737
  *Branchencenter*  457
  *Chrome*  265
  *Chrome OS*  265
  *Crawler*  274
  *Earth*  265
  *Gründung*  737
  *Hot Searches*  279
  *Insights for Search*  281
  *Instant*  267
  *Keyword-Tool*  285, 435
  *Konto*  685
  *Maps*  265, 456
  *Marktanteil*  268
  *Merchant-Center*  459
  *News*  461
  *PageRank*  275
  *Places*  204, 457
  *Platz 1*  417
  *Produktsuche*  459, 742
  *Street View*  265
  *Suchanfragen*  293
  *Suchergebnisseite*  266, 295
  *Suggest*  277
  *Toolbar*  275, 698
  *Trends*  280
  *Trends for Websites*  697
  *TV*  745
  *Webmaster-Tools*  423, 425, 428, 431, 440,
    445
  *Zeitgeist*  230, 279
Google Ads – Global Advertiser  314
Google AdSense  711
  *Anzeigenformate*  714
  *Einnahmen*  716
  *einrichten*  712
Google AdWords  297
Google Alerts  163
Google Analytics  207, 490, 683, 684, 685
  *Absprungrate*  493
  *Anmeldung*  686
  *Dashboard*  688
  *Einrichtung*  685
  *Karten-Overlay*  490
Google Blogsuche  127
Google Conversion Professionals  604

Google Conversion Tracking   303
Google Geo-Targeting   314
Google Groups   315
Google Insights for Search   333
Google Instant   296
Google Keyword-Tool   331
Google Mail   737
Google Maps   315, 738
Google News   450
   *Aufnahme*   461
Google Partnersuche   408
Google Places   201
Google Produktsuche   315
Google Street View   738
   *in Deutschland*   739
Google Suggest   327
   *kuriose Vorschläge*   328
Google Website Optimizer   659
Google Website-Optimierungstool   398,
   659
   *Bericht*   660
   *Test anlegen*   659
Google Wonder Wheel   328
Google-Benutzeroberfläche   311
Googlebot   274, 432, 471
GoTo.com   297
Göttliche Teilung   592
GPS   204
Graffiti   218
Größe und Position   590
Grundlegende Fehler   30
Guerilla-Marketing   209, 216, 251
   *Online*   221
Gutscheincode   110
Gutscheinportal   102

**H**

Handlung   318
Handy-Anzeige   365
Hard-Bounce   119
Hashtag   134
Hauptnavigation   550
Hauptsektion   551
Hauptüberschrift   436
Hawthorne-Effekt   649
Headline   616

Head-mounted Eyetracker   650
Heatmap   652, 700
Heroshot   105, 616
Hervorhebung   588
Heuristik   645
Highest Paid Person's Opinion   641
Hilfsnavigation   551
Hirnscanner   634
Historische Leistung   378
Homepage   429, 543
Host   444
Hosting
   *Videos*   173
Host-Popularität   444
Hot Spot Analysis   651
Hotmail   214
HotWired.com   297
HTML   433
   *Fehler*   433
   *Quellcode*   437
   *Tabellen*   433
HTML-Quellcode   433

**I**

IA   537
Image Replacement   588
Image-Anzeige   358
   *Format*   359
   *sinnvoll benennen*   360
   *Tool zur Erstellung von Display-Anzeigen*
     *360*
Impressum   122, 124, 434, 548
Impressumsangaben   123
Impressumspflicht   113
Incentive   106
Index   273, 274
Indexierung   273, 274
Informationsarchitektur   428, 537
Informationspflichten   123
Infotainment   362
In-Game Advertising   200
Inhalt   505
   *kundenorientierter*   505
   *optimieren*   435
InLinks   719
In-Stream-Ad   184

Interesse 318
Interest 318
Interne Suche 508
Internet
   *Entwicklung* 23
   *Wachstum* 741
internet facts 262, 696
Internet-Marketing 25
   *Entwicklungsschritte* 734
   *Meilensteine* 733
Internet-TV 243
Interview 664
Intrinsische Motivation 634
iPad 196, 197, 739
IP-Adresse 314
iPhone 189, 191, 491, 738
   *Emulator* 194
   *Entwicklung* 199
   *User-Agent* 194
IP-Popularität 444
Iteratives Testen 663
IVW 192, 695

## J

Jakob Nielsen 532, 563, 573, 590, 626, 645
   *umgekehrte Pyramide* 563
JavaScript 433, 467
   *Logging* 683
JAWS 528
Jump Page 615

## K

Kampagne 308, 310
   *geografische Ausrichtung* 311
   *Guerilla-Marketing* 216
   *Spracheinstellungen* 311
   *Tracking* 206
   *virale* 210
Kampagneneinstellung 310
Kampagnenentwurf 409
Kampagnenname 310
Kampagnenoptimierung 393
   *Anzeige* 396
   *Keywords* 394
   *Landing Page* 397
Kampagnenplan 107

Kanal 690
Kategorie
   *ausschließen* 323
Kategorieseite 545
Kaufzyklus 318
Key Visual 616
Key Viusal 227
Keyword 277, 309, 325
   *ausschließendes* 340
   *Broad Match* 337
   *Density* 436
   *Dichte* 436, 472
   *Exact Match* 340
   *Expanded Broad Match* 338
   *Extended Broad Match* 338
   *Falschschreibweisen* 342
   *genau passendes* 340
   *Gesetze und Richtlinien* 343
   *Groß- und Kleinschreibung* 340
   *hervorgehobenes* 355
   *indirektes* 329
   *Liste* 434
   *Long-Tail* 288
   *Markennamen* 343
   *Mehrwortkombinationen* 336
   *Negative Match* 340
   *Optionen* 287
   *passendes* 339
   *Phrase Match* 339
   *Siloing* 343
   *Stuffing* 472
   *Synonyme und Mehrwortkombinationen* 330
   *weitgehend passend* 337
   *Zeichenbegrenzung* 345
Keyword-Advertising 294
Keyword-Gruppierungstool 409
Keyword-Jamming 380
Keyword-Liste 326
Keyword-Manager 409
Keyword-Multiplikator 336
Keyword-Option
   *Auswirkungen* 342
   *Eselsbrücke* 341
Keyword-Optionen 337
Keyword-Recherche 283, 325, 415, 420, 434
   *alternative Schreibweisen und Falschschreibweisen* 330

*Google AdWords Wrapper* 335
*Keywords miteinander kombinieren* 335
*Sammlung bereinigen und strukturieren*
335 334
*Tools* 330
*Übersetzungstools* 330
Keyword-Tool 331
Klickkette 701
*Analyse* 701
Klickpreis
*Berechnung* 376
*effektiver* 381
*maximaler* 374
Klickrate 119, 499
Klicktracking 651
Klickverhalten 281, 681
Knappheit 624
Kognitiver Durchgang 644
Komplementärfarbe 587
Komposition 589
Konsistenz 536
Kontoeinstellung 310
Kontostruktur 310
Kontrast 591
Konvention 535, 627
Konvergenz der Medien 243
Konversionsrate 287, 600
Konzeption 428
Konzeptionsphase 428
Kostenpflichtiger Inhalt 242
Kunden halten und konvertieren
*Fachliteratur* 672
*Surf-Tipps* 674
*Tools* 675
Kundenbeziehung 513
Kundenbeziehungsmanagement 505, 509
Kundenbindung 100, 505, 513, 669
*Checkliste* 677
*elektronische* 509
Kundencenter 309
Kundendaten 120, 510
Kundendatenbank 510
Kundenindividuelle Ansprache 509
Kundenkommunikation 513
Kundenwert 498
Kurz-URL 134

**L**

Ladezeit 276
*Überprüfung der* 579
Landeseite 609
Landing Page 304, 369, 602, 609
*AdsBot* 370
*AdWords-Spider* 370
*Anordnung der Elemente* 626
*Arten* 613
*Elemente* 615
*Flash-Animationen* 627
*häufige Fehler vermeiden* 636
*Kennzahlen* 629
*Ladezeit* 630
*Länge* 627
*Messung* 629
*sieben Kern-Elemente* 615
*Startseite nicht optimale* 611
*Suchmaschinenoptimierung* 372
*Tabbed Browsing* 373
*Zugänge* 612
Landing Page Analyzer 639
Landing-Page-Optimierung 609, 638
Larry Page 264
Lauffeuer 222
Layout 593
*dynamisches* 593
*elastisches* 593
*starres* 593
Leserichtung und sichtbarer Bereich 591
Lesezeichen 303, 438, 549
Levinson, Jay Conrad 216
Limitierung 624
Linie 590
Link 419, 426, 448
*ausgehender* 428
*externer* 423, 444
*interner* 423, 431
*kaufen* 450
*Kooperation* 450
*Marktplätze* 455
*mieten* 450
*Pyramide* 446, 447
*schlechter* 454
*toter* 451
*verkaufen* 719
*verstecken* 472

link
-Abfrage 445
Linkaufbau 448
Linkbait 222, 451, 452, 595
Link-Building 448, 473
LinkDiagnosis 446
linke Seitennavigation 296
LinkLift 455, 719
Link-Marktplatz 718, 719
Linkpartner
finden 450
Link-Popularität 444
Linkprofil 443
Linkstärke 431
Linkstruktur
Änderung 464
interne 431
Linktext 443
Live Search 270
Local Ad 201
Local Shared Object 91
Logbuch 126
Logfile 683
Logfile-Analyse 665
Lokale Anzeige 366
Lokale Navigation 552
Lokale Suche 456
Long-Tail-Prinzip 336
Long-Tail-Theorie 287
LPO 609, 638
LSO 91
Lycos 272

# M

Macromedia 736
Magische Sieben 542
MailChimp 118
Mailing
Inhalt 109
Mailverteiler 108
Make-or-Buy 107
Mark Zuckerberg 142
Markenauftritt 163
Markenbekanntheit 228, 237, 323
durch Suchmaschinenmarketing 230
Markenname 439

Marketing
Crossmedia- 225
E-Mail 99
Guerilla- 209
klassisches 225
Newsletter 99
virales 209
Marktpotenzial 314
Mary Woodbridge 215
Maybes 605
MCC 309
M-Commerce 202
Mediadaten 500
Media-Masterhead 183
Mediaplan 500
Mediaplanung 499
Media-RSS 182
Medienplanung 226
Medium Rectangle 714
Mehrstufige Kampagne 107
Mehrwert 505
Mehrwortkombination 278
Mein-VZ 145
Merchant 81, 704
Messbarkeit 682
Messmethode 682
Meta-Angabe 434, 438
optimieren 437
MetaCrawler 262
Meta-Description 439
MetaGer 262
Metager2 262
Meta-Keyword 416
Metasuchmaschine 261, 262
Meta-Tag 329, 441
„description" 438, 439
„keywords" 438
„language" 441
„robots" 438, 441
Microblogging 131
Microsite 237, 614
Microsoft 270, 296
Live Search 270
Microsoft AdCenter 297, 298
Mid-Roll-Ads 184
Millersche Zahl 542
Mindestgebot 381
Minimum Bid 381

Mister-Wong  449
Mitarbeiterblog  127
Miva  297
.mobi  195
Mobile Ads  364
   *Click-to-Call*  365
   *Kampagne für*  365
Mobile Advertising  199
Mobile Analytics  206, 702
Mobile Anzeige  364
Mobile App  196
Mobile Commerce  201
Mobile Device  206
Mobile Endgeräte
   *Nutzung*  491
Mobile Marketing  29, 189, 250, 744
   *Checkliste*  259
Mobile Website  192, 193
Mockup  540
Moderator  130
Monatliche Belastungsgrenze  386
Moorhuhnjagd  213, 452
Mountain View  265
Mouseover  567
Mouse-Tracking  651, 700
   *nicht-reaktives*  652
   *Remote-*  651
Movementmap  652
mRSS  182
MSN.com  297
Multimedia  27, 577
Multivariater Test  656
Multivatiater Test
   *Gesamtzusammenhang*  657
Mundpropaganda  209, 226
Mund-zu-Mund-Propaganda  452
MVT  656
My Client Center  309
MySpace  146
   *Gründung*  737
MyVideo  177

**N**

Nähe  580
Navigation  430, 549
   *link-dominante Nutzer*  550
   *such-dominante Nutzer*  550

Navigationsart  550, 596
   *globale Navigation*  550
Navigationsstil  558
   *Akkordeon*  561
   *Auswahlmenü*  559
   *Dropdown-Menü*  559
   *Klappmenü*  561
   *Listen*  559
   *Registernavigation*  560
   *Rollover-Menü*  559
   *Tagcloud*  561
   *Ziehharmonika*  561
Navigationsstruktur  428
Negative Space  591
Netiquette  130
Netzwerkeffekt  209
Neuromarketing  631, 634
News  461
Newsletter  99, 514
   *Abmeldemöglichkeit*  124
   *tägliche*  113
Newsletter-Anmeldung  104
Newsletter-Marketing  99
Newsletter-Versand  117, 118
Nielsen
   *NetRatings*  697
nofollow  441
noreply  109
Nutzeraktivität  497
Nutzerführung  506
Nutzerschaft  697
Nutzerverhalten  492, 695, 697
   *Analyse*  206

**O**

Oberkategorie  430
Office Lip-Dub  212
Öffnungsrate  109, 119
Off-Page-Faktor  276
Off-Page-Optimierung  415, 443
Okulografie  650
Omniture  684
   *Site Catalyst*  684
One-To-One-Marketing  510, 512
Online-Marketing  63, 246
   *Basiswissen*  23
   *Checkliste*  256

*Literatur* 253
*Marketingkanäle* 27
*Maßnahmen* 417
*Surf-Tipps* 254
*Teilbereiche* 27
*Tools* 255
Online-Media-Planer 316
Online-Panel 495, 665
Online-PR 125, 157, 248
  *Blogs* 162
  *Checkliste* 258
  *E-Mail-Newsletter* 161
  *Kataloge und Verzeichnisse* 160
  *Newsgroups* 162
  *Online-Foren und Communitys* 162
  *Online-Presse-Portale* 160
  *Podcasts* 161
  *Pressebereich* 158
  *RSS-Feeds* 161
  *Suchmaschinen* 158
  *Twitter* 162
Online-Reputation-Management 163
Online-Shop 703, 721
  *die ersten* 735
Online-Shopping
  *mobil* 201
Online-Usability-Test 665
Online-Vermarkterkreis 297
Online-Video
  *Nutzung* 165
  *Platzierung* 168
Online-Werbemarkt 297
Online-Werbeträger 73
Online-Werbung 64
On-Page-Faktor 276
On-Page-Optimierung 415
OpenSiteExplorer 446, 466
OpenX 724
Optimieren 29
Organische Suche 290
ORM 163
Ortsauswahl 311
Out-of-Home Media 217, 225
Overlay-Flash-Anzeige 362
Overture 271, 297
OVK 297

**P**

Page Impression 682
Page, Larry 275
PageRank 275, 416, 431, 446
  *Vererbung* 431
Paginierung 436, 557
Paid Inclusion 290
Paid Listing 294
Paid Search 290
Panel 697
Paper Prototyping 590
Partner Watch 184
Partnerprogramm 706
  *Suche* 706
Partnerprogramm-Verzeichnisse 86
Payback 515
Pay-Per-Click 94
Pay-Per-Click-Marketing 294
Pay-Per-Lifetime 94
Pay-Per-Period 94
Peel-and-stick-Methode 395
Performance Based Marketing 81
Perry Marshall 395
Persistente Navigation 550
Persuasive Design 633
Philipp Kotler 742
PI 682
Picasa 265
Piwik 684
Placement
  *hinzufügen* 322
Placement Targeting 321
Placements 319
Placement-Tool 321
Plakatkampagne 228
Point-of-Sale 239
Point-of-Sale Marketing 226
Pop-Up 549
Pop-Up-Blocker 549
Positionierung
  *Platz 1* 418
Positionierung der Elemente 589
Positionsgebot 384
Positivliste 115
Post-Roll-Ad 184
POUR-Prinzip 530
Power-User 493

PPC-Advertising 294
PPC-Marketing 294
PPC-Programm 298
Prägnanz 583
Pre-Roll-Ad 184, 236
Pressearbeit 157
Pressemitteilung 160
   Anleitung für eine gute 160
Primäre Navigation 551
Print-Anzeige 227, 229
Prinzip der Gegenseitigkeit 634
Prinzip des guten Verlaufs 584
Product-Placement 226
Produktdaten 459
Produktdetailseite 507, 510
Produkterweiterung 369
Produktpaket 510
Produktsuche 459
Produktsuchmaschine 297
Produktvideo 172
Promoted Accounts 141
Promoted Trends 141
Promoted Tweets 141
Prosument 125
Provision 704
Public Relations 226
Publisher 73, 81, 704, 705, 719
Pull-Marketing 25
Push-Marketing 25

## Q

QR-Code 230
Qualitätsfaktor 376
   in Ihrem AdWords-Konto 378
   Kriterien 377
   Zusammenhang Klickpreis 379
Quality Score 377

## R

Rabattcode 229
Radiowerbung 229
Rahmenkonto 309
Rangwertziffer 379
Ranking 273, 419
Ranking-Kriterien 276
Rapid Prototyping 541

Redesign 464, 468
Referenz 621
Referrer 612, 690
Relaunch 464
   Checkliste 487
Relevanz 274
   thematische 435
Remarketing 369, 504
   Code-Snippet 369
Remote Eyetracker 650
Reputation-Management 163
Response-Quote 109
Re-Targeting 504, 514, 515
Return On Ad Spending 392
Returning Visitor 492
ReTweet 134
Reverse Graffiti 218
Rich-Media-Display-Anzeige 364
   Tool zur Erstellung von Display-Anzeigen
      364
Richtlinien
   für Webmaster 454
Right Media 297
ROAS 392
Robinsonliste 124
Rohdaten-Export 683
ROI-Berechnung 392
Rolf Molich 645
Rollover 567
RSS-Feed 161
RT 134

## S

Satellitenseite 615
Satisficing 532
Saturn 239
Scannen 562, 619
Scanpfad 650
Scarcity 624
Schaltungsmethode 385
   anfragenabhängige Auslieferung 385
   kontinuierliche Auslieferung 385
Schlüsselbegriff 309, 325
Schriftart 587
Schüler-VZ 145
Scoring-Modell 497
Screencast 169, 577

Screenreader  525, 527

Scrollingmap  652

Scrollpage  627

SEA  28, 294, 415, 690

Search Engine Advertising  28, 294, 415

Search Engine Marketing  293

Search Engine Optimization  28, 294, 415

Search Engine Result Page  267, 294

Search Funnel  402

Searchmetrics  445, 447

SearchStatus  276

Second Call-to-Action  623

Seeding  215

Seeding-Agentur  216

Segmentierung  489

   *Kriterien*  489

Seitenaufruf  683

Seitengestaltung  505

Selbstkontrolle  629

SEM  27, 293, 477

   *Checkliste*  487

SEM-Fehler  44

   *dürftiger Anzeigentext*  46

   *fehlendes Conversion-Tracking*  49

   *keine Ausrichtung auf Zielgruppe*  45

   *keine Optimierungsmaßnahmen*  49

   *mangelhafte Budgeteinstellungen*  49

   *unpassende Landing Page*  47

   *unzulängliche Keywords*  46

   *unzureichende Kontostruktur*  44

   *Werbenetzwerke*  50

   *zu wenige Anzeigen*  47

SEO  28, 294, 415, 478, 690

   *Black-Hat*  471

   *Checkliste*  486

   *Gebote*  470

   *Grey-Hat*  471

   *Tools*  447

   *und Videomarketing*  180

   *Verbote*  470, 472

   *White-Hat*  471

SEOlytics  445

Sergey Brin  264

SERP  267, 294

Session  91

Session-ID  91

Sevenload  179

Shopping-Club  102

Shop-System  721

Sichtbarer Seitenbereich  370

Sidebar  419

Siegel  621

Signal  416

Simplicity  591

SISTRIX  445, 447, 466

   *Toolbox*  446

Site Targeting  321

Sitemap  538

Sixt  220

Skalierung  606

Skimmen  618

Skyscraper  714

Smart Pricing  383

Smartphone  190

   *Emulator*  194

SMM  125

SMO  125

Snippet  439, 440

Snow Branding  218

Social Bookmarking  269, 449

Social Bookmarks  448

Social Media  513

Social Media Guideline  163

Social Media Monitoring  125

Social Media Optimization  125

Social Search  276

Social Shopping  151

Social–Media- und Online-PR  163

Social-Media-Marketing  125, 248, 744

   *Checkliste*  257

Soft-Bounce  119

Sondermailing  114

Sonderzeichen  442

Soziale Netzwerke  29

   *blockieren*  734

   *Entwicklung*  736

Soziodemografische Daten  494, 700

Spam  117

Spam-Filter  115, 118

Spam-Mail  99

   *erste*  735

Speicherplatz  467

Splash-Page  615

Split-Run-Test  653

Split-Testing  354
Sponsored Links  294
Sponsored Listing  294
Sprachauswahl  311
Spracheinstellung  311
Spreadshirt  722
Stand-Alone-Mailing  101
Standardgebot  374
Standorterweiterung  366
   Google Branchencenter  366
   Google Places  366
Stanford  275
Start- und Enddatum  388
Startguthaben  389
Startseite  429, 435, 543, 695
Static FBML App  149
Stayfriends  146
Steve Krug  520, 622
Street-Branding  218
Streuverlust  106, 499
Studi-VZ  145
Subdomain  346
Suchalgorithmus  296
Suchanfrage  261
Suchbegriff  277, 416, 434, 435, 692, 698
   teuerster  325
   zusammengesetzter  284
Suche
   mobil  204
Suchergebnis  265
   Auswahl  281
   organisches  295
   Relevanz  275
Suchergebnisseite  267, 281
Suchfunktion  554
   Logfile-Analyse  556
   phonetische  555
Suchintention  287
Suchmaschine  261, 262, 416, 434, 477
   alternative  271
   Anmeldung  417
   Arbeitsweise  273
   Aufnahme in  289
   Crawler  429, 431
   erste  736
   Funktionsprinzip  272
   Index  273
   Marktanteile  263

Podcast  483
Ranking-Kriterien  274
Registrierung  423
Richtlinien  418, 470
Robot  426
Robots  274, 441
Tools  484
Tutorial  483
Webinar  483
werbefreie  297
Suchmaschinen
   Crawler  425
Suchmaschinenmarketing  27, 293, 744
Suchmaschinenoptimierung  28, 222, 231,
   294, 415, 431, 478, 744
   Checkliste  486
   kostenlose  417
   Mythen  416
   Prozess  417
   technische Voraussetzungen  431
Suchmaschinenwerbung  28, 290, 293, 294,
   477
   Ablauf  304
   Checkliste  487
   Geschichte  297
   Kombination mit TV-Werbung  302
   Produkteinführung mit  318
   Vor- und Nachteile  299
Suchoption  267
Such-Trichter-Analyse  401
Suchvolumen  434
Such-Werbenetzwerk  314
SuMa-eV  262
Surf-Tipp
   Suchmaschinen  482
SurveyMonkey  496
Symmetrie  584

**T**

Tagebuchmethode  665
Tagesbudget  385
Taguchi-Methode  657
Targeting  75, 99, 106, 311, 489, 499, 510,
   668, 724
   automatisiertes  502
   Checkliste  676

*manuelles* 499

*Predictive Behavioral* 503

*Re-* 504

*regionales* 501

*semantisches* 502

*Social* 503

*thematisches* 501

Targeting-Methode 502

Tausender-Kontakt-Preis 383

Teaser-Fläche 695

Technische Aspekte 578

Telefonerweiterung 367

Telekommunikationsanbieter 492

Telemediengesetz 120, 123

Teliad 719

teliad 455

Test

  *(technische) Umsetzung* 658

  *Auswahl der Test-Webseiten* 661

  *wann* 663

Testen 29, 671

  *Checkliste* 680

Testgruppe 697

Testimonial 227, 233, 621

Test-Prozess 642

Testverfahren 641

Text

  *verstecken* 418, 472

Textanzeige 344, 714

  *Anzeigentitel* 348

  *Call-to-Action* 351

  *Eingabemaske* 345

  *erweiterte* 358

  *Google Richtlinien* 352

  *Platzhalter* 356

  *Relevante Ziel-URLs* 345

  *Übereinstimmung von Domain- und Ziel-*

    *adresse* 346

  *Vorschau* 345

Texten für das Netz 347, 562

TextLinkAds 455

Textmuster 117

Themen-Channel 714

Third Party Ad Servings 366

Tim Ash 603, 605, 631

Time per Person 697

Timeline 134

Time-on-Site 493

Times 588

title-Tag 438

  *fehlerhaftes* 440

TKP 199, 383

TL 134

TLD 420

  *country-code* 421

T-Mobile Dance 210

Todesstern Stuttgart 210

T-Online 262

  *Suche* 263, 271

Tool

  *zum Ausschließen von Websites* 323, 399

Tool AdWords-Kampagnentests 396

Tooltip 559

Top Level Domain 346, 420, 422

  *länderspezifisch* 421

Top-Position 295

Toyota Auris 228

Trackback 127

Tracking 706

Trackingpixel 683

Traffic 682, 697

Traffic Estimator 387

Traffic-Quelle 691

Traffic-Verlauf 688

Transaction-Tracking-Code 92

Trending Topics 134

Trust 620

Trusted Shops 621

TV-Werbung 227, 230

TweetBeep 163

TweetDeck 135

Tweets 132, 134

  *skurrile und interessante* 135

Twitter 131, 134, 270

  *Analytics* 141

  *Dead End Message* 139

  *Gründung* 738

  *Nutzung für Unternehmen* 136

  *Pay with a Tweet* 139

  *Promoted Products* 140

  *Strategie* 138

  *Tipps* 138

  *Werbung schalten per* 140

Twitter-Suche 135

Twitterwall 134

Typen von Webseiten 543

Typografie 587

# U

Überschrift  436, 616
Überzeugung  633
UGC  166, 174
Umfeldbuchung  75
Umlaut  442
Umsatz
  erzielen  703
Umsatzgenerierung  605
Umsatzprovision  707
Unique Audience  697
Unique Selling Proposition  370
Unique User  696
Unique Visitor  682
Universal Ad Package  72
Universal Search  282, 463
  Einblendungen  265
unsubscribe  124
Unterkategorie  430
Unternehmensblog  513
Unterseite  430, 431, 434
Upselling  629
URL  346, 434
  aus Suchmaschinen entfernen  428
  fehlerhafte  425
  kurze  430
  Optimierung  442
  sprechende  346
  Vergabe  442
URL-Struktur  430, 464
  Änderung  464
  hierarchische  430
URL-Tracking  91
Usability  29, 428, 519, 521, 670
  3-Klick-Regel  534
  Checkliste  678
  Definition  522
  Usability vs. User Experience  523
Usability-Fehler  34
  Accessibility  42
  Browser-Kompatibilität  43
  Fehlerseiten  41
  Formulare  40
  Inhalt ohne Mehrwert  37
  keine Orientierung  35
  Missachten von Konventionen  36
  Schlechte Suchfunktion  38

unstrukturierte Websites  36
visuelles Rauschen  39
Usability-Test
  Beta-Test vs.  643
  Homemade vs. Outsourcing  643
Usage Patterns  535
User Experience  519
User Generated Content  125, 166, 174
User Intent  496
User-Agent  194
  Cloaking  471
Usertest  643, 645
  Ablauf  646
  Aufgaben  647
  laut denken  648
  Teaching Back  648
  Test-Computer  647
  Thinking Aloud  648
  Versuchspersonen akquirieren  646
USP  370
Utility  551
UX  519

# V

Veranstaltungen
  Kunden halten und konvertieren  667
  Online-Marketing  245
Verdana  588
Verhaltensregeln  130
Verlangen  318
Verlinkung  443
Vermarkter  723
Vermarktung  703, 722, 723
Versandfrequenz  113
Vertrauen  230, 620, 631
Vertrauensbildende Maßnahme  104
Vertriebsweg  232
Verwaltungskonto  309
Verwandte Suchanfragen  328
Verweildauer  493, 497, 506, 697
Verweis-Website  690
Verzeichnis  261, 448
  Benennung  442
Video
  Brand Awareness  173
  Call-to-Action  173
  erstellen  169

*gesponsertes* 183
*Inhalt* 171
*interessanter Inhalt* 173
*Länge* 173
*Markenbekanntheit* 173
*technische Aspekte* 173
*Testimonials* 173
*Tonqualität* 173
*virales* 222
Videoanzeige 361
  *Click-to-Play-Videoanzeige (CTP)* 362
  *geografische Ausrichtung* 363
  *Gestaltung* 361
  *In-Stream-Videoanzeige* 362
  *Kampagneneinstellungen für Online-Video* 364
  *Preismodell* 361
  *Text-Overlay-Anzeigen für Video* 363
  *Tool zur Erstellung von Display-Anzeigen* 361
Videoanzeigen erstellen
  *per Google AdWords* 185
Videomarketing 165, 249, 744
  *Ausblick* 187
  *Begriff* 167
  *Checkliste* 259
  *Hosting* 169
  *Platzierung* 169
  *Videoportale und soziale Netzwerke* 170
Videoportal 173, 174
Videoportale und Hosting-Lösungen 173
Video-Sitemap 182
Viraler Effekt 209, 452, 737
Virales Marketing 209, 251
  *Anreize* 215
  *Seeding* 215
Virales Spiel 213
Visit 682
Visitor 682
Visual Guiding 651
Visual Noise 590
Visual Website Optimizer 658
Visuelles Rauschen 590
Volltextsuchmaschine 275
VZnet-Netzwerk 145

## W

W3C 433, 529
Wahrnehmungsgesetze 580
WAI 529
WAP 194
Wayback-Machine 422
WCAG 529
Web 2.0 737
Web Accessibility Initiative 529
Web Content Accessibility Guidelines 1.0 529
Web Video Marketing 167
Web-Analyse 681, 682
  *Tools* 683
Web-Analytics 29, 195, 489, 681, 700, 744
  *Anbieter* 683, 684
  *Kennzahlen* 682
  *Methoden* 681, 700
  *mobil* 206
Webbrowser 735
Web-Controlling 681
WebHits 262
Webhosting 432, 467
  *Wechsel* 467
Webisode 167
Webkatalog 261, 268, 448
Weblog 126
Web-Marketing 25
Webseite
  *perfekt optimierte* 436
  *suchmaschinenoptimierte* 429, 434
Webserver
  *langsamer* 428
Websichere Schrift 588
Website
  *ausschließen* 323
  *Impressum* 122
  *Kategorisierung* 428
  *Konzeption* 428
  *mobile* 193
  *Optimierung* 681
  *Relaunch* 464
  *suchmaschinenfreundlich* 419
Website Optimizer Duration Calculator 655

Website-Optimierung 700
Website-Struktur 537
Webtrekk 494, 684, 701
Web-Typ 496
Weiterleitung 464
Werbeakzeptanz 499
Werbeausgaben
    *deutschlandweit* 297
Werbebanner 64
    *erstes* 297
Werbebotschaft 347
Werbeformen 703
Werbekampagne
    *Effizienz* 499
Werbemittel
    *individuelles* 504
Werbenetzwerk 314
    *Auswahl* 319
    *Such- und Display-Werbenetzwerk trennen* 324
Werbetreibender 705
Werbevermarkter 297
Werbewirksamkeit 228
Werbezettel 217
Werbung 703
    *crossmediale* 228
    *kontextbezogene* 297
    *personalisierte* 503
Wer-kennt-wen 146
Wettbewerbsanalyse 681, 695
White-Hat SEO 471
Whitelisting 114, 118
Whitespace 591
Widget 709
Wikipedia 125, 697
Will it blend 222
Windows Phone 7 190
Win-Win-Situation 521
Wireframe 540
Wireless Markup Language 194
WML 194
WolframAlpha 272
Word-of-Mouth Marketing 209, 226
WordPress 128
Word-Stemming 355
World Wide Web 735
World Wide Web Consortium 433, 529

Wunderrad 328, 329
Wunschzettel 510

## X

XHTML 194
Xing 146
XML-Sitemap 426
XOVI 445

## Y

Yahoo! 261, 268
    *Directory* 448
    *Gründung* 736
    *Mail* 269
    *My Sites* 423
    *Site Explorer* 445
    *Web Analytics* 684
Yahoo! Alerts 163
Yahoo! Search Marketing 297, 298
Yandex 263
Yang, Jerry 269
Yasni 272
Yet Another Hierarchical Officious Oracle 269
YouTube 174, 265
    *Gründung* 738
    *Statistik* 187
    *Werbung auf Startseite* 183
YouTube Promoted Videos 183
YouTube Video-Ad 183
YouTube Video-Editor 177
YouTube-Video
    *Statistiken* 177

## Z

Zahlungsabwicklung 721
Zanox 84, 705
Ziel 681
Zielerreichung 107
Zielfestlegung 106
Zielgruppe 106, 228, 489, 496, 505, 668, 689
    *Ausrichtung auf* 311

   *Checkliste*  676
    *Segmentierung*  496
    *Targeting*  499
Zielseite  440
Ziel-URL  346
   *Richtlinien*  346
Zugehörigkeit  625
Zugriffsquelle  690
Zustellbarkeit  118
Zweiwortkombination  278

Von der Planung bis zum Monitoring und Reputation Management

Kundenbeziehungen stärken und Empfehlungsmarketing nutzen

Social Commerce, Social Sharing, Online- und Mobile Marketing, Google+

Anne Grabs, Karim-Patrick Bannour

# Follow me!

**Erfolgreiches Social Media Marketing mit Facebook, Twitter, Google+ und Co.**

Die beiden Social-Media-Experten Anne Grabs und Karim-Patrick Bannour zeigen Ihnen, dass es für Unternehmen jeder Branche und jeder Größe interessant ist, in Social Media aktiv zu werden. Folgen Sie der Erfolgsstrategie der Autoren: Was ist Social Media? Wie gehen Sie damit um? Welche Schritte müssen in welcher Reihenfolge erfolgen? Welche Gefahren drohen und wie können Sie diese Gefahren minimieren? Anne Grabs und Karim-Patrick Bannour liefern Ihnen praktische Tipps mit zahlreichen Best Practices.

ca. 460 S., 2. Auflage, komplett in Farbe, 29,90 Euro
ISBN 978-3-8362-1862-7, März 2012

>> www.galileocomputing.de/3028

Marketing-Strategien entwickeln, die funktionieren

Vom Redaktionsplan bis zur Erfolgskontrolle

Zahlreiche Best Practices, Facebook Integration, Facebooks-Anwendungen u.v.m

Lukas Adda

# Face to Face

## Erfolgreiches Facebook-Marketing

Face to Face bietet einen umfassenden Überblick zum Einsatz von Facebook als Marketing-Instrument. Inkl. Definition von Zielen, Strategien und zahlreichen Best Practices. Lukas Adda stellt auf unterhaltsame Weise Facebook vor und gibt Ihnen erprobte Strategien und kreative Denkanstöße an die Hand, um selbstständig erfolgreiche Social-Media-Kampagnen auf Facebook zu planen oder Dritte (z. B. eine Agentur) effektiv briefen zu können.

ca. 450 S., komplett in Farbe, 29,90 Euro
ISBN 978-3-8362-1842-9, April 2012

>> www.galileocomputing.de/2992

Grundlagen, Funktionsweisen, Ranking-Optimierung

Planung und Durchführung für Google und Co.

Konversionsraten steigern, Google AdWords, Web Analytics

Sebastian Erlhofer

# Suchmaschinen-Optimierung

## Das umfassende Handbuch

Das Standardwerk von Sebastian Erlhofer zur Suchmaschinen-Optimierung bietet Grundlagenwissen zur Arbeitsweise von Google & Co. und zeigt in einem umfangreichen Praxisteil, wie Ihr Internetauftritt optimiert werden kann.

692 S., 5. Auflage 2011, 39,90 Euro
ISBN 978-3-8362-1659-3

>> www.galileocomputing.de/2447

*»Empfehlung der Redaktion!«*
*Webselling, 01/2011*

**Galileo Computing**

Grundlagen, Praxisbeispiele, Referenz

Modernes Webdesign mit CSS, inkl.
HTML5 und CSS3

CSS-Layouts, YAML, Mobiles
Webdesign u. v. m.

Kai Laborenz

# CSS

## Das umfassende Handbuch

Endlich findet sich das vollständige Wissen zu CSS und Co. in einem
Band. Einsteiger erhalten eine fundierte Einführung, professionelle
Webentwickler einen Überblick über alle CSS-Technologien und
Praxislösungen für CSS-Layouts sowie Tipps, um aus dem täglichen
Webeinerlei herauszukommen. Inkl. HTML5 und CSS3

804 S., mit DVD und Referenzkarte, 39,90 Euro
ISBN 978-3-8362-1725-5

>> www.galileocomputing.de/2556

CSS-Prinzipien verstehen und sicher anwenden

Analyse und Fehlerbehebung von CSS-Layouts, inkl. IE 9 und CSS3

Verschachtelte Navigationslisten, Mehrspaltenlayouts, Typografie u.v.m.

Ingo Chao, Corina Rudel

# Fortgeschrittene CSS-Techniken

## Inkl. Debugging und Performance-Optimierung

In drei umfangreichen und reich illustrierten Teilen zeigen Ihnen die beiden Autoren Corina Rudel und Ingo Chao die Vielfalt der CSS-Prinzipien anhand von vielen Kurzbeispielen, stellen kompetent den Umgang mit Inkonsistenzen in modernen Browsern dar und vermitteln professionelle Debugging-Techniken.

454 S., 4. Auflage, komplett in Farbe, mit DVD, 44,90 Euro
ISBN 978-3-8362-1695-1

>> www.galileocomputing.de/2511